丛书主编　丁见民
丛书副主编　付成双　赵学功

美 洲 史 丛 书

美国史学史论译

杨生茂　编著

朱佳寅　杨令侠　编

南开大學出版社

天　津

图书在版编目(CIP)数据

美国史学史论译 / 杨生茂编著；朱佳寅，杨令侠编
. －天津：南开大学出版社，2023.9
（美洲史丛书 / 丁见民主编）
ISBN 978-7-310-06465-6

Ⅰ.①美… Ⅱ.①杨… ②朱… ③杨… Ⅲ.①史学史
－研究－美国 Ⅳ.①K097.12

中国国家版本馆 CIP 数据核字(2023)第 168333 号

美国史学史论译
MEIGUO SHIXUESHI LUN YI

南开大学出版社出版发行
出版人：陈　敬
地址：天津市南开区卫津路 94 号　　邮政编码：300071
营销部电话：(022)23508339　营销部传真：(022)23508542
https://nkup.nankai.edu.cn

天津创先河普业印刷有限公司印刷　全国各地新华书店经销
2023 年 9 月第 1 版　　2023 年 9 月第 1 次印刷
238×170 毫米　16 开本　27.25 印张　4 插页　460 千字
定价：236.00 元

如遇图书印装质量问题，请与本社营销部联系调换，电话：(022)23508339

南开大学中外文明交叉科学中心
资助出版

编者的话

自从 1492 年哥伦布发现"新大陆",美洲开始进入全世界的视野之内。不过,哥伦布认为他所到达的是东方的印度,故误将所到之地称为印度群岛,将当地原住民称为"印地人"。意大利航海家阿美利哥在随葡萄牙船队到南美洲探险后,于 1507 年出版的《阿美利哥·维斯普西四次航行记》中宣布哥伦布所发现的土地并非东方印度,而是一个新大陆。稍后学者为了纪念新大陆的发现,将这一大陆命名为"亚美利加",即美洲。此后很长时期内,欧洲人,无论是西班牙、葡萄牙还是英国、法国的探险家,都将这一大陆称为美洲。葡萄牙航海家费迪南德·麦哲伦,西班牙探险家赫尔南·科尔特斯、弗朗西斯科·皮萨罗,英国探险家弗朗西斯·德雷克、沃尔特·雷利无论在发给欧洲的报告、书信还是出版的行记中,都将新大陆称为美洲。甚至到 18 世纪后期,克雷夫科尔撰写的《一位美国农夫的来信》使用的依然是"America",而法国人托克维尔在 19 世纪 30 年代出版的名著《论美国的民主》也是如此。可以说,在"新大陆"被发现后的数百年中,美洲在欧洲人的观念中都是一个整体。

1776 年,随着英属北美 13 个殖民地的独立,美洲各区域开始走上不同的发展道路。首先独立的美国逐渐发展壮大,西进运动势如破竹,领土扩张狂飙猛进,到 19 世纪中期已经俨然成为美洲大国。接着,原在西班牙、葡萄牙殖民统治之下的广大拉丁美洲地区,也在 19 世纪 20 年代纷纷独立,建立了众多国家。不过,新独立的拉美各国在资源禀赋极为有利的情况下,却未能实现经济快速发展,社会问题丛生,现代化之路崎岖缓慢。现代学者在谈及拉美问题时,屡屡提及"现代化的陷阱"。最后,加拿大在 19 世纪中期经过与英国谈判才获得半独立地位,但此后其"国家政策"不断推进,经济发展和国家建设稳步提升,于 20 世纪初跻身经济发达国家之列。

表面上看,似乎美洲各国因为国情不同、发展道路各异而无法被等同视之，但当历史进入 19 世纪末期以后，美洲一体化的趋势却日渐明显，似乎应了"分久必合"的老话。1890 年 4 月，美国同拉美 17 个国家在华盛顿举行第一次美洲会议，决定建立美洲共和国国际联盟及其常设机构——美洲共和国商务局。1948 年在波哥大举行的第九次美洲会议通过了《美洲国家组织宪章》，联盟遂改称为"美洲国家组织"。这一国际组织包括美国、加拿大与拉丁美洲大部分国家。

除了国际政治联合外，美洲经济一体化也在第二次世界大战后迅速发展。美洲区域经济一体化首先在拉丁美洲开启。拉美一体化协会（Latin American Integration Association）是最大的经济合作组织，其前身是拉丁美洲自由贸易协会，主要成员国包括阿根廷、玻利维亚、巴西、智利、哥伦比亚、厄瓜多尔、墨西哥、巴拉圭、秘鲁、乌拉圭和委内瑞拉。此外，1969 年成立的安第斯条约组织（又称安第斯集团），由玻利维亚、智利、哥伦比亚、厄瓜多尔和秘鲁组成。1994 年，安第斯条约组织正式组建自由贸易区。1997 年，安第斯条约组织更名为安第斯共同体，开始正式运作。与此同时，加勒比共同体、中美洲共同市场、南方共同市场等区域经济一体化组织纷纷出现。其中，1995 年建立的南方共同市场是拉美地区发展最快、成效最显著的经济一体化组织。北美自由贸易区的建立，则是美洲一体化的里程碑。1992 年，美国、加拿大和墨西哥三国正式签署《北美自由贸易协定》。1994 年 1 月 1 日，协定正式生效，北美自由贸易区宣布成立。

时至今日，美洲各国在经济和政治上的联系日益紧密，美洲在政治、经济和文化等诸多方面依然是和欧洲、亚洲、非洲迥然不同的一个区域。无论是被视为一个整体的美洲，还是走上不同发展道路的美洲各国，抑或走向一体化的美洲，都值得学界从历史、文化、外交、经济等多维度、多视角进行深入研究。

南开大学美洲史研究有着悠久的历史和深厚的学术传统。20 世纪二三十年代，曾有世界史先贤从美国学成归来，在南开大学执教美国史，为后来美国史的发展开启先河。不过，南开美国史研究作为一个具有影响的学科则可以追溯到杨生茂先生。先生 1941 年远赴海外求学，师从美国著名外交史学家托马斯·贝利，1947 年回国开始执教南开大学，他培养的许多硕士生和博士生成为国内高校美国史教学和科研的骨干。1964 年，根据周恩来总理的指示，国家高教委在南开大学设立美国史研究室，杨生茂先生任主任。这是中国高校中最早的外国史专门研究机构。此后，历经杨生茂先生、张友伦先生和李剑鸣、赵学功教授三代学人的努力，南开大学美国史学科成为中国美国史研究一个颇具影响的学术点。2000年，美国历史与文化研究中心成立，成为南开大学历史学院下属的三系三所三中心的机构之一。2017年，以美国历史与文化研究中心为基础组建的南开大学美国研究中心，有幸入选教育部国别与区域研究（备案）基地，迎来新的发展机遇。不过，南开大学美国研究中心并非仅仅局限于历史学科。南开美国研究在薪火相传中一直都具有跨学科的多维视角特色，这可以追溯到冯承柏先生。冯先生出身于书香世家，数代都是南开学人。他一生博学多才，在美国研究、博物馆学与图书情报等数个领域都建树颇丰，在学界具有重要的影响，他为美国研究进一步开辟了交叉学科的宽广视野。在冯先生之后，南开美国研究的多学科合作传统也一直在延续，其中的领军者周恩来政府管理学院的韩召颖教授、美国研究中心的罗宣老师都是冯先生的杰出弟子。

南开大学拉丁美洲史是国家重点学科"世界史"主要分支学科之一，也是历史学院的特色学科之一。南开大学历史系拉丁美洲史研究室建立于1964年，梁卓生先生被任命为研究室主任。1966年，研究室一度停办。1991年，独立建制的拉丁美洲研究中心成立，洪国起教授为第一任主任，王晓德教授为第二任主任，董国辉教授为现任主任。2000年南开大学实行学院制后，拉美研究中心并入历史学院。1999年，中心成为中国拉丁美洲史研究会秘书处所在地。洪国起教授在1991—1996年任该研究会副理事长，1996—1999年任代理理事长，1999—2007年任理事长。2007—2016年，王晓德教授担任研究会理事长，韩琦教授担任常务副理事长；2016年后，韩琦教授担任理事长，王萍教授、董国辉教授担任副理事长。

此外，加拿大史研究也一直是南开大学世界史学科的重要组成部分。20世纪90年代，张友伦先生带队编著并出版《加拿大通史简编》，开启研究先河。杨令侠、付成双教授分别担任中国加拿大研究会会长、副会长，先后担任南开大学加拿大研究中心主任。南开大学加拿大研究中心是中国加拿大研究的重镇之一，出版了众多加拿大研究成果，召开过数次大型学术研讨会。

深厚的学术传统结出丰硕的学术成果，而"美洲史丛书"就是前述研究成果的一个集中展现。这套丛书计划出版（或再版）18部学术著作，包括杨生茂编著（朱佳寅、杨令侠编）《美国史学史论译》、张友伦主编《加拿大通史简编》、冯承柏著《美国历史与中美文化交流研究》、洪国起著《拉丁美洲史若干问题研究》、陆镜生著《美国社会主义运动史》、韩铁著《美国历史中的法与经济》、王晓德著《拉丁美洲对外关系史论》、李剑鸣著《文化的边疆：美国印第安人与白人文化关系史论》、韩琦著《拉丁美洲的经济发展：理论与历史》、赵学功著《战后美国外交政策探微》、付成双著《多重视野下的北美西部开发研究》、董国辉著《拉美结构主义发展理论研究》、杨令侠著《加拿大与美国关系史纲》、丁见民著《外来传染病与美国早期印第安人社会的变迁》、张聚国著《上下求索：美国黑人领袖杜波依斯的思想历程》、罗宣著《美国新闻媒体影响外交决策的机制研究》、王翠文著《文明互鉴与当代互动：从海上丝绸之路到中拉命运共同体》与董瑜著《美国早期政治文化史散论》。

与其他高校和科研机构的相关成果相比，这套丛书呈现如下特点：第一，丛书作者囊括南开大学老中青三代学者，既包括德高望重的前辈大家如杨生茂、张友伦、冯承柏、洪国起，又包括年富力强的学术中坚如王晓德、李剑鸣、赵学功、韩琦等，还包括新生代后起之秀如付成双、董国辉和董瑜等；第二，丛书研究的地理区域涵盖范围宽广，涉及从最北端的加拿大到美国，再到拉丁美洲最南端的阿根廷；第三，涉猎主题丰富广泛，涉及政治、经济、文化、外交、社会和法律等众多方面。可以说，这套丛书从整体上展现了南开大学美洲史研究的学术传统特色和专业治学水平。

为保证丛书的编写质量，南开大学历史学院与南开大学出版社密切合作，联手打造学术精品。南开大学中外文明交叉科学中心负责人江沛教授在担任历史学院院长时启动了"美洲史丛书"的出版工作，并利用中外文明交叉科学中心这个学术平台，提供学术出版资助。余新忠教授继任历史学院院长后，十分关心丛书的后续进展，就丛书的编辑、出版提出了不少建设性意见。南开大学世界近现代史研究中心主任杨栋梁教授对丛书的出版出谋划策，鼎力支持。此外，美国研究中心、拉丁美洲研究中心的博士及硕士研究生出力尤多，在旧版书稿与扫描文稿间校对文字，核查注释，以免出现篇牍讹误。

南开大学出版社的陈敬书记、王康社长极为重视"美洲史丛书"的编辑出版工作，为此召开了专门的工作会议。项目组的编辑对丛书的审校加工倾情投入，付出了艰巨的劳动。在此向南开大学出版社表示衷心的感谢！

丁见民

2022 年 4 月

序　言

世界近代史和美国史是杨生茂（1917—2010）先生毕生研究的两个教学与科研领域。就美国史而言，美国史学史是他两大主要研究方向（美国外交史和美国史学史）之一，也是他研究成果最多的领域。本书的主要内容是他对美国史学史的研究和他主持编译的相关研究领域的美国史学家的著述。在这里，我们将杨生茂先生研究美国史学史的经历与主要学术论点作一小结，以与读者分享我们的体认。

一

"史学史"非拈来可做的课题，特别讲求研究者本身及其所处环境，只有二者都达到一定的学术水平，方可行之，美国史学史的研究亦然，需要研究者具有美国史及世界史专业的学术积累与修炼，也需要已有美国史研究成果的托举。作为一个研究者，做美国史研究和做美国史学史研究是相辅相成的，同时只有其所在国家或地区的美国史研究总体水平达到一定程度，也才有可能去做。

中国的实际情况是，直至 1979 年中国美国史研究会成立前，中国的美国史研究成果凤毛麟角。对此杨生茂先生比喻说，"我国美国史学者是在一块硗薄的沙碛上，把美国史研究开展起来的"[①]。这种情况对杨生茂先生开展美国史学史研究的确是个很大的困难。他说，在美国史研究中，"我的兴趣在美国史学史和美国外交史[②]。我在这（两个方向——编者注）上面多花了

[①] 杨生茂：《中国美国史研究四十年（1949—1989）》，杨令侠编：《杨生茂文集》，天津：南开大学出版社，2019 年版，第 157 页。

[②] 参见杨令侠、朱佳寅：《杨生茂先生关于美国外交政策史的学术实践与思想——以〈美国外交政策史〉为例》，载于《南开学报》，2020 年第 6 期。

些力气"①。可兴趣毕竟是兴趣，真正开展研究则非易事。

杨生茂先生 1941 年从燕京大学肄业后赴美，开始了在美国加州大学伯克利分校和斯坦福研究院的学习，1946 年底回国，自 1947 年始一直服务于南开大学，直至 2010 年去世。②

虽然在美国学习的是美国史，但是杨生茂先生在回国后三十年里，却令人难以置信地几乎没有机会研习美国史。

第一个原因是，1946 年之后，南开大学虽然名义上已经改为国立，但依然蹈常袭故于原来私立时期的办学模式。重建的历史系规模小、课程少，且课程体系也是旧的。从 1947 年秋入职文学院历史系至 1949 年 1 月天津解放，杨生茂先生讲授的课程是"西洋史"。众所周知，西洋史是以欧洲为中心的历史，几乎不包括欧洲之外的历史。

第二个原因是，1949 年之后，国家高等教育委员会废除了此前的"西洋史"课程，指示高等院校开设"世界通史"课程，但是中国从来没有过"世界史"这个学科概念。世界通史究竟该怎么讲，体系和内容为何，对于百废待举的新中国来说，一时间还没有具体的规划；对于那些从"旧社会"过来的，教育背景各异，无论是留美、留法、留日还是留英的高校教师来说，更是前所未有的巨大挑战。他们面对的任务不是课程转变、教材更换这么简单的事情。但是那一代学人责无旁贷地承担起"世界史"这门新学科的筹划与建设。从此，中国的"世界史"学科从无到有、从薄到厚地发展起来。

新中国成立后，杨生茂先生的主要精力都放在了和世界史教学与研究有关的各种学术活动上，其中包括 1949 年 6 月始，其作为新中国成立后南开大学历史系第一届（代理）系主任，在历史系建立"新史学"教学体系；1951年合创办《历史教学》杂志；20 世纪 50 年代末始合主编中国第一部大学教科书《世界通史·近代部分》，以及草创与艰难维持世界史研究等。③ 今天反观他们的工作内容，这一代知识分子所承担的学术创造实际上是新时代赋予的历史使命。面对新中国成立初期中国学术界的状况，杨生茂先生只能义无反顾地投身世界史学科的建设中去，而对美国史的研究则无法即时开展。

---

① 杨生茂：《自述》（1999 年），杨令侠、朱佳寅编：《中国世界史学界的拓荒者——杨生茂先生百年诞辰纪念文集》，天津：南开大学出版社，2017 年版，第 41 页。

② 杨生茂：《自述》（1985 年），杨令侠、朱佳寅编：前引书，第 3-8 页。

③ 参见杨令侠、朱佳寅：《开创新中国世界近代史的教学与研究——记杨生茂先生前期的学术活动》，载于《南开学报》，2017 年第 1 期。

　　第三个原因是国外环境的掣肘。中华人民共和国成立之初就处于严峻的国际局势中。美国的对华封锁、明目张胆的侵略行径，以及朝鲜战争危机等外部因素，都非常不利于中国学界进行深入的美国研究。

　　第四个原因是 1966—1976 年的"文化大革命"。20 世纪 60 年代初，中央提出加强外国问题研究。毛主席指示教育部研究三大宗教和地区国别史。1964 年，教育部批准南开大学成立美国史研究室、日本史研究室和拉丁美洲史研究室。杨生茂先生是这三个研究室与教育部之间的联络员，并担任美国史研究室主任。教育部给予资金等方面的支持，不用经过南开大学财务处，不定期直接拨款（美元）给美国史研究室的资料室以购买英文书籍或订购英文杂志。南开大学的美国史研究室[①] 是教育部直属单位，也是当时我国最早成立的三个美国史研究基地之一。[②] 对杨生茂先生来说，南开大学美国史研究室这个学术平台的建立，简直是久旱逢甘霖。然而，正当他厉兵秣马、建设研究室的硬件软件，摩拳擦掌准备开展美国史研究的时候，1966 年"文化大革命"开始了。到"文化大革命"结束时，他已经 60 岁了。

　　杨生茂先生虽然从 30 岁开始在南开大学执教到 60 岁之前的大多数时间从事的是世界史学科的筹划与建设工作，但是还是见缝插针地做了一些美国史的教学与研究工作。他说：

　　　　我对美国史的研究可以说始于 1951 年。朝鲜战争时候，美国人就过不过鸭绿江问题也争论。麦克阿瑟要求过鸭绿江，打到中国东北来，杜鲁门不敢这样做。当时中国刚刚解放，经济上没有基础，美国舰队开到台湾海峡，说台湾不是中国的了。台湾是中国的一部分，这在《开罗宣言》上是见诸文字的，杜鲁门也这样说过，可是战争一起来就推翻他先前所说的话。美国对中国所做的事就如同美国、英国、法国在一战后对苏俄所作的事，趁你未起来，将你扼杀。那时候，美国在中国影响很大，思想上、政治上、经济上影响很大，所以反对崇美是一个思想解放。[③]

　　　　1958 年，我开始讲授美国史，恐怕是（中国——编者加）解放后第一个讲授美国史的人。1958 年，连北大也没有美国史，解放以前有，是

————————————

　　① 2000 年更名"美国历史与文化研究中心"；2011 年 6 月被取消其在历史学院的行政编制，纳入世界史系地区国别史教研室。

　　② 另两个是东北师范大学美国史研究室和武汉大学美国史研究室。

　　③ 杨生茂：《自述》（1999 年），杨令侠、朱佳寅编：前引书，第 39 页。

齐思和先生开的。那时候我为什么开美国史呢？也许是研究生课程的需要吧，但问题是也没讲完。我记得上了几个礼拜的课就下乡了，就完事了。①

1966—1976 年，我们的教学和科研活动完全中断了。②

1978 年，我开始招收美国史方向的硕士研究生。第一个想到的是，现在我招收美国史研究生，先要做打基础的工作。……我主要是打基础。我有一篇文章说，我这一辈子，我们这一代人就是要搞基础工作。换句话说，我希望后来者从我们的"人梯"爬上去，到更高的研究层次，我们处在底层。③

改革开放之前，中国的美国史研究极其薄弱，很难成为研究美国史学史的沃土。显而易见，如果中国的美国史研究整体水平得不到提升，美国史其他分支领域的研究就如无本之木。

1979 年，南开大学作为创始单位之一，杨生茂先生作为创始人之一，与其他高校学者共同创办了中国有史以来第一个全国性的美国史研究民间学术团体"中国美国史研究会"。研究会成立后，同人们即一起开创性地编撰中国第一部多卷本《美国通史》（六卷本）。作为主编之一，杨生茂先生亲拟全书写作大纲、体例、规范，通稿并修改六卷本中的第 2、3、5、6 卷。1986 年始，杨生茂先生主编《美国外交政策史》，从写作大纲、体例规范到修改全书，亦是不遗余力。④

在上述繁忙工作之余，杨生茂先生念念不忘"美国史学史"一域。他说，"美国外交史和美国史学史是我特别有兴趣的专题，我愿意研究"⑤。1992 年，杨生茂先生申请的国家社科基金重点研究项目"美国史学史研究"获批，为期三年，经费两千元。这是当时南开大学为数不多的国家社科基金重点项目，所获经费也是文科中较高的。

---

① 杨生茂：《自述》（1999 年），杨令侠、朱佳寅编：前引书，第 41-42 页。
② 杨生茂：《自述》（1999 年），杨令侠、朱佳寅编：前引书，第 43 页。
③ 杨生茂：《自述》（1999 年），杨令侠、朱佳寅编：前引书，第 45 页。
④ 参见杨令侠、朱佳寅：《杨生茂先生关于美国外交政策史的学术实践与思想》，载于《南开学报》，2018 年第 1 期，第 1-7 页。
⑤ 杨生茂：《自述》（1999 年），杨令侠、朱佳寅编：前引书，第 54 页。

二

20 世纪 90 年代，国内研究美国史的硬件建设刚刚起步，加之美国史学史所具有的独特性，对中国学者来说，美国史学史这个研究仍占据着学术的高地。在这双重困难之下，中国学者研究美国史学史的意义究竟何在，又如何创新，是一个需要回答的问题。

诚然，在美国，美国史或美国史学史的著述多如牛毛，但直到 20 世纪 90 年代中期前后，中国学者能了解和接触到的仍少之又少。那时，甚至连馆藏相对丰富的南开大学图书馆藏有的关于美国史的英文书籍都非常有限，拥有个人电脑的教师也属少数，收发电子邮件都要去图书馆"电子信息服务部"。互联网的使用更远未普及。杨生茂先生说，"咱们关于美国史的研究很贫乏，知道美国的东西很少，资料也很少，近况也不知道，需要做扎实的基础工作"①。

"史学史"是探究史学自身发展历史的研究，具有其特殊之处。它的任务不是讲述历史，而是阐明史学发展的过程，探索史学思想的源流与派别以及史学本身的发展规律，从而揭示史学与社会的关系，为后人提供史学成果和借鉴，促进历史科学的发展。

美国是一个年轻的国家，历史相对短暂。对美国学者来讲，传统史学史所研究的历史编纂和历史文学②，以及修史工作和修史制度的发展等内容，都不是其主要研究对象。因此，美国史学史研究中的历史观点，即史学家对历史进程的看法，就显得尤为突出。不同的年代、不同的流派、不同的学者各有侧重，比如有的关注地理环境与社会发展之间的关系，有的研究社会经济在历史进程中的作用，有的则以朴素民主思想和宪政为叙事主轴。美国的历史学家们在对美国历史发展中的决定因素表达看法时，往往会把其历史观点阐释得淋漓尽致，精彩无比，极尽标新立异、推陈出新之能事，于是才会有像弗雷德里克·杰克逊·特纳和乔治·班克罗夫特等史学大家被雕入史册。

对中国学者来说，要想做好美国史学史研究，就得先通于美国史，然后精于美国史学史。通于美国史需假以时日，精于美国史学史更需连年累月、集腋成裘，如此方能一窥美国历史进程之万一。况且，即便有书可阅，美国

① 杨生茂：《自述》（1999 年），杨令侠、朱佳寅编：前引书，第 45 页。
② 这里不是指的用历史题材写成的文学作品，而是指史学家对历史之表述上的艺术，如写人物、战争和历史场面等方面的成就和经验。

史学史研究也绝非书籍的堆砌和介绍。

中国在 20 世纪八九十年代的情况，以及美国史学史的自身特点，都增加了杨生茂先生完成夙愿的难度。然而，20 世纪 60 年代初，杨生茂先生就计划并反复强调中国人要自己撰写美国史学史。这大约是基于以下几点考虑。

（一）观察美国历史发展潮流：鉴别吸收

由于史学史尤其是美国史学史的上述特点，杨生茂先生说：

> 鉴别吸收，也可以叫做批判吸收。不过"批判"这两个字在文化革命中用得太滥了，现在好像大家不愿意听，实际上文艺复兴就是批判，借复兴希腊文化之名批判中世纪。中国儒学也有批判，"寓褒贬，别善恶"，也是批判的，是从道德方面进行批判。《三字经》里面就这样说了。所以，"批判"并不是一个坏名词，不过在文化革命中这个词给弄臭了。我说鉴别吸收，其实也就是批判吸收。不但外国文化要鉴别吸收，中国传统文化也有糟粕，也要鉴别，取其精华，去其糟粕。[①]

> 我研究美国史学史的目的就是要分析其得失，作我们的借鉴。史学史（研究——编者加）比历史（研究——编者加）还高一个层次。历史是说具体问题；史学史是说美国史学家对美国社会发展的看法，它是观点性的。[②]

> 所以，我搞史学史不研究具体的东西，只研究轮廓性的、总的东西。每一代史学家根据社会发展、社会需求有他的看法。看它的演变，从中看出点得失，作为我们的借鉴。这是我搞史学史的主要目的。[②]

> 我写美国史学史。我认为，美国总的历史有一个发展潮流。这股潮流是美国社会发展到不同阶段而出现的，都是适应当时社会要求的。所以，我从大的方面研究美国史学史。……我认为，史学史不同于历史著作史，应是令人信服地用理论去解释历史的发展现象。[③]

（二）中国人必须研究美国史学史：学以致用

对此，杨生茂先生说：

---

① 杨生茂：《自述》（1999 年），杨令侠、朱佳寅编：前引书，第 53 页。
② 杨生茂：《自述》（1999 年），杨令侠、朱佳寅编：前引书，第 40 页。
③ 杨生茂：《自述》（1999 年），杨令侠、朱佳寅编：前引书，第 54 页。

　　学以致用，学是为了"用"。用要用在好的地方，对社会进步要有促进作用，用在坏的地方，那不是用，是破坏。我主张学不脱离实际，不脱离社会。用好、用坏或真用、假用，在实践中才能辨别出来，光说不成，要看实际效果，在实践中检验。

　　我不主张翻译外国历史就解决问题了。中国人学外国史，必须有中国人自己的看法。①

　　当时（改革开放初——编者加）有一个美国大学历史系教授跟我说，你们研究美国史干什么呢？他说，你们翻译点美国文章著作就成了，何必研究美国史呢？我对此非常反感，说：我们研究美国史，当然比不上美国人，美国人搞很细的题目，很细很细的题目，书出了那么多，学派那么多。我们一个人、两个人、三个人在这儿搞，怎么能跟你们比。但我们不能跟着美国人跑啊，我们中国人要自己搞。我还同那个人辩论，我说，你的说法不对。我说，我们得研究呀，我们不起步哪成。这是起步工作呀，一步一步地来。②

（三）注重比较研究的方法：洞察中美史学之异同
杨生茂先生多次强调在研究美国史学史时运用比较研究方法：

　　我目前正在研究美国史学史，特别注意中美史学比较研究法。当然社会发展阶段和情况不同，史学发展也不相同，史学研究也有不同或不可比较之处。找出可比较之处甚而不可比较之处，鉴别吸收，用以改革提高（中国史学传统中也有糟粕）和弘扬光大我国史学的研究。中国史学传统中也有伟大杰出之处，不然一个民族文化无理由屹立世界之林达几千年之久。这样悠久不衰的文化诚为世界叹服。研究外国史学史不是为研究而研究，而是为了外为中用，吸收其有价值的东西，包括方法论，提高和宏大中国史学。落脚点还在于积极参与和提高世界文化。不然，没有研究美国史学（史——编者注）的必要了，美国人自己研究就可以了，何劳中国学者去照本宣科甚而鹦鹉学舌呢？而中国学者又何必研究美国史学史呢？这个道理在很大程度上也可推及美国学。③

---

① 杨生茂：《自述》（1999 年），杨令侠、朱佳寅编：前引书，第 53 页。
② 杨生茂：《自述》（1999 年），杨令侠、朱佳寅编：前引书，第 45 页。
③ 杨生茂：《随笔》（1993 年），杨令侠、朱佳寅编，前引书，第 173 页。

美国史学史也是我多年喜爱写作的课题，收集了许多资料，作了许多笔记。就现在冠心病等疾病看，还是下决心集中精力整理出来为好。史学史是学习历史的基础，其中不只在于研究治史的方法手段和史家的精神为人，更重要的是研究史学的功用。历史学家千千万万，而成为伟大的（或有名气的）史学家恐怕为数不及数掌之指。"伟大"在于能总结过去文化的精粹，在于适应当代需要，在于推动（或估计，不是占卜家）社会发展之趋势。学以致用，永远是脱离妄想或主观臆测的利刃。另外，学以致用中，还需要比较学，若能结合我国史学发展去研究美国史学，成效更大。"不可比"也是一种比较。若做到这些，也不容易。自愧中国史方面学力不足，但无妨试一试。试一试，方知天高地厚，新儒学大师们用意可嘉，但其致命弱点在于脱离母体太远。美国史学史也许是一个不大时髦的问题。这点无可疑虑，所疑虑的还是功力不足。①

杨生茂先生预设的这种纵通古今、横逾中外的研究格局使其研究视域辽阔、气度高华。

三

杨生茂先生在美国史学史这个研究领域披荆斩棘、拽耙扶犁三十余载，虽成果不过六七份，但整个写作过程艰辛而漫长。

杨生茂先生对美国史学史的研究并不是按照学派出现的时间顺序写作的，而是从美国历史学家弗雷德里克·杰克逊·特纳及其边疆学派开始的，其共有三份成果。第一份是《"新边疆"是美帝国主义侵略扩张政策的产物——兼论美国"边疆史学派"》。② 对这篇文章，杨生茂先生自己评论说：

说实在的，"文革"结束前有点份量的文章就这一篇。我们是 1978年后才开始搞学问的，都 60 来岁了。……"新边疆"这篇文章代表了我的美国史学史研究的一个阶段。③

---

① 杨生茂：《随笔》（1992 年），杨令侠、朱佳寅编：前引书，第 92-93 页。

② 载于《南开大学学报》，1965 年第 1 期；文章评论，张小辰：《〈"新边疆"是美帝国主义侵略扩张政策的产物〉一文读后》，载于《历史研究》，1966 年第 1 期。

③ 杨生茂：《自述》（1999 年），杨令侠、朱佳寅编：前引书，第 39 页

确切地说，这篇文章是 1966 年"文化大革命"开始前杨生茂先生发表的最后一篇文章，标志着他的美国史学史研究的开启，同时也是当时中国学术环境的真实写照。文章对"美国"仍袭 1949 年后的叫法，称"美帝国主义"。[①]杨生茂先生在撰写这篇文章的时候，朝鲜战争结束不过十年。同时，20 世纪 60 年代初，中国人民支持美国黑人运动的呼声很高。而当时，中国大众对美国、美国历史、美国这个国家到底是怎么形成的了解并不多。杨生茂先生选择特纳作为他的第一个研究对象，不仅因为特纳是美国传统史学之东部文明起源说的挑战者，其边疆假说是美国版图形成的一种学说，更重要的是，特纳的研究揭示了美国向西拓张的特性。

虽然特纳的边疆学说从 1893 年至 20 世纪 30 年代初在美国史学界产生过巨大影响，但是中国的学界对此知之甚少。杨生茂先生说：

> 弗雷德里克·杰克逊·特纳在美国史学界影响很大，我是第一个把他的思想较为系统地介绍来的。他是扩张主义。美国的发展是从东向西，印第安人一步一步地后退，最后印第安人被搞到居留区。特纳解释此为是文明的胜利。我认为特纳的学说是帝国主义扩张理论的基础之一。
>
> 特纳的观点影响了美国一代的人，教科书也跟着变。特纳 1931 年退休，1934 年逝世。以后特纳学派就衰落了，又有一个新的学派兴起。史学史总观美国历史的大势，是总的看法，不像美国黑人运动史、美国工人运动史那样谈具体问题。它是通的，是理论性的，里面谈的具体东西是为总的概括、总的观点服务的，例如英国汤因比有他的看法。他谈历史循环论，春夏秋冬往而复返，谈历史的根基，最后归纳到基督文明对马列主义的挑战，落脚点落到这个地方。[②]

《"新边疆"是美帝国主义侵略扩张政策的产物——兼论美国"边疆史学派"》这篇文章的学术价值不止于令中国的美国史学界耳目一新，而且它提出的特纳的学说是帝国主义扩张理论的基础之一的观点。文中，杨生茂先生通过对边疆学派产生的原因和美国拓疆历程的阐述，将美国史研究中的史学史这一"高大上"的领域引介进中国，并引用史实说明边疆史学派是怎样为美

---

① 对此，他有解释。参见杨令侠、朱佳寅：《开创新中国世界近代史的教学与研究——记杨生茂先生前期的学术活动》，载于《南开学报》，2017 年第 1 期。

② 杨生茂：《自述》（1999 年），杨令侠、朱佳寅编：前引书，第 40 页。

国各种侵略活动提供理论根据的。杨生茂先生的这篇文章既不失高标准的学术水准，又达到"用"之目的，也为他后来研究美国外交政策史奠定了更扎实的学术思想基础。这在 20 世纪 60 年代初是个很难拿捏的尺度，杨生茂先生成功地做到了。

1982 年发表的《试论弗雷德里克·杰克逊·特纳及其学派》是杨生茂先生研究特纳学派的第二篇学术论文。[①] 处在改革开放的学术春天里，这篇论文从题目到内容都有了一个质的飞跃。文章对特纳在历史编纂学上的地位、边疆学派的思想渊源、边疆学派的中兴与消落，以及后特纳时期史学发展情况等进行了详尽的考察，洋洋洒洒三万字，引用英文论著 86 种，做注释 165个。当时发表学术论文一般对字数的要求是不得超于六七千字。幸得当时《南开学报》偏照，该文得以分两期刊出。

杨生茂先生对特纳研究的第三个成果是《美国历史学家特纳及其学派》[②]这本书。这本书实际上是一本有关特纳及其学派的著述翻译集，其中节译特纳本人撰写的作品 7 篇，外国历史学家纪念特纳及评介他的学说的文章 6 篇。这本书的价值在于，除了对当时英文资料短缺的补益，还带着那个时代的学者们对这个领域问题的自我理解和翻译风格，是集体智慧的结晶。

本书的第二部分即是由杨生茂先生在 20 世纪 80 年代初组织、编辑的这些译文。

1993 年 5 月 4 日，杨生茂先生应邀把这本书的初译底稿捐给了南开大学图书馆文库，并在封包上写下数语：

> 此系《美国历史学家特纳及其学派》一书的初译稿审阅存底。因系初译稿，字迹杂芜，且用铅笔审校，日久字迹更不清晰，但挑灯鏖战，呕心沥血之辛苦，均跃于纸上。故特赠南开大学图书馆文库保存，期寄雪泥鸿爪之意。

> 澹泊惜阴斋主杨生茂识

南开大学图书馆没有辜负杨生茂先生厚意，将这些手改稿恒温恒湿认真

---

① 《南开学报》，1982 年第 2、3 期。

② 杨生茂编，黄巨兴、张镇强、焦庞颢、王玮、王群、于锡珍、李青、阎广耀译；张芝联、张孝纯、杨生茂、丁则民校，北京：商务印书馆，1984 年版。

存于特藏部。[①]

杨生茂先生对美国史学史研究的第二个侧重点是美国外交史学史，是从威廉·阿普曼·威廉斯入手的。

在《试论威廉·阿普曼·威廉斯的美国外交史学》[②] 一文中，杨生茂先生通过分析威廉斯的史学观点，阐释了美国新左派运动和新左派史学以及美国外交史学史的特点。他认为，威廉斯之所以卓越，是他提出了美国对外政策中的扩张主义因素和两个基本特点。文章尽是旁征博引，有些页的注释竟占三分之二页面。这篇文章发表于 1980 年初，应该是写于 20 世纪 70 年代末，但杨生茂先生资料积累却用了几十年之工。更难能可贵的是，其引用的资料最新截至 1978 年。这篇文章引用了 1978 年出版的、当时美国研究威廉斯的最新的前沿新著，同时还介绍了 1978 年美国历史学家组织举办的第 71 届年会对威廉斯观点的点评。杨生茂先生身体力行，示范高标准学术水准，可谓苦心孤诣。

《论乔治·班克罗夫特史学——兼释"鉴别吸收"和"学以致用"》[③] 一文是杨生茂先生生前写的最后一篇关于美国史学史的文章。他自己评价这篇文章时说：

> 比较重要的是班克罗夫特那篇文章。他们要 6000 多字，我写了一万多，因为停不下来。他们不要那么多，后来又删。删也费事啊，删到 6000 字交给他们。班克罗夫特等于美国的司马迁，是创始人。两人时间虽相差甚远，但我还是将两人做了一点比较。中国封建社会是长期的，美国是一个年轻的资本主义国家。本来我还想拿中国史学发展与美国做比较，比其间的不同。我经常注意对比。比较，这才能鉴别吸收啊！但是，我不是死搬硬套地去比较，因为不同社会，不同年代，状况各不相同。司马迁是什么时候啊，两千年以前；班克罗夫特是百年以前。所以，我警惕死搬硬套。为了中国学生理解美国史学，我愿意做点比较。通过这些人，我表达出了对美国史学史的看法。[④]

---

① 朱佳寅：《筚路蓝缕以启山林 几度桃李香自南开——从南开大学图书馆藏杨生茂先生手改稿说起》，南开大学图书馆微信公众号 2020 年 7 月 27 日。

② 《世界历史》，1980 年第 1、2 期。

③ 《历史研究》，1999 年第 2 期。

④ 杨生茂：《自述》（1999 年），杨令侠、朱佳寅：前引书，第 55 页。

　　无论从哪个方面讲，20 世纪 90 年代末都是杨生茂先生自出生后最怡然的时光，令他史学创作喷薄而出，笔触笔调充沛旺盛，尽无年暮之气。在班克罗夫特游走的欧洲和美国的学术走廊中，杨生茂先生帮助读者从班克罗夫特的历史语境中勾勒出美国史学史的发展脉络，并将其"鉴别吸收"的学术关怀折射进中国的美国史研究的现实理境。

　　自 1822 年从欧洲学成回美后，班克罗夫特通过对欧洲文化的鉴别取舍，终借英法文史传统和德国民族主义，还原了美国历史的化境。很难否认杨生茂先生没有受到班克罗夫特等美国历史学家气势磅礴的历史推论的震撼和感染，但是他并没有随着他们的思路走，而是站准中国学者的立足点，把这些研究个案措置裕如，作为其一贯倡导的鉴别吸收理念的典型案例，向中国读者鲜明地诠释了自己的观点，并通过冷静思考，展现了恢宏的美国史学史场景。这篇文章气势如虹，挥洒自如，游刃于欧美之间，迸溅出激情澎湃的历史浪漫主义色彩，彰显了杨生茂先生的历史国际主义的风范，是他写作的最高境界。

　　总结杨生茂先生这几篇研究特纳、威廉斯和班克罗夫特的文章的写作过程可以看出，他立意研究美国史学史很早，然其研究则进行得断断续续，甚至被中断十年之久。他的第一篇相关论文发表于 1965 年，最后一篇发表于 1999 年。其中除了前面提到的各种客观原因外，杨生茂先生还始终本着先做合作的集体项目的原则。

　　杨生茂先生在进行美国史学史的课题研究的同时，还是其他美国史研究项目的领军人物。为中国的美国史年轻学者早日出成果、为美国史学界早日建成成熟的学术队伍，他宁可停下手中的美国史学史的写作。

　　仅以改革开放到 20 世纪末这 20 多年的时间为例，杨生茂先生为中国的世界史学科和美国史学科做了诸多奠基性工作，如参加"七五"全国哲学社会科学规划会议、国务院学位委员会学科评议组会议、南开大学教师职称评审委员会历史学科评议、天津市哲学社会科学规划领导小组会议，合主编《简明外国人物词典》（天津教育出版社，1989 年出版），合著《美国史新编》（中国人民大学出版社，1990 年出版），合主编《美洲华侨华人史》（东方出版社，1990 年出版），合编《美国历史百科辞典》（上海辞书出版社，2004 年出版），等等。杨生茂先生甘愿在这些研究课题中做搭桥设径、铺路奠基的工作。对于花费的时间和精力，他无怨无悔，自甘其乐。可惜时间留给他有效的工作时间太短，还有许多翻译成盒的美国史学史的卡片最后也无力整理。杨生茂先生原计划写"单篇文章，以人系史，集人成书"① 的愿望最终也没能实现。

四

杨生茂先生虽然最终没能完成他的美国史学史研究最初的计划，但从内容讲，其研究体系和思想已比较完整和系统，并且他的历史哲学观点扩展到对历史学和对历史学家的观察与分析。

（一）关于历史

关于历史，他认为：

> 首先我认为历史认识是相对的，没有绝对的。对秦始皇的认识现在就不一致，何况别的。随着社会发展，对历史的认识是相对的、无穷的，逐步接近于正确的认识，要有一个过程。②
>
> 我写美国史学史。我认为，美国总的历史有一个发展潮流。这股潮流是美国社会发展到不同阶段而出现的，它都是适应当时社会要求的。所以，我从大的方面研究美国史学史。我不愿意搞具体的美国工人运动史、美国农民运动史……。我认为，史学史不同于历史著作史，应是令人信服地用理论去解释历史的发展现象。③

（二）关于历史学家

杨生茂先生认为历史学是有"用"之学，历史学家是有"用"之人。他说：

> 文人有张口、有支笔，除非你不说话，只要你说话；除非你不写字，只要你写字，不管你有意识、无意识，就有"用"的问题。因为你要用说话去影响别人，写文章去影响别人，这就有"用"的问题。"用"避免不了，学就得用，关键要用在有用的地方，对社会有好处的地方。你的"用"若是为反动派服务，就是错误的了。
>
> 尤其是"文革"后一段时间，有人写文章总要打听上边的精神，我

---

① 杨生茂：《信件》（1990 年 8 月 3 日），杨令侠编、朱佳寅编：前引书，第 239 页。
② 杨生茂：《自述》（1999 年），杨令侠、朱佳寅编：前引书，第 54 页。
③ 杨生茂：《自述》（1999 年），杨令侠、朱佳寅编：前引书，第 54 页。

最反对。你不是秘书呀，秘书应该按照首长的意旨写东西，那是另一个行当，但你是学者。学者应该有自己的头脑，写自己的文章。这一点应该分别清楚。也许首长所说的是对的，是对社会有用的，但是秘书还是和研究人员不同的。研究人员主要靠自己思想研究，靠经验积累。好的、坏的，自己说不算数，因为你自己说都是有用的，反对派也都说它的都是有用的。问题是实践是检验真理的标准，看你对社会起好作用还是坏作用。[①]

我认为，一个好的历史学家，一个杰出的历史学家，必须具备三个条件。一个条件是能对历史上的事情的优点、缺点进行综合的分析，指出过去历史的优缺点，能继承优点。这是第一点。第二点是能应答当时社会发生的问题，空谈不成。我说考据学很重要，是历史学很重要的一个部门，是辅助历史学的。光考据没用处，但是历史学发展必须有考据。例如说，这件事发生在哪年哪年，这很重要，弄错了就没有进一步研究的基础了。光考据出来了，不是历史学，历史学得有观点，得解释，而且这种观点解释不能是反动的，能起推动社会作用的。有许多反动的历史学家，不起好作用，例如，法国资产阶级革命后复辟时期的历史学家，维护波旁王朝的利益，就不起好作用。真正的历史学家，能发挥影响，梯也尔啦、米什莱啦、路易·勃朗啦、马提埃啦，这些人影响很大，不止影响法国，还影响法国以外的历史研究，因为他们能够应答当时社会提出的问题。不要求你应答得很完全，但要尽量应答。第三点，你能指出未来的发展大趋势。历史学家不是占卜学家，不是算命的，谁也算不出究竟怎样，也不能在试管检验，但是尽量根据你的研究，指出或启发别人思考未来社会发展。这三个条件就是杰出历史学家必须具备的。[②]

（三）关于美国史学史的分期问题

杨生茂先生认为，美国史学史分三个时期。"我认为，17 世纪和美国独立前的 18 世纪不应纳入美国史学史的组成部分，只可视为美国史学发展的背景。美国史学史应从独立战争开始计起。"

---

① 杨生茂：《自述》（1999 年），杨令侠、朱佳寅编：前引书，第 40-41 页。
② 杨生茂：《自述》（1999 年），杨令侠、朱佳寅编：前引书，第 47 页。

　　美国史学分三大时期，一个是开端时期，从立国到 19 世纪末，可说是发轫时期，代表人物为班克罗夫特等业余史学家。从 19 世纪末到第二次世界大战，是本土化时期，代表人物为特纳、比尔德和鲁滨逊。第二次世界大战以后是缤纷林立时期，反美国中心主义与反霸权主义，代表人物为新史学派威廉斯和古特曼等。其间两个过渡人物为亨利·亚当斯和丹尼尔·布尔斯廷。我是根据这三大时期、三大美国社会发展阶段来研究美国史学史的。

　　发轫时期主要是 19 世纪，即 18 世纪末至 19 世纪 80 年代以前。我主要抓一个班克罗夫特研究。他的思想是怎么一个来源、他的史学著作对当时社会发展有什么影响、为什么他那样写。

　　当到第二时期即本土化时期（1890—1945），我主要抓一个特纳。他怎样抛弃了英国人对美国史的解释方法，而用美国人的观点来解释美国史，为什么他的影响很大。同时，我把他同罗宾逊、比尔德和潘灵顿联合起来分析。

　　第二次世界大战后时期，我就研究新左派史学，即威廉斯。基本上这三个人代表三个时代，但是中间还有过渡时期，在 19 世纪末至 20 世纪初，还出现了一个亨利·亚当斯；二战前夕至战后初期还有一个丹尼尔·布尔斯廷。他是一致论史学最有影响的学者。我在研究三个代表人物的同时，也研究了这两个过渡性人物。我写了文章，没写整个的美国史学史。我有这个计划，没有实现，但是架子、框架就是这样。目的就是研究美国史学如何发展的，史学流派是怎样适应社会发展要求、作为政治经济的反映而出现的，史学流派起了什么作用，以此为鉴来研究中国。[①]

（四）关于美国史学史的著名学者

1992 年 4 月杨生茂先生在本子上草记如下：

　　几个美国史学家需要首先研究：班克罗夫特、特纳、亨利·亚当斯、比尔德、布尔斯廷和威廉斯，除特纳和比尔德同属"进步"时期外，其他人各代表一个美国历史时代。

---

① 杨生茂：《自述》（1999 年），杨令侠、朱佳寅编：前引书，第 55 页。

班克罗夫特——第一个写美国通史，但只到制宪、共和制初生、商业资本、加工业资本初期。乐观自得，（认为美国——编者加）经济发展前途远大。（其中——编者加）没有黑人、印第安人地位，其中有（白人）"避难所"神话。上帝之骄子，撩动民族主义精神方法，基本上是讴歌，以文治史：浪漫主义，业余史家。

亨利·亚当斯——过渡时期，自由资本向垄断资本过渡：矛盾丛生，但向往 18 世纪、19 世纪初，包括约翰·亚当斯和约翰·Q.亚当斯；不同于弗朗西斯·亚当斯，也不同于布鲁克斯·亚当斯。书中（表现——编者加）时代彷徨感，悲观。教历史，搞历史（九大卷），不信历史，信社会的自然规律，未找到思想出路，悲剧在此。时代镜子，但未指出历史方向。

特纳——摆脱过去美国史的成规，重西部史，别开生面，打开亚当斯所受的桎梏和彷徨，指向海外扩张；强调讴歌民族特性；强调西部运动中看历史；土生土长的历史；社会动力中的矛盾性（Section 未结成效）：为一大进步，讴歌进步改革。

比尔德——进步运动中史坛主将。经济史观、矛盾史观（农、工业），受 Muckraker（揭发者——编辑加）的影响。宪法经济解释之功过，文明兴起之得失，引起 30 年代思想大震荡。特纳势头已下，帕林顿已逝（1971—1929），比尔德一百八十度大转弯：相对主义、孤立主义走向反面，由战士到卫士，江河已下。

博恩斯坦——一致论学派：二战后时代反应和要求。

威廉斯——外交史上奋斗出来，遭围攻，但后继无人，好景不长，收缩主义是对的，但为何？为何无人响应。[①]

杨生茂先生对自己的美国史研究有个总的评价。他说："虽然学习美国史近四十五年了，但博与约、通与专的问题解决得还不好，还不满意，还不感到心安理得。"[②]

本文所列资料更多地是选用杨生茂先生平日所记的思考和灵感，只言片语，断不成句，其正式的文字表述可见极易查阅到的他发表的诸篇论文。

---

① 杨生茂：《随笔》（1992 年），杨令侠、朱佳寅编：前引书，第 164 页。
② 杨生茂：《自述》（1985 年），杨令侠、朱佳寅编：前引书，第 8 页。

　　我们不是研习美国史的，只是曾近身杨生茂先生。至于杨生茂先生研究中的盲点及谬误，为力所不逮。文中纰漏之处，也望得到各方指教。

　　在此，特别感谢王玮先生不吝赐教，感谢丁见民教授从旁襄助，感谢宋铭歌核对英文注释，感谢赵伟杰、吕畅、边宏宇、吕文娟、王卿卿、吕璐和严高英等录入文字之劳。

朱佳寅　杨令侠

2023 年 4 月

目　录

第一编　论文

美国史学发展史可分为三个阶段：独立战争至 19 世纪 70 年代为第一阶段；19 世纪 80 年代至第二次世界大战结束为第二阶段；第二次世界大战后为第三阶段。[①] 17 世纪和美国独立前的 18 世纪不应纳入美国史学史的组成部分，只可视为美国史学发展的背景。美国史学史应从独立革命开始计起。

史学史是研究历史的重要基础，非得此道，则无法实现史学研究的高境界和宽视域。

和探究美国史学史轨迹同样重要的是，不断对中国的美国史研究作出总结和评判也是非常必要和有意义的。

---

① 约翰·海厄姆（John Higham）在《美国历史的重建》（*The Reconstruction of American History*, London: Harper & Brothers, 1962）一书中划分的三个阶段是：17 世纪、18—19 世纪和 19 世纪末以来。约翰·富兰克林·詹姆森（John Franklin Jameson）也将 17 世纪和 18 世纪作为两个阶段。

论美国史学史

美国史学史的轨迹

  研究史学史，不只是研究历史著作的作者和内容，更重要的是研究历史著作产生的社会背景及其产生的社会影响。古今中外，历史学家成千上万。如何评估一个杰出的历史学家，是个复杂的问题。我认为历史学家如获得"杰出"称谓，须具备三个最基本的条件：第一，在其研究领域，能鉴别吸收前人的优秀文化遗产，同时分析其不逮之处；第二，在本研究范围内，能有所创新，有益于社会的发展，或能积极应答社会发展中提出的问题；第三，对于社会未来的发展，尽可能地起到有益的启迪效用。杰出的历史学家是坚强不懈的弄潮儿，能学以致用，即致社会进步之用。他们探索资料，注释往事，谈天说地，评古论今，其目的在于使同代人有一种共同感和责任感。历史学家的社会效益就在于此。这也是评估杰出历史学家的重要准则之一。

  依据这些认识，笔者认为，19 世纪初至 20 世纪后半叶，美国史学史的轨迹大致可寻乔治·班克罗夫特、弗雷德里克·杰克逊·特纳和威廉·阿普曼·威廉斯贯穿画出。我们将这三位杰出历史学家的业绩通前彻后，审视他们在美国史学发展中鉴别吸收了什么，对当时美国社会发展有过什么影响，并有什么学术遗产留给后代，即可概括美国史学发展的主要线索。在他们三人以外，若再加上两位重叠前后的过渡性史学家，即 19 世纪末的亨利·亚当斯以及第二次世界大战前夕萌发并至战后盛行的"一致论"史学家丹尼尔·布尔斯廷，美国史学史的发展脉络就更加清晰。

  班克罗夫特是美国史学的奠基人之一，是美国第一代有影响的国史大师。特纳是 19 世纪末至 20 世纪 30 年代初美国史学界最有影响的人物之一。20世纪 60 年代美国产生新左派运动，而史学新左派的主要代表人物是威廉斯。他们符合我曾提出的杰出史学家的三个条件，其他史学家不易做到这点。而且西方史学家大多是见木不见林，科目过细，在本科目范围内做史学史的研究，更不易摆脱见木不见林的学术观点的局囿，何况不结合社会政治经济思想的发展，孤零零地就事论事。

以班克罗夫特、特纳和威廉斯三人为研究对象，是因为他们都是影响通史写作的高手。威廉斯对美国外交史学有影响，也对美国通史的看法有影响。

我用威廉斯取代布尔斯廷的原因有三。第一，虽然威廉斯的经济观点来自查尔斯·比尔德，但是，他是在美国海外扩张初起时期提出来的。虽美国外交政策后来演变为全球称霸、一枝独秀的全球超级大国，但也出不了比尔德早先提出的命题。威廉斯的经济观点确立了其在史学史的地位。第二，要了解现在美国的国内外（尤其对外）政策，可以从威廉斯的著作得到启发。第三，不幸的是西方治史的方法和意识不但见木不见林，宏观分析薄弱，而且割裂史学，分门别类，互不联系，画地为牢。比尔德和威廉斯的"开放国内门户"（open door at home）的倡议可见他们不认识外交是内政的延伸这个道理，所以才有 19 世纪初叶进步运动与海外扩张的分别立论时的不能自圆其说的矛盾。布尔斯廷只谈国内和谐，避谈对外政治，其原因亦在于此，社会学家路易斯、谐和论（一致论）者亨利也不例外。

我选班克罗夫特做研究，是因为他留下的历史启示（如扩张主义使命观、美国民族优秀论、美国例外论）不论其性质是非曲直，都的确影响了后代美国史学观点，实际也总结了美国人的意识形态的要素，表现为多变、双重标准、征服成性。

我选特纳做研究，尽管比尔德的影响并不亚于特纳，可我还是把特纳作为新史学的"领头羊"来看待；尽管特纳在进入哈佛大学（新英格兰史学堡垒）之时，在哥伦比亚大学的鲁宾逊也提出"新史学"这个学派名词。

至于亨利·亚当斯，可被视作美国社会危机循环中的过渡人物。20 世纪末美国不乏其人，早些时候有保罗·肯尼迪，还有科尔科的权力有限论（limits of power）……近时有塞缪尔·亨廷顿的文明冲突论，虽然他不是纯历史学家。

说到小施莱辛格，他虽允许文化多元论，但坚持盎格鲁-撒克逊为主元。可见这位哈佛史学大师之子、肯尼迪的政治顾问，在外交问题上的不可一世，但在国内问题颇有负隅一斗之概。过去他曾写一篇论美国几大优点的文章。1998 年他出了名为《施莱辛格的教学大纲：理解美国必读的 13 本书》（"Schlesinger's Syllabus: The 13 books You Must Read to Understand America", *American Heritages*, Vol.49, No.1, March 1998.）的书目，继续推行盎格鲁-撒克逊文化。这是他要做的一次努力。随着如今美全球主义（其中包括文化）

的排山倒海之势，他也效推波助澜之力。

我所选择的这五位史学家在史学研究中的共同显著特点是，都较聪敏地回顾过去的历史，从中吸收他们认为有价值的遗产，并经过消化，提出了对当代社会发展有影响的论点。他们直面社会，议论风发，奏出时代的最强音，对当代人起到激励、鼓舞、启发反思的效用。

这五位史学家在治史的细节上又各具特点，异同参半。他们虽然都在不同程度上重视资料收集，但使用资料的方式不尽相同，如班克罗夫特烦亲托友在国内外搜集资料，但有时随兴释义，不时引起当代人的抗议。[①] 威廉斯著书立说时，虽然科学史观已发展了一个世纪之久，但他在史料应用方面不免粗枝大叶，为时人所讥诮。[②]

这五位史学家的学术地位也不宜以其学术著作的数量来衡量。他们中有的写断代史，有的写通史，有的写卷帙浩繁的巨著，有的只发表精悍的论文。其中一锤定音的史学业绩不在于著作数量和长短，而在于能有发人深省、令人耳目一新的观点和思路，并为社会提供具有教益的宏论要旨。这五位史学家中，只有布尔斯廷写出三卷本通史，井然有序地阐发论点。威廉斯虽以写作外交史专著为主，但也试图从通史角度印证其观点。班克罗夫特虽然写出十卷本巨著，但从严格意义上说，他所写的只不过是断代史。1874 年出版的第十卷，只写到独立战争的结束；1882 年又出版两卷，才续至美国宪法的制定。特纳和亨利·亚当斯都是以发表论文声誉鹊起，在当时史学界激起狂波巨浪。亨利·亚当斯曾出版过九卷本巨著，论述杰斐逊和麦迪逊时期的政治，但为当时人和后来人所瞩目的，还是《亨利·亚当斯的教育》一书[③]中的最后几章、《致美国历史教师的一封信》和《应用于历史的时势法则》那几篇动情的表白和议论。[④] 特纳在哈佛大学历史系的同事爱德华·钱宁虽然讥讽特纳著作不多，但 1893 年特纳一篇演说便在美国史学界引起轩然大波，此后近 40 年，许多史学家依据特纳的边疆假说，改写了美国通史。尽管钱宁写出综

---

① G.P.Gooch, *History and Historians in the 19th Century* (London: Longmans, Green & Co., 1913), p.405.

② Staughton Lynd, "Book Review: William Appleman Williams, The Contour of American History", *Science and Society*, Vol.27, No.2, 1963, p.227.

③ 这本自传于 1905 年写成，1907 年内部刊行。在亚当斯逝世后，于 1918 年由马萨诸塞历史学会公开出版。

④ W.T.Hutchinson, ed., *The Marcus W.Jernegan Essays in American Historiography* (Chicago: The University of Chicago Press, 1937), p.197.

合史实的六卷本巨著，可因书中缺乏观点，被读者束之高阁，逐渐淡忘。[①] 由此可见，扣人心弦的议论，发人深思的观点，贴近时代脉搏的思想，是杰出历史学家必备的功力。

我未把布尔斯廷列入史学史轨迹的主体之中是有原因的。按理说，布尔斯廷的三本著作及《美国人：殖民地历程》可以视为美国史学史的主要轨迹，但我把他列在线上，并未列为主体，似乎他不应取代威廉斯。无可否认，布尔斯廷写了通史，总结了美国社会发展的轨迹，被美国正统派视为当今最能代表美国史学的有效发言人。所以美国驻华大使馆组织力量，翻译《美国人：殖民地历程》，并把布尔斯廷请来中国与读者见面。无可否认，他的书在行文上、在知识上，有其独到之处，也反映了美国社会的要求。不可否认，他进一步推进了美国例外论的解说，用 19 世纪特别是第一次世界大战后的美国阶级调和论、用一致论解释美国社会发展的主流，宣传美国民族优秀论，但未能反映全球霸权主义的实质，成为威廉斯的跛脚鸭（lame duck）——一只尚不足以胜过另一个视野较广、走动敏捷的跛脚鸭。

布尔斯廷不像亨利·亚当斯那样，他没有一种历史危机感，但这种泰然自得的优越感，潜伏着历史危机，因为物极必反，终将毁于一旦。美国人（少数人除外）还没意识到权力的限度。昔日辉煌的罗马神圣帝国睥睨一切，蛮横恣厉，颐指气使，征服一切不听话的人，想不到毁于"蛮人"之手。虽然北欧人被贬为"蛮人"，但"蛮人"正是新文明之祖。

---

① Allan Nevins, *The Gateway to History* (Boston: D.C.Heath, 1938), p.272.

论乔治·班克罗夫特史学

乔治·班克罗夫特（1800—1891）是美国史学的奠基人，是美国第一代最有影响的国史大师。他的同代人威廉·H.普雷斯科特称他为美国"当代伟大的历史写作家"，是取代英国人著作的第一个本土作家。[①] 当时有人把他与英国史学家托马斯·麦考利相媲美。在他去世后，悼念他的人们称他为"美国史学之父"。[②] 到 20 世纪 60 年代，理查德·霍夫斯塔特称班克罗夫特是"美国第一个伟大的美国史学家"[③]。

在班克罗夫特同时代的历史学家中，理查德·希尔德雷斯写有六卷本《美国史》巨著。因他崇尚英国边沁学说，在观点上有点超前于美国现实，且反对浪漫主义，针砭杰斐逊，对社会多有指责，这又滞后于美国思潮，所以他的社会影响不能与班克罗夫特并驾齐驱。[④] 至于其他同代历史学家如约翰·L.莫特利[⑤]、弗朗西斯·帕克曼[⑥]、威廉·H.普雷斯科特[⑦]、贾里德·斯帕克斯等，也都未能产生像班克罗夫特所具有的全国性影响。目力受损的弗朗西斯·帕克曼写出多种专著，以文采洋溢的笔墨，把英法在北美大陆的角逐描绘得有声有色，可是所叙述的内容在时间上较早，并有较多地区局限，且书中少宣扬英雄之语，也少党派争议，在广大读者群中的影响不敌班克罗夫特。

---

① Machael Kraus, *The Writing of American History* (Norman: University of Oklahoma Press, 1937), p.122; p.98; p.100.

② John Garraty, ed., *Encyclopedia of American Biography* (New York: Harper and Row, 1974), p.56.

③ Richard Hofstadter, *The Progressive Historians* (New York: A.A.Knopf, cop., 1968), p.15.

④ Machael Kraus, *The Writing of American History*, p.129.

⑤ 主要著作有《荷兰共和国的兴起》（*Rise of the Dutch Republic*）（1856）等。

⑥ 主要著作有《半世纪的冲突》（*A Half Century of Conflict*）（1892）和《庞提亚克的谋叛》（二卷）（*The Conspiracy of Pontiac and the Indian War After the Conquest of Canada*, 2 Vols）（1851）等。

⑦ 著有《墨西哥征服史》（*Conquest of Mexico*）（1843）和《秘鲁征服史》（*History of the Conquest of Peru*）（1847）等。

另一目力不济的约翰·L.莫特利写作的内容不是本国历史，声望自然也未能与班克罗夫特齐名。当时还有一个班克罗夫特，即休伯特·班克罗夫特。他雇人收集整理从巴拿马到阿拉斯加沿太平洋海岸的史籍多达 39 卷，但集而不述，其影响更未能望乔治·班克罗夫特之项背。

独立不久的美国还没有自主的文化，即使文化最发达的新英格兰地区也仍然笼罩在英国文化的阴影下，其道德观念和生活准则因袭英国，具有殖民地色彩。英国作家哈丽雅特·马蒂诺论述当时美国文化时说，"北美共和国是新的，但人们的观念是旧的。……美国人还没有民族特性"①。托马斯·麦考利所写的英国史在美国发行量比在英国还多四倍。② 当时美国文人和画家都得去欧洲镀金，至少须先在伦敦得到承认。③ 乔治·班克罗夫特也不例外。

班克罗夫特于 1817 年毕业于哈佛大学，一年后赴欧洲留学，就读于德意志格廷根大学，师从希棱，获博士学位（1820 年）。当时在德国学历史的美国留学生中，他是唯一获得博士学位的学子。④1822 年他返回美国，其间曾在柏林大学和海德尔堡大学听过神学家什里尔玛克、哲学家黑格尔、法学家泽维叶、语言学家博克等人讲课。班克罗夫特受希棱的影响较深，曾翻译希棱著作多种。希棱也以教导过班克罗夫特而自豪。⑤

在国内时，班克罗夫特托人访问马德里、伦敦、巴黎、海牙、柏林和维也纳等地的档案馆，搜集资料。在欧洲期间，他不仅走访档案馆，还同当地杰出的文学家和史学家进行了广泛的接触。在法国，他结交了研究法国革命史的史学家，如米涅、基佐、梯也尔和米什列等；在英国，他结识了史学家麦考利和亨利·哈兰姆，诗人柯立芝、华滋华斯、卡莱尔，小说家司各特等。他还拜见过歌德和拜伦。

班克罗夫特取得辉煌成就的主要原因在于：他善于鉴别吸收欧洲文化，并通过消化，把欧洲文化的精华部分运用于美国史坛。他接受欧洲史学的影响，但不唯欧至上。如他虽然听过黑格尔的课，但在其著作中并无反映。他只吸收了希棱的治史方法，而对于希棱以地理环境和经济需求解释历史的观

---

① Merle Curti, *The Growth of American Thought* (New York: Harper, 1943), p.397.

② John Higham, ed., *The Reconstruction of American History* (London: Harper & Brothers, 1962), p.15.

③ Russel B.Nye, "Thought and Culture, 1775-1860", John Garraty, ed., *Interpreting American History: Conversations with Historians*, Vol.1 (New York: Macmillan, 1970), p.206.

④ George Callcott, "Historians in Early 19th Century America", *The New England Quarterly*, Vol.32, No.4, December 1959, p.497.

⑤ 班克罗夫特除在德意志留学外，于 1846—1849 年任驻英国公使，1867—1874 年任驻德国公使。

点漠然视之。德意志史学家重视资料的认真勤奋精神，对他产生了深刻影响，但在应用史料方面，他却不若德意志同行们那样严谨不苟。因为他忙于从政，亦未将德意志学院中行之有效的研讨班制度介绍到美国。从外国史学家对他的评论中，也可看出他的著作不是照抄欧洲。普鲁士史学大师兰克在课堂上向学生介绍说，班克罗夫特的著作是"从民主主义观点撰写的前所未有的最佳著作"①。兰克的话是对他的史学成就的最高奖赏。卡莱尔对班克罗夫特说，"你过于说教"②。古奇则说，班克罗夫特所表述的哲学具有"孩子气"③。兰克一语中的，道出了班克罗夫特著作的重要内涵，并指出他所描绘的政治制度与普鲁士之不同；而卡莱尔和古奇却未能体察班克罗夫特从欧洲文化汲取所需，用以讴歌年轻祖国的激情。

班克罗夫特从当时欧洲文化中汲取了两大精华：一是民族主义，二是浪漫主义。前者主要取自德意志，后者主要取自英法。

19 世纪德意志受法国革命的影响，掀起一股民族主义狂飙。19 世纪初年，普鲁士斯泰因男爵呼吁实现德意志统一，号召历史学家激发国民的爱国主义情怀。1822 年班克罗夫特学成归国后，曾一度与另一名留德学生仿效德意志大学预科的教学设置模式，在马萨诸塞的北安普敦，创建一所名为"园山"的学校。这是他醉心德意志教育的具体表现。他是第一个在德意志史学与美国史学之间架起桥梁的人。④ 1871 年俾斯麦完成了德意志统一运动后曾说，"在建立新德国事业中，德意志历史教授们做出仅次于普鲁士军队的巨大贡献"⑤。班克罗夫特晚年在柏林供职时，与俾斯麦交谊甚笃，据英国作家西德尼·惠特曼说，俾斯麦退休后，在他的书房里仍悬挂着班克罗夫特的肖像，⑥他们有共同的情感和语言。而 1812—1814 年美英第二次战争后，美国也迸发出民族主义情绪和思潮。班克罗夫特一生受着这种思潮的激励，始终不渝。

浪漫主义在 18 世纪末至 19 世纪 40 年代风靡欧洲。浪漫主义是对 18 世

---

① G.P.Gooch, *History and Historians in the 19th Century*, p.406; Machael Kraus, *The Writing of American History*, p.126.

② G.P.Gooch, *History and Historians in the 19th Century*, p.405.

③ G.P.Gooch, *History and Historians in the 19th Century*, p.405.

④ Harvey Wish, *The American Historians: A Social-Intellectual History of the Writing of the American Past* (New York: Oxford University Press, 1960), p.85.

⑤ Machael Kraus, *The Writing of American History*, p.126.

⑥ Otto Count Zu Stolberg Wernigerode, "Bismark and His American Friends", *Virginia Quarterly Review*, Vol.5, July 1929, p.398.

纪理性主义的反动。浪漫主义诗文的主要特征是用绘声绘色的笔触抒发作者感情，取代理性分析，强调历史的连续性，继承启蒙思想的反封建意识，崇尚民族文化，激励民族自豪感，歌颂第三等级反对贵族的自由精神。这种被自由资产阶级赞赏的浪漫民族主义，在思想上正符合 19 世纪上半叶美国资产阶级兴国之道，也是班克罗夫特畅怀抒发思想和情感的源泉。

班克罗夫特鉴别吸收欧洲史学方法和理论，是以新英格兰精神为依据。新英格兰精神是在殖民地时期培育出来的。其来源还是欧洲，主要是英国。英国最早向北美大陆移民的船只就把资本主义和与之相适应的宗教思想——清教教义带到北美。1585 年移民踏上罗阿诺克（Roanoke）岛时，就把扩张的目光投向西部。"从开始美国的社会和文化就不同于欧洲模式。美国的环境起着溶解的作用。"① 在北美，非但封建主义没有植根的土壤，而且摆脱欧洲封建专制制度的移民也天然地以反封建为己任。上帝选民的宗教说教更增强了他们争取扩张物质利益和精神利益的使命感。1630 年，未来的马萨诸塞海湾殖民地总督约翰·温思罗普在驶往殖民地途中在名为阿拉贝拉的船上，就写出美国人对未来的憧憬。他借用《圣经》中建立山上之城可睹世界之光的意思，描述他们的殖民地。山上的圣城象征着移民的追求欲和普世观。在北美人民赢得独立之前，清教教义的激励和广阔无垠的西部土地的召唤，已凝聚了美国人前进的目光，在思想上为人们奏起争取独立的进行曲。

清教教义是推动美国资本主义发展的精神力量，是美国资本主义文化的基石，也是美国资本主义发展初期公认的伦理规范。美国神学家赫尔穆特·理查德·尼布尔曾称，"近代资本主义体系是以宗教为基础的"，"教会是附属于资本主义的"。② 这样，上帝就自然被推到历史的前台，上帝被人格化和世俗化了。在封建社会，代表上帝说话的是君主；在资本主义社会，代表上帝发言的是教士。在美国殖民地时期和独立初期，教士如同律师一样享有很高的社会地位。《圣经》是家家户户必备的读物，此处所说的上帝同中国史学之父司马迁所谓的"天"不尽相同。"天"多指客观的自然，具有泛神的含义。"天"和清教的"上帝"都含有宿命论成分。在农业社会中，人们围守土地，强调"认命"，强调顺应或乞求得到天的好的安排，强调人与自然的和谐。在近代

---

① M.A.Jones, *The Limits of Liberty: American History (1607-1980)* (New York: Oxford University Press, 1983), p.1.

② Sydney Ahlstromi, *Theology in America: The Major Protestant Voices from Puritanism to Neo-Orthodoxy* (Indianapolis : Bobbs-Merrill Company Inc., 1967), pp.601- 602.

商业社会里人们迁移不定，以主动态度去表现上帝给自己安排了好命运，去证明上帝安排自己为选民，强调开拓扩张，进行征服。班克罗夫特的信念就是濡染在这种清教教义之中的。他认为，历史研究和写作是对上帝虔敬笃信的行动。他承认自己深受乔纳森·爱德华兹神学的影响。[①]

在独立初期，新英格兰是美国历史学家的最重要的摇篮。1800—1860年间，完成多部著作的史学家计有145人，其中出自新英格兰的就占48%。在新英格兰的史学家中有26人毕业于哈佛，15人毕业于耶鲁，5人毕业于布朗，4人毕业于普林斯顿，另外有30个学院各培养了1人至3人。[②] 这批人都受过良好教育，他们的读者群也是受过一定程度的教育，并具有一定财力的。

哈佛学院毕业生班克罗夫特是以新英格兰精神撰写美国史的。他以唯一神论的信仰去"注"美国历史，以其消化了的欧洲文化去与在北美衍生的新传统文化相衔接、相融合，并应答美国社会发展中出现的新问题。衔接和融合不是简单的回归。实际上人类社会在不断发展，不可能回归原来的模式。就连对上帝的信仰，也是各派有各派的模式，各代有各代的说法。回归是表面的，实质上是创新。这就是班克罗夫特在学术上取得成功的关键之所在。这个"关键"表现在，班克罗夫特虽然是以新英格兰精神写史，但所写的远远不同于约翰·帕尔弗里的五卷本《新英格兰史》。他撰写的不是区域史，而是通史（虽然最后未能彻底完成，只到制宪会议）。更重要的是他在写作通史时把目光投向大西部，而不是南部。他的《美国史》尽管不受南部种植园绅士们欢迎，却引起广大读者对未来的向往。

班克罗夫特首先以上帝名义讴歌共和制，讴歌在近代史上第一次推倒封建专制并建立起的新国家。加尔文教徒认为政治的任务是光耀上帝。[③]班克罗夫特在1826年7月4日美国国庆日的演说中，就显示出他的民族优越感与对上帝热情歌颂间的联系。他欢呼《独立宣言》是上帝的声音，是圣谕。他说，美国在西半球的成就远比欧洲君主制伟大。"在我们面前出现的前景明亮耀目，几不可估"；"我们在实现上帝意志时，上帝答应给我们每个人以帮

---

① Richard C.Vitzthum, "Theme and Method in Bancroft's History of the U.S.", *New England Quarterly*, Vol.41, 1968, p.365; p.367.

② George Callcott, "Historians in Early 19th Century America", pp.496-497.

③ Curtis Nettels, *The Roots of American Civilization* (New York: Crofts, 1938), p.57.

助。……上帝从他高高在上的地位，赞许地向我们莞尔而笑"。[1] 他写上帝，是为了激扬美国历史的风光，是为了证明"显明天命"合乎上帝的意旨。[2]

在 1834 年出版的第一卷《美国史》中，班克罗夫特显示出在资料使用方面所受的训练，更重要的是他阐发了美国历史的主题思想。他说，从殖民地时期"自由"就是美国的精神。共和制是光荣的，使美国走在世界各国的前列。他赞赏德意志原始种族社会的平等。这种说法为后来赫伯特·巴克斯特·亚当斯所主张的德意志"生源说"埋下伏笔。班克罗夫特所描绘的美国几乎没有任何阴影，所有的都是一派圣洁、自信、希望和进步。人们都依照上帝提出的完美计划，安排他们的社会。1874 年《美国史》第十卷问世。他在书中所表达的基本看法、基本方法和基本偏好都原封未变。他依然强调了进步观，强调了上帝对人类事务的影响。他认为，上帝自有安排，无需设想假如上帝停止实行其法则时，人类何以自处。他安慰他的读者说，尽管人类在现世生活中有许多无法解决的问题，但最终还是会得到善果的。[3] 在这里他偏重了清教教义中的宿命论。班克罗夫特自始至终是一位唯一神论史学家。

因为班克罗夫特直面广大西部，扩张主义使命观自然是他的思想走向。这也使他在政治上始终不渝地成为民主党人。在 19 世纪上半叶，得克萨斯和俄勒冈并入美国版图，美墨战争又扩展了西部边疆。这一连串显示"显明天命"的政治运作照耀着民主党人，其中包括班克罗夫特。至于杰斐逊收购广阔无际的路易斯安那以及西班牙割让佛罗里达，可视为民主党人向西扩张的前奏曲。班克罗夫特是安德鲁·杰克逊总统的追随者。杰克逊是 1814 年在新奥尔良打败英国军队的英雄。不止于此，他从田纳西走进白宫，就象征着来自西部的"普通人"居然能闻问国是，虽然在班克罗夫特的书中"普通人"是抽象的，不是"有血有肉的人"。[4]班克罗夫特的政治选择不合同代新英格兰人的口味，他在政治上的飞黄腾达也令他们吃惊。1837 年他被马丁·范布伦总统任命为波士顿港税务司长。1845 年又被波尔克总统任命为海军部长（1845—1846 年）。在任期间，他创建了安纳波利斯海军军官学院。在担任代

① George Bancroft, *Oration* (New York: Schermerhorn, Bancroft & Co., 1865), p.15; p.25.

② Edward Saveth, "Scientific History in America", Donald Sheehan and Harold Syrett, eds., *Essays in American Historiography: Papers Presented in Honor of Allan Nevins* (New York: Columbia University Press, 1960), p.2.

③ Lilian Handlin, *George Bancroft: The Intellectual as Democrat* (New York: Harper & Row, 1984), p.324.

④ Harvey Wish, *The American Historians*, p.86.

理陆军部长时（1846 年），他命令太平洋舰队司令斯洛特，若美墨战争爆发，就立即夺取加利福尼亚港口，不久又命令泰勒将军跨越墨西哥国境，发动美墨战争。之后他被任命为驻英公使。南北战争结束后，班克罗夫特还被召至华盛顿，为新任民主党人总统安德鲁·约翰逊起草国情咨文，后来又出使柏林。无怪班克罗夫特传记作者莉莲·汉德林视他为"归依"民主党的知识分子。[①]

19 世纪上半叶，民主党人长期执政，班克罗夫特以其最旺盛的年华，为民主党服务。他是一个以政治生活为主的历史学家，[②]其史学业绩同他的政治活动分不开，同所处的时代分不开。这个时代背景对了解班克罗夫特学术思想和学术业绩是至关重要的。

班克罗夫特处于美国资本主义早期发展阶段。自由资本主义节节挺进，自由资产阶级在年轻的共和国里赢得繁盛丰硕的果实。他诞生前十多年，美国的第一次资产阶级民主革命方告胜利结束；在他一生过半时，另一次资产阶级民主革命也吹响胜利凯歌。这个新兴共和国所发生的新事物激发美国人自己的思考，也引起欧洲人的兴趣。共和国独立伊始，美国人就考虑如何摆脱旧殖民主义者的影响，如诺亚·韦伯斯特以美国本土发音和词汇编纂字典，并为彰显文化独立的民族主义精神，于 1787 年写了一本美国史。又如超验主义者拉尔夫·埃默森于 1838 年在哈佛发表题为"美国学人"的演说，提出制定"智力独立宣言"的呼吁。他要求美国人不要一味遵从欧洲价值观，应当在本国文化中寻求启迪。小说家赫曼·梅尔维尔甚至说，"让我们在文学上避开对英国显示仆从主义的影响"[③]。到美国旅游或作短期定居的欧洲人，也对新兴共和国发表各种议论。如 1827—1830 年间居住在美国的英国小说家弗朗西斯·特罗洛普夫人于 1832 年出版《美国家庭的习俗》，詹姆斯·斯图尔特于 1833 年在爱丁堡出版《北美旅居三年记》（两卷），弗朗西斯·莱特于 1821 年出版《美国社会和习俗观》，约瑟夫·斯特吉于 1842 年出版《1841 年

---

① Lilian Handlin, *George Bancroft*.

② John Spencer Bassett, *The Middle Group of American Historians* (New York: Macmillan Co., 1917), p.178. 关于 "Middle Group" 一词，马库斯·康里夫和罗宾·温克斯在合编的《过去的大师们》[Marcus Conliffe and Robin Winks, eds., *Pastmasters* (New York: Harper & Row, 1969)] 中质疑。他们认为此词意思含混，因未指明"中间"的含义（参见该书第Ⅶ页）。从作者叙述的内容看，"Middle Group" 是指殖民地时期与 20 世纪初年之间的史学家，故译为"中期"。

③ F.O.Matthiessen, *American Renaissance: Art and Expression in the Age of Emerson and Whitman* (New York: Oxford Univ. Press, 1941), p.191.

旅美记》。法国人克雷弗克、托克维尔和英国人布赖斯三人相互间隔四五十年分别出书，探讨美国的社会和政治问题。克雷弗克于 1782 年在伦敦出版的《一个美国农民的来函》一书中提出"何谓美国人"问题。托克维尔于 1835 年和 1840 年先后出版《论美国的民主》，英国人布赖斯于 1888 年出版《论美利坚共和国》等。总的来说，他们的论述实质上都离不开"何谓美国人"这个命题。①

班克罗夫特从其唯一神论的宗教观、浪漫民族主义的精神和民主党人的审视角度，成功地回应或者较好地答复了当代社会提出的一些问题，其中包括克雷弗克、埃默森等人提出的问题。1834 年美国史第一卷的出版，自然引起读者重视。这本书不胫而走，风行一时，十年内连续出了十版。到 1875 年前，各卷共出了 20 余版。班克罗夫特乘自由主义和进步主义之风，挥毫弄墨，文采熠熠。

美国立国年浅，无本土古代传统可言，美国人重实际，重实用，不重视抽象原理，不重视追究思想意识的辩证发展，不重视历史细节。②有识之士是在实践经验中审时度势，应答时务。他们未负荷沉重的历史传统包袱，故不受故步自封的困扰；又都具有年轻共和主义的进取精神，故无妄自菲薄、虚无主义的连累。如同全盘照搬一样，故步自封和妄自菲薄都是蒙昧的表现。他们都是摆脱蒙昧主义的佼佼者。班克罗夫特即是其中最突出的一人。

及至 19 世纪 70 年代班克罗夫特出版《美国史》第十卷时，美国史学发展开始离开文史不分的年代。由于实证主义的传播，史学被视为科学，历史学家因而被视为从事专门科学研究的自由职业者。70 年代前，从事历史写作的人都是业余爱好者。文史合一，以文取胜，历史与史观是通过绚丽璀璨的文采传递给读者的。虽然早在 1839 年哈佛大学邀史料编纂家、《北美评论》主编贾里德·斯帕克斯设置了一个史学讲座，但史学还不是一门独立的学科。从事历史写作的人首先必须有钱，有了钱，自然也就有闲从事历史写作。这批业余爱好者中，只有家庭殷实的帕克曼有一个收藏充实的图书室。班克罗夫特在国外收集资料主要靠朋友，在国内主要靠名气，别人乐于提供秘藏。而且他和富孀结婚，生计有仗。班克罗夫特边从政，边写作，用了 40 年才完

---

① Henrry Commager, *The American Mind* (New Haven: Yale University Press, 1950), p.3.

② Oscar Handlin, *Truth in History*, Cambridge (Massachusetts: Harvard University Press, 1979), p.60; p.83; p.93; p.94. 汉德林举例称，班克罗夫特让雕版工去掉乔治·华盛顿鼻上的肉赘。斯帕克斯整理乔治·华盛顿的信件时，常常改动文法。

成《美国史》。他在财政上的幸运还在于售书赢利，而且他善于理财，精于投资。19 世纪 70 年代，东部著名大学设立了历史系。1880 年美国已有 11 个历史教授，此数后来不断增加。密歇根大学、约翰斯·霍普金斯大学（主讲人为赫伯特·巴克斯特·亚当斯）和哈佛大学（主讲人为亨利·亚当斯）开设了研讨班。1884 年全国性历史学会成立。此前若干地区性史学会已经建立。1895 年全国性历史杂志《美国历史评论》创刊。1882 年赫伯特·巴克斯特·亚当斯创办了大学学报《约翰斯·霍普金斯历史与政治科学研究》。美国历史研究沿着班克罗夫特等非职业史学家所开辟的道路前进，推陈出新，更重视资料使用的方法和准确性，索引和附录更加精确完备，研究范围扩大了，贴近了社会，远离了抽象的上帝示谕。进入 20 世纪，系统资料编纂著作和集体撰写的大型通史和专史丛书出现了，新的学派出场了，书评地位提高了。[①] 多卷本丛书中较有影响的有 C.C.李和 F.N.思奥普编《北美历史》20 卷（1903—1907 年出版）、A.B.哈特编《美国国家史》26 卷（1904—1908 年出版）、艾伦·约翰逊编《美国编年丛书》50 卷（1918—1921 年出版）、A.M.施莱辛格和 D.R.福克斯编《美国生活历史》13 卷（1927—1948 年出版）等。

在科学历史研究兴起之际，美国社会发展接近 19 世纪末。在政治、经济和社会思潮方面出现一个大转折。南北战争后，随着国内统一市场的形成，工农业突飞猛进。在"镀金时代"，主要因社会财富分配问题引起的社会集体间的矛盾有增无已。军国主义开始抬头，海外扩张的喧嚣震耳欲聋。"自由"走向"组织"，垄断和帝国主义现象出现了。[②]放任主义已失时效。随之而来的是过度的个人主义、拜金主义和由此而产生的人际关系的疏离、个人的孤独忧惧，从而引发对做人的道理、人生的意义及处世的原则规范，乃至对宇宙、自然、社会、人类命运基本态度的迷茫恍惚。一些知识分子禁不住客观社会变革的冲击，亨利·亚当斯就是其中最突出的典型之一，他在思想上幻想摆脱令他苦恼的现实，在地理上他想离开美国，浪迹欧洲；在精神上希望逃往中世纪。亨利·亚当斯与他的弟弟、历史学家布洛克·亚当斯不同，没有顺利地通过这个社会转轨时期。布洛克随着社会发展大潮，成为当时海外扩张主义的鼓动者，成为扩张主义带头人西奥多·罗斯福的挚友。

埃里克·方纳于多年前曾写道，由于"从弗雷德里克·杰克逊·特纳的

① John Higham , *The Reconstruction Of American History* (New York: Harper, 1965), p.4.

② 〔英〕伯特兰·罗素著，陈瘦石、陈瘦竹译：《自由与组织》，上海：商务印书馆，1936 年版。

'边疆论'直到 20 世纪 50 年代的'意见一致论'已被粉碎了，至今尚未出现一种新理论能填补这项空白"；而美国史学中出现的支离破碎现象，"妨碍了建立一个连贯的研究美国历史的新理论的努力"。①因此上述五位史学家在美国史学史上的地位更加突出了。威廉·阿普曼·威廉斯就对外政策这个美国史上越来越显示其重要性的方面作了历史考察和理论阐述，足以反映整个美国历史发展的主流，而方纳对此并未予以足够的估计。在评介威廉斯外交史学一文中，我已对"一致论"史学流派作过阐述。今拟在叙述班克罗夫特史学时，对亨利·亚当斯也作些评论。

亨利·亚当斯毕业于哈佛大学（1858 年），随后两年在柏林学习法律，并访问了意大利和法国。回国后，随父查尔斯·弗朗西斯·亚当斯从政。1871 年进入哈佛大学执教（1871—1877 年），主讲中世纪史兼任《北美评论》主编。爱德华·钱宁称他是"最伟大的教师"②。但在执教七年后，他离开哈佛，声称他不清楚在讲课中要讲什么。这种言谈透露出他的苦恼和思想危机。他从理想主义转向犬儒哲学，申言人类未来人性面临惨淡的劫数。他说，在战争杀戮的后面存在着人类文明将如何自处的问题。③ 他认为，人类肉体上和精神上的能量，依照热力学第二定律逐渐消耗。工业技术革命加速世界最后灾难的来临。1900 年 11 月他写信给弟弟说，他"暗暗地想人们已临近世界巨大灾难的边缘"④。这种想法显示了亨利·亚当斯对世纪末的彷徨感。他是一个过渡时期的过渡人物，⑤ 也是一个悲剧人物。他的言论具有明显的时代特征。这是他在美国史学史上占有一席地位的缘由。

进入 20 世纪后，美国兴起资本主义改良运动——进步运动。这是对自由资本主义跟跄失势时所提出的新问题的回应。班克罗夫特的著作虽然在广大读者中销声匿迹了，但他所留下的精神却在潜移默化中流传下来。他所宣扬的观念如扩张主义使命观、美国特殊论和优越观等在 20 世纪美国史学著作中还时隐时现。1966 年拉塞尔·B.奈居然将班克罗夫特的《美国史》予以删节，并付诸刊印。理查德·霍夫斯塔特称，班克罗夫特的著作"仍然是 19 世

① 参见埃里克·方纳等著，齐文颖等译：《新美国历史》，北京：北京师范大学出版社，1988 年版，第 3-4 页。

② Machael Kraus, *The Writing of American History*, p.178.

③ William Appleman Williams, "Thoughts on Reading Henry Adams", *Journal of American History*, Vol.68, No.1, 1981, p.15.

④ Elizabeth Stevenson, *Henry Adams: A Biography* (New York: Octagon Books, 1977), p.302.

⑤ John Barker, *Superhistorians: Makers of Our Past*, 《交流》（美国驻华大使馆刊印），No.3, 1984, p.4.

纪美国历史意识的最伟大的界碑"①。当时美国科学史学派的前进道路是以班克罗夫特为起点的。科学史学派史学家虽然仍沉浸在新教精神中，但在程度上已不尽与以往相同，"上帝"一词已不再是他们的口头禅了。不过有的科学历史学家的文字过于刻板，因而业余史学家的光辉灿烂的文采还不时激起读者怀古之幽情。

---

① Richard Hofstadter, *The Progressive Historians*, p.19.

论弗雷德里克·杰克逊·特纳及其"边疆学派"

弗雷德里克·杰克逊·特纳（1861—1932）是 19 世纪末至 20 世纪 30 年代初美国史学界最有影响的人物之一。休·H.贝洛特说：从 1893 年到 1932 年，在美国历史写作和研究方面，从没有一个人比特纳"发挥了更为深远的影响"。[1] 约翰·海厄姆把特纳同哲学家威廉·詹姆斯、建筑师弗兰克·L.莱特并列为 19 世纪末在各自活动的领域中"三个促进思想解放、发挥潜移默化影响的人物"。[2] 1971 年，特纳的信徒雷·A.比林顿说：从 20 世纪初到 30 年代，特纳对美国历史所作的解释，在史学界"居于统治地位"，"在那些年代里，美国历史协会被称作大'特纳联盟'"。[3] 1948 年美国历史协会理事会推选六名已故的最伟大的美国史学家，荣膺第一的就是特纳。[4] 1958 年，吉恩·格雷斯利分析 13 本比较著名的大学教科书时，发现其中 9 本在不同程度上接受了特纳的边疆假说。[5]

---

[1] Hugh Hale Bellot, *American History and American Historians: A Review of Recent Contributions to the Interpretation of the History of the United States* (Norman : University of Oklahoma Press, 1952), p.24.

[2] John Higham, *Writing American History: Essays on Modern Scholarship* (Bloomington: Indiana University Press, 1970), p.96.

[3] Ray Allen Billington, *The American Frontier Thesis: Attack and Defense* (Washington: American Historical Association, 1971), p.5.

[4] John Higham, et al., *History: Professional Scholarship in America* (Baltimore: Johns Hopkins University Press, 1973), p.56；在 1951 年约翰-考菲举行的关于迄至 20 世纪 20 年代最佳美国历史著作的投票调查中，弗农·帕林顿的《美国思潮的主流》（Vernon Louis Parrington, *Main Currents in American Thought*, New York: Harcout, Brace and Company, 1927）一书名列第一，第二为特纳编的《美国历史上的边疆》论文集（Frederick Jackson Turner, *The Frontier in American History*, New York: Holt, 1920）[see John Higham and Paul K.Conkin, eds., *New Directions in American Intellectual History* (Baltimore: Johns Hopkins University Press, 1979), p.xviii.]。

[5] Gene M.Gressley, "The Turner Thesis: A Problem in Historiography", *Agricultural History*, Vol.32, No.4, October 1958, p.249.

一、特纳在美国历史编纂学上的地位

特纳最著名的一篇论文是 1893 年于芝加哥"美国历史协会"会议上发表的。这篇题为"边疆在美国历史上的重要性"的论文，几乎包括了他关于美国历史的主要看法。他以后所写的论著只是对这篇文章中所持论点的引申或补充。此文无疑是美国历史编纂学中一个里程碑。弗雷德里克·L.帕克森誉之为"美国的再发现"，甚而比哥伦布更为"成功"。[①] 罗伯特·E.赖吉尔居然认为，"特纳这篇具有历史意义的论文，在公众心目中，仅仅稍逊于《圣经》《宪法》和《独立宣言》的地位"[②]。

特纳发表 1893 年著名论文时，年方 32 岁。当时他在威斯康星大学历史系任教。前此不久（1890 年），这位年轻的副教授刚从约翰斯·霍普金斯大学获得博士学位。[③] 这篇论文虽然显示出他对东部这个著名大学史学研究中德国学派的反抗，但却把德国学派关于历史研究的组织形式与方法学了回去。特纳最初在威斯康星大学、后来在哈佛大学一直开设"西部历史"这门课程，并通过讨论班形式，培养了一批有才华的美国历史学者。[④] 这些人分散在美国各大学，著书立说，传播特纳对美国历史的解释，[⑤] 蔚然形成一个非常有影响的边疆史学派。

起初，边疆史学派受到当时支配美国史学研究的东部几个老牌著名大学（如哈佛大学、哥伦比亚大学、普林斯顿大学、康奈尔大学、约翰斯·霍普金

---

① 弗雷德里克·L. 帕克森：《边疆假说的一个世代（1893—1932）》（see *Pacific Historical Review*, Vol.2, No.1, 1933, p.36.）。

② Everett S.Lee, "The Turner Thesis Reexamined", *American Quarterly*, Vol.13, No.1, Spring , 1961, p.77.

③ 特纳 1884 年毕业于威斯康星大学；1889 年获硕士；1889—1891 年任威斯康星大学历史系副教授，其间赴约翰斯·霍普金斯大学深造，1890 年获博士学位。1892 年晋升为教授；至 1910 年方离开威斯康星大学，赴哈佛大学任教。

④ 早在 1905 年，特纳有成就的学生有约瑟夫·沙弗尔、埃德蒙德·明尼、托马斯·克拉克、O.G.里比、卡尔·贝克尔和 B.H.希尔德；此后有乔治·M.斯蒂芬森、阿瑟·P.怀塔克、塞缪尔·F.比米斯、弗雷德里克·默克、默尔·柯蒂、埃弗里·克雷文、霍摩·C.哈克特、埃格尔·E.罗宾逊、詹姆斯·B.伯哲斯、E.E.戴尔和弗雷德里克·L.帕克森等。

⑤ 《美国历史评论》（*American Historical Review*）、《农业史》（*Agricultural History*）、《太平洋历史评论》（*Pacific Historical Review*）和《威斯康星历史杂志》（*Wisconsin Magazine of History*）等都是传播边疆学说的主要阵地。

斯大学、密歇根大学等）的抵制，只是由于这个学派的影响日增，迟至 1910
年美国历史协会才选举特纳为年度主席。同年，一个古老的东部学府哈佛大
学为特纳敞开大门，聘他执教。当时东部把来自西部的文学作品称为"从山
（指阿巴拉契亚山——引者）那边侵入的哥特人"的作品，[①] 在史学界，自然
特纳也是"山那边"的"哥特人"了。

特纳的学生对他们的导师推崇备至，其中有的人为特纳假说辩护，甚至
达到强词夺理的地步。有的虽然对特纳假说的某些部分持保留态度，但基本
上仍然依照特纳的看法解释美国历史。有的认为，与其说特纳是一个成功的
写作家，不如说是一个成功的教师。特纳的著名学生卡尔·贝克尔曾写过热
情洋溢的文章，描述作为教师的特纳形象。贝克尔说：特纳的讲课富有启发
性；他的讨论班是一种高质量的学术"合作和探险"，是一个学术"交换所"，
有批评和诘问，但无责难；他要求参与讨论班的每一个学生有见解，同时要
求有材料支持他的见解。[②]

特纳虽然是一位有影响的历史学家，但著作不多。他一生主要著作是两
本论文集和两本专著，其中两本还是死后由他的学生代为整理出版的。[③] 论
文约计 30 篇。在哈佛大学，爱德华·钱宁教授素与特纳不睦，曾讥笑他从未
写过"任何大部头的著作"[④]。有的历史学家认为，特纳"就学术晋升标准来
说，他的著作数量是很平常的"[⑤]。当然他的朋友和学生也曾为他辩护，例如
马克斯·法兰德[⑥]认为：特纳不必为写不出"大部头著作"而悲伤，因为哥白

① 〔英〕马库斯·坎利夫著，方杰译：《美国的文学》，第 1 卷，香港：今日世界出版社，1975 年版，
第 145 页。

② William M.Brewer, "The Historiography of Frederick Jackson Turner", *The Journal of Negro History*,
Vol.44, No.3, July 1959, p.241; p.242; p.246; p.247.; Carl Lotus Becker, "Frederick Jackson Turner", section1
and section 2 ,Howard W.Odum, ed., *American Masters of Social Science* (New York : Henry Holt, 1927), Chapter
9, pp.274-295.

③ 专著有：*Rise of the New West (1819-1829)* (New York: Harper and Bros., 1906) 和 Avery Craven, ed.,
The United States (1830-1850):The Nation and Its Sections (New York: Henry Holt and Company, 1935)。论文
集有：*The Frontier in American History* (New York: Henry Holt and Company, 1921) 和 *The Significance of
Sections in American History* (New York: Henry Holt and Company,1932)。后者逝世后才出版。

④ Ray Allen Billington, "Why Some Historians Rarely Write History: A Case Study of Frederick Jackson
Turner", *The Mississippi Valley Historical Review*, Vol.50, No.1, June 1963, p.3.

⑤ Harvey Wish, *The American Historian: A Social-Intellectual History of the Writing of the American Past*
(New York: Oxford University Press, 1960), p.182.

⑥ 马克斯·法兰德为美国历史学家，曾任斯坦福大学、耶鲁大学历史学教授；1927—1941 年任加利福
尼亚州圣马力诺的亨廷顿图书馆和美术陈列馆的研究部主任，撰写有关于美国制宪会议和宪法的著作多种。

尼也只不过以一本小书开创了一个科学时代。又如雷·A.比林顿说，亨利·E.亨廷顿图书馆藏有特纳的 32 屉资料，从所收集的卡片、函件、笔记和手稿看，他是一个具有献身精神的学者，只是求全的想法妨碍他的写作数量。

特纳著作的通病是前后重复，支离松散，有时语欠修饰，含混不清。1941年乔治·W.皮尔逊发出调查表，征询关于特纳著作的意见。106 份的答复意见是，原著过于简单暧昧，闪烁其词。[①] 特纳认为，历史是一种"艺术"，而不是一种"科学"，他的著作是"描述性和说明性的，而不是详尽的综合"[②]。特纳一直以地域论作为研究的课题，他讲授的美国历史是沿着这一主题组织的，可是他越研究越混乱不清，以致他以地域论概念撰写的第二本专著直至临终时还不能脱稿。

特纳是美国职业史学家的第二代。[③] 在第二次世界大战前，他同弗农·L.帕林顿和查尔斯·A.比尔德都是"进步派史学家"，也是美国"新史学"学派的奠基人之一。[④] "新史学"学派和"进步史"学派同是对第一批欧洲留学生史学流派的反叛。这所以产生，是同当时美国社会发展有着密切关系的，是适应当时美国社会发展的要求的。

二、特纳学说产生的社会背景

查尔斯·A.比尔德曾说过，使他困惑不解的是特纳怎样碰巧想出他的论题，以为特纳或许是受了丹尼尔·韦伯斯特的思想影响。[⑤]

---

① Gene M.Gressley, "The Turner Thesis-A Problem in Historiography", p.237.

② Michael Kraus, *The Writing of American History*, p.283.

③ 约翰·海厄姆在《美国历史的写作》（John Higham, *Writing American History*: Essays on Modern Scholarship, pp.114-115.）一书中，将 1910 年前的职业历史学家视为第一代，他们大多曾赴德国留学；视 1910—1945 年的职业史学家为第二代，他们大多是美国大学研究生院毕业的；视第三代为第二次世界大战后的历史学家。

④ Robert Darnton, "Intellectual and Cultural History", Michael Kammen, ed., *The Past Before Us: Contemporary Historical Writing in the United States* (Ithaca: Cornell University Press, 1980), p.329；帕顿·E.蒂林哈斯特说，早在 1891 年，即在詹姆斯·H.鲁滨逊发表《新史学》一书（1911 年）前 20 年，特纳就预言到新史学这一想法[see Pardon E.Tillinghast, *The Specious Past: Historians and Others* (Massachusetts: Addison-Wesley, 1972), p.31.]。

⑤ Charles A.Beard, "The Frontier in American History", *The New Republic*, Vol.97, No.1261, February 1, 1939, p.361.

　　比尔德的想法失之简单。固然特纳的思想不是凭空而来的，是与前人思想有一定的续承关系，但也不应简单地追溯到某一个人。在这个问题上，资产阶级史学家往往陷入迷雾之中。如有的史学家指出，在特纳之前，《民族》杂志创建人艾德温·L.戈德金①、西部史学家赫伯特·H.班克罗夫特②曾提出过后来特纳论述的有关西部的看法。更有人指出意大利经济学家阿奇尔·劳利亚③、英国政治和经济学家沃尔特·白芝浩、德国地理学家弗雷德里赫-拉采尔④、英国政治学家詹姆斯·布赖斯⑤、德国哲学家黑格尔、英国史学家托马斯·B.麦考利等人对特纳产生的影响。还有人在特纳著作中发现包括威斯康星大学教授威廉·T.艾伦、经济学家理查德·T.伊利、威斯康星州历史学会的莱蒙·C.德莱柏、鲁本·G.思韦茨、哲学家拉尔夫·W.埃默森、文学家华盛顿·欧文、史学家贾斯廷·温塞尔等 13 个人的观点。⑥ 这个名单还可延长。有的史学家甚至一再议论特纳出生地（威斯康星州波蒂奇）的边疆环境对特纳思想的影响。

　　无疑，这些影响或多或少地对特纳发生过作用，但仅仅从这方面探讨，是很不够的。特纳学派是当时美国社会发展的产物。只有从这个角度估计特纳学说，才能解开查尔斯·A.比尔德的困惑。另外，在特纳之前或同时代，有许多人直接或间接地对于美国西部发表过议论，而只有特纳就西部边疆在美国历史上的作用建立了比较完整的模式。其原因不能只简单地归结为特纳个人的学力。我们也须探索产生这种模式的社会、政治和经济条件。

　　特纳 1893 年发表论文时，美国正处在社会发展的转折时刻。"自由"资

---

　　① Arthur M.Schlesinger, *New Viewpoints in American History* (New York: The Macmillan Comp., 1922), p.70.（此处施莱辛格误将戈德金的名字写为"欧尼斯特"）; John Higham, *Writing American History*: Essays on Modern Scholarship, p.119. 但雷·A.比林顿指出，特纳当时未曾看到戈德金关于西部的论说[see Ray A.Billington, "Westward Expansion and the Frontier Thesis", John A.Garraty, ed., *Interpreting American History: Conversations with Historians* (New York: Macmillan, 1970), Vol.1, p.265.]。

　　② Gilman M.Ostrander, "Turner and the Germ Theory", *Agricultural History*, Vol.32, No.4, October 1958, p.258; p.259.

　　③李·本森认为阿奇尔·劳利亚对特纳产生很大影响[see Lee Benson, *Turner and Beard: American Historical Writing Reconsidered* (Glencoe, Illinois: Free Press, 1960), Part 1, pp.1-40.]。但雷·A.比林顿指出，李·本森依据劳利亚著作以立论的那部分，在特纳遗留的笔记中并未发现，比林顿反而发现特纳阅读了沃尔特·白芝浩的《物理学与政治》一书（Water Bagehot, *Physics and Politics*, Combridge University Press, 1872.）。

　　④ Harvey Wish, *The American Historian*, pp.186-187.

　　⑤ Machael Kraus, *The Writings of American History* (Norman: University of Oklahoma Press, 1953), p.278.

　　⑥ Gene M.Gressley, "The Turner Thesis", p.229.

本主义日渐消失，垄断资本迅速增长。美国资本主义向帝国主义阶段的过渡，带来了新的社会矛盾，提出了新的社会问题。

资本的集结和生产的集中，使社会财富的分配日益悬殊，广大工农群众的生活日趋艰难，中、小企业大量破产。加之国家机器不断强化，经济危机频仍发生，社会阶级矛盾和冲突继续扩大。工人运动规模空前，罢工斗争更加猛烈。农民运动也日形高涨，平民党运动于 1892 年达到高峰。内战后短短 20 年内，西部印第安人的土地全被剥夺，他们被驱入贫瘠不毛的居留地。向西移民的洪流有增无已，至 1890 年，国家普查局宣布边疆已告完结。与此同时，对黑人的歧视和压迫十分猖獗。军国主义也日益加强，至 1898 年，美国发动了侵略古巴和菲律宾的战争。夏威夷也被美国鲸吞。美国思想史学家弗农·L.帕林顿对此作过精辟的分析。他说，美国已经步入了"一个不同的社会秩序"，"在一个集中（垄断）资本主义的专横权力的面前"，"踉踉跄跄的边疆民主""显然垮了下来"。[①]

这一切激励着勇于探索、勤于思考的青年知识分子。在历史编纂学方面，特纳作出反应，给美国历史以新的解释。埃弗里·克雷文说，特纳的著作是 19 世纪交替时期"美国思想和精神的表现"[②]。特纳的这个学生的评语虽然不够全面，但不无道理。这也就是特纳本人所说的，"要了解今日的美国，要了解使美国成为今天这样的那些力量的兴起和发展，我们就应当用今天提供的新观点去重新研究我们的历史"[③]。

最初，特纳学说是以反对东部垄断史学研究的形式出现的。在特纳之前，美国史学界的研究重点是殖民地时期和大西洋沿岸，研究人员也以东部大学史学家为主。随着美国领土向西扩张，西部历史的重要性越来越显现出来。特纳的著作就是反映以西部环境为背景、重新解释美国历史的要求。1889 年特纳在《日暑》杂志上抱怨说："美国历史学家大部来自东部，因此我们的历史都是以大西洋沿岸的观点撰写的。……美国对密西西比河流域的占领，并没有发现它自己的历史学家。美国通史应当建立在这一事实上，即这个国家

---

① Vernon L.Parrington, *Main Currents in American Thought* (New York: Harcourt, Brace and Co., 1927), Vol.3, p.404.

② Avery Craven, "Frederick Jackson Turner", William W.Hutchinson, ed., *The Marcus W.Jernegan Essays in American Historiography* (Chicago: University of Chicago Press, 1937), p.266.

③ Frederick Jackson Turner, "Social Forces in American History", Frederick Jackson Turner, *The Frontier in American History* (New York: Henry Holt & Co., 1921), p.330.

的重心已经越过山脉，进入这个伟大的地区了。"① 特纳认为，根据这一新事实来写历史，是年轻一代历史研究者的义不容辞的任务。特纳在 1893 年那篇演说中提出一个纲领，在某种程度上也是一个抗议。用罗伊·F.尼科尔斯的话来说，西部"要求在全国政治的阳光下占取一个地盘"②。

反抗东部垄断对美国历史的解释，是以反美国文明"欧来说"，及"生源说"（germ theory）的形式出现的。"生源说"是特纳的导师赫伯特·B.亚当斯提出来的。特纳对此表示不满而提出了挑战，当然也是对哥伦比亚大学的赫伯特·利维·奥斯古德和乔治·路易斯·比尔的挑战。赫伯特·B.亚当斯认为，古代条顿民族的民主"生源"被盎格鲁-撒克逊人带到英国传到美洲，成为新英格兰城镇民主的成分，最后体现在美国宪法之中。③ 但特纳认为，美国政治制度来自环境，而不是来自日耳曼的"生源"。特纳的一句名言是："一个自由土地区域的存在及其不断的退缩以及美国向西的拓殖，就可以说明美国的发展。"④ 特纳反对赫伯特·B.亚当斯所倡导的从政治制度与宪法的角度去考察美国历史，主张联系社会背景。特纳对亚当斯的反抗实际上反映了当时美国职业史学家力求摆脱英国爱德华·弗里曼政治史学派影响的要求。⑤

美国史学家一向不重视历史编纂学，不重视"历史哲学"⑥。美国无大理

---

① Hugh Hale Bellot, *American History and American Historians*, p.19.

② Roy Nichols, "Quoted in Louis Gottschalk", *Generalization in the Writing of History* (Chicago: University of Chicago Press 1963), p.136.

③ 参见赫伯特·B.亚当斯：《新英格兰城镇的日尔曼起源》（see *Johns Hopkins University Studies in Historical and Political Science*, Vol.1, 1883, pp.5-35）。

④ Frederick Jackson Turner, "The Significance of the Frontier in American History", Frederick Jackson Turner , *The Frontier in American History*, p.1.

⑤ Arthur M.Schlesinger, *The Rise of the City (1878-1898)* (New York: Macmillan Co., 1933), p.224.

⑥ 威廉·A.威廉斯认为，美国缺乏历史知识[see William A.Williams, *America Confronts a Revolutionary World (1776-1976)* (New York: Morrow, 1976), p.9; p.11.]。约翰·海厄姆认为，美国人的实用主义思想方法，是"着重结果"，"不着重先例"[see John Higham, *Writing American History: Essays on Modern Scholarship*, (Bloomington, Indiana, 1970), p.10.]。不同于外国史学家，他们也不愿研究史学方法论[see Arthur M.Schlesinger, *In Retrospect: The History of a Historian* (New York: Harcourt, Brace & world, 1963), p.199; Harry E.Barnes, *A History of Historical Writing* (New York: Dover Publications, 1963), p.260.]。伯特兰·罗素形象地说："别的国家矜夸过去或现在，真正的美国公民却昂首向天空，冥想他的国家将来会如何伟大。……别国诉诸历史；美国人诉诸预言。"（见〔英〕伯特兰·罗素著，陈瘦石、陈瘦竹译：《自由与组织》，北京：商务印书馆，1936 年版。）

论家，理论来自欧洲。[①] 19 世纪后叶的情况更是如此。当时美国职业史学家所持的理论是德国兰克的客观主义和法国孔德的实证主义。他们是通过兰克去宣扬实证主义的。兰克标榜客观主义，看重材料和材料的考证，他的一句名言是："事情是怎样的，就怎样叙述。"实证主义者认为，只有经验事实和经验现象才是"确实的"，科学只是经验事实和现象的记述。美国实证主义史学家尊崇兰克，并企图把兰克的方法论与认识论割裂开来，用兰克的方法论为实证主义服务。例如，爱德华·钱宁说："历史学家的单纯而又艰巨的任务就是收集事实，审定事实，并把事实依照它们本身的实际组织起来，对于越出实际条件所明显揭示出来的任何起作用的力量都不予考虑。"[②]特纳对这种史观提出异议，认为历史学家若只按事物本身进行单纯的记述，则不能发现时代内在的运动，以及形成这种运动的各种社会"力量"。他认为，治史的目的不只是了解发生了若何事情，而且要了解如何发生的；了解过去正是为了从现在去预察未来。这种思想正是"新史学"的嚆矢。在这里，也不难看出特纳思想中实用主义的成分。实用主义产生于 19 世纪 70 年代，于 20 世纪头 20 年在美国成为处于支配地位的哲学。[③]"实用主义者使哲学从缔造完整的玄学系统，转变为运用知识进行实验性的研究。"[④] 凡是有用的，在行动上可以取得成功的观念，就是真理。写历史，是为了用历史。这正是特纳以及"进步派史学家"史学观点的基础。

　　当然，特纳之所以成为"进步派史学家"不只是由于史观的原因，更重要的是社会背景。其实"史观"也是出自社会。随着垄断资本的兴起，垄断资产阶级为了缓和国内阶级矛盾，为了攫取最大利润，对外加紧推行扩张侵略政策，对内在推行镇压之余，则加紧实施改良主义的措施。"进步运动"实际上是完善垄断资本制度的改革运动。这个运动风靡一时，其势头断断续续，一直维持到第二次世界大战前夕。[⑤] 参加者有统治阶级人物，很多是中、小

---

① Wesley Morsh Gewehr, et al., eds., *American Civilization: A History of the United States* (McGraw-Hill Book Company, Inc.1957), p.50；Leo Gurko, *Crisis of American Mind* (London: Rider, 1956), p.xi; p.15.

② Cushing Strout, *The Pragmatic Revolt in American History: Carl Becker and Charles Beard* (New Haven: Yale University Press, 1958), p.20.

③ Richard Hofstadter, *Social Darwinism in American Thought* (New York: W W Norton & Co Inc, 1959), p.123; p.127.; David A.Hollinger, "The Problem of Pragmatism in American History", *Journal of American History*, Vol.67, No.1, June 1980, p.91.

④ Richard Hofstadter, *Social Darwinism in American Thought*, p.124.

⑤ John Higham, et al., *History*: Professional Scholarship in America, p.190.

资产阶级，其中知识分子发挥了很重要的作用。在史学界的"进步派"人物中，以特纳、比尔德和帕林顿三巨擘最为出名。威斯康星州走在这个运动的前面。正如哥伦比亚大学的"新史学"学派在纽约创办"社会研究新学院"作为实践和宣传其学说的基地一样，威斯康星大学成为威斯康星州"进步运动"的中心。

特纳主要受到两种思潮的影响：一是进化论，二是经济唯物论。二者也是"进步运动"的思想基础。在特纳著作中，到处都可发现这两种思潮的踪迹。社会科学家把自然界中的进化法则移植到社会科学中来，成为庸俗进化论。庸俗进化论抹杀了人的主观能动作用，片面强调了人受自然环境以及其他物质因素的支配，这就为地理环境决定论和种族主义开了绿灯。德国弗雷德里赫·拉采尔的地缘政治学在美国产生反响，这是艾尔弗雷德·T.马汉的制海权理论基础之一，也是特纳的地域论和边疆论的理论依据。[①] 当时英国社会学家赫伯特·斯宾塞所宣扬的社会达尔文主义在美国十分流行，史学家约翰·菲斯克就是一个积极的传播者。哥伦比亚大学教授、政治学家约翰·W.伯吉斯、耶鲁大学教授威廉·G.萨姆纳、传教士乔赛亚·斯特朗、社会学家富兰克林·H.吉丁斯和E.L.尤曼斯都是喧嚣一时的种族主义吹鼓手。特纳是他们的追随者，他既宣扬种族主义，又传播社会有机体论。

进化思想具有适应和改进的含义。在垄断资本形成初期，它也为垄断资本家提示了一个解决社会矛盾和冲突的方法。在特纳看来，选举改革、教育制度改革、市政改革、州际贸易立法、自然资源保护、所得税立法、食品药物检验法以及"反托拉斯"法等，都是边疆完结后续进的"社会力量"。他说："当今所从事的任务，是使旧的理想适合新的环境，是依赖政府去保持传统的民主。……政党沿着新方针组织起来，对预选制、直接选举参议员、创制权、复决权、罢免权的要求在传播。曾经是拓荒者民主中心的地区，如今在非常显著的程度上显示出这种趋势。这都是为了给民主的从前的保证，即正在消逝中的自由土地，寻找代替物而作的努力。"[②] 这就是特纳对"进步运动"的意义所作的诠释。

在美国历史编纂学中，特纳在开拓经济史观方面贡献最大。这种新的史学观点也是来自欧洲。当时欧洲史学家如德国史学家卡尔·拉姆普雷赫特和

---

① Robert F.Berkhofer, Jr., "Space, Time, Culture and the New Frontier", *Agricultural History*, Vol.38, No.1, January 1961, pp.22-24.

② Frederick Jackson Turner, "Social Forces in American History", p.321.

德国经济学家古斯托夫·冯·施穆勒等对于经济生活的研究已多重视。他们摆脱了过去单一的政治史或军事史研究，改用经济观点或社会冲突的观点去考察和解释历史。

经济史观在欧洲的传播是同工人运动和社会主义运动的不断发展、马克思主义影响的日益增长有着直接关系的。马克思主义传入美国，也给美国史学界带去经济史观。当时美国的欧洲留学生借用马克思主义的一些观点去解释美国历史，但"他们完全抛弃真正马克思主义分析中的辩证格式。他们冲淡马克思主义的历史唯物主义，而在政治上仅仅强调财产的重要性"①。在特纳著作中没有直接谈到这种影响。之所以如此，大概是由于他对于当时在欧洲流行的马克思主义思潮，并没有像欧洲留学生那样感受直接和印象深刻，而更重要的是由于他强调美国资本主义环境和经验的特殊性，强调美国西部对美国历史的特殊影响，而对欧洲的影响在很大程度上持抵制的态度。特纳的学说是"美国历史写作中的门罗主义"②。阿瑟·M.施莱辛格说，"美国人不愿想他们源于欧洲"，"愿想他们的一切来自边疆"，而实际上"美国是更大的总体的一部分"。③施莱辛格的话无疑是对特纳的批评。

三、特纳假说是为垄断资产阶级服务的

了解一个历史假说的产生背景，只是研究工作的一部分，更主要的是了解它对当时社会所起的作用。

至20世纪30年代，阿巴拉契亚山以西几乎所有的大学都开设了一门有关美国西部的高级课程。④罗伯特·E.赖吉尔说："特纳的想法迅速地几乎完全地被接受了，因而史学家、社会学家、小说家、戏剧家以及任一实际上是冒昧从事写作的人，都很快发表了一大批介绍性著作。"⑤尤其是廉价小说、电影和漫画对于西进运动大加渲染。戴阔沿帽的男女牛仔、无法无天的好斗的强汉、风流狡黠的女人、酗酒贪财的赌徒增加了西部的浪漫主义色彩。早

---

① John Higham, et al., *History*, p.179.

② Avery Craven, "Frederick Jackson Turner", p.254.

③ Arthur M.Schlesinger, *Paths to the Present* (New York: Macmillan Comp., 1949), p.172; p.174.

④ John Higham, *Writing American History*: Essays on Modern Scholarship, p.122; Carlton J.H.Hayes, "The American Frontier-Frontier of What?", *American Historical Review*, Vol.51, No.2, January 1946, p.199.

⑤ Everett S.Lee, "The Turner Thesis Reexamined", p.77.

在 1832 年，詹姆斯·K.波尔丁根据蒂莫西·弗林特的《过去十年在密西西比河流域断断续续居住和旅行的回忆录》写成《嗨！向西前进》。这个书名变成流行的口号，它引发人们的幻想，拨动人们的心弦。西部被美化为"伊甸乐园"，被美化为美国民主、个人主义、平等主义、无限机会、进取心、创造力、乐天主义、实利主义等等一系列美德的发祥地。一个作者夸大其词地说，美国从詹姆斯敦通向俄勒冈的扩张，是"美国的史诗"和"英雄时代"，西部的故事是"我们的特洛伊战争，我们的沃森格英雄传奇，阿瑟王英雄组歌或罗兰之歌"。[①] 但这都掩盖不了特纳假说适应垄断资本时代要求的内容，它主要表现在下列四点上。

（1）特纳虽然主张多元论，但在很大程度上是一个地理环境决定论者。他极力以地理环境决定论，掩盖垄断资本统治下日益尖锐的阶级矛盾。

特纳认为，美国历史是移民向西扩展，并不断适应和改变荒野环境的过程。他说："直到现在，一部美国史大部可说是对大西部的拓殖史。"[②] 他认为，密西西比河流域为一个新社会提供了基础，阿勒格尼山把东部与西部分开，即把欧洲与美国分开。在原始的西部莽莽荒原上和森林中，移民从东部与欧洲带来的文明影响再生为美国独特的文明和美国人民独特性格。西部产生了美国的民主主义、平等主义、个人主义以及民族主义的精神和制度。自然环境可影响"社会机体"，又由于获得性有遗传性，所以一种新的自然环境就可产生一种新的"社会物种"。随着边疆向太平洋沿岸扩张，这种过程不断重复。这种现象之所以发生是因为西部存在广阔无垠的"自由土地"。特纳把社会发展和历史发展的原因归结为自然环境的条件，归结为人与自然的关系。在这里，人与人的生产关系这个活跃的推动社会发展的重要因素被抹杀了。在特纳眼里，在人与自然的关系中，人是被动的。作为不同于其他动物的人的创造作用，相对地被贬低了。这是社会达尔文主义者和实用主义者的通病。

特纳用地域这个地理概念来替代阶级这个社会概念。如小查尔斯·G.塞勒斯所说，"特纳和他的信徒们对于阶级斗争这个不协调的概念保持缄默，并把它调换为截然不同的地理的地域冲突"[③]。特纳认为，美国文明是由人与自

---

① T.K.怀普尔：《旧西部的神话》[see Robert Hine and Edwin R.Bingham, eds., *The American Frontier: Readings and Documents* (Boston: Little/Brown, cop. 1972), p.533.]。

② Frederick Jackson Turner, "The Significance of the Frontier in American History", p.1.

③ John Higham, et al., *History*, p. 176. Original text see Charles Grier Sellers, Jr., "Andrew Jackson Versus the Historians", *The Mississippi Valley Historical Review*, Vol.44, 1958, p.626.

然互相作用的结果，因此在边疆消失之后，地域间的冲突仍然存在。换言之，地域冲突是长青的。这样，特纳及其追随者就大谈特谈南部、东北部与西部地域间的颉颃。在这里，既看不到资本家、工人和农民，更看不见他们之间的矛盾了。作为经济唯物主义者，特纳固然也从经济观点去分析历史和当代的矛盾，但他把经济因素"地域化"了。在谈论地域冲突时，特纳所大力宣扬的却是调和论。他夸耀国会能以调和与妥协方式解决各州间的利害冲突，并认为欧洲各国之间的矛盾也可以"欧洲合众国"的方式加以解决。据雷·A.比林顿说，特纳经常携带纸头，随时记录在报纸上看到的国会投票的结果，并绘制地图，用以说明对某一争论问题的地域分歧。[①]由此可见，特纳的研究局囿于地理观念之深，简直成了地域主义的婢仆。在特纳否定阶级斗争的影响下，有的美国史学家在分析社会和历史现象时提出极其荒谬的说法。例如，特纳在约翰斯-霍普金斯大学的同学、制度经济学学派创始人、1910年继任威斯康星大学历史系主任的约翰·R.康芒斯在所编写的《美国劳工史》（1918—1935）中，认为西部存在广大的土地和机会，因而美国劳工缺少阶级意识，只有追求职业的观念。

特纳的地理条件决定论的根据既然是西部"自由"土地，因而西部广阔土地又是他的美国资本主义发展例外论的基础。他极力宣扬至少在19世纪末之前，西部土地正是缓和东部劳资矛盾的安全阀。暂不论美国西部土地是否是"自由"的，也不论西部土地能否为东部城市失业工人提供出路，但这种安全阀理论确实削弱了工人群众反对资本家的意志，引发了其摆脱穷困的幻想。

早在1837年经济危机的年月里，纽约《论坛》报主编霍勒斯·格里利就曾发出激动人心的"青年们，到西部去"的号召。19世纪三四十年代乔治·H.埃文斯提出的土地改革运动的根据，实际上就是"安全阀"理论。埃文斯认为，政府应制定法律，让工人得到土地。"土地改革不但将使工人脱离资本家的羁绊"，而且"那些留下来的人和那些迁出去的人全都一样能得到享受舒适生活的机会"。[②]由此可见，"安全阀"理论是美国早期工人运动中否认资本主义发展一般规律的美国例外论的一种表现形式，是资产阶级思想在工人运动

[①] Ray A.Billington, "Westward Expansion and the Frontier Thesis", p.263.

[②]（美）菲利普·方纳（P.S.Foner）著，（译者不详）：《美国工人运动史》，北京：生活·读书·新知三联书店，1956年版，第1卷，第285页；Henry N.Smith, *Virgin Land: The American West as a Symbol and Myth* (Cambridge , Massachusetts: Harvard University Press), 1950, p.238.

中传播的结果。埃文斯和特纳不同的是：前者是"自由"资本主义时期资产阶级思想在工人阶级内部的反映；后者是帝国主义时期资产阶级思想从工人运动外部对工人群众所施加的影响，是为垄断资本服务的。

（2）除地域论外，特纳学说另一个重要成分是边疆说。雷·A.比林顿称特纳为"美国历史上地域说和边疆说之父"。①

边疆说的首要内容是扩张主义。和剥削制度一样，扩张本来就是资本主义制度的本性。② 美国本身就是重商主义的产物，是英国商业资本扩张市场、夺取原料地的结果。英国殖民主义者一踏上北美大陆，就开始了向西扩张的进程。扩张主义是美国的"催生婆"，又是美国存在的条件和传统。③ 特纳所担任的角色正是在帝国主义初期具体勾勒美国此前扩张的图景，并为以后帝国主义扩张吹奏进行曲。当 1896 年威廉·麦金利与威廉·J.布莱恩竞选运动非常激烈时，特纳在《大西洋》月刊上发表文章，声称西部人"相信这个国家的'显明天命'"，"要求强有力的外交政策，要求两大洋之间开辟运河，要求恢复我们的制海权，要求把本国势力伸向本土外的岛屿和邻近的国家"。④ 1910 年他在美国历史协会发表主席演说时，又重复了这个意思。⑤

特纳本人是一个扩张主义者。他的边疆说的基调就是扩张。他说，"向西扩张……提供了支配美国生活的力量"⑥。美国"跻入世界列强之林"是"这个国家向太平洋前进的合乎逻辑的结果"，也是"它占领自由土地和开发西部资源时代的继续"。⑦ 特纳还说："将近三个世纪来，扩张在美国生活中一直占据支配地位。随着向太平洋沿岸移民，随着自由土地被占领，这个扩张政策将近结束了。如果说这种扩张的能力不再发生作用，那就是一个鲁莽的预

---

① Ray A.Billington, ed., *Frontier and Section: Selected Essays of Frederick Jackson Turner* (Englewood Cliffs, New Jersey: Prentice-Hall, 1961), p.1.

② Douglas F.Dowd, *The Twisted Dream: Capitalist Development in the United States Since 1776* (Cambridge, Massachusetts: Winthrop Publishers, 1977), p.xiv.

③ 如威廉·A.威廉斯说，"美国对外关系的实质"是"从一个不稳定地建立在广阔而未开发的大陆边缘的脆弱的殖民地向全球帝国发展的故事"[see William A.Williams, *From Colony to Empire* (New York: J.Wiley, 1972), p.476.]；又如哈罗德·U.福克纳说，扩张领土的"习惯"是美国立国以来的"特点"[see Harold U.Faulkner, *The Quest for Social Justice (1898-1914)*（New York: Macmillan Co., 1931), p.516.]。

④ Frederick Jackson Turner, "The Problem of the West", Frederick Jackson Turner , *The Frontier in American History*, p.219.

⑤ Frederick Jackson Turner, "Social Forces in American History", p.315.

⑥ Frederick Jackson Turner, "The Significance of the Frontier in American History", pp.2-3.

⑦ Frederick Jackson Turner, "Social Forces in American History", p.315.

言。"①他也用拉迪亚德·基普林的辞藻，赞誉拓殖者为建立帝国的"前驱"。②

19 世纪末，美国在大陆上的扩张已到尽头，同时帝国主义时期国内社会矛盾有增无已，国际垄断资本间对市场、原料地和资本投放地的争夺与日俱增，因此新的扩张主义即新"显明天命"的叫嚣又鼓噪起来。特别是工农群众的积怨，委实令统治阶级感到震惊。"恐惧与愤怒"成为那个时代的旋律。当时有人喊叫，"同英国一样，我们用殖民和征服政策，来摆脱社会主义和平均地权的威胁与危险"③。1898 年，缅因州参议员威廉·弗烈伊说，"我们必须获得市场，不然我们就要发生革命"④。扩张主义合唱团中最刺耳的声音来自布鲁克斯·亚当斯、艾尔弗雷德·T.马汉、乔赛亚·斯特朗、查尔斯·A.堪南特、艾伯特·J.贝弗里奇等。他们主张打入中国市场，用以解决面临的国内市场日趋缩小的问题。⑤

1896 年特纳曾说，"现在边疆机会已经一去不返了。对现状的不满，要求为了西部利益扩大政府的活动。……西部问题不再是一个地区问题，而是全国范围内的社会问题。……坚决要求实现在一个孚众望的英雄领导下的国民政府和帝国扩张"⑥。在特纳看来，扩张会给美国带来民主和繁荣。这就等于说没有更多的边疆，就没有更多的民主和繁荣。⑦ 早在 1903 年，即在美西战争后四年，特纳就宣称："在我们立国的最初 25 年中，几乎不断地努力使我们不卷入欧洲战争。在那个冲突时期过去后，美国才面向西部，开始移入和开发这个国家的广阔的内地。……这个过程已告完结，无怪美国又卷入世界政治了。四年前，美国击败了领导发现这个'新世界'的一个古老国家，

---

① Frederick Jackson Turner, "The Problem of the West", p.219.

② Frederick Jackson Turner, "Pioneer Ideals and the State University", Frederick Jackson Turner, *The Frontier in American History*, p.270.

③ Richard Hofstadter, "Manifest Destiny and the Philippines", Daniel Arend, ed., *America in Crisis: Fourteen Crucial Episodes in American History* (Hamden, Conn.: Archon, 1971), p.196.

④ George L.Anderson, *Issues and Conflicts: Studies in Twentieth Century American Diplomacy* (Lawrence: University of Kansas Press, 1959), p.9.; William A.Williams, *The Tragedy of American Diplomacy* (New York: Dell Pub. Co., 1959), p.30.

⑤ Michael H.Hunt, *Frontier Defense and the Open Door: Manchuria in Chinese-American Relations (1895-1911)* (New Haven: Yale University Press, 1973), p.35; p.36.

⑥ Frederick Jackson Turner, "The Problem of the West", p.220.

⑦ William A.Williams, *The Contours of American History* (New York: The World Publishing Company, cop., 1961), pp.364-365.

这个革命现在还很少为人所理解。"①他说，这"表明一个新世纪的出现"②。
特纳以其历史学家的敏感道出了垄断资本家及其代理人的心情。难怪特纳这
种对新扩张主义精神的鼓吹，如此得到他们的赏识。布鲁克斯·亚当斯、亨
利·卡伯特·洛奇、西奥多·罗斯福、伍德罗·威尔逊等一批帝国主义扩张
政策的积极鼓吹或推行者对特纳推崇备至。不仅在当时，第二次世界大战后
美国总统也同特纳"学舌"。

　　哈里·S.杜鲁门的杜鲁门主义盖有特纳的扩张边疆的烙印。至于约翰·F.
肯尼迪所宣扬的"新边疆"和林登·B.约翰逊所倡导的"人类边疆"上面的
印记，更是显而易见了。

　　关于边疆这一名词的解释众说纷纭，即使特纳本人的说法也前后不尽一
致。特纳有时把边疆视为一种适应环境的进程，③有时视为一种地理环境④。
边疆有时被视作"西部"的同义词，⑤但特纳又说，"归根结底，西部是一个
社会形式，而不是一个地区"⑥。小罗伯特·伯克霍弗尔说，特纳的边疆含义
"超出地区或进程"，而是"作为自然的空间与作为有机体的社会之间的相互
作用"。⑦边疆也有时被视为一条线。特纳认为，"构成边疆特点的自然界线
最初是'瀑布线'，其次是阿勒格尼山脉，其次是密西西比河，其次是流向大
致从北到南的密苏里河，再其次是大约处于西经99度的干旱地带，最后是落
基山脉"⑧。他又把边疆称作"自由土地这一边的边缘"⑨，但有时又把边疆
视作一种波浪，如特纳说："美国的发展不只是一个单线的前进运动，而是一
个在不断前进的边疆地带上恢复到原始状况，同时在那个地区又出现新的发
展的运动。美国社会的发展就是这样始终不停地周而复始地进行着。"⑩他认
为，边疆是毛皮商与猎手、牧人、矿工和农民这四种移民组成的前后相续的

---

① Frederick Jackson Turner, "Contributions of the West to American Democracy", Frederick Jackson Turner, *The Frontier in American History*, p.246.

② Frederick Jackson Turner, "Social Forces in American History", p.312.

③ Avery Craven, "Frederick Jackson Turner", p.56.

④ Alistair Hennessy, *The Frontier in Latin American History* (Albuquerque: University of New Mexico Press, 1979), p.16.

⑤ Ray A.Billington, "Westward Expansion and the Frontier Thesis", p.263.

⑥ Frederick Jackson Turner, "The Problem of the West", p. 205.

⑦ Robert F.Berkhofer, Jr., "Space, Time, Culture and the New Frontier", p.24.

⑧ Frederick Jackson Turner, "The Significance of the Frontier in American History", p.9.

⑨ Frederick Jackson Turner, "The Significance of the Frontier in American History", p.3.

⑩ Frederick Jackson Turner, "The Significance of the Frontier in American History", p.2.

移民"一路纵队"①。但特纳有时又把边疆视作一种"文明"的象征。他说，边疆是"野蛮和文明的会合处"②。在这里，特纳把边疆的"流动"解释为"文明"的扩张了。

　　作为"文明边疆"，边疆的含义更加广泛了。它成为一个包罗万象的概念。凡是经济、政治和社会思想的变革都可与边疆的"流动"联系起来。托马斯·D.克拉克甚而把扩张城市界限、建设新的动力和灌溉系统、消除疾病、销售新式汽车和货物都视为新边疆。③ 弗雷德里克·默克认为如今是科学和技术的"开放边疆的时代"④。有两个历史学家甚至说，"新边疆处处皆在，每个人必须正视有关它的问题"⑤。边疆简直是无事不包，无所不在，变成扩张主义者得手应心的工具了。

　　（3）一旦边疆成为精神和物质文明的概念，则为特纳学说的另一特点——种族主义大开方便之门了。特纳的种族主义思想突出表现在他对印第安人的态度上。他在叙述西进运动时，把印第安人视为当然的牺牲品。⑥ 在"自由"土地这个神话的掩饰下，西部土地上的最早居民被一笔勾销，因此向西扩张就是文明对野蛮和落后的讨伐。特纳说，"拓荒者的第一个理想就是征服的理想"⑦。他说："西部的另一个名称就是机会。……所有自然资源都为最机敏和最勇敢的人敞开着。"⑧ 他认为印第安人是美国文明前进道路上的障碍。他说："每条边疆都是通过一系列对印第安人战争而赢得的。"⑨ 无怪特纳对于吹嘘"白人负担"的英国帝国主义诗人拉迪亚德·基普林那样称赞不迭了。⑩ 在特纳说教的一定程度的影响下，渲染屠杀印第安"野蛮人"的廉价小说和好莱坞电影曾不胫而走，风靡一时。

---

　　① Frederick Jackson Turner, "The Significance of the Frontier in American History", p.12.

　　② Frederick Jackson Turner, "The Significance of the Frontier in American History", p.3.

　　③ Thomas D.Clark, *Frontier America: The Story of the Westward Movement* (New York: Charles Seribner's Sons, 1959), p.762.

　　④ see *Pacific Historical Review*, Vol.49, No.2, May 1980, p.368.

　　⑤ George E.Freeland and James T.Adams, *America and the New Frontier* (New York: Charles Scribner's Sons, 1936), p.591.

　　⑥ 不言而喻，特纳在谈论南部社会时，也抹杀了黑人奴隶。他认为奴隶制在美国历史上只是"一个偶然现象"（see Harvey Wish, *The American Historian*, p.192.）。

　　⑦ Frederick Jackson Turner, "Pioneer Ideals and the State University", p.269.

　　⑧ Frederick Jackson Turner, "The Problem of the West", p.212.

　　⑨ Frederick Jackson Turner, "The Significance of the Frontier in American History", p.6.

　　⑩ Frederick Jackson Turner, "The Significance of the Frontier in American History", p.262; p.270.

（4）特纳学说的另一显著的特点是对新兴垄断资本与垄断资产阶级进行直截了当的吹捧与辩护。就特纳来说，这本是一件天经地义、顺理成章的事，也可以说这就是他的学说中主要旨趣之一。首先，特纳推崇垄断资本家为杰出的英雄人物。他把石油大王约翰·D.洛克菲勒、冶炼主马库斯·汉纳、糖业大王克劳斯·斯普列克斯、大商人马歇尔·菲尔德、钢铁大王安德鲁·卡内基吹捧为工业社会的民主的"探路人"，[①] 认为旧日军事类型的西部英雄如乔治·R.克拉克、安德鲁·杰克逊和威廉·H.哈里森已经由工业领袖如约翰·D.洛克菲勒、安德鲁·卡内基和铁路大王詹姆斯·J.希尔代替了。[②]

特纳维护垄断资产阶级及其统治所依据的理论是一把双刃剑。一方面他在民主主义口号下极力宣扬个人主义，另一方面又尽量以民族主义口号鼓吹集权。前者是为垄断资产阶级集中财富进行辩解，后者是为垄断资产阶级集中权力而表白。因此照他的看法，垄断的出现正是对"美国民主的贡献"，公司组合的自由正是"民主制度的强有力的支柱"。[③] 他认为，垄断资本权力的增长是时势的需要，是边疆完结的必然产物。他说，"昔日拓荒者的个人主义已消踪绝迹，社会组合的力量都空前地显现出来。用通俗的话来说，白手起家的人已经变成煤炭大王、钢铁大王、石油大王、畜牧业大王、铁路大王、金融巨擘、托拉斯之王"了[④]。他继续说："控制着几十亿美元企业的工业主并不承认他们中断了拓荒者的理想。他们认为他们自己是条件变化了的拓荒者，继续实行旧日的发展国家自然资源工作。他们受到他们血管中的建设热情的驱使，即使年老体弱，即使财富积累得享用不尽，也要寻求行动和力量的新途径，也要披荆斩棘，开辟新的地块，也要寻找新的蹊径，也要扩大国家活动的视野，也要扩展他们的支配范围。"[⑤] 特纳认为，在以前曾是拓荒者民主中心的地区中"进步派"所倡导的改革运动，正是边疆消失的必然结果，也是"正在消失的作为民主保卫者的自由土地"的"代替物"。[⑥] 同时他也主张加强政府控制和社会管理，以代替消失的边疆。他说，美国发展的"第一个伟大的时期"结束了[⑦]，在接踵而来的"新纪元"中，"自由土地"的民主主义

---

① Frederick Jackson Turner, "Contributions of the West to American Democracy", pp.264-266.

② Frederick Jackson Turner, "The Significance of the Frontier in American History", p.260.

③ Frederick Jackson Turner, "Contributions of the West to American Democracy", p.265.

④ Frederick Jackson Turner, "Social Forces in American History", p.318.

⑤ Frederick Jackson Turner, "Social Forces in American History", p.319.

⑥ Frederick Jackson Turner, "Social Forces in American History", p.321.

⑦ Frederick Jackson Turner, "Pioneer Ideals and the State University", p.281.

理想若要"适应"垄断资本这种"新条件",就须"越来越多地转而依靠政府"了。[1]尽管他为这种控制装饰了许多华丽的辞藻,如这种控制不是普鲁士式的,而是"尊重"对方的,是讲求"公正""平等"的,是能"保持社会个性的流动性"的,[2]但他所倡导的抛弃放任主义、建立"大企业政治经济"的主张,实质上就是加强垄断资本的专断。作为一个历史学家,特纳之所以要参加20世纪初期为完善垄断资本主义制度而推行的"进步运动"的原因就在于此。

四、特纳史学理论基础的崩溃

1932年特纳死后,他的学说受到美国史学界的猛烈攻击。约翰·加勒蒂说,"在所有关于美国历史的解说中,在研究和争论方面,再没有比特纳的边疆论题更易使人激动的了"[3]。虽然1933年也有人说,"特纳的假说犹如当年发表时那样仍易为人接受"[4],但实际上特纳学说及其学派已经开始了江河日下的进程。正如1962年厄尔·波默罗伊所说,"在美国学术界,西部历史比一两个世代前衰落了。一种深刻的印象是,集中在西部历史研究班的都是比较差的研究生"[5]。出版商对于西部边疆著作也都不感兴趣。如今在纸质书的书架上很难发现有关西部的著作,甚至好莱坞制片商也不愿摄制有关西部的电影,在20世纪50年代后期,西部影片的产量即已由四分之一降至十分之一。1964年,小W.N.戴维斯向大学和中学发出调查信,征询关于西部历史的意见。一位教师回答说,他不理解这种调查有什么用处;他原打算把调查表的背面当作购货单,后来改变主意,才寄回答复。[6]特纳学说的衰落,当然并非由于他的谢世,而是与20世纪30年代美国社会发展状况有密切的关联。

20世纪30年代初期正是美国历史上前所未有的大萧条时期的开始。在

---

① Frederick Jackson Turner, "Social Forces in American History", pp.319-321.

② Frederick Jackson Turner, "Middle Western Pioneer Democracy", p.356.

③ John Garraty, ed., *Historical Viewpoints: Notable Articles from American Heritage, The Magazine of History.* Vol. 1 (New York: Harper & Row, 1971), p.66.

④ Frederic L.Paxson, "A Generation of the Frontier Hypothesis: 1893-1932", *Pacific Historical Review*, Vol.2, No.1, 1933, p.51.

⑤ Earl Pomeroy, " The Changing West", John Higham, ed., *The Reconstruction of American History* (New York: Harper & Row, Publishers, 1962), p.81.

⑥ W.N.Davis, Jr., "Will the West Survive as a Field in American History? A Survey Report", *The Mississippi Valley Historical Review*, Vol.50, No.4, March 1964, p.672.

经济恐慌的年月里，美国文明的许多基本价值都受到检验。西部历史与西部
环境本身的脱节现象日益显著。与此同时，马克思主义广泛传播，对美国知
识分子思想产生影响，既使不少美国知识分子对资本主义制度发生动摇，也
使他们不无惶惑和失望之感。欧亚法西斯主义的蔓延，又使他们感到疑虑与
惊恐。核物理学的发展，对当时流行的机械唯物主义世界观也是一个很大的
冲击。史学界中有许多人开始从经济史观退向唯心主义。第二次世界大战前
夕，美国史学著作中相对主义与和一致论的兴起，[①] 正是思想界这种大动荡、
大倒退的表现。

　　当 20 世纪 30 年代社会科学研究受到巨大冲击时，在史学界中首当其冲
的是特纳学说。资产阶级史学家抱怨特纳无力回答面临的社会问题，无力探
究西部与东部以及新旧社区间的关系。在启发思考方面，边疆论和地域论更
不能同刚刚兴起的文化思想史、国际关系史、城市史等相比拟。与此同时，
"老左派"[②] 和其他左翼史学家的著作也开阔了美国史学界的视野。30 年代
美国出现了一批试图运用马克思主义解释美国历史的史学家，这是当时美国
历史编纂学的一个不寻常的发展。这更使特纳相形见绌。例如不管路易斯·哈
克后来的史观变得如何保守和反动，当时他却以左派自居，曾撰文给特纳的
地域论以极其有力的批判。

　　归纳起来，自 20 世纪 30 年代以来，特纳所受的批判主要有下列四个
方面。

　　（1）特纳史论的地方主义、片面性色彩太浓。他忽视东部，也忽视南部。
他所说的西部也主要指"旧西北"，并不包括西南部。对于欧洲经验和影响，
他不仅忽视，甚而怀有敌意。特纳基于地理环境决定论的狭隘的地方主义偏

---

　　① 如相对主义史学家卡尔·贝克尔于 1931 年美国历史协会上，以"每个人是他自己的史学家"（Carl
L.Becker, "Everyman His Own Historian"）为题发表主席演说。1933 年 12 月查尔斯·A.比尔德在美国历
史协会上发表题为"书写的历史是一种信念的行动"（Charles A.Beard, "Written History as an Act of Faith"）
的主席演说，两年后又在《美国历史评论》上发表《崇高的梦想》（Charles A.Beard, "That Noble Dream"）
一文。在这些论文中，他们宣扬相对主义。1944 年比尔德为布鲁克斯·亚当斯（Brooks Adams）的《文明
和衰退的规律》（*The Law of Civilization and Decay: An Essay on History*）一书新版作序言时，对历史成为
科学这一说法表示怀疑。在第二次世界大战前夕，一致论著作即已出现，如詹姆斯·G.兰道尔认为南北战
争是一场"不必要的战争"。一致论至 20 世纪五六十年代达到高潮。

　　② Herbert M.Morais, *Deism in Eighteenth Century America* (New York: Columbia University Press, 1934);
W.E.B.Du Bois, *Black Reconstruction: An Essay toward a History of the Part which Black Folk Played in the
Attempt to Reconstruct Democracy in America (1860-1880)* (New York: Harcourt, Brace and Co., 1935); James
S.Allen, *Reconstruction: The Battle for Democracy (1865-1876)* (New York: International Publishers, 1937);
Herbert Aptheker, *American Negro Slave Revolts (1526-1860)* (New York: International Publishers, 1939).

见，受到许多史学家的批评。查尔斯·A.比尔德说，令他困惑不解的是为什么特纳忽视"东部理想主义中的民主要求、工人运动……以及南部的种植园制度"[①]。一位英国历史学家认为，英国和美国的历史是互为补充的，不提任何一方"都是片面的"[②]。他认为，美国的发展离不开东部和英国的文化及社会影响，而不仅仅是由于自由土地的存在。他们指责特纳过分强调地理的"力量"。欧文·拉铁摩尔说：特纳在观察事物时，是"本末倒置"，特纳所谓的"边疆对社会所起的作用实际上正是社会对边疆的作用"。[③]因此，许多史学家认为特纳过于渲染了西部对个人主义所起的作用。他们认为，个人主义不是来自边疆，民主也不是来自边疆，更不会源于森林，[④]而是来自东部，西部根本没有产生民主的所谓的自由土地。在西部所见到的倒是违背理想主义的土地投机，"人口流动"并不等于机会。[⑤]土地投机者反而酷似追逐腐尸的"猎鹰"。[⑥]　边疆的民主是理想主义的，边疆的平等实际上也不可能保存下来。例如边疆城镇的社会结构同东部的老城镇并无二致。社会的上层是有钱的商人，其次是自由职业者如律师、记者、医生、教士和教师，再次是技工、商店店员和职员，最下层是体力劳动者。[⑦]

（2）特纳的"安全阀"理论所受的批判最多，也最为激烈，被批判得简直是"体无完肤"。较早对"安全阀"说法提出诘难的是卡特·古德里奇和索尔·戴维森。1935、1936 和 1938 年，他们以马萨诸塞州几个城镇的地方文献为据，证明东部工人很少离开城市到西部去，向西垦殖的多为"潜在工资劳动者"即农民。古德里奇和戴维森的论文引起轩然大波，批评"安全阀"的文章纷至沓来。1936 年弗雷德·香农发表论文，认为向西垦殖的移民多半是从农场到农场或从农场到城镇，而很少从城镇到农村。同年默里·凯恩研究密歇根和马萨诸塞州几个县的人口流动，认为在经济不景气的年代里，有

①　Charles A.Beard, "The Frontier in American History", p.361.

②　Albert F.Pollard, *Factors in American History* (New York: Macmillan Co., 1925), p.302.

③　Owen Lattimore, *Studies in Frontier History: Collected Papers (1928-1958)* (Paris, La Haye: Mouton et Co., 1962), p.490.

④　1930 年本杰明·F.怀特在《耶鲁评论》上发表文章，认为边疆反而稽延了从西方文明产生的美国民主的发展进程，在政治组织方面西部居民是模仿者，不是创造者（see Gene M.Gressley, "The Turner Thesis", p.232. Robert F.Berkhofer, Jr., "Space, Time, Culture and the New Frontier", p.27.）。

⑤　Gene M.Gressley, "The Turner Thesis", p.238.

⑥　Vernon L.Parrington, *Main Currents in American Thought*, p.9.

⑦　Nelson Klose, *Concise Study Guide to the American Frontier* (Lincoln: University of Nebraska Press, 1964), pp.126-127.

的工人离开城镇，但不是移向西部，而是返归原地。1945 年 1 月，弗雷德·香农在《农业史》上发表《为劳工—安全阀学说验尸》一文，认为"安全阀"说法是无稽之谈，因为农民移向城市的人数远远多于工人移向农村，在城市劳工市场上经常存有剩余劳动。1958 年弗雷德·香农反驳诺曼·J.西姆勒题为"重新评价安全阀学说"一文，最后的结语是：西部土地"在某些地方或某些时间可以改善工人的状况"，但在理论上和实际上绝无"安全阀"。① 在"安全阀"问题上，这段话可能就是一个难以驳倒的结论。

（3）特纳的边疆假说也受到美国左翼历史学家的批判。他们特别批驳他的地理环境决定论观点，指出他抹杀劳动人民群众在历史上的作用，抹杀社会阶级斗争，这样就不能正确解释许多重要的历史现象。例如斯托顿·林德指责特纳抹杀黑人以及奴隶制的倾覆对美国历史所起的作用。他说，19 世纪美国社会革命的主要力量，不是边疆，而是导致埋葬南部土地贵族的内战。② 林德驳斥特纳有计划地贬低奴隶制以及废奴运动的重要意义，企图把对奴隶制的注意转移到边疆，把历史学家的视线从奴隶制转移到工业和农业间的冲突，这样使人们既看不到奴隶，又看不到奴隶主，因而规避了阶级斗争。林德进而指责特纳把安德鲁·杰克逊视为民主理想的化身。他认为这种说法是没有说服力的，因为杰克逊是奴隶主，他所代表的不是边疆，而是奴隶制南部。③

黑人和印第安人对西进运动都作过重大的贡献，而特纳却噤若寒蝉，不置一词。事实上许多黑人卷入了白人奴隶主所发动的西进运动，例如 1836 年得克萨斯的黑人就达 15%。甚至自由人卷入运动的人数比奴隶还多，在西部广阔牧区上几乎每一个牧场都有黑人牛仔，比例高达 30%。印第安人也是西部受苦受难最为深重的居民。随着白人的西进步伐，他们遭到灭绝人性的征剿和屠杀。内战后，印第安人赖以糊口的野牛也未幸免于难。内战结束时，西部野牛约为 1500 万头，至 80 年代牛群绝迹，随之印第安人也被杀戮殆尽，幸存者被逐入居留地。④对于这种残酷事实，特纳三缄其口。林德说得好，他

---

① 弗雷德·A.香农（Fred A.Shannon）在读诺曼·J.西姆勒的《重新评价安全阀学说》（Norman J.Simler, "The Safety-Valve Doctrine Re-Evaluated", *Agricultural History*, Vol.32, No.4, Ocbober 1958, p.257.）一文后，致编辑的信。

② Ray Allen Billington, *The American Frontier Thesis,* p.54.

③ 以上各点参见斯托顿·林德：《关于特纳、比尔德与奴隶制问题》（Staughton Lynd, "On Turner, Beard and Slavery", *The Journal of Negro History*, Vol.48, No.4, October 1963, p.235; p.239; p.249.）。

④ Vernon L.Parrington, *Main Currents in American Thought,* Vol.3, p.16.

说，这就是"显明天命"这种扩张主义的反映①。特纳不理会社会阶级和斗争的现象，区域论又不能辩解贫富越来越显著的分野，那么在他的学说中自然就剩下鼓吹侵略扩张的"显明天命"历史观了。

（4）批判特纳的最有力的论点是，特纳立论所依据的西部是狭隘的具有地方主义特性的农业社会，不足以说明以工商业城市为依据的美国社会发展状况。有的历史学家认为，"如今新的密集的城市已使特纳的设想破灭了"②。路易斯·哈克认为西部的农业只不过是工业的"工具"，一旦资本积累起来，农业相对地就失去了作用。③ 亨利·N.史密斯说，自本杰明·富兰克林至边疆完结的150年间，美国的传统就是重视农业经济。这种"农业哲学"由于不能说明已经发生的工业革命，因而特纳"陷入困境"。④

到19世纪90年代，以自由土地为基础的边疆时代既已结束，那么边疆学说还能解释美国历史吗？边疆既然产生民主、平等以及许多好听的美国人特质，那么，边疆的消失不会引起这些特性的衰退吗？随着资本主义在全国范围特别是在西部和南部的发展，越来越明显的事实是，西部是东部的延续，而不是它的对立物。特别是第二次世界大战之后，在城市中成长起来的年轻人中，特纳所谈论的那种地域特征全然消失了，特纳影响的消失也就指日可待。这时在史学界中，重大的政治题目都是从全国观点撰写的，例如小阿瑟·M.施莱辛格于1945年出版的名噪一时的《杰克逊时代》一书所引起的争论就不是地域命题，而是阶级命题了。

边疆命题同样一落千丈。早在1935年路易斯·M.哈克就称边疆假说是"钝的工具"和"梦想"。⑤ 有人说，边疆学说是"一个科学的假说"⑥，实际上，特纳的学说作为"科学的假说"也大成问题，因此边疆学说所引起的问题不仅是受批判的问题，而是它本身失去时效的问题。这样，以城市-工业为基础的史学理论就应运而生了。

"城市史学家们的前辈"阿瑟·M.施莱辛格曾指出，自19世纪80年代

---

① Staughton Lynd, "On Turner, Beard and Slavery", p.243.

② Stanley Elkins and Eric Mckitrick, "A Meaning for Turner' s Frontier", *Political Science Quarterly*, Vol.69, No.3, September 1954, p.322.

③ Louis M.Hacker, "Sections or Classes?", *Nation*, Vol.137, No.3551, July 26, 1933, p.110.

④ Henry N.Smith, *Virgin Land*, p.303.

⑤ Louis M.Hacker, "Frederick Jackson Turner: Not a Economist", *The New Republic*, Vol.88, No.1070, June 5, 1935, p.110.

⑥ John Higham, *Writing American History*, p.121.

以来，城市成为"国家生活的支配因素"①。1940 年他在《美国历史中的城市》一文中写道："自从殖民地时期，城市影响在国家发展中就起着重要的作用，在 19 世纪末已成为填充乡村的主要因素。这个概念虽然削弱了边疆学说，但还不是要消灭它，而仅仅是代之以一个均衡的看法，即在美国文明兴起中乡村与城市所起的重要作用都要估计到。"② 他说："作为美国文明的重要因素，城市并不亚于边疆。二者的作用若不都估计到，则真相只说了一半。"③ 特纳边疆学说诞生于帝国主义阶段的初期。他的学说的背景是 19 世纪国民经济大部分以农业为主的大陆扩张时代，那是乡土社会。至 90 年代，工业品生产总值已超过农业，美国社会成为工商业社会。这时特纳学派所描述的那个"西部"，与美国国民生活的主流脱离了联系，所以他们只能说出问题的"一半"。

因此，特纳学说的两大组成部分，即边疆论和地域论都分崩离析了。雷·A.比林顿惋惜地指出：特纳固执地用那么多时间以地域论观点去研究美国历史，那是一个"悲剧"。④

五、特纳学派的适应性新发展

特纳学说有如百足之虫，"死而不僵"。第二次世界大战后，要求修改特纳学说的呼声时有所闻。

特纳学派为重新修订特纳学说立下的一条心领神会的原则是，不可抛弃它，更不要毁灭它，而是结合新的历史情势予以新的说明，即在新的历史时期为特纳学说安排新的用场。一个并非特纳学派的美国史学家卡尔·N.德格

---

① Mark D Hirsch, "Insights on Urban History and Urban Reform (1865-1914)",[see Donald Sheehan and Harold Syrett, eds., *Essays in American Historiography Papers Presented in Honor of Allan Nevins* (New York: Columbia University Press, 1960), p.110.]。

② Arthur M.Schlesinger, *In Retrospect*, p.107.; Donald Sheehan, et al., eds., *Essays in American Historiography Papers Presented in Honor of Allan Nevins*, p.115.

③ 1940 年施莱辛格撰写的《美国历史中的城市》一文，原发表在《密西西比河流域历史评论》（Arthur M.Schlesinger, "The City in American History", *The Mississippi Valley Historical Review*, Vol. 27, No. 1, June, 1940, pp. 43-66），后于 1949 年加以扩充，并作为第 11 章收入《通向现在的道路》一书中（See Arthur M.Schlesinger, *Paths to the Present*, p.233.）。

④ Ray A.Billington, "Westward Expansion and the Frontier Thesis", p.257; p.263.

勒曾经说过,"过去不仅帮助我们去解释和了解现在,而且现在还帮助我们去测定将来"[①]。德格勒的这段话虽然不是针对特纳学说而发的,但这种含有相对性和实用主义成分的说法,正可说明美国历史学家热衷于修正特纳学说的原因。这也就是雷·A.比林顿所说的:边疆史学家们今天正在为西部历史寻求一种新的方向,设法使它比边疆论题更切合现代世界。[②]比林顿还有一段话,比较直率明白,他说:"边疆假说的实际应用和在史学上学术成就的深远影响,表明弗雷德里克·杰克逊·特纳所发表的这论题,仍然值得现代学者和教师们的尊重。如果美国要在这个缩小着的 20 世纪世界中继续存在下去,它就必须承认:它的制度是通过一种独特的经历形成的,并且它的理想是由那些新成立的国家的人民根本不知道的传统形成的。只有承认美国与其邻国的不同之处和它的民主制度的长处,才能使这个国家扩大一百多年前安德鲁·杰克逊所谈论的'自由范围'。20 世纪五六十年代里,学者们愈来愈注意对边疆假说进行检验,而不是对其谴责,这表明他们正在认识现实;教师在遵循他们的榜样中可以得到益处,并在课程安排上给予美国扩张史一定的地位,高于它在 20 世纪三四十年代反特纳那一段时间所得到的。"[③] 这一段话正说明为什么在第二次世界大战后,特纳学说还有它的"有用性"和"有效性"。其关键就在于比林顿所谓的"扩大""自由的范围",即特纳学说还能为美国扩张主义政策效劳。所以战后特纳学说之所以一时又甚嚣尘上,是因为它适应了一定的政治需要。战后从侵略朝鲜的哈里·杜鲁门到加紧推行侵越战争政策的约翰·肯尼迪与林登·约翰逊,无一不是边疆扩张论的倡导者。在他们之间还有艾奇逊、哈里曼、杜勒斯、腊斯克等高居权位的官员,其中杜鲁门、腊斯克、肯尼迪等都曾出席过美国历史协会的年会,把扩张论直接带到史学界的讲坛之上。

为此目的,有必要重新塑造特纳的学说和形象。第二次世界大战后,为特纳辩解的美国史学家不胜枚举,大都是特纳的学生或他的学生的学生。卡尔·贝克尔有声有色地描绘特纳作为一个好老师的形象。弗雷德里克·帕克森是运用特纳观点写出美国边疆史的第一人,但不是特纳坚定不移的辩护者。厄尔·波默罗伊则鼓吹特纳历久不衰的成就,是在方法论方面。他说,特纳

---

① Kari N.Degler, " Remaking American History", *The Journal of American History*, Vol.67, No.1, June 1980, p.21.

② Ray A.Billington, *The American Frontier Thesis*, p.55.

③ Ray A.Billington, *The American Frontier Thesis*, pp.54-55.

"反对浪漫主义的和文物工作者的方法","树立起一种新的分析方法的榜样"。① 第二次世界大战后,特纳学说最有名气的修正者是雷·A.比林顿。他写了许多有关西部边疆的书和论文,对特纳学说提出新的引申和辩解。人们称他为新特纳学派的代表。比林顿是特纳学生的学生。他在威斯康星大学时听弗雷德里克·帕克森讲课,在哈佛大学时他师从弗雷德里克·默克,可谓特纳学派的入门弟子。1949 年比林顿出版《向西扩张:美国边疆史》。这本书综合叙述了特纳的学说,完全依照"特纳的格局",即根据特纳在哈佛大学讲授大纲撰写的。全书共 37 章,参考书目近 100 多页,其中包括 104 种杂志,并附有地图 89 幅,洋洋大观,可谓巨制。比林顿如同其他特纳学说的辩护者一样,认为特纳本人把边疆看得"太美好"了,其实边疆也有诸如"无法无天""浪费"和"反理智主义"等不光彩的一面。比林顿对特纳学说中关于个人主义、民主主义、"安全阀"、美国人性格以及美国文明的特殊性等论说,都作了新的或补充的解释。

尤其引人注意的是,特纳的学生与朋友们指出特纳本人也怀疑自己的"理论"。这种辩护方法最为有效。埃弗里·克雷文说,特纳不是"固执己见"的,他的学说是"试验性"的,且仅仅适用于他所研究的"美国历史的中期"。克雷文还提到,特纳本人就反对别人称呼他为"西部历史学家",他也考虑到"城市发展"这个因素。② 约翰·W.沃德特别指出,早在 1920 年,特纳在其《美国历史上的边疆》一书的序言中,就说到"自由土地时代"被"新旧世界"不断增强的"联系"以及"集中和复杂的工业发展"所"代替"③。阿瑟·M.施莱辛格也说,早在 1922 年,特纳给他的信中写道,"真实的情况是,约在 30 年前,为了改正人们的想法,我发现有必要颇为猛烈和经常地把边疆这个概念敲打'进去'"。④ 言外之意是,特纳为了矫枉就必然要过正。阿瑟·M.施莱辛格也曾提到,1925 年特纳本人承认有"必要"根据对城市的研究,对美国历史"重新作出解释"。⑤

① Earl Pomeroy, "The Changing West", p.67.

② Avery Craven, "Frederick Jackson Turner", p.254; p.255. 其中"美国历史的中期"指独立战争至内战一段。

③ John W.Ward, "The Age of the Common Man", John Higham, ed.,*The Reconstruction of American History*, p.87. Frederick Jackson Turner, *The Frontier in American History*, Preface.

④ Arthur M.Schlesinger, *In Retrospect*, p.197.

⑤ Mark D Hirsch, "Insights on Urban History and Urban Reform (1865-1914)", (see Donald Sheehan and Harold Syrett, eds., *Essays in American Historiography Papers Presented in Honor of Allan Nevins*, p.115).

　　既然特纳本人认为有必要重新考虑他的学说，那么，别人提出修正意见，就无损特纳的形象了。于是约翰·D.希克斯极为婉转地说：特纳毕竟是从他所处的环境出发，他描写农村正如今天历史学家描写城市一样，人们不能要求特纳去写他不熟悉的东西。①

　　但与此同时，在史学界紧接着出现了一批边疆扩张论的鼓吹手。他们演奏的扩张进行曲历时近 30 年，直至侵越战争失败后，才逐渐消沉下去，但"余音绕梁"，犹未绝响。这类史学家中有沃尔特·P.韦布、弗雷德里克·默克、卡尔顿·J.H.海斯、罗伊·尼科尔斯等。当然，雷·A.比林顿也是"躬与其盛"的。弗雷德里克·默克把扩张与"显明天命""使命观"联系起来。② 罗伊·F.尼科尔斯认为，战后边疆的研究应以人口移动为依据，美国的边疆已经不是向西，而是通向四面八方的了。③

　　战后以边疆说宣扬扩张论的历史学家中，以沃尔特·P.韦布最为著名。他早在 1931 年写的《大平原》是第一部研究密西西比河流域以远西部的重要著作。他认为环境决定白人文明的特性，从而白人最后战胜印第安人。1952 年他进而写出《伟大的边疆》，把得克萨斯的边疆经验推广到世界范围，把美国的边疆经验同欧洲历史联系起来，从西方文明不断扩张的角度解释世界边疆。他认为，美洲边疆扩张的历史是欧洲文明向非欧洲地区扩张的历史，近代西方文明是开发世界边疆的直接结果。这种从欧洲不断向西扩展的文明扩张过程，早在 12 世纪即已开始，直至环绕地球。韦布所描写的多么富有奇思异想，简直是帝国主义扩张主义的一幅野心勃勃的蓝图。韦布"国际化"了特纳的扩张学说。④

　　战后边疆史学得以发展的另一个原因是，美国史学家以一些新的方法，如计量法，把社会学的内容引入西部历史的研究，从而给特纳边疆学说注入了新的活力。⑤ 特纳的方法论中含有统计学和社会学的因素，所以新特纳学

---

　　① 参见约翰·D.希克斯（John Donald Hicks）：《1860—1890 年间中西部文明的发展》，纽约，1934 年版；《中西部史学家的生态学》，载于《威斯康星历史杂志》（1941 年 6 月）。

　　② 1924 年特纳从哈佛大学退休后，默克继任讲授有关西部的历史。1957 年默克退休后，专事写作，如 1963 年出版《美国历史上的显明天命与使命观：一个重新的解释》[Frederick Merk, *Manifest Destiny and Mission in American. History: A Reinterpretation* (Knopf, New York, 1963).]。

　　③ Gene M.Gressley, "The Turner Thesis", p.249.

　　④ John Higham, et al., *History*, p.192. 特纳在哈佛大学的学生马库斯·L.汉森著有《美国历史上的移民》《大西洋人口移动 1607—1860》，他把美国视作不断扩张中的欧洲的边疆，同样也"国际化"了特纳的"传统"。

　　⑤ 虽然特纳在研究地域论时，也使用过统计，但当时并未成为主要研究方法。

派不难把计量社会史学的内容引入特纳学说。

计量社会史学是以电子计算机为手段，以统计学为方法，以社会学内容为主要研究课题的历史编纂学。新社会史学发源于第二次世界大战之前，大战后由于电子计算机的发明而大大加强。

新社会史学 1929 年发轫于法国，称为"年鉴学派"[①]。他们反对英雄史观，反对经验主义，反对实证主义史学，反对一味推崇书面资料。他们重视对历史发展中地理、气候、食物、贸易形式以及人口移动等自然和经济因素的分析综合，而不着重战争、条约以及王朝更迭等政治事件的描述。他们的口号是"从底层写起"，写"普通人"和"沉默的群众"，把注意力从政治转移到民间，转移到家庭和社会机构如托儿所、工厂、监狱、医院、学校等。

第二次世界大战后，英国社会史学家于 1952 年创办了可与法国《年鉴》相媲美的《过去与现在》杂志，在英国史学界取得了一个滩头阵地。自 1930年以来，英法两国的"新""旧"史学家都曾展开过历时近 30 年的激烈辩论。至 1960 年左右，英法"新社会史"学家已赢得青年史学家的支持，其影响和声势日益扩大。[②]

1957—1961 年间，计量社会史学由欧洲传入美国。[③]1957 年美国社会学家李·本森批评有关 19 世纪美国选举的研究，认为那是"印象式的"，进而主张利用除报纸和手稿以外的材料，其中包括数据记载。同年，两位哈佛大学经济学教授艾尔弗雷德·H.康拉德和约翰·R.迈耶运用经济学说和计算技术，对内战前南部奴隶制进行研究，证明奴隶制是有利可图的。[④]这样，他们把经济学、计算技术和历史结合起来，奠立了计量经济史学。1959 年默尔·柯蒂发表了关于威斯康星州特伦珀洛"边疆县"的著作《美国社区的形成：边疆县民主实例研究》。他利用 1850、1860、1870 和 1880 年人口普查档案，借

---

① "年鉴学派"因其所办杂志《经济与社会历史年鉴》（后改名为《经济、社会、文明年鉴》）而得名。著名史学家有马克·布洛赫、吕西安·费弗尔和费尔南·布罗戴尔等。

② 社会史学派在英国著名的高等学府如牛津大学、剑桥大学和伦敦大学已据有教席，但同法、美相比，仍然保守，至今这些大学的重要讲座犹未容社会史学派染指。同样，法国《历史评论》和《美国历史评论》如今都不断发表有关计量社会史的文章，而《英国历史评论》则付阙如。

③ J.Mongan Kouser, " Quantitative Social-Scientific History", Michael Kammen,ed.,*The Past Before Us*, p.433.

④ Alfred H.Conrad and John R.Meyer, "The Economics of Slavery in the Ante- Bellum South", Robert William Fogel and Stanley Engerman, eds., *The Reinterpretation of American Economic History* (New York: Harper and Row, 1971).

助新的计算技术，即计算机卡片和计算分类机，对这个拓荒时期"边疆县"的社会"流动"进行分析，借以说明特利姆培劳有充分的经济和政治的机会，并证实特纳关于"边疆民主"的立论。1960 年一批计量史学家在普杜大学举行第一次年会，讨论共同关心的问题。这是一个新的美国史学流派形成的标志。哈里·E.巴恩斯恰当地指出，在美国从 60 年代初期起，在一定程度上，法国史学的影响代替了德国史学的影响。①

计量社会史学在美国的发展，也引起许多史学家的猛烈反对。例如，卡尔·布里登博在一次美国历史协会主席演讲中说，人们不要"在计量这个淫荡女神圣殿中礼拜"。小阿瑟·M.施莱辛格也曾说，"几乎所有重要问题之所以重要，正因为它们不可能得到计量学答案"②。但是这些反对并未能影响这个学派的发展进程。到 1970 年左右，他们已进入了像《经济史杂志》和《美国历史评论》《美国历史杂志》这样有名气的史学阵地，并创立诸如《社会史杂志》（1967 年）、《历史方法》（1967 年）和《多学科历史杂志》（1970 年）等学术刊物。美国历史协会为诸如黑人、印第安人、妇女、家庭和低收入者等问题敞开了大门。至 20 世纪 70 年代中期，跟保守的巴黎大学一样，守旧的哈佛大学也设置了这一学派的教席。

到 20 世纪 70 年代，多学科的特别是以社会史为内容的边疆史著作日益增加。迟至 1964 年，小 W.N.戴维斯还说，"除非作出新的学术探索，西部历史的研究能否继续存在下去，是值得怀疑的"③。而今，新的有关西部的比较历史、城市史、妇女史和印第安人史等著作大量出现。这种"新的学术探索"使边疆史得到起死回生的转机。

比较历史的出现为时很早，有的人甚而追溯到希罗多德。19 世纪英国法学史家弗雷德里克·威廉·梅特兰甚至说过，历史是一门比较的艺术。第二次世界大战后，比较史学在美国盛行起来。特纳在 1904 年也曾提到美国边疆应与其他国家的边疆进行比较，但未加引申。④ 特纳的学生以及其他特纳学

---

① Harry E.Barnes, *A History of Historical Writing*, p.260.

② 以上二语转引自 Michael Kammen,ed.,*The Past Before Us*, p.434.

③ 参见理查德·A.范·奥尔曼对杰罗姆·斯蒂芬著《比较边疆：对西部研究的一个建议》[Jerome O.Steffen, *Comparative Frontier: A Proposal for Studying the American West* (Norman: University of Oklahoma Press, 1980.]一书的书评[see *The Journal of American History*, Vol.67, No.3 (December 1980), p.650.]；雷·A.比林顿也对该书撰写书评[see *The Journal of American History*, Vol.85, No.5, (December 1980), p.1252.]。

④ 参见弗雷德里克·杰克逊·特纳：《美国历史上的问题》[Howard J.Rogers, *International Congress of Arts and Science* (London: University Alliance, 1906), Vol.2, p.192.]。

说的研究者，在比较研究方面做了许多工作。他们将美国边疆同加拿大①、澳洲②、新西兰③、俄国④、中世纪德意志⑤、拉丁美洲⑥、非洲⑦的边疆进行比较。甚至研究中国"问题"的费正清和欧文·拉铁摩尔也引述边疆的"理论"。费正清说，"19世纪90年代，越过我们国内边疆之后，我们又在中国门户开放的原则下，建立了一条理论上的新边疆，我们一直在继续着这个过程。美国在亚洲的边疆与美国（原译文作'美洲'——引者）大平原的边疆不大相同"。当然，揭开费正清所描绘的动听的"同情心""好奇心"那些字句帷幕之后，剩下的就是赤裸裸的"贪婪心"了。⑧欧文·拉铁摩尔也认为，"自第一次和第二次世界大战以来，边疆史已经开始了一个新的时期"⑨。他把边疆研究同三个世界联系起来。当然，他所指的三个世界同我们所说的毫不相干。

诚然，关于边疆的比较研究无非也是要说明边疆学说的"有用性"，目的在于证明美国边疆及其经验是特殊的、例外的和优异的。还是雷·A.比林顿

---

① see Ray Allen Billington, *The American Frontier Thesis*, p.32; p.34; p.47.; Paul F.Sharp, "Three Frontiers: Some Comparative Studies of Canadian, American, and Australian Settlement", *Pacific Historical Review*, Vol.24, No.4, November 1955, pp.369-377.; Gilman M.Ostrander, "*Turner and the Germ Theory*", *Agricultural History*, Vol. 32, No. 4, October 1958, p.260.; Karcl D.Bicha, "The American Farmer and the Canadian West (1896-1914): A Revised View", *Agricultural History*, Vol.38, No.1, January 1964, pp.43-46.; Robin Fisher, "Indian Warfare and Two Frontiers: A Comparison of British Columbia and Washington Territory during the Early Years of Settlement", *Pacific Historical Review*, Vol.50, No.1, February 1981, pp.3-51.

② see Ray Allen Billington, *The American Frontier Thesis*, p.46.; Paul F.Sharp, "Three Frontiers", pp.369-377.

③ Ray Allen Billington, *The American Frontier Thesis*, p.32; p.34.; Peter J.Coleman, "The New Zealand Frontier and the Turner Thesis", *Pacific Historical Review*, Vol.27, No.3, August 1958, pp.224-237.

④ Ray Allen Billington, *The American Frontier Thesis*, p.34; p.38.; Donald W.Treadgold, "Siberian Colonization and the Future of Asiatic Russia", *Pacific Historical Review*, Vol.25, No.1, February 1956, pp.47-54.; 〔苏〕波梁斯基著，郭吴新等译：《外国经济史（资本主义时代）》，北京：生活·读书·新知三联书店，1963年版，第33页。

⑤ Ray Allen Billington, *The American Frontier Thesis*, p.45.; James W.Tompson, "Profitable Fields of Investigation in Medieval History", *American Historical Review*, Vol.18, No.1, October 1912, p.495.; 〔美〕詹姆斯·W.汤普森著，（译者不详）：《中世纪晚期欧洲经济社会史》，北京：商务印书馆，1963年版，下册，第102-104页。

⑥ 参见 Ray Allen Billington, *The American Frontier Thesis*, p.46.; Gilman M.Ostrander, "Turner and the Germ Theory", p.261.; 约翰·J.特帕斯基（John J.Tepaske）关于亨尼西《拉丁美洲历史上的边疆》（Alistair Hennessy, *The Frontier in Latin American History*）的书评（see *American Historical Review*, Vol.84, No.5, December 1979, p.1506.）。

⑦ Ray Allen Billington, *The American Frontier Thesis*, p.45.

⑧〔美〕费正清著，孙瑞芹、陈泽宪译：《美国与中国》，北京：商务印书馆，1971年版，第248页。

⑨ Owen Lattimore, *Studies in Frontier History*, p.491.

表达了这些史学家的心情。他说，美国的边疆"不同于任何其他边疆"，在吸引"拓荒者进行开发"方面，"任何其他地方"都不如美国的"自然环境"。[①]

用比较方法论述边疆史的著作不够丰富。除一些论文外，部头较大的书很少。这是因为史学家们对于特纳所谓边疆是美国社会政治以及国民性格的决定因素这一提法，怀疑日深。新近打开这块坚冰的是俄克拉荷马大学的历史学家和地理学家。以杰罗姆·O.斯蒂芬为代表的俄克拉荷马学派运用地理学、社会学和人类学，对边疆进行综合性研究。这种多学科研究方兴未艾，究竟有多大活力，还是未卜之数。

与社会史学相联系的是对印第安人历史的研究。战后美国史学研究的新现象之一，是少数民族史受到特别重视，尤其是有关印第安人和黑人的著作和资料整理，远远超过战前任何时期。按部落或地区对印第安人的研究有增无已。这对特纳边疆史学不仅是一个莫大的补充，而且开辟了一个新研究途径。虽然这些著作没有彻底揭发白人对待印第安人的残酷情景，但比诸特纳根本无视印第安人的存在，还不失为一个前进的现象。

特纳不仅漠视印第安人，也漠视妇女以及她们在西进运动中的作用和地位，妇女和家庭史学的盛行也是最近20年来的现象。妇女在西部拓荒时期的作用，过去虽然也有人研究过，但不若如今数量之多。关于西进运动中的妇女，在1980年琼·M.詹森和达理斯·A.米勒所开列的论文目录中虽然为数仍不很多，却能表现出兴旺的势头。[②]史学家用计量方法和新资料诸如人口调查报告、户籍登记册、婚姻丧亡登记簿以及家庭收支册等，建立了拓荒时期西部妇女新的形象和家庭结构。琼·M.詹森和达里斯·A.米勒说得很生动：男人驯服了西部的自然环境，而随男人去的妇女却"温顺地"驯服了西部的社会环境，其中包括男人。当然西部拓荒时期的妇女不都是"温顺"的。除去虔诚的宗教信徒、提倡普选和责斥酗酒的"文明使者"，以及勤俭耐劳的妇女外，还有剽悍善斗的"无法无天"的妇女和属于"歌妓"等一类的"坏女人"。[③]

20世纪70年代，城市生活日益受到美国史学家的注意，出现了以斯蒂芬·塞恩斯特罗姆为代表的新城市史学派。在方法论上，这个学派继承了默尔·柯蒂在19世纪50年代开创的分析人口普查资料的方法。由于1850—

① Michael Kammen, ed., *The Past Before Us*, p.463.

② Joan M.Jensen and Daris A.Miller, " The Gentle Tamers Revisited: New Approaches to the History of Women in the American West", *Pacific Historical Review*, Vol.49, No.2, May 1980, p.174.

③ Joan M.Jensen and Daris A.Miller, " The Gentle Tamers Revisited", p.173; p.179; p.182; p.184.

1880 年的人口普查记载可以查阅，[①] 所以关于这一时期的著作比较多，也有新的发现。例如，特纳认为在西进运动中，城市经常是以拓殖运动的前哨站形式出现的，而约翰·W.雷普斯认为情况并不若此。他认为，城市中心不是通过一种偶然的逐步的"成长进程而形成的"，边疆城市是由"个人、集体、教会、铁路公司或政府机构选择的可望发展的地点"。[②] 理查德·韦德说，城市是"开拓边疆的先锋"。如今史学家已经修正了特纳所描述的"从拓荒者、毛皮商、粗耕农业及其后的细耕农业，直至以城市为最后定居形式"[③]的顺序。劳伦斯·H.拉尔森利用 1880 年联邦人口普查资料，对堪萨斯城以西的 24 个城市进行分析，证明边疆城市仿效东部城市。在诸如建筑、消防、城市规划，以及少数民族和经济成分等方面，边疆城市与东部诸如纽黑文、锡拉丘兹等城相同，所以"城市文化是从东部移向西部的，且在移动的过程中并没有遗失任何所携带的文化"[④]。总之，新城市史学的兴起也为边疆史学打开了一个新的天地。

六、小结

边疆史学是一现的昙花，20 世纪最初 30 年正是这个学派兴盛的年代。自经济"大恐慌"以来，它就开始凋零了。战后，虽然史学家们赋予边疆学说以新的解释和补充，并利用新的技术手段，把它引入新的研究领域，但这都不能扭转其一蹶不振的趋势。新特纳学派的带头人雷·A.比林顿的一句话，可以概括这种并不乐观的前景，他说，在"我们开始知道边疆假说是否具有

---

① 由于未便公布在世人的私人档案，政府逐次公开人口普查材料。现已公布至 1890 年。

② 参见对约翰·W.雷普斯著《美国西部城市：边疆城市规划史》[John W.Reps, *Cities of the American West: A History of Frontier Urban Planning* (New Jersey: Princeton University Press, 1979)]一书的书评（see *American Historical Review*, Vol.85, No.3, June 1980, p.713.）。

③ Richard C.Wade, *The Urban Frontier: The Rise of Western Cities (1790-1830)* (Cambridge, Massachusetts : Harvard University Press, 1959). 参见《交流》（美国驻华大使馆印），第 52 期（1981 年 2 月），第 72 页。

④ 参见乔恩·C.蒂福德（Jon C.Teaford）对劳伦斯·H.拉森著《边疆完结时期的西部城市》[Lawrence H.Larsen, *The Urban West at the End of the Frontier* (Lawrence: Regents Press of Kansas, 1978)]一书的评论（*Pacific Historical Review*, Vol.49, No3., August 1980, pp.519-520.）。

效力之前，还必须写出许多著作"①。

特纳的边疆论虽然是一个假说，但在美国史学发展上产生过巨大的影响。这是由于它适应了早期帝国主义的需要，例如边疆扩张论、美国资本主义发展例外论、垄断制度合理论、种族优秀论等，都得到垄断资本势力的赏识和欢迎。这就是战后特纳假说的影响仍延绵不绝的原因。

扩张主义政策和活动可以解释美国国内政治和经济的许多重要现象，可是特纳漠视海外侵略扩张对内政的影响，因此他在解释垄断资本发展方面就越来越显得捉襟见肘、漏洞百出了。新特纳学派也不肯沿着这个方向进行探索，而是力图在复原特纳学说主旨的基础之上，进行引申和补充，则更显得胶柱鼓瑟、脱离实际了。

特纳对于西进运动在美国社会发展特别是在经济发展方面所起的巨大的促进作用，语焉不详。对于西进运动所表现的残酷性也未置一词。这是特纳假说的两个弱点。由于对前一点估计不足，他的假说的生命力受到损害，后一点他可能想到，但不肯道出，反而把西部描绘为"伊甸乐园"，同样削弱了他的立论的说服力。

广袤无垠的西部对美国资本主义发展的意义巨大。"西进运动"是资本主义向广阔发展的一个典型。西部为美国资本主义的发展提供了广大的国内市场和原料、粮食供给地。西部交通的发展特别是铁路线的延伸，便于资本和劳力的"长驱直入"。一个国家以这么短的时间，开发了这么一块广大的土地，这种现象在历史上，虽然不能说是绝后的，但可以说是空前的。

美国的"西进运动"是受着资本主义剥削制度制约的。剥削与扩张是资本主义发展的必备条件。在资产阶级世界观中，这本是天经地义之事。他们对待印第安人的手段只能是掠夺和屠杀，不可能是提倡平等互助的民族政策。西部固然给移民提供了机会，但也不若特纳渲染的那样美好。西去的移民是受着无情的资本主义经济法则的支配和驱使的。生产资料的私有制在西进过程中，造成极大的物质和人力上的浪费，无数劳动者在精神和生命上付出了高昂的代价。不可否认，西部环境对早期移民的思想、传统、风尚和习惯甚至机构组织都有影响，但不应强调到不适当的程度。假如不去联系欧洲早期资产阶级革命所流传下来的民主传统，假如不联系重商主义经济活动，不联

---

① Ray A.Billington, "Westward Expansion and the Frontier Thesis", p.274.

系早期资产阶级民主革命的政治活动，只一味强调西部地理环境，那就陷入荒谬的境地了。

　　就美国历史编纂学来说，特纳所处的时代相当于美国史学发展的中间阶段。前特纳时期，历史在美国不是独立的学科，而是从属于文学的范畴，特点是文史不分家。在内容上，历史偏重政治和军事；在方法上，偏重浪漫主义的表现手法；在观念上，未能挣脱宗教信仰的羁绊。特纳青年时代，美国史学在一批欧洲留学生的影响下，从文学分离出来，成为独立的学科，史学工作者成为独立的职业。当时在方法论上，着重资料的收集和鉴别，在理论上则奉实证主义为圭臬，历史学开始跻于科学之林。及至特纳从研究院毕业后，美国已经进入帝国主义阶段，垄断资本的形成给美国社会带来许多新问题。特纳适逢其时，提出新的解答。他着重宏观历史，着重社会经济因素，成为"新史学"的开创人之一。两次世界大战期间，美国史学界三巨擘所倡导的"进步派史学""几乎压倒了所有其他可能产生的构思"。[1]新特纳时期是以经济大恐慌为起点的。特别是第二次世界大战后当特纳假说的弱点比较充分暴露时，新特纳学派便改弦更张，把研究重点移到行为社会学。他们以社会学为蓝图，以电子计算机为工具，从新的角度对西部历史进行研究。他们着重微观历史，即实例研究。研究的范围缩小了，研究的方面集中了。总的趋势是越来越就事论事，抹杀社会发展的研究，否认历史规律的研究，大有见木不见林之势。在史观方面，新特纳学派比旧特纳学派倒退了一步。

　　这种倒退，从认识论和方法论上看，可以找出三条缘由。（1）新特纳学派从开始就受到相对主义的影响。新史学派中的相对主义强调主观意识，否认客观存在的真实性，特别否认客观事物的矛盾性和规律性。过去查尔斯·比尔德、弗农·帕林顿和特纳本人都不回避矛盾论。而在相对主义者看来，这些矛盾均属子虚，所以接相对主义之踵而来的就是一致论史学了。一致论史学是一幅帷幕，被用来隔开人们对社会矛盾和冲突的视线。（2）新特纳学派极力抵制社会发展规律说，特别是排斥马克思主义的阶级斗争学说。阶级这个名词，他们是使用的，但他们极力回避阶级斗争这一概念，把改良主义说成唯一变革社会的途径。更重要的是为抑制资本主义社会矛盾与冲突，发挥了釜底抽薪的作用。不管他们是否意识到，实际上这正是他们所要达到的目

---

① John Higham, et al., *History*, p.190.

的。（3）战后60年代发展起来的计量史学，在研究边疆史中也发挥了作用。在社会科学研究中，计量只应视为一种辅助方法，因为研究的主要对象是人类社会，其本身是具有阶级性的。固然从一定的数量可以洞察一定的质量，但单纯从数量进行研究，则很容易使研究工作脱离社会，所得结论很难反映社会客观实际。这是计量史学的不可补救的弱点。而且选样问题也很难得到合理的解决。一位美国非洲裔史学家风趣地说，"假如放进机器的是垃圾，出来的结果一定还是垃圾"[1]。此语中的。例如1974年罗伯特·威廉·福格尔和斯坦利·L.因格曼用计量学撰写的《苦难的时代：美国黑人奴隶制经济学》一书，不是可笑地证明南部奴隶制是具有生命力的，种植园主是仁慈的，黑人奴隶很少受到主人的鞭挞吗？不是也有人发表论文，可笑地证明在19世纪末叶和20世纪初叶，在"中产阶级"的心目中，垄断大企业不是"章鱼"，不是"怪兽"，而是"正常"的商业机构吗？[2]

　　总之，在美国历史编纂学上，特纳学派已无力恢复其旧日的支配地位。在这点上，新特纳学派也无能为力。约翰·海厄姆悲伤地说，"同第二代相比"，"第三代"历史学家中"未曾产生一个明确的领导人物"，"我们没有特纳"，也"没有比尔德"来"重整旗鼓"。[3] 正如特纳自己所谈的，边疆假说只是一种"信仰"；又如亨利·N.史密斯所称，它只是一种"象征和神话"而已。至于海外边疆，如今也是一种单边主义妄想，50和60年代的历史事实，对扩张主义者来说，不也是个当头棒喝吗？

　　写到最后，不禁令人联想到我国广大的西部土地。在社会主义制度下，我国西部的发展根本不同于美国的"西进运动"。我们有信心，有能力，也有条件以社会主义方式把我国西部建设起来。我国西部对于我国经济的发展，肯定会发生巨大的作用。开发西部这幅绚丽的宏图正是这个伟大的时代摆在我们每个人面前的一个伟大的挑战。对于特纳学说的研究，不仅可以了解美

---

[1] 1979年10—11月美国黑人史学家约翰·H.富兰克林（John H.Franklin）来华讲学期间在座谈会上的发言。

[2] 参见路易斯·格拉姆布斯和巴巴拉·B.斯彭斯：《公众对美国大企业的反映（1880—1940）：社会变动的量的研究》[Louis Galambos and Barbara Barrow Spence, *The Public Image of Big Business in America(1880-1940): A Quantitative Study in Social Change* (Baltimore: Johns Hopkins University Press, 1975)] 一书的书评（see *The Journal of American History*, Vol.63, No.2, September 1976, p.437.）。

[3] John Higham, "The Construction of American History".(see John Higham, *Writing American History*, p.115.)

国历史编纂学在一个时期的发展，而且在一定程度上也可估量美国西进运动的功过得失，我们或能从中吸取一些经验和教训。这也不失为一个好的研究课题。

论威廉·阿普曼·威廉斯外交史学

20世纪50年代末，美国产生一种新的社会思潮。进入60年代，这种思潮对哲学、社会科学产生重大影响，形成一个新左派运动。史学新左派的主要代表人物是威廉·阿普曼·威廉斯。威廉斯对美国外交史许多传统说法提出挑战。他的观点在美国外交史研究这片平静的池水中投下了一块不小的石头，顿时水花四溅，鳞波重叠。

一、史学新左派的主要代表人物

威廉斯生于1921年，1944年毕业于美国海军学院。第二次世界大战期间曾服役于太平洋两栖部队，战后至威斯康星大学研究院攻读历史，毕业后，先后在威斯康星大学和俄勒冈州立学院任教。威廉斯培养的一批历史学研究生形成了史学新左派的基本力量。他们于1959年创办一个新左派史学家的主要论坛——《左派研究》，到60年代著书立说，崭露头角，对于史学界的影响日益显著。[①]

新左派的主体是青年学生。从20世纪50年代中期起，他们从沉默到反抗，从现实秩序循规蹈矩的遵从者到激烈的抗议者；从书斋走到校园，从校园走上街头；从和平集会、游行示威到举起武器、以暴抗暴。他们是家庭和学校的反叛者，向社会提出新挑战。史学新左派对于这时学生运动有着明显的影响，例如加布里埃尔·科尔科就是50年代活跃于美国各大学校园的左翼学生团体"争取工业民主学生联盟"（the Student League for Industrial

---

① 1971年10月9日《华尔街日报》载文称，左派史学家的影响日渐增长；在中西部和东北部的著名大学里，至少有一个"激进派"史学家在授课，在西部和南部也有少数在任教。该文认为在中学和大学的教科书中，"正确"与"错误"解释之比为一比二（see *Wall Street Journal*, Vol.178, No.77, p.130.）。

Democracy，SLID）的领导人之一，戴维·霍罗维茨是加利福尼亚大学（伯克利）学生运动的活动家。60 年代领导学生运动的重要社团——"学生争取民主社会"（Students for a Democratic Society，SDS）的领导人汤姆·海登，是新左派史学著作的细心的阅读者。在他的主持下，"学生争取民主社会"于 1962 年 6 月在密歇根州休伦港召开的年会上所通过的"休伦港宣言"，包含有新左派史学家的观点。诸如反对金钱特权、反对贫富不均、反对军事工业复合体、要求社会改革、要求改变外交政策、要求裁减军备等主张都可在威廉斯的著作中找到。"休伦港宣言"是新左派和老左派的分界线，[①] 对学生运动起着指导的作用。1964 年学生运动进入要求改善学校管理和教育制度的直接行动阶段，在斗争规模和激烈程度上有了进一步的发展。当年在加利福尼亚大学（伯克利）展开"自由言论运动"，次年在密歇根大学、拉格斯大学、加利福尼亚大学（伯克利）和旧金山学院等校继续举行"演讲示威"运动。群众抗议活动往往演变为与警察的冲突。1970 年 5 月在反征兵、反侵略柬埔寨的运动中，肯特州立大学（俄亥俄）竟有四个学生被枪杀。史学新左派成员活跃在这些激烈斗争的最前沿。如 1965 年耶鲁大学历史教授斯托顿·林德参加在伯克利举行的演讲示威；拉格斯大学历史教授尤金·吉诺维斯在该校"自由言论"演讲会上反对侵越战争，并与汤姆·海登去河内观察。

　　史学新左派的产生正是阶级矛盾发展的结果。50 年代中期，美国国内阶级矛盾已逐渐增长，侵朝战争的失败激化了这种矛盾。人民群众的反抗斗争特别是黑人群众反对种族歧视、争取民主自由权利的斗争蓬勃展开。及至 60 年代后期，侵越战争接连失利，人民群众运动更加发展，以暴抗暴的斗争浪潮席卷全国。60 年代美国发生的群众暴力行动的次数在美国历史上是前所未有的。美国青年在这场如火如荼的群众斗争中不断提出抗议，不断进行思索，不断探讨过去，不断寻求解答。新左派的史学著作就是这种广泛的社会运动的产物。

　　新左派史学著作也反映了美国青年对于美国在世界所处地位和景况的不满。50 年代中叶以后，世界殖民地和半殖民地的民族解放运动不断高涨。金元优势开始削弱。1953 年苏联爆炸了氢弹，接着于 1957 年发射了第一颗人造卫星，美国的核优势也受到挑战。侵朝战争的失败特别是侵越战争给国内

---

　　① Stephen Goode, *Affluent Revolutionaries: A Portrait of the New Left* (New York: Watts, 1974), p.37. 老左派的含义也极混杂，泛指 20 世纪 50 年代中期以前的各色社会主义活动家，在史学方面如赫伯特·阿普特克和菲利普·方纳等。

政治和经济带来严重困难，曾使美国陷入内外交困的境地。在美苏两霸的激烈争夺中，美国的霸主地位开始动摇。左翼青年对统治阶级的对外政策深感不满，极力反对他们所实行的扩张政策和战争政策。这种情绪在史学新左派特别是威廉斯的著作中得到明显的反映。

新左派运动也是一种国际现象。在 50 年代特别是在 60 年代，德国、法国和拉丁美洲国家都有左翼青年学生运动，这些运动在思想上对美国新左派产生过深刻的影响。美国新左派所推崇的人物中有古巴人埃内斯托·切·格瓦拉，法国人里吉斯·德布、法朗兹·凡农，美国黑人埃尔德里治·克莱佛、乔治·杰克逊和安吉拉·戴维斯，乌拉圭游击队的图帕马罗分子，阿尔及利亚的布迈丁，巴勒斯坦的法塔赫，等等。有的人也阅读过毛泽东和胡志明的著作。可见美国史学新左派的思想是十分混杂的，这是他们的一个致命弱点。

60 年代的新左派史学也是对 50 年代一致论史学[①]的一个反击，是对美国史学界保守势力的一种挑战。实际上一致论史学早在 30 年代就产生了。当时以冲突论解释美国史的弗雷德里克·杰克逊·特纳和弗农·帕林顿的影响已渐削弱。查尔斯·比尔德由经济史观转向相对主义，更是明显的征候。[②]约翰·兰德尔等人已把南北战争说成是一场"不必要的战争"。及至战后最初十几年，美国在政治上比较稳定，经济上比较繁荣，资产阶级要保持这种现状，生怕发生动荡，一致论史学正适应了他们的愿望和要求。与此同时，美国政治出现一股极端反动的逆流，美国统治阶级在反对共产党、攫取世界霸权的叫嚣中，向人民发动一系列的进攻。忠诚宣誓法、反劳工法案、扩军备战法令，乃至麦卡锡迫害活动猖獗一时。这种对人民群众政治活动所实行的高压

---

① "一致论史学"一词首先是由约翰·海厄姆提出的[see Richard Abrams and Lawrence Levine, *The Shaping of Twentieth-Century America* (Boston: Little, Brown, 1971), p.710.]。1970 年海厄姆虽然改正了他的看法，认为对于 20 世纪 50 年代美国史学中的一致论估计过高[see Richard Abrams et al., *The Shaping of Twentieth- Century America*, p.699.；John Higham, *Writing American History: Essays on Modern Scholarship* (Bloomington: London, Indiana University Press, 1970), p.138.]。但一致论史学流派确实在美国高等学府特别是在东部几个著名的大学中形成一种保守势力。他们强调美国生活中持久的一致性、各种制度的稳定性和民族性格的持续与亲和性，认为美国没有严重的阶级斗争，甚而根本不存在阶级斗争；即使存在斗争，也会以和平妥协的办法得到解决。例如他们主张独立战争不是社会革命，而只是民族解放运动；南北战争的起因只是当时领导人的错误言行和民主制度的失误。他们厌恶剧烈的变革，极力维持现状，不愿涉及当代争论的问题，摒弃诸如弗雷德里克·特纳、查尔斯·比尔德、弗农·帕林顿等前辈史学家所主张的冲突论。他们否认美国存在贫富不均的现象，认为至少是贫穷部分太小，不足过虑。他们对人民群众疑惧参半，不愿给被压迫的人以支持和同情。总之，他们不相信物质力量对历史的影响，以唯心主义解释历史。

② 1933 年比尔德在美国历史协会发表主席演说，题为"书写的历史是一种信仰的行动"。

政策，又为一致论史学的产生创造了条件。到了 50 年代后期，在国内阶级矛盾逐渐上升的情况下，一致论史学才无法立足，新左派史学的出现标志着一致论史学的衰落。

新左派运动的发展正在学生运动高涨的年代。进入 70 年代，当学生运动走向低潮时，新左派思潮日趋沉寂。虽然一些新左派史学家如威廉斯、科尔科等仍继续写作，但他们的著作成为新左派运动的余音了。

二、一个卓越的美国外交史学家
——兼评美国外交史的写作

在史学新左派队伍中，威廉斯的著作比较多，影响也比较大。他曾写过有关美国通史的著作如《美国历史的轮廓》（1961 年），试以新左派观点改造美国通史，但他的研究重点是美国外交史，所以有人把威廉斯领导的学派称为"外交史的威斯康星学派"[1]。

威廉斯在美国外交史方面的著作主要有《美俄关系史：1781—1947》（1952年）、《美国外交的形成》（编，1956 年）、《美国和中东：是门户开放的帝国主义还是开明的领导？》（1958 年）、《美国外交的悲剧》（1959 年）、《美国、古巴和卡斯特罗——论革命的动力和帝国的解体》（1962 年）、《从殖民地到帝国——关于美国对外关系的论文集》（编，1972 年）、《美国面向一个革命的世界，1776—1976》（1976 年）、《变动世界中的美国人，1776—1976》（1978 年）等。此外，还有许多论文，散见《民族》周刊、《美国历史评论》、《太平洋历史评论》、《科学与社会》、《评论》等杂志。20 世纪五六十年代，《民族》周刊给威廉斯发表文章的机会比较多，当 1961 年他出版《美国历史的轮廓》时，曾对该杂志主编卡利·麦克威廉斯表示谢意。

作为一个新学派的创始人，威廉斯遭到保守的旧学派的围攻。威廉斯在写作《美国面向一个革命的世界》一书时，竟得不到美国学术团体如美国哲

---

[1] Joseph Siracusa, *New Left Diplomatic History and Historians: The American Revisionists* (New York: Kennikat Press, 1973), p.23.

学学会和美国学术团体理事会的经济帮助，而不得不向私人举债。① 他们对于威廉斯有关冷战著作的攻击，尤其不遗余力。威廉斯及其学派首先遭到所谓"官方史学家"②的反对。国务院专家赫伯特·菲斯曾鼓励罗伯特·曼德克斯教授写书，抨击新左派关于冷战起源的著作。沃尔特·罗斯托、小阿瑟·M.施莱辛格、乔治·凯南等人对于曼德克斯的《新左派与冷战起源》（1973 年）一书赞誉不迭。被威廉斯称为"官方解说家"③的小施莱辛格竟认为曼德克斯作出了一种"很有价值的学术贡献"。来自各高等学校保守的外交史教授的攻击也很凶猛。托马斯·贝利说，新左派有关冷战的著作是"无稽之谈"，"学术价值贫乏"，"对我毫无影响"。④ 赫伯特·菲斯说，"新左派著作毫无用处，证据和解释基本上是错误的"⑤。甚至一些比较心平气和、立论比较持平的史学家也不无刻薄讽刺之意。如艾尔文·厄格说，新左派史学家是"在死人身上耍诡计"⑥。即使在 1970 年，当新左派史学已经有很大发展时，哥伦比亚大学历史教授约翰·加勒蒂在其《解释美国历史与历史学家的对话录》一书中所邀请的谈话对象，都是一致论史学家。可见新左派史学家在美国史学界是受排斥的，虽然加勒蒂所用的措辞是很委婉的。⑦

　　新左派史学家斯托顿·林德所谈比较公允。他在评论《美国历史的轮廓》中说的话，可以概括新左派史学著作的一般特点。他说，《美国历史的轮廓》是"一本卓越的、有胆量的和令人失望的书"，"职业史学家责斥它，激进派却称赞它"。它是"一本好书，又是一本坏书"。"好"是因为自 1913 年比尔德出版《美国宪法的经济观》以来，这是一本"最重要的著作"；"坏"是因

---

① William Appleman Williams, *America Confronts a Revolutionary World (1776-1976)* (New York: Morrow, 1976), p.13.

② "court historian" 一词首先是由哈里·E.巴恩斯提出的[see Harvey Wish, *The American Historian: A Social-Intellectual History of the Writing of the American Past* (New York: Oxford University Press, 1960), p.286.]。

③ William Appleman Williams, "Greek Chorus: The Cold- War Revisionists", *The Nation*, Vol.205, No.6, November 1967, p.494. 小施莱辛格认为，美国政府有权利在世界各地进行干预，侵越战争"没有错误"（同上，第 493 页）。

④ Joseph Siracusa, *New Left Diplomatic history and Historians*, p.109.

⑤ Joseph Siracusa, *New Left Diplomatic history and Historians*, p.111.

⑥ 艾尔文·厄格：《新左派与美国历史——美国历史编纂学中一些新趋势》（see Richard Abrams and Lawrence Levine, *The Shaping of Twentieth-Century America*, p.736.）。

⑦ John Garraty, ed., *Interpreting American History: Conversations with Historians* (New York: Macmillan, 1970), p.ix.

为不易阅读，且缺少注解。这些缺陷影响了著作的学术价值，妨碍了解他的思想深度。有些立论不知有无权威的根据，是不是即兴之谈。[①] 这就是说，思想上是激进的，方法上是粗糙的。这是威廉斯和一些新左派史学家一贯表现得不够严谨的文风。

美国外交史研究开始得比较晚，到 20 世纪 20 年代才有根据原始材料写成的具有一定分量的美国外交史著作。第一次世界大战给美国外交史研究以很大的推动。[②] 大战前，除去几种有关美国早期外交史如革命时期和 1812 年战争时期的外交史，以及关于美国和拉美或远东的关系史外，没有任何重要的外交史可言。关于欧洲外交的研究，大都局限于海上权益之争，内容琐碎。对拉美、远东的关系史大都出于外交官之手，内容不纯为历史，介于历史和政治之间，且缺少档案资料，学术价值不大。至 20 年代始有较深博的著作，如狄克斯特·珀金斯的《门罗主义 1823—1826》使用了多处档案馆的资料，探讨了门罗主义的欧洲背景。到 30 年代方有综合的美国外交通史出现。1936 年塞缪尔·比米斯的《美国外交史》问世。珀金斯扩大了对门罗主义的研究，于 1933—1937 年分别出版《门罗主义 1826—1867》和《门罗主义 1867—1907》。在泰勒·丹涅特研究的基础上，A.W.格里斯沃尔德写出了《美国远东政策史》（1938 年）。朱利叶斯·普拉特出版了《1898 年的扩张主义者》（1936 年）。1940 年托马斯·贝利出版了流行颇广的《美国人民外交史》，接着 A.P.惠塔克出版了《美国与拉丁美洲的独立，1800—1820》（1941 年），珀金斯出版了《住手：门罗主义的历史》（1941 年）。

第二次世界大战后，美国外交史的研究主要分为三个流派：一是正统派或传统派，二是现实主义派，三是修正派。[③]正统派即"官方史学家"，大半服务或曾服务于政府各部门，特别是国务院。1947 年 7 月主张对苏联实行遏制政策的乔治·凯南以"X"别名在《外交季刊》上发表的《苏维埃行动的根源》一文，就是这个流派吹起的第一声号角。现实主义派的代表人物有汉斯·摩根索、罗伯特·奥斯古德，乔治·凯南也是这个学派的台柱。他们主张强权

---

① Staughton Lynd, " Book Review: William Appleman Williams, The Contours of American History", *Science and Society*, Vol.27, No.2, Spring 1963, p.227.

② Hugh H.Bellot, *American History and American Historians: A Review of Recent Contributions to the Interpretation of the History of the U.S.* (Norman: University of Oklahoma Press, 1952), p.255.

③ Gerald N.Grob and George Athan Billias, *Interpretations of American History: Pattern and Prospective* (New York: The Free Press, 1972), Vol.2, pp.472-529.

政治，认为人生来就是追逐权力的，反对所谓"道德家–法学家的外交政策"。
修正派即史学新左派，他们对于美国史特别是外交政策史的正统说法提出异
议。早在 50 年代初，威廉斯就发表了美国外交史专著——《美俄关系史1781—
1947》。1959 年他所著的《美国外交的悲剧》，正是这个学派的响亮的开场白。①

　　威廉斯的美国外交史中一个主要命题是：美国是一个扩张主义国家。他
强烈地批判了那些对扩张主义讳莫如深的美国外交史学家。他说，有些美国
历史学家不承认美国是一个"帝国"；假如再追问一下，他们又会说，美国曾
经是一个"帝国"，但已经"放弃"了，然而他们又口口声声地说美国是一个
"世界强国"。②

　　威廉斯不同于其他美国外交史学家的是，他不仅指出美国对外政策中的
扩张主义因素，而且强调了美国扩张外交政策的两个基本特点：一是扩张是
美国外交政策的传统，美国历史上从来就没有孤立主义；二是对美国外交政
策起决定作用的是经济要素。

　　孤立主义这个名词经常出现在美国外交史教科书③ 和外交文献中，而威
廉斯认为"美国自从脱离英帝国以来，一直是积极地卷入世界事务……很可
怀疑孤立主义这个名词是否具有任何用场"④。他认为，从立国以来，美国的

---

　　① 美国外交史学家罗伯特·弗雷尔在评论《美国外交的悲剧》时说，这本书使许多历史家回想起1890
年以来的美国对外关系的进程。他认为，威廉斯的立论吸引了大批史学家；正如一个多世代以前的弗雷德
里克·杰克逊·特纳的追随者一样，他们开始运用威廉斯的"学说"。[see Robert H.Ferrell, *American
Diplomacy: A History* (New York: Norton, 1959), p.647.]

　　② William Appleman Williams, "The Frontier Thesis and American Foreign Policy", *The Pacific Historical
Review*, Vol.24, No.4, November 1955, p.379.; Samuel Flagg Bemis, "The Shifting Strategy of American Defense
and Diplomacy", Dwight E.Lee & George McReynolds, eds., *Essays in History and International Relations in
Honor of George H.Blakeslee* (Worcester, Mass.: Clark University, 1949), p.3.; Samuel Bemis, *A Diplomatic
History of the United States* (New York: Henry Holt, 1942), pp.877-878.

　　③ Samuel Bemis, *A Diplomatic History of the United States*, pp.835-848.; Thomas Bailey, *A Diplomatic
History of the American People* (New York: F.S.Crofts, 1940), pp.4-6; p.106; p.682; p.750; p.803; p.805.; Hans
J.Morgenthau, *A New Foreign Policy for the United States* (New York: Praeger, 1971), pp.15-16; p.82; p.83;
pp.158-159. 如同比米斯、贝利和摩根索一样，珀金斯和阿瑟·施莱辛格都称 20 年代为孤立主义时期。比
米斯认为 19 世纪的一百年是孤立主义的一百年，是与世隔绝、高枕无忧的"黄金时代"，是一去不复返的
"快乐岁月"（见塞缪尔·比米斯《美国的外交政策和自由之幸福》，载于《历史译丛》，1963 年第 4 期，
第 70-71 页）。托马斯·贝利也说："从欧洲纷纠中孤立出来，或许是美国的最基本的外交政策。"(see
Thomas Bailey, *A Diplomatic History of the American People*, p.4.)

　　④ William Appleman Williams, *The United States, Cuba and Castro: An Essay on the Dynamics of
Revolution and the Dissolution of Empire* (New York: Monthly Review Press, 1962), p.166.

对外政策就是不断扩张，^① 甚至"美国人作为英帝国的主要殖民地的公民时，就不是孤立主义者"^②，美国历史上任何试图阻止向外扩张的尝试都没有成功^③。

关于孤立主义的含义本来就是混杂不清的。D.F.德拉蒙德说："孤立主义具有如此多的不同的方面，代表如此多的不同的看法，因而无人或团体能够有效地掌握每个方面和看法。"^④ 法国的美国外交史学家让-巴蒂斯特·迪罗塞勒说："什么是孤立主义？与其说它是一个概念，倒不如说它是一种感情的东西，很难给它一个确切的定义。"^⑤ A.W.格里斯沃尔德说，孤立主义和干涉主义这两个词"一向运用得如此不确切，如此充斥党派纠纷，因而失却它的意义"^⑥。艾伯特·温伯格认为，孤立主义是一种国家主义，即作为一个主权国家所拥有的"行动自由"，但又认为美国与其他国家的关系必须是有来有往的，所以所谓"自由行动"是不存在的，"孤立主义是一个自相矛盾的概念"。^⑦

实际上孤立主义原是美国历史上一定时期、针对一定地区所采取的一种外交方针，其含义往往与中立主义、不干涉主义、航海自由、不卷入等概念相联系，具有模棱两可性。孤立主义主要是美国针对欧洲的外交政策。19世纪末年前，"不卷入"是为了抵制欧洲卷入美洲；19世纪末年后，美国在"不卷入"的旗号下，尽力保持欧洲均势。只有在欧洲均势遭到破坏，同时自己有利可图时，才放弃"不卷入"。实质上这是"坐山观虎斗"与"渔人攫利"的结合物。这种政策不是针对拉美的，也往往不是针对亚洲的。美国在拉美是独霸主义，在亚洲是"合伙主义"，交替使用对拉美、对欧洲所使用的手法。

---

① William Appleman Williams, "The Logic of Imperialism", *The Nation* , Vol.185, No.1, July 6, 1957, pp.14-15.

② William Appleman Williams, ed., *The Shaping of American Diplomacy* (Chicago: Rand McNally, 1970), Vol.1, p.XV.

③ William Appleman Williams, *From Colony to Empire* (New York: J.Wiley, 1972), pp.476-487.

④ Donald Francis Drummond, *Passing of American Neutrality (1937-1941)*(Ann Arbor: University of Michigan Press, 1955), p.1.

⑤ Jean-Baptiste Duroselle, *From Wilson to Roosevelt: Foreign Policy of the United States (1913-1945)* (London: Chatto & Windus, 1964), p.134.

⑥ Grisword, "The Future of American Diplomatic Policy", Allan Nevins and Hacker Louis, eds., *The Uunited States and its Place in World Affairs* (Boston: D.C.Heath & Co., 1943), p.585.

⑦ Albert W.Weinberg, "The Historical Meaning of the American Doctrine of Isolation", William Appleman Williams, ed., *The Shaping of American Diplomacy*, p.26. 汉斯·摩根索认为孤立主义和全球主义具有表里关系，全球主义是孤立主义之表，其意近似温伯格的"自由行动"[see Hans Morgenthau, *A New Foreign Policy for the United States* (New York: Published for the Council on Foreign, 1969), p. 16]。

温伯格所谓的"行动自由"确是中肯之论，不过威廉斯比温伯格还前进一步。他由美国外交政策的特质——扩张主义这个角度，从根本否定了孤立主义的存在。基于这种看法，威廉斯批判了美国外交史上关于孤立主义的提法，特别是关于珀金斯、比米斯、贝利等人把20世纪20年代称为孤立主义时期的说法。[①] 同样，威廉斯也否定了比米斯所谓的"大失常"的说法。比米斯认为，1898年向外扩张特别是兼并菲律宾是个"大的国家的失常"[②]。威廉斯说，"19世纪末年美国向帝国主义的发展不是大失常"，也"不是外部世界强加给美国的"。[③] 威廉斯也反对贝利把威尔逊国际联盟的被否定归结为"大背叛"[④]。他认为许多反对威尔逊参加国联的所谓孤立主义者跟威尔逊一样，都在追求把华盛顿"变为世界的大都会"，他们的目标相同，只不过在策略上有所不同而已。[⑤] 从50年代开始，美国在海外妄图称霸的野心到处碰壁。威廉斯关于孤立主义的这种执拗之见，正反映了美国中小资产阶级对于垄断集团无限扩张政策的不满。

　　威廉斯认为，美国扩张主义对外政策的第二个基本特点是，经济因素对美国外交政策起着主导作用。

　　对于扩张主义传统，有些美国史学家也肯承认，[⑥] 但把扩张主义同经济因素联系起来，却是威廉斯外交史著作中最有价值之处。威廉斯说，在决定

---

① 威廉斯的批判论文有：William Appleman Williams, "The Legend of Isolationism", William Appleman Williams, ed., *The Shaping of American Diplomacy*, pp.103-107.；"American Foreign Policy in Europe in the Twenties", *Science and Society*, Vol.22, No.1, Winter 1958, pp.1-20.；"A Note on the Isolationism of Senator William E.Borah", *The Pacific History Review*, Vol.22, No.4, November 1953, pp.391-392.。

② Samuel Bemis, *A Diplomatic History of the United States*, p.463; p.475.

③ William Appleman Williams, *Americans in a Changing World* (New York: Harper & Row, 1978), p.35.

④ Thomas Bailey, *Woodrow Wilson and the Great Betrayal* (New York: Macmillan, 1945).

⑤ William Appleman Williams, *From Colony to Empire*, p.5.；威廉斯在《孤立主义的传奇》（William Appleman Williams, "The Legend of Isolationism in the 1920's", *Science & Society*, Vol. 18, No. 1, Winter 1954, pp. 1-20）一文中持同样的看法。

⑥ 如理查德·凡·阿尔斯泰因说，扩张是同美国外交必然联系的三个概念之一［see Richard Van Alstyne, *American Diplomacy in Action* (Stanford, Calif.: Stanford University Press, 1947), p.50.］；1896年弗雷德里克·杰克逊·特纳在《大西洋》杂志上写道："三个世纪以来，美国生活中占支配地位的事实是扩张。"［see Frederick Jackson Turner, *The Frontier in American History* (New York: H.Holt, 1921), p.291.］；R.J.卡里狄在《20世纪美国外交政策：安全和自我利益》一书中说："争取领土的和经济的扩张，一向是美国理想中占支配地位的主题。"［see Ronald J.Caridi, *20th Century American Foreign Policy: Security and Self-Interest* (Englewood Cliffs, N.J.: Prentice-Hall, 1974), p.1.］；英国人也有同样的说法，如H.C.艾伦说，"从1607年建立詹姆斯敦到1890年普查局公开宣布'定居边疆'不再存在这期间，（移动的）边疆是美国生活中的一个占支配的事实"。［see H.C.Allen and C.R.Hill, *British Essays in American History* (London: E.Arnold, 1957), p.145.］；哈罗德·拉斯基说，"美国的心理根源是建立在扩张主义的基础之上的"。［see Harold J.Laski, *The American Democracy: A Commentary and an Imterpretation* (New York: Viking Press, 1948), p.5.］

外交政策的诸因素中，"经济是很重要的"。在他所写的外交史中可以看到在政策形成的过程中经济原因、经济目的和经济手段的作用，特别是经济集团及其代表人物幕后或直接的活动。这在美国外交史中是罕见的。一般资产阶级历史学家的通病是割裂史实，不能综合地全面地看待历史。写经济的不谈政治，写政治的不过问经济。写外交史的只交代外交关系，诸如外交口号、人物来往、条约制定、交涉经过等，也不肯联系社会经济问题。如阿林·拉波尔特写的《美国外交史》（1975 年）只是加强了对国际环境的叙述；托马斯·贝利的《美国人民外交史》也只是强调了"舆论"对外交政策的影响。国际环境尽管风云多变，但往往只能决定外交的方式和方法而不能决定外交政策的根本原则和方针。所谓"舆论"更难于捉摸。在资本主义社会中，"舆论"有几分能反映广大人民群众的意志？① 外交是内政的延续，经济是政治的集中表现。威廉斯能从国内政治经济角度探讨美国对外关系，其著作实属资产阶级外交史学的上乘。威廉斯不失为一个卓越的资产阶级史学家。

威廉斯认为，他的经济史观的来源有二：一是卡尔·马克思②；二是查尔斯·比尔德③。实际上比尔德本人也曾受到马克思的影响。在 1935 年《美国宪法的经济观》再版序言中，他写道："我同所有初攻现代史的学生一样，早已熟习了马克思的学说和著作。……知道马克思在建立自己的历史学说之前也曾熟习亚里士多德、孟德斯鸠和其他进步作者的著作之后，我对于马克思的兴趣更加浓厚了。"④ 殊途同归，威廉斯所谓的两个来源实际出自一家。

威廉斯的经济命题同占据美国外交史学论坛的权威史学家的传统说法大相径庭。他们所谓美国制定外交政策的依据之多可说是五花八门，车载斗量。有的说美国外交政策有六大基石⑤，有的说有 11 个基础⑥，有的说有五个目

---

① 如欧内斯特·梅认为，"舆论"的创造者是人数很少的"实行操纵的势力"，其中包括政府官员、政客、企业主和与政府有关的专业人员等。

② William A.Williams, *The Contours of American History* (Cleveland: World Publ. Co., 1961), p.3.

③ William A.Williams, *The Contours of American History*, p.490.

④〔美〕查尔斯·比尔德：《美国宪法的经济观》，北京：商务印书馆，1949 年版，第 7 页。

⑤ 即政治孤立、不干涉、中立、门罗主义、门户开放和仲裁，见约翰·W.戴维斯《美国外交政策的永久的基石》（see *Foreign Affairs*, Vol.10, No.1, October 1931, p.9.）。

⑥ 即独立、大陆扩张、不卷入欧洲、欧洲国家不得在美洲大陆建立殖民地、美洲大陆上的领土不容在欧洲列强间转让、国际贸易自由、民族自决、战时航海自由、引渡权、不干涉、反帝国主义。（see Samuel Bimis, "The Shifting Strategy of American Defense and Diplomacy", *The Virginia Quarterly Review*, Vol. 24, No. 3, Summer 1948, pp. 321-335；李和麦克雷诺兹编：《为纪念 G.H.布拉克斯里而写作的有关历史和国际关系的论文》，第 2-3 页。）

的①，有的说有九种"力量和因素"②。至于美国扩张政策的目的更是天南地北，光怪陆离。有的说是为了实现上帝的意旨③，这是神圣的使命④、显明的天命⑤。有的根据地理概念，认为扩张是为了保证国家安全⑥，为了容纳不断增殖的人口⑦。有的根据种族优秀论⑧，认为扩张是一种责任⑨，是一种"白人负担"⑩，为了传播基督文明⑪，为了自由⑫，为了民主⑬，因此扩张是出于利

---

① 即谋取安全的边疆、扩展边疆、保护美国公民的权益、保持中立与和平、阻止欧洲国家干涉美洲事务 [see Julius W.Pratt, *A History of the United States Foreign Policy* (New York: Prentice-Hall, 1955), pp.3-4.]。

② 即地理位置、供扩张的空间、邻国的弱小、多民族、民主、舆论的作用、国内事务的首要地位、经营商业和工业的人民、利用欧洲的困难（see Thomas Bailey, *A Diplomatic History of the American People*, pp.803-805.）。

③ Julius W.Pratt, "The Ideology of American Expansion", A.E.Campbell, ed., *Expansion and Imperialism* (New York: Harper & Row, 1970), pp.23-24.

④ Reinhold Niebuhr and Alan Heimert, *A Nation So Conceived: Reflections on the History of America from Its Early Visions to Its Present Power* (London: Faber and Faber, 1963), p.127; p.139. 资产阶级史学家特别宣扬威尔逊的使命说 [see Arthur S.Link, *Woodrow Wilson and the Progressive Era (1910-1917)* (New York: Harper, 1954), p.81.]。

⑤ Julius W.Pratt, "The Ideology of American Expansion", pp.24-25.

⑥ 约翰·W.戴维斯：《美国外交政策的永久的基石》（see *Foreign Affairs*, Vol.10, No.1, October 1931, pp.9-10.）。

⑦ Julius W.Pratt, "The Ideology of American Expansion", p.25; p.27; p.29. 美国政府领导人有这种说法，如 1786 年托马斯·杰斐逊说，联邦好比一个巢，从这里美国人将垦殖南北美洲；1846 年威廉·西沃德说，不可抗拒的美国人口的洪流，将冲向北冰洋和太平洋。

⑧ 如约翰·菲斯克说："美国和英国是进化的先导，是世界的命定的主宰者。" [see Milton Berman, *John Fiske: The Evolution of a Popularizer* (Cambridge, Mass.: Harvard University Press, 1961), p.252.]

⑨ 如莱茵霍尔德·尼布尔说，美国"成长得特别快，……因而被强加给一种同它的显著巨大的国力相称的责任"（see Reinhold Niebuhr and Alan Heimert, *A Nation So Conceived*, p.10.）。

⑩ 如狄克斯特·珀金斯说："美国对其他民族的统治经常不是安然自在的统治。"（see Jean-Baptiste Duroselle, *From Wilson to Roosevelt*, p.21.）；阿林·拉波尔德说，使命观念"使美国人为了从西班牙桎梏下解放古巴人而战斗，担当起帝国的负担"（见阿林·拉波尔德：《美国外交史》，纽约，1975 年版，第 175 页）。弗雷德里克·杰克逊·特纳对基普林推崇备至，更乐于运用他的词句来渲染"西进运动"（see Frederick Jackson Turner, *The Frontier in American History*, p.262; p.270.）。

⑪ 如 A.J.贝弗里奇说，"我们的制度将乘贸易之翼，紧随我们国旗之后。美国的法律、美国的文明和美国的国旗将在过去是血腥黑暗的海岸上竖立起来，这些地方从此因上帝的启迪变得美丽而光明"。[see Claude Gernade Bowers, Beveridge and the Progressive Era (New York: The Literary Guild, 1932), p.67.]

⑫ 如塞缪尔·比米斯在 1961 年 12 月以"美国的外交政策和自由之幸福"为题，在美国历史协会年会上发表主席演讲。

⑬ 如特纳认为美国的民主是边疆扩张的产物（see Frederick Jackson Turner, *The Frontier in American History*, p.30; p.190; p.306.）。

他主义①，合乎道德正义②和合法主义③的原则。有的吹捧帝国主义④；认为美国外交原则出于利己主义⑤，是以现实主义和强权政治为依据的⑥，有的甚至认为扩张是"美国人民"的心理⑦和习惯⑧，是出于地理环境的作用⑨。

威廉斯认为，美国实行扩张的目的在于夺取市场和原料。他说，美国人所追求的是"取得更多的财产，取得更多的土地"，美国是从重商主义胎胞中产生的。⑩ 到 19 世纪末美国从"商业和领土的扩张"转为"海外帝国主义"。⑪ 威廉斯的学生沃尔特·拉夫伯在《新帝国》一书中为这种转变作了很好的说明。他说，"这种转变既不是一个历史的偶然事件"，也不是新的"失常"，基

---

① 如道格拉斯·多德指出，美国制定它的内政和外交政策经常是依据一种假设，即美国具有一种使它享有特殊的权利的特质；美国认为它的国家政策，无论是说的或做的都是符合其他国家的利益的[see Douglas F.Dowd, *The Twisted Dream: Capitalist Development in the United States Since 1776* (Cambridge, Mass: Winthrop, 1974), p.210.]。

② 菲利克斯·吉尔伯特说，美国对外政策的"最显著的特点"是"道德特质"（见菲利克斯·吉尔伯特：《二百周年思考录》，*Foreign Affairs*, Vol.54, No.4, July1976, p.644.）。迪罗塞勒说，美国外交政策"基本上是道德的"（see Jean-Baptiste Duroselle, *From Wilson to Roosevelt*, p.20.）。

③ 如 F.L.莱温海因说美国外交政策是道德主义—合法主义的[see Francis L.Loewenhein, ed. *The Historian and the Diplomat: The Role of History and Historians in American Foreign Policy* (New York: Harper & Row, 1967), p.22.]。乔治·凯南也持此说。

④ 如狄克斯特·珀金斯说，"帝国主义现在已成为一个带有谴责意味的名词，但帝国主义曾经奠定了秩序和安定的基础，……为普遍的繁荣奠定基础"（见狄克斯特·珀金斯：《我们需要高高兴兴地做老师》，何新等译：《美国历史协会主席演说集（1949—1960）》，北京：商务印书馆，1963 年版，第 194 页）。

⑤ 如托马斯·贝利说，"自身利益是一切外交的基石"（see Thomas Bailey, *A Diplomatic History of the American People*, p.88.）；A.B.哈特说，"美国外交的诀窍在任何治国公式或格言中是找不到的，但它深深存在于人的利益的原则之中"，"这个国家的外交史证明，在世界各地只要看来能得到充分的利益，政府就毫不犹豫地攫取它"[see Albert Bushnell Hart, *The Foundations of American Foreign Policy* (New York: Macmillan Co., 1901), p.4.]。

⑥ 如莱因霍尔德·尼布尔在 1932 年写的《道德的人和不道德的社会》中指出，理想主义者是"伪善"的，这是不可避免的[see Robert E.Osgood, *Ideals and Self-Interest in American Foreign Relations: The Great Transformation of the Twentieth Century* (Chicago: The University of Chicago Press, 1953), p.382.]。汉斯·摩根索认为，人是"具有追求权力的私欲的"（see Joseph Siracusa, *New Left Diplomatic History and Historians*, p.160.）。

⑦ 如理查德·霍夫斯塔特把 19 世纪末产生的向外扩张的浪潮称为"心理上的危机"（see A.E.Campbell, ed., *Expansion and Imperialism*, pp.153-161.）。

⑧ 如 H.U.福克纳说，扩大领土的"习惯"是美国立国以来的"特点"[see Harold U.Faulkner, *The Quest For Social Justice (1898-1914)* (New York: Macmillan Co., 1931), p.516.]。

⑨ 如朱利叶斯·普拉特说，"一些毗邻地区命中注定是要被合并的，因为它们的位置使它们自然地要成为美国的一部分"（see Julius W.Pratt, "The Ideology of American Expansion", p.23.）。

⑩ William Appleman Williams, *The Contours of American History*, p.719.

⑪ William Appleman Williams, *From Colony to Empire*, p.480.

本上是一个"经济问题"，出于"工业家对原料和市场的需要"；同西班牙作战，兼并夏威夷、菲律宾和波多黎各，不是出于"下意识"，而是由于"商人的需要"。①

威廉斯进一步认为，海外扩张不仅是为了原料和市场，而往往是为了转移国内经济危机，防止国内发生革命运动。②《信使—日志》报的编辑曾说："我们已经从一个店员的国家变成一个战士的国家。同英国一样，我们用殖民和征服的政策，来逃脱社会主义和平均地权的威胁和危险。"③ 威廉斯更具体地说："当 1893 年危机中民主和繁荣呈现衰落，当美国帝国进一步扩张受到日、俄两国的对抗时，布鲁克斯·亚当斯和弗雷德里克·杰克逊·特纳就出来重述和辩护历史上的扩张哲学了。"④ 19 世纪 90 年代是这样，20 世纪 20 年代的威尔逊和 30 年代的罗斯福也是这样。⑤

1898 年缅因州参议员威廉·弗烈伊说："我们必须获取市场，不然我们就要发生革命。"⑥ 弗烈伊的话反映了统治阶级的真实思想，但威廉斯认为这种想法无法实现。他宣称，美国向海外扩张太多了，应当回头"想想自己"。⑦ 美国应与"过去"决裂⑧，不要再向外"转嫁祸端"⑨。扩张是危险的，因为它不易实现内政改革⑩，不能不损害自己的福利和安全⑪，代价太高⑫。例如，他认为战后冷战似乎给美国带来经济的高涨，但在精神上可能毁坏美国社会

---

① see Irwin Unger, "The 'New Left' and American History: Some Recent Trends in United States Historiography", *The American Historical Review*, Vol. 72, No. 4, July 1967, p. 722.

② William Appleman Williams, "The Logic of Imperialism", p.14.

③ Richard Hofstadter, "Manifest Destiny and the Philippines", Daniel Arend, ed., *America in Crisis: Fourteen Crucial Episodes in American History* (Hamden, Connecticut: 1971), p.196.

④ William Appleman Williams, "The Logic of Imperialism", p.14.

⑤ William Appleman Williams, *From Colony to Empire*, p.483.; *The Contours of American History*, p.416.; *Americans in a Changing World*, p.297; p.301.

⑥ George L.Anderson, *Issues and Conflicts: Studies in Twentieth Century American Diplomacy* (Lawrence: University of Kansas Press, 1959), p.9; William Appleman Williams, *The Tragedy of American Diplomacy* (New York: The World Publishing Co., 1959), p.30.

⑦ William Appleman Williams, *The United States, Cuba and Castro*, p.168.

⑧ William Appleman Williams, *The Contours of American History*, p.482.

⑨ 威廉·阿普曼·威廉斯：《外交政策与美国人的思想》，载于《评论》，第 33 卷，1962 年 2 月第 2 期，第 157 页。

⑩ William Appleman Williams, *America Confronts a Revolutionary World ,1776-1976*, p.42.

⑪ William Appleman Williams, *The United States, Cuba and Castro*, p.167.; *Americans in a Changing World*, p.301.

⑫ 威廉·阿普曼·威廉斯：《美国的世纪（1941—1957）》，*The Nation*，Vol.135，No.4，November 2，1957，p.304。

道德和理智的完善，在物质上还可能引起毁灭性的原子战争。① 威廉斯指出，美国外交政策的"悲"在于战后美国看不到在国内进行社会改革的必要，却仍然相信通过门户开放政策，可继续增长国内的自由和繁荣，扩充经济的和思想的体系。② 他认为威廉·J.富布赖特悟出了这个道理。③ 因为后者曾说："年轻的这一代人抵制在一个贫穷和遥远的国家（指越南）进行不人道的战争，抵制他们自己国家里的贫穷和虚伪。……帝国主义代价是美国的灵魂，而这个代价是太高了。"④

向外扩张既然是危险的、失算的和可悲的，那么，如何改正美国对外政策呢？威廉斯的回答是转向国内，即所谓"开放国内门户"。

威廉斯开放国内门户这个设想也是师承查尔斯·比尔德的。⑤ 在 30 年代，即在第二次世界大战的前夜，比尔德就提出了这种主张。1934 年，当美国国内发生经济恐慌，在国际上又受到法西斯战争势力的威胁时，比尔德写了两本书：《国家利益观》和《开放国内门户》。这两本书标志着比尔德转向大陆主义。在 1917 年，比尔德是一个干涉主义者，支持威尔逊对德宣战；到 30 年代后期却变成了一个孤立主义者。

在《国家利益观》一书的结束语中比尔德指出，美国不可能为不断增长的"剩余的"农业品、工业品和资本找到一个不断扩大的国外销路，"国家利益"不是扩张领土和海外贸易，而是需要一个新的概念，其"中心思想"是正如罗斯福新政所显示的那样，⑥ 对国内经济实行有计划的管理，保持一个不依赖国外销路并有高速度发展的内部市场，以处理"剩余的"货物和资本。⑦

---

① William Appleman Williams, "Babbitt's New Fables: Economic Myths", *The Nation*, Vol.182, No.1, January 1956, p.6.

② Charles E.Neu, "The Changing Interpretive Structure of American Foreign Policy", John Braeman, R.H.Bremner, and David Brody, eds., *20th Century American Foreign Policy* (Ohio: Ohio State University Press, 1971), p.53.

③ 威廉·阿普曼·威廉斯：《外交政策与美国人的思想》，载于《评论》杂志，1962 年第 33 卷，第 2 期，第 158 页。

④ 〔美〕威廉·富布赖特：《跛足巨人》，上海：上海人民出版社，1967 年版，第 269 页。

⑤ William Appleman Williams, *The Contours of American History*, p.490.

⑥ 比尔德赞成罗斯福的大部分内政政策，但从孤立主义观点出发，从 30 年代后期起，表示不赞成罗斯福的对外政策，直到死前（1948 年）还出版《罗斯福总统和大战的发生，1941》〔Charles Beard, *President Roosevelt and the Coming of the War 1941* (NJ: Transaction Publishers, 1948)〕一书，指责罗斯福为太平洋战争的预谋者。

⑦ Charles Beard, *The Idea of National Interest: An Analytical Study in American Foreign Policy* (New York: Macmillan, 1934), p.582.

在《开放国内门户》一书中，比尔德重申计划经济①，重申海外殖民地不能解决国内工农业生产"过剩"的问题②。他希望罗斯福像建立"健康的国内经济体系"一样，把内政原则实施于对外政策。比尔德认为扩张可能导致战争和专制，民主会被忽视，所以依靠国外市场是不明智的。③

威廉斯的"开放国内门户"的设想虽然建立在比尔德的构思之上，但他的设想范围却远远超过比尔德。

威廉斯抱怨美国人缺乏自知之明，不肯总结历史经验。④ 他举例说："（1949年）中国革命的胜利，使许多人意识到门户开放政策不再符合世界的现实，但是杜鲁门和艾奇逊却自恃手中有原子弹和飞机而表现为冥顽不化。"⑤ 他认为，美国人总结历史经验的时候来到了。

威廉斯指出，门户开放政策的制定不只是针对中国的，而是美国全球战略的核心，其目的在于为国内工商业保证"开放"的市场，取得对其他国家竞争的优势，同时又可少用兵力，少付代价，反而攫取较多较大的利益。而今美国人应当及时了解到，扩张主义的门户开放政策既不能使美国得到经济利益，也不能得到军事上的安全，因此从总结历史经验角度看，现在也应当是抛弃门户开放政策的时候了。

抛弃海外门户开放政策，是为了在国内开放门户，为了建立一个"均衡"的国内体系，即建立一个在发挥"民主"和导致"繁荣"方面具有活力的社会。威廉斯首先主张根据"自决"的原则，改革国内政治形势。联邦应由联系疏松的地区性的共和国组成，以保证民主，改善国内政治弊端。社会经济机会的减少，引起犯罪和社会"暴乱事件"不断增加，政治压迫和民族迫害层出不穷。这显示出改革内政弊端的必要性。国民收入的分配既不平等，又不平衡，即为国内政治的重要弊端之一。政府在对外扩张政策上投入很多智

---

① 比尔德关于计划经济的设想，早在1931年7月《论坛》杂志上就有所述。他主张实行一个"五年计划"。这显然是受到苏联的影响。他主张在大企业的基础上，政府直接指导经济（see William Appleman Williams, *Americans in a Changing World*, pp.235-236.）。

② Charles Beard, *The Open Door at Home: A Philosophy of National Interest* (New York: Macmillan, 1934), p.47; p.53.

③ William Appleman Williams, "The Frontier Thesis and American Foreign Policy", *The Pacific Historical Review*, Vol.24, No.4, p.390.

④ William Appleman Williams, *America Confronts a Revolutionary World*, p.9. 加布里埃尔·科尔科也有类似的说法。他说，"美国从开始就是一个对自己缺乏了解的国家"[see Gabriel Kolko, *Main Currents in Modern American History* (New York: Pantheon Books, 1976), p.7.]。

⑤ William Appleman Williams, *Americans in a Changing World*, p.36.

力和资源，但在改善国内生活所需及其质量方面，则计划不周，所投的人力和物力也远远不够，结果造成极大的浪费，导致社会内部以及社会与自然环境间的平衡遭到破坏的危险。这是国内政治的另一重大的弊端。"大公司"对国民经济的控制更是一个需要改革的政治弊端。因为大公司政治经济体系使财富分配愈益不均，使黑人及其他少数民族更深地陷入无权地位。

威廉斯以社会民主主义者自居，主张"在美国建立世界上第一个真正的民主社会主义"①。因此他极力推崇尤金·德布斯和诺曼·托马斯。特别引人注目的是他竟然追捧赫伯特·胡佛。

威廉斯认为胡佛主张社会应从"极端个人主义的行动"向"联合行动"过渡，应教育人民从一种"不变的人性"——自私向另一种"不变的性格"——利他主义过渡。威廉斯指出，胡佛认为美国的问题是如何控制大企业体系的问题。他一方面认为把一切经济活动国有化，就会出现"专制"；另一方面又认为，假如大企业享受在自由放任制度下个人所享受的那种自由，就会出现一个庞大的辛迪加国家，那就是法西斯主义。胡佛一方面反对公司企业的领导人控制政治系统；另一方面又反对联邦政府成为一切经济生活的控制者。威廉斯说，胡佛所设想的政府是"社会体系中的一个仲裁人"，而不是大企业（法西斯主义）、劳工（社会主义）或利益集团（辛迪加主义）的"工具"。②

威廉斯对于胡佛的对外政策也极尽吹捧之能事。他说，胡佛一方面认为向海外扩张是必要的，但又认为扩张会导致"帝国主义和战争"，而胡佛出于"理想和实用主义的原因"，是"反对帝国主义和战争"的。③

这就是威廉斯所渲染的胡佛的内政和外交政策。实际上这就是威廉斯开放国内门户的蓝图。胡佛不赞成比尔德主张的那种庞大的辛迪加国家，显然威廉斯也有同感。威廉斯所想象的"开放国内门户"的美国是一个所谓"社会合作"和"社会均衡"的国家。

威廉斯从研究外交政策转向探讨内政改革，起点是国际问题，落脚于国内政治。这也许就是他着重研究外交史的目的。

① William Appleman Williams, *The Contours of American History*, p.488.
② William Appleman Williams, *Americans in a Changing World*, p.228.
③ William Appleman Williams, *Americans in a Changing World*, p.228.

三、结　语

在 20 世纪 60 年代，新左派史学可说是异军突起、生机勃勃，吸引了广大读者的注意。及至 70 年代，随着新左派运动的沉寂，史学新左派也失去了赖以前进的社会推动力量。

作为史学新左派的代表和先驱，威廉斯早在 50 年代初就开始试图以新的观点解释美国的历史。60 年代新左派运动的高涨又开阔了他的视野。到 70 年代，新左派运动出现消沉后，虽然威廉斯及其学派成员仍然继续写作，但当时不无"孤舟侧畔千帆过"之感，而今也可说是独傲霜天了。

从新左派运动失去强劲势头的原因，也可窥察到新左派史学的弱点。

新左派运动衰落的原因大致有三。

（1）新左派成员的思想是含混不清的，他们的要求和目的不尽相同，这就影响了内部团结。新左派对于资本主义政治经济弊端和社会失调现象表示厌恶，倾向于社会主义性质的改革，但美国社会主义运动并未给他们提供什么可资利用的有效的方案，美国共产党于 50 年代中期后也失去了革命气质。新左派不能形成一支有力的队伍。艾尔文·厄格说，美国历史没有给新左派一种"可用的过去"，他们只知道拒绝什么，但不知道应当接受什么。[1]这种说法似是而非，因为不知道应当接受什么，正说明他们不知道要拒绝什么。至于没有"可用的过去"的说法，也不尽然。美国人民具有革命传统，问题是肯不肯总结，要总结什么，为什么总结。对这些问题新左派却不甚了了。

（2）新左派运动的主力军是青年学生，特别是在大专院校读书的年轻的男女学生，[2]其中不少人来自富裕的中等资产阶级。这批青年是在战后"经济繁荣时期"出生的，不同于他们的父辈，从未经历过像 30 年代那样的经济危机，没有他们父辈那种安于现状的保守思想，对当时社会秩序和权力制度敏感，并深怀不满。但他们在思想上和组织上是分散的，特别是青年学生的流动性很大。他们在校期间最多四年左右，即在 30 岁前就离开了学校，携家带口，营取生计，脱离了学生运动。《时代》周刊上有文章说："60 年代的小伙

---

① Irwin Unger, "The 'New Left' and American History: Some Recent Trends in United States Historiography", *The American Historical Review*, Vol. 72, No. 4, July 1967, pp.717-718.

② Christopher Lasch, *The Agony of the American Left* (London: Andre Deutsch, 1970), p.180.

子是在战后'婴儿潮时期'出生的，他们在谋求职业上所遇到的竞争很激烈"，
"当他们担负起养家糊口的责任时，他们感到还是进公司可以在金钱上和心理
上得到较多的报酬"。① 但新左派成员不都是幸运儿，不都能找到职业。有的
人颓废潦倒，用自弃方法来表示对社会的反抗；有的成为愤世嫉俗的嬉皮士、
易比士；有的铤而走险，转入恐怖主义组织如气象员或癫狂汉；有的被迫拿
起武器，进行抗暴自卫如黑豹党人。

（3）新左派的活动基地主要在高等院校。虽然他们也走上街头，深入乡
间，但激动人心的斗争如群众集会、罢课演说，甚至与军警格斗的场合主要
在校园。加利福尼亚大学（伯克利）、密歇根大学、威斯康星大学、纽约市立
学院、哥伦比亚大学和旧金山学院等都是著名的新左派学生运动中心。学生
运动同校外群众运动特别是同工人运动结合得很不够。② 没有广大群众的支
持，运动不会持久，也不会找出正确的方向。学生运动的社会基础单薄了，
这就给统治阶级造成进行破坏活动的可乘之机。一如惯例，统治阶级对新左
派运动所施行的手段也是软硬并行的。司法部、联邦调查局、税务署、便衣
特务、警察打手都是压在新左派头上的凶残的暴力。有许多人被枪杀，有许
多革命组织被破坏。成千上万的人被关入监狱，更多的人被送法院受讯，无
辜被告者浪费掉许多金钱。同时统治阶级被迫作出一些改革，以缓和群众的
不满，例如允许学生在校务上有较多的发言权，制定一些民权法案，培养一
些黑人小资本家和黑人官吏，等等。这些"釜底抽薪"的办法，在瓦解和腐
蚀新左派运动方面所起的作用是极其险恶的。

新左派运动的衰落也反映出威廉斯思想体系的弱点。作为一个"强硬的
修正主义者"③，威廉斯运用了某些马克思主义见解，揭露了一些资本主义的
弊端，对于美帝国主义扩张政策，特别是对美帝国主义的门户开放政策，作
了一些中肯的揭发和严肃的批判。这对霸权主义者是一记当头棒喝。在战后
美国史坛上无疑吹过一阵发人清醒的煦风，但其本身的弱点是极其明显的。

---

① *Time*, March 6, 1978, Vol.3, No.2, p.63.

② James Weinstein, *Ambiguous Legacy: The Left in American Politics* (New York: New Viewpoints, 1975), p.170.

③ 罗伯特·马多克斯在《新左派和冷战的起源》中，把战后修正派史学家分为"温和的修正派"与
"强硬的修正派"，前者把冷战的发生归由个人如杜鲁门负责，后者则从美国制度去寻求冷战发生的原因
［see Robert J.Maddox, *The New Left and the Origins of the Cold War* (Princeton: Princeton University Press, 1973), p.4.］。

在称赞他[1]和反对他的[2]读者面前，威廉斯倒像是一个乌托邦主义者。他的主张非但不是振兴资本主义的灵丹妙药，且给人以力不从心、进退维谷的印象，原因是他钻在资本主义的躯壳里批判资本主义，实际上是以垄断资本主义的一种形式——国家资本主义去批判垄断资本主义。威廉斯在分析了 20 世纪整个美国外交政策之后，抱怨说："直到 1977 年美国仍继续围绕一个死气沉沉的中心碰撞和碾磨：曾经是一个革命的社会，可是不能挣脱这种现状。"[3] 这种无能为力的抱怨心情正是他陷入"不能挣脱这种现状"的写照。要害问题是作者只谈扩张，不谈帝国主义侵略实质；只谈资本主义改革，不谈资本主义剥削实质。威廉斯居然认为美国对外政策的三个主导思想是乐于帮助别人的人道主义、民族自决原则和坚持别国人民依照美国方式进行生活或解决他们的问题。[4]第一、第二个思想表明威廉斯接受了美国对外政策的虚伪的表面价值，第三个也只叙述了表面现象，并未接触问题的实质。威廉斯的学生沃尔特·拉菲勃的思想也反映了威廉斯的观点。拉菲勃虽然不赞成扩张政策，但认为帝国主义商人和政策制定者都是"好心人"。[5] 威廉斯本人看不到美国在口头上高谈道德原则，而实际摆弄的却是"一种错综复杂的新殖民主义的罗网"[6]。他甚至不清楚两霸争夺的性质，还幻想把古巴芬兰化。[7]在对帝国主义的认识上，威廉斯似乎还抵不过一个具有 20 世纪阿历克西·德·托克维尔之称的英国史学家 D.W.布罗根。布罗根曾说："对美国人说来，战争是一种买卖，……他们对道义上的胜利并不感兴趣，只对战争的胜利感兴趣。……美国是一个很大很大的大公司，股东们都希望它不亏本。"[8] 威廉斯对重商主义的论述，显示出他对资本主义剥削实质缺乏认识。他说："重商主义不是利己主义，……重商主义是一种慈善的父道主义，是为了整个社会的利益，而不是为了某一集团。尽管重商主义是依赖向外扩张以解决国内问题，但它是

① Staughton Lynd, "Book review: The Contours of American History", *Science and Society*, Vol.27, No.2, Spring 1963, p.231.

② Robert J.Maddox, *The New Left and the Origins of the Cold War*, p.14.

③ William Appleman Williams, *Americans in a Changing World*, p.471.

④ William Appleman Williams, *The Tragedy of American Diplomacy*, pp.13-14.

⑤ Irwin Unger, "The 'New Left' and American History: Some Recent Trends in United States Historiography", *The American Historical Review*, Vol. 72, No. 4, July 1967, p.722.

⑥ Douglas F.Dowd, *The Twisted Dream*, p.50.

⑦ William Appleman Williams, *The United States, Cuba and Castro*, p.172.

⑧〔美〕威廉·曼彻斯特：《光荣与梦想：1932—1972 年美国实录》，北京：商务印书馆，1979 年版，第 2 分册，第 415 页。

美国传统的宽厚的一面。"①

　　侵略扩张是帝国主义内政政策的延续。帝国主义既要剥削本国人民，也要进行战争，剥削外国人民。不侵略扩张，帝国主义就不能存在；同时垄断资产阶级为了追逐最大利润，就要进行资本输出，这势必引起国内经济发展的相对迟滞。这也是帝国主义寄生性的表现。"开放国内门户"只不过是扬汤止沸的措施，并不能逆转帝国主义发展的规律。我们不禁要问，威廉斯主张"开放国内门户"的目的何在？不揭露、批判帝国主义制度的侵略和剥削实质，那么，即使有朝一日他的改革内政的设想得以实现，扩张主义这个美国史上的怪物还会"堂堂正正"地走出来。对威廉斯这个资产阶级史学家来说，这也许是不实际的要求了。

　　威廉斯既然对帝国主义侵略本性和资本主义剥削实质认识不清，因而在实现他的"开放国内门户"方面，就不知道应当依靠什么社会力量了。艾尔文·厄格说，新左派拒绝"责斥"企业主，也拒绝"崇拜"工资工人。② 他们甚而敌视工人和工会。他们误认为，青年是一个阶级。这个大部分由激进学生组成的运动疏远了社会，削弱了它的社会基础。威廉斯的著作也具有这个弱点。③ 这正因为威廉斯所追求的只是资本主义内政事务的改革，而不接触资本主义制度本身。

　　作为改进资本主义制度的策士，威廉斯既不满意资本主义现状，又担心第三世界革命的增长以及原子战争的威胁，④所以他急切希望假借社会主义的某些方法去为资本主义图谋自救之道，但又找不到依据的社会力量，这就决定他去宣扬赫伯特·胡佛、罗伯特·塔夫脱之流了。结果在内政政策上，威廉斯是胡佛的门徒；在外交政策上，又是比尔德的追随者。他的思想是胡佛、比尔德等人思想的复合体，在外面又多多少少地抹上一点马克思主义的色彩。

---

　　① Irwin Unger, "The 'New Left' and American History: Some Recent Trends in United States Historiography", *The American Historical Review*, Vol. 72, No. 4, July 1967, p.719.

　　② Irwin Unger, "The 'New Left' and American History: Some Recent Trends in United States Historiography", *The American Historical Review*, p.731.

　　③ 在美国历史学家组织的第 71 届年会上（1978 年 12 月），克里斯托弗·拉希和小 N.G.莱文批评威廉斯在内政史中忽视工人和农民的斗争（see *The Journal of American History*, Vol.65, No.3, December 1978, p.876.）。

　　④ 威廉斯曾说，约翰·海所谓的一个"小而辉煌的战争"也许会成为一个"可怖的巨大的冲突"。（William Appleman Williams, *The United States, Cuba and Castro*, p.178.）

　　关于涂抹马克思主义色彩，威廉斯和比尔德有其相似之处。在 19、20 世纪之交，当马克思主义在欧洲广泛传播时，在欧洲留学的比尔德采纳了一些马克思的想法。正如第二次世界大战后，当社会主义运动蓬勃发展时，在大学读书的威廉斯也接受了一些新思想。及至 30 年代经济恐慌发生，比尔德对资本主义社会的某些方面失去信心，在对外政策的看法上转向孤立主义，在历史研究上转向相对主义（虽然他本人并不承认这点）。[①] 同样，在 20 世纪五六十年代，美国国内外的政治经济状况困难重重。特别是在 20 世纪 60 年代，侵越战争接连失利，"水门事件"丑闻毒化了政治气氛，这就使威廉斯转向一条同比尔德所走的大致相仿的道路。

　　整个问题的症结是，威廉斯不了解或不承认资本主义社会的根深蒂固的痼疾是资本主义生产社会化与资本主义所有制之间的矛盾。尽管通过国家干预，美国社会内部的生产关系可以得到一定的调整，在某些时期生产也会得到一定的发展，但威廉斯的想法并未能从根本上解决他提出的问题。显然，若要为美国社会找到一条出路，还须另辟蹊径。

---

① Harvey Wish, *The American Historian*, p.289.

论美国外交史学

　　虽然早在 19 世纪 70 年代所谓科学的历史从欧洲传入美国，但美国外交史学发展比较慢。第一次世界大战前美国外交史研究是专题式的、零散的，研究者也非职业史学家，多为外交家和记者，且尚未克服外文关，因此对语言文字和档案资料要求不高。美国外交史之所以在第一次世界大战后才出现通史，与第一次世界大战后美国所处的国内和国际形势的需要有关。战后美国要在经济上变为全球首强，故而，较有分量的具有系统综合性的美国外交史专著迟至 20 世纪 30 年代才出现。至此，美国外交史在美国历史编纂学上方取得独立学科的地位。前此，有关美国外交的著作在形式上多为专题论文和回忆录；在时间上多偏重建国早期的外交；就作者言，多为退职外交官员。

　　第二次世界大战后，美国跻身世界霸主地位，国际垄断资本建立，突破了孤立主义长期的束缚，外交史著作递有增加，其中国际关系著作的增加更为显著。外交史的范围也扩大了，关于政治机构在制定外交政策中的作用多所注意，但外交史的研究仍然是就事论事，不能把外交作为内政的延伸，不能作为社会经济、政治和思想综合体的一部分加以看待，其结果是见树不见林，割裂了历史。这也是资产阶级史学的通病。20 世纪 40 年代特别是 50 年代以来，在新社会史学的影响下，新左派外交史学家注意到经济因素对外交政策的影响，给美国外交史学注入一滴新的健康的血液。但新左派外交史学家同样不注意外交与内政的关系，因而对于一些外交现象所作的解释也往往是脱离实际的。

　　资料第一，这是资产阶级史学家所遵循的圭臬。在实证主义哲学思想和德国实证求真方法论的影响下，美国历史研究在 19 世纪六七十年代从文学特别是从浪漫主义的传统分离出来，变成"科学"，史学工作者也成为"职业"史学家。史料的收集和刊印以及历史学会的增加，标志美国史学的独立。美国外交史学家也不满足于本国各政府部门公布或者编选的文件。他们到国外档案馆诸如巴黎、伦敦、维也纳、马德里、柏林、墨西哥城等地档案馆去收集资料，编印成书提供给研究人员使用。

第二次世界大战后，随着外交史和国际关系研究的发展，专业组织、刊物和资料汇编有增无已。如今美国外交史学家有了自己的独立组织（1967 年成立），并有三个较有影响的刊物，即《外交季刊》（1922 年创刊）、《外交历史》（1967 年创刊）和《对外政策》（1970 年创刊）。从杜鲁门开始，历届去职总统撰写回忆录，记载了一些外交经历。一些国务卿和高级外交官员延续过去的传统，也写出了不少回忆录。从胡佛开始，历届总统在去职后，甚而在去职前，建立了以自己名字命名的图书馆，保存了大量有关外事活动的文件。这类图书馆所收藏的文件，曾引起争议。杜克大学也曾有建立尼克松图书馆之议，各方反对的意见不少。外交史工具书的出版也是这门学科成长的标志之一。近年出版的有《美国外交史文集》（约翰·E.芬德林编，1980 年版）和《美国对外政策百科：关于主要运动和观念的研究》（亚力山大·德康得编，1978 年版）。

值得注意的是，美国外交史学的发展大致经历三个阶段：资料、专题论文和专史。即先从搜集资料开始，进而撰写专题论文，最后归纳综合为专史。美国几个比较著名的外交史学家如塞缪尔·F.比米斯、托马斯·A.贝利、朱利叶斯·W.普拉特、罗伯特·H.弗里尔等都是这样成长起来的。这种顺序合乎一般科研发展的逻辑进程，对我们也有所启发。我们有时急于写通史，比较忽视专题研究，所以通史往往缺乏坚实基础，不能深入，也不易创新。

至于资料问题，首先还是外语问题。美国移民史学家和外交史学家，都感到外语是个棘手的问题。只掌握资料或外语，不等于会写历史，更谈不到写出有价值的历史，但是要写外国史或与外国有关联的历史，就必须掌握有关外语。无资料，固然"难为无米之炊"；无外语，也就无炊具了。尤其外交史研究所涉及的国家比较多，所以只有掌握多种文字，才能游刃有余。例如在日美关系史研究方面，在美国，佩森·J.特里特可算是一位先驱者了，但他只用英文材料，局限性很大。熟习日文的艾德温·O.赖肖尔写起来，则可左右逢源，"略胜"不止一筹了。

文字表达的功力也是史学家专业修养的标准。在文史不分的年代，好的历史著作就是好的文学作品。及至文史分家后，首先重视的是史实的翔实和推理的准确，对于文字的要求就不像过去那样高了。20 世纪 50 年代以后，以计算机为手段，以社会学为主要内容的新社会史学发展起来后，在文字方面的要求显然更降低了。术语和专科名词大量出现，有的论文简直成了统计表，文字辞藻黯然失色。计量历史的资料不出自文字记载，而大量取自数据。姑不论计量法在社会科学研究中有多大局限性，即从文字质量的衰退而言，也着实令人兴叹不已。美国外交史著作也不例外。

本文所选择资料虽然事先无既定章法，但约略还可体现美国外交政策史上三个主要策略口号，即孤立主义、门罗主义和门户开放政策。其他口号基本上是从这三个口号派生衍变，为其服务的。

制定这三个口号的最重要的指导思想是扩张主义。扩张主义是资本主义国家对外政策的实质，是由资本主义制度决定的。

口号是用以表达一些原则，借以动员与指导舆论的。口号是抽象的，而在实际运用上都因人、因时、因事有所不同。因此这些口号具有浓厚的实用主义性质。美国人在人生观、价值观、对待社会的态度上是功利主义者。相对来说，他们不着重理论，而着重实际；不着重过去，而重视未来。三个主要策略口号的运用，自然带有这种实用主义的气息。

孤立主义是美国建国早期提出的口号。当时美国国力比较弱，避免卷入欧洲列强的纠纷，借以保持和巩固其独立地位。孤立主义的构思早在革命时期托马斯·潘恩所撰写的《常识》中，就可窥见端倪。

孤立主义不是一种消极的被动的政策。严格地说，一个国家根本不可能孤立，纯粹的与世隔绝的孤立根本不会存在。在不同时期美国外交决策人对孤立主义的含义所作的解释有所不同。开始时，孤立主义是针对欧洲的，既不愿卷入欧洲事务，也不愿欧洲干预美洲。从这个意义说，孤立主义是策应门罗主义的。及至帝国主义时期，美国在标榜孤立、中立、不干预和不承认等政策下，极力维持欧洲的均势（正如英国极力维持欧洲大陆均势一样）。在经济上，美国在欧洲极力发展势力；在政治上，则不肯为欧洲国家火中取栗。它等候时机，投入自己的力量，借以坐收渔人之利。第一次和第二次世界大战期间，美国都是采取这种策略的。正如美国史学家 A.B.哈特所言，美国"政府可按部就班地选择自己的时机和干预方式。美国的力量一向在于养精蓄锐，并不在于孤立"。第二次世界大战之后，由于国际政治和经济力量的对比有利于美国，国际政治和经济关系在时间上和空间上也更加紧密，美国遂采取了全球战略，在世界范围内展开了逐取霸权的竞争，但孤立主义的特质如均衡外交、伺机渔利等，仍然是显而易见的。孤立主义不仅表现于对欧外交政策中，而且服务于争夺世界霸权了。

门罗主义最初是，而且一直是针对拉丁美洲的外交政策，但有时也运用于其他地区，如在帝国主义初期吞并夏威夷时，美国外交决策人就抬出门罗主义作辩护。在第二次世界大战进程中，门罗主义也囊括了加拿大。门罗主义是 19 世纪初期，美国主要为了抵制英国在拉丁美洲的扩张图谋而制定的。它后来演变为独霸政策，拉丁美洲成为美国的"后院"，加勒比海成为美国的"内湖"。最耐人寻味的事是：如今英国在保持其在拉丁美洲的殖民地时，反而得到美国的支持；阿根廷收复马尔维纳斯群岛的努力，竟在英美合伙干涉下失败了。

门户开放政策是美国踏入帝国主义时期针对中国提出的政策口号。有的美国外交史学家认为，这种政策早在 19 世纪中叶就提出来了；也有人认为，这种政策不仅针对中国，而且是美国传统的世界性的政策。例如，1906 年美国就是在"门户开放"的旗号下，参加争夺摩洛哥的阿尔赫西拉斯会议的。实质上这种政策是美国用以打开殖民地和半殖民地的大门，或保持其敞开，以便在帝国主义列强的掠夺竞争中分得一杯羹，甚而蓄意把它们逐步变成"熟透的苹果"，以待适当时机把它们摘掉的。在 30 年代，查尔斯·A.比尔德反对在国外推行门户开放政策，主张"开放"国内"门户"。50 年代以来，新左派外交史学家如威廉·A.威廉斯，反对把门户开放政策作为世界范围内的扩张政策。他们不理解扩张和剥削是资本主义的本性。不扩张、不剥削，就不成其为资本主义了。难怪他们有关改革内政和外交的主张如同隔靴搔痒，根本解决不了任何实际问题。

扩张是美国的传统。美国历史上连篇累牍的"显明天命""新边疆""道义使命""战略价值""熟透的苹果""不沉的军舰"等名词都是为扩张主义服务的。扩张就得有实力，所以实力地位政策正是扩张政策的杠杆。力主军备竞赛的"大政治"由此而生。在资本主义世界中，根本不可能有真正的裁军。

论中国的美国史研究

论1981年中国的美国史研究

就美国历史研究来说，1981年可以说是收获颇丰的一年。有一批新的专题论文发表；旧命题也有了新的发展。最显著的特点是，1981年出现了一批争鸣的文章。美中不足之处是，除了少量有关美国史的译著和资料选辑外，综合性著作不多。

一

"争鸣"文章的焦点大致集中在三个问题上：（1）关于门罗宣言的评价；（2）关于林肯对待黑人奴隶制的态度；（3）关于富兰克林·罗斯福新政的评价。

关于门罗宣言的评价，主要有下列三个争论问题：（1）门罗宣言针对的对象是什么；（2）门罗宣言的性质；（3）门罗宣言与拉丁美洲独立运动的关系。

吴瑞在《早期门罗主义剖析》一文中认为，下列两种说法都有片面性：一种是"宣言"解除了神圣同盟的干涉，保卫了拉丁美洲各国的独立；另一种是未发现有神圣同盟实行武装干涉的具体行动计划的档案材料，因而门罗主义捍卫拉美独立的说法纯粹是一种编造的谎言。吴瑞认为，"门罗主义的提出一方面是为了谋求摆脱欧洲的影响，抵御欧洲列强的干涉，防备大国侵略，维护美洲体系，这是它的积极作用；另一方面是为了追求自己行动自由，获取自身利益而周旋于大国之间，伺机在美洲进行殖民扩张"。"这是美国政府决策人的真实思想动机"，"标志着美国政府外交政策发展到排斥欧洲势力，企图独霸美洲的新阶段"。[①]刘绪贻在《关于门罗宣言的几个问题》一文有类

———————————

① 吴瑞：《早期门罗主义剖析》，载于《江苏师院学报》，1981年第1期，第26—31页。

似的看法，也认为门罗主义具有双重性质，即一方面反对欧洲列强对美洲的干涉，有自卫防御的性质；另一方面又有侵略的潜在动机。作者认为，"在门罗宣言公布时，前一种倾向是主要的，直到 1830 年后，后一种倾向才成为主导方面"，因此作者形象地把门罗宣言称为"一把多刃剑"。剑头指向欧洲列强，由美国利益构成的剑柄却操在美国之手。[①]祝立明在《试论门罗宣言的性质与作用》一文中认为，神圣同盟"严重威胁拉丁美洲国家的独立，是门罗宣言产生的基本原因"，所以他指出"'门罗宣言所打击的对象便是虚构的'说法显然不符历史事实"。同时他认为，"门罗宣言在当时历史条件下，是防御性的，在客观上它维护了拉丁美洲新独立国家不受神圣同盟的武装干涉，因此它具有一定的进步意义"，而且"扩张思想在当时由于美国自身的条件，并未成为对外政策的指导思想，这个条件就是美国当时的国力尚弱"。因而他认为，"门罗宣言是美国企图建立它在美洲的地区统治的宣言"的说法，"与实际情况是不相符的"。[②]

关于林肯对待黑人奴隶制的态度问题，近年来有所争论，而 1981 年又有了新的发展。霍光汉和郭宁林发表的《论废除奴隶制度中的林肯》和《关于林肯的评价问题——与刘祚昌同志商榷》两文的论点是：林肯"不愧是一个比较彻底的废奴主义者"；林肯的废除奴隶制的思想和立场是一贯的；在消灭奴隶制的方法、步骤和手段上，"中间容或有动摇"；林肯提出的维护联邦统一的主张是一个战略口号，"一旦资产阶级掌握政权，废除奴隶制是势在必行"的。因此他们对于林肯是被迫废除奴隶制度的以及他"领导的战争不是为了废除奴隶制度"等说法，提出异议。[③]林穗芳的《一个传奇人物：美国第十六任总统林肯》则从不同的角度提出看法。他认为在两种社会制度的斗争中，林肯是"站在自由劳动一边"，"反对'奴隶劳动'"的。林肯之所以解放黑人、武装黑人，是由于人民的压力。如果林肯不让步，北部就有发生人民革命的危险。"林肯的高明处就在于他能够顺应历史发展潮流，倾听人民群众的意见，从挫折中吸取教训，根据客观需要改变政策，把这场'按照宪法原则'进行的镇压叛乱的战争，变成'以革命方式'进行的解放被奴役种族和改造社会

---

① 刘恩：《关于门罗宣言的几个问题》，载于《世界史研究动态》，1981 年第 8 期。

② 祝立明：《试论门罗宣言的性质与作用》，载于《世界历史》，1981 年第 5 期，第 49-55 页。

③ 霍光汉、郭宁林：《论废除奴隶制度中的林肯》，载于《郑州大学学报》，1981 年第 2 期，第 94-102 页。霍光汉、郭宁林：《关于林肯的评价问题——与刘祚昌同志商榷》，载于《世界历史》，1981 年第 2 期，第 82-85 页。

制度的战争。"①

　　近年来，关于富兰克林·罗斯福的对外政策多所评论，但对于罗斯福内政政策的讨论却为数很少。1981 年刘绪贻在这方面作出了新的贡献。在《罗斯福新政对延长垄断资本主义生命的作用》一文中，作者首先对我国 1949 年后关于新政的研究，提出概括的估价和评论。他说，"解放后我国史学界一般认为新政是挽救美国垄断资本主义的改良措施，它不能解决资本主义社会的基本矛盾，消灭危机。这与解放前资产阶级学者对'新政'的研究相比，成绩是带根本性的。但 30 年来，特别是 60 年代以来我们对'新政'的评价是有片面性的"。如有的说"罗斯福新政是一个彻头彻尾为垄断资本主义服务的东西"，有的说新政"以彻底失败而告终"，等等。作者提出，为什么美国垄断资本主义具有一定的生命力呢？他举出一些新政对垄断资本进行限制的措施，以及适当照顾"中、小资产阶级和广大劳动群众的利益，改善他们的处境"的措施，说明"在资本主义，以至垄断资本主义制度内部，除了阶级压迫和剥削以外，还有着某种社会机制，起着改善群众处境、缓和阶级矛盾，使垄断资本主义可以维持下去的作用"。因此作者认为，罗斯福新政正是美国垄断资本主义部分调整其生产关系，以适应生产力发展的突出事例。②

二

　　关于美国经济史，近年我国学者比较注意，特别是对于美国工农业发展的历程、特点以及迅速发展的原因论述较多。1981 年美国农业发展史的研究又有了新的成就。潘润涵、何顺果撰写的《近代农业资本主义发展的"美国式道路"》一文引起史学工作者们的重视。作者首先分析了农业资本主义发展中美国式道路与普鲁士道路这两种不同典型所以形成的原因，认为"革命中民主力量的大小"是"决定性的原因"，而"美国的民主力量是很强大的"。就此，作者表述了"美国式道路"的含义，认为"所谓农业资本主义发展的美国式道路"，就是独立的自由农民在"自由土地上不受封建残余束缚地自由发展，并在充分的自由发展中形成为资本主义农场主"。作者认为，这条道路

---

① 林穗芳：《一个传奇人物：美国第十六任总统林肯》，载于《人物》，1981 年第 1 期，第 128-142 页。
② 刘绪贻：《罗斯福"新政"对延长垄断资本主义生命的作用》，载于《历史教学》，1981 年第 9 期，第 22-26 页。

在美国全国范围内取得胜利，不是一帆风顺的，而是经过一系列的斗争，其中包括革命战争。因此，作者也反对一些史学家所谓早在殖民地时代就开始了这种道路的形成过程。作者认为，"真正为美国式道路的产生开辟道路的是独立战争的胜利"，而"'宅地法'的实施和种植园奴隶制的废除是农业中资本主义发展的'美国式道路'在全国范围内的初步胜利"。作者也反对"'农场主'就是资本主义农场主"的说法，认为"美国农场主经济的发展经历了两个阶段：宗法式的和资本主义的"。最后作者把"美国式道路"同法国资本主义农业发展作了比较，认为"在从封建主义向资本主义的过渡中，近代各国历史的发展不仅取决于封建制度的破坏还取决于在破坏封建制度之后农民存在的形式"。①

另一篇讨论美国农业发展的论文是李存训的《美国南北战争后农业迅速发展的特点与原因》。在特点方面，作者提出四个"并举"，即发展农业同发展工业并举、发展种植业同发展畜牧业并举、发展粮食作物与发展经济作物并举、扩大耕地面积同加速农业半机械化并举，和一个"高度发展"，即农业地区专业化和农产品商品化高度发展。在原因方面，作者除提出"美国从未经历过封建主义，一开始就在资产阶级基础上发展起来，和南北战争扫除了美国资本主义发展道路的主要障碍"外，还提出五个"正确的政策和措施"，即联邦政府制订了在资本主义制度下比较民主、比较进步的土地法令，大力发展农业教育和农业科学研究事业以及培养农业技术人才，大规模兴修横贯北美大陆的铁路，积极鼓励移民入境，大大加强国家管理农业的行政机构，使它成为推行农业政策的重要工具和农业科学研究的中心。②黄安年在《美国经济的发展和封建影响的消除》一文中指出，美国没有封建包袱的原因是："欧洲移民来到北美殖民地，没有搬来欧洲的封建专制主义政治制度，而从一开始就有了带资产阶级民主制萌芽的组织形式"，当然美国在自身的发展过程中也从欧洲带来了不少封建主义的残余，但"从18世纪70年代起，美国不到一百年时间内经历了两次具有重大意义的资产阶级革命，使封建残余势力受到致命打击，为资本主义在美国的全面发展创造了最好的条件"。③

① 潘润涵、何顺果：《近代农业资本主义发展的"美国式道路"》，载于《世界历史》，1981年第1期，第38-45页。

② 李存训：《美国南北战争后农业迅速发展的特点与原因》，载于《世界历史》，1981年第4期，第36-44页。

③ 黄安年：《美国经济的发展和封建影响的消除》，载于《北京师范大学学报》，1981年第1期，第31-38页。

三

　　1981 年在美国史学研究方面，也有了新的进展。丁则民发表了《关于 18 世纪美国革命的史学评介》一文，作者就美国革命史中三个重点问题（革命的原因、革命期间社会阶级的矛盾斗争和 1787 年宪法与革命的关系），分别评介了帝国学派、进步学派、新保守学派和新左派等学派。[1]张友伦也对美国革命史学进行了研究，他在《关于独立战争的美国史学》一文中，集中评述了有关独立战争性质和原因的各主要学派的观点，并结合美国政治和经济发展五个主要时期的特征，阐述美国史学发展中各流派的观点及其形成的历程和影响。[2]

　　冯承柏撰写的《关于美西战争起源的美国史学》是一篇专题性质的史学论文。作者从经济、政治、文化思想以及国际关系和历史人物作用三方面加以评价，其中着重评价了朱利叶斯·普拉特所谓美国"企业界，特别是东部企业界在 1897 年底和 1898 年初的几个月强烈反对战争"的说法。作者在评介了赞成和反对普拉特观点的诸史学流派之后，得出结论说"美国企业家自始至终反对战争之说是站不住脚的"，因为"在一部分资本家中，特别是对于一旦战争打响后，首当其冲的东部沿海资本家集团来说，产生种种疑虑是不足为怪的。更何况一个阶级的长远利益和整体利益，在一段时间内不为本阶级的一部分甚至很大一部分成员所认识所理解，也是历史上屡见不鲜的事情。……战争是美国垄断资产阶级势必采取的手段。有些资本家从自己局部利益出发，顾虑重重，下不了开战的决心，并不能说明整个垄断资产阶级的态度"。接着作者指出所谓"社会思潮"、"好战精神"、"新天定命运"说、"心理危机"说、"黄色报刊煽动"等等说法，归根结底是"反映了资本主义经济发展到新阶段的新要求"。关于美国史学家所谓麦金利"爱好和平""意志薄弱""屈服于好战的人民和国会的强大压力"等说法，作者指出，资产阶级学者的真正意图是要"通过肯定麦金莱（利）本人及其政策来肯定美国进入帝国主义时期对外侵略扩张政策的合理性"。作者认为，麦金利在和战问题上表

---

　　① 丁则民：《关于 18 世纪美国革命的史学评介》，载于《社会科学战线》，1981 年第 1 期，第 196-204 页。

　　② 张友伦：《关于独立战争的美国史学》，载于《南开学报》，1981 年第 4 期，第 36-42 页。

现过犹豫不决，但这只不过是"在统治阶级本身没有取得一致意见之前，作为阶级的代表人物麦金莱（利）是不敢轻启战端"而已。①

<h2 style="text-align:center">四</h2>

还有一批比较重要的研究成果，包括美国外交史、美国历史人物评价、美国黑人奴隶制和黑人运动、美国民族形成的特点等。

黄德禄在《"天定命运"与美国大陆扩张》一文中，着重分析了 19 世纪 40 至 50 年代美国大陆扩张政策，论述了"天定命运"说的由来。②王玮在《美国早期外交中的孤立主义》一文中，结合历史事实，对"孤立主义"这个美国外交史上含混不清的术语作了解释。他认为，孤立主义"一方面具有内向性"，即力求摆脱外部世界的影响，抵御和防止外来干涉，维护本国独立；另一方面又具有"外向性"，即与世界各地扩大贸易往来，保持行动自由，伺机在美洲进行扩张。③

1981 年和往年一样，在美国外交史研究方面，讨论了第二次世界大战前夕美国对外政策。杨嘉克、令湖萍的《美国参战前罗斯福反对希特勒法西斯的斗争》论述并肯定了罗斯福在美国参战前反对希特勒法西斯的斗争，分析了这种斗争的发展阶段，进而阐述了罗斯福的动机。最后作者对战后苏联史学界和我国史学界的一些看法作了评论。④曾醒时在《捷克"五月危机"前后的美国外交》中认为，"30 年代罗斯福的外交政策毕竟是很矛盾的"，反孤立主义、反法西斯侵略即使是主要的，也只是其中的一面。1938 年希特勒挑起捷克苏台德问题的"五月危机"前后的美国外交活动，可以说明罗斯福外交政策中的绥靖主义的一面。只有对两方面都作出充分的估计，"才能够比较接近历史上罗斯福外交的真实"。⑤张继平的《珍珠港事件为何发生？》则从美国政府疏于戒备、执行中立主义、对客观形势判断错误等角度分析了事件发

---

① 冯承柏：《关于美西战争起源的美国史学》，载于《南开学报》，1981 年第 1 期，第 51-58 页。

② 黄德禄：《"天定命运"与美国大陆扩张》，载于《河北省历史学会首届年会》，秦皇岛，1980 年 9 月 20 日，第 178-193 页。

③ 王玮：《美国早期外交中的孤立主义》，载于《世界历史》，1981 年第 6 期，第 18-27 页。

④ 杨嘉克、令湖萍：《美国参战前罗斯福反对希特勒法西斯的斗争》，载于《山西大学学报》，1981 年第 3 期，第 70-79 页。

⑤ 曾醒时：《捷克"五月危机"前后的美国外交》，载于《华南师院学报》，1981 年第 2 期，第 112-116 页。

生的原因。①

在美国人物评价方面，有黄绍湘的《美国资产阶级民主革命家——托马斯·杰斐逊》、杨增书的《美国内战中的菲利普斯与黑人奴隶的解放》、肖宗的《在美国播种马克思主义的约瑟夫·魏德迈》，以及黄颂康的《美国对布克·华盛顿的再评价》。黄绍湘指出，杰斐逊是"美国杰出的启蒙思想家、资产阶级民主革命家和美国民主传统的奠基人"。但"杰斐逊毕竟是资产阶级民主主义者，他受到所属的阶级和所处的时代的限制，他的民主主义并不是彻底的"，如他主张白种优越论，认为民权不可授予妇女等。②杨增书认为，温德尔·菲利普斯"不愧为美国废奴运动革命派中的一位杰出的领袖"，因为在内战期间，他"为推动林肯政府'用革命方法进行战争'和彻底消灭奴隶制度而进行了坚持不懈的斗争，从而为美国黑人奴隶的解放和北方的最后胜利，做出了重大的贡献"。③黄颂康首先评介了关于布克·华盛顿的传统解释及其存在的问题，进而论述了迄今已出版的布克·华盛顿书信文件的内容以及对华盛顿再评价的内容和意义。作者认为，"布克·华盛顿虽然绝不是一个英雄式人物，但他以自己特殊的方式方法，掌握了他那一个时代的实业精神和南、北部白人、黑人的心理，从而获得了历史上罕见的成功，为南部黑人办了许多好事。至于他所办的好事和他的妥协路线对黑人运动所起的麻痹作用，两者孰重孰轻，也应实事求是地衡量，有分析地对待。因此，不妨认为，修正学派对布克·华盛顿的再评价基本上是可以接受的，对他也应考虑当时的历史环境，一分为二，不应完全否定"④。

刘祚昌在《史学月刊》上发表了《美国奴隶制度的起源》。作者阐述了美国奴隶制度产生、形成和确立的过程，认为"北美的特定历史条件及地理环境，也只有和资产阶级的贪婪性结合在一起，才产生奴隶制度"。"在同样的历史条件及地理环境下，也未尝不可以出现更民主的劳动制度，问题在于当事人是哪个阶级"。⑤刘绪贻在《二次世界大战后十年美国黑人运动的起伏》

① 张继平：《珍珠港事件为何发生？》，载于《世界历史》1981 年第 6 期，第 3-11 页。

② 黄绍湘：《美国资产阶级民主革命家——托马斯·杰斐逊》，载于《外国史知识》，1981 年第 2 期，第 29-32 页。

③ 杨增书：《美国内战中的菲利普斯与黑人奴隶的解放》，载于《暨南大学学报》，1981 年第 3 期，第 25-32 页。

④ 黄颂康：《美国对布克·华盛顿的再评价》，载于《世界历史》，1981 年第 4 期，第 68-74 页。

⑤ 刘祚昌：《美国奴隶制度的起源》，载于《史学月刊》，1981 年第 4 期，第 66-71 页；1981 年第 5

一文中论述了战后美国黑人的处境和觉悟、战后几年黑人运动的高涨以及1947—1955 年黑人运动低落的原因，指出"战后十年，在一阵高涨之后，美国黑人运动基本上是一个通过法院进行斗争的阶段"[1]。

　　关于美国殖民地时期的研究，论文不多。较为重要的是颉普的《关于美利坚民族的形成问题》。作者将美利坚民族形成时期分为三个阶段，即渐进时期（1607—1689 年）、急进时期（1689—1763 年）和跃进时期（1763—1776 年），并分析了各阶段民族形成过程的特征和原因，对美国殖民地时期的历史研究，作出一定的贡献。[2]

期，第 55-62 页。

　　[1] 刘绪贻：《第二次世界大战后十年美国黑人运动的起伏》，载于《武汉大学学报》（哲学社会科学版），1981 年第 2 期，第 37-61 页。

　　[2] 颉普：《关于美利坚民族的形成问题》，载于《兰州大学学报》，1981 年第 2 期，第 32-41 页。

论 1949 至 1989 年中国的美国史研究

　　1949 到 1989 年间中国经历了翻天覆地的变化，中国的美国史研究也从无到有，从弱到强，从译著到研究；研究机构增加，研究领域扩大，研究人员年轻化。这是一个了不起的 40 年。

　　1949 至 1979 这 30 年间，国内学界翻译了不少苏联学者和美国工人运动左派学者的著作。其间我国开始试图运用马克思主义史观撰写美国通史的学者是黄绍湘。她先后出版了《美国简明史》（三联书店 1953 年版）和《美国早期发展史（1492—1823）》（人民出版社 1957 年版）。此时期也有不少有关美国史的论文相继问世。天津人民出版社择其中主要论文，依历史时间顺序，出版了《美国史论文选（1949—1979）》（杨生茂、林静芬编，1984 年版）。《美国史论文选（1949—1979）》，共收录文章 20 篇，其中有罗荣渠的《门罗主义的起源与实质》、顾学稼的《试论 19 世纪末美国农民运动的发展与衰落》、王明中的《凯洛格铸造的非战公约》、黄安年的《外来移民和美国的发展》、卢明华的《论美国历史上的孤立主义问题》和邓楚川的《威尔逊与中国》等。这些文章具有开拓研究的性质。

　　1979 年可以说是我国美国史研究突飞猛进的起点。1978 年底党的十一届三中全会确立了改革开放的总方针，在学术上倡导解放思想和实事求是。1979 年 1 月中美正式建交，两国文化交流进入全新时期，这些均为美国史研究形成了有利的大气候。从 1979 年到 1989 年，美国史研究的成就主要表现在新的研究机构的创立，专业队伍的扩大和年轻化，国内外学术活动的增强，论文、专著、译著和基础资料的增多等方面。

　　关于研究机构，1964 年南开大学和武汉大学成立了美国史研究室。同年，北京大学成立了美国史研究组，南京大学成立英美对外关系研究室。中国社科院世界史所设立欧美组，该所刊物《世界历史》《世界史研究动态》等，成为发表包括美国史在内的世界史论文的主要园地。1979 年起陆续成立美国史研究室的有东北师范大学和山东师范大学。山东大学成立了美国文化研究所。北京师范大学设立了美国史组。复旦大学 1984 年成立了跨学科的美国研究中心，并出版了《中美关系史论丛》（汪熙主编，复旦大学出版社 1985 年版）等文集。1986 年南京大学与美国约翰斯·霍普金斯大学合办中美文化研究中心。1987 年北京大学燕京美国问题研究中心成立。武汉大学、四川大学和南开大学等综合性大学均成立了美国研究中心。1988 年南开大学美国史学科被评为该领域第一个重点学科。除综合大学外，一些外语学院亦设立美国研究中心，如北京外语学院、上海外语学院和洛阳解放军外语学院等。在高等院校以外的机构有 1981 年成立的中国社会科学院美国研究所。它是我国第一所多学科综合性的美国研究机构，出版了《美国研究》和《美国研究参考资料》等刊物。全国性的美国史研究学术团体是 1979 年成立的中国美国史研究会。到 1986 年第五届年会时，会员已有 341 人，分布于我国港澳台地区以外各省、自治区、直辖市，到 80 年代末已出版了 40 多期《美国史研究通讯》。《美国史研究通讯》还特辟专栏刊载美国史研究生毕业论文提要，扶植新生力量。该会编印了《美国史译丛》，组织编写六卷本《美国通史丛书》（人民出版社），还出版了三本美国史论文集，组织在美国史方面藏书较多的北京大学、南开大学、东北师范大学、武汉大学、北京师范大学、复旦大学、四川大学编印各自有关美国史的英文和中文书目。另一个学术团体是 1984 年成立的"三 S"研究会，它旨在对斯诺、史沫特莱和斯特朗等国际友人进行介绍和研究。1988 年 12 月底，一个全国性学术团体——中华美国学会宣告成立，它也必将对我国美国历史及美国当代问题的研究起到积极的推动作用。

　　上述研究机构和团体的涌现意味着美国史专业队伍的壮大。蜚声该领域的前辈学者们，有些虽已届耄耋之年，却仍笔耕不辍，春秋正富的中年学者是学术中坚，初出茅庐的青年学子锐意创新。到 20 世纪 80 年代末，招收美国史硕士生的机构已有十多所。被授权招收美国史博士生的单位已有南开大学、中国社会科学院世界史所和东北师范大学等。1983 年 8 月和 1987 年 11 月由《世界历史》编辑部等发起的两届全国青年世界史工作者座谈会，分别在北京和上海举行。会上我国青年美国史工作者所发表的一些见解，既富有睿智，又有现实意义。

　　随着专业队伍的壮大，国内外学术交流日趋活跃。除了上述两次青年学者座谈会外，1985 年 11 月在复旦大学召开了中华人民共和国成立以来第一次全国性中美关系史研讨会。与会者就"门户开放政策"和九一八事变后美国对华政策等问题，展开热烈讨论。会议共收到论文 36 篇，主要汇集在《中美关系史论文集》第二辑（复旦大学历史系编，1988 年版）中。1986 年 10 月在亚洲基金会资助下，由北京大学和美国美中学术交流委员会联合发起的中华人民共和国成立以来第一次由中美学者共同参加的中美关系史学术讨论会在京举行。两国学者就解放战争时期及中华人民共和国成立初五年的中美关系中的敏感问题展开了坦率的探讨。为纪念美国宪法制定 200 周年，中国国家教委与美国美中学术交流委员会联合组织的第一次中美美国学研讨会，于 1987 年 10 月在京举行。双方代表就宪法的历史、修正案、杰弗逊与宪法、宪法与文化、宪法与外交，以及分权与总统风格等问题作了八个专题报告。几乎与此同时，在湖北大学举行了由《历史研究》杂志等单位发起的帝国主义专题讨论会。会议就列宁的帝国主义定义、考茨基的超帝国主义论、国家垄断资本主义、帝国主义历史地位及新特点和发达国家中的阶级结构等问题进行了理论探讨。1988 年 11 月，为期六天的第二次中美美国学学术研讨会在南开大学举行。会议主题是美国总统制。30 多位中方学者与 16 位美国学者就与美国总统制有关的各种问题展开讨论。除上述不定期的学术会议外，最能反映我国美国史研究进展的学术会议，无疑是两年一度的中国美国史研究会年会。与会学者的人数、提交的论文篇数、选题的广度及探究的深度都逐届递增。而与会者年轻化的趋势尤令人注目。随着改革开放的深入，选题的现实感逐渐增强。例如在 1986 年 8 月的第五届年会上，学者们从对美国政治制度、宪法和西部开发等问题的讨论，谈及我国当前政治体制改革、民主法制的健全以及开发大西北所应该和可能借鉴的合理措施。讨论带有浓重的参与意识。近年来华讲学的美国学者增多，其中有定期的富布赖特计划学者，亦有短期访问的知名学者。我国的美国史专家也频频应邀赴美讲学考察。不少青年学者赴美深造攻读，并且于 1987 年 9 月在美国成立了留美美国史学会。这些国际学术交流对开阔视野和推动我国美国史学术研究走向世界无疑是大有裨益的。

　　1979 年以来我国美国史研究更重要的成就，表现在研究质与量的增长方面。这一时期翻译整理编辑的基础资料和出版的较有学术参考价值和代表性的译著，规模较大。本篇仅择重点加以介绍。这段时期美国史的编著，就笔者所知，主要有黄绍湘由其前著《美国简明史》扩写成的《美国通史简编》（人民出版社 1979 年版）和由前著《美国早期发展史》修订扩写的《美国史纲（1492—1823）》（重庆出版社 1987 年版）、刘绪贻主编的《当代美国总统

与社会——现代美国社会发展简史》（湖北人民出版社 1987 年版）、资中筠的
《美国对华政策的缘起与发展：追根溯源（1945—1950）》（重庆出版社 1987
年版）、刘祚昌的《美国内战史》（人民出版社 1978 年版）、杨生茂编的《美
国历史学家特纳及其学派》（商务印书馆 1984 年版）、曹绍濂的《美国政治制
度史》（甘肃人民出版社 1982 年版）、邓蜀生的《伍德罗·威尔逊》（上海人
民出版社 1982 年版）和《罗斯福》（浙江人民出版社 1985 年版）、陆镜生的
《美国社会主义运动史》（天津人民出版社 1986 年版）、陈其人与王邦佐和谭
君久的《美国两党制剖析》（商务印书馆 1984 年版）、韩铁的《艾森豪威尔的
现代共和党主义》（武汉大学出版社 1984 年版）以及时殷弘的《尼克松主义》
（武汉大学出版社 1989 年版）等。论文集主要有三联书店出版的《美国史论
文集（1981—1983）》（中国美国史研究会编，1983 年版）、天津人民出版社出
版的《美国史论文选（1949—1979）》（杨生茂、林静芬编，1984 年版）、复旦
大学出版社出版的《中美关系史论丛》（汪熙主编，1985 年版）和重庆出版
社出版的《中美关系史论文集》（中美关系丛书编辑委员会主编，重庆出版社
1988 年版）。尽管专著不算多，然而 1979 年以后十年的研究成果比起 1979
年以前 30 年的成果在广度和深度上显然是前进一大步。此外，80 年代以来
出版的各种版本的世界史教材、外国历史大事集和名人传记、帝国主义侵华
史、近现代中外关系史、国际关系史、近代中国留学运动以及有关资本主义
和当代帝国主义诸方面的论著，均从不同侧重点叙述和研究了美国方面相应
的内容。与专著相比，这时期的论文数量尤为可观。它们不仅发表在前述的
专业历史刊物上，更多的则刊载于各大学学报以及与美国研究相关的其他社
会科学专业刊物上，其中不乏质量较高的论著。过去的许多空白点得以填补。
关于美国史开端、若干历史人物的评价、南部重建、西进运动、罗斯福新政、
孤立主义、门罗宣言、"门户开放政策"和抗日战争至中华人民共和国成立初
期中美关系中的某些问题等，都有较深入的研究。由于篇幅所限，即使只择
要对 1979 年以来我国学者有关美国史研究较密集的问题加以论述，也不可
能面面俱到。遗珠失玉，在所难免，今只侧重较新的选题予以概述，疏漏之
处，尚望指正。

　　随着我国政治体制改革的开始，对美国政治制度史的探讨吸引了不少学
者。谭君久在《美国政治制度史分期问题初探》一文中指出，美国政治制度
是美国式的资产阶级民主制，它具体表现为：（1）宪法的稳定性、权威性和
灵活性；（2）严格的三权分立；（3）总统内阁；（4）典型联邦制；（5）两党

制和利益集团制。①黄仁伟在《美国政治制度史研究的几个问题》中指出，国家不仅是某阶级暴力统治的机器，也是社会结构平衡的调节器，美国便具有后者的功能。进入国家垄断资本主义阶段后，国家机器同经济基础的融合不断加强。国家既是上层建筑主体，又是经济基础重要组成部分。②刘德斌在《论美国两党制的产生及演变》中认为，美国两党制的产生主要是内战前南北两种社会经济制度长期并存所致；它的发展是美国资本主义过渡到垄断阶段，并确立垄断资本统治的结果。其生存过程中有一持久性社会条件，即社会结构的中小资产阶级化和无产阶级政治上的不成熟。通过两党制的演变，社会中两大对立阶级的对抗性矛盾缓解了，两党制恢复了缓和暴力冲突和把社会各阶级阶层的要求导入一个渠道的作用。③黄柯可在《美国两党制的形成及其历史特点》中认为，两党制形成于 19 世纪 20 年代末，标志为民主党和辉格党争夺最高权力，并轮流执政形成制度。此后的政党始终受两个派别势力的制约。两党制是工商业资产阶级和种植园主两个派别斗争和妥协的结果，也是早期反独裁思想的产物。它排斥第三党于政权之外，主要因为它受宪法保护。④

与美国政治制度紧密相关的美国文官制度改革也是近年来探讨的一个方面。王锦瑭在《美国文官制的改革》中指出，美国文官制中的考绩制是作为起源于安德鲁·杰克逊时代的政党分赃制的对立物而产生的。该文列举了分赃制的弊害，分析了内战后文官改革运动的经济背景和社会历史渊源，详述了文官改革先驱萨姆纳的 1864 年议案、托艾·詹克斯在借鉴了包括中国科举在内的外国经验后作出的系列报告，以及 1883 年美国史上第一个文官法《彭德尔顿法》的产生和完善。之后该文指出，19 世纪 20 世纪之交的大改革不断完善上层建筑以适应经济基础，促进生产力发展，同时对劳动人民作出某些让步，故缓和内部矛盾，有利于资产阶级统治。⑤席来旺在《美国行政系统官制的历史趋向》一文中从宏观角度探寻了美国行政官制变革的四个历史趋向：一为不断改革，二为知识化、专业化，三为人才竞争，四为科学管理。⑥黄兆群在《分赃乎？改革乎？》一文中认为，杰克逊代表中小资产阶级利益，

---

① 谭君久：《美国政治制度史分期问题初探》，载于《世界历史》，1987 年第 6 期，第 23-32 页。
② 黄仁伟：《美国政治制度史研究的几个问题》，载于《世界历史》，1987 年第 2 期，第 82-86 页。
③ 刘德斌：《论美国两党制的产生及演变》，载于《世界历史》，1988 年第 2 期，第 103-110 页。
④ 黄柯可：《美国两党制的形成及其历史特点》，载于《世界历史》，1987 年第 1 期，第 72-81 页。
⑤ 王锦瑭：《美国文官制的改革》，载于《世界历史》，1985 年第 3 期，第 30-38 页。
⑥ 席来旺：《美国行政系统官制的历史趋向》，载于《世界历史》，1988 年第 1 期，第 30-40 页。

是杰弗逊民主思想的崇拜者。这次改革使政府大门向百姓敞开，令不能把官职视为财产、为少数人垄断的民主思想深入人心。通过改革拔除凶邪，崇尚俊良，扭转了冗官冗费的局面。尽管改革缺乏系统纲领，且存在操之过急、私人偏见的弊病，但在当时无疑是进步的，是值得肯定的。①与官制改革相联系的反贪污腐化的改革也成为近来探讨的内容。时春荣在《世界历史》上载文列举了联邦政府和地方机构贪污腐化的不法行为以及现代美国历届政府反腐化改革措施。作者认为，腐化的加深和改革的失败根源，在于美国政府是大公司制度下的政府，它代表着垄断集团的利益，各级官员经常为个人或其组织的利益而活动，而国会对其内部丑闻往往姑息养奸，祖护迁就。②

对于近代美国经济史，我国学者多有评述，如张友伦的《美国工业革命》（天津人民出版社 1981 年版）和《美国农业革命》（天津人民出版社 1983 年版），黄安年的《美国经济发展的历史条件》（《美国史论文集》，人民出版社 1980 年版）和《外来移民与美国的发展》（《世界历史》1979 年第 6 期），张友伦的《美国农业资本主义发展道路初探》（《世界历史》1982 年第 2 期），潘润涵、何顺果的《近代农业资本主义发展的美国式道路》（《世界历史》1981 年第 1 期），李存训的《美国南北战争后农业迅速发展的特点与原因》（《世界历史》1981 年第 4 期），等等。有关工业革命的工厂制方面，冯承柏发表了争鸣性文章《美国工厂制确立年代质疑》。他认为工厂制度在全国范围内取得决定性胜利的时间是 19 世纪 80 至 90 年代。③在研究城市史方面，王旭的《19世纪后期美国中西部城市的崛起及其历史作用》一文是值得一提的。他认为，中西部城市的崛起是工业化向纵深发展的产物，美国经济发展的不平衡性给中西部城市化造成了有利的时空优势，使之得以跳跃式地发展，后来居上。④

近年来，国家垄断资本主义和罗斯福新政是研究焦点最密集的问题之一。胡国成在《论美国经济制度向国家垄断资本主义的转变》中认为，早期国家垄断资本主义的特点是，国家干预经济常常是应受排挤或掠夺的商业界或消费者的要求而被动进行的，政府很少直接要求干预。国家干预的形式常以仲

---

① 黄兆群：《分脏乎？改革乎？》，载于《世界历史》，1989 年第 2 期，第 137-141 页。

② 时春荣：《试论现代美国政府官员的贪污腐化及其改革》，载于《世界历史》，1988 年第 5 期，第 27-34 页。

③ 冯承柏：《美国工厂制确立年代质疑》，载于《历史研究》，1984 年第 6 期，第 164-179 页。

④ 王旭：《19 世纪后期美国中西部城市的崛起及其历史作用》，载于《世界历史》，1986 年第 6 期，第 11-18 页。

裁人的方式，而很少以直接投资来调节。干预一般是在州政府的规模上。因此，早期国家垄断资本主义基本上仅是个别部门中萌芽的个别现象，是作为消除经济生活中某些弊病的措施出现的。第一次世界大战中，美国政府对经济实行全面管制，国家垄断资本主义有了较大发展。但这种制度只能是暂时性的、不稳固的，因为它是战争所致，并非经济发展本身所要求的。故"一战"后，经济"恢复常态"，即战前自由放任状态。不过，此时经济仍部分地带有国家干预和管制的痕迹。30 年代大危机迫使罗斯福实行新政，即国家对经济实行有史以来最广泛、最深刻的干预。政府这次是应社会各阶层的要求主动地以直接和间接投资的形式，并辅之以财政金融政策，在联邦级的规模上进行的。此次由经济危机引起的国家垄断资本主义体现了经济规律的强制性作用。又因经济危机是资本主义制度所固有的，故由它引起的干预和管制是长久的、巩固的。因此，新政所实施的国家垄断资本主义一直延续下来。[①]韩铁在《第一次世界大战到新政初期美国的合作自由主义》中提出，在新政之前，美国私人企业组织的强大和国家机制的相对软弱，导致政府在加强干预的过程中必须依赖企业界，与之建立合作关系，故产生合作自由主义。这也是私人垄断资本主义向国家垄断资本主义的过渡仍处在初级阶段的重要标志。第一次世界大战时的战时工业局、20 年代胡佛的社团公会主义和新政初期的国家复兴局，便是建立这种合作关系的三大尝试。作者还指出，胡佛是私人垄断资本向国家垄断资本过渡初期的历史人物。不应把他的政策笼统归结为自由放任，而无视他与 19 世纪自由主义的不同。因为他的社团公会主义已属合作自由主义范畴。其失败在于他不能适应向国家垄断资本主义的全面过渡的需要。新政初期罗斯福的经济政策虽比胡佛的大胆，但其全国工业复兴法在仰赖与企业界合作上仍属合作自由主义，与前两次尝试一脉相承，也终因未能适应全面过渡而失败。这迫使罗斯福走上福利国家和凯恩斯宏观需求管理的道路，为全面向国家垄断资本主义过渡奠定基础。[②]

　　以往国内对罗斯福及其新政的评价很不客观。过去一般认为它是彻头彻尾为垄断资本主义服务，对资本主义剥削制度毫无触动，只不过是统治集团为挽救垂死的资本主义制度所采取的改良措施。它压制了人民民主权利，终

　　① 胡国成：《论美国经济制度向国家垄断资本主义的转变》，载于《世界历史》，1985 年第 5 期，第 13-23 页。

　　② 韩铁：《第一次世界大战到新政初期美国的合作自由主义》，载于《历史研究》，1988 年第 6 期，第 159-173 页。

以失败告终。对此，刘绪贻在《罗斯福"新政"对延长垄断资本主义生命力的作用》和《应当重视罗斯福新政对延长垄断资本主义生命力的作用》等文章中指出，"新政"是根据当时美国垄断资本主义发展需要，用国家干预经济生活的改良方法代替放任主义政策，"将私人垄断资本主义迅速地、大规模地推向美国式的、非法西斯式的国家垄断资本主义"。在保存资产阶级民主的前提下，局部改变了生产关系，在一定程度上改善了劳动人民政治经济处境，暂时缓和了阶级矛盾，基本上挽救和加强了垄断资本主义。但这并未消除美国社会基本矛盾。它酝酿着新的、更深刻、更难克服的经济危机。[①]邓蜀生在其著作《罗斯福》中指出，新政不是社会主义，连最广泛意义的社会主义也不是。罗斯福不是激进主义者，没向现行制度挑战，他要求保持资本主义，改革某些弊端，而不是摧毁它。[②]胡国成在《关于新政的分期问题——兼与刘绪贻先生商榷》一文中认为将新政实施期限的下限断至 80 年代的说法不妥。这是因为其忽略了第二次世界大战中罗斯福经济政策与战前的不同。即第二次世界大战中政府推行的是战时经济管制而不是新政。该文指出，延续至今的不是新政，而是以新政为发端的国家垄断资本主义制度。国家垄断资本主义制度是个大的、长时段概念，而新政是其中一个小的、短时段概念。前者包括后者。[③]

在研究美国垄断资本主义发展史，尤其是罗斯福新政及其后历届政府的社会经济政策方面，当以刘绪贻领导的武汉大学美国史研究室的成果最为突出。他主编的《当代美国总统与社会》（湖北人民出版社 1987 年版）是将该研究室学者发表过的论文进行加工和系统化处理后形成的。这是国内第一部战后美国内政史。作者认为，杜鲁门的"公平施政"、艾森豪威尔的"现代共和党主义"、肯尼迪的"新边疆"、约翰逊的"伟大的社会"，都是新政的继续和扩大。直至今日，新政的主要政策仍是美国社会制度的根基。该书借鉴吸收了美、苏、东欧与我国经济学界和史学界的现有成果，内容丰富。尽管该书存在不少内容重复之处，但其史学价值和现实意义是不可忽视的。

---

　　① 刘绪贻：《罗斯福"新政"对延长垄断资本主义生命力的作用》，载于《历史教学》，1981 年第 9 期，第 22-26 页。《应当重视罗斯福新政对延长垄断资本主义生命力的作用》，载杨生茂、林静芬编《美国史论文选（1949—1979）》，天津：天津人民出版社 1984 年版。

　　② 邓蜀生：《罗斯福》，杭州：浙江人民出版社 1985 年版。

　　③ 胡国成：《关于新政的分期问题——兼与刘绪贻先生商榷》，载于《世界历史》，1986 年第 7 期，第 18-27 页。

　　美国工人运动、农民运动、黑人运动以及社会主义运动是我国美国史学界历来较受重视的领域。这些方面的研究人员和文章既有来自史学界的，也有来自国际共运和科学社会主义运动等相关领域的。陆镜生的《美国社会主义运动史》（天津人民出版社 1986 年版）是国内研究国别社会主义运动史的第一部著作。该书论述了美国自 19 世纪 50 年代初科学社会主义在美传播至第一次世界大战后美共发起的社会主义运动，指出了该运动在美国特定环境中的特殊性，剖析了它的起伏跌宕；分析了威·福斯特《美国共产党史》中的某些论断；探讨了各种非马克思主义的社会主义思潮；评述了美国的社会主义运动史学；最后扼要谈了作者对美国社会主义运动失败原因的认识。

　　美国史学家、流派和专题史学亦是我国学者颇为注目的方面。笔者在《论弗雷德里克·杰克逊特纳及其假说》（《美国史论文集（1981—1983)》，中国美国史研究会编，三联出版社 1983 年版）中对边疆史学派这位创立者作了全面评述。笔者还对史学新左派主要代表人物威廉斯进行过剖析。在《试论威廉·阿普曼·威廉斯的美国外交史学》[《美国史论文集》（1981—1983)] 中，笔者先分析了新左派思潮及背景，然后指出，60 年代新左派史学是对 50 年代一致论史学的反击；威廉斯对美国史特别是外交史上的正统解释提出异议。笔者的主要命题是：美国是个扩张主义国家，美国历史上从未有过孤立主义。笔者指出，威廉斯将经济因素视为外交决策中起主导作用的力量。这正是威廉斯著作的价值所在。笔者最后认为，虽然威廉斯对美帝国主义扩张政策特别是门户开放政策作了批判，但对资本主义社会基本矛盾认识不足。其他主要专题史学论文还有张友伦的《初论美国工人运动史学》（《世界历史》1984年第 2 期）和《试论美国西进运动史学》（《世界历史》1985 年第 6、7 期）、丁则民的《关于 18 世纪美国革命的史学评介》（《美国史论文集（1981—1983)》）、笔者的《"新边疆"是美帝国主义侵略扩张政策的产物》（《美国史论文选》1984 年版）、黄绍湘的《评美国"新左派"史学》（《世界史研究动态》1980 年第 2 期）、冯承柏的《关于美西战争起源的美国史学》（《南开学报》1981 年第 1 期）、张广智的《美国"新史学派"述评》（《世界历史》1984年第 2 期）、柯磊的《进步运动史学述评》（《世界史研究动态》1987 年第 12期）和卞历南的《美国新工人史学刍议》（《世界史研究动态》1988 年第 3 期）等。

　　美国外交史始终是个比较活跃的领域，尤其 20 世纪美国外交更是国内美国史、国际关系史、国际政治学者探讨的领域，论文多且见解纷繁。孤立主义和 30 年代中立法以及罗斯福对欧政策就曾引起过争鸣。王玮在《美国早期外交中的孤立主义》中认为，1754 年 6 月的奥尔巴尼联盟计划即是孤立主义先声。华盛顿的《告别词》是孤立主义向成熟演变的里程碑。该原则在外交上首次运用是在 1812 年英法战争期间，1823 年的门罗宣言是它的发展。早期孤立主义具有两重性：一是抵御外来干涉侵略；二是谋求与外界交往，伺机向美洲扩张。①卢明华在《论美国历史上的孤立主义问题》中认为，严格意义上的孤立主义并不存在。孤立主义不过是部分人盗用华盛顿、杰弗逊名义编造的。②邓蜀生在《罗斯福与孤立主义的斗争》中认为，中立法是孤立主义在 30 年代的表现，它反映了当时和平主义情绪。③何抗生在《美国与慕尼黑》中认为，罗斯福政府在慕尼黑危机期间采取了看风转舵的机会主义态度，虽然最终支持了英法绥靖德国、出卖捷克的政策，但所起作用不大，陷得不深。④对此，黄贵荣在《罗斯福在慕尼黑事件中的作用——与何抗生同志商榷》一文中指出，在慕尼黑会议上出卖捷克的是英、法政府，而这种出卖的最后机会却是罗斯福外交促成的，因为罗斯福建议的解决捷克争端的会议却没有包括捷克政府。"中立"作为美国削弱英、法在欧洲霸权地位的外交武器，在其被实施的初期，必然表现出"姑息"欧洲法西斯的政策倾向。⑤关于门罗宣言，吴瑞在《早期门罗主义剖析》中认为，门罗宣言有双重性，即一方面反对欧洲列强干涉美洲，有自卫性质，另一方面又有企图独霸美洲的动机。⑥刘恩在《关于门罗宣言的几个问题》中除了表达类似看法外，还补充说，在宣言刚宣布时，自卫倾向是主要的；1830 年后，侵略动机才为主导。⑦此外，张宏毅的《现代美国对外政策中的意识形态因素》（《世界历史》1988 年第 6 期）一文，是很有特色的一篇论文。

在美国史领域，中美关系史研究在 1979 年以后的十年中可谓是发展最快、势头最盛、成果最多。这是由于以下两方面原因。（1）民主的学风正日趋浓厚。1979 年汪熙所发表的《略论中美关系史上的几个问题》（《世界历史》1979 年第 3 期）引起争鸣。丁名楠、张振鹍发表了《中美关系史研究：向前

① 王玮：《美国早期外交中的孤立主义》，载于《世界历史》，1981 年第 6 期，第 18-27 页。
② 卢明华：《论美国历史上的孤立主义问题》，载于《南京大学学报》，1979 年第 4 期，第 67-77 页。
③ 邓蜀生：《罗斯福与孤立主义的斗争》，载于《复旦大学学报》，1979 年第 4 期，第 41-48 页。
④ 何抗生：《美国与慕尼黑》，载于《世界历史》，1984 年第 3 期，第 7-15 页。
⑤ 黄贵荣：《罗斯福在慕尼黑事件中的作用——与何抗生同志商榷》，载于《世界历史》，1985 年第 10 期，第 54-57 页。
⑥ 吴瑞：《早期门罗主义剖析》，载于《江苏师院学报》，1981 年第 1 期，第 26-31 页。
⑦ 刘恩：《关于门罗宣言的几个问题》，载于《世界史研究动态》，1981 年第 8 期，第 26-31 页。

推进，还是向后倒退？》（《近代史研究》1979 年第 2 期）。此后，罗荣渠也发表了引起学术界重视的《关于中美关系史和美国史研究的一些问题》（《历史研究》1980 年第 3 期），向荣发表了《论"门户开放"政策》（《世界历史》1980 年第 5 期），项立岭发表了《怎样向前推进？》（《世界历史》1980 年第 5 期）。这场讨论涉及中美关系史乃至整个中外关系史研究中的一些重大问题，如，如何看待美国侵华史研究和中美关系史的性质，如何评估上述领域的研究成果等。这场讨论不仅深化了中美关系史上某些重大问题的研究，更重要的是，它开创了百家争鸣、平等讨论、各抒己见的好学风。（2）中美建交后，随着文化交流的加强，我国学者有更多的机会赴美考察，攻读学位，得以收集第一手资料。我国的档案也多有开放。占有双边（甚至多边）新材料，无疑会大大提高研究质量。如，任东来的博士论文《不平等的同盟——美援与中美外交研究（1937—1946）》和牛军的博士论文《从赫尔利到马歇尔——美国调处国共矛盾始末》，都是在发掘我国档案的基础上写的，故有一定深度。这时期中美关系史研究成果的质量也在不断提高，主要体现在以下几点。（1）选题日趋微观。从对历史时期的一般论述转为对具体事件、政策、人物和历史阶段的剖析，如陶文钊的《马歇尔使华与杜鲁门政府对华政策》（《中美关系史论文集》第 2 辑）。（2）选题范围有所拓宽。除了焦点密集的政治关系外，冯承柏、黄振华的《卡尔逊与八路军的敌后游击队》（《近代史研究》1986 年第 1 期）研究了非官方关系。汪熙、郑会欣分别撰写了《门户开放政策的一次考验》和《〈中美白银协定〉述评》（《中美关系史论文集》第 2 辑），研究我国 30 年代货币改革与美国的关系。王建朗、严四光分别撰写的文章《试析 1942—1944 年间美国对华军事战略的演变》和《史迪威、陈纳德龃龉与美国对华政策》（《中美关系史论文集》第 2 辑），将政治关系与军事问题相结合，研究了大战期间美军对华战略。也有人研究中美文化关系方面，如陈胜粦的《鸦片战争前后中国人对美国的了解和介绍》（《中山大学学报》1980 年第 1、2 期）、齐文颖的《关于"中国皇后"号来华问题》[中美关系史丛书编辑委员会主编：《中美关系史论文集》（第 1 辑），重庆：重庆出版社，1985 年版，第 63-75 页]都对早期中美关系作了探索。对于教会学校、中国赴美留学生、美国独立战争对辛亥革命的影响等，也有专论发表。下面择要概述几组论点：门户开放政策。它首先是针对中国提出的，也是在海外扩张时期的基本外交政策。我国学者一致认为，它的提出是美国以往对华政策的延续，标志着对华政策新阶段，即由追随英国转变为奉行独立的大国政策；同时也是完全根据美国利益的需要而提出的"分享杯羹"的政策。此问题的分歧在于，汪熙认为，门户开放政策对列强侵华客观上起到抑制或延缓的作用。丁名楠、张振鹍认为，虽然它起过某些作用，但这主要是维护美国在远东和中国的利益所连带产生的作用。罗荣渠指出，不能简单否定该政策在中国的国际政治中起过微妙作用。在世纪之交时，它对沙俄和日本势力起了制衡作用，后来的美日矛盾使美国成为中国抗日的盟国。邹明德在《美国门户开放政策起源研究》中认为，美国在 19 世纪末曾为了自身利益，不仅口头上表示维护大清统治和中国完整，且采取具体行动反对瓜分中国。该政策使列强在华势力的基本平衡成为可能。这种均势使他们在华的势力范围不再扩大。①

　　抗战前期（1937—1941）美对华政策。冯春明在《试论抗日战争时期美国的对华政策》中指出，美国在道义上纵容日本侵略，且卖给它战略物资，当日本要南进时，又力主牺牲中国抗战，阻止它南进。1941 年的《日美谅解备忘录》是一份迫使中国投降日本的方案，是"远东慕尼黑"阴谋。②胡之信在《1937—1941 年美国对华政策的演变及原因》中指出，美国这时期执行的是对日姑息和助华抗日的两面政策。大部分时间里，前者为主流，但后者的程度不断增加。直到珍珠港事件前几个月，制日助华才成主流，但仍未放弃对日姑息的政策。在美日谈判中，美曾试图牺牲中国利益来与日本妥协，这是其对华政策服务于对欧政策的卑劣举动。③金灿荣在《绥靖主义，还是现实主义？》中认为，1937 年起，美国对华政策出现积极变化：放弃在中日之间搞平衡，支持中国抗日，由口头到物质援华，直至有限军事介入。这对维护国民党政府抗战的信心，对中华民族抗战是有帮助的。这一现实主义外交的主要倾向是援华制日。④

　　1949 年前后的中美关系。王建伟在《新中国成立前后美国对华政策剖析》中认为，中华人民共和国成立前夕，美国一刻也未放弃过阻止中国革命在全国胜利的努力，但形势的发展使其企图成为泡影。1949 年后，既敌视我国，又表明自己是朋友，以保持其在华利益。而到 1950 年上半年，其政策已纳入

---

①　邹明德：《美国门户开放政策起源研究》，载《中美关系史论文集》，重庆：重庆出版社，1968 年版。

②　冯春明：《试论抗日战争时期美国的对华政策》，载于《民国档案》，1986 年第 3 期，第 102-110 页。

③　胡之信：《1937—1941 年美国对华政策的演变及原因》，载于《求是学刊》，1981 年第 4 期，第 96-103 页。

④　金灿荣：《绥靖主义，还是现实主义？》，载于《美国研究参考资料》，1988 年 4 期。

"积极遏制"的新远东战略轨道。[①]袁明在《新中国成立前后的美国对华政策观》中认为,当时美国决策陷入僵局,出现了"半真空"状态。政策思想纷杂,且多矛盾,彼此抵消或相持。她还认为,恰恰相反,不是中苏联合造成了中美对抗。[②]王辑思也指出,美国决策者在很长时期内对华政策的指导思想是高压政策,即联合其他西方国家对中国采取外交孤立和经济封锁,促使中苏分裂。[③]

　　由于篇幅所限,中美关系史研究中许多颇具新意和深度的观点未能列举。综观当前研究势头,我们完全有理由相信,中美关系史领域不久会结出更多的硕果。(此文与杜耀光合撰)

　　(本文与杜耀光合撰,原发表题为"中国美国史研究四十年",载《中国历史学四十年》,北京:书目文献出版社,1989 年版,第 630-644 页)

---

　　① 王建伟:《新中国成立前后美国对华政策剖析》,载《中美关系史论文集》,重庆:重庆出版社,1988 年版。

　　② 袁明:《新中国成立前后的美国对华政策观》,载于《历史研究》,1987 年第 3 期,第 24-33 页。

　　③ 中美关系丛书编辑委员会编:《中美关系史论文集》,重庆:重庆出版社,1988 年版。

对世界史研究的思考

在 20 世纪末，回顾一下这个世纪中发生的翻天覆地的伟大变动，真令人感到惊心动魄。在这期间，有铺盖全球的政治经济势力的组合，有难以想象的科技发明创造，有宛似洪涛狂飙的群众运动，有巨大迅速的社会制度变革，有波及东西半球的世界大战，有不胜枚举的起义与镇压的搏斗。的确，用惊心动魄来形容这个伟大的时代，并不为过。假如人们把 20 世纪末同 19 世纪末的社会与科学现象相比，天地震撼之感更加强烈。温故知新。我们站在 21 世纪的门槛上回顾 20 世纪的世界历史，正是为了更清醒地把握人类社会在 21 世纪发展的趋势与特征，以应对人类面临的各种纷纭繁杂的问题。

一、关于鉴别吸收

学以致用，外为中用。我们研究历史，正是为了促进我国进一步迅速健全发展的需要。只要国家这一现象存在，这种需要是须臾不可或缺的。社会科学主要通过口与笔对社会发生影响，我们希望所说的与所写的都对社会发展产生积极的推动作用。这正是"研究"的真正价值。

"鉴别吸收"是我们研究世界历史的正确途径。有鉴别地消化吸收外国的优秀文化，同时滤取我国文化中的优秀部分，这样方可孕育出具有创造性的更高层次的文化，在提升世界文明方面，也可贡献我们的一份力量。在世界史研究中，全盘照搬的想法同故步自封或妄自菲薄思想一样，都是蒙昧的表现。

鉴别吸收与审慎反思都是硬功夫，必须具有独立思考、勇于攀登的精神和坚忍不拔、发愤图强的意志。研究人员不应是秘书式的人物，秘书是另一行当。

如今进入电子信息时代，经过以一定观点与方法处理的大量成套的各种各样的外国信息资料，凭借其高科技手段的优势，在网络上滚滚而来。在这种情况下，鉴别吸收更显得格外重要，其难度也更为巨大。做好这件工作，绝非一蹴而就之事。首先要增强自觉意识，要有百折不挠的精神，在应对外来文化的实践中，不断提高研究功力，不断完善研究方法，不断增强洞察力。在主观上，要求我们不断提高理论修养，不断丰富我们的知识；在客观上，要求有一个能敦促我们不断前进的、能开展批评与自我批评的、严格与良好的氛围。

过去我遇到的美籍华人史学家中，有两位发表了迥然相异的看法。他们讲的是美国史研究，实际上也适用于世界史研究。一位说，你们不必研究美国史，美国人写了那么多书，翻译过来就够了。另一位说，国内许多学士不能专心研究，都忙于出书，令人惋惜。前一种说法显然是错误的，因为他缺乏自信，也缺乏对同仁们的信任。后一种说法也不全对，虽然他的说法出于善良心愿，但以少概多，失于偏颇。可是他们的言论俱足引以为戒。

过去世界史学研究走过许多弯路。1949 年前，讲"西洋史"时有的使用原文课本，全盘照搬西欧中心论，反而忽视他们整理史料的科学方法。1949 年后讲"世界史"，克服了"西洋史"中割裂历史，见木不见林的现象，但苏联教条主义史学方法扭曲了史学的内容。如今我们提出"鉴别吸收"与"外为中用"，可以视为拨乱反正的结果。

二、关于语义学

（一）语义学的重要性

学历史，需要一种辅助的学科，即语义学（或释义学），平素大家对此谈论甚少。历史学家，尤其是搞外国史的史学家，应当关心提高语义学的修养，对外国政治、经济和社会理解不深者，更不应等闲视之。

语言是"表达观念的符号系统"（瑞士作家、语言学家费尔迪南·德·索绪尔语），"是人类情感的自然表露"（哲学家德谟克利特语）。正确了解历史语言文字，应当首先了解发言人的思想观念，说给什么人听，代表什么人说话（即发言的背景），为什么这样或那样说，等等，然后才能正确理解文字的原意。前台词、潜台词与后台真实想法是要加以审慎分辨的。语言，尤其政治家形诸文字的语言，更应如此去了解，不然即被发言人牵着鼻子走。读者不应接受其表面陈述的现象或价值，只接受文字表面意思，而这正是发言人所追求的。条约、宣言、声明、公报……背后都有文章。

至于文章的写法，也大有琢磨必要。中国人标点二十四史就有断句问题，断句就往往涉及释义学，有时会由一个标点，争论不绝，因为它牵涉整个意思的理解，故见语义学之重要了。揣摩某句话或某段文字在原作者究竟是如何理解的，是如何想的，是需要很深的功底的，研究者不应以当下的认知去臆测古人的想法。当然评论应是当代人想法，不同于解读古人想法。在中国研究外国史，情同此理。

在外国史研究中，语义学的重要性特别明显。我们在研究外国史中，偏之毫厘，失之千里，若照猫画虎，危险之至，害人误己也误国。国内有许多人（包括大学教授）对外国现象写文章、发议论，但不知其所云，甚而画虎似犬。

（二）语义学的要义

研究外国哲学社会科学（尤其历史）时最难的、也是最易陷入误区的是确定名词含义。同样是一个字眼，东西方国家的理解大不相同，很难吻合；同样是一个字眼，不同的时期，内涵迥异，南辕北辙。

在了解外国名词时，首先要弄清原意，不能哗众取宠，或瞎子摸象，徒然聚话风云。确定字词的含义源于理解，因人而异，因时而异，应以原始意为主，兼述演变。不仅要查阅字典（其中也要辨何人所编字典），而且难在搞清楚名词产生的背景和应用的当下社会含义，以及后人如何演变其含义等。若就事论事，取其表面定义或现成定义，不是纠缠不清（有的的确是纠缠不清，因理解不同），便是望文生义，囫囵吞枣。应用名词切忌赶时髦时尚，偏左偏右，随意太大，怕只合一时实用主义。

对于中国研究美国史的学者来说，对一些名词的定义与理解需要特别注意，比如何谓"保守""开放""互惠""扩张""个人主义""民主""帝国""帝国主义""国际主义""沙文主义""爱国主义""人权""革命""改革""门罗主义""客观主义""相对主义""相对性"等等。举个例子，"批判"本是个褒义词，其意为鉴别筛选，可惜"文革"时歪曲使用，"文革"后又投鼠忌器，谈之色变。其实西方文艺复兴就是从批判开始的，不过还不敢进行政治批判，而是从思想领域特别是从批判中世纪宗教开始，进而推广到其他领域。在中国古代，所谓寓褒贬，别善恶，也是批判。

中国学者不仅要搞清名词的原意，还得从历史进程中观其动静、倾向和改变，既要追本溯源，又要察言观色；要听其言，更要观其行。名词是死的，谁都可以用，但目的不同，含义不同，解释不同，办法也不同。

若不明语意，则只能依葫芦画瓢，甚而效颦献丑，反洋洋得意，自认为大智在握。这类例子很多，随手即可拈来。最近看某作者写的文章中说，西奥多·罗斯福反对帝国主义。真令人啼笑皆非。妄用名词，不究其意，何其轻率。为口号迷混，为名词迷混。教授居然如此，遑能苛求学生？真是误己误国、误后代来人。究其原因是不解外国的语义与语境。

在历史上，人们对词义的定义与理解是有变化的。这就是认识相对性的表现。名词含义具有相对性，但不是七巧板，亦非相对主义。比如在美国学界，门罗主义因时而解释不同。

（三）语义与语境

若通语义，除勤于读书、独立思考外，还须熟知和透彻了解讲话人不同的心态、习俗、宗教和社会时尚，以及社会政治经济文化传统和背景。这就是语境问题。

语境对语义的影响很重要。语境是解释语义的根据，使语义具体化、单一化。不如此，则谈不上批判吸收，或似是而非，甚至出现笑话，或良莠不分，视有价值的珍宝如瓦砾。

所有的文章和文字，从内容上看，总是指向当时实践活动的，即使是神秘主义，虚幻的、虚伪的观念，也可以在当时实践活动中找到它们的基础和因果。恐怕这是一把解决问题的钥匙。

读者对语境的理解是受读者的社会文化、所处时间、环境等因素制约的。

有人反对"学以致用"说法。这就关系到对这个说法的"语义"的理解。文人只能凭仗一支笔、一张口来表达想法。只要一张口，一动笔，无论作者是否意识到，都会影响到别人，都会对社会产生或大或小的社会效应，都会致用，说不致用是不可能的。有人标榜"客观主义""为学术而学术"。那是无稽之谈，世上没有在真空中的学问。我们希望能致有益于人生、有益于社会之"用"。有损人生、社会的"用"，应当反对。不过，过去所谓在"用"字上做文章，搞得太左了，太偏了，太过度了，坏了"用"的名声。文人不是"秘书"，不是什么人的"笔杆子"。秘书是另一个行当。文人写文章若套话满篇，那就不是"用"本身的罪孽，而是致用的人的罪过。文章切不可千篇一律，容不得反面意见，要有宽容之心。这是我对"学以致用"的语义的理解。

1983 年 9 月 1 日，韩国的客机在苏联领土上空被苏战斗机当作军用飞机击落。里根当时就知道是误击，但在他发表的声明里，谴责苏联不人道，击民用飞机等等。后外交文件解密，公众方知被愚弄了。当时苏联虽公布真相，可无人相信。当时怎样解读里根的声明就需要各方面知识与经验的积累了。

1898 年 2 月 15 日，美国停泊在古巴哈瓦那的缅因号军舰突然爆炸。该事件闹得沸沸扬扬，美国把责任归到西班牙政府头上，疯狂反击西班牙。后专家下海检查沉船，调查结果是爆炸系军舰内部原因，非为外来击沉。真相才明。越南战争时，"东京湾事件"也如此，挑衅方为美方。我以前在文章中虽然把"东京湾事件"与缅因号并列，但当时尚不清楚前者之真相，果然不出所料。这是凭对美国外交手段之认识而来的感知。大约 1994 年，国内学者在写教材时，仍然说缅因号是被击沉的。这是无知加崇美所致。

一个外国人的演说、一份外交文件，背后都有原作者的想法。研究者决不能只停留在表面文章，尤其是对待外交声明类的文件，不能囿于表面辞令。可惜，现在许多学者还不解此意。国内出版了好几种×国×××演说集，都无导言或导读，即使有，也是就事论事，未能深入文章内容的背景、用意进行分析，这类书误人不浅。又如，有的人只限于在美国人的文件里讨生活，而且满足于字面的叙述，不究文件背后的含义、背景、目的以及措辞的意义。这样的研究不无片面，未能抓住事物的实质。

伍德罗·威尔逊总统说过，除了对自己的夫人，政治家说谎并不是过失。克莱门梭说，威尔逊说起话来像耶稣，办起事来像劳合-乔治。麦金莱在是否并吞菲律宾问题上，曾跑去祈求上帝的指示。他说要基督化菲律宾人。其实菲律宾已由西班牙神甫收为天主教，何有基督化之必要？吉米·卡特曾说，总统在进椭圆形办公室前后说话是不一样的。他说了实话。克林顿为绯闻事件，前言不搭后语。至于国会议员有时更是胡言乱语，玩政治把戏，以党派划线，无责任感，讲话的文义更需令人警惕。

如加拿大在讨论承认不承认新中国时，议会议员口头上说舍不了台湾，其实，第一是它不敢冒犯美国；第二是中国经济的确有吸引力；第三，其潜台词是不愿舍弃与台湾贸易。

何况在历史上以讹传讹之事甚多，如"朕即国家"［参见奥布莱恩（O'Brien）书中的举例］这句话的语义。教条主义不能正确理解分辨作者讲话的背景，即时间、地点、条件以及所指的人和事。

发音也影响语义，如"大家"（great master）和"大家"（everybody）。语调也影响语义，小学生在课堂上也学过。何况历史认识具有相对性，在内证（internal criticism）与外证（external criticism）中，是很重要的。

要注意历史应同社会学、经济学等其他学科紧密联系。经济是基础，社会是人为适应经济所进行的活动，哲学上层建筑（教育、法学等等）又为这些活动从思想上开路，并为或设法为行为订立规范。同时，注意多学科的联系也得有轻重先后之分，有层次之分。

观点与材料的统一是硬功夫。一般学者往往以观点找材料，因为材料是由具有观点的人挑的。实际上原始材料本身也具有某种观点，例如判例即是，而判例可以作为原始资料用。"我注六经，六经注我"即谈观点与材料统一的互悖问题。这是关乎解读原始资料时应注意的语义学方面的功夫。

三、关于评价历史人物

对历史人物如何评价，是史学界经常讨论的问题之一。

由于每个人对马克思主义基本原理掌握的程度不同，各自的社会经历也不同，所以对具体历史人物的认识或观察角度有时不同，在评价上有时偏高，有时偏低，甚而有时偏左，有时偏右。认识的道路总不会是笔直的，出现这种现象是不足为奇的。

克服偏向的最好办法，是展开心平气和的、以理服人的"百家争鸣"。"争鸣"可以推动学术研究沿着健康道路发展，可以避免出现忽左忽右的偏颇倾向。

在评价历史人物时，我是试着从下列几条原则出发的。现在试着结合林肯这个历史人物加以说明。虽然这些也是老生常谈，但自己在实际运用时还是感到吃力的。

首先看所评论的历史人物对当时社会发展所起的作用：是起了推动的作用，还是起了阻碍的作用。这是主要的标准。

林肯是一个杰出的资产阶级政治家，是一个应当加以肯定的历史人物。姑不论林肯的出发点是什么，也不论他的阶级局限性，他毕竟亲自颁布了《解放宣言》，解放了黑人奴隶。这一行动对当时美国资本主义社会的发展是有利的。这是进步的行动。这就是大节。

　　林肯的这个进步行动，是出于国内外进步势力以及军事形势的压力。他能顺应时势，艰难而又不屈不挠地向前迈进。在内战前，他主张限制奴隶的扩展；内战爆发后，他又积极鼓吹以赎买方式逐步地解放奴隶；最后为了打赢战争、统一联邦，终于宣布了解放令。这就是英雄顺应了时势，时势造就了英雄。

　　其次，看待历史人物要合乎历史主义。要把历史人物放在当时历史条件中去评论，不能要求历史人物越出历史条件，去做他做不到的事；也不能要求统治阶级人物越出他的阶级局限，去做他不能做的事。决不能以今天的原则或标准去强求古人。不加分析批判地谈论古人，可能古人都成了"完善无缺"的人；若以今天的原则高度去强求古人，则古人必定"一无是处"了。

　　关于"批判"这个词，近十几年似乎不大"顺眼"。一提到"批判"，就联想到棍子。这种误解是"四人帮"极左思潮造成的恶果。其实批判就是分析明辨、扬弃糟粕、取其精华的意思。读外国人所写的历史，一定要持批判态度，不能囫囵吞枣，全盘接受，要以马克思主义基本原理去审情度理，决定取舍。读书是这样，对待古人的言行也应是这样。

　　例如，我们肯定林肯，因为他解决了当时美国资本主义社会提出的时代任务，我们不能因为林肯不能彻底解放黑人奴隶，而否定他的历史地位。作为工业资产阶级在政治上的代表人物，林肯反对奴隶制；但作为资本主义私有制的维护者，他不能主张立即和无条件地解放黑人奴隶。他所要求的首先是保护对工业资本发展有利的联邦统一，保护维持私有制的宪法。他希望通过宪法途径解决奴隶制问题。他进行战争的目的首先是平定南部的反叛。林肯不能逾越的大关是资产阶级的私有制。非到万不得已的地步，他是不肯冒风险的。

　　最后，对待历史人物如同对待其他事物一样，也要一分为二。既要看到好的方面，也要看到坏的方面；既要看到长处，也要看到缺点；既要看到主流，也要看到支流，不要以偏概全。

　　一分为二，不仅是为了恰如其分地估价历史人物，而且还为了从历史人物活动中汲取经验和教训。我认为，学习历史的目的在于鉴古知今，最好也能预测未来。当然，若要很好地做到一分为二，就得掌握充分的材料，又须掌握马克思主义基本原理。

　　我也曾听到这么一种说法：有的文章先把历史人物扶起来，加以肯定，然后又打下去，加以否定；或反过来，先打后扶。这种说法是不对的。历史人物该肯定几分，就肯定几分；该否定几分，就否定几分。不能搞绝对化，搞一边倒。

例如，我们既要肯定林肯是反对奴隶制的，同时也要指出他不是一个废奴主义者，也不可能彻底解放黑人奴隶。虽然林肯出于资产阶级人道主义的情感，发表过一些悯惜黑人奴隶的话，但在他的世界观中浸透着资产阶级种族主义的偏见。林肯固然不肯无条件地解放黑人，实际上也不相信解放了的黑人。1863 年 12 月他的重建南部的计划就可说明这点。

林肯是正面人物。至于历史上的反面人物，他们逆历史潮流而动，大节是不足取的。例如，谁愿肯定美国南部同盟政府的临时"总统"杰斐逊·戴维斯的"功勋"？但好人变坏，坏人变好的事，在历史上并不罕见。即使反面人物，有时也可能在他的生涯中某个阶段对社会起过积极作用。这就需要仔细地区分主流和支流，如实地估计其功过了。

四、关于世界史研究生的培养

我的专业是外国历史，在具体问题上，所谈内容不一定适合其他专业。但总的方面，还是有一定的共同性的。说得不一定准确，尚望方家指正。

读书是研究工作的关键之关键。导师应指导研究生如何读书，提出严格要求，督促他们勤奋努力。这是导师的首要职责。凡在培养工作中采取"放羊"方式的，很难说是尽职的导师。

书有两种：一种是社会实践的书，所接受的知识主要通过直接的感受；另一种是有字的书，多半是间接知识。对于研究生来说，二者不可缺一。

社会实践，不仅是培养研究生的重要方法之一，而且是整个研究生教育制度中带有方向性的不容忽视的问题。社会实践，可以增加研究生对社会需求的了解，增加学习的目的性，可以激励学习的积极主动性，保持研究意识的活力、盛旺和长青。有些研究生有时有些不切实际的想法，这主要是脱离社会实际所致。有的人对于旧中国的社会实际不很清楚，对于新中国的社会实际也不甚了了。过去有些好的做法应当恢复，例如社会调查就是应该逐步加以推广的方法之一。推行时应注意效果和方式，力戒形式主义。我们要警惕形式主义破坏社会实践的声誉。

劳动实践也应视为社会实践的一个组成部分。少量的适当的劳动活动可以培养研究生的劳动观点，克服轻视实际和脱离群众的意识。假如有劳动课，则不宜由学校事务科单从使用劳动力的角度去管理，而应视为德育课，划归教务处指导。

书本虽然不是知识的唯一来源，却是极其重要的源泉。对于研究生来说，更是如此。研究生主要依靠自学。必须扎扎实实地读书，其中包括资料。不然一事无成。

书海浩瀚，读时必须有所选择。有希望的研究生首先要有合理的知识结构，并能自觉地调整知识结构。从开始，导师就应从这方面提出要求，经常予以引导。例如在选课和选读基本读物方面导师就应严于要求。知识面狭窄是目前研究生知识结构的主要弱点。例如学历史的，往往外文不好，学外文的，往往历史又有缺欠。可能这是目前普遍存在的问题。另一个弱点是博与约、通与专的关系解决得不好。目前有一种不注意博通而片面追求约专的现象。基础不广，无法建立大厦，无法产生卓越人才。导师应经常劝告研究生扩大知识面，告诫他们不要一入学就为毕业论文而奋斗。

博通的要求是根据当今社会科学发展状况和趋势而提出的。如今跨学科研究十分盛行。研究工作者必须有一个广博的知识结构才能有所作为，才能在约与专上有所成就。过去我们认为知识是由点、线、面构成的。这种观念已经陈旧。时人认为知识结构应是"总体的，多维的，多层次的"。

当今我国正在建设具有中国特色的社会主义。这是创新的事业。我们的事业要求我们的知识结构要厚些，要广些。研究生不仅通外，还须通中，不仅通今，还须通古，因为对我们的传统文化需要反思，对外来文化需要筛选。要反思，要筛选，就得思索，就得比较。对待我们的传统文化，不要故步自封，也不要妄自菲薄。夜郎自大是蒙昧的表现。虚无主义是缺乏自豪、自信和自尊的象征。对待外来文化，不应一味排斥，也不应唯洋是尊。全盘西化，万不可行；"中学为体，西学为用"也行不通。这都是我国历史经验已经证实的。唯一可行的方法是批判地吸收，去粗取精，去伪存真，用以丰富我国文化，并促进我们对传统文化进行反思，达到"外为中用"的目的。不仅此，社会主义文化也须参与并丰富世界文化。这是时代的挑战，我们也应当承担。具有这种雄心，唯我至上和唯洋独尊的观念就易克服了。研究生应具有这种抱负。我们不能在"反思"口号下，一笔抹杀我国民族赖以生存的优秀而悠久的文化传统；也不能在"开放"口号下，不分青红皂白地一味照抄、照搬，甚至吹捧外国月亮圆。无论对中国传统的东西，或者外来的东西，都要一分为二，更要重点识别主流与次流，不能以偏概全。一分为二，贵在于"分"，真正本领或功力也在于分。虚无主义可鄙，照搬照抄同样可恶。

学历史，不仅有中外关系问题，也有古今关系问题。历史是过去，而学习和写作历史的却是今天的人。历史不同于自然科学，不能做重复的实验。历史总是当代人对过去的探究、思索和辨析。不同的人以及不同时代的人，对过去就有不同的看法和理解。世世代代，川流不息，历史的内容得以丰富和繁盛。有影响的历史著作和历史理论总是其时代的产物，同时又服务于所处的时代。我们承认历史解释的相对性。不然，历史认识就没有发展。但我们拒绝承认相对主义。不然，史学家就会失去追求真理的信心和勇气。历史总是在高高低低、曲曲折折地发展。学历史的目的在于极力正确地认识过去，或不断修正对过去的认识，同时借助于历史经验，极力正确地认识现实和解释现实，并尽可能地预测未来。学以致用，历史学的价值就在于此。"为学术而学术"的学术并不真正存在。掌握学习历史的目的性，才能激发学习的自觉性。导师的责任在于把研究生引向条理论联系实际的道路。

理论联系实际，是一种正确的学风，也是一种正确的学习和研究的方法。具体而言，各门学科有其具体的专业理论；总体言，马克思主义基本理论应当是指导我们整体事业和我们政治观的总理论。我们不能因噎废食，不能因为过去在运用马克思主义理论时犯过教条主义或其他形式的"左"的错误而发生怀疑，也不要在资本主义思潮的冲击面前飘忽不定，失掉立足点。马克思主义是开放的、发展的，容得探讨的。探讨的过程就是学习和运用马克思主义的过程。当然首先是坚持，即坚持马克思主义的立场、观点和方法。唯有这样，才能在实践过程吸收有价值的东西，才谈得上发展马克思主义，才能发扬我们悠久和优秀的文化遗产。

对话不仅出于活跃思想、发展学术、培养良好学风的需要，也是进行德育的好方法。若不在学校养成平等对话的习惯和相互商量的民主作风与涵养，则贻害无穷。这种民主气质的培养不仅对研究生重要，对本科生也是不容忽视的。"满堂灌"的积习应当下决心清除掉。

当然民主不能误解为无政府主义，在认识上更应把社会主义民主与资本主义制度下的资产阶级民主严格区分开来。民主与集中是统一的。无集中，则无从保证民主；无民主，也无从集中。

我一向认为，在外籍教师的课堂上，尤其应当提倡讨论和对话的学习方法。理由是我们更应当增强学生的识别和分析能力。

讨论班是增进学识、培养民主学风的最好形式。导师是讨论班的掌舵人。研究生是讨论班的主要发言人。研究生可以谈心得体会，可以质疑，可以辨析，可以答辩。导师可以作启发性发言，可以提示问题，可以谈自己的看法，又须归纳集中大家的意见。大家从各个角度剖析问题，取长补短，求同存异，最后取得一致或接近一致的看法。不一致的地方正是进一步深入着力之所在。讨论后，各课题的主要发言人可以通过筛选讨论班上的意见，完善自己的构思，写出文章。用集体智慧之光，普照班上成员。死读书的痼疾庶乎可以清除。讨论班是产生学派的场所，许多事例均可说明。

除讨论班外，也应鼓励研究生多参加一些学术活动。讲演会和学术会议都是摄取新观点、新信息、新意见的地方。在会上听别人发表意见，在会下同别人交谈。每每在三言两语中得到一点灵感，耳濡目染，受用不尽。学术事业在于日就月将，积少成多，久则自有豁然贯通之趣。

为了了解外国，学习新的知识，我们应当派遣一定数量的留学生。外国人特别注意吸收中国青年知识分子，可惜国内有许多工作者漠然视之，其实从历史上这是一篇很应该作的文章。本文只能提到"重视"和"关怀"，不能深谈。原因固然很多，但实质上是政治思想工作无说服力，不解决问题所致。例如，人才外流问题如何解决。青年留学生出国之前，在认识上至少应明确两个问题，一是为什么去外国学习，二是到外国学习什么。实质上这两个问题是有关对社会主义建设事业的信念和自觉的问题，也是有关个人理想和个人价值观的问题。如果目的不明确，甚而不端正，就可能成为资产阶级思想意识或生活方式的俘虏。对此，应当予以足够的重视和关怀。物质的效果往往是立竿见影的，而精神的影响则是潜移默化的。在导师头脑中首先应有这根弦，然后在研究生中才能找到知音。

毕业论文是三年学习和研究的总结。撰写论文的过程正是对知识、理论和技能三者加以综合实践的过程。论文必须具有新意，体现作者的创造力和独立探讨问题的能力。论文如能在过去和现在的知识海洋中，增添些点滴的贡献，那就不枉费三年的时光和精力了。这里显然有一个对比问题，同过去的著作比，同现代的著作比。不脱离实际，并具有创新意义的对比物，才符合论文的要求。

总之，当代人站在文化的交叉口。我们走的是社会主义大路，接受的是社会主义教育，但我们身上或多或少地背有封建主义的包袱，小生产者的包袱。更坏的情况是，有的人甚至在潜意识中或多或少地还有半殖民地的思想残余。此外，还有资本主义思想的冲击或侵蚀。就文化思潮言，我们正站在一个过渡性的汇合点。我们一定要自觉、自尊和自信，刻苦学习，敏于精思和探索，识别糟粕与精华。唯有这样，我们才能很好地"应战"，很好地丰富和发扬我们社会主义文化，很好地建设我们的"两个文明"。这是时代提出的任务，也是我们应具有的自觉意识。我们要立足祖国，放眼世界。

论美国史研究的方法论

在中国研究美国历史除了解决档案和资料方面的困难外，我们要切实解决好博与约，即通与专的问题。专题与通史要寻科学的研究程序。只有解放思想，才能进一步提高中国的美国史研究质量，培养出更多的这个领域的优秀人才。

一、关于博与约的关系

自 20 世纪 80 年代初来，我国美国史研究工作取得了显著的进展，这是同下列两个因素密切相关的。首先是党的十一届三中全会制定的解放思想、实事求是的方针，驱散了多年笼罩学术界的阴霾，激发了研究人员的积极性。其次，中美建交也促进了美国史研究的迅速发展。我国美国史研究所取得的成绩表现在四个方面。第一，成立了全国性的美国史研究会，开过四次年会，会员已近三百人。专业队伍组织起来了，且在不断扩大，美国史研究机构增加了，学术讨论也活跃了。第二，发表并出版了数量可观的有关美国史的论文、专著和译作。第三，国际学术交流加强了，外文书报和资料也不断增多。第四，有的大学和研究机构已招收美国史硕士或博士研究生，美国史研究的后备力量增强了。

对于已经取得的成绩，决不能低估；但由于基础薄弱，美国史研究无论从广度或深度看，都同时代的要求相去甚远。要取得更大的发展，就不能不考虑四个具有战略意义的问题。我想结合自己在美国史教学和科研工作中所体会到的，谈点不成熟的想法，权作引玉之砖。

第一，博与约是辩证的统一，二者互相渗透，相辅相成。博而不约，则缺主攻方向，涉猎范围不免庞杂，读书易失于浮光掠影，为文易失于泛泛。

反之，约而不博，则知识面窄，就如盲者摸象，往往以偏概全，作出片面性判断。历史重在分析综合，融会贯通，这就需要博与约的统一了。

从目前实际情况看，通才实在太少了。目前普遍存在的问题还不是太博，而是太约，宏观研究不够。博览才能精思。我们应当大力开拓知识面，这对于推进学科的发展至为重要。

历史科学涉及的面极广，其中有政治、经济、社会、文化、军事、外交、法律和宗教等，简直无所不包。固然，研究国别史，不能要求每人对每门专史样样精通，那是不现实的，因为每人的精力和时间究竟是有限度的。但不论研究哪个国别，都须有通史的坚实基础。这里所指通史，不仅包括所研究的那个国家的通史，也应包括世界通史和中国通史。我们不但要通古今，还须通中外。不然，就无法从纵横关系比较历史，也不能估计某一事件或人物在总的历史进程中应占有的地位，更无从正确判断和反思我国历史现象的含义，以及我国文化传统的价值。

就目前研究生来说，更应注意博的问题。特别是对于非本科毕业的研究生，博的问题更显得格外重要。研究生不能目无全牛，不能见木不见林，不能在三年学习过程中只为一篇论文而奋斗。知识要广些、更广些，基本知识要扎实些、更扎实些。当然，博中也要注意求精，博而不精谓之"杂"。求精就须结合研究方向，建立一个合理的知识结构，应在博的基础上求约，在通的基础上求专。

学习无止境。学识的增长是一个日就月将的积累过程，也是一个不断扬弃落后的旧观念和旧方法，不断吸收进步的新知识、新观点和新方法的发展过程。做学问，要根据各个阶段研究的实际需要和各自知识的欠缺，调整自己的知识结构。调整得越及时、越自觉，游刃的余地就越大，庶乎有所创新。

第二，从美国史科研重大项目来看，亟待解决好有关"资料—专题—通史（或专史）"这一研究程序问题。通史的总的要求应该是：内容充实，结构严谨，在重大问题上尽可能有所创新。这样的通史才是成功的通史，才能产生较大的影响，才可能取得较稳定的学术地位。

如果把通史喻为一座大厦，那么资料和专题研究就是大厦的基础了。没有坚实的基础，牢固的大厦就无从建立。

占有丰富的资料，是研究工作最起码的条件和要求。资料是装配机器的元件。元件不足，无从装配合格的机器。像马克思的《资本论》和达尔文的《物种起源》这样的不朽名著，都是在资料基础上矗立起来的巍峨大厦。又如，早期美国史学家乔治·班克罗夫特在国内向档案馆和私人收藏家搜集资料，还到欧洲各国档案馆和私家直接或间接抄录资料，为其通史奠立了扎实的基础。另一个早期美国史学家弗朗西斯·帕克曼为了写好印第安人史迹，就亲自到印第安人中去考察，收集了充足的第一手资料。

资料是无限的，也受着时间和空间的限制。所谓充足，只能是相对的。因此我们不能一味追求资料，不能为资料而资料，但同时也不能轻视资料，须重视资料的一定的数量和质量。

有了资料，还须进行分析、筛选和综合，写出专题论文，填充本学科的空白点和薄弱环节。之后，才能建立较完整的体系，写出博大精深的通史。例如，美国外交史学者在 20 世纪初开始系统收集资料，在写出若干论文之后，到 30 年代才有高质量的外交史出现。固然我们不应妄自菲薄，应当运用马克思主义基本原理去建立新的美国通史学术体系，但不宜急功好成，忽视奠定大厦的基础，更须清醒地掌握"资料—专题—通史"这个大致的研究程序。只有好的愿望还不够，更重要的是要有实现愿望的科学方法。

通史也往往是集体合作的项目。第二次世界大战后，在美国，几个专家合作撰写通史的，比战前增多了。这说明，由于资料和跨学科研究的增加，专题研究在通史写作中的分量更突出了。第二次世界大战后，依时间顺序排列的专题丛书在数量上和种类上也都增加了。许多史学科也更着重实例研究，即围绕一个地区或一个专题进行深入的分析和综合，因此专题论文集大量出现。论文是供写作通史的材料。这也说明，写一本内容充实的通史，势须专家们通力合作。

第三，进一步解放思想，吸收国外史学研究中有用的新知识与新方法。

美国历史研究要发展，还应不断吸收国外史学家所提出的有价值的新知识，特别要注意他们的有价值的史学方法论。通过批判吸收，丰富我们的研究内容，改进我们传统的治史与传授知识的方法，达到外为中用的目的。换言之，既要"引进"，又要消化。只"拿来"，不消化，不对比，则不能为我所用。"拿来"是手段，不是目的。目的是消化和创新，以及提高我们的研究水平。我们既不应搞自我封闭，也不应搞唯洋是尊。前者是对国外优秀文化的抹杀，后者是对我们自己文化传统的抹杀。两个抹杀是两极化的虚无主义，应予警惕。我们不仅要善于批判地吸收外来文化，丰富和反思我们的文化，而且要主动地参与世界文化的交流。吸收和参与都是我们当代学者所面临的挑战。我们国家独立生存于世界各国之林已几千年，历史悠久，源远流长。

我们有自强不息的精神，有优越的社会条件，我们应当捡起时代抛给我们的"手套"。

20 世纪六七十年代以来，美国史学发展较快，在内容和方法上改变很多。这反映了美国社会、政治、经济以及文化思想运动状态，也反映了与之相适应的学术上的重大变化。就方法论说，计量史学的兴起是美国历史研究中一个重要的进展。计量史学以电子计算机为手段，以统计学为方法，使传统的手工方式往往不能使用的大量数据得到有效的利用，从而使某些适用计量法的史学研究课题得到发展。计量法首先应用于经济史的研究，继而扩展到政治史、社会史。这一方法有一定的局限性，因为历史研究中的社会关系很难用数据表达出来，而且选样的标准也不易确实，不过作为一个辅助方法，从量求质，还是有效的。计量法开辟了资料的新来源，扩大了资料的数量。这就增强了历史学对历史现象的透视力。就内容说，美国史学在 70 年代最引人注目的进展之一，是社会史研究的迅速扩大。社会结构史、社会流动史、家庭史、妇女史，以及工厂、监狱、城镇、医院和教堂等社会组织的历史，扩大了史学研究的领域。移民史、少数民族史、文化思想史的研究增强了。口述史学、比较史学也有了进展。"自下而上"地研究历史这一口号也提了出来。

现代科学发展的一个重要特点，是不同学科的相互渗透，跨学科的研究，甚至社会科学与自然科学的交叉研究，引起史学家的强烈兴趣。传统史学着重用文献资料，着重考证，着重叙述，着重政治和军事事件，而跨学科研究则着重政治、经济、文化思想史的综合和诠释，因此要求历史学家与其他学科（如社会学、人口统计学、人类学、心理学以及自然科学等）的学者进行合作，借助于其他学科的理论与方法。旧的历史学和史学方法面临着"挑战"，我们不应囿于狭窄的专业圈子之内，应看到现代科学中各学科之间相互依存、相互联系的发展趋势，要敏于涉猎其他学科，扩大视野，特别要重视边缘及交叉学科。

过去我们过于注重历史的统一性，对历史的多样性注意不够，今后应大力发扬理论联系实际即具体分析的学风。如在决定历史发展的诸因素中，经济是主要的因素，但这不等于经济决定论。承认经济是主要决定要素，并不等于否认其他因素，而且在特定的地方或特定的时间，其他因素也可成为主要的因素。总之，历史的多样性应予重视，但也不应落入相对主义的陷阱。

我们应不尚空谈，对于新的观念和新的方法要根据马克思主义基本原理，认真地进行分析、比较、筛选、吸收和积累，而不应在新事物面前采用因循守旧的态度。我们要努力运用新方法和扩大新视野，去丰富和发展马克思主义史学理论，去研究我们所短缺的新课题，以期在撰写美国通史和专史上有所创新。这是摆在我国美国史学者面前的一个重大任务。

第四，切实加强美国史学科队伍的建设，尤其重视和做好研究生的培养工作。

评定一个科研单位的标准有二：一是看是否有一定数量和质量的科研成果；二是看是否有一定的数量和质量的人才。科研单位定要多出成果，多出优秀的成果；一定要多出人才，多出优秀的人才。研究生是科研的未来生力军，事关后继有人、后继得人的问题。

从最近几年招收美国史研究生的情况来看，一个比较普遍的现象是，外语系毕业的考生外文基础好，史学基础差，历史系毕业的考生则相反。这就会增加他们在三年学习期间的学习负担，势必影响他们在专业方面所应达到的广度和深度。如果录取历史系的毕业生，则因为外文水平差，同样会影响专业研究的质量。从根本上看，这个矛盾是和当前教育体系的实际状况分不开的，要解决这个矛盾，对于从小学、中学、大学到研究生院这个教育体系中的学习科目与程序，须作出通盘考虑。随着学生级别的提高，应适当调整学习程序与课程安排。目前入学考试中的综合考试，以及非本专业毕业生在入学后补修专业基础课的规定，均是权宜之计，用心是好的，但实行起来往往困难重重，不了了之。具体地说，中学是关键，应着重从中学抓起（当然，假如目前可能的话，最好从小学抓起）。中学是学生在德、智、体各方面打基础的重要时期，而且在智育本身也有个全面发展的问题。中学不应只抓数、理、化和语文等课程，对于史地和外语等也应给以足够的重视。如果学生在中学和大学阶段在历史和外语方面打下坚实的基础，那么在研究生院才可能有充裕的时间去博览，去思索，在某一方面进行深入钻研，有所创新，同时也可摆脱只为毕业论文而奋斗的局面。

作为外国史研究生，不能不大量阅读外国的书籍和报刊。这里就有一个如何对待外国史学著作问题。阅读外国的书籍，应该提倡提高辨别能力，提高自己运用马克思主义基本原理去剖析筛选的本领。既不应排斥一切，也不应唯外是尊。

研究生以自学为主，但不可缺少导师的引导。导师应确实负起指导的责任，切忌"放羊"。引导的主要方式是讨论。所以采用讨论方式，旨在培养研究生的独立分析与批判的能力，以及独立工作的素质。要讨论，就得求同存异，就得比较分析，就得以理服人，不搞"一言堂"。这对于培养研究生的民主作风、民主气度与涵养极为重要。当然，这一条不仅实用于研究生，在本科教学和科研工作中也应体现。研究内容越扩大、越复杂，越需要对话，越需要交流信息和思辨。讨论班（即习明纳尔）是培养研究生的行之有效的形式。讨论班源于德意志。在讨论班上，导师起着启发引导的作用，必要时作出提示和释疑，更重要的是发挥研究生的主动性与创造性。导师是讨论班上的一员，不搞独白式的"满堂灌"。导师不仅"授人以鱼"，而更重要的是"授人以渔"。近代史学流派大都是从讨论班上产生的，例子很多，不胜枚举。研究生必须经常积极地参加学术讨论会。会议无论大小，都是开阔眼界、摄取新观念和新方法的场所。在英美大学中，甚至利用茶余饭后时间，举行小型报告会。报告人简短地说明所要阐发的内容，与会者提出问题。有问，有答，有辩论，可不作定论，也可"置若罔闻"。不拘形式，有话则长，无话则短，个把钟头即告结束。这种经常的活动既活跃了学生的思想，也活跃了学术气氛。

学的目的在于用。学习昨天，在于加深理解今天，尽可能好地预测明天。历史是离不开社会的。历史观，简言之，就是关于人类社会文化演进、社会发展规律的看法。评定一本著作或一个学派，主要看它的社会效果。所以对于学习社会科学的研究生来说，社会实践就是很重要的课题。书本知识是间接经验，在学习中所占的分量也较大，但不应忽视社会实践，不能搞唯书至上。研究工作不能脱离社会，应正视社会发展中所提出的新问题。参与社会实践，不仅在于发现有价值的问题或验证自己提出的解答，还在于培养为社会服务的精神。

我们当代人站在文化的交叉口上。我们走的是社会主义大路，接受的是社会主义教育，但我们或多或少地背有封建主义的包袱、小生产者的包袱。更坏的情况是，有的人甚至在潜意识中或多或少地还有半殖民地思想残余。此外，还有资本主义思想的冲击或侵蚀。就文化思潮言，我们正站在一个过渡的汇合点。我们一定要自觉、自尊和自信，保持高尚的理想和情操；还要刻苦学习，敏于精思和探索，善于识别方向，分清主流和支流，明察糟粕与精华。唯有这样，我们才能很好地应"战"，很好地发扬社会主义文化，很好地建设我们的"两个文明"。这是时代提出的任务，也是每个史学工作者应具有的自觉意识。

二、我对美国史研究的一点看法

南开大学历史系美国史研究室成立于 1964 年。光阴如梭，瞬间美国史研究室进入"而立"之年。回顾 30 年的历程，不禁百感交集。欣然命笔撰文，权表"野人献芹"之意。

我们研究室自成立始便树立起了一个好的传统，即在为文时，重视资料的收集和整理。论说以资料为据，不尚空议。例如，为了撰写《美国黑人解放运动史》，先行编辑了两册《黑人运动大事记》；为了撰写《美国外交政策史》，首先编辑了《美国外交文件选编》和《美国外交史中文图书与论文选目》。当然，资料只是写作的基础条件，更重要的还是符合客观实际的有价值的判断。不过，过去在图书资料建设方面，还不够系统，也缺乏重点，这是一个亟待弥补的欠缺。图书建设是一门大学问，既需要热心服务的精神，又需要熟悉这门"行当"的才能。若联系即将来临的高速信息网建设问题，即为文化传播打开电子时代大门的问题，所要考虑的新问题就更多了。

评定一个研究机构的质量，主要以成果和人才为主。我们应多出书，多出人才，更重要的是多出有价值的好书，多出优秀人才。有时我想，我这辈人只能起一种架桥和铺路的作用。假如美国研究需要几代人努力方能攀上峰巅的话，我辈人恐怕正是人梯的最底层。若能发挥一点这样的作用，亦于愿足矣。说到人才，又联想到人才外流的问题。这是美国研究机构普遍存在的严峻问题，远水解不了近渴，不能不令人扼腕兴叹。

我认为，历史研究具有相对性，因而应当反对相对主义，前者会激发研究者不断探索的意识，鼓励其自强的精神；后者不仅否定了客观事物的实在性，也否定了在滚动的历史长河中事物的变动性。

研究外国历史的目的在于"外为中用"，因此应着力于鉴别筛选，切忌东施效颦，只能吸收其有价值的部分，其糟粕部分可视为训诫。正如同"故步自封"或"妄自菲薄"一样，"全盘西化"和"全盘吸收"都是蒙昧的表现。外国史研究者的真正功力，表现在能否掌握这种治学的"火候"。

要筛选吸收，就须进行比较研究，要比较，就得反思我们的传统文化。反思决不等于故作反面文章，而是去粗取精，扬长避短，终极目的还在于弘扬民族文化，积极参与和丰富世界文化。

说到"火候"，历史学家需要审慎掌握的尺度和视角还很多。即便是真理，往前多迈或少迈一步，也会变成谬误。历史学上有许多问题如动机与效果、功利效用与道德评估等，之所以长期争论不休，即在于争论者所取的尺度和视角不同。由此也可洞察历史研究的相对性。

个人研究与集体合作也应是研究室经常注意的问题。正由于研究工作具有个体作业的特点，往往出现分门立户，各自为政的现象。固然个体劳动这个特点不能否定，个人研究更不能抹杀或排除，但如何在发挥个人研究的基础上，在某些课题适当组织起来，集思广益，使百川汇为大海，以块块砖石砌成雄伟大厦，也是一个值得思考的问题。尤其在新学科林立丛生，跨学科研究日益盛行的今日，更有其现实意义。

谈到推动集体研究的开展，势必涉及民主作风和学风问题。平等开诚的对话是民主作风和学风的体现。大至开会发言，小至促膝细语，都是对话。对话不但是学术上取长补短的有效方式，而且是集体科研的必要途径。思想沟通可以避免将集体合作变成单纯的形式拼凑。民主气质不是一天半日就养成的。民主风度和规范须在长期实践中逐步形成。学校和研究机构正是培育这种素质的义不容辞的园圃之一。

当今外国学者纷纷来华讲学，在课堂上开展积极的对话，格外重要。要对话，就得考虑问题，就得分辨正误，双向交流，才能使课堂教学活跃起来。单向的听或讲，是刻板乏味的，都会存在片面构思，甚至武断和偏见。有质量的对话，都是需在课前和课上师生共同绞脑汁的。

过去曾有一种说法，即外国历史研究可分为动态与静态两类，学校研究机构可多做些属于历史性质的静态研究，行政部门的研究机构可多作些现状性质的动态研究。这种提法旨在明确分工，若掌握不当，则会割裂历史的完整性。其结果是，行政部门研究机构往往对事物知其然，而不知其所以然，片面强调功利主义；学校研究机构往往埋首故纸堆中，不愿深入现实，因而不易发挥其"学以致用"的作用。若学不致用，"历史无用论"就会冒了出来。经过多年探索，似乎产生一种新的提法，即从动态中发现和追踪问题，从静态中寻求原因和脉络。这种提法切合历史研究本身应具有的功能：温故知新、应答现实和启迪未来。

博与约即通与专的关系，也是一个值得注意的问题。在外国史研究与教学上尤应注意这种关系。就当前的研究情况言，似乎应多注意些博与通，因为在博与通的基础上，才能盖起高楼大厦。一味追求约与专，似乎是受急于求成的思想所支配。当然，在撰写博与通的综合性著作之前，也需要一定数量约与专的专著和专题论文。但在博与通的基础上的综合，才可能有创新，有深度。博与约、通与专是相辅相成的。若处理得当，自会产生显著的效果。目前研究机构在培养人才方面，应当在博与通的问题上多下些功夫，例如通史和史学史等课程必须开设，且须成为必修课。高质量的通史教材的撰写工作，更是义不容辞的任务。总之，博与约、通与专的关系是普及与提高的关系；偏一不可，但在安排上应当因情就势，适当处理。

此上所言都是一孔之见。至于读书与社会实践的关系，更是一篇大文章，姑且不谈。深感做一个明白的读书人，实在不易。但一席唠叨絮语倒可表达一个人的拳拳之情，同时以此与同仁互勉共励。我们正处在跨世纪的时代，客观社会的发展要求我们不懈地思考和努力。

论美国外交史学研究

20 世纪中期以来，我国的美国外交史研究工作取得了可喜的进展。在论著出版、课程开设、研究机构创建、专业队伍成长、资料积累等方面都有显著的成绩。因此，中国历史学人撰写一部比较系统的美国外交史就有了一定的条件了，但在撰写之前，必须全面了解外国学者的相关研究成果以及档案资料的存放和解密情况。关于美国外交是其内政的延续这一点，也要有清醒的认识。

一、关于撰写美国外交史的重要性

撰写美国外交史是时代的需要。第二次世界大战结束以来，美国一跃而为头号帝国主义强国，雄居世界霸主的地位。20 世纪 60 年代后，美国的霸权日形削弱，但它对世界事务仍起着举足轻重的作用。世界上任何一个国家，包括我们中国，在决定其外交政策时，不能不把美国作为一个重要因素加以考虑。这就需要对美国外交的历史进行系统深入的研究。

1979 年中美建交后，两国关系不断发展，人们对于美国外交的性质、特点、方式和发展历程希望有进一步的了解。同时我国实行开放政策，开始走向世界，使这种了解更为必要和迫切。在这方面，我国史学工作者固然已经做了许多工作，但远不能适应时代的要求，例如至今我们只撰写过几种中美关系史方面的专著，而系统论述美国外交史的著作尚付阙如。目前汉译美国人撰写的美国外交通史仅有两种，一是约翰·H.拉坦尼的《美国外交政策史》（据 1927 年版译，商务印书馆于 1936 年出版）；二是塞缪尔·比米斯的《美国外交史》（据 1965 年第 5 版译，第一和第二分册由商务印书馆分别于 1985 和 1987 年出版）。前一本是美国第一代外交史学者的著作，内容已很陈旧；

后一本虽然至今在美国仍是一本权威著作，但不足以反映现实。其实，时间还不是主要问题，更重要的是观点，观点决定材料的取舍，决定所写的内容。

无可讳言，外交最直接反映国家利益，外交政策研究也是如此。尽管美国外交史学家对于一些具体问题看法不一，但都是以其本国利益为出发点去解释美国外交史。例如，美国史学家 A.B.哈特曾声称，美国外交的目的是"保卫"国家的"极其重要的利益"。比米斯认为美国外交政策出于"自由的赐福"。托马斯·贝利主张，美国外交政策应当"首先"考虑"自身利益"。汉斯·摩根索主张以"国家利益"去解释美国外交。约翰·W.戴维斯认为，扩张是为了"保证国家的安全"。沃尔特·李普曼认为，外交是国家的"盾牌"。对美国传统外交政策持批评态度的学者，如新左派外交史学家威廉·阿普曼·威廉斯等，虽然在一定程度上揭露了美国扩张政策的性质，其中也不乏深邃睿智之见，但他们的目的也在纠正时弊，仍是从一定角度去维护其国家利益的。至于那些所谓"宫廷史学家"以及各色"显明天命论""使命论""种族优秀论""承担义务论"者，更是从美国国家利益出发，一心粉饰美国外交史了。美国一些外交决策者所谓"利他主义"纯属子虚。

我们不能故步自封，不可不读美国学者撰写的书，应当从他们的著作中鉴别、筛选和吸收有价值的观点、资料和方法论。但要了解和研究美国外交的真实历史，仅仅读美国学者所写的外交史是远远不够的。我们只可将美国学者写的美国外交史作为参考书，绝不应作为唯一的教科书。美国学者有他们的利益观和审视问题的角度，所言在不同程度上都具有片面的成分，有的甚而是极端反动的。如果囿于他们的利益观和片面见地，而不写出我们对美国外交史的看法以帮助读者尤其是青年读者去提高识别水平，其危害性不堪设想。我们应当运用马克思主义基本原理分析历史，在分析现实国际事务时，我们的指导思想是独立自主与和平共处五项原则，是爱国主义和国际主义的结合。

我们同美国学者在解释美国外交史方面的根本不同点之一是关于扩张的含义。中国在西方资本主义国家（其中包括美国）的侵略下，沦为半殖民地长达一个世纪之久，其他第三世界国家跟我们也有大体相同的命运和经历。这就使我们有可能以不同于美国史学家们的体验和观点，去解释和评价美国外交政策。当然，我们不应以"偏"代"偏"，也须避免感情冲动，而应怀着科学家的良知，努力学习马克思主义基本原理，实事求是地去履行历史科学家应尽的天职。

近年来，随着对外开放与中美文化交流的增加，美国的美国外交史研究成果被不断地介绍到我国来，这是积极有益的现象，同时这也向我国学术界提出了挑战。交流必不可少，但一定不要失去自己的立足点。就中西文化关系言，"全盘西化"根本不可行，也行不通；"中学为体，西学为用"也不中用。我们只可鉴别、筛选和吸收西方有价值的东西来丰富我们的知识，促进我们对自己的传统文化进行反思，增进我们社会主义文化的发展，同时也应积极参与世界文化的交流并促进其发展。以大喻小，写外交关系史也应依照此理。

当然，撰写美国外交史也出于学科建设的需要。在教学上，需要一本用中文撰写的美国外交史，即需要一个外文美国外交史著作的对比物。在研究上，也需要尽力综合国内美国外交史学者所作出的成就，以便进一步推动这门学科的发展。

二、关于美国的美国外交史研究状况

撰写美国外交史，首先须了解美国学者研究美国外交史的历程和现状，以便我们筛选和吸收。

美国外交史学发展较晚，20 世纪 20 年代才初具规模。当时美国人刚刚经历了第一次世界大战，开始思考大战的根源和参战的得失，从而刺激了对外交史学的兴趣。战前，在外交史方面只有零星著作，主题多是早期外交，内容琐碎，资料单薄，作者也多为退职外交官员。到了战后，外交史学者不再专注于个别外交事件的叙述，而开始系统地搜集和积累资料，并开始接触到美国外交原则和政策的发展过程。20 年代有影响的著作有泰勒·丹涅特的《美国人在东亚》（1922 年）和狄克斯特·珀金斯的《门罗主义，1823—1826 年》（1927 年）。这两本书分别对门户开放政策和门罗主义作了系统的论述。30 年代，出现了高质量的系统综合性的美国外交通史，其中首推塞缪尔·比米斯的《美国外交史》（1936 年）。珀金斯也扩大了自己的研究范围，写出了《门罗主义，1826—1867 年》（1933 年）和《门罗主义，1867—1907 年》（1937 年）。A.惠特尼·格里斯沃德著有《美国的远东政策》（1938 年）。朱利叶斯·普拉特继《1812 年的扩张主义分子》（1925 年）之后，又写成《1898 年的扩张主义分子：夏威夷和西班牙群岛的兼并》（1936 年）；A.K.温伯格写出

《显明天命：美国历史中的国家主义研究》（1935 年），比米斯和格里丝·C.格里芬还编纂了外交史工具书《美国外交史指南，1775—1921》（1935 年）。40 年代初，又出现了托马斯·贝利的《美国人民外交史》（1940 年）。这一时期美国各大学开始加强美国外交史专题课。1939 年，美国开放了 1918 年前的外交档案材料。由政府组织的《外交关系》一书每年出一卷或多卷，选印国务院始自 1861 年的文件，1938 年时已出至 1923 年。1938 年，富兰克林·罗斯福宣布成立第一个总统图书馆的计划。此后历届总统图书馆都保存了大量外交档案。总之，到第二次世界大战爆发时，美国外交史已成为一门独立的专业学科。

第二次世界大战结束时，美国是唯一本土未遭战争浩劫的大国，其经济和军事实力反因战争而增强。在国内，保守主义势力和思潮日见抬头，黑人、工人争取民主权利的斗争不断遭到镇压。与之相适应，在外交上，美国凭借其经济和军事优势，推行争夺全球霸权的战略。在历史学上的反映是"一致论史学"的出现。其在外交史学上的反映，首先是传统学派或正统学派的强大。这个学派的人大都是在政府部门特别是在国务院服务过的"官方史学家"。他们从资产阶级传统的"道德"论和"合法"论出发，为美国侵略扩张政策进行辩护。

随着冷战的加剧，现实主义学派应运而生。1947 年 7 月主张对苏联实行遏制政策的乔治·凯南以"X"别名在《外交季刊》上发表《苏联行动的根源》一文，就是这一学派吹起的第一声号角。这个学派的代表人物还有汉斯·摩根索和罗伯特·奥斯古德。他们主张强权政治，认为人生来就是追逐权力的，反对"道德论"和"合法论"说教。随着美国扩军备战、争夺全球霸权地位政策的加强、冷战的升级、侵越战争的失利、经济危机的频仍发生、种族问题的激化，黑人运动、学生运动、民权运动和反战运动不断高涨，这一切促使美国青年史学家对过去史学研究进行反思。他们利用新发掘的史料和社会学的新方法，提出了新的解释和体系。在外交史学方面，出现了新修正派。当时在威斯康星大学任教的威廉·阿普曼·威廉斯是新左派外交史学的代表人物。在他的带动下，一批年轻的史学家以激进的历史观重新研究和撰写了美国外交史。新左派史学内部成分庞杂，观点也各不相同，但这批当时还很年轻的史学家对美国外交史学界的保守势力却是个强有力的挑战和冲击。

新左派外交史学家认为：贯穿美国外交政策的主线是以"门户开放"政策为主体的对外扩张。美国的对外扩张不是偶然的"越出常轨"，而是美国经济发展的必然结果。他们又认为，无限度的对外扩张会引起国内危机。他们主张美国应实行外交收缩，关注国内改革。新左派对美国的扩张政策进行了一定程度的批判，对于"扩张"与"冷战"的研究也比较切实，这是难能可贵的。但是，他们常常是从外部去寻找美国资本主义制度弊病的根源，无视国内基本社会矛盾的存在。这种分析是本末倒置的。

上述三个外交史学派概括了第二次世界大战后美国外交史学的总趋势。虽然他们间的看法互有交叉，时有更改，有的史学家甚至兼采各家之说，很难归属某一学派，但不能因此以反对"贴标签"或以新左派"不够成熟"为借口，而摒弃对美国外交史学这种发展趋势的概括。

20 世纪 60 年代以后，美国外交史学界仍然标新立异，学派林立。新左派虎威犹存，其著作从数量到质量卓有进展，他们培养的弟子都开始著书立说。但是，随着改革浪潮的消退，新左派毕竟已失去以往生机勃勃的势头，外交史学的新保守主义回潮成为这一时期的主流。老一代史学家又有新作，狄克斯特·珀金斯于 1962 年出版了《对美国外交政策的探讨》，在论述帝国主义时，着意为美国涂脂抹粉。他认为美国不同于欧洲老牌帝国主义国家，少有侵略性。珀金斯非但不批评美国对别国的干涉和控制，反而指责被侵略者，甚至认为美国的干预和入侵对别国多所"裨益"。这部著作仍留有一个世纪以来流行的"美国例外论"的痕迹。这或许是正统史学的余音，但肯定是新保守主义回潮的先声。如今摩根索的现实主义论仍是美国外交决策集团决定政策的主要依据，并称雄外交史坛。自 30 年代以来主张"孤立主义"的比米斯也加入"冷战斗士"们的合唱。比米斯本人深受尼古拉斯·J.斯皮克曼提倡的地缘政治的影响，转而又影响了 A.惠特尼·格里斯沃德。

70 年代后，美国兴起了所谓"自由发展论"，主要代表是艾米丽·S.罗森堡。她在 1982 年出版的《美国梦想的传播：美国的经济、文化扩张》中认为，美国外交的真正含义体现在私有制工商业经济和文化的"自由"扩张上，而这种扩张对"落后国家"是有利的。她说，落后国家要想发展，必须接受美国经济和文化的影响，必须对美国"开放"所有门户。显然这一学派所主张的"自由"与"开放"就是帝国主义强权政治的新翻版。

托马斯·麦考密克根据社会学家伊曼纽尔·沃勒斯坦因关于世界体系（或世界经济）论，认为第二次世界大战后，美国代替英国，具有扩张经济和建立霸权的力量，成为世界体系的"核心"（或中心）。美国要维持其霸权地位，势必在经济上和政治上要干预和控制"边缘地区"和"半边缘地区"。这就引起第三世界的反对，即发生"有"和"无有"的对抗，特别是引起苏联的对抗，即导致冷战的发生。

稍后又出现"社团主义"说。这个学说的主要创立人是迈克尔·J.霍根。他认为美国20年代以来经济发展的动力是工商业主、农场主、工会和政府四方面的通力合作，因而维持了社会的稳定。这种合作精神应当运用到美国以外的世界，即政府与私人经济势力相互合作以"维持世界秩序"。这种说法适应了全球争霸政策，也是这个学派最易受到批评之处。

约翰·L.加迪斯也是研究冷战的外交史学者。人们通常称之新修正派。他批评美国在第二次世界大战时期和战争结束时期的外交政策对冷战形势的形成产生一定的影响，但认为冷战的起源基本上应归咎于苏联。他的后一点看法就接近了传统学派的主张。

战后，尤其是60年代以后，美国外交史学在写作方法上也有很多变化。

第一，注重对当代史的研究，尤其是对战后30年的研究。主要内容是冷战外交、核外交、两极和多极外交等。这种倾向体现了外交史学更加直接地为现实政治斗争服务。即使是战前的课题，也不再是据实直书，强调叙述，而是偏重阐发和诠释，企图创立一种"新的过去"。

第二，结构功能主义方法引入美国外交史学。结构主义与传统的"因果分析法"和"归纳法"不同，是一种新型的解释体系。它要求从各个不同的角度和多层背景对社会展开全方位的、多维的研究，以历史的一个横断面作为综合体去寻找研究对象的确切位置、比重和作用，揭示这个综合体内部各部分之间的动态关系。长期以来，美国学者所理解的外交史内容与对外交所下的定义，只是发展国家外部利益的手段，折冲樽俎的方略，以及负有一定使命的外交人员的谈判艺术。因此，他们的书中只是叙述所进行的谈判、签订的条约、发生的外交争执和战争等等。对于决定外交政策和外交进程的国内经济、政治和思想意识的背景，对于国家的外交活动借以展开的国际背景则语焉不详，甚至避而不谈。书中出现的人物也只是外交的工具，决策人物的社会和政治经济背景十分模糊。比如，比米斯、珀金斯和J.弗雷德·里庇等人尽管注重多国档案材料，或在不同程度上注意到各国间相互影响，但是他们很少从国内外政治、经济和意识形态等更广阔的角度加以全面综合研究，仍未脱离就事论事的窠臼。比如比米斯只能借助"欧洲的危难使美国得到利益"这句话作为美国外交史的主题，只能用诸如"自由""民主"之类的辞藻作为美国外交政策的掩饰物。

第二次世界大战前,虽然美国外交史学家如朱利叶斯·普拉特、托马斯·贝利和阿瑟·惠特克等人在不同程度上都试图越出单纯政治事件的描述,分别从社会思潮、报刊社论等方面作些背景叙述,但仍未克服视野狭窄、缺乏"总体性研究"这个通病。

第二次世界大战后,美国史学家受"社会史学"的影响,觉察到美国外交史研究中割裂现象的弊端,对形成外交的经济、社会思潮以及国际关系等因素有所重视。例如阿明·拉帕波特的《美国外交史》(1975年)着重研究了美国外交决策的国际背景;欧内斯特·梅的《门罗主义的形成》(1975年)和《外交政策的美国传统:公共舆论的作用》(1964年)从国内政治和公共舆论的角度考察外交政策;诺曼·格雷伯纳的《观念和外交:有关美国外交政策思想传统的论著选编》(1964年)把思想史吸收到外交史的研究领域。

60年代以来,新左派外交史学家对于经济因素特别重视,从分析经济背景入手,揭发美国对外政策的主流和实质。这在美国外交史学研究上是一个新的开拓和突破。韦恩·S.科尔提出的"合力论"是值得重视的。他认为美国外交政策史研究应从分析国内和国际背景诸因素着手。国内因素包括经济、政治、思潮、个人或集团的动机和心理特征等等;国际因素是指国家间的实力均衡格局,以及在国外所追求的政治和经济利益。科尔声称,美国外交政策同这两种因素的关系,有如平行四边形的对角线,即国内因素(平行四边形的长边)和国际因素(短边)的合力。但科尔在诸多因素中没有指出哪一个是起主要作用的,因而模糊了历史发展的规律性,过分强调了或然性。科尔虽然提出了这个命题,但所用史料仍显陈旧,在史论结合上更显得简单粗糙。这正说明新外交史学有待开展更深层次的研究。正如新社会史学一样,更深层次的外交史是需要历史学家、经济学家、政治学家、社会学家以及思想史学家通力合作,对多学科进行综合的研究。

第三,加强从国际关系整体角度研究外交史。由于信息和交通技术的革命,时间和空间大大缩小,国际关系因而更加紧密。这个时代特点使得外交史学家可能扩大眼界打破封闭式或国别式的研究。特别是出于战后美国推行全球争霸这种战略需要,美国外交史学家自然也会从全球角度研究美国外交史。有的外交史学家把国际力量的对比和分布视为影响美国外交的最大因素。这种对比不仅是军事上的,而且也包括经济、政治、思想及心理等多方面。有的史学家甚而认为"外交史"应重新命名为"国际关系史"。

为更好地研究国际关系,有的史学家主张利用多国档案,研究各国的外交决策的过程。他们主张史学家应更多地注意美国以外的世界，研究美国和其他国家在外交和外交决策方面是如何互相理解和制约的。在这一点上，日裔美籍学者入江昭贡献比较突出，堪称美国外交史领域中着重文化关系研究的第一人。当然进行这种研究，首先需要通晓多国语言。这正是一般史学家遇到的难点，入江昭掌握日、汉、英、俄、法、德等国语言，比诸第二次世界大战前只通晓英文的日本外交史学家佩森·J.特里特就胜过非止一筹了。在 30 年代，威廉·兰格教授雇用研究生翻译日文资料，而在今天，这种现象则日益少见了。不过语言文字只是一种工具，利用它可以接触多国资料，但真正决定筛选和解释资料，起决定作用的还是一定的思想意识或个人政治观。比如入江昭从美国之外的角度，主要从日本民族意识的立场上，指出美日太平洋战争起因于两个民族之间的偏见和误解，以及美国对日本经济扩张要求的压制。有的外交史学家认为，外交史学若能深入发展，不仅必须通晓发生交往的国家的政治、经济的状况，而且还须了解该国的文化思想传统等复杂因素。比如华裔美国学者邹谠认为，美国对中国国情的错觉和错误的估计，导致其对华政策的失败。

美国对地区史的研究，也有所加强。战后，在各基金会的资助下，美国外交史学家对东南亚、中东、非洲（尤其是撒哈拉以南非洲）等地开始进行深入研究。而战前，美国在这些地区没有直接的正式关系，当时的研究主要是通过各宗主国的渠道进行的。第二次世界大战后，这种新发展的原因是第三世界争取独立和自主运动的胜利，以及美国强化全球战略的需要。

第四，对决策程序的研究越来越得到重视。美国在战后发展的所谓"新外交"的范围和内容扩大了，外交手段和途径也更为多样化，官僚机构空前庞大，外交职能的分配也有很大改变。因此，外交决策的作用比以前更为突出，影响外交决策的因素更为复杂，这些都使更多的学者对决策程序的研究产生兴趣。除了研究决策的核心层，诸如总统、国务院、国会外交委员会、国防部、中央情报局、参谋长联席会议和国家安全委员会之外，还研究政党、利益集团、大公司、社会团体，乃至少数民族、大众传播媒介、公众舆论等外围圈子对外交政策的推动或制约。这方面有关著作不少，内容也较详尽，但缺乏整体综合性研究，失之片面。例如，舆论对决策产生的影响是有限的，政策主要决定于上层，即核心圈子中的所谓"精英人物"。这个规模很小的决策集团反而可以影响和玩弄舆论。另外，社会舆论也不一定都能代表广大公众的意见。例如，托马斯·贝利所说的公众舆论，多来自报刊，而一些重要报刊是操纵在与上层有经济政治联系的报业益主手中的。他们可透露或封锁一定的消息，制造一定的舆论，为统治集团服务。多年来研究公众舆论的欧内斯特·梅就痛切地感到，公众舆论要比史学家们设想的远为复杂和不合理，舆论往往是由少数人编造的。第二次世界大战后，频繁出现的首脑会议使得决策核心集团更易左右舆论，国际重大谈判都集中于华盛顿，就连美国驻外大使的作用也一落千丈了。

从历史上看，随着美国扩张政策的强化与扩大，作为武装部队总司令的总统，在订立国际性协议和决定战争方面的权力日益增长。第二次世界大战后，"帝王般的总统职位"的形象益形显著。至 1983 年美国总统向国外派遣军队约达 154 次，而其中仅有 5 次（1812 年、1847 年、1898 年、1917 年和 1941 年）是由国会批准正式宣战的。又如，自立国以来，美国总统未经参议院批准而签署了成千上万的国际性协议。

计量分析法也被引进了外交史学。关于军备竞争的机制、各国军事潜力的估计、战争危机点的预测等都有计量研究。对于计量外交史学的得失看法并不一致。例如，摩尔维·斯莫尔说："统计和计算机若运用适当，则不仅对于外交史的了解可作出贡献，而且使历史在政治家做出政策方面更能发挥有用的作用。"而不少人则对计量法发起猛烈的抨击。

总之，美国外交史学在第二次世界大战后呈现繁盛景象，各学派迭次兴替，各有所本。研究方法上的改进给外交史的研究注入新鲜血液。但是，时至今日，也出现许多问题，致使不少史学家产生某种危机感。1980 年 4 月美国历史学家组织年会上，卡尔·德格勒教授在主席演说中深感"专业历史学家与公众之间的日益增大的裂痕"。1986 年美国历史协会第一百届年会上，威廉·麦克尼尔以"神话史学，或真理、神话、历史和历史学家"（Mythistory, or Truth, Myth, History, and Historians）为题发表的主席演说，感叹美国史学由于研究方法的翻新，尤其是电子计算机技术被引入史学研究后，史学同广大读者的隔阂日益扩大，史学著作也日益失去其可读性，甚至也使史学家之间因为课题过分专门化而互相隔绝。"地方观念"便由此而生。麦克尼尔呼吁史学家们打破彼此间的隔绝状态，扩大视野，从世界角度去探索历史。这篇演说反映了越来越多的美国史学者对于美国外交史向何处去的问题感到不安，对于美国外交史学"不能适应全球外交"而忧心忡忡。

三、关于外交是内政的延续

外交政策是国内政治和经济政策的延续，是一个国家对国际环境的控制或适应机制。因此，我们撰写美国外交史，固然要阐述美国历史上发生过的外交活动、外交事件、外交口号、外交政策和外交人物，而更重要的是把美国外交史置于更深层次背景之中，即应研究美国国内资本主义发展过程中各阶段的特点，其间经济、政治、思想等因素的交互作用，以及这些因素如何制约和促成外交政策的制定。同时也应研究国际关系的发展局势，各时期均势结构的特征和消长，以及这些因素如何制约和促成美国外交决策。总之，对美国外交史要有立体的透视、宏观的俯瞰，并结合具体史实加以阐述。当然，各种背景因素应该水乳交融，力戒杂糅拼凑，消除斧凿之痕。这样，才能克服割裂历史、孤立描述历史事件的弊病。

对外扩张是贯穿整个美国外交史的主线。以此为钥匙，才能了解美国外交史发展的全过程，才能站在宏观的高度，揭示内在的含义，把握通篇的基调。

在一定意义上说，美国是英国商业资本扩张政策的产物，就资本主义本身性质来说，美国的发展又同扩张有着密切的联系。到大陆的第一艘船就把资本主义带到了新大陆，同时也带去了商业精神和扩张意识，以及与资本主义相联系的一整套价值观念。从欧洲西来的美洲殖民者一登上罗阿诺克岛，就具有向西扩张的渴望。美国独立后自然也把这些追求作为大英殖民帝国的遗产继承下来。这是出于发展资本主义的需要，因为扩张是资产阶级的本性。英国思想家约翰·洛克曾主张，国内繁荣和社会安定需要积极的帝国扩张，洛克的思想影响了美国早期革命领袖。本杰明·富兰克林在《人类增长论》中认为，人口增长必然导致扩张。美国独立之初，由于实力不足，它的外交的直接目标只能是摆脱欧洲大国的控制，维护和巩固民族独立。但是，扩张作为一股潜流，在美国建国之初就成为其外交的主要内容之一，构成美国外交史的基本线索。

美国历史学家也大都承认美国是个富有扩张性的民族，但他们把"扩张"作为中性名词来使用，认为扩张是发展国家利益的需要，并不承认含有"侵略"的意思。这种说明既违背正义，又违反史实。不过，美国历史上的扩张行为在形式上和性质上是多样的，有商业扩张、文化渗透、政治操纵、传教活动，有对主权国家的侵略和兼并，有对西部"自由"土地的占领，有对欧洲国家原有殖民地的争夺和收买，还有通过军事或金融活动对别国进行直接或间接的控制。因此，我们在分析美国扩张活动时，还须结合具体情况，区别对待。

　　整个美国外交史大致可分为三个时期：大陆扩张时期（1775—1898 年）、海外扩张时期（1898—1945 年）和全球扩张时期（1945 年以后）。19 世纪末以前的大陆扩张，要追溯到独立战争时期。独立战争的胜利为美国商业资本发展开辟了更为广阔的道路。向西移民和夺占印第安人的土地，乃至北征加拿大，南夺西班牙殖民地，是美国商业资本发展的必然趋势。到 19 世纪 40 年代，随着美国工业资本开始长足开展，这股扩张潮流形成狂澜，美国逐步踏上美洲大陆的霸主地位。内战又为工业资本在全国范围内迅速发展开辟道路。至 90 年代初，美国工业生产超过农业生产。特别是 1898 年美西战争以后，自由资本主义让位于垄断资本主义，美国开始进入追逐海外市场原料和投资场所的扩张时期。重点目标是加勒比海和远东地区，资本输出这一特点日益显著。1917 年美国参加了第一次世界大战，大战期间一度出现的国家垄断资本主义，到 30 年代经济大危机时开始形成。第二次世界大战期间开始酝酿并在战后推行的全球称霸的战略计划，标志着美国对外政策又进入一个新时期。在这期间，发生了新的技术革命，电子计算机、新能源、新材料、新信息手段、空间科学、现代农业科学、海洋工程、生物工程等新技术不断涌现，跨国金融和工业集团相互渗透和广泛发展。里根政府提出"星球大战"计划可视为当代美国军事科学和全球政治相结合的产物。总之，美国对外政策的转变是伴随着美国资本主义发展过程中的两次革命（1774—1783 年革命和 1861—1865 年内战）、一次经济大危机（1929—1933 年）、五次战争（1812—1815、1846—1848、1898、1917—1918、1941—1945 年）和四个过渡（商业资本向工业资本的过渡，自由资本向垄断资本的过渡，一般垄断资本向国家垄断资本的过渡，继而向跨国垄断资本的过渡）而实现的。

　　美国扩张思想是以"天命观"为基础的。"天命观"最初表现为清教徒的"宿命论"。根据这种宗教思想，欧洲移民把在新大陆进行拓殖看成是上帝赋予的使命，个人发家致富是圆满完成这一使命的标志。英王颁发给殖民公司的特许状和移民自订的"五月花号公约"都含有这种"宿命论"的内容。英属北美殖民地是英国商业资本发展的产物，为商业资本服务的清教教义自然就是美国独立后从殖民地时期接受过来的思想遗产。到 19 世纪 40 年代，这种"宿命论"发展成新的扩张主义理论"显明天命"。到19世纪末海外扩张高潮中，又以"使命论"的面目出现。第二次世界大战后则进一步以"承担义务论"为美国的扩张活动涂上一道神圣的灵光。

从三大分期角度来看，美国外交史上主要有三个基本政策口号：一是孤立主义；二是"门户开放"政策；三是杜鲁门主义。口号是为扩张主义服务的。孤立主义基本上是在大陆扩张时期提出的；"门户开放"政策是从海外扩张的需要出发的；杜鲁门主义则是向全球开展扩张活动的号角。第二次世界大战后美国反苏、反第三世界独立和民主运动的政策滥觞于杜鲁门主义，其主要矛头是指向苏联的。在美苏意识形态与社会制度对抗的旗号下，美国以遏制政策和威慑手段为其全球战略扩张服务。

美国大陆扩张时期可分为四个阶段。

1774—1814年为第一个阶段。这一时期美国外交的目标是维护和发展商业资本，保证资本原始积累，巩固新近赢得的独立。美国外交始于1714年秘密通讯委员会的建立。1776年委员会制定了第一个外交纲领，即《1776年条约计划》，其中阐述了美国积极发展对外贸易的方针。独立战争后，虽然富兰克林等人占领加拿大的计划没有实现，但美国赢得了发展民族资本和进行土地扩张的权力。在这种意义上，我们才能理解美国当时所揭橥的"孤立主义"。孤立主义是美国早期外交的重要口号和政策，它表现了美国人民竭力摆脱欧洲列强的愿望，也表达了美国争取扩张自由的要求。孤立主义就是抵制欧洲列强（特别是英法）支配而推行的"单干主义"。当时美国国力弱小，不能与欧洲国家抗衡，所以美国既不愿意卷入欧洲事务的旋涡，也不愿欧洲列强涉足北美。汉密尔顿的联邦党同杰斐逊的民主共和党在国内问题上分歧虽多，但在外交上具有相同的目标.他们都是企图利用外交来促进商业资本的发展，以不同方式推行孤立主义的外交方针。汉密尔顿是华盛顿《告别词》的起草人，这个文件至今被视为孤立主义的经典的阐述。杰斐逊在法国大革命期间也反对美国过分地介入欧洲局势。史学界虽有关于汉密尔顿、杰斐逊二人是否可区分为现实主义和理想主义的讨论，但须看到，他们二人只是外交手段上有所不同。实际上杰斐逊在当政之后，在国内外政策上都逐渐向汉密尔顿靠拢。

1812—1814年第二次美英战争结束后，美国对外政策进入第二阶段（1815—1844年）。这时美国国内经济、政治开始发生重大变化。商业资本逐步向工业资本过渡，国内市场不断扩大，殖民地时期的沿海经济交流转变为国内三个经济区域的形成。由于欧洲战争结束，美国战时中立贸易遽然收缩。这就导致对外贸易结构发生变化：中转出口贸易下降，本国产品的出口逐年上升；对欧贸易日趋萧条，对美洲贸易开始繁荣。南部奴隶制植棉业开始膨胀，棉花种植地带向西南不断扩展。1807 年罗伯特·富尔顿设计的蒸汽商船在哈得孙河试航成功。伊利运河开凿成功（1825 年），巴尔的摩—俄亥俄铁路的修建以及杰尔斯敦—汉堡铁路上使用蒸汽机车（1830 年），标志着交通运输业的新发展。随着"内地开发"的发展，土地投机也日益猖獗。政治上，殖民地意识消失，要求在经济、政治和文化上独立的强烈愿望，促使民族主义的兴起。各经济地域集团的利益暂时得到协调，1820 年制订了密苏里妥协案。政党间矛盾减弱，出现了所谓"和睦时期"（1812 年战争结束至 20 年代中期）。国际上，1815 年反拿破仑战争结束后，欧洲建立了正统秩序。英国控制了世界航行的通道。19 世纪初期拉丁美洲爆发了独立战争，西班牙殖民帝国面临崩溃。英国乘机向拉美地区渗透，美英竞争逐渐加强。在这种背景下，美国抛出门罗主义（1823 年）。门罗主义是孤立主义的变种，其主要目的还在于抵制欧洲列强（特别是英国）干预美国的行动，只不过是把孤立主义的范围扩大了，即超越本国领土而囊括了拉丁美洲。美国单方面宣布的门罗主义是强行将新兴拉丁美洲国家置于美国卵翼下的孤立主义。

　　门罗主义包括三个原则：（1）欧洲国家不得干涉西半球各独立国的事务；（2）欧洲国家不得在西半球再占领殖民地；（3）美国不干涉欧洲国家的事务。但在 1845 年前，由于美国实力尚微，无法同英国抗衡，所以门罗主义被束之高阁，没有在外交实践中发挥作用。

　　第三阶段是从 1845 年到内战前夕（1860 年）。19 世纪 40 年代，美国工业革命真正开始得到长足发展。民族工业兴起，国内市场扩大，同时南部奴隶种植制急剧膨胀，因而国内矛盾加剧。这直接决定了美国外交的特点。第一，用战争手段为大陆扩张服务。门罗宣言在公布后曾一度沉寂，至此即喧嚣起来。第二，外交政策主要反映了奴隶主集团的要求，但南北两种社会力量的矛盾又牵制了外交活动。通过得克萨斯兼并、俄勒冈瓜分和美墨战争，美国攫得大片土地，美国领土一跃达到太平洋沿岸。奥斯坦德宣言充分表达了美国奴隶主集团对古巴按捺不住的贪欲。门罗主义经波尔克总统等人引申和补充，成为指引美国大陆扩张的灯标。"显明天命"这个号召就在这扩张高潮时期提了出来。

　　美国之所以在这一阶段能够大踏步地实现其大陆扩张计划，是同当时国际形势分不开的。19世纪40年代之后，尤其是1848年欧洲革命之后，欧洲的均势遭到破坏，"东方问题"激化。1854年克里米亚战争爆发，欧洲列强无暇西顾美洲。美国的主要竞争对手英国在对美国扩张实行多次"遏制"失败后，从40年代起就从美洲收缩战线，把英殖民帝国的扩张重心移向亚洲和北非。这就给美国提供了有利的扩张机会。

由于美国当时无力问鼎南美，美国在拉美的攻势到达中美洲即暂告一段落。1850年，美英签订条约，在中美洲建立"共管"状态。这是英美两国在拉丁美洲暂时达成的均势。

至内战前夕，美国向西扩张虽然仍局限于美洲大陆，但向太平洋和亚洲扩张势头业已加强，早期互惠贸易这时转而具有明显的侵略性质。1831年与土耳其签订的条约中就规定了最惠国待遇与治外法权（后一款只见于英文约本）等条款。接踵而至的《望厦条约》（1844年）、《神奈川条约》（1854年）、《天津条约》（1858年）等不平等条约，都显示了美国向太平洋、亚洲扩张的趋势。这时叫嚷向太平洋、亚洲扩张的有影响的政治人物是威廉·霍华德·西沃德。当时美国的经济和军事实力都不足与英国抗衡，它只能尾随英国炮舰之后"打家劫舍"，甚而贩运毒品。

第四阶段是1861—1898年。这是美国外交总进程的一个转折阶段。内战是美国第二次资产阶级革命。它粉碎了奴隶制度，统一的国内市场正式形成。工业资产阶级执掌了政权，为工业进一步发展开辟道路。内战后，随着资本主义工业迅猛发展，国内开展了又一次技术革命。至80年代工业革命完成，自由资本主义开始向垄断资本主义过渡（第二个过渡）。在"镀金时代"，资产阶级国家官僚政治逐渐强化，确立金本位制，不断提高关税，开始扩大海军。同时，经济危机频仍，工人运动和农民运动此起彼伏。向海外扩张的思潮开始泛滥，"新显明天命"论和"使命论"相继出现。发生于19世纪中叶的进化论到此变为社会达尔文主义。乔赛亚·斯特朗的种族论、J.W.伯吉斯的盎格鲁-撒克逊种族优越论、艾尔弗雷德·马汉的"海权说"、弗雷德里克·特纳的"边疆说"等流行一时。这都为美国大规模海外扩张吹响了号角。

这一阶段，美国外交所呈现出的特殊点是，共和党长期掌握政权，外交决策权力由奴隶主转到工业资本权势集团手中。这一时期是海外扩张的酝酿阶段，有一些重要的历史事件，如中途岛的占领（1867年）、美朝条约（1883年）、泛美会议（1889年）、委内瑞拉事件和奥尔尼照会（1895年）等，都是美国大规模向拉美和太平洋亚洲地区扩张的先声。

　　1898 年美西战争是个划时代的重大事件。它是历史上第一个帝国主义战争，标志着美国完成了第二个过渡，进入垄断资本主义时期，拉开了海外扩张的帷幕。

　　美国海外扩张时期分为三个阶段。

　　从 1898 年到第一次世界大战结束为第一阶段。美国国内垄断集团支配了国内的经济政治生活。经济危机和政治矛盾导致"进步运动"的发生。"进步运动"是帝国主义初期，资产阶级为了完善资本主义制度而进行的一次改良主义运动，其目的在于调整垄断资本生产关系，缓和国内阶级矛盾，以促进资本主义生产发展。国际上，欧洲两大军事集团逐渐形成，它们之间的矛盾斗争酿成世界大战。英美关系自英国撤出拉丁美洲后，尤其是在 1897 年会谈以后，得到调整和改善。德国和日本的崛起，使美德和美日的矛盾日益加深。俄国在 1917 年发生十月革命，世界资本主义体系被冲开一个缺口。西方世界的力量对比发生变化，这就需要重新调整，以建立新的世界格局。

　　美国经济力量的强大使它走上世界舞台。以美西战争为起点，美国开始了大规模的海外扩张。为适应新时期的扩张需要，1899 年美国提出"门户开放政策"。"门户开放"表面上是美国对华外交政策，实际上也是它向海外进行扩张的总政策。同时，对旧的外交政策，如门罗主义，也加以补充和扩大，使之符合帝国主义利益的需要。1904 年西奥多·罗斯福、1911 年亨利·卡伯特·洛奇对门罗主义分别作了新的解释。门户开放的提出和门罗主义的新释，加上塔夫脱提出的"金元外交"政策，说明美国海外扩张政策经过内战后的长期酝酿，已经最后形成。1901 年，美英签订了新的运河条约，美国攫取了中美地区的控制权，打破了 1850 年美英在中美洲建立的均势，开始向南美大规模渗透。至第一次世界大战时，威尔逊又对墨西哥发动了武装干涉（1913、1914、1916 年），拉丁美洲已成为美国的后院。在亚洲，美国推行的实际是一种"合伙主义"。1905 年日俄战争后，这个"合伙主义"又表现为同日本谋求共同分割在东亚和太平洋地区的利益。这种动向表现为 1905 年《塔夫脱—桂太郎君子协定》、1908 年《卢特—高平协定》和 1917 年《兰辛—石井协定》。同时，美国通过阿尔吉西拉斯会议，把门户开放政策推向非洲。威尔逊的"十四点"和成立国联的计划反映了介入欧洲事务与要求"世界领导地位"的新趋势。发了战争财的美国由债务国变成为债权国。它虽未参加凡尔赛和约（1919 年），继续推行"单干"外交，但在资本主义国家构成的新世界体系中占据了强大的经济地位。在华盛顿会议（1921—1922 年）中，"门户开放政策"也暂时取得资本主义列强的承认。

1919—1932 年是第二阶段。美国垄断资本主义在"放任主义"政策指导下飞速发展。汽车、电气和建筑工业已成为 20 年代国内经济的三大支柱，同时带动了钢铁等工业的发展。政治上，保守主义和孤立主义复活。国际局势相对稳定，和平主义广为传播。凡尔赛—华盛顿体系中，美国在海军力量上同英国相对抗，在太平洋上与日本相对峙。美国外交重点放在推行经济扩张方面。道威斯计划（1924 年）、杨格计划（1929 年）、胡佛延期偿付债务和赔款协定（1931 年）的目的，在于维持其经济大国的地位，以及扶植德国以对抗苏联，对付英法。因此，在决策程序上，国务院的权力削弱，商务部开始更多地干预外交。这一阶段的外交基本上处于低潮。尤其在经历十年经济繁荣（"爵士时代"）之后，于 1929 年突然跌入经济大危机的谷底，美国即竭力调整国内经济关系，外交活动遂倾向收缩。

1933 年富兰克林·罗斯福上台到 1945 年第二次世界大战结束是这一时期的第三阶段。罗斯福在空前大危机中进入白宫。为了挽救资本主义制度，他除了在国内实行"新政"之外，还对前任的对外政策进行了调整。罗斯福对外政策的目的是通过介入国际事务，尽快使国内经济复苏。

20 世纪 30 年代初，国际上风云激荡，德、意、日法西斯猖獗，到 1938 年达到顶峰，集中表现为德国策动对捷克斯洛伐克苏台德区的吞并活动，同时日本在发动侵华战争后，加紧了在太平洋地区的扩张。美国出于自身利益的考虑，遂步英法等国的后尘，对法西斯势力采取绥靖政策。英法炮制的慕尼黑阴谋，助长了国际反动势力气焰。第一次世界大战后建立的凡尔赛—华盛顿体系节节崩溃。罗斯福在第二次世界大战发生前采取伺机而动的策略。他宣布中立，默许英法的绥靖政策，在太平洋地区，对日本侵略中国东北宣布"不承认主义"，曾试图搞"远东慕尼黑"，继而又逐步加紧对日本的经济封锁。在国外形势的逼迫下，罗斯福于 1933 年正式承认苏联；在拉美，于 1934 年扯起了"睦邻政策"的旗号。

1941 年太平洋战争爆发后，美国参加第二次世界大战。美国所追求的目标是在打败德、意、日法西斯国家的前提下，为掌握战后世界政治和经济领导权奠立基础。重大外交事件是 1941 年大西洋宪章、1943 年德黑兰会议、1944 年开罗会议和 1945 年波茨坦会议。1945 年美国向日本投下原子弹，与其说是为了尽快结束战争，不如说是为了争夺战后世界体系中的霸权地位。1944 年布雷顿森林会议、敦巴顿橡树园会议体现了罗斯福战后既定外交构思，也是美国进入海外扩张时期后外交总战略原则的必然发展。

第二次世界大战后，美国迈入全球扩张时期。

1945 年第二次世界大战的胜利在国际关系和美国外交政策史上都是划时代的事件。轴心国败降，英法严重被削弱，美国通过大战经济力量得到空前发展，为它的全球扩张创造了条件。从杜鲁门到里根的历届美国政府都竭力建立和确保这种全球霸权。但是美国经济力量越是膨胀，就越要依赖世界市场和原料，而社会主义力量的发展，各国人民革命运动的壮大，民族独立运动的高涨，主要资本主义国家战后初期政治经济形势的不稳定，及后来与美国越来越激烈的竞争，都威胁着美国的世界市场。美国惧怕 1929 年大危机重新降临，不得不在推行世界霸权计划中找寻出路。但称霸世界的野心与力量不足的矛盾又始终存在，并且越来越严重。这一矛盾伴随着第二次世界大战后美国外交的全过程，形成各具特色的三个发展阶段。

1945—1968 年为第二次世界大战后美国外交第一阶段。美国作为超级大国处于称霸世界的极盛时期，成为世界最大的资本输出国和债权国，建立起了以它为中心的资本主义世界经济秩序，并成为国际反动势力的堡垒。美国建立称霸世界的计划中的突出标志，是 1947 年 3 月出笼的杜鲁门主义。美国把苏联和争取民族独立的各国革命人民视作实现其称霸计划的一大障碍，它以遏制苏联为由，为向世界扩张辩护。杜鲁门主义是在全世界范围内扩张美国势力的声明和对苏联发动全面"冷战"的宣战书，也是美国政府第一次公开宣布将遏制苏联作为国策的标志。这是美国外交政策史上的一个重大转折。同年 6 月抛出的马歇尔计划与杜鲁门主义相辅相成。目的在于为自己膨胀了的生产能力寻找出路，同时恢复其扩张战略的重点地区——西欧的经济，抑制那里的人民革命运动，遏制苏联的"渗透"。1949 年缔结的《北大西洋公约》实现了美欧军事合作，从而在美国历史上第一次走上了和平时期与欧洲国家在军事上结盟的道路。这标志着美国以欧洲为重点的全球战略初步完成。在德国，美国大力扶植西方占领区，企图把它作为抗衡苏联的主力。美国在亚洲推行独占日本的政策，并大力扶蒋反共，企图建立对中国的全面控制。美国还打着"技术援助"和"开发落后地区"的旗号，提出"第四点计划"，加紧向亚非拉这个极其辽阔的中间地带扩张。

但是，美国企图称霸世界与其力量不足的矛盾从战后初期就表现出来。中国人民的伟大胜利给了美国以沉重的打击。朝鲜战争使美国在其扩张史上遭到了第一次大失败。

1953 年艾森豪威尔执政后，美国谋求世界霸权的野心与实力同世界形势变化越来越不适应。艾森豪威尔政府一方面把杜鲁门时代开始建立的反共军事联盟体系扩展到全球，一方面又被迫结束侵朝战争，削减军费，收敛"解放"东欧的喧嚣。但整个 50 年代，由于经济具有相对稳定的特点，美国垄断资产阶级对于美国力量的限度并没有真正的认识。艾森豪威尔政府继续推行杜鲁门的遏制政策，奉行"大规模报复"和"战争边缘"政策。结果是手越伸越长，包袱越背越重。及至 50 年代和 60 年代之交，第三世界国家迅速崛起，西欧、日本经济和政治实力继续增长，1958 年欧洲共同体建立，西欧国家联合反控制的作用加强。苏联军事力量不断增强并推行霸权主义外交政策。中国政治影响日见扩大。但是，当时相继执政的肯尼迪、约翰逊政府对这种重大变化缺乏清醒的估划，仍继续执行称霸世界的扩张政策。这其实也是当时美国国家垄断资本主义高度发展的必然结果。美国一手导演古巴猪湾入侵事件。在古巴导弹危机中几乎酿成一场核对抗。特别是在亚洲，美国顽固地把中国视为敌人，在越南战争中越陷越深。这时，美国的全球干涉达到了顶点，其力量已达到了极限。而苏联勃列日涅夫却利用了美国在越南的困境，埋头发展军事力量，与美国进行了愈来愈激烈的争夺。结果，美国的经济军事实力在 60 年代虽然继续增长，但已远远不能适应美国称霸的野心。国内社会福利政策也因战争和通货膨胀而深受其害。这种力不从心的局面大大加速了 60 年代后期美国霸权的衰落。此外，美国人民争取民权与反战运动遍及全国，世界舆论对美国严厉谴责。这一切终于导致第二次世界大战后美国外交政策的第二次大调整——尼克松主义问世。

1969—1980 年为第二阶段。1969 年尼克松上台执政时被一系列的国内外问题困扰。美国深陷越南战争泥沼和在全球的侵略干涉活动，使政府开支急速增加，财政赤字扶摇直上，通货膨胀日趋严重，国际收支赤字越来越大。美元地位衰落，对外贸易状况开始恶化。美国历史上第一次出现了经济停滞、高失业与高物价上涨率两症并发的现象。军事上，苏美战略力量发生重大变化。长期处于核优势的美国，第一次面临美苏战略力量接近均衡的局面。苏联在争霸方面的进展日益使美国感到其全球"利益"受到威胁。美国的西欧盟国和日本的独立性更加增强。中国和第三世界其他国家力量的壮大给美国霸权主义以沉重打击。

面对这一局面，垄断资本家纷纷表态，认为越南战争是对美国经济最严重的威胁之一，因之"最紧迫最重大"的问题是结束这场战争。在这种情况下，尼克松于 1969 年 7 月提出了被称作"尼克松主义"的亚洲政策总方针，后来又进一步扩展为美国的全球政策。根据这一政策，美国进行战略收缩，把军事力量的重点从亚洲重新转向欧洲，并推行多极均势外交，试图以退为进，在海外收缩态势的同时继续维护美国重大的"霸权利益"。因此，美国结束了旷日持久的侵越战争，改变了长期的反华政策，在与苏联进行军备竞赛的同时，奉行缓和外交。尼克松主义多少改善了美国由于长期全球侵略干涉而恶化的国际地位。但是，尼克松主义忽视第三世界，并未改变在第三世界实行反对进步和改革的旧政策，继续对第三世界国家进行颠覆活动，从而严重削弱了美国的外围阵地。尼克松主义也未能遏制苏联扩张势力的继续加强。美国扶植伊朗巴列维政权失败和 1979 年底苏联大规模侵略阿富汗以后，极大地震动了美国朝野。1980 年初，卡特提出卡特主义，试图从尼克松主义的战略收缩重新走向美国在具有重大"霸权利益"的地区直接进行军事介入的立场。他强调与第三世界的关系，与中国正式建交，采取一些防止苏联扩张的对策，使美国外交进入一个半缓和半冷战时期。

　　1981 年至今为第三阶段。里根上台前后，处在内外交困情况下的美国，社会思潮与政治气氛起了巨大变化。自由派日益削弱，保守派力量日益加强。里根依据传统保守思想，制定内外政策。他在对外政策上的总目标是恢复越战和伊朗危机前美国享有的领导地位，重建日益削弱的美国军事力量，并从苏联手中夺回世界霸权地位。大致上说，里根政府外交政策包括四个方面：一是大力增强经济军事实力，重振国威；二是加强与西欧、日本的盟国关系；三是促进同发展中国家的关系，扭转美国在中间地区争夺中的不利形势，提出把苏联势力从被占领的第三世界地盘上赶回苏联本土的"有限推回"战略（被称为"里根主义"）；四是对苏采取对抗而不失去控制，对话而不放松对抗的政策，进以遏制苏联并夺取世界霸权。里根增强从事"低强度冲突"的能力，重视常规力量，推行"多层次威慑"，倚仗雄厚的经济实力和先进的科学技术推行"星球大战"计划，打破苏美核均势，并力图在长期军备竞赛中挤垮苏联，夺取战略主动。这是一种介乎杜鲁门的冷战政策与尼克松的缓和政策之间的外交政策，可称为冷战为主、缓和为辅的政策，或称新冷战政策。

　　但是，里根的外交也并非都是成功的记录。美国与西欧、日本的摩擦不断，与第三世界关系未得根本改善。虽然与卡特时期相比，美对苏实力地位有所增强，国际地位有所提高，但由于试图重新获得在全球军备竞赛中的优势，不得不极大地增加债务，不能不严重地削弱国家的经济基础。创纪录的贸易逆差和财政赤字，两万亿元的国债，海外投资首次落后于日本。1987 年美国成为世界上最大的债务国。这说明里根政府无法真正扭转美国衰落的趋势。

四、关于研究美国外交史要注意的几个问题

第一是理论问题。坚持马克思主义基本原则是我们研究历史问题应当遵循的准则，即以马克思主义的立场、观点和方法去考察历史。这样，才能在历史研究中开阔视野，作出创新，不致落于资产阶级外交史学的窠臼。

多年来国外有的学者反对经济史观，对马克思主义的唯物史观冠以"经济决定论"而加以否定。我们认为，历史的发展不是单线的，也不是平面的，而是由繁复的因素互相影响和制约的，呈现出多层次和立体的结构。过去，我们对历史的统一性强调过多，对历史的多样性注意不够，这种倾向应该克服。但是诸多因素中，毕竟有一种主导的、基本的因素，影响了其他因素的存在和运动，决定事物的主流。外交史的研究也不例外。影响外交的因素有国内的，有国际的。国内因素又分为政治、经济、思想、人物甚至各种偶发事变等。马克思主义从来不笼统地把经济看作唯一的决定因素。在一定的、具体的历史时期或事件中，经济以外其他因素也可能是决定性的。但是从宏观和总体上看，主导因素仍是国内经济的发展，其他因素都是在一定的经济条件下派生，并为之服务的。经济是整个社会结构的基础，其上才有政治、思想、外交等。在一定程度上，外部条件（国际背景）也只有通过国内经济才能发挥作用。外交事件有时不一定直接机械地反映经济利益，但是就总体而言，政治是经济的集中表现。如果不坚持这一点，就不免分不清主流，看不清本质，陷入历史相对主义或单纯现象罗列。

例如，关于美西战争的起因问题。有人认为，当时美国商人在海外利益不多，所以引起战争的原因就是统治集团的野心或好恶，或是报纸上的渲染鼓动。但是，我们觉得，脱离开工商业资本集团的经济利益，是难以理解帝国主义扩张的。又如，多数资产阶级史学者根本不承认美国是帝国主义国家。他们只承认过去的英法是帝国主义国家，而美国是商业国家，所以他们用"世界强国""商业帝国"等名词来代替帝国主义概念。若要弄清这个问题，我们就得依据马克思主义去进行分析研究。我们属于第三世界，根据历史经验，

我们最有资格发言，在思索中也最有体会和认识。

第二是关注外交活动中低高潮的关系问题。外交的发展是波浪起伏型的，有高潮，也有低潮。高潮当然要写，因为它集中反映了外交的性质和阶段性，但是低潮也不可忽视。低潮和高潮是相对的，低潮往往是高潮的准备和酝酿。构成狂飙时期的各种因素往往是在低潮时期潜伏、积累和萌生的。

例如，1815—1844 年，国际形势较为平静，美国虽然进入国家主义时期，但在经济上还没有完全取得自主地位。美国外交事务方面并无重大事件，但是国内政治、经济、思想上的重大改变正在发生，商业资本逐渐向工业资本过渡，国内市场开始发展。这一阶段不写清楚，就很难把 40 年代和 50 年代的大扩张讲明白。又如，美国在对外关系中惯用的熟果政策往往是在低潮时期酝酿的。就事件本身来说，1902 年古巴沦为美国的保护国，是经过近百年的策划的；1898 年夏威夷被兼并也经历了几十年的算计。再如，内战结束到 19 世纪末和 20 世纪 20 年代也是低潮期。美国登上帝国主义世界舞台以及 1929 年爆发的空前经济大恐慌的伏因，都可分别追溯到相应的低潮年代。低潮期既是重要转折点的背景，所以高低潮之间衔接宜分外着力阐释，写作时不应出现断层。

第三是口号问题。美国外交史上出现的口号在不同程度上表达了美国外交的原则。研究美国外交史，不能不对这些口号作深入的探讨。口号虽然包裹着美丽的辞藻，其含义毕竟是抽象的，有的甚至是模棱庞杂的，容得作出多种随机性的解释，因而在具体运用上往往是交替或综合使用的。这反映美国外交口号带有强烈的实用主义性质，也反映美国人轻视理论，着重实际的功利主义精神。因此，我们在分析这些口号时，就不能把它们看作一成不变的信条，而应追踪它们的演变过程，透过表面的词句，研究其背后隐藏的动机和实际效用。美国内政和外交政策中，口号和实际行为时有出入，因此经常持对己对人迥然不一的"双重标准"的态度。

在许多口号中，我们可以选择四个口号来概括美国外交政策史发展过程的总线索。

其一是"孤立主义"。"孤立"事实上是不可能的，一个国家不可能孤立于世界事务之外。实际上这个口号是美国立国之初针对欧洲而提出的。当时美国国力弱小，不足以与欧洲列强抗衡，又惧怕欧洲列强对北美事务进行干预，因而提出"孤立主义"。由于当时美国外交的主要对象是欧洲，所以孤立主义也是当时美国整个外交政策的核心原则。它一方面打出"中立""海上自由""不卷入""不干涉"等旗号，力图摆脱欧洲大国的控制和操纵，另一方面又表现了美国争取在美洲发展自我利益的愿望。所以，孤立主义不是消极被动的政策。"孤立主义"到 19 世纪末一直是美国外交的基本口号，后来也时隐时现，并未退出历史舞台，而是以不同的面目服务于美国的扩张目的。在 19 世纪主要是策应在美洲的扩张，在 20 世纪则表现为隔岸观火，伺机渔利，利用欧洲的均势，谋求和巩固美国的世界地位。

其二是"门罗主义"。这是美国对美洲（主要是拉丁美洲）的政策口号，虽然在 1823 年提出，但实际运用始于 19 世纪 40 年代。"门罗主义"标榜"不干涉""不殖民"，实际上是美国在美洲扩张的号角。它要求从美洲大陆排斥欧洲列强，把美洲转变成美国的势力范围。门罗主义在排斥欧洲方面与孤立主义相通，在独霸美洲方面则有孤立主义所不具备的新内容，所以，门罗主义也可视作孤立主义的变种，但埋藏着称霸美洲的伏机。

在拉丁美洲国家独立之初，美国采取不承认政策。门罗主义出现后，随着在政治经济上的需要，美国不断给这个"主义"以新的内容。詹姆斯·波尔克、理查德·奥尔尼、西奥多·罗斯福、亨利·洛奇和伍德罗·威尔逊等人都对门罗主义作过新的解释，因此其含义和运用方法也在不断改变。从 19 世纪 40 年代的军事侵略到 80 年代的泛美主义；从 20 世纪初的"大棒政策"和"金元外交"、30 年代的"睦邻政策"、第二次世界大战时期区域安全到 50 年代开始的中央情报局的颠覆和军事干预活动。

自 20 世纪 50 年代以来，美国很少再提门罗主义了。1982 年美国竟支持英国进行马尔维纳斯群岛战争，1985 年竟同法国在加勒比海举行一次联合军事演习。这说明美国在保持它的"后院"方面已力不从心，不得不同昔日的竞争对手合伙行动。这也说明拉美国家民族独立要求和团结精神的高涨。1959 年古巴共和国成立。1983 年孔塔多拉集团建立，并多次与中美五国等举行拉美九国会议。1987 年 8 月，九个拉美国家宣布将于 11 月举行"该地区有史以来第一次没有美国参加的年度最高级会议"。门罗主义这个口号虽然还未僵死，但拉美人民已为它敲起了晚钟。如今，美国从全球战略出发，在一定程度上也修改了它的拉美外交策略。"后院"已不得安宁。美国在加强政治经济和军事控制之余，不得不有限度地将旧日宿敌英法的军事力量引入进去。

门罗主义虽然主要是针对拉美的政策，但也被运用于其他地区，如 19 世纪末的夏威夷、第二次世界大战期间及其后的加拿大。

其三是"门户开放政策"。这是美国在进入帝国主义时期之后，竭力挤入欧洲列强的势力范围圈，争夺原料、市场和投资场所的海外扩张政策，是美国 20 世纪海外扩张的总原则。它的实质是打开海外国家的门户。这项政策虽然发表于美西战争之后，但早在 19 世纪中叶就已提出，虽然首先是针对中国提出的，但在许多地区加以推行，在地域上具有普遍性。正如门罗主义一样，"门户开放政策"也是首先由英国倡议的。经过多年的经营，这项政策于 1947 年达到其预期的单独控制中国的目的，只是由于中国人民革命的胜利才告破产。所以，"门户开放政策"的推进逻辑是由"分享杯羹"，进而发展为挤掉其他帝国主义"伙伴"，变"分享"为"独占"。

其四是杜鲁门主义。这是美国在第二次世界大战后提出的为全球战略服务的政策口号。它是前三个口号的发展结果和综合，体现了美国从区域性扩张变为全球性扩张的趋势。杜鲁门主义的中心含义是反苏反共，在运用上主要表现为在全球范围内推行遏制政策。在两极外交阶段，它表现为遏制苏联、大规模的冷战与小规模的热战相结合、原子恐吓与金元外交相结合。在多极外交阶段，它的表现形式则更为灵活多变，主要形式是文化渗透、中央情报局的颠覆活动、政治经济和军事的干预、"穿梭外交"、"高级会谈"和争夺第三世界中间地带等。从杜鲁门直至里根，美国的全球战略都是以遏制政策为核心的，并已经扩展到外层空间。

上述四个口号互相衔接，体现了美国外交主攻方向是：由欧洲到拉美，进而转到太平洋和亚洲，最后囊括全球。这条轨迹虽然在时间上参差不齐，但大致描绘出美国历史上扩张的蓝图。

第四是人物问题。历史由人物演出。在一定内外条件下，人物对历史的发展起着重要的作用。在写美国外交史时，对于人物应予以足够的注意。所谓人物，是指对美国外交决策或外交活动起重大作用的"精英"。写人物着墨不必过多，但需用点睛之笔，使其跃然纸上。

对人物要有鲜明的个性勾勒，要写人物的言行，更重要的是要揭示人物的政治、经济和社会背景，尤其是他们同利益集团的关系。通过对人的分析，透视美国外交的动机、性质和方向。人的背后是参与决策的集团的经济、政治利益在起作用。有关人物同幕后集团的关系的材料多是隐秘的，大都不公之于世，必须细心寻找，从各种资料中发掘蛛丝马迹。

第五是中美关系问题。这是美国外交史的一个重要组成部分，要占一定的比重，也要有所突出。这可算作中国人所写美国外交史的一个特色。但是，美国外交史又应有别于中美关系史，应把中美关系摆到美国外交总体系中考察，同时也要放进美国国内外背景中去分析，否则就会喧宾夺主。

这一问题政策性强，敏感性也很强。分析宜格外详密，不能偏左或偏右，而要立足于实事求是。对于美国人民群众和统治阶级决策人之间也应有区分，不能混为一谈。美国外交决策人是少数人。他们在"重大利益""危机""国家安全""机要秘密"种种借口下可以制造舆论，影响舆论，掩盖舆论。尤其大众媒介直接或间接地操纵于与决策阶层有联系的财势集团的手中，更应区分广大群体与少数外交决策人之间的不同利益或不同观点了。

（以上内容与王玮、张宏毅合撰，原载《南开学报》，1988 年，第 2、3 期）

五、《美国外交政策史》三论

20 世纪 80 年代初，国内尚无一本较系统、较完整的有关美国外交政策史的专著。虽然中美关系方面的论著较多，且不乏精深的力作，在美国通史和国际关系史著作中，也有关于美国外交史的内容，但都只能涉及一个或几个侧面，尚不足窥美国外交政策史的全貌。我们在 1985—1989 年间撰写《美国外交政策史》一书的目的在于填补这一空白，期能产生一些抛砖引玉的效果。

实在说来，撰写《美国外交政策史》的目的，不仅在于填充空白，更重要的还在于应答时势的需要，为有志于研究和了解美国外交政策的读者服务。当今我国实行开放政策，这是大事和大势。有开放，就会增加国际交往。在国际交往中，美国是一个很重要的对象。对于美国外交政策的演变历史自然不能不加以特别注意。历史具有连续性，今天是昨天的明天，同时也是明天的昨天。学习历史的目的在于知往晓今，并尽可能明智地预测未来。这就是"温故知新"的意思。尤其对于从事国际交往具体工作的活动家，更有"温故"和"知彼"的必要。

一论：美国外交政策反映的就是国家利益

撰写和研究美国外交政策史，还有更深层次的意义，即了解美国在对外政策中是如何实现其国家利益的。外交是内政的延续。美国的外交政策总是反映其决策者所持的国家利益观。利己是资产阶级世界观的基本核心。外交活动中，资本主义美国的对外政策完全以本国国家利益为至上的唯一圭臬，从没有真正的利他主义，也不可能有真正的国际主义。假如在某时某事中有"利他"因素，那么这种"利他"也首先是为了利己。在美国外交家和外交史学家中，有许多人标榜美国外交政策是利他主义的。外交家这样宣传，只不过是为了实现其政治目的而施放烟幕。对历史学家来说，假如他不是"宫廷史学家"，至少是在有意无意间、或直接间接地接受了烟幕的影响。当然传统教育的影响也起着极其重要的作用。第二次世界大战后即便有些美国进步外交史学家著书立说，批评美国霸权主义，但其根本立论也是以本国国家利益至上为出发点的，他们大多着重批评的不是霸权主义政策的侵略实质和非正义性，而是这种政策的目标、方式以及对本国利益的危害性。

若要清理美国对外政策的脉络和特征，就须分析美国外交决策阶层的国家利益观。

为了便于说明，这里暂以圆代表国家利益，且以甲乙两方为例。一般来说，国家利益运行的模式，可简化为下列四种：

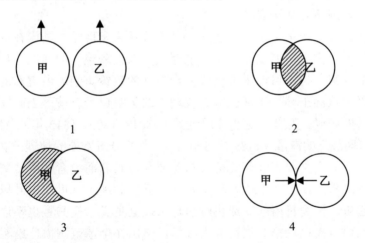

第一种模式是两国利益平行发展，互不干扰。在古代，交通不便，信息不灵，可以出现这种状况。而近现代由于信息传播和运输手段越来越有惊人的发展，时间相对缩短了，空间相对缩小了。这种并行不悖、互不相干的情形很难出现。

第二种模式是两国利益部分重叠，出现一种共同利益范围。虽然这种范围并不是一成不变的，随着时间的推移，可伸可缩，甚而消失，但这是国际交往中最佳的形式，大都是通过谈判得到实现的。这一形式往往出现在势均力敌或利益比较接近的国家间，或者在国际均势格局中能起平衡作用的国家之间。求同存异，寻找国家利益间的汇合范围，避免以武力相威胁，甚而兵戎相见的局面发生。这是国际关系中最好的状态。

第三种模式是一个国家为了实现其本身利益去侵犯别国利益，其形式是多样的，主要是领土占领，包括建立军事基地。其他形式有经济侵略、武装干涉和文化渗透等。这种侵略活动也是因时因事不断扩大或缩小。大可以扩展为对别国全部领土的占领，这就是兼并。就经济和文化而言，可以扩大到控制别国的经济命脉和文化阵地，使对方成为自己的附庸。这种情况往往发生于大国与小国、强国与弱国之间，表现为以大压小、以强凌弱的态势。当然，由于小国或弱国的反抗斗争，或国际利益集团间发展的不平衡，这种活动也会受到一定的抑制或削弱。

第四种模式是战争。这是解决国家间利益矛盾的最后手段。就性质言，可分为正义战争和非正义战争。对外来侵略进行的反抗，是正义的，而欺压别国的侵略战争是非正义的。

在美国外交政策史上，上述第一种模式从未出现过。美国在立国之初，虽然倡导孤立主义，但实际上不可能存在"与世隔绝"的孤立。作为商业资本统治的国家，也不可能采取自我完全孤立的政策。当时所宣布的孤立，只是一个抵制欧洲干涉，实现国家自我利益的策略口号。就是当时在喧嚷孤立主义最甚的时候，美国还对北非用过兵（1801—1805、1815 年），对法国进行过"不宣而战"的海战（1789—1800 年）。当时美国所处的地理位置，也使它易于实现孤立主义政策。南北两方都是弱邻，其西面没有敌手，其东面的强敌又均远隔重洋，当时跨越大西洋需时一至三个月。19 世纪末叶以后美国经济发展起来，国力日盛，间或也喊出什么孤立主义，充其量也不过是一种战略收缩的口号而已。第二次世界大战后，美国在全球范围内广结军事同盟，所谓孤立主义已荡然无存了。

第二种模式在美国外交史上表现最为显著、持续时间最长的是美英关系。18 世纪末叶，美国独立后，对加拿大垂涎三尺，英国也不肯轻易退出北美大陆，但在 1812—1814 年战争后，美英关系日趋缓和。1817 年《拉什—巴戈特协定》开其端。在 1850 年《克莱顿—布尔沃条约》中，美国同英国甚至平分了中美洲的秋色。在远东侵略活动中，美英更是形影相依。特别是 19 世纪末年以来，在列强争夺殖民地的角逐中，美英大都是相互借助或间接声援的。在门户开放政策中也容纳了一定的英国利益，所以英国积极响应这一政策。

到 19 世纪末英国也不再反对门罗主义。甚至第二次世界大战后，美国不顾拉丁美洲人民的反对，居然在它的后院里，积极支持英国去击败阿根廷收回马尔维纳斯群岛主权的战争。在北大西洋公约组织中，英国是最靠近美国的成员之一，与美国保持一种所谓"特殊关系"。第二次世界大战后国力衰落的英国竭力支持美国实行冷战，而换来的却是国际地位的更加削弱。这是第二次世界大战后英国不得不搭乘美国车所付出的代价。

在美国外交史上最常出现的是第三种模式，其方式和手段是多样的。在形式上，从军事占领到扶植软弱驯顺或残暴专横的附庸，实行"统而不治"，这是新殖民主义形式。在手段上数管齐下，从攫取原料、市场、交通、海关等等经济命脉，到通过新闻媒介、宗教传播、军事援助和经济援助以及正常的文化交流渠道，进行文化渗透，促使收受国在思想意识、价值标准、政治观念和经济制度上"美国化"。这种活动大都是单向的带有强制性的，并常以保护美国国家安全利益或美国侨民生命和财产安全为借口，发展为中央情报局颠覆活动或公开武装干涉。美国外交史学家威廉·阿普曼·威廉斯把这种依仗强权政治，建立帝国的行径称为美国的"生活之道"。以拉丁美洲为例，在美西战争后 30 年间，美国在那里炮制了两个共和国（古巴和巴拿马），将五个国家变为美国的"保护国"（古巴、巴拿马、多米尼加、尼加拉瓜和海地），多次以武力干涉弱小国家内政，武装占领的时间从几天到十几年，投资由 2 亿—3 亿美元增至 30 亿美元，四个国家的海关由美国全部控制。此外，还并吞了波多黎各和维尔京群岛，开凿了一条运河，取得另一条运河的开凿权，并霸占了几个海军基地。

"熟果政策"是美国对外扩张中体现第三种模式的一个特点。美国往往通过几十年，甚至成百年的政治、经济、文化的渗透和经营，逐渐扩大其侵略势力，最后把一个国家变成它的附庸，甚而直接吞并。例如，美国独立后即觊觎古巴，其间经过百多年各种方式的谋算，最后于 1901 年把古巴变为美国的"保护国"（1901—1958 年）。又如美国谋算夏威夷也经历了百年。美国首先把夏威夷视为禁脔，不容别国染指，然后通过商人、传教士、外交官和种植园主的活动，于 1893 年鼓动推倒当地王室，1898 年加以兼并，1959 年将其正式纳为美国的一个州。对于第二次世界大战后由它托管的一些太平洋群岛，也采用了多少类似的策略。

在美国外交史中，第四种模式表现为"不宣而战"的武装干涉。在美国建国后二百余年期间所进行的战争，除几次为宣布的战争外，大部分是"不宣而战"的武装干涉：1787—1828 年间约有 23 次，1829—1897 年间约有 71 次，1898—1919 年间约有 40 次，1920—1941 年间约有 19 次，1787—1941 年间共计约 153 次。第二次世界大战后，从杜鲁门到里根，美国在国外至少进行过 18 次武装干涉，其中包括两次美国历史上空前规模的"不宣而战"的对外战争：朝鲜战争和越南战争。这些战争的对象都是小国和弱国。这种以大压小、以强凌弱的表现同上述美国扩张第三种模式有类似的特点。美国外交政策决策人惯于挥舞大棒。第二次世界大战前主要在拉美地区施行"大棒政策"；第二次世界大战后，为了争夺世界霸权，其挥舞的范围扩大到全球。

二论：美国外交政策史的多维性

我们写作《美国外交政策史》的基本构思是：一国外交政策的制定基本上是由其国内和国外政治、经济和思想意识诸因素制约的。一国外交政策正是这些国内外诸因素的合力。不过外交政策具有复杂的易变因素，如意识形态的作用、舆论媒介的作用、决策过程中人的作用、实施外交政策时对时间和地点的选择，以及国际环境的变化等等。因此这种合力不同于物理学上的合力，不能由一条单一的直线来表述，而可说是种因时、因地、因人不断变动的趋向。外交政策史不仅要记述外交活动的具体事由和过程，如条约、谈判、外交人物及其决策等，同样重要的是阐明形成这种趋向的国内和国外诸因素。

历史不能重演，要正确认识历史，就须比较。外交政策史同样需要比较，纵向力求在一国历史发展各阶段间对比，横向力求国与国间对比。在"温"外交政策史的"故"时，对国内因素和国际因素都须用比较法。

由于外交是内政的延续，在国内外因素中，国内因素是基本的、主导的、决定性的；国外因素只是外部条件，同国内因素相比，其在形成政策中所起的作用是次要的。外交决策人必须根据本国经济、政治等方面的利益，去创造、改变或适应外部条件，以实现其本国利益所要求的目的。这就是外交政策。当然各国所追求的利益有时是长远的，有时是短期的，有时是直接的，有时是迂回的。这都是外交政策决策人所要解决的具体问题。不言而喻，若以性质去衡量，反对侵略和压迫的政策是合乎正义的，反之则是背弃正义的。

在国内外诸因素中，起决定作用的是经济因素，但这不等于说，其他因素有时不能起决定作用。从宏观的终极的意义说，经济因素是外交政策中经常起决定作用的因素，但这也不等于说，每个具体事件都可与经济因素直接挂钩。

　　经济是外交决策的基础，政治是实现经济目标的保证，策略口号首先是服务于政治的。当今基于实力地位的国际关系中，经济力量更加重要，其中包括科学技术。第二次世界大战后，核武器和空间运载工具等军事手段的发展都是植根于经济的。科学技术影响外交政策的抉择，越来越加明显。

　　第二次世界大战前，美国奉行不卷入欧洲纠纷的政策。虽然在第一次世界大战和第二次世界大战时均被卷了进去，但由于采取伺机而动的策略，结果发了大财。欧洲的纷争意味着美国发展的机会。这是外部因素影响外交政策抉择的一个例子。第二次世界大战后，资本主义美国这个先行的超级大国受到社会主义苏联这个后起的超级大国的挑战。美国为了扩张资本主义势力，不仅在社会制度和意识形态方面，而且在经济、军事方面，尽力进行对抗和遏制，并在全球范围内争取霸权，冷战随之产生。这也是外部条件影响外交政策抉择的例子。

　　第二次世界大战前，美国史学家对于世界上广大殖民地区缺乏确切的认识。他们往往通过各宗主国去了解殖民地国家的政治经济和文化状况，漠视关于殖民地国家本体的研究。这样，在外交决策上往往用西方的观点去看待东方和南方的问题，因而失误重重。第二次世界大战后，由于美国处于超级大国地位，实行全球称霸，同时第三世界国家不断崛起，摆脱或争取摆脱殖民锁链，美国外交史学家才强调扩大研究范围，强调世界性研究，一再批评他们在历史研究中的"地方主义"，尤其注意充实对第三世界的研究力量，提倡重视国际关系史。在开始时，他们在多国语言和多国资料方面曾遇到过困难。如1938年时，研究美俄关系的美国史学家，除一两个人外，都不能读俄文。研究日本史的佩森·J.特里特和研究中国问题的保罗·H.克莱德只能使用西方语言资料。第二次世界大战期间，出于军事的需要，他们训练了一些能掌握外国语种的人才，战后继续开拓这方面工作，效果比较显著。在这方面，为我们综合研究美国外交政策史，提供了一些可资借鉴的方法。

　　近年有人主张从"总体"角度研究外交政策史。他们认为国际关系是一种社会文化现象，是一定社会政治、经济和社会思想意识的反映，因此外交政策史的研究也是多维、多层次、多学科的综合。这一思路为外交政策史研究展现了一个新的视野，但不应脱离经济甚而政治发展这个主题，不然就会产生本末倒置的弊端。

　　第二次世界大战后美国盛行诠释性历史写作，强调历史研究不仅注重资料的准确性，也应对资料作出有见地的解释；不仅注意历史事件本身，也应注意对历史事件意义的阐述。但解释历史的准确性，不仅在于所使用的史料，也在于作者所持的立场和观点，在外交政策史方面，这个特点尤为显著。不同观点和立场的外交史学家总是选用不同的资料来为自己的观点和立场辩护。又由于外交文件往往多隐晦含蓄之词，这就增加了外交史学家所作解释的歧义性。读各国外交史时，必须保持审慎鉴别的态度。我们认为，独立自主、和平共处、爱国主义和国际主义相结合诸项原则，应是我们从事审视和对比的基本尺度。

我们所撰写的《美国外交政策史》是结合美国国内经济、政治和社会思想发展，以及外部国际环境撰写的。这是我们几个撰稿人力图达到的目标。这种研究涉及多种学科，这是第一个难点。这样的外交政策史既不能写成一般通史，又不能脱离通史，这是第二个难点。由于主观上撰稿人多种外语水平有限和客观上多国资料不足，目前不易完满地实现所提出的目标，这是第三个难点。总之，我们的构思只是一个研究趋向，我们已尽力争取实现这个趋向。虽然本书各章间在贯彻这个趋向方面存在一定的不平稳，更深层次和更细致的内容也尚未触及，但足以自慰的是，我们都已尽力而为。这个任务的圆满完成，还有待于来日的努力。这也就是在本文开始时作者提出"抛砖引玉"之意。在科研事业中，目标应当高远一些，但在具体实践中，则应切合实际，循序而进。目标狭隘，则易限制视野；泛论原则，又易流于急功近利，终归一事难成。这是我们的共识。

三论：扩张是贯穿美国外交政策史的主线

扩张是贯穿整个美国对外政策中的主线，也是理解美国外交政策发展的关键。关于国际问题，美国人往往不惯于从历史角度去透视，而习惯于从地理角度去测度。历史的基本要素是时间，而地理的基本要素是空间。

在一定意义上，美国是英国商业资本扩张的产物，而美国本身的发展也同扩张有密切的联系。从西欧到北美大陆的第一艘船就带去商业精神、扩张意识，以及与资本主义相联系的价值观。美国独立后自然把这些继承了下来。

美国外交政策的发展历程大致可分为三个时期，即大陆扩张时期（1775—1897 年）、海外扩张时期（1898—1945 年）和全球称霸时期（1946 年至今）。

从三大时期的角度看，美国外交政策史上有三个具有时代意义的政策口号：一是孤立主义，二是"门户开放政策"，三是遏制政策。三者都是为扩张主义服务的。孤立主义基本上是大陆扩张时期的指导思想；"门户开放政策"是适应海外扩张的需要而提出的；遏制政策是为了全球争霸战略制定的，是在资本主义与社会主义两种社会制度对抗的情况下出现的。

在美国外交史上，政策口号含有极大的随机性和实用主义性质。决策人往往根据当时实际情况和需要，在某一地区或某一时间给某口号以不同的解释。如有人认为"显明天命"一词就有 300 多种含义。门罗主义也是一个明显的例子。1823 年门罗在咨文中所提出的对拉美三项政策原则，主要目的在于抵制西欧列强对拉美的干预，实质上是孤立主义的变种，是越出美国本土范围而强加给拉丁美洲独立国家的孤立主义。但随着美国国力的加强，美国不同执政者对 1823 年门罗咨文加以种种解释，如泛美主义、"大棒政策"、立宪主义、睦邻政策、区域安全等，终于门罗主义被引申为美国有"权"可以任意干涉和控制拉美的原则，美国成为拉丁美洲的"国际宪兵"。美国是以整个西半球为其根据地这一想法设计其外交政策的。

美国扩张主义的理论核心是使命观。使命观发源于清教徒的宿命论。欧洲移民把移殖北美以及个人发家视作实现上帝使命的行为。英王颁发的殖民公司特许状和移民自订的《五月花号公约》中，都含有这种思想内容。为商业资本服务的清教教义就是美国独立后从殖民地时期接受过来的思想遗产之一。到 19 世纪 40 年代，这种宿命论发展为大陆扩展"理论"——"显明天命"；在 19 世纪末开始的海外扩张高潮中，又掺进社会达尔文主义，成为"新显明天命"说教；第二次世界大战后，结合全球争霸，又以"承担义务论"的面目出现。这些"理论"虽在诠释上因地、因时、因事，甚而因人而变，但万变不离其宗，都是服务于扩张主义。作为上层建筑，这些"理论"既集中反映了当时美国资本主义发展中所形成的社会思潮，又为当时扩张行动起着动员舆论的作用。

使命观的致命弱点是自命不凡，唯我独尊。美国一向认为，它的国家政策，无论是说的，还是做的，都是"符合"其他国家利益的。根据这种假设，美国又认为，它在国际事务中享有一种特别的权利。这种民族优越感和自满意识一旦发展到极端，便表现为颐指气使，把自我价值观强加给别人，并设法去驾驭别人。这种霸道作风，虽自诩为"发挥领导作用"或"承担"什么"义务"，实际上却把自己置于失道寡助和力不从心的困境，迟早会把民族命运推向危险的地步。放眼丈量，历史上有多少辉煌庞大的帝国被淹没在极端尚武主义的泥淖之中。年轻的美国历史相对短暂，义无反顾向前去创立帝国，并不像年迈的英国那样总是俯首冥想过去的"光荣"帝国。美国一向不乐于回味历史。假如 19 世纪是英国的世纪,"20 世纪是美国的世纪",那么,21世纪肯定不会是英国的世纪,也很难说是美国的世纪了。

为了逼近审视美国外交政策的发展脉络,我们又把上述各时期分为若干阶段。不过,首先必须说明的是:历史本来就是一条时间的长河,奔腾不息。不管分期也罢,或分段也罢,终归是一种大致概括历史发展的方法。尽管通常是以某种具有转折意义的重大事件或年代为标志,但标志究竟只是个历史发展趋势的里程碑。标志之前的事物总是标志之后事物的成因,后者又是前者的继续。而且由于人们对于历史发展趋势的认识不同,分期或分段是具有相对性的。分期或分段的目的只在于说明,外交政策的制定和实施是与一国的国内外社会政治、经济和文化发展直接相关的。

结合美国国内因素和国际条件,我们认为,大陆扩张时期可分为四个阶段;海外扩张时期可分为三个阶段;全球称霸时期可分为四个阶段(或四次外交政策大调整)。

(一)大陆扩张时期的四个阶段

1775—1814 年为第一阶段,即从大陆会议秘密通讯委员会的建立到1812—1814 年第二次美英战争结束。当时美国外交的总目标是维护和发展商业资本,保证资本原始积累,巩固新近赢得的独立。

美国的独立外交活动始于大陆会议在 1775 年建立的秘密通讯委员会。1776 年委员会制定的第一个外交纲领——《1776 年条约计划》,阐述了美国积极发展对外贸易的方针。争夺海外市场从一开始就是指导美国对外政策的一个极为重要的思想。

独立后美国奉行的孤立主义反映在 1793 年华盛顿发布的《中立宣言》和1796 年汉密尔顿为华盛顿起草的《告别词》中,在孤立主义策略的掩护下,美国从法国购得路易斯安那(1803 年),向南进占了西班牙的西佛罗里达(1810、1813 年)。

独立后的美国也无须通过英国中间商之手,同中国发展了直接贸易(1784年)。开始时,这种贸易关系是平等的,自 1804 年美国载运鸦片的船只来到中国后,双方贸易逐步向不平等方面转化。在 1844 年《望厦条约》中,这种不平等关系完全暴露出来。

1815—1844 年为第二阶段,即美国通过同英签订《根特条约》巩固独立地位到进一步掀起向西扩张浪潮的前夕。这是加强向西扩张前的酝酿时期。

第二次美英战争实质上是另一次独立战争。战后美国国内经济和政治发生重大变化，为商业资本逐渐向工业资本的过渡开辟了道路。国内市场不断扩大，殖民地时期的沿海经济交流转变为三大经济区域的交流。"内地开发"不断扩展，殖民地意识逐渐消逝，要求经济、政治和文化上独立的愿望，促使民族主义思潮的兴起。民族主义助长了扩张的气焰。19 世纪初期拉丁美洲爆发了独立战争，西班牙殖民帝国迅速解体，英国乘机向拉美地区渗透，美英矛盾随之日增。1823 年门罗总统抛开英国，单独宣布针对拉美的外交政策，试图将新兴的拉美国家强行置于美国势力之下。前此四年，美国从西班牙手中攫取了东佛罗里达。

1845—1860 年为第三阶段，即从向西大规模扩张领土到内战前夕。至 19 世纪 40 年代，美国工业革命才真正开始得到发展。机器工业兴起，国内市场扩大，同时南部种植园奴隶制急剧膨胀，南北两种社会制度的矛盾日渐加深，政治权力对比向有利于奴隶主的方向倾斜。美国开始强化用战争或以战争威胁手段推行大陆扩张政策。门罗宣言在公布之后一度沉寂，至此也喧嚣起来，并经波尔克总统的引申，成为指引美国大陆扩张的准则。美国通过兼并得克萨斯、同英国瓜分俄勒冈、对墨西哥战争等步骤，一跃达到太平洋沿岸。"显明天命"这个口号就在这次扩张高潮初起时提了出来（1845 年）。这期间维也纳会议建立起来的列强间的均势彻底瓦解，欧洲问题也激化起来，这就给美国提供了进行大陆扩张的有利机会。英国对美国扩张多次实行遏制政策未获成功，但当时美国也无力问鼎南美。1850 年美英遂签订条约，协议对未来开凿的运河实行共管，共同保证中立化。

至内战前夕，美国向西扩张虽然仍局限于北美大陆，但向太平洋和亚洲的扩张势头业已加强。当时叫嚷向亚太地区扩张的最有影响的人物是威廉·亨利·西沃德。但当时美国的经济和海军力量都不足与英国抗衡，在海上它只能尾随英国炮舰之后，实行"合伙"策略。只是由于内战的爆发，这种扩张进程突然中断。

1861—1897 年为第四阶段，即从 1861 年内战开始到 1898 年美西战争前夕。在美国外交史上，这是一个从大陆扩张转向海外扩张的酝酿阶段；在社会经济制度上，是从自由资本主义向垄断资本主义的过渡阶段。

内战是美国的第二次资产阶级民主革命。它粉碎了种植园奴隶制，统一的国内市场正式完成。工业资产阶级执掌了政权，为工业进步发展开辟了道路。工业资本的迅速发展，触发了新的科技革命。至 80 年代，美国完成了工业革命。90 年代初，美国工业生产跃居世界首位。在这"镀金时代"，为了追逐海外市场、原料供给地和投资场所，为了缓和国内社会矛盾，要求向海外扩张的喧嚣开始泛滥。"新显明天命"论应运而生。盎格鲁-撒克逊种族优越论、海权说、大陆边疆终结说等流行一时。这都为大规模海外扩张吹响了号角。

内战一停止，美国就恢复了被战争一度打断了的向太平洋和拉丁美洲扩张的势头。如中途岛的占领、阿拉斯加的购买、1883 年的美朝条约、泛美会议、1893 年的夏威夷"革命"、1895 年的奥尔尼照会等，都是美国大规模向拉美和太平洋扩张的前奏。

（二）海外扩张时期的三个阶段

1898—1918 年为第一阶段，即从美西战争到第一次世界大战。1898 年美西战争在美国史上是一个划时代的重大事件。它是历史上帝国主义国家发动的第一个战争，标志着美国进入了垄断资本主义时期，开始踏上世界政治舞台。海外扩张的帷幕正式拉开。

此时的美国，垄断资本集团支配了政治经济生活，由此导致的政治和经济矛盾引出了"进步运动"。"进步运动"是帝国主义初期，资产阶级为了完善资本主义制度而进行的一次改良运动，其目的在于调整生产关系，缓和国内阶级矛盾，以促进资本主义发展。就统治阶级言，"进步运动"与海外扩张是垄断资本齐下的"双管"。这同样说明外交是内政的延续。我们不应把当时美国国内政策与对外政策对立起来，因为就外部条件言，对不发达国家与地区的市场、资源和劳动加以控制和豪夺，正是资本主义国家得以保持发展、改良的重要手段之一。

为了适应海外扩张的需要，1899 年美国提出"门户开放政策"。对殖民地或被压迫的国家来说，这个政策是种单向的、以"他"为主而不是以"我"为主的政策。这种开放是强加于人的"开放"。它在表面上是对华外交政策，实质上是美国向海外进行扩张的总政策。其"利益均沾"设想早在 19 世纪中期已初见端倪。当时美国国力不足，在亚洲角逐中只得与英国结成"伙伴"，分享杯羹，但到 19 世纪末美国国力增强时，则作为正式外交原则单独提了出来。正是在"门户开放政策"宣布后不久，美国参加了镇压中国人民反帝的义和团运动，并掠得巨款。

在拉丁美洲，1901 年美英签订了新的运河条约，美国攫得中美海峡地区的控制权，开始向南美大规模渗透。到第一次世界大战前夕，拉丁美洲已沦为美国的"后院"。

在亚洲，美国打着"门户开放"的旗号，继续推行"合伙"策略。1905年日俄战争后，这种策略又表现为同日本谋求共同分割在亚洲和太平洋地区的势力范围。在非洲，1906年美国通过参与阿尔吉西拉斯会议，试图把门户开放政策推向那里。

至20世纪初年，欧洲两大军事集团间的矛盾不断加剧。美英关系得到进一步调整。1914年第一次世界大战开始时，美国虽然采取隔岸观火、乘机敛财的策略，但当战火扩大时，最后还是站在英法方面，于1917年加入进去。战争时期，美国由债务国变为债权国。威尔逊的"十四点"和国际联盟计划反映了美国要求介入欧洲事务，要求实现"世界领导地位"的新趋向。战后，美国虽未签署凡尔赛和约，没有加入国际联盟，继续推行"单干"策略，但在资本主义世界新的格局中，占据强大的经济地位，其政治影响也随之空前增长。1917年俄国发生十月革命。为了弥合在资本主义体系中被冲开的缺口，资本主义国家，其中包括美国，对新诞生的苏维埃俄罗斯进行了联合武装干涉。

1919—1933年为第二阶段，即从1919年第一次世界大战结束到1929—1933年经济大危机发生。

第一次世界大战后，美国垄断资本在"组合自由主义"政策指导下飞速发展。汽车、建筑业和电气工业的增长，带动钢铁等工业的兴盛。政治上，保守主义和孤立主义复活。1921—1922年举行的华盛顿会议上，在重新宰割远东和太平洋地区殖民地与势力范围的折冲樽俎中，门户开放政策得到列强的正式承认。1923年后，国际局势处于相对稳定状态，和平主义运动广为传播。和平主义反映美国人厌恶第一次世界大战的情绪和力图保持战后繁荣的要求。在凡尔赛—华盛顿体系下，美国在海军军备上同英国相对抗，在太平洋上与日本相对峙。这时美国外交重点仍在欧洲，主要目标是大力解决战债问题并扩大海外投资，借以维持经济大国地位，扶持德国，对抗英法，抵制苏联。这一时期美国外交活动相对处于低潮。在华盛顿会议后，美国参加过几次裁军会议，但都因与会国间争吵不休而终告失败。1929年突然爆发经济大危机之后，美国外交更趋向收缩态势。

1933—1945年为第三阶段，即从富兰克林·罗斯福施行新政到1945年第二次世界大战结束。

1933年罗斯福在空前经济危机中入主白宫。为了挽救资本主义制度，他在国内实行新政，国家垄断资本开始确立。罗斯福对外政策的目标是通过介入国际事务，尽快复苏国内经济。1933 年罗斯福不得不正式承认了苏联；对拉丁美洲也宣布了"睦邻政策"。

30 年代国际形势极度动荡。德、意、日法西斯势力日益猖獗，第一次世界大战后建立起来的凡尔赛—华盛顿体系节节崩溃。第二次世界大战前，美国采取的"中立政策"和第一次世界大战前相同，基本上是隔岸观火策略。所不同的是，第二次世界大战前法西斯侵略势力越出欧洲范围，蔓延到亚洲，美国有腹背受敌之虞。这就使得美国国内主张干涉的力量通过曲折途径，终于削弱了主张孤立主义的势力。1941 年日本偷袭珍珠港后美国被迫参战。大战期间，美国首先力求击败德、意、日法西斯国家，与此同时，竭力为掌握战后世界政治和经济领导权奠立基础。例如 1944 年布雷顿森林会议和敦巴顿橡树园会议，就是明显的标志。

（三）全球称霸时期的四个阶段（或四次外交政策大调整）

1945—1968 年为第一阶段，即从 1945 年第二次世界大战结束到 1968 年美国深深陷入侵越战争困境。

经过第二次世界大战，美国的经济和政治实力空前强大。作为超级大国，美国成为称霸世界的力量。据此，美国对外交政策作了大调整，由战时与苏联进行国际合作转向遏制苏联、争夺世界霸权的战略。1947 年 3 月杜鲁门主义的出台标志着这一转变。为了遏制苏联和社会主义国家，美国开始在广阔的中间地区，压制一切争取民族民主的运动，并在世界范围内建立起反苏反共的广泛联盟。冷战随之越演越烈。1948 年 4 月开始实施的马歇尔计划与杜鲁门主义相辅并行。1949 年成立的北大西洋公约组织是美国在和平时期第一次同欧洲国家建立的军事同盟。但在亚洲，美国的遏制政策并不顺利，1949 年中国人民革命的胜利，继而美国在朝鲜战场上接连失利，使美国在中国和整个朝鲜建立附庸政权的企图彻底破灭。

1953 年艾森豪威尔执政后，被迫结束了侵朝战争，但仍继续实施遏制政策，继续在全球范围内扩大反共军事联盟，并推行所谓"大规模报复"和"战争边缘"战略。随之国内出现的军事-工业复合体，显示出黩武主义的趋向。同时在国际上，第三世界崛起，西欧、日本经济力量增长，美国在推行霸权战略时遇到困难。肯尼迪、约翰逊政府深深陷入侵越战争，日益表明美国经济和军事力量越来越不能适应其称霸的图谋。同时，国内反战和争取民权运动普遍开展。美国政府陷入内外交困的境地。

1969—1980 年为第二阶段，即从尼克松结束侵越战争到卡特实施卡特主义。

1969 年尼克松执政后，国内和国际形势都不利于继续进行侵越战争。国内出现了生产迟滞、高失业、高通货膨胀并存的现象。在国际上，西欧和日本经济实力继续上升，独立性日见增强。苏联加速争霸步伐，苏美核力量日益接近。为了摆脱内外交困的境地，尼克松实行第二次世界大战后第二次外交政策大调整。他于 1969 年 7 月提出所谓"尼克松主义"，宣布从越南战争脱身，两年后又提出"多极外交"均势论。

1977 年卡特上台后，提出所谓"人权外交"，但由于沿袭美国一贯对人对己实行双重道德标准的做法而收效不显著，1980 年初又试图从尼克松的收缩战略转向重点地区实行直接军事介入的政策，并有选择地改善与第三世界的关系，以此抵制苏联的扩张。1977 年美国与巴拿马订约，有条件地逐步归还巴拿马运河区主权，1979 年与中华人民共和国正式建立了外交关系。卡特所宣布的卡特主义并未使美国摆脱外交上所处的困境，在伊朗问题上所受挫折最为明显。

1981—1989 年为第三阶段，即里根当政阶段。1981 年里根上台后，对美国外交政策再度作出重大调整。

里根依据传统保守主义思想，制定国内外政策。在外交上，他竭力恢复越南战争和伊朗危机之前的美国国际地位，并重整军备，力图从苏联手中夺回争霸世界的优势。1983 年他提出"星球大战"计划。这是美国全球称霸政治与当代科学技术相结合的产物。里根企图凭借其先进的科学技术和较雄厚的经济实力，在军备竞赛中挤垮苏联，同时对苏联实行以武力为后盾的又对抗又对话的战略，推行"多层次威慑"，把苏联"推回去"。这种所谓"里根主义"外交政策虽显然得势，但代价十分昂贵，财政赤字剧增，外贸逆差上升，国债负担日重。1985 年上半年美国成为净债务国。

1989 年乔治·布什入主白宫后，于 5 月在得克萨斯农业和机械大学发表对苏关系的演说，提出"超遏制"政策。这是 40 多年来美国对苏政策的显著的战略调整，也是对苏共总书记米哈伊尔·戈尔巴乔夫"新思维"改革政策的反应。这次外交政策大调整仍然是一种以经济、军事、科技等构成的"综合国力"为后盾、以政治思想攻势为前哨的策略，既保持谈判，又保持对抗，因时因事交替使用。今后这种冷战后和遏制后时期出现的缓和趋向有何发展，冷战 40 多年以来的国际政治平稳结构会发生什么变化，雅尔塔会议以及战后几次国际会议建立起来的国际政治体系将有何演变，都尚未可逆料。

纵观美国外交政策的发展进程，可以概括地说，美国对外政策的转变是伴随着美国资本主义发展过程中两次革命（1774—1783 年革命与 1861—1865 年内战）、五次重大战争（1812—1814、1846—1847、1898、1917—1918、1941—1945 年）、一次经济大危机（1929—1933 年）和四次社会政治经济体系过渡（商业资本向工业资本的过渡，自由资本向垄断资本的过渡，一般垄断资本向国家垄断资本的过渡，继而向国际垄断资本的过渡）而实现的。其中垄断资本国际化刚从地平线上冉冉升起，其发展趋向，特别是国际垄断资本主义集团间发展不平衡规律如何发生作用，如今均未可预测。

第二编　编译作品

这一部分是杨生茂先生在 20 世纪 80 年代初组织一些高校的教师和学生[①]，克服诸多困难，共同完成的一本译作[②]的全部内容，由两部分组成，即美国边疆学派的代表人物弗雷德里克·杰克逊·特纳的原著选译，以及外国学者论特纳及其学说。

---

① 校译者姓名以译文排列为序：黄巨兴、张芝联、张镇强、张孝纯、焦庞颙、杨生茂、王玮、王群、于锡珍、丁则民、李青、阎方耀。——编者注

② 杨生茂编：《美国历史学家特纳及其学派》，北京：商务印书馆，1983 年版。

特纳原著选译

边疆在美国历史上的重要性①

最近在 1890 年人口调查局局长的报告中有这样几句重要的话："直到 1880 年（1880 年在内）我国本有一个定居的边疆地带，但是现在未开发的土地大多已被各个独自为政的定居地占领，所以已经不能说有边界地带了。因此对边界范围，对向西部移民运动等等进行讨论，也已不能再在人口调查报告中占有篇幅了。"这一简略的官方说明，表示历史上一个伟大的运动已告结束。直到现在，一部分美国史大部分可说是对于大西部的拓殖史。一个自由土地区域的存在及其不断的收缩，以及美国向西的拓殖，就可以说明美国的发展。

各种制度的建立以及宪法的制定和修正，都是有生命力的。此种力量赋予了这些典制以生命，使它们能够应付变化着的情况。美国制度的特殊性是，它们不得不使自己适应于一个越来越扩张的民族所发生的变化。这些变化是：越过一个大陆，征服广大的原野，以及在进入一个区域以后把边境地带的原

---

① 本文在 1893 年 7 月 12 日于芝加哥举行的美国历史协会的会议中宣读过。最初发表在 1893 年 12 月 14 日的《威斯康星州历史学会纪要》（*Proceedings of the State Historical Society of Wisconsin*）上，并且特纳在按语中说："这篇论文是以发表在 1892 年 11 月 4 日的威斯康星大学学生刊物《盾报》（*The Aegis*）上面的拙文《美国史上的问题》（'Problems in American History'）为基础的。……我很高兴地知道威尔逊教授（W.Wilson）——他的一本列在《美国史丛书》（*Epochs of American History Series*）中论《分离与重合》（*Division and Reunion*）的书，对作为美国史中一个因素的西部的重要性估价甚高——接受了上面提到的两篇文章的一些观点，并且还在他的一篇《评介戈尔德温·史密斯的美国历史》（'Goldwin Smith's History of the United States'）的文章［刊登在 1893 年 12 月号《论坛》（*The Forum*）上］中，清晰而有力地论述了这些观点，从而提高了它们的价值。"本文曾发表在《美国历史协会 1893 年年报》（*Report of the American Historical Association for 1893*）第 199–227 页。以后它又经过补充，刊登在《全国赫巴特学会第五年年鉴》（*Fifth Year of the National Herbart Society*）和其他刊物上。

始经济和政治条件发展成为复杂的城市生活。卡尔霍恩[①]在 1817 年说道："我们是伟大的，而且正在迅速地——我打算说可怕地——发展着！"[②]他的这句话提到美国生活的一个最显著的特点，各民族都有发展，政治制度的根源理论已经强调得足够了。然而，对大多数国家来说，发展只是在有限的区域内发生的；而一个国家领土的扩张，使它必须应对它所征服的其他在发展中的民族。但是，我们美国的情形就不同。由于我们把自己限于大西洋沿岸，我们也有这种习见现象，即制度的演进也是在一个有限的区域内发生的，如起初是议会政体的产生，接着简单的殖民地政府分化成为复杂的结构，最后从没有劳动分工的原始状况进到制造工业的文明社会。但是，除此以外，我们在扩张进程中所达到的每个西部地区，也重复这种进化的过程。由此可见，美国的发展不仅表现为一个单线的前进运动，而是一个在不断前进的边疆地带上恢复到原始状况，并在那个地区有新的发展的运动。美国社会的发展就这样在边疆始终不停地、周而复始地进行着。这种不断的再生，这种美国生活的流动性，这种向西扩张带来的新机会，以及与简单的原始社会的不断接触，提供了支配美国性格的力量。只有把视线从大西洋沿岸转向大西部，才能真正理解美国的历史和为废除奴隶制度而进行的斗争。有些作家像冯·霍尔斯特（Von Holst）教授把这个斗争作为专门研究的对象，并且在美国史上占据了一个很重要的地位，其原因也是由于它和向西部扩张有关。

在这一过程中，边疆是向西方移民浪潮的前沿——野蛮和文明的汇合处。从边界战争和围猎的观点来写边疆的大有人在，但是把边疆作为经济学家和历史学家的一个领域来认真研究的，却遭到忽视。

美国边疆是和欧洲边疆截然不同的，后者有一条通过稠密人口筑了防御攻势的边界线。美国边疆的最重要的一点是它位于自由土地这一边的边缘上。[③]在 1890 年的人口调查报告中，它被当作一平方英里有两人或两人以上

---

① 约翰·卡尔霍恩（John Caldwell Calhoun, 1782—1850）：1817 年任门罗内阁的陆军部长，为重新改组陆军部尽了许多力；约翰·昆西·亚当斯政府和杰克逊政府时期的副总统。他在《对南卡罗来纳人民的陈辞》（"Address to the People of South Carolina", 1831）中提出了州权说；1832 年任参议员，成为州权运动的一个领袖和蓄奴州利益的一个卫士；1844 年任国务卿，签订了并吞德克萨斯的条约。卡尔霍恩、克莱（Henry Clay）和韦伯斯特（Daniel Webster）号称美国政治演说家的"三巨头"。——译者

② 《国会辩论摘要》（*Abridgment of Debates of Congress*），第 5 卷，第 706 页。

③ 此把把已经开垦出来的土地与白人尚未占据的土地分开来的边疆。依照特纳的意见，沿着这条边疆，开启了美国社会发展的进程。——译者

这样一个密度的定居地的界限。这是一种很模糊的说法，而对我们来讲，却不需要明确的界说。我们将对这整个边疆地带（它既包括印第安人的地区，也包括人口调查报告中的"定居地"的外界）加以考虑。我这篇论文不打算详尽无遗地讨论这个题目。我的目的只是一方面引起大家注意边疆问题是一个可供研究的广阔天地，另一方面提出和边疆有关的几个问题。

在美国的开拓中，我们看到欧洲生活方式如何打进这个大陆，也看到美国如何改变和发展了这种生活方式，反过来又影响欧洲。我国早期的历史是研究欧洲根源在美国环境中得到发展的问题。以前研究美国制度的学者过分注意寻找日耳曼根源的问题，而对于美国本身的因素却注意得十分不够。边疆是一条极其迅速和非常有效的美国化的界线。移民的人受到荒野完全的控制。在荒野里发现移民的人穿着欧洲的服装，拥有欧洲的工业，运用欧洲的工具，表现欧洲的旅行方式和思想。他从火车车厢里出来，钻进一只桦皮船里。他脱下了文明的外衣，穿上打猎的衬衫和鹿皮靴。他寄身在契洛克人和易洛魁人居住的四面围着栅栏的木头小房子里。不要很长的时间，他就习惯于种植玉米，用一根尖木棍犁地了；他叫喊厮杀，也剥人的头皮，跟道地的印第安人完全一样。一句话，边疆的环境首先对这个移民的人来说，影响是太大。他必须接受环境提供的一切条件，否则他就会灭亡。因此，他只有适应印第安人开辟出来的地方，沿着印第安人踏成的路走。渐渐地他改变了荒野，但是改变的结果不是变成旧欧洲，也不单单是日耳曼根源的发展，甚至从最初的现象来看，他也不是一种仅仅恢复日耳曼标志的情形。事实是，这里有了一种新的产品，那是美国的产品。起初，边疆是大西洋沿岸。真正说起来，它是欧洲的边疆。向西移动，这个边疆才越来越成为美国的边疆。正像一层一层的堆石是由冰河不断地流过而积成的一样，每一次的边界都在它的后面留下了痕迹，而一旦形成定居地以后，这块地方仍然保有边界的特点。边疆不断地向西部推进就意味着逐渐离开欧洲的影响，逐渐增长美国独有的特点。因此，研究这一进程，研究在这些情形下成长起来的人们，以及研究由此而产生的政治、经济和社会的结果，是研究真正的美国历史。

在 17 世纪之中，边疆到达大西洋各河流，即所谓"瀑布线"（fall line）①

---

① 美国大西洋沿岸平原借助于阿巴拉契亚山脉流下来的河道短而水量充足的一些河流（康涅狄克河和哈德逊河等）进行排水。当这些河流穿过皮德蒙特阶地时，形成了"瀑布线"，被利用来发电。——译者

的前面。因此"潮水地带"（tidewater region）^①就成为已开发的地区。到了 18 世纪前半叶的时候，边疆又推进了一步。商人们跟着德拉瓦尔和沙瓦尼斯的印第安人，早在 18 世纪第一个 25 年末到达俄亥俄^②。弗吉尼亚州长斯波茨伍德（Spotswood）在 1714 年进行了一次远征，越过蓝岭。在 18 世纪第一个 25 年末，苏格兰-爱尔兰人和巴拉丁内特的德意志人进入弗吉尼亚西部的谢南多亚河流域和南、北卡罗来纳的皮德蒙特地区^③。纽约的德意志人把他们定居地的边界推进到莫霍克人的地方，建立了德意志州^④。宾夕法尼亚的柏德佛德城就是定居地边界的证明。在堪那华河支流新河一带，以及在雅德金河源和法兰西布罗德都开始了土地的开拓。^⑤英王想用《1763 年皇室宣言》^⑥来阻止边疆的推进，不准在注入大西洋的各河河源前面的区域开拓土地；但是收效不大。在革命时期，边界跨越了阿勒格尼山脉（the Alleghanies）^⑦，到达肯塔基和田纳西。这一来，俄亥俄河上游的地区便都开发出来了^⑧。1790 年

---

① 指南部殖民地包括弗吉尼亚、北卡罗来纳和南卡罗来纳。沿海岸线广阔的平原地带，海湾曲折，空气滋润，土壤肥沃，潮水不时冲洗，故名。——译者

② 班克罗夫特（Bancroft）编（1860 年版），第 3 卷，第 344、345 页，引洛根抄本（Logan MSS.）；米切尔：《美国的竞争》（Mitchell, *Contest in America*, etc., 1752, p. 237.）

③ 克切瓦尔：《谢南多亚河流域史》（Kercheval, *History of the Valley*）；伯恩埃姆：《南、北卡罗来纳的德意志人定居地》（Bernheim, *German Settlements in the Carolinas*）；温泽：《美国史：叙述和考证》（Winsor, *Narrative and Critical History of America*），第 5 卷，第 304 页；威廉·桑德斯：《北卡罗来纳殖民记》（William Saunders, *Colonial Records of North Carolina*），第 4 卷，第 20 页；韦斯顿：《南卡罗来纳史有关文件》（Weston, *Documents Connected with the History of South Carolina*, Whitefish: Kessinger Publishing, 1856），第 82 页；爱丽丝和伊凡斯：《宾夕法尼亚州兰卡斯特县史》（Ellis and Evans, *History of Lancaster County, Pa.*），第 3、26 章。

④ 巴克曼：《蓬提阿克》（Parkman, *Pontiac*）（蓬提阿克是跨越美加边境的奥达瓦印第安人英勇的酋长。18 世纪 60 年代英军大量屠杀印第安人。蓬提阿克组织军事同盟，聚集了印第安人各族与英军做殊死斗争。——译者），第 2 卷；格利费斯：《威廉·约翰逊爵士》（Griffis, *Sir William Johnson*），第 6 页；西姆斯：《纽约的边疆居民》（Simms, *Frontiersmen of New York*）。

⑤ 莫奈：《密西西比河流域》（Monette, *Mississippi Valley*），第 1 卷，第 311 页。

⑥ 《威斯康星历史文集》（*Wisconsin Historical Collection*, Vol.11, p. 50）；辛斯得尔：《旧西北》（Hinsdale, *Old Northwest*, p. 121.）；柏克编：《关于和美国和解的演说》（Burke, ed., *Oration on Conciliation*, *Works*, Vol. 1, 1872, p. 473.）。（1763 年 12 月英国颁布《皇室宣言》，法国割让给英国的密西西比河以东的土地为国王的土地，并将阿巴拉契亚山脉与密西西比河之间未移让的领域作为印第安人的禁地。宣言中更反复申述殖民地人民不许向这山脉以西移住，否则即为"非法占地"，应被逮捕并处罚。见黄绍湘著：《美国早期发展史》，北京：人民出版社，1957 年版，第 144 页。——译者）

⑦ 是阿巴拉契亚山脉（Appalachians）的旧称。——译者

⑧ 罗斯福：《西部的胜利》（Roosevelt, *Winning of the West*）及书中援引的实例；卡特勒：《卡特勒生平》（Cutler, *Life of Cutler*）。

第一次人口调查报告称，还在继续进行的开拓的土地，其边界已近达缅因沿岸一带，包括新英格兰（除佛蒙特一部分和新罕布什尔以外）、哈德逊河畔的纽约、莫霍克人四周的斯克涅塔迪、宾夕法尼亚的东部和南部、弗吉尼亚以及南北卡罗来纳和东部佐治亚[①]。除了这一片正在不断开拓的区域以外，还有小段的地区在肯塔基和田纳西以及俄亥俄河一带也在进行开发。它们和大西洋沿岸地区中间夹着崇山峻岭，从而赋予了边疆以一种崭新而又重要的特点。这一区域的孤立状况特别表现了美国独有的特点。它和东部衔接起来所需要的交通便利，势必引起内部实施重大改革措施。这一点下面再详细讨论。"西部"开始作为一个自觉存在的地域发展起来了。

　　边疆连年都在显著地向前推进。1820 年的人口调查报告[②]宣称，已经开发的土地有俄亥俄、南印第安纳和伊利诺伊、密苏里东南部和一半路易斯安那。它已将印第安人的土地包括在内，所以如何处理这些部落就成为一个重大的政治问题。当时的边疆是在大湖一带（在那里有阿斯特美国毛皮贸易公司，专做印第安人的生意[③]）和密西西比河以西（那里的印第安人的贸易活动甚至延伸到落基山脉）；佛罗里达也提供了边疆的条件。密西西比河流域是典

---

　　① 《斯克里布纳出版的统计图集》（*Scribner's Statistical Atlas*）（全名为 *Scribner's Statistical Atlas of the United States Showing by Graphic Methods: Their Present Condition and Their Political, Social, and Industrial Development*，应译成《斯克里布纳出版的美国政治、社会及工业状况和发展统计图集》。——译者），第 38 卷，第 13 图；麦克马斯特：《美国人民史》（McMaster, *History of People of U.S.*, New York: D.Appleton & Co., 1883.），第 1 卷，第 4、60、61 页；伊姆莱和费尔逊：《美国的西部地区》（Imlay and Filson, *Western Territory of America*, London, 1793）；罗什孚科-利安科特：《北美合众国游记》（Rochefoucault-Liancourt, *Travels Through the United States of North America*, London, 1799）；米肖：《日记》（Michaux, "Journal"），载《美国哲学学会纪要》（*Proceedings American Philosophical Society*），第 26 卷，第 129 期；福尔曼：《1780—1790 年俄亥俄和密西西比两河下游游记》（Forman, *Narrative of a Journey Down the Ohio and Mississippi in 1780-1790*, Cincinnati, 1888）；巴特兰木：《北卡罗来纳游记》（Bartram, *Travels Through North Carolina*, etc., London, 1792）；波普：《南部和西部地域游记》（Pope, *Tour Through the Southern and Western Territories*, etc., Richmond, 1792）；韦尔德：《北美各州游记》（Weld, *Travels Through the States of North America*, London, 1799）；贝利：《1796—1797 年北美未开发的州游历日记》（Baily, *Journal of a Tour in the Unsettled States of North America, 1796-1797*, London, 1856）；《宾夕法尼亚历史杂志》（*Pennsylvania Magazine of History*），1886 年 7 月；文索尔：《美国叙述史和考证史》（Winsor, *Narrative and Critical History of America*, New York: Houghton, Mifflin and company, 1884.），第 7 卷，第 491、492 页及引证。

　　② 《斯克里布纳出版的美国政治、社会及工业状况和发展统计图集》，第 39 卷。

　　③ 特纳：《威斯康星的印第安人贸易的性质和影响》（"Character and Influence of the Indian Trade in Wisconsin"），载《约翰·霍布金斯大学研究》（*Johns Hopkins University Studies*）丛刊第 9 辑，第 61 页及以后诸页。

型的边疆地带。①

西部河流中日益兴盛的轮船航行②、伊利运河的开凿和种棉业传到西部③——这一切使五个新开拓的州在这个时期加入联邦。格伦德（Grund）在1836年写道："看来，美国人向西部的原野移民，想扩大它们对荒芜地方的统治这种一般倾向，是一种扩张力的实际结果。这种扩张力是美国人固有的一种力量。它自始至终地刺激社会各阶级，经常把全国大批的人员投入边境地带以谋更大的发展。这个原则表明，如果不引起进一步的迁移，一个新开拓的州是几乎建立不起来的；所以移民一定是继续不断地发生，除非有一种自然的障碍，才能最后阻止他们的迁徙。"④

19世纪中叶，由现在的印第安地域⑤东部、内布拉斯加和堪萨斯所代表的界限，在当时是印第安人地方的边疆。⑥明尼苏达和威斯康星虽然还显示着

---

① 夫林特：《密西西比河旅行和居住》（Flint, *Travels and Residence in Mississippi*）；夫林特：《西部各州的地理和历史》（*Geography and History of the Western States*）；《国会辩论摘要》，第7卷，第397、398、404页；荷姆斯：《美国史纪事本末》（Holmes, *Account of the U.S.*）；金多姆：《美国和不列颠殖民地》（Kingdom, *America and the British Colonies*）；格伦德：《美国人》（Grund, *Americans*），第2卷，第1、3、6各章（虽然写于1836年，但他论述的是向西部移民运动从1820年到1836年发生的情况）；佩克：《移民指南》（Peck, *Guide for Emigrants*）；达尔毕：《西部和西南部各州和地域移民指南》（Darby, *Emigrants' Guide to Western and Southwestern States and Territories*）；德那：《西部地方的地理概要》（Dana, *Geographical Sketches in the Western Country*）；金齐：《沃本》（Kinzic, *Waubun*）；基挺：《萨格远征记》（Keating, *Narrative of Long's Expedition*）；斯库尔克拉夫特：《密西西比河河源的发现》（Schoolcraft, *Discovery of the Sources of the Mississippi River*）；《密西西比河流域中部游记》（*Travels in the Central Portions of the Mississippi Valley*）和《密苏里河的铅矿》（*Lead Mines of the Missouri*）；安德累雅斯：《伊利诺伊史》（Andreas, *History of Illinois*），第1卷，第86-99页；赫尔巴特：《芝加哥古代的风习》（Hurlbut, *Chicago Antiquities*）；麦肯尼：《大湖游记》（Mckenney, *Tour to the Lakes*）；托马斯：《西部地方全境游记》（Thomas, *Travels Through the Western Country*, etc., Auburn, N. Y., 1819）。

② 达尔毕：《西部和西南部各州和地域移民指南》，第272页及以后诸页；本顿（Benton）发言，载《国会辩论摘要》，第7卷，第397页。

③ *De Bow's Review*, Vol. 4, p. 254; Vol. 17, p. 428.

④ 格伦德：《美国人》，Vol. 2, p. 8.

⑤ 印第安地域是指美国国会在1834年通过法案拨给印第安人的专有地，即今俄克拉何马州的土地。——译者

⑥ 佩克：《西部新指南》（Peck, *New Guide to the West*, Cincinnati, 1848），第4章；巴克曼：《俄勒冈之行》（Parkman, *Oregon Trail*）；霍尔：《西部》（Hall, *The West*）；彼尔斯：《西游见闻》（Pierce, *Incidents of Western Travel*）；墨累：《北美游记》（Murray, *Travels in North America*）；劳埃德：《轮船宝鉴》（Lloyd, *Steamboat Directory*, Cincinnati, 1856）；马凯：《西方世界》（Mackay, *The Western World*），第2卷，第2、3章；密克尔：《西部的生活》（Meeker, *Life in the West*）；波根：《美国的德意志人》（Bogen, *German in America*, Boston, 1851）；俄姆斯泰德：《得克萨斯行记》（Olmstead, *Texas Journey*）；格里利：《紧张生活的回忆》（Greeley, *Recollections of a Busy Life*）；斯库勒：《美国史》（Schouler, *History of the U.S.*），第5卷，

边疆的条件①，但这个时期的明显的边界是加利福尼亚（在这里，探金者出人意外地掀起了一个冒险开采金矿的高潮）、俄勒冈和犹他殖民地②。现在边界越过大平原和落基山脉，犹如它过去越过阿勒洛尼山脉一样；同样地，现在在落基山脉前面的移民需要和东部联系的交通工具，犹如开拓边疆的人们走到阿勒格尼山脉的前面就引起交通和内部改革的重要问题一样。而要达到这一目的，必须开发大平原，必须发展还是另外一种的边疆生活。由于土地赐予，铁路兴建起来，移民像潮水上涨时一样地涌向遥远的西部。美国陆军在明尼苏达、达科他和印第安地域，进行了一系列征伐印第安人的战争。

到了 1880 年，已开发的土地推进到密歇根北部、威斯康星和明尼苏达，以及遍于达科他河一带和黑山区，并且达到堪萨斯河和内布拉斯加河的上游。科罗拉多矿业的发达又把游离的边疆开拓者吸引到那个地区去，而蒙大拿和爱达荷也正在欢迎移民的人。于是边疆在这些产矿的中心和大平原的牧场中建立起来了。但正如上面提到的，1890 年人口调查局局长宣称，西部移民在这一带地区非常分散，所以再不能说有一条边界线了。

从这些接连改变的边疆里，我们发现作为标志甚至构成边疆特点的自然界线，最初是"瀑布线"；其次是阿勒格尼山脉；然后是密西西比河；接着是流向大致从北到南的密苏里河；再次是大约处在西经 90° 的干旱地带；最后是落基山脉。瀑布线是 17 世纪的边疆；阿勒格尼山脉是 18 世纪的边疆；密西西比河是 19 世纪第一个 25 年的边疆；密苏里河是 19 世纪中叶的边疆（向加利福尼亚移民的运动除外）；落基山脉和干旱地带则是现在的边疆。每条边疆都是通过一系列对印第安人的战争而获得的。

第 261-267 页；培顿：《越过阿勒格尼高原和大草原》（Peyton, *Over the Alleghanies and Across the Prairies*, London, 1870）；拉夫巴罗：《太平洋电报和铁路》（Loughborough, *The Pacific Telegraph and Railway*, St. Louis, 1849）；培顿：《关于和太平洋的铁路交通以及与中国和东印度群岛贸易的意见》（*Suggestions on Railroad Communication With the Pacific, and the Trade of China and the Indian Islands*）；本顿：《太平洋公路》（*Highway to the Pacific*）（Address in the U.S.Senate, December 16th, 1850.）

①《国内布道》（*The Home Missionary*）杂志（1850）上一位作者在报道威斯康星的情况时大声疾呼："想一想这种情形，开化的东部人士！从文明的边疆本身会产生什么样的一个样子！"而有一位传教士写道："再过几年，威斯康星将不再被认为是西部了，或者说将不再被认为是文明的一个前哨地点。它已形成为西部的纽约，或者说已形成为西部的保留地。"["西部的保留地"原文作 Western Reserve，似指伊利湖附近的约 3,500,000 英亩的土地，在西部土地（Northwest Territory）割让与邦联政府（1786 年）时，由康涅狄克州保存下来，后来形成俄亥俄州的一部分。——译者]

② 班克罗夫特：《加利福尼亚史》《俄勒冈史》和《人民法庭》（*History of California; History of Oregon; and Popular Tribunals*）；辛：《矿区营地》（Shinn, *Mining Camps*）。

人们从大西洋边疆可以研究出在迭次改变的边疆中所重复的发展过程的根源问题。因为处在荒原的缘故，我们复杂的欧洲生活急剧地陷入原始生活的简单状态。第一个边疆就碰到印第安人的问题，处理公共土地的问题，和旧殖民地来往办法的问题，推广政治组织的问题，以及开展宗教和教育活动的问题。前一个边疆的这些问题和类似问题的解决，就成为后一个边疆的指南。美国学生用不着到"最初的小城镇——斯列斯威克"去寻找发展过程的连续性和规律性的实例。他可以研究一下我国殖民地时期土地政策的缘起；他也可以考察一下在法令适应各个边疆的风俗习惯时，制度是如何完备起来的[1]；他还可以了解威斯康星、伊利诺伊和爱荷华的铝矿地区的开采经验如何应用到塞拉山区的开采法律上面[2]，以及我国对付印第安人的政策如何在历次边疆中成为一系列的试验。每一个新成立的州都从旧州方面找到制定宪法的材料。[3]所以，每一个边疆都对美国的特点作出了同样的贡献，这在下面将要详细加以讨论。

但是，除了这些相同之点以外，还有由于地方和时间的原因而产生的根本不同之点。显然，密西西比河流域的农业边疆和落基山脉的矿业边疆就有许多不同的情况。这个太平洋铁路可以到达的、被测绘成许多长方形的、受美国军队守护的、经常有移民船只运来补充人口的边疆，比过去用桦皮船或者驮马所能达到的边疆，其进步在速度上要快得多，在方式上也很不同。地质学家耐心地探寻着古代的海岸，用地图表明他们所在的区域，然后将新、旧反复加以比较。这种工作值得历史学家学习。历史学家应该努力把各个不同的边疆记录下来，详细地互相加以比较。这一来，不仅使美国的发展和特点可以得到一种更加适当的概念，而且还会对社会史作出非常宝贵的补充。

意大利经济学家洛里亚（Loria）[4]极力主张研究殖民地的生活，以便更好地了解欧洲发展各个阶段的问题。他肯定说，殖民地之对于经济学就好比山岳之对于揭露原始成层作用的地质学。他说："欧洲枉费了好几个世纪的工夫去寻找一把揭开历史之谜的钥匙，原来这把钥匙在美国。这个没有历史的

---

① 参见 J.梅西教授（Jesse Macy）的论文：《一个西部的州的制度的起源》（"Institutional Beginnings in a Western State"）。

② 辛：《矿区营地》（Shinn, *Mining Camps*）。

③ 参见《美国政治社会科学院年鉴》（*Annals American Academy of Political and Social Science*）1891年9月号所载索普（Thorpe）的文章；布赖斯：《美国国家》（Bryce, *American Commonwealth*, 1888），第2卷，第689页。

④ 洛里亚：《资本家财产的分析》（*Analisi della Proprieta Capitalista*, Vol. 2, p. 15.）

国家却辉煌地揭示了世界史的过程。"这句话有许多真理。美国的情形就像社会史里面的一大页，我们一行一行地读着这个大陆的一页，从西部到东部，都能找到社会进化的记载。一开始，我们读到印第安人和白人猎民的情形；接着，我们读到商人——文明的觅路者——的进入，从而促成野蛮状态的瓦解；我们也读到大牧场生活中牧畜阶段的年代记；人口稀少的定居地的农业村社把土地开发出来，生产不须轮种的谷类和麦子等农作物的情形；比较稠密的人口的农业定居地从事精耕细作的经过；以及最后出现的建立起城市和工厂的工业组织。[①]这一页的记载对于研究人口调查统计的人是颇为熟悉的，但是我们历史学家却对它利用得非常不够。特别对东部各州来说，这一页却重新写过了。现在是一个工业的州在十多年以前不过是一个精耕农业的地区；而再早些时候，这一地区是一个种麦区；在更早些的时候，它却是一个是使牧人感兴趣的"牧场"。因此威斯康星现在工业固然很发达，却仍然是拥有各种农业的一个州。但是在早些时候，它差不多完全是一个种谷区，像现今的北达科他一样。

　　每一个这样的地区对我们的经济史和政治史有很大的影响。每个地区在进化到较高的阶段时都发生了政治的改变。但是，立宪制度史家并没有意愿对这些社会地区发生的政治变化作出阐释。[②]

　　大西洋边疆过去聚集着下面几种人：渔民、皮货商人、矿工、养畜人和农民。除了渔民以外，其他各类行业的人受到一种不可抵御的魅力的驱使，都曾向西部移民。每一类行业的人波浪式地相继越过大陆。你站在昆布兰山峡上面，就看到文明的队伍单行地前进着——先是走在到盐泉去的小路上的水牛，接着是印第安人，接着是毛皮商人和猎人，再接着是养畜人，最后是农民拓荒者——于是边界就走过去了。在一百年以后，你站在落基山脉的南山口，就会看到这种文明的队伍，距离较大地前进着。由于前进的速度不同，我们不得不把边疆分为商人的边疆、牧场主的边疆或是矿工的边疆，以及农民的边疆，等等。当矿山和牧场仍然在"瀑布线"附近的时候，商人的运货火车已经驶过阿勒格尼山脉。同时，大湖一带的法兰西移民，看见英国商人

---

　　① 参阅《北美土地公司论述》(*Observations on the North American Land Company*, London, 1796，p. 8, p. 144)；罗干：《上南卡罗来纳史》(*History of Upper South Carolina*, Vol. 1, pp. 149-151)；特纳：《威斯康星的印第安人贸易的性质和影响》，第 18 页；佩克：《移民新指南》(*New Guide for Emigrants*, Boston, 1837, Chapter 4)；《第 11 届人口调查要略》(*Compendium Eleventh Censusu*, Vol. 1, p. 11.)

　　② 关于工业状况变化后跟着政治改变的情形，说明详后。

的桦皮船，就惊慌起来，正在加强他们的阵地要塞。当捕兽的人们为了取得毛皮爬上落基山脉的时候，农民还在密苏里河口左近种地哩！

印第安商人跑得这样快，竟一下子跨过大陆，其原因何在呢？商人的边疆产生了什么结果呢？商业和美洲的发现是同时代的东西。北欧人、维斯普契乌斯（Vespuccius）、维拉扎尼（Verrazani）、哈德逊（Hudson）和约翰·史密斯（John Smith），全都是做毛皮交易的人。普利茅斯移民在印第安人的玉米地里定居下来以后，他们送回家去的第一船货是獭皮和木材。新英格兰各殖民地的记载表明，这种贸易如何不断地促使探险深入西部的原野。可以设想，新英格兰是怎么样，其余的殖民地也是怎么样，甚至更清楚。从缅因到佐治亚沿岸一带的印第安人的贸易开辟了许多河道。商人利用法国人的旧商道始终不渝地向西部前进。俄亥俄河、大湖、密西西比河、密苏里河和普拉特河——都是西进的路线。商人们渡过这些河流，在落基山脉中找到道路，从而才有后来的刘易斯（Lewis）和克拉克（Clark）①、弗里蒙特（Frémont）②，以及毕得韦尔（Bidwell）③。西进速度快的原因是和商人对印第安人的影响有关系的。这种贸易的结果是，没有获得武器的部落必然是由那些已经买到了火器的部落摆布的——这是易洛魁部族的印第安人用鲜血写下来的一条真理。所以，居住遥远的、和世人没有往来的诸部落也都热切地欢迎商人。拉萨勒（La Salle）④写道："这些野蛮人对待我们法国人比对待他们自己的子女还要好些；从我们身上他们才能得到枪和商品。"这就说明了商人势力之大和他们西进之快的原因。这一来，正在解体的文明就进入荒野里来了。每一个流域和印第安人足迹所到的每一个地方都对印第安人的社会造成一道裂缝，从而破坏了印第安人社会的整体性。远在拓荒的农民在舞台上出现以前，印第安人的原始生活就已经结束了。农民们遇到的是用枪武装着的印第安人。商业边疆由于使印第安人各部落完全依赖白人，曾不断地暗中破坏印第安人的力量。但是，通过卖枪给印第安人，却增加了他们抵抗农业边疆的力量。

---

① 刘易斯和克拉克都是勘查从密苏里到哥伦比亚这条路的先锋。

② 弗里蒙特是落基山脉的探险家，经过五次出征以后，成为共和党员，竞选过总统，但未成功（林肯当选）。1878—882 年任亚利桑那州长。他写过许多探险的游记，曾出版一本叫作《生平回忆录》（John Charles Frémont, *Memoirs of My Life*, Belford, Chicago: Clarke & Company, 1886.）。——译者

③ 美国边疆拓殖者于 1848 年在加利福尼亚萨克拉门托河支流费瑟河发现金矿，并在契科城建立牧畜农场。——译者

④ 1643—1687，法国探险家，1684 年的一次出征，准备在墨西哥湾建立一个法国拓殖地，1687 年被同伴暗杀。——译者

法国人的殖民统治是靠他们的商业边疆来维持的；英国人的殖民统治则是靠他们的农业边疆来维持的。这两个边疆是相对抗的，正如英法两国彼此敌对一样。杜康（Duquesne）[①]对易洛魁人说道："难道你们不知道英国国王和法国国王不同吗？去看看我们法国的国王所建立的碉堡，你们就知道，你们仍然能够在他们的城墙下面打猎。这些碉堡是为了你们的利益建立在你们经常来往的地方的。英国人相反，它们占据一块地方以后，就把猎物赶跑了。他们把在前进路上遇到的森林全部夷为平地，空荡荡的一片，使你们想建一个窝棚过夜都很困难。"

　　不过，尽管商人和农民两方面的利益有这种冲突，印第安人的贸易却为文明开辟了道路。水牛踏成的路变成印第安人来往的小路，最后变成商"路"；小路扩大为大路，大路扩大为征收通行税的路，最后都成为铁路。南方铁路、远西铁路和加拿大自治领铁路的起源都是如此。[②]这些小路最初通往的商业地点是在印第安人村落的地方（这些地方自古以来就是天然场所）。这些商业地点因为位于全国水利系统的要津，所以发展成为像阿尔巴尼、匹兹堡、底特律、芝加哥、圣路易、康瑟尔布拉夫斯和堪萨斯城这样一些城市。因此，美国文明通过地质学构成的道路干线，像涨潮一样地源源而至，其结果，原来通行的小路都扩大起来，交织成为非常复杂的现代商业路线。蛮荒的地方已不复存在了，它已成为数目越来越多的文明道路所错综地穿过的地方。它正像原来简单、缺乏生气的大陆，由于不断地发展，终于成为一种复杂的神经系统一样。如果有人想了解为什么我们今天是一个国家，而不是一个由许多孤立的州聚合在一起的集团，他必须研究一下这个国家的经济和社会发展巩固的情形。从野蛮的状态到现在这种发展的地步，正是进化论者所要研究的各种题目[③]。

　　印第安人的边疆是我国历史上一种起了巩固作用的因素，它产生的影响是很重要的。自17世纪末起，各殖民地间的代表大会相继召开，以对付印第安人，并且制定共同防御的办法。有一些殖民地没有印第安人的边疆，所以

---

　　① 1610—1688，法国海军将领，以击败西班牙舰队闻名。——译者

　　②《美国叙述史和考证史》，第8卷，第10页；斯巴克斯：《华盛顿著作》（Sparks, *Washington Works*），第9卷，第303、327页；罗干：《上南卡罗来纳史》（*History of Upper South Carolina*，第1卷）；麦克多那尔：《肯顿的生平》（McDonald, *Life of Kenton*，第72页）；《国会记录》（*Cong. Record*，第23卷，第57页。）

　　③ 关于毛皮贸易对开辟移民的道路而产生的影响，见本文作者所著：《威斯康星的印第安人贸易的性质和影响》。

他们的排他性（particularism）的力量是最大的。这个边疆像一根产生联合作用的绳索一样，沿着西方边界展开。印第安人是共同的危险，所以需要联合行动。1754 年的阿尔巴尼代表大会是鼎鼎有名的一次会议。这次会议召开的目的是讨论"六大族"（Six Nations）①的问题和"阿尔巴尼联盟"的计划。甚至粗略地读一读大会拟定的计划，也看出它显示了边疆的重要性。全体会议和参加会议的官员着力于：决定对印第安人和战的问题；规定和印第安人的贸易；购买印第安人的土地；建立和管理新定居地来防御印第安人。显然，革命时期的统一趋向是由以前在处理边疆的问题中表现出来的合作所促成的。在这方面可以提到边疆的这样一个重要性：它从那时到现在都是一个军事训练的学校，使得抵抗侵略的力量总是蓬蓬勃勃，青春常在，并且发扬了边疆居民的倔强的性格和艰苦生活的品质。

因限于篇幅，本文不可能把横越大陆的其他边疆一一详细地加以研究。18 世纪的旅行家们在南方的竹丛中和长着豆蔓的牧场中发现了"牛栏"，而"赶牛的人"却把它们的牛群赶往查尔斯顿、费拉德尔菲亚和纽约去了。②1812 年战争末期，旅行家们遇见一千多头牛和猪的畜群，从俄亥俄的内地来，到宾夕法尼亚去饲养，等到养肥了供应费拉德尔菲亚的市场。③大平原的猎区有牧场、牧童和过着游牧生活的居民。这一切昨天是什么样子，今天还是什么样子。卡罗来纳牛栏的经验成为德克萨斯牧场主的借鉴。大牧场主边疆迅速扩张的一个有利因素是这样一个事实：在一个遥远的地方，交通十分不便，产品一定要容易运输，或者一定要能够运输。那么养牛的人才能便当地把他的产品送到市场上去。这些大牧场以后对它们存在过的地方的农业史上所产生的影响，应该加以研究。

人口调查报告中的地图表明，农民边疆的发展是不平衡的：已开发的土地和蛮荒的地方犬牙交错。这种情形部分地是由于印第安人的反抗，部分地是由于河流和河口的位置，部分地也是由于具有吸引力的各边疆中心拥有不平衡的力量。具有吸引力的重要的中心包括下面几个因素：土地肥沃、地势

---

① 1750 年左右，奥奈达族、辛尼家族、翁那达加族、开犹加族和摩和克族的易洛魁人五大部族组成"易洛魁联盟"。在 1752 年，北卡罗来纳的属易洛魁部族的塔斯卡罗拉族被英国人驱逐到北部，也加入"易洛魁联盟"。易洛魁诸部族在美国史上通常称"六大族"。——译者

② 罗治：《英国人殖民地》（Lodge, *English Colonies*），第 152 页和引证；罗干：《上南卡罗来纳史》（*History of Upper South Carolina*），第 1 卷，第 151 卷。

③ 弗林德：《回忆录》（Flint, *Recollections*），第 9 页。

好、盐泉、矿山和军事哨所。

边境地带的军事哨所，本来是为了保护移民不受印第安人的侵害而建立的，结果它变成了一把楔子劈开了印第安人的地域，成为土地开拓的一个核心。[①]在这方面也应该提一提政府的军事行动和远征探险，其作用是决定移民的路线。但是所有重大的远征都应该首先归功于最初的寻路人、印第安人向导、零售商人和毛皮商人，以及运送毛皮的法国船夫——他们都是刘易斯和克拉克时代以来的政府任命的远征队中当然的组成部分。[②]每次的远征都是西进运动以前的各种因素的缩影。

黑恩（Victor Hehn）[③]在一本有趣的专题研究中，写下了关于盐对早期欧洲发展所产生的影响，并且指出，盐大大地影响了移民的路线和管理移民的形式。关于美国的盐的来源，也应进行这样的研究。由于缺乏盐，早期的移民都住在海岸一带，不敢远离，因为离开海岸就没有盐，没有盐就不能保藏他们的肉食，也不能过舒适的生活。1752 年，斯班根堡主教（Bishop Spangenburg）在讲到他替一队移民在北卡罗来纳寻找土地时写道："他们需要盐和其他他们既不能生产又无法种植的必需品。要么，他们到三百英里远的查尔斯顿去……；要么，他们到詹姆斯河支流弗吉尼亚的波林站去——那个地方距离这里也有三百英里；再不然，他们就顺罗阿诺克河而下——我不知相隔多少英里了——那里的盐也是从恐怖角运上来的。"[④]这个例子可以当作一个典型。所以每年一次到海岸去弄盐就成为头等重要的事了。早期的移民每年在播种时期以后，带着毛皮、人参成群结队地来到海岸。[⑤]由于这是土地开拓者当时了解东部情形的唯一的方法，所以产生了一个很重要的教育影响。但是，当堪那华河、霍尔斯顿河，以及肯塔基和纽约中部发现咸泉的时候，西部便开始不依赖海岸了。这部分是因为寻找这些盐泉地区才使移民能够翻山越岭。

自从拓殖者离开海岸翻过崇山峻岭以后，便出现了一种新的美国生活方式（Americanism）。西部和东部双方开始断绝往来。从海滨迁徙到山区的定

---

① 莫奈特：《密西西比河流域》，第 1 卷，第 344 页。

② 考斯：《刘易斯和克拉克的远征》（Coues, *Lewis and Clark's Expedition*），第 1 卷，第 2 页及第 253-259 页；本顿发言，载《国会记录》，第 23 卷，第 57 页。

③ 黑恩：《盐》（Hehn, *Das Salz*, Berlin, 1873）。

④ 《北卡罗来纳记录集》（*Col. Records of N.C.*），第 5 卷，第 3 页。

⑤ 芬得利：《1794 年宾夕法尼亚西部四郡的叛乱史》（Findley, *History of the Insurrection in the Four Western Counties of Pennsylvanina in the Year 1794*, Philadelphia, 1796），第 35 页。

居地总是和后方保持着联系，所以是存在某种休戚相关的情形的。但是等到开拓土地的人翻过山岭以后，他们就变得越来越独立了。东部对美国向西的拓殖采取了一种狭隘的看法，几乎对这部分开拓土地的人抱着置之不顾的态度。肯塔基史和田纳西史完全可以证实这一点。东部开始想和西部移民隔开，不相往来，甚至对西进运动加以限制。尽管韦博斯特（D.Webster）[①]声明在他的政策里面没有阿勒格尼山脉的问题，但是在一般政治问题上阿勒格尼山脉却是一个非常实在的因素。

野兽把猎人和商人引到西部去，草地把牧场主引到西部去，河流和草原的处女地吸引着农民到西部去。好土地一直是农民边疆最引人注意的因素。在早期殖民地的日子里，弗吉尼亚人因为渴望得到土地，便顺流而下，进入了卡罗来纳；马萨诸塞的居民也因为寻找土地到达了宾夕法尼亚和纽约。当东部的土地被占光了的时候，移民的人流便由东而西，滚滚涌去。布恩（Daniel Boone）——一个伟大的开拓边疆的人——擅长打猎、卖皮货、饲养牲畜、种地和勘察。当他知道（或者是从商人那里知道）雅德金河上游（这是商人进入印第安人地区以前惯常休息的地方）的土地肥沃的时候，他便离开了他的宾夕法尼亚的家庭和他的父亲，由大溪谷而下，到达雅德金河。接着他又从一个商人那里知道肯塔基有大量的猎物和丰饶的牧场，他就充当了农民的开路先锋，到了那个地区。于是他从那里到达密苏里的边境地带，在这个地方他才定居下来。他的定居地很长时期都是边疆的界标。他在这个地方再一次帮助文明开辟了道路：找到盐，找到野兽，找到土地。他的儿子是落基山脉的山道中最早的一个为了取得毛皮而捕兽的人。据说这个儿子和他的伙伴是最初在现今丹佛的地方露营过的人。他的孙子科罗拉多的布恩上校（Col.A.J.Boone）在落基山脉的印第安人当中很有势力，曾被政府任命为印第安人事务监督官。卡森（Kit Carson）[②]的母亲就是布恩家的一个女儿[③]。这一来，布恩这个家族就成为开拓边疆的人横跨大陆向西拓殖的缩影。

农民的西进运动，像一层一层看得很清楚的浪潮滚滚而来。在《佩克西

① 美国政治家和演说家（1782—1852），曾在哈德森内阁任国务卿；其政治主张拥护克雷的"美国制"，捍卫新的保护关税法；倡导"维护联邦"，反对分裂，但不愿意南部废除奴隶制。生平以尊敬已建立的制度和既成事实，以及尊重民族性的各种原则著称。——译者

② 美国疆土开拓者、密苏里的猎人和寻觅毛皮的人。他熟悉印第安人语言、风俗习惯，后来成为弗里蒙特探险队的向导；1853 年起是新墨西哥的印第安人事务监督官，1868 年卒。——译者

③ 赫尔：《丹尼尔·布恩传》（Hale, Daniel Boone）（小册子）。

部新指南》（*Peck's New Guide to the West*）（1837 年波士顿版）一书中有下面足以引人深思的一节：

　　一般说来，在所有向西拓殖的人中有三类人像海洋的波浪，后浪推前浪，滚滚而去。第一类人是拓荒者，他赡养家小，主要依靠植物的自然生长（植物的"分布"）和打猎的收入。他的农具是简陋的，主要是自己制造的。他的努力目标仅仅在于谷物的收成和"一块蔬菜地"。后者是一个简陋的园圃，用来种植卷心菜、蚕豆、玉蜀黍、黄瓜和马铃薯。他还有一间小木房，偶尔有一个马棚和谷草盖起来的牛槛，以及十几英亩的田地，都用木"栅栏"围起来。这对他居住来说，地方是够用的了。至于他是不是永远成为土地的所有者则是十分无关紧要的问题。他权且是土地的占领人，不需要付什么地租，而且和"领主"一样有独立自主的感觉。他只要有一匹马、一头牛、一两头猪，就带着全家走进森林，成为一个新地方或者一个州的创立人。他建起了自己的小屋，找几家性情脾气和生活习惯差不多的家庭在他周围住下，然后开始占领土地，把大致开拓出来甚至打猎还不很安全的猎区和他的小屋之间的地方都占领了。但经常的情形是，四周的邻居越来越多，道路、桥梁和田地也越来越多。这使他很苦恼，因为他没有余地可占了。优先法使他能够把自己的小屋和土地卖给移民中的第二类人。这样他便用自己的本钱，再次"披荆斩棘地进入密林"，然后"突然离开以求新的收买"，甚至迁移到阿肯色或得克萨斯，重复一次上述的过程。

　　移民中的第二类人是购买土地的人。他把土地一块一块地连接起来，并且修路、架桥（简陋的桥）、造屋（有玻璃窗和砖烟囱的木头房子）。他有时还种植果树园、建立磨坊、开办学校、设置法庭等等。这一切给我们展示了一幅简单、朴素、文明的生活方式的图画。

　　另一浪潮卷来了。这就是企业主资本家迁来了。土地开拓者愿意出售土地，利用他的财产增加的机会，跑到更偏僻的内地去，自己反倒变成企业主资本家了。这一来，原先很小的村镇，现在发展为繁荣的城市；砖瓦盖的坚固的大厦、面积广大的田地以及果树园、花园、大学、教堂都出现了。宽幅呢、丝绸、意大利草帽、绉纱手织物，以及各种各样的精致品、奢侈品、优美品、消费品、最新流行品等，都很时兴。这三类人一浪接一浪地滚滚向西推进；而真正的埃尔多拉多（Eidorado）[①]仍然没有达到，还在前面。

在头两类人中有一部分人在这个大运动当中始终没有移动，他们改进了自己的风俗习惯和生活条件，从而在社会地位上也提高了。

作者曾在第一类人，即真正的拓荒者当中获得很多的见闻。作者还和第二类人一起居住了许多年。现在轮到第三个大浪，正在向印第安纳、伊利诺伊和密苏里等大地方进行扫荡。迁移这一行动差不多已经成为西部的一种习惯。可以找到成百上千的男子，年纪不到五十多岁，却已经是第四次、第五次或者第六次在一个新地方定居下来。把一切变卖后就搬走，哪怕是搬到不过几百英里之远的地方去——这是开拓边疆的居民的一种生活习惯。[②]

除开那些由于喜欢冒险而移动的拓荒的农民以外，比较稳定的农民为什么也向西部迁移，这一点也是不难理解的。显然，外来移民受到边疆廉价土地的引诱，甚至当地农民也深深地感受到这种廉价土地的影响。以土地为生的农民，由于不是轮种，收成一年比一年减少。所以要向这种农民以名义价格出售边疆的处女地。加之他们家庭的人丁增加，需要更多的土地，而当地的土地是非常昂贵的。相形之下，大草原的土地既取之不尽，又价格低廉，而且容易耕种。这就强迫农民在下面两种情形中加以抉择：要么到西部去，使用新边疆一带的土地；要么在当地采用精耕细作的方法。因此，1890 年调查表明，西北许多郡的人口不是绝对地减少，就是相对地减少。西北各州一面把农民送往大平原开拓边疆，一面强迫他们开始实行精耕细作的方法进行生产。在这以前十年间，俄亥俄就已经表明了这种过渡阶段。因此，要求土地和热爱蛮荒的自由不断把边疆向前推进。

我们主要从边疆本身的观点已经大致谈了一下各类不同的边疆及其推进的方式方法，下面我们来研究一下它们对东部和旧世界有些什么影响。因为时间关系，我们只能仓促地列举几点比较重大的影响。

---

① 西班牙语，意为黄金国，加利福尼亚州（1848 年发现黄金）的别称。——译者

② 参见贝利：《北美未开发地区行纪》（Bailey, *Tour in the Unsettled Parts of North America*, London: 1856），第 217-219 页。又见科罗得：《北美游记》（Collot, *Journey in North America*, Paris: 1826），第 109 页；《北美土地公司论述》，第 XV 页，第 144 页；罗干：《南卡罗来纳上游史》（*History of Upper South Carolina*）。

　　首先，我们看到边疆促进了美国人民的一种混合民族性的形成。海岸一带地方是英国人占优势，但是后来大陆移民的浪潮涌进到了自由的土地。从早期殖民地时代以来的情形就是这样。苏格兰-爱尔兰人、巴拉丁内特的德意志人或"宾夕法尼亚的荷兰人"在殖民地边疆的形成中是主要的部分。除了这些人以外，还有自由契约奴出卖劳力抵作赴美船资的人，他们在服奴役期满后也来到边境的地方。弗吉尼亚州长斯波茨武德在 1717 年写道："我国边疆居民一般是由这样的人组成的，他们到这里来当奴仆，期满以后，就定居下来，占据一块土地，不必花很多的劳动就可以生产生活必需品了。"[①]一般说来，这些以劳力偿债的人大都不是英国人。受到边疆的残酷的考验的移民都美国化了，获得自由，融合为一个混杂的种族。这个种族既没有英国的民族性，也没有英国的特点。这一发展过程从早期到我们今天，一直在进行。18 世纪中叶的伯克（Burke）和其他作家都相信，宾夕法尼亚[②]"在语言文字、生活方式甚至倾向方面都受到全部外国化危险的威胁"。在南部边疆，德意志人和苏格兰-爱尔兰人的影响就是不大。而 19 世纪中叶，德意志人在威斯康星的影响却已经大得不得了，以致著名的政论家都把移入的选民集中起来，想依靠他们来扩充势力，企图从美国建立一个德意志人的州。[③]这些例子告诉我们要警惕，不应把在美国有一种共同的语言——英语这个事实，错误地说成是：我们就相信自己的祖先也是英国人。

　　在另一方面，边疆的推进减少了我们对英国的依赖。沿海一带，特别是南部的沿海地方，没有多种多样的工业，所以大部分依靠英国的供给。在南方，甚至各种食物也靠北方殖民地供应。南卡罗来纳州长格楞（Glenn）在 18 世纪中叶写道："我们和纽约、费拉德尔菲亚的贸易是这样的：它们吸干了我们尽力从别的地方筹得的一切零钱和钞票，来购买它们的面包、面粉、啤酒、火腿、咸肉和它们生产的其他东西。这一切物品，除了啤酒以外，现已开始由我们新建立的、住着非常勤劳和兴旺的德意志人的城镇供应我们了。这一来无疑要减少进货的数目和影响我们的贸易，但是这对于我们一点害处也没有。"[④]不久，边境地带就产生对商人的要求了。当边疆远离海岸线的时候，

　　① 《斯波茨武德论文选》（"Spotswood Papers"），载《弗吉尼亚历史学会集刊》（*Collections of Virginia Historical Society*），第 1、2 期。

　　② 伯克编：《欧洲人的定居地》（Burke, ed., *European Settlements*, 1765），第 2 卷，第 200 页。

　　③ 埃弗累斯特（Everest）撰文，载于《威斯康星历史文集》，第 12 卷，第 7 页及以后诸页。

　　④ 韦斯顿：《南卡罗来纳史有关文件》（Weston, *Documents Connected with the History of South Carolina*,

英国越来越不可能把它的供应直接送到消费者的码头上去，也越来越不可能把主要的农作物运走。所以，有一个时期，主要农作物不行时了，多种多样的农业开始兴起来了。我们只要看一看边疆的推进如何刺激了沿海一带的城市——如波士顿、纽约、巴尔的摩等——和华盛顿叫作"一个新兴帝国的广大而重要的贸易"相竞争，我们就知道边疆在这方面给予北方的影响是多么大了。

使国民政府发挥最大的力量以及在政府活动中起了最大作用的立法是以边疆为转移的。著作家们曾对关税、土地、内政改革进行过讨论，认为这些问题是和奴隶制问题相辅相成的。但是，如果用正确的眼光来看美国史，就可以看到奴隶制问题不过是一个偶然事件。从 19 世纪上半叶末到内战结束这段时期，奴隶制已成为不是别的问题，而是头等重要的问题。但是，这不足以证明冯·霍尔斯特博士（举一个例）就是对的，因为他的一部书标题虽是"美国宪法史"，但他只用了一卷的篇幅来论述从形成时期直到 1828 年为止的我国制度史，而用了六卷的篇幅主要阐明 1828—1861 年的奴隶制度史。民族主义的兴起和美国政治制度的演变都是以边疆的推进为根据的。甚至最近的一个作家如罗得斯（Rhodes），在他著的《1850 年妥协案以来的美国史》（*History of the United States Since the Compromise of 1850*）中，却把由于西进运动而制定的法律看作奴隶制斗争的一个附带事件。

这是一种错误的看法。边疆拓殖者需要沿海一带的货物，因此开始了一系列重大的内部改革和铁路法规的制定，从而对于国有化产生了重要的影响。在内部改革的问题上曾出现了巨大的争辩，许多重大的宪法问题都进行了讨论。选举中出现了地方团体，这对历史学家来说，是有深远的意义的。在美国进行向西部移民运动的时候，自由解释宪法[①]的情形增加了[②]。但是西部并不以工厂办农场为满足。在克莱——"西部的哈利（Harry）"[③]——的领导之下，通过了保护关税法，当时提出的口号是：农场办工厂。在边疆影响下制定的国家立法的第三个重要的争论，则是公共土地的处理。

Whitefish: Kessinger Publishing, 1856），第 61 页。

　①　早期美国政治中的联邦党人或自由党人在美国史上被称为对美国宪法的自由解释派。——译者

　②　例如可参见克莱在众议院 1824 年 1 月 30 日发表的演说。

　③　哈利即亨利（Henry）的通称，克莱名。克莱（1777—1852）系美国反动政治家，长期任美国众议院议员，1850 年南北在奴隶制问题上的妥协案是他提出来的。这个妥协案对释奴运动起了镇压作用。自1850 年妥协案制定后，美国政治愈益倾向于奴隶主。——译者

　　公共土地所有权是国有化过程和政府发展过程的一个极其重要的力量。有土地的州和无土地的州①之间的斗争，以及 1787 年的西北土地法令，它们的影响是无需讨论的。②从行政方面来说，边疆促进了全国政府的某些最高尚的和最有生气的活动。购买路易斯安那在美国共和国历史中也许是制度组织的转折点，因为它不仅为制定国家法律提供了一个新园地，而且为消灭严格解释宪法③这个政策创造了机会。但是，购买路易斯安那是由边疆的需要和要求而引起来的。在美利坚合众国得到边境各州的时候，国家的力量于是大增。拉马尔（Lamar）先生④在于卡尔霍恩纪念碑落成典礼上发表的演说中解释道："1789 年，各州是联邦政府的创立者；1861 年，联邦政府是大多数州的创立者。"

　　当我们从出卖和处理公共土地的立场出发来考虑公共土地所有权的时候，我们必须再一次面对边疆的问题。美国土地政策和欧洲的技术管理制度形成尖锐的对照。把土地所有权变成一种收入的来源，以及不让移民获得土地所有权借以使定居地住满人口，这一切努力都是徒劳无功的。尽管东部又忌妒又惧怕，但在边疆居民的要求面前，它是软弱无力的。约翰·昆西·亚当斯不得不承认："我的行政措施想使国有土地成为用之不尽的财源，来实行取得进步的和源源不断的内部改革，但结果是失败了。"原因很简单：西部所要的不是行政制度而是土地。亚当斯解释的这个情势是这样的："南方的奴隶主拿西部的土地来行贿，想靠这个办法买得西部地方的合作，因此一方面放弃他们本身的一部分公共财产送给新成立的西部各州，一方面帮助它们千方百计地把所有的土地抓在手里。"本顿⑤就是这个办法的创始人。他用这个办法击败了克莱先生倡导的美国体系，并且代替他一跃而成为西部的主要政治家。克莱先生由于他和卡尔霍恩先生的关税妥协案，放弃了他本人的美国体系。与此同时，他提出另一个计划，主张在美利坚合众国的所有的州中间分

---

　　① 承黄绍湘同志指教，此指殖民地时期，东北部马萨诸塞诸州，疆域已划定，没有邻近的边疆土地，而弗吉尼亚、卡罗来纳、宾夕法尼亚诸州，西部邻近边疆土地，常自认为是本州的土地。这两地区除了反对英国统治者具有共同利益以外，彼此间也有矛盾。——译者

　　② 见亚当斯教授写的一篇美妙的专门论文：《马里兰在土地让与问题上的影响》（H.B.Adams, "Maryland's Influence on the Land Cessions"）；也见韦林校长（Welling）撰文，载《美国历史协会论文集》第 3 卷，第 411 页。

　　③ 在美国史上，主张照字面意义来解释美国宪法的人，叫作严格解释派。——译者

　　④ 1825—1893，美国律师。——译者

　　⑤ 本顿（Thomas H.Benton, 1782—1858），美国政治家，他的纸币反对派叫他是"老硬币论者"。老罗斯福为他作过传。——译者

配出卖公共土地而得收入。他提出的这一议案经由国会参众两院通过，但遭到杰克逊总统的否决。杰克逊在 1832 年 12 月的年终咨文中正式宣称："一切公共土地应该无代价地让与各个冒险家和该土地所属的各个州。"[①]

克莱说道："在现在的国会或任何以前的国会所提出的问题中，没有一个比公共土地这个问题更重要的。"当我们考虑一下政府的土地政策对美国生活的政治、经济和社会几方面所产生的深远的影响的时候，我们就会同意他的意见。但是，优先法是在边疆影响之下和在西部政治家本顿和杰克逊的领导之下制定的。印第安纳参议员斯科特在 1841 年说道："我认为优先法不过是移民的习惯法或不成文法而已。"

关于土地、关税和内部改革的立法——土地国有主义的自由党（Whig Party）的美国体系——是以边疆的思想和需要为根据的，这种说法准不会错。但是，不仅在立法方面边疆和大西洋沿岸的地域主义（sectionalism）背道而驰，而且在经济和社会特点方面，边疆也是和地域主义背道而驰的。边境一带的人跟中部地域的人很相似，但跟其他两个地域的任何一个地域的人比起来却不大相似。宾夕法尼亚曾经是边疆移民的策源地，虽然它依靠自己的移民沿着大溪谷进入弗吉尼亚西部和南、北卡罗来纳，然而这些南方边境居民的工业社会总是像中部地域的社会，不像南方"潮水地带"的社会。南方"潮水地带"后来在整个南方发展了它那个类型的工业。

由纽约港而至中部地域是全欧的一个自由出入之道。南方"潮水地带"住着典型的英国人，不过热带气候和奴隶劳动限制了他们。他们依靠大庄园过着豪华的生活：新英格兰是代表英国的一种特殊运动——清教主义——的地方。中部地域的英国色彩则较其他地域淡薄。中部地域的民族非常复杂，社会形态多种多样，地方政府采用的是城郡混合制，经济生活差别很大，宗教派别数目繁多。总而言之，中部地域是介在新英格兰和南方之间以及东部和西部之间的一个地域。它代表现代美国所表现的那种混合的民族性，也代表非英国人的那种在地位上仅次于英国人的情形。这些非英国人通常占据一个流域或者一块小小的定居地，它们种类之多极像欧洲的地图。中部地域的特点是民主的和非地域主义的，即使不说它是美国的。它的居民"自由自在、容忍、安分"，物质昌盛的信念是根深蒂固的。它是现代美国的典型式样。它

---

① 《亚当斯回忆录》（John Quincy Adams, *Memoirs of John Quincy Adams*, Oxford: J.B.Lippincott and Company, 1877.），第 9 卷，第 247–248 页。

的地域性是最少的。这不仅因为它的位置在北方和南方之间，而且因为没有把它的边疆从它已开发的地区隔开来的障壁，加之水利系统完备，使它既介于东部和西部之间，也介于北方和南方之间。因此之故，中部地域成为典型的美国地域。甚至一个新英格兰人，由于中部地域的阻拦不能到达边疆。在他西进的道路上长期逗留在纽约或宾夕法尼亚，结果他的深刻的地域主义便在路上就丢掉了。①

棉花的种植传播到南方内地以后，终于打破了"潮水地带"和其他地方之间的差别，从而把南方的利益建立在奴隶制上面。还在这个过程的结果表现出来之前，南方的靠西一部分——它在畜牧、社会、工业等方面和宾夕法尼亚类似——业已表现出这样一种倾向：抛弃祖先们对于达到内部改革目的的法律制定和民族主义的信念。在 1829—1830 年的弗吉尼亚会议（这次会议的召开是为了修正宪法）上，"潮水地带"的一个郡——彻斯特飞尔德——的代表利（Leigh）先生说道：

> 这次会议是产生不满的主要原因之一。对于我们不尊敬自己祖先的工作，它有极大的影响；它教导我们蔑视亨利、梅森（Mason）和潘德尔顿（Pendleton）的感情；它使我们对本州当局的尊敬化为乌有——这一切表现为一种力求内部改革的自以为了不起的热情。我完全了解我说的话是什么意思，因为西部的先生们曾对我一再说过这话。现在让我告诉阿尔北马角的先生（戈登先生）：推动这种革命的那些人的另一个主要的目标是，推翻州权的学说（弗吉尼亚一直是这种学说的真正支柱）和扫除弗吉尼亚对联邦政府的干涉所加的障碍。联邦政府用重新组织州议会的办法使弗吉尼亚也可能被套在联邦政府的大车上，从而在内部改革这个工作中进行了干涉。

正是这种西部土地国有化的趋势，才把杰斐逊的民主主义变成为门罗的国家共和主义和杰克逊的民主主义。1812 年战争时期的西部，克莱、本顿、哈利森（Harrison）②和杰克逊时期的西部，因为被中部各州和崇山峻岭所阻，

---

① 见拙著：《美国史上的问题》，载《盾报》1892 年 11 月 4 日。
② 美国第九任总统，曾在韦恩（Anthony Wayne）率领的军队中对印第安人作战，以迈阿密一役（1794年）闻名（迈阿密之战的结果为，印第安人被胁迫让出现今俄亥俄的三分之二的土地）。1800 年印第安纳地域建立时，任该地域的州长。——译者

与沿海地方断绝了联系，所以它本身基于国家化的趋势便团结一致起来了。①
北部和南部在河流之父②流过的地方汇合，融为一个国家。各州间的移民始终
不渝地在进行——这是思想和制度交流的一种过程。这句话的真理并没有因
为西部边境一带各地域关于奴隶制的激烈斗争而有所减少；反之，这一斗争
倒是证明了这句话的真理。奴隶制是一种不会自己消失的地域特性，但是在
西部它就不是地域性的了。有一个最伟大的边疆开拓者曾说："我相信我国政
府决不能永远地容忍半奴隶半自由的局面。它要么变成全奴隶，要么变为全
自由。"国内的来往是促进民族主义的最重要的因素。人口的流动性象征地方
主义的死亡，而西部边疆造成流动的人口是制止不住的。这个影响是边疆所
造成的，并且对大西洋沿岸甚至旧世界，有着深远的影响。

　　但是边疆最重要的影响却在于美国和欧洲民主的发扬。根据上面指出的，
边疆是产生个人主义的场所。复杂的社会由于蛮荒的状况突然陷入一种以家
庭为基础的原始组织。其趋势是反社会的。它对控制特别是对任何直接的控
制有反感。所以，征税者被看作压迫的代表。奥斯古德教授（Prof.0sgood）
在一篇写得很漂亮的论文③中指出，殖民地中盛行的边疆状况是阐明美国革
命的重要因素；在边疆，个人自由和缺少完全有效的政府，有时竟混为一谈。
这种边疆状况有力地说明了在美国南部联邦时期建立一个强大的政府是有困
难的。边疆的个人主义从一开始就发扬了民主。

　　在美利坚合众国成立后第一个 25 年加入联邦的边疆各州，都是带着民
主选举的规定而加入的，并且对旧州起了极其重大的影响。它吸引旧州的人
民到那里去。选举权的扩大成为根本的东西。只有西部的纽约才强迫纽约州
在 1821 年制宪会议中规定扩大选举权；只有西部的弗吉尼亚才使"潮水地
带"在1830 年制定的宪法中规定一种比较广泛的选举条款，并且给予边疆地
区一种和"潮水地带"贵族社会大致差不多的比例代表制。作为全国一种有
效力量的民主之兴起和杰克逊与哈利森领导下的西部的多数一起出现。这意
味着边疆的胜利——包括它一切好的和坏的因素都在内。④1830 年弗吉尼亚
宪法会议的辩论中有一个饶有趣味的说明边疆民主情况的例证。有一位西弗

---

　　① 参看罗斯福：《托马斯·本顿传》（*Thomas Benton*），第 1 章。

　　② 指密西西比河。——译者

　　③ 载《政治科学季刊》，第 2 卷，第 457 页。参见萨姆纳：《亚历山大·汉密尔顿传》（Sumner, *Alexander Hamilton*），第 2-7 章。

　　④ 参见威尔逊：《分离与重合》，第 15、24 页。

吉尼亚的代表说道：

> 但是，先生，不是西部人口的增加使这位先生害怕，而是山地的烈风和西部的习俗给予移民的精力，才是使这位先生真应该害怕的东西。那些移民是新生的人物。先生，我的意思是说，他们在政治上是革新的。他们立刻成为行动的政治家；而一个口头的政治家和一个行动的政治家之间的差别，先生，您知道是非常非常之大的。弗吉尼亚州一向以产生下列的人物著称：伟大的演说家、最有才能的政策方面的形而上学理论家，以及能够在政治经济学的一切奥妙难解的问题中作出细微分别的人。然而，当他们在家里的时候，或者当他们从国会回来的时候，他们有黑人替他们打扇，让他们入睡。但是，一个宾夕法尼亚的政治家、一个纽约的政治家、一个俄亥俄的政治家，或者一个西弗吉尼亚的政治家，尽管在逻辑、形而上学、修辞等方面远不如一个弗吉尼亚的政治家，却有这样的好处，即当他回到家里的时候，他就脱去上衣，拿起耕具。这给了他以骨头和肌肉，先生，并且使他保持了他的共和主义原则的纯洁性。

只要自由土地存在，发挥能力的机会就存在，而且先有经济的权力，才得到政治的权力。但是，从自由土地上生长出来的民主，在自私自利和个人主义方面是强烈的，在行政和教育的措施方面是专断的，并且使个人自由大大地超过了它应有的限度。这种民主虽然有其利，也有其弊。美国个人主义对政府事务的松弛现象一直不大注意，从而使党阀制度及由于缺乏高度发展的公民气质而产生的一切明显的罪恶都有可能出现了。在这方面也可以看到边疆的情形对不严格的商业道德、滥发纸币和骗人银行产生了怂恿的影响。殖民地时期的边疆和革命时期的边疆是发出许多样式最坏的币制的地方。[①]1812 年战争的西部又重复了那个时期的边疆出现的现象，而 1837 年危机时期的投机倒把和骗人银行，在西部新州的新边疆地带也发生了。这样看来，财政制度极不完全的各个时期是和一些新边疆社会出现的时期相符的。同时，财政制度极不完全的各个地方也多半是和那些相继建立的边疆地域的情况相符的。最近发生的平民党运动就是一个例子。许多州现在都拒绝和平民党的主张有任何联系，但是这些州本身却坚持它们在早期发展阶段的那些

---

① 关于边疆情形和革命时期税收的关系，见萨姆纳：《汉密尔顿传》，第 3 章。

思想。很难希望一个原始社会能够表现出对于一个发达社会的复杂的商业兴趣有所了解。这些地区不断重复出现的纸币风潮的事件是另一个例子，证明边疆是可以作为美国史一个极其重要的因素来单独加以研究的。[①]

东部经常害怕边疆毫无限制地推进所造成的结果，所以千方百计地想约束它和指导它。英国当局曾企图把定居地阻止在大西洋各支流的上游一带，并且听任"野蛮人安安静静地享受他们的荒野的生活，免得毛皮生意衰落"。这引起了伯克的一段极为精彩的抗议：

> 如果你们撤销自己的应诺，结果会怎么样呢？人们就会在没有你们的许可下占领土地。他们已经在许多地方这样做了。你们想在荒野地方各处派兵驻守是办不到的。如果你们把人民从一个地方赶跑，他们会把他们的牛羊迁徙到另一个地方去，在那里继续他们一年一次的耕作。边陲定居地的许多人对于个别地点已经一点都不留恋了。他们已经越过阿巴拉契亚山脉了。他们从那里看到他们面前一望无垠的平原，一片广大、富饶、平坦的草地：这是一个五百英里见方的广场。他们在这块土地上可以无拘无束地游荡；他们可以改变他们原来的生活方式和风俗习惯；他们可以把一个和他们没有关系的政府忘得一干二净；他们可以变为说英语的鞑靼人；他们像一队凶猛的、无法抵御的骑兵蜂拥而至，涌入你们的没有设防的边疆，把你们的地方长官、参事、税吏、监督以及隶属于他们的一切奴隶控制在自己手里。这些可能，而且在不久的将来一定产生下面的影响：企图把上天的"增加和繁殖"这种旨意和恩赐当作一种犯罪来禁止，并当作一种邪恶加以扑灭。这些就是努力把上帝借一种明文的宪章赐给了人类儿女的那片土地当作野兽的兽穴来保持的可喜的结果。

---

① 我不打算详细论述边疆的违法情况，因为这些事情大家都知道得很多了。赌徒和不要命的恶棍，南、北卡罗来纳的选举监视人和加利福尼亚的自警团员，都是属于社会的渣滓那类人。他们是西进文明的浪潮带来的泡沫，也是在没有合法的权能机关的情况下由自生的权能机关培养长成的产物。参见巴罗斯：《昨天和明天的美国》（Barrows, *United States of Yesterday and Tomorrow*）；辛：《矿区营地》；以及班克罗夫特：《人民法庭》。边疆表现出来的幽默、勇敢、粗暴、坚强，以及在最坏的方面出现的坏人坏事，——给美国性格、语言和文学留下了痕迹，这些痕迹不是很快就可以消除的。

但是，不单是英国政府希望限制边疆的推进和指导它的命运，"潮水地带"的弗吉尼亚①和南卡罗来纳②，为了自身的利益也对那些殖民地的选举区进行了改划，以便保证它们的海岸选区在议会中占优势。所以，华盛顿要求在西北地域一次拓殖一个州；杰弗逊希望把他购买的路易斯安那北纬 32°的地域保留下来，不得移殖，准备拿它和印第安人交换他们在密西西比河以东的定居地。他写道："当我们在这一边住满了人的时候，我们就可以划分西岸从河源到河口的各州的地区。这样一来，在我们的人口增加时，每个地区都挤满了人，然后一个地区接着一个地区向前推进。"麦迪逊甚至对法国公使说这样的话：美国看到人口伸张到密西西比河右岸，不感兴趣，相反，它倒害怕这种人口的伸张。在 1824 年辩论俄勒冈问题的时候，弗吉尼亚的史密斯提出，在密西西比河以西划一条永不改变的界线作为美国在东部旧州和西部新州的外界的边界。他申诉说，海岸线诸州由于把太多的土地投到市场上去，它们的人口的精华都因外流而枯竭起来了。甚至对西部的命运具有极其长远的眼光的托马斯·本顿，在他的一生的这个阶段竟宣称，应该沿着落基山脉"划出美国西部的边界线，而传说中的守界神的雕像，应该竖立在落基山脉的顶峰上，永远都不要移动它"③。但是，限制边界，禁止出售土地，制止移民，剥夺西部应该得到的政治权利——这一切企图都归枉然。拓殖的边疆始终不渝地在向前推进，个人主义、民主主义和民族主义随着边疆，也不断地在前进。这种边疆强有力地影响着东部和旧世界。

东部对边疆的调节，是通过它的教育活动和宗教活动而得到最有效的结果的。这些活动是各州间的迁移和有组织的团体努力做出的。利曼·毕彻（L.Beecher）④博士在 1835 年说道："相当清楚的是，我国的宗教命运和政治命运都将要由西部来决定。"并且他指出，西部的人口"一方面是由美利坚合众国的各州聚集起来的，一方面是由欧洲的各族人民汇合起来的。它像洪水一样地涌进来；它要求那些训练思想、启发良心的各种制度立即普遍地建立

---

① 《1829—1830 年宪法会议中的辩论》（*Debates in the Constitutional Convention，1829-1830*）。

② 麦克拉迪：《南、北卡罗来纳的著名人物和代表人物》（McCrady, *Eminent and Representative Men of the Carolinas*），第 1 卷，第 43 页；《卡尔霍恩全集》（*Calhoun's Works*），第 1 卷，第 401-406 页。

③ 1825 年 3 月 1 日参议院的演说，载《国会辩论记录》，第 1 卷，第 721 页。

④ 1775—1863，美国传教士，《黑奴呼天录》作者斯托（Harriet Beecher Stowe）夫人的父亲。——译者

起来，以维护它的道德。因为各人的意见是这样不一致，风俗习惯这样不相同，大家的认识这样不深刻，同时西部的定居地又是这样分散，所以不能形成一种共同感情立即按法定手续把必要的制度建立起来。虽然如此，大家都刻不容缓地需要这些制度，而且需要极其完善的和极有权力的制度。一个国家正在'一天内诞生出来'……但是，如果西部的繁荣昌盛很快地达到这样一种气势煊赫的地步，而那些对于这个广大世界的人们的思想和良心的形成非常必需的伟大制度却迟迟没有建立起来的话，在这种情形下，西部会变成什么样子呢？这种情形是不能容许的。……不管西部会变成什么样子，东部的每一个人都不应该觉得平安无事和梦想得到自由。……西部的命运就是我们的命运"①。

毕彻博士在呼吁新英格兰人拿出良心来之外，还附带请求他们注意他们所害怕的事：他们怕其他宗教派别走在新英格兰教会的前面。新英格兰的牧师和学校教师都留下了他们对于西部的印记。新英格兰既怕西部不服从它的政治和经济的控制，同时又怕西部脱离了它的宗教的关系。《国内布道》杂志编辑在 1850 年评论移民迅速地向北伸入威斯康星的报道中写道："对于我们的移民这样长驱直入，我们简直不知道是应该高兴还是应该悲哀。无论用什么办法来增加我国的自然资源和使我国繁荣富强，固然都值得我们同情。但是，我们却不要忘记，由于所有这些定居地散布在我国远而又远的角落，使圣礼物品的供应就相对地变得越来越少了。"这些思想直接导致国内布道会创设起来了，西部的高等院校也建立起来了。海岸各城市如费拉德尔菲亚、纽约和巴尔的摩极力想控制西部的贸易，所以各教派也在争夺支配西部的权力。这一来，发源于新英格兰的一道文化河流就灌溉着西部的土地，从而西部便丰饶起来了。其他地域也派遣它们的传教士到西部去；但真正的斗争是教派之间的斗争。由于存在一种活动的边疆，各教派争权夺势，力图扩张。这一情形对于美国宗教组织的性质一定是产生了重大的结果的。边疆小城镇的各种竞争教会，如雨后春笋，到处倍增。这种增长也有其深远的社会影响。边疆的宗教方面的种种情况也组成了我国历史的一章，值得我们加以研究。

从边疆生活的条件中产生了极其重要的思想面貌。自殖民地时期以来到

---

① 《为西部抗辩》（*Plea for the West*, Cincinnati, 1835），第 11 页及以后诸页。

各边疆旅行的人们所撰的著作，描述了某些共同的特点。虽然这些特点现在不突出了，但是作为一种遗风，甚至在进入一种社会的较高发展阶段的时候，它们仍然在它们发端的地方继续存在。结果是，美国思想的显著特性是依靠边疆形成的。这种特性表现在几个方面：一是粗暴、强健，加上精明、好奇；二是头脑既切实际又能独出心裁、想办法快；三是掌握物质一类的东西，手脚灵巧，不过艺术性差，但做出来的东西使人产生伟大有力的感觉；四是精力充沛，生气勃勃[1]；五是个人主义突出，为善为恶全力以赴；六是同时热爱自由，华而不实。这一切都是边疆的特性。换句话说，就是因为有了边疆，别的地方才有的这些特性。自从哥伦布的船队驶入新世界的河流那个时候起到现在，美国是"机会"的同义语。因此美国人是在不断的扩张中养成他们的气质的。这种扩张对他们来说不仅是自由的，而且甚至是被迫的。如果有人一定断言，美国生活中的这种扩张性现在已经完全停止了的话，那么，他一定是一个冒失的预言家。向边疆迁移曾经是这种扩张的最有力的事实，除非这种训练对一个民族没有影响，否则，美国人势必继续要求一个更加广阔的领域，以便发泄他们旺盛的精力。但是，这种自由土地的礼物却再也不会出现了。在边疆，风俗习惯的约束没有了，毫无限制的情形占上风，这只是一时的事。世界上就没有一块白板（tabula rasa）[2]。在边疆，美国环境是难应付的，而且这种环境迫切要求人们顺应它的种种情况；同时，工作条件具有传统性，这也是事实。但是，无论环境如何顽固，也无论习惯势力多大，每一个边疆都千真万确地提供了机会的新领域，为解除过去的束缚而开方便之门。边疆推进到哪里，哪里就有一片新气象。人们的自信心也因而加强了，对旧社会则报之以如下的嘲笑：旧社会的限制和思想是不能忍受的，旧社会的种种教训是不必放在心上的。如果说，地中海对于希腊人产生了这样一些意义，即打破了习俗的枷锁，提供了新的经验，建立了新的制度，出现了新

---

① 殖民地时期的旅行家曾一致指出过殖民地人民的冷淡迟钝的特性。因此经常使人提出这样一个疑问：这样一种人何以能够把他们现在的精力充沛、生气勃勃的特性发展起来的。参见萨姆纳：《汉密尔顿传》，第 98 页；亚当斯：《美国史》（Henry Adams, *History of the United States of America*），第 1 卷，第 60 页；同前，第 9 卷，第 240、241 页。在 1812 年战争末，这种变化才开始显著。因为 1812 年战争是兴趣集中在西部发展的一个时期，所以西部以精力充沛、忘我工作著称。格伦德：《美国人》，第 2 卷，第 1 章。

② 拉丁文，直译为"空白的板"。英国哲学家洛克用这个术语来说明人的意识、儿童心灵的原始状态。——译者

的活动，等等，那么，不断向后退却的边疆对于美国的意义，也是如此，而且意义更大、更直接，至于对欧洲许多国家来说，就比较间接多了。在美洲发现后四百年和宪法公布后一百年的今天，边疆已经消失，同时也就结束了美国历史的第一个时期。

（黄巨兴译　张芝联校）

[原文为《美国历史上的边疆》一书（纽约 1921 年）的第一章。译文见《历史译丛》1963 年第 5 期，第 30-52 页。转载时稍加修订。]

西部社会与经济的发展（1820—1830）

移民在抵达俄亥俄目的地的最近地点之后，不是开出一条通向未来家园的道路，就是坐上一只龙骨船向俄亥俄河的支流挺进。要是这位移民比较贫穷，他就以公地占有者身份出现，希望从其农业收益中弄到购买这块地的资金。通常他在开出一块土地以后，就把这块价值提高了的地产按照惯例或按优先购买权法①出售给真正的买主。然后再拿这笔钱到更远的地区去购买新的土地，使自己变为一个独立的土地所有者。按照本时期的初期所存在的信贷制度②，移民可以按每亩 2 美元的价格购买在数量上不少于 160 英亩的土地；每亩付现金 50 美分，其余则以四年为期分期付款。但根据 1820 年的新法令，移民又获准以每亩 1.25 美元的最低价格从政府购买小至 80 英亩的地块，但无贷款。以俄亥俄河沿岸城镇劳动力价格与生活费用之低廉，即使一个来自东部的按日计酬的贫穷散工也具备积攒购买土地所需资金的能力。③

无论是以公地占有者或以土地所有者的身份定居，拓荒者都得着手从森林中开出一块空地来。④通常会根据硬木树的特征所显示的土壤质量来选择他的土地，但这意味着肥沃土壤的开垦要更为艰辛。不过，在拓荒者锐利的劈斧砍伐下，阳光还是照射进这块小小的空旷地上来了。⑤然后，依靠被"盖房"这类社会上喜欢的活动吸引而汇集到一起的邻居们的帮助，再加上不可

---

① 霍尔：《西部统计》（James Hall, *Statistics of the West*, 1836.），第 180 页；金登：《美国》（Kingdom, *America*），第 56 页；佩克：《新西部移民指南》（Peck, *New Guide for Emigrants to the West*, 1837），第 119-132 页。

② 埃默里克：《信贷与公共领地》（Emerick, *Credit and the Public Domain*）。

③ 佩克，前引书，第 107-134 页；布雷德伯里：《旅行记》（Bradbury, *Travels*），第 286 页。

④ 金登：前引书，第 10、54、63 页；弗林特：《书信集》（*Letters*），第 206 页；麦克马斯特：《美国》（*United States*），第 5 卷，第 152-155 页；豪威尔斯：《俄亥俄生活》（William Cooper Howells, *Recollections of Life in Ohio*, Cincinnati: The Robert Clarke Company），第 115 页。

⑤ 霍尔：前引书，第 98、101、145 页。

少的威士忌酒和"欢乐嬉戏"，终于把圆木小屋也盖成了。所以伯克贝克称："美国是由圆木屋培育起来的。"[1]

移民在取得立足点以后，又去"圈剥"或"弄死"另一片林区，为他们日后的农业活动做准备。他们的做法是：在树干下部的树皮上切一圆圈，阻止树液上升。不要很长时间，萎谢的树枝就可供引火之用了。于是，在那烧过后残存的树桩隙地中就种上了第一批谷物和蔬菜。移民往往连那"圈剥"过树皮的树木也不烧死，径直在那枯萎的枝叶下种上庄稼。

在靠近东部的地区，如纽约州的西部，有时可以靠大量出卖盆罐与珍珠灰[2]来换取大部分开垦费用。珍珠灰是从收集起来供烧火用的木头取得的。[3]这种事，同合伙"盖房"的情况一样，也是在邻居们的帮助下，靠"滚圆木"来完成的。在西部通常把木头白白地烧掉，较为少见的则是把它锯成横条，一根一根地叠成弯曲的"曲折的栅栏"，用来保护拓荒者的田地。

当一块林中空旷地卖给后来人时，通常每 40 英亩圈起来（其中部分已开拓出来）的土地，除政府地价外，另外还要给 50 到 60 美元。据估计，在伊利诺伊州大草原的边缘，一个 320 英亩农场的当时费用是这样：草原 160 英亩，需 200 美元；用木栅把它围成四个 40 英亩的田园，需 160 美元；用犁把它翻过，每英亩 2 美元，或总计 320 美元。80 英亩林地和 80 英亩放牧的草原，需费 200 美元。这样加上木屋、马棚等等，为得到一个 320 英亩改进的农场，需费 1000 多美元。[4]但早期的移民太穷了，花不起这样一笔开销。他们或成为小块空旷地里的强行占地者，或成为 80 英亩土地的所有者，希望靠随后的购买来增加他们的地亩。因为他们靠的是自己和儿子们的双手劳动，现金支出实际上仅限于最先所付的土地费用和耕作工具费用。一个拥有两匹马、两三头公牛、一些猪羊和农具的 80 英亩土地的印第安纳农场的费用，估计也要 400 美元左右。

进入硬木林的伐木者需要有特殊的技术，还要愿意忍受困苦的生活。这

---

① 伯克贝克：《旅途随笔》（*Notes on Journey*），第 94 页。

② 一种不纯的碳酸钾，即木炭。——译者

③《草丛中的生活》（Thurlow Weed Barnes, *Life of Thurlow Weed*）（自传），第 1 卷，第 11 页。

④ 佩克：《移民指南》（*Guide for Emigrants*, 1831），第 183-184 页；参见伯克贝克：《书信集》（*Letters*）第 45、46、73 页；柯林斯：《移民指南》（S.H., *Emigrants' Guide*）；坦纳（出版者）：《密西西比河流域概观》（Tanner, *View of the Valley of Miss*, 1834），第 232 页；伍兹：《定居两年》（J.Woods, *Two Year's Residence*），第 146、177 页。

就使林区人成为在某种意义上从事特殊职业的专家。[①]这种人往往是几代拓荒者的后裔。拓荒者在从邻近大西洋海岸地带向内地延伸的连续不断的边疆上砍伐并烧毁森林，同印第安人战斗，从而扩大了文明的领域。在他们的脸上留下了斗争的痕迹，因为生活在森林的荫翳下"与普通空气隔绝"，[②]并且经常遭受疟疾折磨，所以脸色变得惨白。在擅自占地者的屋里常常到处是尘土和污物，根本享受不到教育和舒适生活。尽管在完成砍伐森林任务的间隙时间里，拓荒者们流露出怠惰与消沉的情绪，但他们还是喜欢打猎而不愿过安定的农业生活。他们靠着一杆来福枪弥补家用之不足，毛皮给他们提供了少量现金。他们还利用周围的森林饲养少量的牛，其饲养的猪群则以山毛榉的果子为食。

这类林区人代表着文明前进的尖兵。大凡居住紧密，有可能进行合作活动，并拥有磨坊和零售商店的小村落，生活条件就得到改善，那里的拓荒者就属于一种较好的类型。巡回牧师和传教士也把教会团体的早期活动引入了这些地区。学校也由他们办起来了。但严格来说，边疆人是一个流动的阶层，总是准备出卖他们的开垦地，以便挤到一个新的边疆去。在那里，猎物更多，据说土壤更好，森林提供了一个可喜的并可逃避不惬意的文明侵害的庇护所。但是，如果林区人是节俭的，并对未来有所考虑，那么，他就情愿留在自己开出的土地上改进他的农场，从事转变荒野生活的活动。

继林区人到来的是那种拓荒式的农民。正如我们已经看到的，这种拓荒者，由于具有少量资本，往往用钱来购买开出来的土地，因而得以避开拓荒生活中那些创业的艰辛。几年之内，随着锯木厂的建立，木结构的房屋取代了圆木小屋，留有树桩的粗放开辟的地块让位于精耕细作的田地；果树园培植起来了；牲畜在扩展了的开阔地上走动；也有了准备向外输出的剩余农产品。不久，冒险的投机者就在新的城镇中高价出售地皮，一个城市的雏形开始出现了。

西部的占领就是通过一系列波浪式前进的[③]：最先是毛皮商向印第安人

[①] 霍尔：前引书，第 101 页；参见歇斯台鲁：《北美旅行记》（Chastellux, *Traveles in North America*, London, 1787），第 1 卷，第 44 页。

[②] 伯克贝克，前引书，第 105-114 页。

[③] J.M.佩克：《新西部指南》（*New Guide to the West*, Cincinnati, 1848），第 4 章；T.弗林特：《西部各州的历史和地理》（*Geography and History of the Western States*），第 350 页；J.弗林特：《美国来信》（*Letters from America*），第 206 页；特纳：《边疆在美国历史上的重要性》（*Significance of the Frontier in American Hist.*）（1893 年在美国历史协会上的报告），第 214 页；麦克马斯特：前引书，第 152-160 页。

叩门；尾随毛皮商而来的，是利用天然草地和森林中橡树子饲养牲畜的边疆居民；然后是原始农业，继之以比较集约的农业和城市生活。当一位旅行者从边疆走向东部的时候，这些社会发展的阶段就会次第在他眼前出现。几代以来，这些势力不停顿地向美国荒原推进。

当边疆居民在俄亥俄河以北，溯密苏里河这样扩散的时候，另一股迁徙运动也正在西部墨西哥海湾地区进行着。开始时也可看到完全相同的占据方式：南部移民中比较贫穷的阶层，在注入墨西哥海湾和密西西比河下游的河流沿岸开辟土地。在近十年之始，越来越多的人进入得克萨斯。一些有进取心的美国人从墨西哥政府那里获得了土地特许权。[1]

几乎所有最新占据的地区都是人口稀疏的。它是带着斧子和来福枪的林区人征服森林的前进运动。但凡与老定居地较为接近的地方，都有发展水平较高的农业。1821 年霍奇森描述了阿拉巴马北部由印第安人在 1818 年让出的土地上的种植园。人们在那里定居还不到两年，就在数英里内有了五所学校和四处礼拜堂。有一个种植园已经有了 100 英亩棉田和 110 英亩谷物地，而那里一年半以前还是一片荒野。[2]

当圆木屋拓荒者涌入墨西哥海湾平原时，成群结队的带有奴隶的种植园主也从海岸地带向前推进，去占领同一地区的棉花田。就像内地自由农民在南部高地被拥有奴隶的种植园主取代那样，如今西南部的边疆居民也被从较为肥沃的土地上推向松林山区和不毛之地。不仅拓荒者不能拒不接受为购买他开拓出来的土地所付的较高购价，而且在拍卖公地的竞争性叫卖中[3]，富裕的种植园主总是得到称心如意的土地。社会活动出现同样的结果。当拓荒者邀请他的拥有奴隶的邻居来"盖房"时，这位客人却戴着手套，指挥着一群听命执行任务的奴隶出现在他面前。[4]这种悖情悖理的事使拓荒者感到恼怒。因此，老式的拓荒生活总是逐渐后退到不太有价值的土地上，而让奴隶主去

---

[1] 格里森：《得克萨斯》，第 13、14 章；伍顿编：《得克萨斯详史》（Wooten, ed., *Comprehensive History of Texas*），第 1 卷，第 8、9 章；《得克萨斯州历史协会季刊》，第 7 期，第 29、289 页；巴格比：《南部的得克萨斯边疆》（Bugbee, "Texas, Frontier in South"），载于《历史协会会刊》，第 4 期，第 106 页。

[2] 霍奇森：《北美来信》（Hodgeson, *Letters from North Am.*），第 1 卷，第 269 页；参见赖利编：《林塞卡姆自传》（Riley, ed., *Lincecum*），《密西西比历史协会会刊》第 8 期，第 443 页，由一位南部拓荒者这些年在最近开发的佐治亚的印第安人土地上和西南部漫游而作。

[3] 《北亚拉巴马》（*North Ala.*），史密斯与德兰德公司出版社出版，第 249 页；布朗：《亚拉巴马史》（Brown, *Hist. of Ala.*），第 129-131 页；布朗：《南部低地》（*Lower South*），第 24-26 页。

[4] 斯梅德斯：《一个南部种植园主》（Smedes, *A Southern Planter*），第 67 页。

占据那遍及亚拉巴马州和密西西比州中部的富饶的黑土带，以及密西西比河东岸的肥沃的冲积土层。直至今天，那些黑人人口密集的县份，也还显示出这一分离运动的后果。

所以，我们在拓荒农民赶着他那帆布盖的载着全家财物的马车向俄亥俄河对岸的新家园前进的图景旁边，必须同时摆上一幅如下的图景[①]：南部种植园主坐着他们的家用马车，带着许多仆人以及成群的猎狗与奴隶，穿过西佐治亚、亚拉巴马和密西西比的森林，或越过伊利诺伊自由州，到达密苏里河谷。在不久前还是印第安猎人占据的荒野上，夜间营火照耀辉煌。

但是，这个新社会带有一种特有的西部风味。海岸地带那种旧的家长式奴隶制已经被现在奴隶持有者利益赖以存在的西部条件所改变。种植园主和拓荒农民正在开发荒野，建立处于独特的西部影响下的新社会。同整个密西西比流域的情况一样，粗犷的生活方式和进取精神，乃是这个社会的特征。[②]奴隶制为西部社会力量发挥作用提供了一种新的因素。这个制度染上了更多的商业色彩：种植园必须实行结算，要像标准的企业那样，必须有利可图。

奴隶是从老州大量买来，而不是家庭里传留下来的。奴隶贩子领着一队锁着的黑人从旧南部地力耗竭的土地上走向西南部。据 1832 年的估算：弗吉尼亚州每年向他州输出 6000 名奴隶。[③]一位英国旅行者在 1823 年报告：每年从特拉华、马里兰和弗吉尼亚州卖到南方的奴隶有 1 万至 1.5 万人。[④]同一时间内，通过新奥尔良非法输入的奴隶估计也为 1 万至 1.5 万人。[⑤]这一输入奴隶的浪潮，要到下一个十年才达到高峰，但到 1830 年前后就已引人注目，而且已在改变着西南部的面貌。在这十年内，密西西比州的奴隶增加了一倍，阿拉巴马几乎增加了三倍。同一时期，马里兰、弗吉尼亚和北卡罗来纳的奴隶数目也有所增加，但数量不大。

对南部的论述已经表明：西南部转变为奴隶种植园主的地区的原因，在

① 霍奇森：前引书，第 1 卷，第 138 页；《奈尔斯记录册》（*Niles' Register*），第 44 卷，第 222 页；斯梅德斯：前引书，第 52-54 页；弗林特：前引书，第 2 卷，350、379 页；伯恩哈德（萨克森-魏玛公爵）：《游记》（Bernhard, *Travels*），第 2 卷，第 16、17 章。

② 鲍德温：《亚拉巴马的黄金时代》（Baldwin, *Flush Times in Ala.*）；吉尔摩：《佐治亚散记》（Gilmer, *Sketches of Georgia*）等。

③ 科林斯：《国内奴隶贸易》（*Domestic Slave Trade*），第 50 页。

④ 布兰：《美国漫游记》（Blane, *Excursion through U. S.*），第 226 页；霍奇森：前引书，第 1 卷，第 194 页。

⑤ 科林斯：前引书，第 44 页。

于棉花传入墨西哥湾平原。1811 年，这个地区只不过生产 500 万磅棉花，十年以后，产量达 6000 万磅；1826 年，田野里一片雪白，出产棉花达 1.5 亿磅。不久这个地区就超过了南部的滨海地带。亚拉巴马州在 1811 年实际上还没有棉花收成，1821 年只有 1000 万磅，可是到 1834 年已达 8500 万磅，[①]比南卡罗来纳或佐治亚州的收获量都大。

1830 年以后，密西西比河流域的北部和南部之间的差别进一步扩大了。（1）在 30 年代，来自纽约和新英格兰的移民，沿着伊利运河和五大湖推进，开始占据南部伐木人所避开的草原地带。这个地区就成了更大新英格兰的外延，这在纽约州已可看出了。（2）西北地区的南方拓荒者则在北部地区与俄亥俄河以南的蓄奴州之间形成了一个过渡地带。（3）在墨西哥海湾平原上，一个更大的南部正在形成，但尚未完全建立起来。然而，它已是一个深受西部特色影响的，拓荒者与种植园主、奴隶与自由民的混合体。[②]南方各州都在不断派出一批批殖民者。例如：在阿拉巴马，佐治亚人照例住在东部；田纳西人则从田纳西河曲处出动，涌向北部和中部地区；弗吉尼亚人与卡罗来纳人则沿着河边低地走向它的西部和西南部。[③]

（张镇强译　张孝纯校）

（译自弗雷德里克·杰克逊·特纳：《新西部的兴起，1819—1829》，纽约，1906 年，第 84-95 页。）

---

① 参见《新西部的兴起，1819—1829》（F.J.Turner, *Rise of the New West, 1819-1829*, New York, *1906*），第 47 页：《棉花收成统计表》。

② 居利：《东亚拉巴马的拓居地》（Curry, *A Settlement in East Ala.*），载于《美国历史杂志》，第 2 卷，第 203 页。

③ 布朗：前引书，第 129、130 页；《北亚拉巴马》，史密斯·德兰德公司出版，第 4 部分，第 243 页及以后部分。

西部的贸易和理想（1820—1830）

到 1820 年，后来一直统治着西部地区的许多城市雏形业已出现。直到这一时期结束时，布法罗与底特律只不过是些村庄。它们在等候大湖区轮船的通航和大草原的开发。克利夫兰在这十年的大部分时间里也不过是一个小村落，但到 1830 年沟通凯霍加（Cuyahoga）与赛奥图（Scioto）的运河开凿出来后，它才走向繁荣。它的港口凭借其自然优越条件开始获利。[1]芝加哥与密尔沃基当时还只是印第安人地区的毛皮贸易站。俄亥俄河源流上的匹兹堡正在失去它昔日作为通向西部大门的优势，但又在发展制造业方面找到补偿。1820 年，它的人口才 12000 人。[2]铸造厂、碾压厂、制钉厂、蒸汽机厂、酒坊都在忙碌地运转着。被煤烟熏黑了的城市已经博得了"年轻的曼彻斯特"或美国"伯明翰"的称号。1830 年惠林利用旧的国民大道和来自巴尔的摩的马车运输，已经截夺了大量陆路贸易和去俄亥俄的旅行生意。[3]

辛辛那提正在迅速上升到"西部皇后城"的地位。由于它位于有一个朝向西北内地的大河曲的河流附近，并处于两个迈阿密之间富饶的农业地区，与利金河相对，因而成了俄亥俄和肯塔基这片辽阔肥沃地带的商业中心。[4]到 1830 年，已有近 2.5 万人口。除新奥尔良以外，它是西部最大城市。作为轮船建造中心，它接纳从东部输入的品种繁多的货物，并输出俄亥俄和肯塔基邻近地区的剩余农产品。可是，它的主要工业是猪肉罐头，因而赢得"猪肉大都会"之称。[5]在俄亥俄瀑布线的路易斯维尔是一个重要的客货轮转运站和

---

① 韦特塞：《早期克利夫兰史》（Whittlesty, *Early History of Cleveland*），第 456 页；肯尼迪：《克利夫兰史》（Kennedy, *History of Cleveland*），第 8 章。

② 瑟斯顿：《匹兹堡与阿勒格尼的百周年》（Thurston, *Pittsburg and Allegheny in the Centennial Year*），第 61 页。

③ 马丁：《弗吉尼亚地名辞典》（Martin, *Gazetteer of Virginia*），第 407 页。

④ 梅利什：《移民读物》（Melish, *Information to Emigrants*），第 108 页。

⑤ 德雷克和曼斯菲尔德：《1826 年的辛辛那提》（Drake and Mansfield, *Cincinnati in 1826*），第 70 页；《西部的冬天》（*Winter in the West*）第 1 卷，第 115 页。

烟草大量输出的中心。它拥有以肯塔基大麻田作物为原料的大规模制绳和制
袋工业，一些新建的棉织与毛织工厂正在为生存而斗争。[①]作为密西西比河上
游和广阔的密苏里水系的重要毛皮贸易集散地，以及前往密苏里定居地的旅
程装备地点，圣路易斯占有独特的地位。它是远西部的首府，对伊利诺伊州
来说，又是商业中心。在 1830 年前后，它的人口约为 6000 人。

　　沿圣路易斯以南的密西西比河只有几个村庄，旅行者直至到了新奥尔良
才见到全密西西比河流域的商业中心。伊利运河的直接影响还只限于纽约州。
大量的输出品多经密西西比河的各个支流进入新奥尔良。所以，新奥尔良是
密西西比流域对外输出中心，也是整个内地产品通向沿海贸易的转运港。1830
年，它的人口近 5 万人。

　　剩余农产品的出现正在改变西部，并给国家带来新的影响。正是这种剩
余以及对市场的要求才导致了上述那些城市的发展。伴随着城市的成长，附
近地皮的价格也上涨了，辐射公路伸进了周围的农村。过去因缺乏运输工具，
农民自己的产品几乎毫不值钱，而现在出售剩余农产品，可以小量获利了。
正当西部由此察觉国内市场有利时，南部和西南部的棉花和甘蔗种植业的扩
大又给它提供了新的有价值的市场。种植园主也越来越依靠西北部供应他们
粮食和田里使用的骡马。棉花成了种植园地带最吸引人的事业。虽然这种产
业分化的全部后果在本十年内尚未表现出来，但其苗头已隐约可见。[②]1835
年，皮特金[③]认为内地的对内对外输出品价值远远超过 1790 年美国全部输出
品的价值。内地在 40 年内的发展带来了美国的经济的独立。

　　在这十年的大部分时间内，供应内地的商品是通过宾夕法尼亚收税路和
旧"国民大道"，越过山脉，辛辛苦苦运进来的；或者是在运费特重的情况下，
用轮船沿大西洋海岸进入墨西哥海湾，上溯密西西比河和俄亥俄河运进来的。
从费城到匹兹堡与从巴尔的摩到惠林的马车运输费用使消费者承受一笔很重
的负担。[④]在 1817 年，从费城到匹兹堡的运费有时竟高达每百磅 7 至 10 美
元；几年以后才降为 4 至 6 美元；1823 年下降到 3 美元。从巴尔的摩到俄亥

---

　　① 达雷特：《路易斯维尔一百年》（Durrett, *Centenary of Louisville*），载于《费尔森社社刊》，第 8 期，
第 50-101 页；《1832 年路易斯维尔工商行名人录》（*Louisville Directory, 1832*），第 131 页。

　　② 卡伦德：《各州早期运输与金融企业》（Callender, *Early Transportation and Banking Enterprises of
the States*），载于《经济学季刊》，第 17 卷，第 3-54 页。

　　③ 皮特金：《统计评论》（Pitkin, *Statistical View*, 1835），第 534 页。

　　④ 《奈尔斯记录册》（*Niles' Register*），第 20 卷，第 180 页。

俄中部，马车运送商品需时一个月。一些四匹马的运货马车公司在东部和西部各州之间的收税道上开展这种定期业务。1820年，有3000多辆马车奔走于费城与匹兹堡之间，每年运输的商品价值约1800万美元。[①]

"国民大道"的建成，把运费几乎降到1812年战争结束时的一半；轮船从新奥尔良溯密西西比河上行，使这条路的水运费用减少到以前的三分之一。[②]虽然如此，仍然对内地改进，特别是对改良运河有着紧迫要求，以便为西部日益增多的产品提供出路。弗吉尼亚的塔克在1818年说过："即使在我所居住的离海潮线不到80英里的地区，农民运输两蒲式耳小麦到海港城镇去，也得付出一蒲式耳小麦的运费。"[③]

就其价值来说，体积庞大的谷物简直不可能经由100英里以上的陆路进行运输了。[④]这一点正可说明为什么内地的注意力首先集中在威士忌酒制造业和牲畜饲养业上面。因为前者可少量运载谷物，而售价很高；活牲畜则可走向市场。直到1812年战争以后，俄亥俄流域的牲畜都是赶着走向沿海，主要走向费城或巴尔的摩。旅行者在公路上惊奇地看到4000到5000头之多的猪群被赶往东部市场。据估计，仅从肯塔基赶往东部的猪群，每年就有10万多头。肯塔基赶猪人也赶着猪群，穿越田纳西、弗吉尼亚和南北卡罗来纳。[⑤]猪以森林的坚果和橡子为食，这样就特别适应拓荒条件。牛也是首先被赶到波托马克河种植园，养肥后再送到巴尔的摩和费城，正像当代大平原的牛群被赶到堪萨斯、内布拉斯加和爱荷华谷物地带的饲养场一样。[⑥]但到这十年末，饲养场已转移到了俄亥俄。正如我们已经看到的：辛辛那提成了猪肉罐

---

① 伯克贝尔：《由弗吉尼亚出发的旅程》（*Journey from Va.*），第128页；奥格登：《西部来信》（Ogden, *Letters from the West*），第3页；科贝特：《居留一年》（Cobbett, *Year's Residence*），第337页；伊万斯：《徒步旅行》（Evans, *Pedestrious Tour*），第145页；《1824年的费城》（*Philadelphia 1824*），第45页；西赖特：《老税道》（Searight, *Old Pike*），第107页；米尔斯：《论内地航运》（Mills, *Treatise on Inland Navigation*, 1820），第89、90、93、95-97页；《政治经济学杂志》，第8卷，第36页。

② 《国会年鉴》（*Annals of Cong.*），第18届国会第1次会议，第1卷，第991页；参见费伦：《随笔》（Fearon, *Sketches*），第260页；《奈尔斯记录册》（*Niles' Register*），第25卷，第95页；《辛辛那提基督教杂志》，1830年7月27日。

③ 《国会年鉴》，第15届国会第1次会议，第1卷，第1126页。

④ 麦克马斯特：前引书，第3卷，第464页。

⑤ 《伊弗雷姆·卡特勒的生活》（*Life of Ephraim Cutler*），第89页；伯克贝克：前引书，第24页；布兰：前引书（伦敦，1824年），第90页；《大西洋月刊》（*Atlantic Monthly*），第26卷，第170页。

⑥ 米肖：《旅行》（Michaux, *Travels*）第191页；帕尔莫：《旅行札记》（Palmer, *Journal of Travels*），第36页。

头业的中心。[①]它是通过密西西比河提供火腿、腌熏肉和咸肉的最重要的来源地。这些食物构成种植园所需食品的很大的一部分。从肯塔基和俄亥俄河谷的其余地方赶来的一群群骡马，通过田纳西河谷，到达南部供应种植园。1828年在坎伯兰山峡的统计数字表明：通过那里税卡的家畜的价值是 116 万 7000 美元。[②]南卡罗来纳参议员海恩宣称：1824 年从西部通过萨鲁达山峡供应的家畜、马、牛和猪一年超过了 100 万美元。[③]

但是，从西部越过一些大道、到达东部和南部的产品销路，在国内贸易中只占次要地位。许多载货很重的船舶驶下密西西比河：来自阿勒格尼高原的木筏，满载牲畜、面粉和腌熏肉的老式河船、粮草船、龙骨船和轻舟，与来往于西部水域的轮船交织在一起。[④]平底船船夫、木筏工人和甲板水手[⑤]在所经之处构成一伙嘈杂和鲁莽的人群，以"半马半鳄鱼"方式殴打和酗酒。轮船出现之前，从新奥尔良到内地的全部货物都由大约 20 只大平底船运送，平均每船载重 100 吨，一年往返一次。虽然轮船没有把其他船只完全排挤掉，但它却使河上贸易发生了革命性的变化。从路易斯维尔到新奥尔良，坐龙骨船要 30 到 40 天，用篙撑船和纤曳逆流航行 1500 英里，大约要 90 天。而到1822 年，轮船却将航行缩短为下行 7 天，上行 16 天。[⑥]随着轮船上驶至密西西比河各支流去收集发展中的西部的产品，拓荒者愈益意识到发明的重要性。首席法官马歇尔对"吉布斯控告奥格登"案作出的裁决，对于整个内地具有重大的利害关系。[⑦]在马歇尔作出这个裁决之前，富尔敦和利文斯顿曾希望推行垄断。拓荒者憎恨关于垄断的想法。

---

① 霍尔：前引书（1836 年），第 145-147 页。

② 《西部移民和旅行指南》（*Emigrants and Travellers Guide to the West*, 1834）第 194 页。

③ 1832 年在参议院的讲话，《国会辩论记录》，第 8 卷，第 1 部分，第 80 页；参见《国会年鉴》，第 18 届国会第 1 次会议，第 1 卷，第 1411 页。

④ 弗林特：《最后十年的回忆》（Timothy Flint, *Recollections of the Last Ten Years*, Carbondale: Southern Illinois University Press, 1968），第 101-110 页；托马斯：《回忆录》（E.S.Thomas, *Reminiscences Of The Last Sixty Five Years*），第 1 卷，第 290-293 页；霍尔：前引书（1836 年），第 236 页；豪威尔斯：前引书，第 85 页；舒茨：《旅行记》（Schultz, *Travels*），第 129 页；赫尔伯特：《有历史意义的公路》（Hulbert, *Historic Highways*），第 9 卷，第 3、4、5 章。

⑤ 肯塔基州森林居民或船夫的绰号。——译者

⑥ 《国会年鉴》，第 17 届国会第 2 次会议，第 407 页；麦克马斯特：前引书，第 5 卷，第 166 页；《国民公报》（*National Gazette*），1823 年 9 月 26 日轮船一览表、船价表和产品估价；布兰：前引书，第 119 页；《奈尔斯记录册》（*Niles' Register*），第 25 卷，第 95 页。

⑦ 托马斯：《西部旅游记》（*Travels through the Western Country*），第 62 页；《亚历山大先驱报》，1817 年 6 月 23 日。

他们从轮船中看到了自己发展的征象。一位作者在《西部每月评论》[①]中无意地用这样一些话表述了自满的奋发求实的西部精神："一个以居于边远地区者的名义谈道：大西洋城里人不会相信如'华盛顿号''佛罗里达号''水上漫步号'和'湖上女郎号'之类具有精美结构和东方豪华气派的轮船，曾经在传奇小说家浮想联翩的脑海里存在过，更不会相信它们事实上的确存在过。它们在密西西比河上乘风顺流而下；要么就在夹岸森林间破浪而上，或如'活物'逆流前进。它们运载着投机者、商人、纨绔子弟、窈窕淑女，各种各样真实的东西和人世捏造的东西。那里有一台台的钢琴，一捆捆的小说，还有纸牌和骰子，调情和求爱，饮酒作乐；甲板上或许有 300 个小伙子，他们见过鳄鱼，既不在乎威士忌酒，也不在乎火药。一艘从新奥尔良开出来的轮船，把一个小小的巴黎，一段百老汇或者一片费城带到我们河流的最遥远的村落，甚至带到圆木小屋的门口，把我们的年轻人追求时髦和漂亮的天生癖好从他们心里诱发出来。在我们一日的航程之内，就有三条运河正在加紧施工，即将告竣……辛辛那提不久将成为中国人所谓的'天朝'的中心；伊利运河一旦竣工，富裕的南方种植园主将带上家眷、狗和鹦鹉，穿过一片片森林，从新奥尔良到纽约去，沿途向我们打招呼。他们不再担心遇上风暴、晕船和从墨西哥湾开往大西洋途中的种种危险了。当他们和我们更熟悉时，他们的航程也就常常到此结束了。"

到 1830 年，从密西西比河流域运抵新奥尔良的产品，大约相当于 2600 万美元。[②] 1822 年，估计有价值 300 万美元的货物通过俄亥俄河的福尔斯支流到达市场。它代表着俄亥俄流域的大部分剩余农产品。其中猪肉价值 100 万美元、面粉 90 万美元、烟草 60 万美元，威士忌酒 50 万美元。[③]产品清单揭示出密西西比流域是一个广大的殖民社会，生产单一的原始农业原料。但是，城市里制造业的出现，在西部可能掀起一个争取工业独立的运动。尽管财富日益明显增长，但农产品价格还是这样低落，以致不是在贸易通道附近生活的农民，为市场种植小麦几乎无利可图。

这个时期的一位俄亥俄拓荒者提到：在这十年的开头，一蒲式耳卖 50 美

---

① 蒂莫西·弗林特：《西部每月评论》（Timothy Flint, *Western Monthly Review*）（1827 年 5 月），第 1 卷，第 25 页；威廉·布洛克：《一次旅游随笔》（William Bullock, *Sketch of a Journey*），第 132 页。

② 《经济季刊》，第 17 卷，第 20 页；皮特金：前引书（1835 年编），第 534-536 页。

③ 《全国共和党人》（*National Republican*），1823 年 3 月 7 日；参见《国民公报》，1823 年 9 月 26 日；布兰：前引书，第 119 页。

分是俄亥俄河上最高的小麦价格。在好的天气，两马一人运 35 或 40 蒲式耳小麦到俄亥俄河，需花四天时间，旅行 35 英里；若道路不好，还需更长的时间。因此农民不能指望卖到现金超过 25 美分，但是不存在用现金买卖小麦的事。小麦通常的交易价格是 30 美分。[①] 1825 年当伊利诺伊州一蒲式耳小麦卖 25 美分时，在弗吉尼亚的彼得堡却卖到 80 美分以上；在南卡罗来纳的查尔斯顿面粉每桶的价格是六美元。[②]

这就是帮助了解西部领袖如亨利·克莱和安德鲁、杰克逊政治态度的经济因素。西部小城市增强了东部要求保护新建的工业的呼声。建立国内市场的要求在阿勒格尼山以西获得了最强有力的支持。改进内地交通和降低运输费用是西部繁荣必不可少的条件。西部大部分人属于债务人，需要资金、贷款和通货膨胀，所以他们对那些企图限制银行业的做法感到愤恨。这些乐于轻举妄动的州银行正是由他们的乐观主义培植起来的。

但是，西部的政治理想和行动除了经济因素的解释外，还可从社会因素加以解释。这个充满平等和个人主义精神、主张民主高于一切、普遍讨厌事物旧秩序的社会，必然会要求支配政府，必然憎恶那些受过训练的政治家和官僚阶级的统治，并同那种由国会核心小组提名候选人的程序以及总统朝代连续存在的现象作斗争。西部除了敏于变革外，还在同印第安人作战、砍伐森林和扩张活动中培育了一种好斗性格，以及一种对国家领土持有扩大想法。拓荒者在于荒原的树桩间和沼泽里扩大他们开垦地围栏的过程中，已经想象到未来城市的高楼大厦和拥挤熙攘的街道。所以西部作为一个整体，既形成了普通人的未来的理想，也形成了这个国家的宏伟的扩张目标。

西部是一个新涌现出来的地区，教育不可能得到大量发展。拓荒者的贫困再加上大部分来自南部内地的拓荒者所带来的传统，使他们不愿意为公共教育支付大笔费用。[③] 在肯塔基和田纳西，较为富裕的种植园主为他们的子弟聘有家庭教师，这些教师多半是新英格兰的大学生。例如，后来的邮政总长亚摩斯·肯德尔过去就是亨利·克莱家的教师。号称大学的学校很多，有一些还办得相当好。1830 年，一位作家对整个西部地区的高等教育作过一次调

[①] 豪厄尔斯：前引书，第 138 页；麦卡洛克：《商业字典》（M'Culloch, *Commercial Dictionary*），第 1 卷，第 683、684 页；哈泽德：《美国商业与统计记录》（Hazard, *U. S. Commerce and Statistical Register*），第 1 卷，第 251 页；奥赖利：《罗彻斯特随笔》（O'Reilly, *Sketches of Rochester*），第 362 页。

[②]《奈尔斯记录册》（*Niles' Register*），第 29 卷，第 165 页。

[③] 麦克马斯特：前引书，第 5 卷，第 370—372 页。

查，并报道说：28 所学院共有 766 名研究生和 1430 名大学生。整个密西西比河流域的大学和公共图书馆的书籍不到 4 万卷。[①]从西部到东部上大学的学生非常少，但政府授地为发展普通学校和大学提供了公共教育基金。不过，在当时这种基金普遍被挪用和浪费，或者情况更糟。虽然如此，在印第安纳州的第一部宪法中却已提出了民主教育的理想，规定议会有责任制定"一套从乡镇学校到州立大学逐级升学的总的正规教育制度，学费免缴，入学机会人人平等"。[②]虽然在野蛮人退却之后，西部紧跟着就创办了报纸，[③]但文学尚不流行，出现了许多短命期刊。[④]作家如蒂莫西·弗林特和詹姆士·霍尔并不缺乏文学才能。肯塔基的莱克星敦以及辛辛那提，都争着成为"西部的雅典"。宗教上，西部特别喜爱在老殖民地的那些民主地区中流行的教派。浸礼会教徒、监理会教徒、长老会教徒都占主导地位。[⑤]西部的宗教生活经常在野营布道会和鼓动性的福音布道会上以激情的集会形式表现出来。在这些集会上，林区的传教士虽然粗野无学，但却能以上帝天罚的警告，深深打动广大听众。巡回布道的牧师就是"肌肉基督教"的化身。这些牧师带着鞍囊和圣经，穿过沉寂的林间小径，从一个村落到另一个村落。从西部对宗教的热情反应来看，不难理解这是一个大批群众都为宗教热情所支配的地区。野营布道会的这种特色，后来在政治竞选运动中也表现出来了。

这样，居民从所有较老州来的、并由密西西比河紧紧维系在一起的阿勒格尼山以西的社会，就构成了一个绝大部分由共同动力所支配的地区。随着人们离开原住各州，向西部去开垦国家公地；随着他们的组织逐渐成为合众国的领地，他们就丢掉了许多沿海岸老州明显表现出来的州的特殊性。这个地区是以彻底的民族化和民主化作为特征的。西部钦佩靠个人奋斗成功的人，并乐于以一个地区的激情去追随他的英雄。这种热情是出于对训练有素的政

---

① 《美国季度纪实》（*Am. Quarterly Register*）（1830 年 11 月），第 3 卷，第 127-131 页。

② 玻尔：《特许状与宪法》（Poorer, *Charters and Consititutions*），第 1 部分，第 508 页，（1816 年印第安纳州宪法，第 6 条，第 2 款）。

③ 佩林：《肯塔基先锋报》（W.H.Perrin, *Pioneer Press of Ky.*），（费尔森俱乐部期刊）。

④ 维纳布尔：《俄亥俄流域文学的开端》（Vnenable, *Beginning of Literary Culture in the Ohio Valley*），第 3 章；凯恩斯：《1815—1833 年以来美国文学的发展》（W.B.Cairns, *Development of American Literature from 1815-1833*），载于《威斯康星大学学报》（哲学、文学丛刊），第 1 卷，第 60-63 页。

⑤ 《美国季度纪实》（1830 年 11 月），第 3 卷，第 130 页。谢默霍恩与米尔斯：《阿勒格尼山以西的美国》（Schermerhorn and Miles, *View of U.S West of the Alleghany Mountains*）（哈特福，1814 年）；《国内差会》，1829 年，第 78、79 页，及 1830 年，第 173 页；麦克马斯特：前引书，第 4 卷，第 550-555 页。

治家的人格，而不是对他们的政治纲领的响应。西部是一个有自信心的地区，相信自己有参与政府统治的权利，也不怀疑自己拥有从事统治的能力。

（张镇强译　张孝纯校）
（译自弗雷德里克·杰克逊·特纳：《新西部的兴起，1819—1829》，纽约，1906 年，第 96-110 页。）

西部问题①

　　西部问题只不过是美国发展的问题。只要粗略地观察一下美国地图，就可了解真相。若撰写一篇关于东方以阿勒格尼山脉为界的"西部地域主义"的文章，这件事本身就可表明作者是一个地方主义者了。西部指的是什么呢？它在美国生活中一直又是怎样的呢？能答复这些问题，就能了解当前美国最显著的特征。

　　说到底，西部是一种社会形式，不是一个区域。这个名词指的是这样一种地区：它的社会条件是旧制度和旧观念对自由土地发生转变作用的结果。由于应用了这种旧制度和旧思想，一种新的环境突然出现了，寻求机会的自由敞开了，根深蒂固的习俗打破了，新的活动、新的成长方式、新的制度和新的理想随之产生了。荒野消失了，"西部"本部发展成一条新的边疆。在以前的区域里，由于和边远的森林地区相接触，出现了一个新的社会。这个社会逐渐失去了原始的条件，被东部较老类型的社会条件同化，但它内部仍保存着边疆经验的那些持久的明显的残余。十年十年地过去了，西部越来越向西扩展，美国社会的再生一直继续下去，在它后边留下了痕迹，并对东部产生影响。我们的政治制度史即我们的民主制度既不是仿效别人的，也不是简单借用的。它是各个器官在反映变化环境时发生演变和适应的历史，即一种新的政治物种的起源的历史。从这个意义来说，西部在我们的生活当中一直是一个具有最重大意义的建设性力量。用敏锐的博学多闻的观察家布赖斯②的话来说："西部是美国的最有美国特征的地区。……西部各州和地区对大西洋沿岸各州的关系就如欧洲对亚洲，美国对英国的关系一样。"

　　作为一个社会组织的阶段来看，西部是从大西洋沿岸开始，然后跨过大

---

　　① 见《大西洋月刊》（*Atlantic Monthly*），1896 年 9 月。

　　② 詹姆斯·布赖斯（James Bryce, 1838—1922），英国法学家、历史学家、政治家，1988 年出版《美利坚共和国》（*The American Commonwealth*）一书。——译者

陆。但是移民时期受潮水影响的地带是和旧世界有紧密联系的，很快失去了西部的面貌。18世纪中叶，沿着注入大西洋的各河支流的上游地区，出现了比较新的社会条件。正是在这里，西部形成了一个显著的特点。在以后的年代，西部把边疆的特点和理想传播到这个地区。在大西洋沿岸地区，渔民、船长、商人和种植园主的目光转向欧洲。在河流的瀑布线以西是拓殖农民，他们大部分是非英国血统的苏格兰-爱尔兰人①和日耳曼人。他们组成一个独特的民族，可看作中部地区社会经济生活向南部边远地区的扩展。这些边疆人就是布恩②、安德鲁、杰克逊、卡尔洪、克莱和林肯的祖先。华盛顿和杰弗逊深深地被这些边疆条件影响。森林中开辟的空旷地一直是美国特征的苗床。

在美国独立战争的年代，移民越过阿勒格尼山脉，在他们和海岸之间设立一个屏障。用他们的话来说，他们成了"西部河流的人"，"西部世界"的继承人。在这个年代里，所有沿着山脉西坡的边远地区的人和海岸居民之间在意识上存在着明显的差异。他们要求组织为"联盟"的独立州，自治是他们的理想。他们的一个直率而有力的要求州地位的请求书写道："我们同胞中一些人也许想我们没有能力处理自己的事务，也不能考虑自己的利益。假如我们的社会是不开化的，那就不需要多少智慧来满足我们的需求了。一个蠢人穿衣服有时能比聪明人为他穿衣服更好。"这个森林哲学就是美国民主哲学。但是沿海岸住的人不愿接受这个含义。他们分配州的立法机关，以使拥有财产的少数人的潮水地带能在投票中胜过人口众多的边远地区。

在1787年制宪会议中，北部联邦派提出了同样的体制。古维纳•摩里斯③为基于财产和人数的代表制申辩。他宣称："他期望不久在西部组织一系列的新的州。他认为代表制规章的制订应能保证大西洋诸州在全国会议中占优势。"他说："新成立的州在公共利益方面比大西洋州较少了解，在很多方面将有不同的利害关系，尤其在使社会卷入战争方面缺乏审慎。战争的负担和作战活动将主要由沿海的几个州承担。因此，应该制定条款使新成立的州的投票数不超过沿海几个州。"他又说：西部地区"不能提供同等有知识的人去担负有关共同利益的管理工作。那些人常去的繁华地方，而不是边远荒野，才是培养政治才华的适当的学校。如果西部人手中握得权力，他们会把大西

---

① 指居住在爱尔兰北部的苏格兰移民的后裔；或苏格兰人和爱尔兰人的混合血统的后裔。——译者

② 丹尼尔•布恩（Daniel Boone，1734—1820）在独立战争前夕率部从北卡罗来纳进入今肯塔基，沿途杀戮印第安人。——译者

③ 古维纳•摩里斯（Gouverneur Morris），美国政治家和外交家。——译者

洋沿岸的利益毁掉。边远地区的人总是不喜欢那些最好的措施的"。除了古维纳·摩里斯的言论外，还有在众议院关于接纳路易斯安那的辩论中马萨诸塞州的乔西亚·昆西充满激情的抗议。当制宪会议提到奴隶选票和西部问题时，他宣称："假定那时我们已经很清楚地预见到，除了这种重负的影响以外，在密西西比河那边的全体居民都被接纳入这个立法机构的两院中来制定我们的法律、控制我们的权利、决定我们的命运。先生，难道当时的爱国者们哪怕是一刹那能听得进去吗？……他们在白痴医院里从没有得过学位……为什么？先生，我已经听说有六个州了，有人说不久的将来会有更多的州。我也听说，俄亥俄河口将远在期待建立的帝国的中心之东……你们没有权力把这里人民的权利和财产同密苏里野蛮人的权利和财产混杂在一起，也不能和那些躺在密西西比河口沙滩上晒太阳的英、西、法、美混血种族的权利和财产混杂在一起（虽然他们比较受到尊敬）。……难道你认为北部和大西洋沿岸几个州将要或者应该耐心地旁观从红河和密苏里来的众议员和参议员涌向这个和那个议员席位，设法管理离他们住地至少有 1500 英里的沿海地区，并在宪法上从未允许他们加入的议会中占取优势吗？"

正如 18 世纪末东部流露的恐惧所引起的反响，19 世纪末东部一位杰出的文人在警告西部时说："他们的习性是追逐物质利益，很少有高尚的理想，很少接受历史教训，不易暴露于战争的直接灾害和身心恐惧，缺少想象力和同情心。他们占有权力，但缺乏相应的责任感，因而他们组成的社会是不幸的和危险的。在这个社会里，容易以引起战争狂热作为令人信服地表现自己伟大和满足自己野心的幻想的办法，……偶然的若干火星就可燃着草原。"

这就是 20 世纪初期和末期指望新英格兰思想领袖们解决的西部问题。从一开始，就可以看出在海岸地区以外一个新型的社会正在成长起来，国家的命运掌握在西部人手里的时代就会到来。这些社会的分歧在批准联邦宪法的斗争中就变得明显了。除了一些西部地区以外，内地的农业地区即负债累累、要求发行纸币的社区反对宪法，但交通发达、拥有资产的地区却取得胜利。

因此，了解什么是早期西部民主的一些理想，是很重要的。边疆人和沿海一带的人是怎样不同的呢？

关于居住在西部江湖地带的人的最显著的实际情况是，其处于文明发展的许多成就遭受破坏的影响之下，根本没有受系统教育的机会，用森林空旷地上的圆木屋代替城市社会的舒适，过着艰难困苦、忍饥受饿的生活，在很多方面回到了原始社会的生活状况。作为个体劳动者披荆斩棘、奋斗不息，没有硬币和资本，他的利益和负债者阶级是一致的。西部在前进的各个阶段都赞同通货膨胀。拓荒者对于他自己的社会前途具有无限的信心。当财政的收缩和萧条时期来临时，那些把一切都寄托在对西部发展的信心的人和那些曾经为建立自己家庭与荒野作斗争的人，易于指责保守地区和保守阶级。需要比不诚实、无知、粗野等更多的西部基本特性来说明这种对抗。美国立法必须涉及两种截然不同的社会环境。在这个国家的一些地区，从前有，现在也还有财产集聚的现象，既得利益居于突出的地位。在其他地区，资金缺乏，有不同经济和社会理想的更原始的状况普遍存在，居于突出地位的是使普通个人得到满足。很难看到政府对这两种理想的分歧进行公平调节。

西部人离海岸很远，加之所处的环境，使其仍在很大程度上不受欧洲的惯例和力量的影响，能独立地观察事物，对旧世界最好的经验很少尊重或赏识。他们的理想就是在这个新的国家里保留和发展那些原始的和有价值的东西。旧社会进入自由土地，就意味着给他们创造出一种新类型民主和新的大众理想的机会。西部并不是保守的：西部性格中显著的特质是充分的自信和对自我权利的坚持。它在它的成长过程中产生无疑是一种新的社会和国家的秩序。在这个概念里，有好的因素，也有坏的因素。

这个新社会的基本实况是它与土地的关系。布特米①教授谈到美国时说："他们最初的和最重要的一个目的，就是耕种和拓殖这些草原、森林和广阔无垠的荒地。美国社会的明显特征，与其说是民主，还不如说是像一个为了发现、耕种它的广阔领土并使其资本化的巨大商业公司。美国首先是一个商业社会，其次才是一个国家。"当然这会引起严重误解。正由于这里所提出的任务，在西部发展起来的关于国家和社会的远大理想是同对表现这些理想的国家的忠诚相联系的。但是布特米先生的描述触及了实质问题，那就是内地人的基本特点是由西部自由土地产生的。这就使内地人为了文化把注意力转向征服土地这一伟大任务，转向在其所协助创建的新的民主中增进他的经济和社会地位的任务。艺术、文学、教养和科学管理——这一切都必须为这艰巨的目标让路。充满活力和不停地躁动就在很大程度上成就了一个新美国。安德鲁·杰克逊时代的一位旅行家说过："美国如同一个大工场，在大门上面刻有闪闪发光的几个大字'非公莫入'。"我们所处时代的西部使布赖斯先生想

---

① 埃米尔·布米（Emile Boutmy，1835—1906），法国著名作家和教育家。——译者

起"瓦太克（vathek）①在爱布利斯（Eblis）大厅里发现的人群，每个人都到处奔跑，神态焦急，往往复复，为心中烈火所驱使。对他们要做的事情来说，时间似乎是太短了，结果总是距他们所愿相差很远。"

但是自由土地和创造他们社会命运的自觉性不仅仅使西部人转而追求物质利益，并致力于永不停息的生活方式，还在西部居民中倡导了平等思想，抵挡住来自东部的贵族影响。在那里，每个人都有一个农场。由于占据了农场，经济平等很容易得到实现。这也包含着政治平等。西部人获得经济平等的理念是经过斗争的，这足说明今日远西部的动乱不定。

西部民主包含个人自由和平等，边疆居民对于限制是不能容忍的。即使没有法律权威，其也知道怎样保持秩序。如果有贼偷牛，私刑的实施是迅速和有效的。南、北卡罗来纳州的"自订约章者"②就是艾奥瓦州要求土地所有权协会和加利福尼亚州治安委员会的先驱。但是所有个人是不乐意服从复杂法规的。人口是稀疏的，没有像在旧定居区的那样争夺利益的群众，而这些群众是要求建立一个对个人加以限制的详尽的制度的。社会是单一的小个体。法律人格的最原始的观念重新出现了。犯罪与其说是对国家法律的侵犯，不如说是对受害者的触犯。用最直接的方法取得实际的正义是边远地区居民的理想。他们对于过细的区别和审慎没有耐心。如果做某一件事是合适的，那么最直接、粗略、敏捷和有效的方法就是最好的方法。

边远地区社会是单一的小个体，缺乏有组织的政治生活，因而个人地位提高了，并有自由行动的机会。西部已成为机会的同义语了。这里的矿山被夺去了，肥沃的流域地带被预先强占了，所有这些自然资源都为最精明最大胆的人敞开着。在个人有充分活动场地，不受旧社会秩序或政府的科学管理的限制方面，美国是唯一的国家了。成立自力成功的人是西部人的理想，一切人都可变成那种人。他们根据荒原上的经验和机会自由，制订出了一个复兴社会的公式——每个人都有自由去发现自己的个人自由，并不考虑其所处的环境是例外的和暂时的。

在这样的条件下，领导才能很容易发展——领导才能是建立在具有为年轻社会服务的品质之上的。在西部拓居地的历史中，我们可以看到每个堡垒村都追随它的当地英雄。在西部英雄升为全国英雄的崇高地位时期，克莱、

---

① 一个古怪的东方故事，为威廉·贝克福特（William Beckford）所写。——译者
② 独立战争前，南北卡罗来纳的西部居民组织许多"自订约章者"（Regulators）联合会，拒绝纳捐税，要求改革。——译者

杰克逊、哈里逊和林肯都是这种倾向的例证。

　　西部人相信他们国家的天定命运。在他们的边界上阻止他们前进的是印第安人、西班牙人和英国人。关于他们同这些民族的关系，东部漠不关心并缺乏同情，因而他们感到非常气愤。他们对于东部眼光短浅的政策也很愤慨。西班牙对密西西比河的封锁，以及以我们在这条河上的航行自由来换取对新英格兰的商业利益的提议，几乎导致了西部从美国脱离出去。由于西部要求，我们国家购买了路易斯安那，并使形势变得有利于宣布 1812 年战争。在敌对的印第安人和难以对付的荒野的面前，拓居地每年都在扩张，这就使军事素质受到重视。西部看出这个国家的大陆命运的前景。在亨利·亚当斯所著的美国史中，1800 年的美国人对外国客人得意地说："请看看我的财富吧！看看这些堆得很结实的盐山、铁山、铅山、铜山银山和金山吧！看看分布远达太平洋沿岸的美丽的城市；看看我的玉米地里的庄稼在从一个海洋到另一个海洋吹来的夏季微风中摇曳起舞和沙沙作响吧！玉米地是这样辽阔无边，高高的太阳也照耀出那遥远的围绕我们金色海洋的群山；看看这个矿山的大陆吧！它是创造的世界中最大的一块。它面向太阳躺着，太阳永远抚摸它那宽敞而又丰满的乳房。它为了千百万的孩子溢出了乳汁。"而外国人只看到贫瘠土地的租佃人是些稀稀疏疏的患有疟疾的拓荒者和野蛮人；市镇是小木屋和赌窟。但是边疆人的梦想是有预见性的。尽管他的性格是粗犷和鲁莽的，早期西部人仍然是一个理想主义者。其做着美梦，憧憬着远景。其对人怀有信心，希望民主，笃信美国命运，对于其把梦想变为现实的能力具有无限自信。1834 年哈利埃特·马提诺①说："我把美国人民看作一个伟大的尚未成熟的诗人。他们时而心情忧郁，时而激昂狂热，但是在意识上所产生的结果是十全十善的：在行动上不屈不挠，永不停息，但心情却十分平和。他们看到了历史的真正面貌，看到了呈现在他们面前的未来的远景——他们可创造一种世界上还没有梦想到的非常了不起的奇迹。他们为这一切感到欢欣鼓舞。能拥有一种观念的国家，就会产生强烈的希望。"

　　牢记西部的理想主义是很重要的。那个用以竭力反对西部的实利主义，是伴随着平等的理想，提高普通人地位和国家扩张的理想的，而它却非常错误地把西部写成好像西部仅仅被物质目的吸引住了。不管被误解与否，西部

---

　　① 哈利埃特·马提诺（Harriet Martineau，1802—1876），英国著名女作家；1836 年访美，1837 年著《美国的社会》（*Society in America*）。——译者

过去一直是，现在也还是一个卓越的理想地区。

很明显，这些经济和社会的条件在西部生活中是如此重要，因而很可支配从海岸地带或欧洲来的移民对西部的增益。如果不记住西部接纳了从北方和南方涌进的巨大人流而密西西比河又迫使这些人流混合起来这一事实，那就不可能了解西部。在这里，地域主义首先向统一的压力让步。最后旧地区的对立观念和制度，为了在这个统一力量影响下的地区取得支配地位而斗争。但这只是实际情况的另一方面，即西部必须统一，不能成为地域性的组合。正是因为这个原因，斗争产生了。在从革命①到1812年战争结束的年代里，南部和中部各州的民主对西部移民的主流和社会影响起了很大作用。甚至在俄亥俄州，政权很快就被新英格兰的领导人物夺去了。中部地区的民主精神在西部形成时期留下了不可磨灭的印象。1812年战争以后，新英格兰在世界航运业方面的优势消失了，成了一个闹区，成群结队的居民从那里移往纽约西部和更远的地方。

这些移居者传播了新英格兰的教育理想、特点和政治制度，在西北地区像发酵剂一样起了极其重要的作用。但如果认为纯粹的新英格兰的影响占据了西北地区，那就错了。这些开拓者不是来自那些保留纯粹新英格兰文化类型的阶级。他们代表着比较不满现状、较少保守的势力。况且，他们向西部挺进时，在中部地区停留下来，因而其思想发生过变化。当他们到达更远的西部时，他们的思想又经受一种开拓森林地带艰苦环境的磨炼而产生了变化。西部化的英格兰人不再代表他离开的那个地区了。他较少保守，较少地方主义，更适应环境，更易于接近。他的清教标准不那么严格。与其说他是一个文化人，不如说他是一个讲求行动的人。

正如我们所预料的那样，西部人在"和睦时代"②，在整个密西西比河流域有许多相同之处，开始形成了一个新的民族类型。在亨利·克莱的领导下，他们要求联邦政府开发内地，打开山岳的屏障，以使他们的谷物找到一个通向海岸的出路。在他的领导下，他们向联邦政府呼吁保护关税，用以建立国内市场。许多边疆州加入美国联邦时，制订了关于普选权利的民主规定，对国家也表示忠诚不渝。这个国家曾给予他们土地，为他们修筑道路，开凿运河，管理他们领地上的生活，使他们的领地和其他姊妹州有平等地位。最后，

---

① 指独立战争。——译者
② 指1816—1824年时期，当时美国只有一个政党（共和党），政治上无党之争，故名。——译者

这些激进国家主义和民主的西部力量最好地体现在掌握了政府的安德鲁·杰克逊这个人物身上。这种新式的民主赢得这个国家的注意，破灭了关于政治家才略的理想。它不是来自日耳曼森林理论家的幻想，而完全是来自强有力的、充满生活气息的美国森林。但是西部民主的胜利也说明它能动员海岸地带的劳动阶级，获取他们的帮助，并开始获得自觉性，有了组织。

　　西部发展的下一阶段，表明了西部的北方和南方之间力量的分野。随着棉花种植的扩大，奴隶制度和大种植园发展起来。棉花种植主代替了居住小木屋、种植各种农作物的小农。除了山区以外，潮水地带的工业组织占据了全部西南部，边远地区的协调被破坏了，"团结的南部"（Solid South）形成了。西北部正处于修铁路和开运河的时代，铁路和运河为中部各州和新英格兰日益增长的移民洪流西迁，开辟了渠道，同时也加强了反抗奴隶制的力量。标明新英格兰祖辈在西北地区定居之处，正是自由土地党投票最多的县份。西北地区的商业交流同样也被铁路逆转了方向。1852 年《德鲍评论》[①]上有一位作者对于所产生的结果作了如下的描述：

　　　　现在新奥尔良是什么样子？它的伟大和光荣的梦想在哪里呢？……当它沉睡时，一个敌人在它的最富饶的田地上播种了稗子（散布有害的东西——编者加）。那个敌人以充沛的精力、事业心和一往无前的精神武装起来，并以一种勇敢、朝气蓬勃和持续不懈的努力方式，成功地改变了自然的神的真正的自然法则，也就是说他把密西西比河的强大的潮流和它的无数支流推了回去，直使它们的河口在商业方面实际上已在纽约或波士顿，而不是在新奥尔良了。

　　西部碎裂了。接着关于密西西比以西土地上的社会制度发生了一场伟大的斗争。在南北战争中，西北部为国家奉献了英雄——林肯正是边疆锻炼和理想培育出来的一朵花——它也把全部政府的权力操在自己手里。战争结束以前，西部能有权膺任总统、副总统、最高法院、首席法官、众议院议长、财政部长、邮政总长、首席检察官、陆军上将和海军上将。西部提供了内战一些首要将领。它是一个崇尚行动的地区，在紧急关头它掌握了权力。

－－－－－－－－－－

　　① 《德鲍评论》（De Bow's Review），1846—1880 年间在新奥尔良刊行，为南部奴隶制种植国经济极力辩护。——译者

随国家胜利而来的是西部发展的新时期。国家力量跨越草原和平原。由政府贷款和土地赠与而扶植起来的铁路，为移殖开辟了一条道路，欧洲移民以及从联邦各地来的熙熙攘攘的开拓者的洪流，涌向政府的土地。联邦军队击退了印第安人，长方形的领地划成棋盘式的各州。这是联邦政府的创造。它没有历史，没有自然地理的协调，没有特殊的想法。后来的边疆人则依靠国家政权的强有力的扶植了。

与此同时，南部经历一场革命，建立在奴隶制上的种植园被农场代替；民主分子代替了贵族。在西部，新的矿业和制造业魔术般地蓬勃发展起来。新南部和新西部一样是个建设区、负债区，也是一个不停活动的区域。它也学会了使用联邦所实施的立法。

同时，"旧西北"[①]经历了一个经济和社会的变革。在西部这整个区域经历了连续不断的经济发展的浪潮。威斯康星州现在很像纽约州的部分地区，而它在较早的年代正像今天的内布拉斯加州；保护农业（Granger）运动和绿背党在一段时间内都占了优势。在这个州的北部各县，人口较为稀疏。旧西北是仍保存旧边疆环境部分残余的一个地区，在那里对事物的固有看法大部分可以追溯到边疆时代。同时，旧西北也是一个在很多方面受东部同化的地区。它兼有两个地区的特点：它既不完全满足于那些财富积累和公司组织强大的地区内经济社会现存的结构，似乎也不认为它的利害关系在于支持草原和南部的纲领。在第53届国会中，它投票赞成所得税，但拒绝了自由铸币。它仍然是受白手起家人物的理想的影响，而不是受工业国家主义的影响。它具有更多的美国品质，较之沿海地区，则缺少世界主义的气息。

现在我们已看清楚和西部问题有关的几个因素。将近三个世纪来，扩张在美国生活中一直占据支配地位。随着向太平洋沿岸移民，随着自由土地被占去，这个扩张运动将近结束了。如果说这种扩张的能力不再发生作用，那就是一个鲁莽的预言。要求强有力的外交政策，要求两大洋之间开辟运河，要求恢复我们的制海权，要求把美国势力伸向本土外的岛屿和邻近的国家——这一切都表明这个运动还会继续下去。发出这些要求的主要堡垒是阿勒格尼山以西的地区。

在更远的西部，一直不停向西移民的浪潮由于碰到干旱的平原而停止了。自由土地消失了，大陆已被跨过，所有这些推力和精力归入了骚动不安的渠

---

① 即现在的俄亥俄、印第安纳、伊利诺伊、密执安和威斯康星诸州。

道。在一个地区的失败，再不能以占取新的边疆土地得到弥补。定居社会的环境是在突然和混乱中出现的。西部是由贷款建设起来的，因而作为延期偿付的标准，黄金的稳定问题主要是由负债的西部鼓动倡导的。西部对它所面临的工业条件非常不满，这种不满又因边疆在补救措施上的直接和严峻而加深了。那些建设密西西比以西的西部和正在领导这场宣传鼓动①的人们，大部是在西部刚刚经过边疆区阶段的年代里，从"旧西北"作为开拓者而来的。例如，内布拉斯加参议员艾伦是新近举行的全国人民党代表大会主席，他是他那个地区的政治领导人的典型。他在 19 世纪中叶生于俄亥俄，青年时期迁往艾奥瓦，南北战争后不久在内布拉斯加定居。在童年，他看到定居者驱逐野牛；他看到当拓荒者向前挺进时，印第安人被迫后退。他所受的训练是由处于边疆年代的旧西部提供的。可是现在已经开拓到太平洋了，边疆机会已经一去不复返了，于是社会出现困惑和躁动。领导骚动的人恰好是像艾伦一样的从东北部向西迁徙的人。这些人希望政府从整个美国的层面而不是从地区的层面来干预这个问题。从这些不满里可以看出，西部同不景气的农业阶级以及南部和东部的工人发生了冲突。

西部问题不再是地区性的问题，而是一个全国性的社会问题。从阿勒格尼山伸展到太平洋的大西部不再被看作一个单一的单位了，它需要分为地区和阶级进行分析。但是它的面积、人口和物质资源都会给它的主张以有力的支持，即如果这个国家有地域主义，那么，这个地域主义就在东部。旧西部和新南部结合在一起，产生的不是一个地域主义，而是一个新的美国主义。不像某些人所推测的那样，这并不意味着地区的分裂，而是坚决为在一个孚众望的英雄的领导下的国民政府和帝国扩张而辩护。

真实情况是这样：一个由不同成分组成的、具有各种不同和互相对立的理想与社会利益的民族，在填补了大陆上无人居住的空间以后，现在只得重新依靠自己，并在寻找平衡。各种不同的成分融合成一个国家整体。重新组合的力量是动乱不定的，全国好像是一个巫师的水壶。

但是西部有它自己不同于东部的工业生活和文化中心。它有州立大学，在稳健的和科学的经济的教学方面，可以和美国其他地区的大学相媲美。西部公民到东部去访问，比东部人到西部访问更为频繁。随着时间的推移，西部的工业发展将使得它和东部取得协调一致。

---

① 此文写于布赖恩先生进行第一次总统竞选的那一年（1896 年）。——译者

　　此外，"旧西北"处于举足轻重的地位，在它这个战场上美国发展中所出现的争执就须得到解决。它比任何其他地区与美国所有地方具有更多的共同之处。它了解东部，而东部不了解西部。最近在密执安湖畔兴起的白城，恰当地标志着西部发展的文化以及它取得巨大成就的能力。它的复杂的具有代表性的工业组织和商业纽带，它的牢牢地掌握那些在西部经验中具有创造性和美好的决心，它在学习和接受其他地区和国家的经验成果方面所表现的勤快敏捷，都使得西部成为一个直率的和可靠的美国命运的主宰者。

　　从长远看来，可以相信在对立的理想之间这个"共和国的中心"能够实现一种明智的平衡。但是它不会自我欺骗的，它知道西部问题恰恰就是为美国创造一种新颖的社会理想和社会调节的问题。

（焦庞颐译　杨生茂校）

（译自弗雷德里克·杰克逊·特纳：《美国历史上的边疆》，纽约，1921年版，第205-221页。）

拓荒者理想和州立大学①

　　一个民族的理想——他们的热望和信念、希望和抱负、梦想和决心——是他们文明中的宝贵资产，同每个人拥有的财富或工业技术一样的真实和重要。

　　这个国家就是在拓荒者理想下形成的。自约翰·史密斯船长首次袭击大陆东部边缘的美洲森林地带之后的三个世纪中，拓荒者们离开业已定居的社会，奔向茫茫荒野，一代接一代地寻找新的边疆。他们的经验对这个国家的意识和意愿发生了持久的影响。整个国家正在从事拓荒，东部在西部的发展中发挥了它自己的作用——这一事实的确深刻塑造了早先定居的地区本身。

　　征服就是拓荒者的第一个理想。他的任务就是为了获得生存的机会而与自然搏斗。这种斗争不像在较为古老的国家那样发生于神秘的过去，流传于民间传说和英雄史诗之中。它一直延续到我们这个时代。面对着每一代拓荒者的是未经征服的大陆。封锁去路的莽莽森林，峭然耸立的层峦叠嶂，杳无人烟、荒草丛生的草原，寸草不生、一望无垠的荒原，干燥的沙漠和剽悍的蛮族——所有这些都是必须加以对抗和制服的。来福枪和斧头是边远森林中的拓荒者的象征。这一切意味着对进取的勇气、支配欲、果敢行动和破坏力的培训。

　　对拓荒者来说，森林并不是传宗接代的适宜的环境，也不能进行精打细算。他必须同森林展开一场短兵相接的搏斗，用砍伐和火烧的办法开辟出一小块地方，使十几英亩大小的难于开垦的土壤见到阳光，然后年复一年地制服原始榛莽的树干和弯曲交错的树根，把开辟的土地扩展为新的林中耕地。他同肥沃的地力作战。当新的处女地不断展现在眼前的时候，如果期望拓荒者们停下双手去搞什么科学种田，那是不可能的。的确，正如威尔逊部长所

---

　　① 印第安纳大学 1910 年毕业典礼上的讲演。

说，假如那样的话，拓荒者生产的小麦就多得没人吃了，在农场上也就不要贮存谷物，棉花也就不值一摘了。

这样，从事破坏活动的拓荒者被征服荒原的理想激励，蛮横而又大手大脚地开出横越大陆的道路。他们在觅取眼前东西的过程中去开辟前进的途径，并为有强健的膂力和获取一意追求的成就而感到喜悦。

但是，即使这些边远森林地区的人也不单纯是一个破坏者，他是具有想象力的。他既是战士，又是发现家。他是文明的开路人，是新习尚的发明者。虽然拉迪亚德·吉卜林的"先驱者"（Foreloper）①涉及的是南十字星座下面的土地上的英格兰拓荒者，但是，诗篇也描写了美国的风貌：

> 海鸥在他的船艄呼叫，深黯的波涛激荡着火焰。
> 他将完成上帝的最终意志，却不知自己的心愿；
> 他将见故乡的星辰运转，
> 还有冉冉升起的异国的繁星点点，
> 在新天的云影下，任凭那狂风吹满他的破帆。
>
> 机轮的强力驱策他前进，饥饿迫使他双手不闲。
> 从荒野里索取食物，从沙漠里寻找安身的地点。
> 邻居的炊烟熏疼了他的双眼，
> 他们的声息扰乱了他的睡眠。
> 胸怀悒郁、空无所有，他将自北向南地向前、向前。
> 他希求孤独，他的希求却带来了
> 一千辆车、一大批人和一位国王紧跟在他后边。
>
> 他循着原路回来，在那暖气犹存的帐篷旁边。
> 他将望见喧闹的大街、起重机和国王的印鉴。
> 他将用斧剑为国家开路，
> 直到帝国的堡垒又屹立在他最后征服的荒原。

---

① 选自早期的作品，后来发表在他的《书中的歌》第91页，标题是"先驱开拓者"（The Voortrekker）。他的《探索者》（见《诗选》第19页）对于边疆的理想主义具有更完全的了解。

这种对未知事物的寻求，这种"对陌生小路通往的地平线以远地方"的思慕，正是森林开拓者的本质，即使他并没有意识到这种本质的精神意义。

拓荒者在经验的学校中学到：某一地区的作物并不适于一个新的边疆；开荒的镰刀必须代之以草原上用的收割机。他不得不使旧的工具适合于新用途；不得不使旧习惯、旧机构和旧意识去适应变化了的条件；当旧的工具被证明已不能适用时，不得不去寻找新的工具。他正建设一个新社会，就如同开垦新土地一样；他具有桀骜不驯和变动不居的观念。他反对因循守旧。

拓荒者不但有征服和发现的理想，还有个人发展、摆脱社会和行政压制的理想。他来自一个建立在个人竞争基础上的文明，并把这一概念带到了荒野。在这里，资源财富和无穷机会使这个概念得到新的发展余地。只有那些最机敏、最强壮的人才能得到这种奖赏；最好的河边洼地、最好的森林地带、最好的盐泉、最富的矿床是为他们准备的；并且不仅是这些自然的馈赠，还有在一个正在形成过程中的社会所提供的机会。这里有工场场地、城镇基地、运输线、银行中心、法律和政治活动的机遇——所有这些各种机会都由一个迅速发展的社会提供出来，每一件东西都对懂得如何抓住机会的人开了方便之门。

强占荒地者坚持对土地的要求，甚至不惜利用法律以外的组织和力量来反对政府对土地的所有权。他毫不犹豫地诉诸私刑法。他不能忍受政府对他个人处理荒地的权利加以任何限制。

在我们这个时代，我们有时会听说国会议员因为违犯土地法令被送进监狱。但是，在拓荒者时代却是一种不同的风气，这在明尼苏达议员西布利1852年在国会的演说中得到阐述。他是明尼苏达州的首任州长，又是明尼苏达州立大学的董事、明尼苏达州历史协会主席、普林斯顿大学的法学博士。根据这一事实，我们可以想象他属于社会栋梁人物。他说：

> 政府小心翼翼地关注着它的公共土地。如今在你们的法律书上，针对那些侵占土地者制订了各种条例。这些条例应作为国家和 19 世纪的耻辱被废除。敢于用美国斧头的砍伐声打破原始森林寂静的人特别受到严酷无情的追缉。已经进入西北部边远荒地的吃苦耐劳的伐木人，为了在密西西比大峡谷里建立村镇和城市，从他们的森林深处拖曳出建筑材料，这些人已经被特别注定为牺牲品。在忍受穷困并使自己经历职业上存在的一切危险以后——当他一连数月辛苦劳作、用诚实的劳动增加同

胞们的舒适并增加国家的总财富时，他发现自己因为侵占了公共土地突然置身于法律掌握之中。他整整一冬的劳动所得被夺走了，并且为了他的亲爱的政府的利益而遭到公开出售……他作为这种压迫和虐待的对象又进一步受到令人恼火的法律程序的折磨。

西布利在国会对这些"暴行"——北部的伐木人在如今竟被称为盗窃国家木材的劳动中所受到的"折磨"——的抗议，并没有引起他的同事们的反对，没有任何总统称这位国会议员为不良公民或把他送上法庭。

于是，许多拓荒者遵循着个人发迹权利的理想，并把民族和后代的权利置于国家必须"发展"和个人尽可能不受干扰而奋进的愿望之下。强占土地者的说教和个人主义已经在美国意识上打上了深深的烙印。

但是，与个人主义同样深刻地固着在拓荒者思想中的是民主的理想。他对贵族、垄断和特权有着强烈的仇恨；他信仰质朴、节俭和人民主权。他确实尊重成功的人，并努力用各种方法使自己发迹。然而西部是这样自由，这样辽阔，对个人成就的障碍是很少的，以致拓荒者很难意识到，对平等的任何威胁是来自他为获取自然资源而进行的竞争。他认为民主在一定形式上是我们的政治制度的结果，而没能看出它首先是自由土地和环绕他周围有无数机会的结果。偶尔有些政治家甚至在有关公共土地的首次辩论中，就提出了美国民主建立在充裕的空闲土地的基础上这一思想。

鉴于对穷人开放的容易得到的可开垦的公共土地的供应实际上枯竭了，并且同时发生的劳工协会的发展提高了工资，早先关于充裕土地对美国民主的经济条件形成的影响的认识，在今天尤其意义深长。

确实，民主运动的力量主要分布在拓荒者区域。南卡罗来纳州的伊泽德在 1785 年给杰弗逊的信中写道："我们的政府过于关注民主了。一个工匠尚且认为在学徒阶段有必要使他熟悉自己的行业。而我们的边疆居民却认为一个政治家可以生来就是个诗人。"

当然，革命的理想给民主一个巨大的推动力，大体上每个殖民地都有两个革命：一个是为了独立，另一个是为了推翻贵族统治。但是归根结底，在美国民主后面的实在的力量是实际自由的土地的存在。人们可以从旧殖民地所受的压迫或不平等中逃脱出来，进入那里。这种可能性迫使沿海诸州放宽选举资格限制，并阻止了一个基于财产或习惯之上的权力阶级的形成。拓荒者中每一个人和他的邻人都是一样的。他有同样的机会，条件是单纯和自由的。经济平等促进了政治平等。一种对平民价值的乐观而快活的信念，一种对人的诚恳信任，在西部普遍存在。民主主义几乎成为拓荒者的宗教。他热烈真诚地认为自己在自由之下，在自治政治的基础之上，为普通民众的幸福，正在建设一个新社会。

但是，即使在拓荒者宣讲民主福音的时候，他也显示出一种模糊的疑虑，恐怕时间短暂，恐怕平等不能持久，恐怕自己落在西部社会上升运动的后面。这就使得他狂热地急于获取利益，就好像他对自己的梦半信半疑。德·托克维尔于拓荒者民主在杰克逊领导下取胜的年代中写道："在他面前伸展着无边无际的陆地，他急于前进，犹如时间在追赶他，他唯恐找不到用武之地。"

甚至在杰克逊活着的时候，劳工领袖和憧憬者就要求制定法律，给每个人可以获得的土地数量规定一个界限，并设置自由农场。德·托克维尔看到了变化的征兆。他说："在工人和老板之间有着频繁的联系，却没有真正的联合……我认为，总的看来，正在我们眼前成长起来的工业贵族统治是世界上少有的最严酷的统治形式之一，……如果有关条件和贵族统治的一种永久的不平等居然又渗入这个世界，那么，可以预见，工业贵族统治就是有关条件的永久不平等和贵族统治的永久不平等产生的缘由。"但是，西部广阔天空的具有疗效的影响注定能改善工人的条件，对拓荒者民主主义能提供新希望和新信仰，并能延缓社会问题。

当移居者进到面积大大超过旧地区的地域时，拓荒者民主主义本身在构成和扩展进程两方面开始经历一番变化。内战结束后，当定居地正以极强大的生命力越过密西西比河扩展时，铁路公司作为殖民者开始活动起来。这些铁路公司所接受的政府赠予的土地到 1871 年总数已达宾夕法尼亚州的五倍。这些土地需要购买者，因此，铁路为拓荒者开拓了道路。

宅地法扩大了移居者的洪流。改良的农业机械使他得以勇敢地走进大草原，并在农场里有效地开垦处女地。他们的开垦地使那些边远森林居民所清理出的土地看来简直像花园中的小块地了。从这些深深改变拓荒者理想的条件中产生了两件事。首先，殖民开拓的新形式要求所需用的资本不断增长；城市的急速形成和社会赖以发展的速度，使人们更急于获得银行信用贷款以开发新西部。这就使拓荒者更依赖于东部的经济势力。其次，农场主从没有像现在这样依赖于运输公司。在这种投机运动中，铁路公司发现自己已经向前强行得过远了，并且为了营利而过于任意发行股票，因此不能确保投资的票面值，开始在运费比率和差价等问题上与拓荒者发生冲突。绿背纸币运动和农民协进会运动呼吁政府制止拓荒者所认为的对拓荒者民主主义的侵犯。

当西部移民在他所占有的土地上开始面对这种巨大问题时；当他开始使自己的生活适应资本的新式力量和错综复杂的生产过程时；当他开始看到，无论走到哪里，信用和货币的问题以及运输与分配的问题决定着他的成功与否时，他就要求立法的援救。他开始失去他那个人主义的本来面貌，政府也开始不再像是一个难以避免的弊端，而更像一个使他的民主理想得以延续的手段了。简言之，民主主义拓荒者所维护的，开始从自由土地变为立法，从个人主义的理想变为通过法律规章实行社会控制的理想。他不赞成用社会主义革命的方式对社会进行彻底重建；甚至他同有组织的劳工运动——在东部，这与有组织的资本相对应——的联盟也仅是半心半意的。但是，他对自由民主主义理想的未来感到担心。这里没有必要讨论他对于立法的明智性，重要的是他关于政府控制社会进程的权利的概念已发生一番变化了。他行将把立法视为社会建设的一种手段。1796 年肯塔基拓荒者的个人主义正让位给 1896 年堪萨斯拓荒者的人民党主义。

拓荒者民主后期是众所周知的，因而不需要作很多的解释，但有着深刻的意义。当拓荒者为了取得国家资源而实行自由竞争的原理成为趋势时，当个人、公司和托拉斯如同拓荒者一样越来越转向法律手段去发扬它们的相互悬殊的理想时，自然资源正落入个人的手中。外国移民的潮流正涌入这个国家，在劳动力市场上取代了美国土生工人，降低了生活水平，增加了土地上的人口压力。这些新来的外国人几乎单独居住在十几个大的工业生活中心。在那里，他们加重了资本家和工人之间的对立，因为供应劳动力的越来越多的是外籍人，资本家和一般公众对招募的不同国别的工人都不表同情。民族偏见加强了阶级差异，民主因此也受到侵犯。但是，即使在这些从南欧和东欧来的大群不幸的人的头脑中，也深深地建立了这种思想，即美国是充满自由和机会的国土，是拓荒者民主理想的国土；如果给它以时间，如果不转入革命航线，这种思想将会结出果实。

当美国拓荒者在这种欧洲移民新洪流的前头行进时，他仍发现土地越来越有限了。移居者过去那样随意开垦的大量的机会，已被越过新开放的印第安保留地界线的成千上万股切拓荒者的狂奔猛闯代替。甚至在 1889 年，当俄克拉荷马被开放用来殖民时，有两万移居者拥挤在边界线上，就像是紧张的运动员等候着开始赛跑的哨声，以跨出起跑线。今天，当剩下的零星土地被抛给如饥似渴的移居者时，大批的人群就都来谋求政府的土地彩券了。

　　渴望为孩子找到农场的几十万来自中西部的拓荒者，已经越过国界，进入加拿大的麦田，即便生活在一面外国国旗之下。最后，政府自己拿去大片贫瘠土地，并建立昂贵的灌溉工程进行开垦，从而在用水灌溉权的周密条例下分给定居者 20 英亩位于沙漠的土地。政府为巨大的灌溉堤坝和水库提供资金，并自己施工。为了推进这项工程，它拥有并经营石矿、煤矿和森林。它到世界最偏远的土地去寻找适应这些地区的作物。它对土壤进行分析，并教给农场主种什么、何时种和怎样种。它甚至还考虑向工厂主租用由灌溉工程产生的剩余的水力、电力和蒸汽力，利用这种动力从空气中制取硝酸盐，给贫瘠的土壤增补肥力。干旱贫瘠的地区的拓荒者必须既是资本家，又是政府的被保护人。

　　对拓荒者在这个发展时期的开始和最后拓荒者所处的条件进行对比：三百年前，勇于冒险的英格兰人在弗吉尼亚海滨开始向荒野发起进攻；三年前，合众国总统召集 46 个州的州长，对国家自然资源耗竭的风险进行商议。①

　　人们已经觉察到粮食供应的压力。我们正处在这种转变的开始。由于自由土地减少而人口却不断增加，美国民主不得不面对个人主义和竞争不受政府控制的局面。

　　竞争意味着对抗，也意味着联盟。必须处理的领域的不断增加，工业动荡不定时期的不断出现，为这样的联盟提供了机会。1873 年危机之后，个体企业与合伙企业空前地合并成为公司。1893 年危机标志着协作联合变成联营、托拉斯以及协议和吞并的惊人发展。直到 1907 年危机时期，下述现象好像不是不可能的，即在个人主义原则下自由竞争的结局将是有限一些人对最重要的自然资源和生产过程加以垄断。他们把巨大财富投资于联合和从属的工业，以致他们在国家工业生活中建立了统治力量。大规模工业生产的发展，在竞争角逐中进行组合所得的利益，在确保未被占有的机遇的所有权方面表现出来的优越性是如此之大，以致资本的大量积累成为工业世界的正常动力。几乎与未占有的原料供应的减少恰成比例，资本联合的数量和兼并的效率都已提高。在无际的森林边缘挥舞大斧的孤独的边远林区居民，被成百万投资、经营铁路、锯木厂的公司以及用现代机器伐取残存林木的机械动力取代。②

　　各个阶级越来越表现出严重的差异。一方面，哈里曼先生恰当地提出的

---

　　① 写于 1910 年。
　　② 从原稿省略的部分被编入以后各章。

以及后来其他人也提出的下述要求，即：不要干涉早期拓荒者关于开发和发展国际财富的理想；限制和改革的立法一时也不能危及繁荣兴旺。事实上，我们近来有时会从有影响的人物那里听到对民主的严重怀疑和下述暗示：国家会更加富强，如果国家听从控制着国家的经济力量，并据说能有效地实现美国繁荣的那些天才人物的指导，如果它不再受政治家和人民的干扰。

另一方面，一群不协调的改革家发出警告：美国民主理想和社会正受到产生这种明显繁荣的条件的威胁，并且已经受到它的侵害；经济资源不再是无限的和自由的；国民总财富以牺牲现代社会正义、道德健全以及美国人民未来幸福为代价不断增长。农民协进会和人民党人是这种改革运动的预言家。希赖恩先生的民主主义，德布斯先生的社会主义和罗斯福先生的共和主义同样都强调为普通人民的利益而对工业发展趋势进行官方节制的必要，同样都强调制止这些从拓荒者所具有的美国的竞争性的个人主义中涌现出来的发迹的企业巨头的势力。当土地价格上涨，当食物和面包更加昂贵，当工业兼并过程继续进行，当东部工业状况扩展到西部，传统的美国民主问题越来越变得严重。

大学界人士周密地考虑拓荒者理想的时候来到了，因为美国社会已经达到了在它形成过程中的第一个伟大时期的末年。它必须考察自己本身，思考自己的起源，考虑它在横越大陆的漫长进军中带来了具有什么含义的货物，它给人以什么抱负，将在世界上扮演什么角色。我们应如何保存拓荒者理想中那些最好的东西？如何调整过时的概念以适应现代生活中变化了的条件？

其他的国家已是富有、繁荣和强大的。但是，美国相信它以产生一种自决、自制和有理智的民主，为社会历史作出了独特的贡献。在中西部，社会是沿与欧洲社会很不相同的路线形成的。假如有地方找到的话，那就是在这里（指中西部），美国民主将与适应于一种欧洲型式的趋势对抗到底。

这种考察对我的最后论题——大学与拓荒者理想以及与美国民主正在变化的条件的关系——赋予了重要意义。卡内基基金会主席普里切特最近宣称，没有其他一般活动形式像教育体系这样，可以从中如此清楚地显示出一个国家或一个州的理想或文明的实质；特别是在州立大学中，他发现了"一个从全民立场出发的教育概念"。他说："如果今天要求我们的美国民主对它的建设能力提供证明，那么，州立大学以及它（美国民主）所建树的公立学校体系就是它能体现出它的适宜性的最有力的证明。"

至少可以承认，州立大学的一个主要特性就是它在最广泛的意义上的民主。大家都十分熟悉，1816年印第安纳州宪法规定"依正规顺序从城镇学校直至州立大学的一般教育体系，为免费教育和平等地对所有人开放"。这个规定表现了产生于拓荒者时期的社会，并无疑深受杰弗逊民主主义影响的中西部的想法。

中学生所迫切面临的是他是否进入大学的问题。关于这些大学的最显著的事实，或许是它们与公立中小学校的完整的关系。由此通向最高教育的道路变得也畅达无阻了。以这种方式，州政府为每个阶级提供了教育手段，甚至还进行宣传，劝导学生们坚持学习。它（指州政府）穿过社会的地层挖掘深井，从底层的大众的岩石中发掘有真才实学的黄金。它促使个人主义在一定程度上从属于州的福利。这种有一定限度的个人主义意味着每个人都有机会去增进他本应向任何方向发展的特有的才能。州政府在襄助大众进步的同时，保持对最卑下、最微贱而又有天赋的孩子们晋升到最高职位和最高荣誉的道路畅通无阻。

在我们的教育史中，没有比民主促使大学适应全民需要的持续的压力更为显著的了。由拓荒者理想形成的中西部州立大学中，产生了对科学研究特别是对目的在于征服自然的应用科学研究的较全面的认识，导致了传统必修课程表的废除，在同一学院中职业教育工作和学院工作的结合，农学院、工学院和商业课程的发展，律师、行政人员、公务员、报业人员的培养训练。所有这些都是为了服务于民主的理想，而不只是为了个人进取的理想。其他大学也是如此行事。而这种强大的趋势时潮的源头和主流发之于拓荒者的土地即民主的中西部诸州。关于发展的方向和条件，通过其董事会和立法机关，人民自己就是最后上诉法庭，同时拥有这些大学赖以存在的收入源泉。

因此，州立大学既拥有直接对全民施加影响的特殊权力，在依赖人民方面又受到一定的限制。人民的理想构成州立大学得以在其中运转的一种氛围，虽然它自己能影响这一氛围。它的力量的源泉和困难的趋向就在其中。为了完成不断把州提高到更高水平这一使命，如布赖斯先生所说，大家必须"为时代服务，但又不屈从于时代"；大学必须承认新的需要，但又不屈从于当前实际的和目光短浅的权宜之计。它决不应为了较明显的而又是较低级的效能，牺牲较高级的效能。它必须明智地支配费用，使那种不是直接也不是显而易见的文明收到丰富多彩的结果。

在我已试图说明的美国民主的转变情况下，大学所负的使命是最为重要的。时代需要受过教育的领导人。一般性的经验和凭经验办事的见闻不足以解决一个不再拥有无限未开发资源的保险储备的民主问题。科学耕种必须增加土地的产量，科学的林学必须节省林地。化学家、物理学家、生物学家和机械家的科学实验和建设必须应用到我们这个复杂的近代社会的所有自然力方面。试管和显微镜在这种征服的新概念中比斧头和来福枪更为有用。在诸如公共卫生和生产程序方面的科学发现正使对专家的依赖成为必要。如果从平民大众中，同从拥有较多资产的人们中一样广泛招募专家队伍，那么，与私人捐款建立的大学一样，州立大学至少具备研究和培训的充足的机会。毋庸置疑，把专家的培训完全交给私人捐款设立的学校是不利于民主的。

然而，正如同在工业界一样，在立法和一般公共生活方面也是需要专家的。如果没有受过高等教育、熟习法律以及其他州和国家的有关社会问题的著作的人的领导，那么，复杂的形成社会的工业条件，困难的劳动、财政、社会改革问题是不能被理智和聪明地加以应对的。

通过在科学、法律、政治、经济和历史方面的培训，大学可从民主的队伍中起用行政人员、立法人、法官和专家。他们能无私而明智地在各种竞争势力间进行协调。"资产阶级"和"无产阶级"这些名词在美国得到了运用和理解，这正是用为国家服务这种理想去扩大这种人队伍的时候。他们可帮助摧毁这些冲突的力量，帮助从竞争者间找到共同立场，帮助在所有真正忠于最高美国理想的派系间取得尊敬和信赖。

从一些州的专家委员会中，从立法机关里大学出身的人逐渐增长的比例中，从联邦各部和委员会里大学出身的人的影响中，已经清楚地看出这种发展的征象。在经济、社会立法和管理方面具有理智和原则性的进步的最大希望，全赖州立大学不断增长的影响，这种说法并不过分。通过输送这些思想开通的专家，通过配备十分称职的立法人、公众领导人和教师，通过不断培养习惯于冷静地处理现代生活问题，能独立思虑，不受愚昧、偏见或一时冲动，而只受知识、理智和高尚胸怀支配的开明公民大军，州立大学就能捍卫民主。没有这样的领导人和追随者，民主主义的反作用就会造成革命，而不能产生工业和社会的进步。美国的问题不是用暴力引入民主观念，而是以大胆适应新条件的方式去保存和维护它们。有教养的领导就是抵制大众的急躁冲动和那些把公共利益置个人贪欲之下的人们的邪恶诡计的壁障。培根爵士精辟的言论仍然回响着这一真理："少数人有的学识，是专制；多数人有的学识，是自由。有理智、有原则的自由，就是声望、智慧和力量。"

正是在这种机会里，大学会遇到一种危险。开始，拓荒者民主对专家很少尊重。他相信"一个傻瓜能自己穿衣服比一个智者替他穿得好"。这种信念中有不少真理;受过教育的领导人,即使他在现代大学条件下,并与他周围的世界发生直接接触中受过训练,但他仍然必须同这种遗传的对专家的怀疑作斗争。但是,如果他受过很好的训练,如果他是名副其实地受过训练的人,如果他具有创造性的想象力和品格,他将会很好地实现他的领导能力。

当大学被完全认为是形成州生活的有力因素,不单纯是远离国家生活的修道院,而是国家生活中的一个有影响的因素时,一个更严重的危险将会出现。那时,很容易发生下述情况:政治和社会斗争的战场上的硝烟会污染大学纯净的空气,观点不同的学说和个人都会遭到镇压。那些在大学院墙内进行研究和从事教学的人们必须响应教会的训令:"以心仰向天国"——为全民的利益把赤心贡献给崇高的思想和对纯洁真理的无私探求;这是大学的圣杯。①

他们为了完成自己的工作,就必须像拓荒者一样无拘束地探索新领域,报道他们的新发现;他们寻求新天地,因为他们像拓荒者一样,具有探索查究的理想;他们不受旧知识的束缚;他们承认世界仍然充满着神秘,科学和社会仍不是明朗化的,它们仍在不断发展,并且需要开径辟路的拓荒者。如果大学里的拓荒者无拘束地开径辟路,那么可以指望在自然界中有新的和有益的发现,可以指望在社会发展的进程和趋向上有新的和有益的发现,可以指望取得拓荒者民主的行将消失的物质基础的代替物。

总之,大学有责任使拓荒者理想适应于美国民主的新要求,这一点甚至比我已经指出的那些更为重要。早期拓荒者是一个个人主义者和一个未知事物的探索者;但是,他不了解生活整体的丰富性和复杂性;他没有充分理解个人主义和发现的机会。他站在幽暗的森林里,如同旅行者有时站在阿尔卑斯山上的村庄里,迷雾笼罩了一切,只能看到肮脏的茅舍、布满石块的原野和泥泞的小路。可是,一阵风一下子消除了迷雾,布满银光闪烁的冰雪的茫茫原野伸展在他面前,幽邃的深渊在他的脚下张开。他举目眺望,不可想象的马特霍恩山峰在高高的上空,穿入空气稀薄的天穹。一个崭新的、不容置疑的世界完全展现在他周围。因此,大学的任务就是向每个人展现整个生活的神奇和壮丽——打开合理性的人类享受和成就的全部领域;保存过去的意识形态;在人们面前展示宇宙的瑰丽;让责任和权力的大门向着人类灵魂敞

---

① 耶稣被钉在十字架以前,与其门徒作最后晚餐时所用的杯,后来阿里马提亚的约瑟夫用来承接耶稣自十字架上流下的血。——译者

开。它必须把荣誉献给诗人和画家，作家和教师，科学家和发明家，音乐家和正义的预言家——在各个领域使生活更为高尚的那些天才人物。为了更高尚的利益，它必须重新唤起拓荒者对创造性的个人主义的热爱，并为其提供一种有利于个性沿所有向上途径发展的精神环境。它必须阻止以过分强调荣华和政治观念的方式影响普通社会群众的倾向。简言之，它必须为着社会的幸福和精神丰富，竭尽全力去进行欣然和热切的努力。它必须在人民中间唤起新的经验和抱负。

这些大学塔楼的灯光从一州闪射到另一州，直到美国民主本身被崇高而宽广的理想照亮。这些理想就是为州和全人类服务，其本身就是一种奖品，并值得赞扬和奖赏。只要为扩大个人势力而积累巨大财富变为成功的唯一或首要的标准；只要追求物质繁荣而忽视它所承担代价的情况，或忽视所产生的文明；只要这一切是一种口号，那么，拓荒者对普通人民怀有信念的那种美国民主就处于危险之中了，因为怀有最坚强的意志的人就会坚定不移地朝着由社会树立起来并被公认为卓越的任何目标前进。在培育理想的种子方面，又有什么力量比大学更有效呢？我们又能从什么地方找到一批更有指望的谷物播种人呢？

拓荒者的开垦地必须扩展到这样的领域：在那里，所有值得人们努力从事的事物都可以找到能在上面成长的沃土；美国必须严格要求那些富有建设性的从事企业的天才家，他们的起家是靠着对共和国具有极大忠心和热忱的拓荒者民主的自由。在培育这样一种结果方面，在缓和先于结果所发生的斗争的剧烈性方面，这个国家再没有比州立大学更可指望的力量，再没有比州立大学毕业生更为有希望的成果了。

（王玮译　杨生茂校）

（译自弗雷德里克·杰克逊·特纳：《美国历史上的边疆》，纽约，1921年，第 269-289 页。）

美国历史中的社会力量①

　　美国在我们这个年代里经历着的变革是如此广泛深远，因而可以毫不夸大地说，我们目睹了一个崭新的国家正在美洲诞生。在过去的20年里，这个国家在社会和经济结构所进行的革命可以同宣布独立和制定宪法相比拟，或者同半个世纪前开始的南北战争和重建时期所发生的变化相比拟。

　　这些变化是孕育已久的：一部分是随着蒸汽生产和大规模工业年代而来的世界范围内力量的重新组织的结果；一部分是向西部移民时代已告完结的结果。这些变化早被人们预见到了，研究美国发展史的学者们曾部分地对移民运动的进程进行过描述，但美国人民将吃惊地发现，迄今形成美国社会的基本力量正趋于消失。20年前，如同我曾指出过的那样，人口调查局局长宣布不再能绘制边疆线了，可是几十年来边疆地图描绘过这个国家的西进运动。今天我们必须进一步指出，对于尚未被个人占有的国家资源进行自由竞争的年代即将结束。撰写自边疆线开始消失以来的这一篇章，需要差不多一个世代的时间。这是美国拓荒史的最后一章，是拓荒者民主编年史的结束。

　　美国人以充沛精力最后向尚未开发的荒原的挺进，就是极好的篇章。统计资料即使是少量的，但也有力地表明了一个新纪元的出现。在辽阔无际的公共土地转向农业方面，在幅员相当于欧洲国家的荒原十年十年地②变成了美国的农业地区方面，这些统计不再具有什么意义了。这是真实的情况：1870年到1880年间，这个国家的农场所增加的土地相当于法兰西；1880年到1900年增加的领土相当于法兰西、德意志、英格兰和威尔士的总和；1910年的记录还未发表。但不管这些数字说明什么，只有在表明最近十年在东部地区工业力量的组合和集中以及财富猛增方面，才具有十足意义。广袤的西部地区

---

　　① 为1910年12月28日于印第安纳波利斯举行的美国历史协会年会上的主席演说，载于1911年1月《美国历史评论》。

　　② 美国自1790年以来每隔十年做一次全国人口普查。——译者

的最后一些地方已被征服，实现了开化，而且有了成果。随着美国人开拓地区的扩大，大型工业公司经营范围的扩展，生产和财富空前地增长了。

所有国民银行里的存款总数在最近十年增加了两倍多；自 1890 年以来，货币流通量增加了一倍。1909 年前十年，仅在美国就开采出 4160 万盎司的黄金；从 1905 年以来，每年都生产出 400 万盎司以上，然而在 1880 年和 1895 年期间没有哪一年生产出过 200 万盎司。大量黄金的涌入使得价值增长的程度很难被衡量。由于黄金和信用证券的泛滥以及其他种种原因，物价不断上涨，直至物价高昂成为美国生活中最显著的特征和最有影响的因素之一，从而不但促使社会的重新调整，而且也促使政党有效地实行革命。

假如我们避开那些因为价值标准变动而需要分析的统计资料，仍旧可以发现这十年在美国历史上占有一个特殊地位。1897 年后的十年里美国开采出的煤，比之前美国在所有时间里开采的还多[1]。50 年前，开采不到 1500 万长吨[2]的煤，1907 年开采了将近 4.29 亿长吨。按现在的比例开采，煤的供应估计不会比过去制宪的时间更长就枯竭了。铁和煤可以衡量工业实力。在过去 20 年里，全国生产的铁矿相当于整个历史上生产的两倍多；过去十年的生产比以前十年增加了一倍多。生铁生产被认为是一种制造业和运输业的极好的晴雨表。1898 年以前，生铁年产量从未达到 1000 万长吨，但在 1904 年后的五年里，生铁平均生产超过上述产量的一倍。到 1907 年，美国在生铁和钢的生产方面就已超过英、德、法产量的总和。在这十年里，一个独一无二的大公司控制了美国铁矿和钢的制造业。在这十年的初期，一个拥有 1.4 亿元美金的股票和债券的美国钢铁公司成立了。这绝不是一件偶然的事情。在苏必利尔湖周围的从前的荒原上，主要在过去的 20 年期间，已确立了在现在和将来都占绝对优势的铁矿资源的地位。匹兹堡从这里获取财富，且在这些年里扩展了它的空前未有的工业大企业。美国这个工业动力中心所解放出来的巨大能力使一般制造业的方法发生革命，在许多方面间接和深刻地影响了国家的生活。

铁路的统计数字也显示出空前的发展：一个崭新的工业社会形成了。旅客人数按一英里计算，已超过 1890 年和 1908 年间的一倍；货物载运量以一英里计算在同一时期里增加了两倍，在过去十年内增加了一倍。农产品的情

---

① Van Hise, *Conservation of Natural Resources* (New York: Macmillan Co.1910), pp. 23-24.

② 一长吨等于 2240 磅。——译者

况就大不相同了：谷物收成从 1891 年的大约 20 亿蒲式尔仅提高到 1909 年的 27 亿蒲式尔；棉花从 1891 年的大约 900 万包提高到 1909 年的 1030 万包。美国本土的人口从 1890 年约 6250 万增加到 1900 年的 7550 万，进而到 1910 年的 9000 万有余。

从这些统计数字来看，很明显，以大量增加开发剩余自然资源来增加国家的直接财富生产的比率，大大超过人口增加的比率，更显著的是超过了农业生产增加的比率。人口已对粮食供应造成压力，而资本却由具有十亿美元资产的大公司集聚。冶铁主庆贺"胜利的民主"的成就，这种成就已达到比他能预见到的更加威严的高度；但是关于民主本身的变化以及伴随物质增长而来的民主生活条件的变化，他的观察就远远不够了。

这个国家在垦殖了"远西地区"、控制了国内自然资源以后，在 19 世纪末和 20 世纪初，转而应付远东，从事太平洋的世界政治了。由最近这次战争①的胜利结果，美国继续它的历史性的扩张，深入旧的西班牙帝国的土地，成了菲律宾群岛的统治者，与此同时又占据了夏威夷群岛，并在墨西哥湾取得了控制力量。在这十年之初，美国就用地峡运河把大西洋岸和太平洋岸连接起来，成为拥有附属国和保护国的一个具有帝国性质的共和国——大家公认的一个崭新的世界强国，在欧、亚、非三大洲的问题上具有潜在的发言权。

扩张势力，在新的领域内承担重大的责任，以及跻入世界列强之林——这一切都不是孤立的事件。就某种意义来说，这确是这个国家向太平洋前进的合乎逻辑的结果。这也是它占领自由土地和开发西部资源时代的继续。在世界各国中取得了这种地位之后，美国本身也就感到有必要对宪法进行修订，以调整联邦政府和所占领地之间的关系。考虑到对那些政治上没有经验和不发达种族政府所负的职责，美国就不得不重新考虑有关人权的问题以及传统的美国自由和民主理想的问题。

假如我们开始考虑这 20 年的过渡期间美国社会和国内政策所受的影响，我们会遇到年久的拓荒民主秩序闯入的显著事例，其中显而易见的是数量空前的外来移民成为工业生活中心地廉价劳动的流动大军。根据 1908 年一位作者所说，从 1900 年算起的八年中新来到的人"可以像现在那样，重新住满五个古老的新英格兰州，或者如果这些移民适当地分布在这个国家较新的地区。他们可以像现在那样至少住满联邦 19 个州"。1907 年"新来者有 125 万。

---

① 指 1898 年美西战争。——译者

这个人数可以住满新罕布什尔和缅因这两个最古老的州"。"在这一年里到达的人若建立一个州，这个州的居民人数要比其他现有的 21 个州中说得出的任何一州还要多。"不仅从欧洲来的居民的增加多得惊人，而且从欧洲南部和东部来的居民也是有增无已。在这里我要引用普莱教授的观点[①]。他以种族为基础对 1907 年新来的居民进行重新划分，发觉其中四分之一是属于地中海人种，四分之一是斯拉夫人种，八分之一是犹太人种，仅六分之一是阿尔卑斯山人种，六分之一是条顿人种。1882 年德国移民达到 25 万人，1907 年 33 万南部意大利人取而代之。很明显，美国种族成分发生了惊人的变化。在过去的十年里，这些移民并没有分布全国，而是特别集中在城市和大的工业中心。工人阶级的构成以及对工资和本地美国雇主的关系都受到深刻影响。由于大量移民的外国国籍和较低生活标准的压力，雇主对工人的同情大为减弱。

　　人口向城市集聚，城市权力随之增长，生产和资本集中到少数庞大的工业单位——这些常见的事实正表明要有革命发生。财政部长理查德·腊什在 1827 年的报告中写道："由于稀少的人口分布于广阔的土地上，资本的积累缓慢而不是加快了。这个道理非常简单，自不需要深述[②]。"在腊什写这几句话前 30 年，阿尔贝特·加勒廷在国会宣布说："如果研究一下这个国家幸福的原因，就会发现它是来自人民所享有的与人口相适应的大量土地，也来自政治制度的贤明。"这两位宾夕法尼亚财政家的观点在当时的条件下，可能是正确的。当自由土地接近尾声，资本和劳力进入一个新的时期，这至少是很有意义的。一个与加勒廷同时代的人在国会已经回答了廉价土地会使大西洋沿岸人口减少这个论点。他指出：如果制订一种法律，使人们不易接近西部土地，那就等于说某一阶级的人必须留着不走，"而且被法律逼迫为别人干活，去赚取别人肯于付出的工资"。可耕的公共领地转为私人所有，这是在新形势下产生的新问题，并得出新的答案。这是一个特殊时代：当自由土地消失时，竞争性个人主义通过大量不适当的机会，积累大量资本，变成了基础工业进程的垄断。20 世纪大规模生产的各种倾向，大的联合企业中资本集中的所有趋势以及蒸汽时代的一切能力都使美国具有优越的行动自由，且提供了与所有欧洲国家相等的活动领域，并在这里发展到最高程度。

　　1897 年后的十年是以哈里曼先生和他的竞争者的活动为特征的。他们要

---

　　①　《大西洋月刊》（*Atlantic Monthly*），1908 年 12 月，第 7 卷，第 745 页。
　　②　虽然这几句有关早期土地争论的话，在上面第 6 章中已引用过，但由于这些话对目前所论的问题有所启发，故又加以重复。

把各条铁路集中到少数大的集团之手。这种办法已经进行很久，因而哈里曼在逝世前曾野心勃勃地想把所有这些集团集中在他的单方控制之下。在摩根先生领导下的雄厚的金融业，不断把较大的工业企业合并为托拉斯或联合企业，并同互有关联的保险公司和信托公司一起，在它们与一些具有支配地位的银行组织之间，形成一个利益集团。纽约市集中了全国银行的储备金，这是以前从来没有过的。通过资本的财务经营和投机事业的发展，一个统一的控制全国工业生活的组织在纽约也成长起来。庞大的私人财产出现了。国民财富按人口平均计算不再是一个普通人富裕的真正指数了。同时，工人增强了自我意识，而且联合起来，不断增加要求。一句话，昔日拓荒者的个人主义已消踪灭迹了，社会的组合力量却从未有过地显现出来。用通俗的话来说，白手起家的人已经变为煤炭大王、钢铁大王、石油大王、畜牧业大王、铁路巨头、金融巨擘、托拉斯之王等。世界从未看到如此巨大的财富联合控制着人民的经济生活。

与此同时，控制着几十亿美元企业的工业主并不承认他们中断了拓荒者的理想。他们认为自己是在变化了的条件下的拓荒者，继续实行旧日的发展国家自然资源的工作。他们受到血管中的建设热情的驱使，即使年老体弱，即使财富积累得享用不尽，也要寻求行动和力量的新途径，也要披荆斩棘，开辟新的地块，也要寻找新的蹊径，也要扩大国家活动的视野，也要扩展他们领地的范围。此前已故哈里曼先生在一次会见记者时谈道："这个国家是由一些杰出的人们发展起来的。他们受到热情、想象力、沉思探索的激发。……他们都是很了不起的拓荒者。他们能展望将来，使自己的工作适应一切可能性……如果被限制性的、约束的保守法律扑灭了热情，抑制住了想象力、禁止冒险探索，那就会产生一种垂死和保守的人民和国家。"这是对美国人的有历史意义的理想的呼吁，他们把共和国看作争取控制国家自然资源的个人自由的捍卫者。

此外，我们听到了叛乱的西部的呼声，正如最近前总统罗斯福所发表的有关"新民族主义"的言论那样，为了保护我们的自然资源和美国的民主，要求增加联邦权力，对特殊利益集团、强大的工业组织和垄断集团加以控制。

在过去十年中，我们看到：为了社会利益，联邦对个人和公司自由采取了特殊的行动。这十年期间出现了自然保护会议，以及很有效力的组织，如森林局和农垦局，仅仅这些发展就标志了一个新的时代。由于这个政策的实施，有三亿英亩以上的土地保留了下来，不准占领或出售。这片土地比曾制定过宪法的那些州的面积还要大，假如不计它们所要求的西部土地。这些土地被保留下来，是为了国家可以总体地更有力地使用森林、矿物、干旱地带和水的开发权。另外一个事例是农业部活动的扩大。它到世界非常遥远的地区去寻找适合政府所垦土地种植的作物，并绘制土壤地图，分析土壤，提倡改良种子和牲畜，告诉农民种植什么、何时种田和怎样种田，对动植物病害和虫害展开斗争。最近制定的关于纯洁食物和肉类检查的法律，以及在宪法中州际贸易条款下所制定的大量管理法令都进一步表明了同一倾向。

　　在传统的美国思想中，有两个根本的理想，这两种理想都是在拓荒时代发展起来的。一个理想是无拘无束地争取大陆自然资源的个人自由，即擅自占地者的理想，对拓荒者政府来说，这是有害的。另一个理想是民主的理想，即"民有、民治和民享的政府"。这些理想的运用是和美国的自由公地和自然资源转为私人占有同时发生的。但是美国民主是建立在大量充裕的自由土地之上的，这正是形成美国民主成长和其基本特点的唯一条件。时间表明，这两个拓荒者民主的理想具有彼此敌对的成分，包含着瓦解的因素。目前所从事的调整任务正是使这些旧的理想适应新的条件。如今越来越多地转而依靠政府去保存传统的民主。在所进行的选举中，社会主义显现出引人注意的成功；政党正按照新的路线进行组合；对于预选、直接选举参议员、创制权、复决权、罢免权的要求传播开来；曾经是拓荒者民主中心的地区以最大的显著的程度表现出这些倾向——这一切都是没有什么可惊奇的。这些倾向是要尽力寻找从前的民主保卫者——消失中的自由土地——的代替物。它们也是边疆消失的必然结果。

　　其次必须注意的问题是，在国家的全部活动能力中，同时在转而依赖联邦政府去保卫民主的倾向中，仍有明显的坚持和发展地域主义的迹象。[①]不管我们观察国会选举和在普选中选票的集中情况，还是企业大亨们的组织和言论，或者是学者、教会或其他精神事业的代表们的协会，我们发现美国人的生活不仅在全国增加了紧张程度，而且许多地区也开始各自结合起来。这一部分是因为地区辽阔这个因素，使得地区性组织较全国性组织所遇的阻力要小一些；一部分这也是分隔的经济、政治和社会利益，以及各个地理区域或地区互不相连的精神生活的表现。对关税问题的投票以及大体上划出进步共

---

　　① 我已经在许多论文中简述过这个题目，其中包括麦克洛亮林和哈特主编的《政府百科》中的《论地域主义》（"Sectionalism", in McLaughlin and Hart, eds., *Cyclopdia of Government*）一文，以及在1922年10月《耶鲁评论》中《区域与国家》（"Sections and Nation", in *Yale Review*）一文。

和党运动据点的方位，都说明了这个事实。在调整全国铁路运费去适应不同地区各种利益中所发生的困难，就是另一个例证。我不打算更加广泛地讨论地域主义，我只希望指出事实证明：现在和以前一样，分隔的地区利益集团有它们自己的领袖和发言人；很多国会立法是由这些相互竞争的地区之间的争夺、胜利或妥协而决定的；美国的真正联邦关系不是由州和国家之间的关系而体现的，却是由地区力量和国家力量互相作用而形成的。随着时间的推移，国家本身更持久地适应那些构成它的不同地区的状况，这些地区将会具有一种新的自我意识和一种重新发生的坚持自我权利的要求。这些地区的综合就构成了我们国家的特征。①

很明显，在试图指出我们近代历史上即使是部分的显著特点，也不能不注意到各种复杂力量。时间是如此迫近，因而事件和倾向之间的关系促使我们加以注意。我们一定要研究一下地理、工业成长、政治和政府之间的联系。此外我们必须考虑不断变化的社会的构成，固有的信仰，人民大众一贯所持的态度，以及全国不同地区的和领导者们的心理状态。我们必须看到这些领导者是怎样部分由他们所处的时代和地区形成的，部分是凭借他们的天才和进取心发挥了独创精神和创造力的。我们不能忽视道德的倾向和理想。所有一切都是同一问题的关联部分。忽略某些重要因素，或者使用单独一个调查方法，都不能理解这个运动的整体。把它们孤立起来，更不会有正确的理解。不管欧洲史的真实性如何，美国史主要是跟一些社会力量有关，这些力量在一个国家为了适应它的环境而不断变化的条件下，一直在形成和转变。这个环境逐渐显示出它的新面貌，发挥新的影响，形成新的社会机构和职能。

我对于近代史进行简略的探索，是出于两个目的：第一，因为强调自从边疆消失以来，美国发展的重要意义，似乎是有必要的；第二，因为观察目前的状况，对我们研究过去的历史或许是有帮助的。

这是通常的道理：每个时代都要重新研究它的历史，而且是带着那个时代精神所决定的兴趣去研究。每个时代都有必要用新情况所提供的观点，去重新考虑至少某一阶段的历史。这些情况所显示出来的各种力量的影响和意义，是不曾被上一代史学家充分了解的。毫无疑问，每个研究者和作家都要受他们生活的那个时代的影响。这一事实虽然使历史学家易于具有偏见，但

---

① 这并不是不可能的：地区或许最后代替州作为具有重要意义的行政和立法的单位。这种趋势具有强有力的例证，如联邦备用区的组织和按地域实行铁路管理的建议。

也在他处理问题时，给他提供了新的手段和新的洞察力。

假如近代史给予过去事件以新的意义，假如它必须论述各种力量是如何升到支配地位的，而上一代史学家对于这些力量的起源和成长又没有给以充分的描述，甚至忽视，那么研究当前的和近代的历史不仅对史学家们自己是重要的，而且对于作出新的假设的来源、新的探索途径以及观察古代历史的新准则也是重要的。同时，一种正确的舆论和政治家对现实问题的一种处理，都要求通过它们的历史关系加以理解。这样历史或能为保守的改革提供指导。

当我们考虑密西西比河流域在美国生活中已经起过的作用和它将要起的作用时，年轻的华盛顿越过荒野雪原，去呼唤法国人撤离大山谷的入口。他成为一个帝国的开拓者。当我们回忆一下巨大的工业动力集中在匹兹堡时，布拉道克①向俄亥俄河许多岔流的推进，就具有新的意义。即使他战败了，但他却开辟了一条通向今日世界工业动力的中心道路。1794 年英国向约翰·杰伊提出修改从森林湖（Lake of the Woods）到密西西比河的美国西北边界。在他看来，这种修改的重要意义主要在于，这是一件具有原则性的事情，同时也是一个保留或失去水獭产地的问题。历史学家几乎没有注意到这些提议，但是这些提议事实上涉及美国最富饶、最广阔的铁矿床、美国基本工业的最重要的资源和我们时代某些最有影响的力量兴起的时机。

当前小党派的运动和改良所获得的成果，提供了多少连续性和多大的意义啊！对于历史学家的文艺之舟在历史潮流的航道上行驶的进程来说，这种运动往往被视作仅是一种奇怪的旁流漩涡，即使人烦恼得精神不安。可是从目前所显示的来看，好像是旁流漩涡的，却往往被证实为通往主流的隐蔽的入口；看来好像是中心进程的，却通向不能通行的航道和死水滩——这在他们的岁月里尽管是重要的，但如 U 字形湖一样，被未探索到的河流的简直是永久的带有强迫性的一些力量同历史前进的长流截开了。

我们可以从最早殖民地时期探讨一下资本家和民主的拓荒者之间的争执。这个争执在殖民地的党派中是很有影响的。在肯塔基边疆居民所提出的激烈的抗议中可以看到这种争执。他们向邦联国会一再递交申请书，反对那些"大财主"和富人。当拓荒者正忙于保护农场不被印第安人侵占，不能办妥他们对土地的权利要求时，那些人却取得拓荒者农场的所有权。在辉格党

---

① 德华·布拉道克（Edward Braddock），英国将军，1775 年率英军在俄亥俄河地区对法军作战，被击败，并受到致命的创伤。——译者

出现以前，在处于边陲时期的俄亥俄流域的舆论中，我们也可看到这个争执。1811 年亨利·克莱就斥责联邦银行是一个充斥特权的公司。"这是一些受惠的个人的特别联系，是从社会大众中攫得的，是被授予免税权益的，是充满豁免权和特权的。"本顿在 20 年后谈到了同一个争执，他斥责银行是一个私人组成的公司，其中许多人是外国人，大部分人居住在联邦的遥远僻狭的角落。这种地方和"大流域"富饶地区毫无联系。在"大流域"，联邦的自然力量，即人力，在银行的第二个特许状更换期限届满很久以前就存在着。

他问道："所有这种力量和钱财将在何处集中？东北部大城市通过联邦立法的力量，40 年来一直是南部和西部大量钱财聚集的金窟——条条路都通向那里，但从那里回来的路却从没有看到过一块美元。"他用很有现代意义的语言，宣布银行倾向于造成更多大富翁和贫穷人："巨大的金融机构是对大资本家有利的，因为使资本得利是资本的原则。"他以国家幅员广阔和地区间存在差异为由，去呼吁反对资本国有化。

> 为一个邦联提供了什么条件！当一个邦联拥有如此广阔的土地，这么多的相互竞争的商业城市，这么多的地区间的猜忌，这么暴烈的政党，这么多激烈的对权力的争夺时，那里一定只有一个金钱的法庭。在它的面前，所有竞争对手都须出庭。这是多么令人震惊，令人十分忧虑啊！

1837 年杰克逊的表达更为激烈。他写道："现在这是非常清楚的：这场斗争是由少数有钱的贵族发动以反对大多数人的民主的；（繁荣富裕）可以通过信用和货币系统，使诚实劳动者成为伐木者和排水人。"

由于对奴隶制讨论得特别体谅，范·布仑政府通常被人们忽略了，仅仅提到的只不过是他的独立国库计划。但是美国社会政治史的最重要几次运动都是在杰克逊和范·布仑当政年代开始的。重新读一读那些不引人注意的劳工文件中所提出的请求和劳工露天大会的报告，就可在所谓劳工空想家的发言里，以及纽约民主党激进派①战士们像伊凡斯、雅克斯、伯德萨尔和莱盖特等人所说的"一切人应权利平等；任何人不得有特权"的话里，发现指向如今形成历史主要航路的潮流，可以在其中找到我们今天获胜的政党的政纲中

---

① 原文为 Locofoco，它是一种火柴，借以指 1835 年纽约民主党激进派成员。当时在纽约民主党的干部会议上，保守派灭了会场上的灯，激进派点着蜡烛或划着洛库甫库火柴取亮，终于占了上风。——译者

的一些重要条目。正如康门斯教授[①]在他的论文和所发表的劳工史文献中所表示的那样，一个理想的，但又广泛而有影响的人道主义的运动在 1830 年和 1850 年期间兴起来了。那个运动和当前运动非常相似，涉及美国生活中的一些社会力量，是由把公共土地用在改善社会这种愿望所激发的，并热心于寻找一种民主发展的新形式。但是反奴隶制斗争的潮流把所有这些运动都暂时地淹没在巨大的洪流中去了。战争以后，其他影响推迟了运动的再度兴起。1850 年后，铁路修进了宽广的草原，便容易到达那里了。几十年来，为了开化的目的、普通人的利益以及自大的个人财富的增长，新的地区被开辟出来了。国家的注意力集中到西部地区的发展。只是在我们这个时代，这个人道主义的民主浪潮才达到早年的水平。但是，同时有明显的实例，证明这些力量继续存在着，虽然在奇特的外观之下。读一读绿背-劳工、农民协进会和人民党的政纲，在当时大部分党派对之不信任并加以责难的政纲中，可以发现由布赖恩先生[②]领导的经过革命的民主党的基本提议，也可以发现罗斯福先生领导的经过革命的共和党的基本提议。这个"造反"运动[③]是和加强那些用新武器给旧民主理想以进步要求的地区和人有着如此明显的关系，以致这个运动被看作有组织地反对那些主张采用较温和措施的人所制止的那些顽固不化的倾向。

我谈到政党历史的这些零星片断，当然不是为了表示现在对它们作任何评价，而只是强调和具体说明一个事实，那就是激进民主和保守势力之间争执的新意义被当前事件显示出来了，那就是这些争执与其说是历史博物馆的片断零散的老古董，还不如说是一些继续表现为根深蒂固的力量。

如果用同样的观点考察我们国土的历史，同时考虑到公共土地在立法和行政管理上对美国民主结构的关系，那将会远远超过在我们大部分历史著作正式研究这个问题所得的成果。在占地者的理论和实践中，在占取最好的土地中，在根据既花了劳力就有权占取的理论去采伐公共林木中，我们都可找到了解大公司开发西部时那种氛围和想法的材料。像参议员本顿和众议员西布利在连续几个世代中，都为拓荒者侵占土地和伐木人侵占公共森林的行为辩护，斥责"折磨"这些人的实行家长式统治的政府，而这些人正是应被叫作盗窃政府木材的人。很明显，在 19 世纪中期和当代之间的某一个阶段，当

① 约翰·罗杰斯·康门斯（John Rogers Commons，1862—1944）为美国经济学家。——译者
② 威廉·詹宁斯·布赖恩（William Jennings Bryan，1860—1925）为美国政治家。——译者
③ 指 1910 年共和党内部反对保守主义的激进派运动。——译者

我们对于国会议员违犯土地法给以坐牢处决时，美国人的觉悟发生了变化，平民的理想也改变了。当我们写我们巨大工业企业活动的历史时，要回忆它们是在这种理想变化中发展起来的，这是至为重要的。

我们也一定发现，如果看不到土地同地区或阶级间相互争执的关系，看不到在争执中公共土地可作为政治交易的一个重要因素时，我们就不可能弄懂土地问题了。我们也一定会发现，在国家发展的进程中，对不同地区进行垦殖，是实行土地法而带来的变动的结果。我们也会发现在几个操纵着巨大资本的大公司进行大规模开垦的年代里，为潮湿草原地区所制订的制度是不适合于牧区、煤矿和林区的。因此如果我们要了解这方面的法律和政策的意义①，地理因素的改变和占取公共土地的力量特点的变换都必须加以考虑。很幸运的是，关于民主和土地政策的探索研究已经开始出现了。

从同全国经济、政治、社会生活的各个方面的关系去考察美国农业整个问题，就会有很重要的贡献。譬如，当那些处女地被开垦，并被作为同老产麦诸州进行破坏性的竞争的新基地之际，假如我们研究一下表示从东方到西方产麦地带的变迁图，我们就会看到那不仅深刻地影响了土地价格、铁路建造、人口转移、便宜食物的供给，而且看到怎样曾经实行单一种植小麦的地区不得不转变为多种多样的精耕细作的农业和多样化的工业。我们还可看到这些变化怎样影响了政党政治，其至影响了如此变化地区中的美国人民的理想。在小麦生产过剩、移民很快的一些地区里，在目前开采的一些山区的白银生产过剩里，我们将找到布赖恩先生控制民主党时期美国政策所采取的特别形式的重要解释。这正如同在随后年代新金矿的开采里，以及在几乎是自由的产小麦处女地时期的消逝里，我们可以找到最近关于高昂物价对新的美国工业民主的要求给以新的活力和促进的解释一样。

可以认为，关于我试图讲清楚的我的论点，已经说得够多的了。那就是，要了解今日的美国，要了解使美国成为今天这样的那些力量的兴起和发展，就应该用今天提供的新观点去重新研究我们的历史。如果这样做，就可以看到譬如北部和南部间关于奴隶制和解放了的黑人的斗争的发展——它在1850 年后的 20 年间在美国人注意力上占有主要地位，只不过是当前引起注意的问题之一而已。国会争论的记录、当时的报纸以及那20 年的政府文件，

---

① 参阅 R.G.威林顿：《1820—1840 年间的公共土地》；G.M.斯蒂文森：《1841—1862 年间的公共土地》；J.埃塞：《林业政策》。

对那些要寻找支配目前运动的根源的人，都是丰富的矿藏。

在这次有关美国人生活中社会力量的讨论中，我要你们注意的需要最后考虑的事，是关于调查这些社会力量的方式以及这种调查对历史的关系和目的的影响。现已担任过我即将卸任的这个职位①的著名学者相当成功地创立了一种先例，即阐述对于历史与其相关学科间关系的立场，甚而提出历史学家对热力学法则的态度，以及探求历史发展或衰退的关键问题。不是让所有的人去弯尤利西斯②的弓。我试图承担的只是一件较小的任务。

我们可以从科学家那里得到一些启示。特别是最近几年，科学家向那些由于行动范围的分界过于分明，因而无人探索的领域进攻，这就会使知识丰富起来。这些新的征服特别是通过许多旧的科学的结合而完成的。物理化学、电子化学、地球物理、天文物理以及其他各种学科结合，作出了大胆的假设——真正的一闪念。这就为一代的研究者们开辟了一个新的活动领域，而且他们使用新的研究工具去促进这类调查。现在在很多方面，地质和历史之间有相似之处。新的地质学家旨在能动地按照自然法则用化学、物理、数学描述缺乏有机结构的大地，甚至涉及古生物学时还运用了植物学和动物学。在把这些科学的方法和数据运用到他的问题以前，他不坚持对物理或化学因素的相对重要性加以确定。确实他懂得地质地区是异常复杂的，不能简化为一种解释。他采取许多假设，放弃了单一的假设。他对所研究的问题提出一系列的可能的解释，这就可避免为了一个简单理论而施加歪曲的偏颇的影响。

这里所说的实例难道不是一个史学家可能和必须做到的吗？在试图决定历史是否需要一个经济的或心理的或其他最终的解释以前，承认人类社会的因素是千变万化的，是很复杂的；承认政治历史学家孤立地处理他的问题，肯定在研究一个特定时代或一个特定国家上会把基本事实和关系遗漏掉的；承认经济史学家面临着同样的危险，所有其他专门史学家们也是如此。这难道是不正确的吗？

那些主张历史只是努力确切地叙述事情的本来面目和谈论事实的人们面临着困难。这些困难在于他们所阐述的事实不是建立在一定条件下的坚实基础之上的。它是处在变化不定的潮流之中，而它本身也是这种潮流的一部分。这种潮流就是当时错综复杂的相互起作用的各种影响，之所以成为具有重要

---

① 指美国历史协会的主席职位。——译者
② 原文为 Ulysses，罗马神话中的英雄，即希腊神话中的奥德修斯。——译者

意义的事实是因为它们同当代植根更深的各种运动有着各种联系。这些运动是逐渐发展的，而且常常是许多年过去了，才能看出事实的真实情况，才能判断它在历史学家著作中应有的地位。

经济史学家根据现有的条件，分析和说明一个法则，然后就作为他的一个结论转到史学去作辩解性的附录，这是很危险的。一个有名望的美国经济学家最近对"经济理论、统计学和史学的整个关系"所表述的概念如下：

> 一个原理的制订首先对一般经历的事实进行推理，然后用统计学加以检验，上升为大家熟悉和承认的真理。在叙述性的历史中可以找到运用这个原理的说明。另一方面，经济法则是史料的解释者，不然这些史料将是混乱的，比较没有价值的。法则本身是从依据史料所作的说明中得出的最后的证实。但至少具有同等重要的是，法则为那些主张往事的因果说法的正确性，提供了决定性的验证。对这些往事的因果进行研究，是第二性的，是历史学家在进行叙述中几乎都是必须做的。①

从这段叙述里，历史学家可以得到很多裨益，但是他也会怀疑是否过去的历史应该仅仅作为"说明"，用以证实先入的推理，通过统计学检验，从一般经验演绎出来的法则。事实上，历史行程上已布满了经济法则的"已知的和公认的真实"的残骸。这不仅因为分析有缺陷和统计不完全，也因为缺少史学批判方法，经济学家缺少历史意识，还因为没有适当注意从中推理出他的法则的那些条件的相对性和无常性。

但这一点就是我要强调的。经济学家、政治学家、社会学家、地理学家、文学艺术和宗教学者——所有有关的研究社会的工作者——在装备历史学家方面都作出了贡献。这些贡献有的是物质的，有的是工具的，有的是新的观点、新的假设以及对于联系、原因和重点的新的建议。这些专门学者中的每一个人都会由于他的特殊的观点，会由于受到仅仅看到他原来所感兴趣的事物的影响，也会由于他努力把他的个别科学演绎为普遍法则而怀有某种偏见的危险。与此同时，历史学家也会遇到这种危险，即从他的特别训练或兴趣所导致的某些个别观点出发，去处理一个时期或一个国家的复杂的互相起作用的社会力量。假如要发掘一种真理，历史学家就必须在一定范围内熟悉自

---

① J.B.克拉克教授著，康门斯编辑：《美国工业社会的文献史》，第 1 卷，第 43-44 页。

己所从事的工作，必须具备其他有关学科的训练，至少可以利用那些学科的成果，并在某种程度上掌握本专业的主要工具。同时其他有关学科的专家同样也必须使他们自己和他们的学生熟悉历史学家的工作和方法，并且在这种困难任务中进行合作。

美国历史学家需要装备自己，但不一定需要掌握打开历史的钥匙或称心如意地得到最后的法则。目前他应承担的是另一种职责。美国社会具有广阔土地，有与欧洲诸国相等的一些地区，有地理上的影响，发展时间短，有多种民族和种族，在自由条件下工业特别发展，有其自己的机构、文化、理想、社会心理，甚至有几乎是在他眼前形成着的和变化着的宗教。美国社会是一个少有的最丰富领域之一。为了对于在社会形成中起着作用和互相发生影响的各种力量取得初步认识和研究，他必须看到为之提供的这个领域。

（焦庞颐译　杨生茂校）
（译自弗雷德里克·杰克逊·特纳：《美国历史上的边疆》，纽约，1921年版，第 311—334 页。）

地域在美国历史上的意义

大约 30 年前，我在本学会的《纪要》[①]上发表了一篇我曾在美国历史协会暑期会议上宣读过的论文——《边疆在美国历史上的重要性》。那时人口普查局局长刚宣布过，边疆界线已不能勾画出来了。他还声明说："边疆界线之广度及其向西推进运动等问题正处于讨论中，因此在人口调查报告中它不能再占有篇幅。"

边疆的推进以及它的消失在美国历史中的意义，现在已被公认了。今晚我要和大家一道考虑美国历史上的另一个十分重要的因素，也就是地域。从开头起就存在着一种地域主义，它是由大西洋海滨地区的自然地理以及不同的居民和社会类型形成的地区性殖民地这种实际情况产生的。但是，这种地域主义由于下述的实际情况而变复杂并有所修改了，即这些社会随着边疆的推进而扩展到内地，以及这些社会的地域主义在存在着日益扩展的西部的情况下，采取了一些独特的形式。我们（指美国，下同——译者）今天实际上是一个疆域稳定的国家，没有过去随着居民向西扩散而来的那种势不可挡的影响了。城市主要集中在东部，这种情况已经使这个运动倒转到相当大的程度。我们更类似于欧洲，我们的地域越来越变为欧洲国家的美国翻版。

首先让我们考虑边疆和西部对美国地域的影响。直到目前，正如我在那篇论文中所强调的，当美国进入荒野的时候，往往总是在其外侧边缘重新开始。所以，美国既是一个发达的社会，又是一个原始的社会。西部是迁徙前往的地区，与其说是个地区，不如说是个社会阶段。始于海滨的扩张进程中所达到的每一地区都有它作为边疆的经历。暂时是"西部"，当边疆推移到一些新地区时，它在一些较老的区域中便留下了一些记忆、传统和一种对生活的沿袭观念，这一切在边疆已经过去后很长时间仍然持续下来。边疆的影响

[①] 指 1893 年 12 月 14 日《威斯康星历史学会纪要》。——译者

不但渗入西部，也通过开拓者心理的积习以及西部的理想和生活对东部的影响而渗入东部。尽管如此，边疆的特征和观念还是在一些较新的地区，即在任何一段特定的时间内被称为"西部"的地区是最为明显的。这个"西部"大于通常所说的"边疆"。它也包括人口较稠密的、邻近的过渡地带，那一带仍然受开拓者传统的影响，并且那里的社会在经济方面与其说与较老的地区，倒不如说与较新的地区有更多的共同点。

这种"西部"，无论是形成于何时、何地，都以不同于东部的方式考虑它本身和国家。西部需要资本，是个负债的地区，而东部却拥有资本，是个债权者的地域。西部是乡村即农业的地区，而东部则成为越来越多的都市和工业的地区。在边疆地区，家庭是自给自足的经济单位，不存在人口较稠密的定居社会之复杂情况，没有累积和传留下来的财产。由于生活在这种环境下，所以一些边疆地区强调人的权利，而替东部利益说话的政治家们则强调财产的权利。

西部确信多数党的统治是好的，确信弗吉尼亚潮水区①贵族政治的代表约翰·伦道夫所说的"多数为王"（King Numbers）。东部害怕无节制的民主政治，这种民主政治会消除少数派的权利，破坏既定的制度，抨击既得利益集团。轻快的、乐观的、时而鲁莽的和过分的革新精神正是西部生活的灵魂。在东部，革新是个贬义词。它总是像一个邪恶的幽灵那样"悄悄地走来"。东部更注重经验和家庭传统，以及世代生活在一个相对稳定的环境。但是，远处在较新的西部并经历了西部的大部分历史的人们，在其迁徙过程中至少在两个或三个州里生活过。1864 年，组成第一届威斯康星州制宪议会的 124 个成员中，每一成员平均都在 3 个州居住过。有 4 个成员已经移居过 8 次；有16 个已经在 5 个或更多不同的州里，或者在其他一些国家居住过；有 6 个已经在 7 个或更多一些州里居住过。

西部需要廉价的或者不花费用的土地，把它作为民主主义的农业居民之基地。东部的统治集团却害怕这种政策会降低本地的土地价格，减少东部的资本家为投机而在内地已购买的土地之价值。它害怕西部便宜的土地会把东部农场主们吸引入荒野；会破坏正常社会的契约；会妨碍对不满的人们的有效控制；会使日益成长的工业城镇之劳工供应逐渐枯竭，因而使工资提高。

---

① 潮水区指北美大西洋滨海地区，这一地区的河流都发源于阿巴拉契亚山，流入大西洋。这些河流所经过的地区，凡是水位受潮汐影响的低洼地区，皆称为潮水区。——译者

西部开辟了一个避难所,使人们得以摆脱一些已经确立的阶级的统治,使青年人摆脱对老年人的那种服从,使民众摆脱已确立的、令人敬畏的组织机构的支配。当边疆位置在波士顿海湾边缘的时候,科顿·马瑟牧师在1694年写作时问道:"我们的老教徒,有谁背离神的惯例挤进新拓居地,挤进他们极其无知的家庭因缺乏远见而就要在那儿灭亡的地方吗?"他说:这种人吃了苦头之后,已"走入歧途",而且"上帝的使者变成了他们的敌人"。

毫无疑问,这勾画了一幅对照非常鲜明的图画。从一开始,东部和西部就显示了一种地域的姿态。大西洋沿岸诸殖民地的内地对海滨地区是傲慢的,而海滨地区则看不起高地的人。"西部社会的人们"在他们越过阿勒格尼山脉①的时候成为自觉的人,甚至反抗东部的统治。在19世纪30年代,潮水区的贵族政治被内地的杰克逊民主制征服。

人们也可以继续通过反垄断者、农民协进会②中的会员、平民党人、"反叛者"、进步党人、农业集团③和拉福莱特运动④的历史来说明西部的或西部相当大部分地区的地域主义反抗东部的持续性。

东部的忧虑大概再没有比宾夕法尼亚的莫利斯州长在1787年制宪会议上所阐明的更清楚的了。他说:"人们熙来攘往之处,而不是边远的荒野",是"锻炼人们政治才能的适当的学校。如果西部人掌握了权力,他们将毁灭大西洋沿岸的利益。落后的成员往往不喜欢一些最好的措施"。莫利斯想把代表的比率作出这样的安排,使来自大西洋沿岸诸州的代表数必定始终多于来自西部诸州的代表数。他争辩说:这样安排并非不公平,"因为西部的开拓者们会事先知道他们准备占有他们的土地所依据的条件"。他们的这一议论非常有影响,以致会议删去了草案中保证此后纳入联邦诸州与旧有老州平等的规定。但是,对于新州的代表人数不应超过13个老州的代表数之提议,马萨诸塞州、康涅狄格州、特拉华州和马里兰州投了赞成票;宾夕法尼亚州的意见不一致;由于南部诸州加上新泽西投反对票,这一提议被否决了。

---

① 有时用来泛指阿巴契亚山,但严格说来,是指阿巴契亚山脉绵亘于宾夕法尼亚、马里兰西部及弗吉尼亚与西弗吉尼亚交界处的部分。——译者

② 19世纪60和70年代,美国农民为了维护自身利益而成立的组织。1867年纽约佛瑞得利克区农民首先成立了农民协进会,而后其他各州农民协进会也相继成立。——译者

③ 美国国会中由各农业州议员组成的集团。——译者

④ 指以罗伯特·拉福莱特(1855—1925)为首的进步党所倡导的社会改革运动。进步党代表不满现状的农场主、城市小资产阶级和一部分劳动群众的利益,提出一些社会改革的要求,并于1924年推举拉福莱特为总统候选人,参加总统竞选。——译者

对于一般美国人，甚至对于多数美国历史学家以及我国多数教科书的作者来说，地域这个词只适用于南部在奴隶制、州权以及最后导致分裂的一些问题上反对北部的斗争。

美国内战只不过是地域的最激烈、最悲剧性的表现形式。它采取这种形式，在很大程度上是由竞争的社会（自由的和奴隶的社会）那时正一道向西部未被占用的土地推进这一实际情况决定的；每个地域都试图去控制落后的地区——穷乡僻壤。它们一次又一次地达成协议，达成有点像欧洲一些国家间规定势力范围以及授予托管地的外交条约之类的东西，诸如密苏里妥协案、1850 年妥协案和堪萨斯-内布拉斯加法案中所规定的那样。大西洋各地域实际上都从事于一场权力之争；而权力是靠利用日益发展的西部获得的。在弗吉尼亚 1878 年批准的宪法会议中，根本并不是很激进的成员威廉·格雷森说："我把这看作一场争夺统治权的竞争……如果把密西西比河封锁起来，移民们就完全被阻止住了。西部水域附近就不会有新州形成……这场对密西西比河的争夺涉及对这伟大国家的争夺；那就是本大陆的一部分是否将统治另一部分。北部诸州（在联邦中）居于多数，它们将尽力去保持这一局面。"北大西洋沿岸政治家的言论中充满了类似的一些想法。1787 年莫利斯曾宣称："已经有人说，光是北卡罗来纳、南卡罗来纳和佐治亚就将在短期拥有美国人民的大多数。假定如此，它们就必定囊括广阔的内陆地区，并且什么事都必须从他们手中握有的权力来加以理解。"

如果时间允许，就有可能用这样的一些言论来阐明我们直到近代的全部历史时期，东部一些地域是怎样把西部连同向前推进的边疆作为争夺权力的物质条件的。在新英格兰看来，在它自己的孩子们开始去占据大草原（它的开拓者们称之为"神为虔诚而勤劳的人民保留的"大草原）之前，西部的这种局面有使南部能够永远控制这个国家的危险。第一次大迁徙①从南部的山地涌入内地。这次大迁徙是在所涉及的这个地区内最广泛的一次。新英格兰联邦党人的一些激进领袖与其说想要摆脱南部，不如说想剥夺那个地域对其奴隶实行的五分之三的代表制②；不是允许西部诸州脱离联邦，就是让这些州为英格兰所获得。这样老 13 州就能够在制止南部的扩张并让新英格兰控制

---

① 指 1636 年新英格兰的"移民"在传教士托马斯·胡克的领导下进行的第一次大规模西迁。——译者

② 1787 年美国在费城召开制宪会议。在分配国会议员的代表名额问题上，北部商业资产阶级和南部奴隶主最后达成妥协，由制宪会议通过决议：各州在参议院中拥有同样数目的代表，但众议院的代表则按居民人数的比例选出；并且规定，在计算各州居民人数时，南部各蓄奴州可按自由居民的人数加上各该州奴隶人数的五分之三计算。——译者

的条件下实现联合。

后来当了参议员和驻英国的公使的纽约的鲁弗斯·金于 1786 年写道：尽管他承认当时完全抛弃西部开拓者是失策的，可却宣称没有几个审查过这个问题的人会拒绝同意"这样一种看法，即自大西洋沿岸诸州移居到阿勒格尼山以西的每一个公民，对我们的联盟来说都是绝对的损失"。

鲁弗斯·金说："大自然以连绵不断的大山脉把两个地区分离开来，（两地区各自的）利益和便利将使他们保持分离状态。我们的政府由于各部门之间联系不密切，它的软弱政策不能把它们联合起来。由于这些原因，我一直反对向西部移民。位于大西洋沿岸的各州，人口并非够多的，而失去了我们的人就是失去了我们财富的最大源泉。"

在新英格兰和纽约，直接不满的当然是南部本身，它的杰斐逊原则（它那样厌恶新英格兰清教徒的教义）、它的奴隶制度、它的亲法的同情心。哈特福德会议①提出的建议之一是未经国会两院三分之二的同意不得接纳新州进入联邦。如果这个被提出的修正案得以制定的话，那么新英格兰诸州加上参议院中的其他两个州就能阻止西部取得未来的州的地位。那份报告告诫旧有诸州反对"势不可挡的西部影响"，并且预示"西部诸州，一旦其数目增加、人口增长，最后将控制整个事业"。内森·戴恩（后来康涅狄格州的戴恩县就是以他的名字命名的）用他精心制作的表册和细目单为提出的修正案提供论据。他指出，在一些商业州里，把资本投入商业，而在一些占有奴隶的州里却把资本投入西部土地。当"肯塔基州、俄亥俄州和田纳西州被这种势力建立起来并被接纳进入联邦的时候，州际的力量均势就大大地受到了影响。非商业诸州力促接纳路易斯安那并使力量均势变得不利于东北部"。内森·戴恩推论说："如果在国会里勉强过半数就能在这广阔的西部地区里随意接纳一些新州（所有内地诸州都必须像新州那样）进入联邦的话，那么曾经公正地仔细考虑过的联邦的力量平衡，势必很快遭到破坏，这是显而易见的必然结果。"

但是，杰克逊在新奥尔良击败了英国人。密西西比河流域仍留在联邦之内，路易斯安那的利益集团在许多方面变得附属于商业诸州了，并且新英格兰人如此迅速地涌入西部，以致使新英格兰在密西西比河域北半部找到了一个新的联盟和新的势力的基础。它对拥有奴隶的南部的干扰就像南部与西部

---

① 指 1814 年 12 月 15 日新英格兰地区的马萨诸塞、罗德艾兰和康涅狄格等几个州的代表在哈特福德召开的秘密会议。此会议的目的在于通过一项与联邦宣告分离的法案，但由于遭到部分代表的反对，分离活动未得实现。——译者

连成一气曾经对新英格兰的干扰一样。

　　20世纪中叶，南部因西部势力几乎像新英格兰那样曾经挡道而惊恐不安。后来在联邦最高法院任职的坎贝尔法官于1847年从莫比尔给卡尔洪写信说："我非常担心，美国现在的领土对我们的政府来说，将证明是太多了。国会议员们在俄勒冈问题上的轻率和狂暴行为，以及他们在所有有关国家总收入的拨款问题上的强取和贪婪，对我们这样迅速地把一些新州引进联邦是否妥当表示怀疑。"关于来自西部诸州的议员，他说："他们的想法是较自由的，他们的冲动是较强烈的，他们的意志是难以克制的。直到已经纳入联邦的那些新州变成文明的社会，我才希望增加（西部诸州在联邦中的议员）数目。"

　　与此同时，我们必须明确地记住，当西部人口的力量和新参议员数目增长了的时候，西部便对下列的观念表示愤恨不满：即认为它只不过是北部和南部竞争的产儿；它是东部诸地域中这一或那一地域的属地；它应当受限制和控制，以便用来保持参议院内北部与南部之间的平衡。

　　去西部的人们从一开始就倾向于将来总有一天阿勒格尼山那边的人们会统治这个国家。马纳斯奇·卡特勒博士是俄亥俄同人公司的积极创办者。这个公司在老西北准州开辟了第一个重要的永久的拓居地。他在1787年写了《俄亥俄概述》一书。他虽然身为伊普斯威奇的牧师，处在"埃塞克斯集团"[①]这一保守主义堡垒的心脏，却宣称，俄亥俄河畔的埃塞克斯对整个联邦来说将是"帝国的活动中心"。

　　1837年，密苏里州的本顿[②]在参议院里驳斥了卡尔霍恩关于处理公共领地的提议，并且夸口说，1840年的人口普查已经显示出西部的重要性，它将发出非常庄严的呼吁，草拟它自己的法案。关于1850年妥协案的讨论可能最清楚地显示了这些年间西部坚持自己权利的姿态。卡尔霍恩曾论证说，北部和南部的平衡正在被由西部领土构成的自由州的增加破坏。但是，伊利诺伊的斯蒂芬·A.道格拉斯为西部辩护，当时他抨击了南部政治家的错误。道格

---

　　① 美国联邦党内的一个地区性派别。1778年4月，马萨诸塞州众议院一些代表埃塞克斯县的议员为了考虑制定马萨诸塞新宪法的问题而集会，并作出了《埃塞克斯决议》。因此，这些人被反对派称为"埃塞克斯集团"。——译者

　　② 托马斯·H.本顿（1782—1858），美国政治活动家。他支持南部奴隶主阶级夺取西部土地，曾于1820年被密苏里州选为国会参议员。——译者

拉斯说他把西部设想为较老地域之财产。他问道:"南部或北部或任何其他宪法所不详的地理区域在这些领土上有什么份儿?我说没有,丝毫没有。"道格拉斯预测:如果西部的自决权得到承认,那么西部至少将形成 17 个新的自由州。因此,均衡说是一种绝望的理论。

不仅是奴隶制的斗争暴露了东部对西部的看法:东部把西部只作为竞争的大西洋地域之间争夺权力的领域,以及与东部对立的西部坚持它本身独立存在的权利。而且同样的情况在许多不同的方面都有所表现。例如,一些相互竞争的东部城市和州都是它们各自地域的一些权力中心,它们都参加了通过运输线控制密西西比河流域的商业争夺。竞争的欧洲列强间为控制巴格达铁路的争夺,德国向由巴尔干各国及印度所形成的富饶内陆的挺进,以及第一次世界大战史中的"中欧"计划,都与这些美国地域对那片更加有价值的密西西比河流域内地的争夺有些相似。美国的这些地域并没有为它们的贸易和运输利益而打仗,然而它们清楚地认识到存在着这样的利益。1847 年一位南部作者在《德鲍评论》中断言:

> 在北部和南部间一直进行的一场竞争不限于奴隶制或者不是奴隶制,废除黑奴制或者不废除黑奴制,也不限于辉格党人或是民主党人的政纲本身,而是一场对辽阔的密西西比河域的资源和贸易的竞争,一场由我们的北部同胞们发动的竞争,即辽阔的西部日益发展的商业将不依靠新奥尔良,就归于一些大西洋城市。

此后不久,1851 年,圣路易斯的《西方杂志》发表了几篇文章,为"西部一些州听命于东部各州的关系"和纽约正在代替新奥尔良成为它们的商业城市而惋惜。鉴于出口商品从未能建立一个商业城市(据说这种论证就是这样说的),因此密西西比河口就必须加以改善,从而使进口商品能经新奥尔良进入密西西比河流域。那位作者说:"于是,一系列的城市将在密西西比河畔出现,这将使大西洋海岸的那些城市黯然失色。"

20 世纪中叶,我们看到这场地域间对日益发展的西部的经济权力之争夺的扩大;但居于突出地位的是铁路干线而不是运河。太平洋的一些港口成为铁路干线的终点。1845 年的孟菲斯会议和 1847 年的芝加哥会议说明了一些内地城市这时正在怎样重演早先人们所看到的大西洋海岸对西部贸易的竞争。新奥尔良、孟非斯、圣路易斯与芝加哥之间的竞争，影响到堪萨斯-内布拉斯加法案，以及后来太平洋诸铁路间争夺阵地的战略。

因此，在我们的全部历史中，一直存在着西部和东部的这种地域主义，以及认为西部不过是竞争的大西洋海滨地域之补充场地这种东部观念。全国性的一些政党一直有它们的东部派别和西部派别。各派意见常常根本相左，但还是能通过对党的忠诚，通过一些调整以及作出一些牺牲保持团结一致。像奴隶制争论这样一场斗争，只有记住下列的论点才能为我们所理解，那就是它不仅仅是一场北部对南部的竞争，而且竞争的形式和起因基本上是由于一些日益扩张的地域和赢得西部这种有力的因素而形成的。

这种流动的地域主义始终不很明显，但它仍然是现实的、重要的。年复一年，一些新的西部早就形成了。在面积与较大的欧洲国家相等的一些荒野已经在短暂的几十年里变成了一些农场。

现在边疆拓展的时代已告结束。广阔的公共领地，只要适宜于农业就都被占用了。农业部一些有资格的专家现在告诉我们："大约在1890年，这个国家达到并且超过了按人口比例的农业土地供应的最高点，并且我们已经进入了一个必然要以土地日益不足为标志的时期。"土地的价格已经因自由土地供应衰竭而上涨。艾奥瓦农场土地从1890年每英亩平均30美元到1920年上升为每英亩200美元以上。

1890年后不久，人们开始不再像以前那样自信地去谈论无穷无尽的森林供应了。20世纪初期的开垦法标志着政府的资源保护和政府的经济活动新阶段的开始。资源保护会议于1908年召开，这距詹姆斯城开拓者把他们的斧子埋入美国森林边缘①之时已300年了。这次大会的目的是考虑森林枯竭的威胁、肥土沃壤和矿物资源的损耗以及不毛之地的开垦和沼泽地的排水等问题。而今，第一流的权威告诉我们说：用不了15年，我们将会感到缺乏木材的压力。自由土地不再是自由的了；无限的资源不再是无限的了。美国的城市人口已经超过了农村人口。

但这并不意味着东部工业城市生活方式必然会遍布全国，因为终究要有

---

① 1607年伦敦公司运送的百余名"移民"定居于弗吉尼亚的詹姆斯河口地区，建立了詹姆斯城。他们开发的地区逐渐扩大，后来成为弗吉尼亚殖民地。他们把斧子埋入美国森林的边缘，这标志着初期的开拓告一段落。——译者

提供食物的地方。上述有经验的权威人士预言，在大约 50 年内，美国本身将不能靠它的本国供应来养活它的人口，并且断定，靠外国来弥补这种不足的食物供应将是徒劳的，因为人口比原来占有更多食物的现象在全世界同样是显而易见的。把欧洲作为一个整体来看，它的食物供应已经依赖于进口了。欧洲大量人口，按其面积和资源比例，不能作为判断在美国可能采取何种办法的基础，因为欧洲的大量人口是靠来自美国，也来自其他一些国家的进口商品，才可能生存的。

如果这种预言是正确的，或诸如此类的预言是正确的，那么大规模的农务和一些地域，就必须在美国继续存在下去。某些地区适宜于农业或林业或畜牧业的有利自然条件，将阻止东部的工业社会类型遍及本大陆，因而产生了一种巩固的、单纯的国民，它不受地域的影响。这种国民定居下来，适应有人居住的土地的环境，与此同时，由不同的地理区域而产生的地域差异就要显得突出了。[1]

在柯立芝总统看来，这种前景正像他在 11 月份最后露面的一次演讲中所说的那样，就是一个靠进口食物和资源供应的国家面临着"在一个工商业占优势的国家里，来维持一个繁荣的、自力更生的和满怀信心的农业问题"。我们的命运是成为一个农业居于次要地位的国家呢，还是成为一个农业与城市工业事业居于不相上下的合伙地位的国家呢？看来清楚的是存在着标志这两种事业之间差异的地域表现；因为在某一些地区，农业完全从属于制造业，而在其他地区这类制造业与农业相比，则是无足轻重的了。

美国与法国、德国这样的国家不同[2]，有经济利益冲突的问题，而这种经济利益的冲突是与广泛的区域地理紧密地交织在一起的。在一些面积抵得上整个法国，或整个德国的区域里，不是农业类型就是制造业类型处于明显的优势。经济利益是地域化了的。农业人口居住的地域，在有选举权的人数方面，当然远远不及过着城市工业生活的地域。在这方面，地图是容易使人误解的，因为大纽约市在地图上只是一个点，而它却拥有几乎与生活在山区及太平洋诸州的整个广阔空间的人口一样多。新英格兰诸州和北大西洋区域的中部诸州的人口在 3000 万以上；而威斯康星、明尼苏达、南达科他、北达科他、蒙大拿、怀俄明、爱达荷、华盛顿和俄勒冈合起来的人口还不到 1000 万。

---

① 或者在竞争的工业地域里，如果通过农业布局和体制的改进，那么在国家食物供应及原料所需要的耕作方面，需要的人员就更少了。

② 当然，那里也存在地区的经济冲突。

在地图上这些州据有一片广大的空间，但由于自然地理的原因，一大部分地区仍然是人烟稀少的。然而，新英格兰和中部诸州共计仅有 18 个参议员，而我刚才提到的那个地域的诸州也有 18 个参议员。纽约州独自拥有的人口比这个西北诸州地带还多；但是，这个富裕而人口稠密的州与上述那一个地区的 18 个参议员相比，却只有两个参议员。

如果按每州人口或所得税的比例，而不是按平方英里计算的比例划分各州的面积的话，那么，在这样画成的一幅地图上，西部的土地将在地图上所占的面积小得令人吃惊。[①]但是，这种趋势的结果在参议院里显示出来了，像莫里斯州长那样的政治家就非常清楚地看到了这种结果——新近成立的各州凭它们在参议院的同等代表所掌握的大权，以及它们靠征自较富裕地域的税收而取得资财，并把全联邦作为一个单位，按照人数，甚至按照不足额的人数分配这种资财的能力。很明显，这里必然存在一种地域的利益冲突，就像导致卡尔霍恩的《南卡罗来纳申论》的那些地域利益冲突一样。

从此，这种新的力量就决定了地域主义的进程。我们已经成为一个面积抵得上整个欧洲的国家，拥有与欧洲一些大国相等的固定的地理省份。就这个意义来说，我们是一个帝国、一些地域的联盟、一个潜在的联邦国家。考察一下自从边疆消失以后，我们一跃而成为强国的结果，以便洞察我们由规模各不相同的地域而产生的问题，这是可取的。

我们种的粮食占世界的四分之三，饲养的猪占世界的三分之一以上，棉花占世界一半以上，小麦占世界的五分之一以上。在这片新开拓的原野上，我们已建起这样的工业强国，以至于我们现在生产占世界三分之二的生铁，钢产量则是英、德、法产钢产量总和的两倍以上。我们开采的煤将近占世界的一半。我们拥有的金币和金条足足占世界一半。1920 年，我们国家的财富超过了联合王国、法、德财富的总和。在第一次世界大战中，威尔逊总统曾下令派遣 200 万美国人横越海洋，在那次巨大的冲突中扭转了战局。我们不得不从大陆角度来考虑自己，并把我们与整个欧洲相比。我们拥有这样一片辽阔的领土，这样众多的地理省，并且在面积、自然资源与自然形态的多样性方面，都比得上欧洲各大国的领土。那么，为什么我们没有成为另一个欧洲呢？在我们的历史进程中，我们发展的趋势有哪些类似欧洲的地方？有没有把我们的各大地域改造成为类似欧洲各国类型的趋势？

---

① 参见 P.怀特：《市场分析》，第 332 页。

在研究边疆运动开头的时候，显而易见的是美国人民不是进入一片单调的空地。确切地说，就是在殖民时期，他们也正在进入接连的各不相同的地理省；他们正在使他们可塑的拓荒者生活适应于各种地理的类型。他们将改变这些地理的类型，他们将具有逐步显示他们所获得、定居和开发各地理省的容量；但是，建设性地处理各个不同地区的艰苦工作，也将对他们的性格产生影响。

展现在他们拓居地面前的，不是一种始终如一的表面现象，而是类似棋盘式的不同环境。这里还有迁徙的移民和一些新的地理省之间的相互作用。结果常常是土地和人民这两种因素的结合，在各不相同的地域中产生了各不相同的社会。欧洲国家是在很早以前为人们所发现、征服、殖民和发展的，因而国家形成的这个过程是模糊的。美国的地域形成不是这样。它的进程几乎全部都是在我们的观察之下发展的。但是，由于受近代地图的束缚，正像约翰·菲斯克[①]所表述的那样，美国有许多问题一直搞不清。我们的宪法形式与这些现实大不相同，它规定了各州组成的联邦。我们的历史学家主要论述了地方史、州史、国家史，但是对地域史几乎没有论述。我们的政治学者们与其说意识到实际上构成地域的各州地域集团和这些地域在政治幕后的活动，不如说意识到各州与国家的法定关系。比如，除了持有异议的州有一个整个地域为其后盾以外，州主权实际上从来不是一个重要问题。这就是产生异议的真相。

最近，地理研究的一个最值得注意的特点是，把研究的重点放在区域地理和人文地理上。欧洲一直比美国更加注意人文地理方面的这类研究。也许这是因为欧洲各国不得不考虑各民族自决权的地理方面的问题，以及根据看来是结束世界大战的条约来重新划定地图。也许是在那次战争的严酷现实中，曾经处理食物和原料的供应问题的一些军事参谋人员和科学家都不得不注意这个问题。但是，甚至在这次战争前后，人口对生活资料日益增长的压力都使欧洲方面不得不研究一些自然地区，它们的资源和居民以及它们之间的相互关系。现在美国的情况也迫使我们正视同样的问题，我也曾试图要搞清这种情况。我们和欧洲国家一样，也日益接近人口的饱和状态。

以地理区域为基础的地域主义，从殖民地初期起，就一直是明显的，但没人居住的西部的影响，使它模糊不清和有所变化。各州已经日益衰落，并

---

① 约翰·菲斯克（1842—1901），美国哲学家和历史学家。——译者

且很可能继续削弱它们在我们政治生活中的重要性，但是，被称为地域的一些州构成的集团，很可能随着州的衰落变得更重要了。研究建国以来联邦众议院和参议院的选举，就揭示了下述的实际情况，即：党派关于一些基本问题的投票与其说是坚持自身的主张，不如说是经常四分五裂的；当人们把这些选票不是按照字母顺序排列，而是按照各州的众议员选区绘制地图或制成表格时，一种持续不断的地域形式就出现了。

尽管中部各州是分裂的，动荡不定的，组成了一个缓冲地带，并且经常保持力量的均衡，但新英格兰和南部之间在更早的时期就一直存在剧烈的冲突。后来，随着人口的向西扩散，几个较大的党派都由一些地域的派别组成。在正常的状态下，共和党里形成了一个相当稳固的和保守的新英格兰派，一个混杂不定的中部地区派和一个比较激进的北中央派。这一派愿意在制定立法方面以一种地域集团（甚至在这种集团形成的时代之前）的形式，与民主党人联合起来，反对保守的和占统治地位的东部派别。随着时间的推移，东部的北中央诸州和东部的派别逐渐建立了较密切的联系，而西部的北中央诸州却成为激进的反对派和第三党运动的地区。立法与其说是由党派，不如说是由地域的投票来决定的。法案是靠派别之间的妥协或靠地域之间的联盟来制定，最后付诸通过的。一些按县表明获得多数票的总统选举的地图，看来好像是北部反对南部的地图；但是却经常存在着一种被隐藏起来的东部与西部的关系，因为它们暂时把分歧搁置起来。

我认为下面这个说法并不过分，即无论是党派代表大会，还是国会审议的结果都酷似地域间的条约，它使人联想到一些外交会议上欧洲各国间的条约。但是，在一个相当于整个欧洲的地区，我们看到有可能制定立法，我们可以通过地区互相让步的进程来缓和粗暴的言语和避免战争。地域利益的冲突很可能伴随着人口的定居而更加激烈。在这种剧烈的冲突中，不管我们会不会继续保持国家的、地域间的和党派的组织，要更完整地展示自然地理的影响，还有待以后才能看到。

以争取五大湖-圣劳伦斯河深水航道①的活动为例，就说明一种较新形式的地域主义。中西部的领袖们一直认为"在本大陆的中心"存在着"一个很大的地区，它处于把大部分商品运往东西任一海岸，都超过合理的铁路拖运

---

① 五大湖-圣劳伦斯河深水航道是 19 世纪初中西部各州要求修建的深水航道，借以把它们的农产品和物资由五大湖经圣劳伦斯河运往沿海一带和海外。——译者

的范围之外"。这种议论还说，"大自然已经表明这个地区的范围，这个地区把它多余的物资运往大西洋沿海地区、墨西哥湾和太平洋港口。因而大自然为美洲大陆提供了一个还未被利用的可能的海岸。按照地理——太平洋滨海地区、墨西哥湾区域和太平洋斜坡地带——表明经济划分的地图上，可以说有一个从东到西 1000 英里（1 英里≈1.6 公里），从南到北 500 英里的经济荒芜区，这里到东西任一个海岸都超过了合理的铁路拖运范围的以外"。要为这所谓的"内陆对海岸的贸易"提供一个出口的愿望，导致了需要"以连接海洋的五大湖为基础的第四个经济划分区，以便为五大湖湖岸提供通向沿海贸易的通路"，并且允许建立通向海洋基地的各个铁路系统。①

在密歇根州的前参议员汤森为重新当选而奔走的时候，一家底特律日报报道："由于他领导了航道运动，东部反对他，而从俄亥俄直到爱达荷的整个西部都热切希望地指望着密歇根州投给他有生以来得到的最大多数票。东部和西部都将收听竞选夜的广播——东部希望汤森的选票减少，而西部却热切地盼望他的票数，对反对圣劳伦斯航道的东部反对派，将是一个使它失去战斗力的打击。"

我引用这个例子是想借此指出，像这些总结性的陈述是夸大了地域的情绪。当然，东部的选民当时真正了解汤森的人很少，实际上西部和东部大多数热心收听无线电的听众，都正在收听歌舞剧或球赛以及职业拳击赛。

德卢斯②的作者们都坚持他们所谓的这条"受阻挠的航道"是重要问题。而与此同时，纽约的作者们却坚决表示，如果真有这样一个航道，那么，出口应当通过一条加以扩展的伊利运河③，而且论证说，这条已规划的圣劳伦斯河航线将成为"我们的达达尼尔海峡"，因为一旦争执导致强制方式，它就易于被加拿大和英国政府反对西部时封闭。当时新英格兰担心波士顿将作为一个港口而受到损害，此外，它还将丧失靠对太平洋沿岸的海运贸易而得到的利益。几年前，波士顿的市长柯利曾愤怒宣称："这样的航道将会葬送新英格兰。"

---

① 《海洋基地：船舶与国家运输体系的关系以及大湖通向海岸的路线与大陆交通的关系》由五大湖-圣劳伦斯潮水区协会出版（德卢斯，明尼苏达，1923 年）。关于赞成纽约的这条路线的议论，参见约翰·B.鲍尔温：《我们的达达尼尔海峡》（檀香山，1924 年）。

② 德卢斯是明尼苏达州的第三大城市，是该州工商业和贸易中心之一。——译者

③ 伊利运河是美国最著名的人工河道之一，在 1817—1825 年间建成，联结赫德森河和伊利湖，是当时贸易的大动脉。——译者

　　几天前，我看了《芝加哥论坛报》社论。这篇社论以为最高法院的判决，未经陆军部长同意，环境卫生区无权把来自密歇根湖的水流改变方向。这次它就使用了这样的语言："现在是芝加哥、伊利诺伊和整个密西西比河流域起来反抗这种暴政的时候了，因为它严重威胁了它们真正的生存……这里既不是一个被征服的国家，也不是一个殖民地，而是一个国家的组成部分。因此，它就有资格受到给予新英格兰和纽约的同等考虑。"社论要求继续采取行动，以阻止国会两院发起这件事以及其他等等。关于这个问题，另一篇题为"西部是西部的，而东部是伦敦的"社论说："很自然，东部必定倾向伦敦，因为伦敦的政策是大西洋的政策"；编者也谈到了"伦教和它在蒙特利尔、波士顿、纽约和华盛顿的领地"。

　　无疑，人们不会以完全认真的态度来看待这种语言，但这种语言还是十分强有力的。它提议起来反抗，并使政府瘫痪；实际上，它把美国相当富庶的"一大部分"划出了联邦。尽管考虑到新英格兰在言论方面的节制，一旦它的利益受到西部或南部的威胁[①]，也能在那个地域的报刊上看到谨慎的类似言论。弗吉尼亚的参议员约翰·泰勒告诉杰斐逊说：东北部认为和南部联合是注定要失败的。当时，这位沉着冷静的政治家以对新英格兰的容忍精神和有趣的印象为例证所回答的话，很值得广为引用："实际上，我们已完全置于马萨诸塞和康涅狄格的强力之下。它们非常严密地控制我们，极大地伤害我们的感情，还耗尽我们的人力和物力。它们天生的朋友是东部另外三个州，这三个州出于一种家族的自豪心理与它们联合起来。它们怀有分裂联邦其他一些部分的计谋，以便利用这些部分来控制全国。"但是，杰斐逊说："既然人们交往，而不互相争吵，是从没有的事……既然我们必须有与之争吵的人，我宁愿为这个目的与我们的新英格兰伙伴交往，而不愿让我们的争吵转向其他人。他们被限制在那样狭窄的范围以内，他们的人口那样稠密，以至于他们的数目总是居于少数。他们和犹太人一样，都具有那种性格刚愎的特征，以至于这些情况造成了我们党派自然分裂。"由此可以看到，尽管杰斐逊没有赞扬新英格兰，但也没有把它划出联邦以外。值得注意的事实是，随着时间的推移，地域的自觉意识和感情可能有所增长，并且一些定型了的地域使人们感受到它们地理的独特性、特殊利益和它们逐步产生的理想，在一个闭关自守和平静的国家里的影响。

---

　　① 参看弗雪德里克·特纳：《地域在美国历史中的意义》，第12章。

　　说地域主义是不可避免的和合乎需要的，这话是有道理的。在美国，现在并已经存在着一种以地理区域为基础的地域地理学。有一种政治习惯的地理学，一种舆论的地理学以及一种物资利益的、种族血统的、自然界适宜的、社会特征的、文献的、有才能的人分布的，甚至宗教派别的地理学。乔赛亚·罗伊斯教授按照我所理解的意义解释"地方"或地域说："一个国家领土的任何一部分，凡是在地理方面和社会方面充分地成为一体，真正意识到它本身的理想和习俗，并且具有不同于这个国家的其他部分的观念。"这位著名的哲学家的看法是：现在世界比以往任何时候更需要强有力地发展一种高度组织起来的地方生活，借以控制全国规模的暴民心理，并提供那种对朝气蓬勃的发展和独创必不可少的多样性。这就是这位著名哲学家的见解。尽管我同意这个见解，但是就像我在别处指出的那样，我还是想要在这里强调指出：经常存在这种危险，即地方或地域将天真地认为它本身就是这个国家，新英格兰将认为美国只不过是扩大了的新英格兰，或者中西部将认为美国真正是扩大了的中西部，然后进而谴责那些没有理解这种看法的正确性的地域是恶意的、无知的和非美国的。这种民族主义是地域的幻想，但是这个幻想现在并且一直是为所有的地域所共有的，如果说它不是明显地表现出来的话，那也是用它们不自觉的态度表现出来。这种民族主义含有一种文明的优势的设想，即健全的伦理要求这个国家在总体上必须服从一种文明（kultur）的优势的设想。

　　我们必须老老实实面对这个现实：在这个幅员辽阔和由各不同民族组成的，并堪称整个欧洲的姊妹的国家里，地区地理是个基本的现实；美国的和平一直是靠限制地域的自私自利和专断来实现的，并且靠达成协议而不是靠互相指责或打击来实现的。

　　过去，我们已经使我们的地域结成一体，这部分地因为在未开拓的西部空旷的时候，就存在一个安全阀，即一个有希望建设的地区；另外部分地因为有一些全国性政党，它们大声呼吁要求所有地域对全国性的党派忠诚，同时它们在一些地域要求的压力下，作出某些让步。政党就像一个有弹性的带子。

　　但是，在大多数地域受欢迎的得多数票的党派，却比通常预料得更团结。如果没有这种实际情况的话，那么，就要经常出现严重的威胁，就恰恰像在南北战争之前，各党派变得明显地域化，那时所出现的情况。党派通过勉强的多数掌握了政权，那就必须谨慎地运用它的权力，不然就要冒失败的危险。它必须协调它本身内部的一些地域间的分歧。

按全国各县份计算，不仅出现通常的党派获得勉强多数的现象，而且在各大地域内部也存在一些与各该地域整体观点不一致的较小的地域或地区。这就从两方面构成了对党派专权、地域骄横以及利用其他地域而自肥的牵制。

联邦的每个州里都有一些地理的地区。它们主要地而非全部地是由古老的地质学力量决定的。这种情况就把州划分成一些较小的地域。这些在各州内的小地域经常跨越州的界线并同毗邻各州相似的地区，甚至同更大类型的不相同地域的相反地区连接起来。现在，许多州都已定出一些专门研究它们内部的地域的课题。各州内这些地域是在党派政治生活、经济利益、社会类型以及诸如教育、文学和宗教等文化方面表现出来。我绘制了几幅美国1850年地图。①例如，按县表明白种人中的文盲分布的地图就酷似自然地理学的地区图，以至于人们几乎把这幅地图当作那种地图了。这种情况对按县份统计农场价值的地图来说，也大致是适用的。我也绘制了1836—1852年总统竞选期间表明辉格党和民主党的一些县份的地图，并且把它们结合一起绘成一张地图。从这幅地图可以看出某些区域、某些县的集团几乎经常是辉格党的，而另一些区域和县的集团这些年中在正常情况下都是民主党的。我让摄影师把这些地图叠在另外一些地图上面。结果表明，地势崎岖、土地较贫瘠和文盲多的一些县份人部分都是民主党人的县份；而那些肥沃的盆地——就像老西北部盛产小麦的地区，肯塔基州的列克星敦和田纳西州的纳什维尔两地附近的石灰石岛屿，墨西哥海湾沿岸各州的沃土地区，那里是棉花和奴隶制势力的中心，富有的和有教养的拥有奴隶的大种植园主的居住地——都是辉格党的。辉格党人在拥有较大河流、商业中心和航道的一些地区以及在扫除文盲方面有较好成绩的一些县份都日趋强大。

在这里，我并不是要说民主党必然要和文盲与贫瘠土地联系在一起。这种研究的有趣结果之一就是表明存在一些例外，因而不能作任何这样专门自然科学的解释。例如，在北卡罗来纳，非常著名的辉格党一些地区是在那个州最缺乏知识的崎岖多山的各县，那里的穷苦白人同东部各县富有的、拥有奴隶的民主党种植园主是敌对的。某些像纽约州西部和俄亥俄的西部保留地②，与其说显示出自然地理的影响，不如说显示出下述实际情况的影响，即

① 这些地图中的几幅将发表于特纳教授即将问世的书籍《美国，1830—1850年国家及其地域》。

② 俄亥俄西部保留地：位于俄亥俄州东北部和伊利湖南岸的地区。该地区乃"西北领地"（Northwest Territory）的一部分。当康涅狄格州把它对西北领地的一部分土地所有权于1786年交给联邦政府时，仍保留了这一地区，因而称为西部保留地。——译者

它们是被新英格兰人开拓的殖民地，并且继续维护标志清教徒世系特征的既得权利的利益。

总之，这些研究表明那种仅仅用自然地理和经济利益来牵强附会地解释政治集团的概括是错误的，还有理想和心理的因素，以及继承下来的思想习惯，而这种思想习惯都来源于选民出身血统。这些理想有时候使选民们投入与他们经济利益相抵触的行列。但是，通常一直存在着血统、地理条件、经济利益以及是非观念几者之间那种联系，所有上述因素都为了同一目的而互相影响。

另外，我想强调以下这些地区之下的分区是持久的这个现实。这些分区总是在政治上保持同样观点达几代之久。大量的选民很可能承袭了这些分区的派别和其政治思想。决定大量选民政治归属的基本因素与其说是习惯，不如说是推理，并且有一种政治习惯的地理学，即政治习惯产生的场所。

还有同样的文明地理学，尽管我不能在剩下的时间来展开这一问题。比如，在最近一幅表明地方沿革的区域地图上，这些区域几乎恰恰正是像我已经提到的地图上所展示的同样区域。

还有一种在较大的区域范围内地区的地域主义，即少数民族地区的地域主义。这些地区有时反对其所在的较大地域的政策，并且发觉与这个地域以外的类似的地区有更多的相同之处。这里就包含着对较大地域的限制，以防它企图对其他地域推行激烈的、破坏性的政策。正如霍尔库姆教授指出的，在这类国家里，即在地域密集的辽阔范围内，选民们不能指望在任何支持他们所反对的一切措施的政党之间作出选择。他认为，他们最可能的、合情合理的希望是"依靠地域利益组成的一个党派。这些地域利益可以在国家政治生活中进行合作而没有太多的猜忌和摩擦，并且包括那种与它们最密切联系在一起的特殊利益在内。没有地域势力强大得足以单独地和孤立无援地控制联邦政府，也没有一个希望在国家政治生活中居于支配地位的主要政党，不包括多少不一致的因素而能于组成"。

我同意这个观点，并且确实长期以来一直持有这个意见，这是记录在卷的。这个观点强调了各个地域领袖们需要容忍、合作和互相让步。这个国家政治家的才能，不仅在于体现领袖自己所在地域的特殊利益，也表现在找出一个可能把各个不同的区域聚集于一种共同政策的方案。最伟大的政治家总是抱有这个目标的。如果有时间，我一定愿意引用甚至像约翰·昆西·亚当斯、范·布伦和卡尔霍恩著作中对这种思想的明显实证，而他们一般被认为是相当明确的地域领袖。他们每人都制定了一些对各个地域作出让步的计划，因而一个国家的形式才得以出现。

地域在美国历史上的意义在于：它是一个欧洲国家的模糊形象。我们就需要根据这个事实重新研究我们的历史。我们的政治生活和我们的社会一直是为地域的复杂性及其互助影响所形成的。这种互相影响就同欧洲各国间所发生的情况一样。较大的地域是地质学家们的地理省份和进入这些地域的殖民人群共同影响的结果。这个结果在通俗的话语里都会听到，其中新英格兰、中部诸州、南部、中西部等就像是和马萨诸塞或威斯康星一样的普通名称。人口调查的区域划分是比较明确的，并且是由官方规定的。当然，这种区域划分的界线并不是确切的和固定的。这两点都与欧洲国家不同。一般来说，这些较大的地域在美国的文明中都采取了独特的和特有的姿态。

我们为欧洲树立了一个大陆的地域联盟的榜样。这个联盟的面积是与整个欧洲不相上下的。我们用讨论、让步和互相妥协的立法代替了暴力，因而表明有可能组织国际政党、国际立法机关和国际和平。我们的党派制度和我们地区地理的多样化一直有助于维护美国的和平。由于我们有着为一个国家立法机关所体现的地域的联合，我们具有可以称为类似国际联盟（如果它也包括一些政党和一个立法机关的话）的地域的联盟，我们已使这些居于少数的地域能够保卫它们的利益，然而又避免使用暴力。

如果记取了历史的教训，那么必须加以避免的局面就是，坚持我们所居住的地域的特殊利益和理想，而对其他一些地域的理想、利益和权利却没有表示同情和理解。我们必须使我们国家的活动适应于一个由不同地域组成的辽阔而又多变化的联邦这个实际情况。

（王群　于锡珍译　丁则民校）

[译自弗雷德里克·杰克逊·特纳：《地域在美国历史上的意义》(*The Significance of Section in American History*, Massachusetts)，1959 年版，第 22-51 页。]

外国历史学家论特纳及其学说

弗雷德里克·杰克逊·特纳

卡尔·贝克尔[①]

我到威斯康星大学去读书（那是在 1893 年）和许多孩子到某个学院而不到另外一个学院去念书的理由是相同的。因为我中学的一个朋友要到那里去，他的堂兄弟还是什么亲戚曾在"麦迪逊待过"。作为青年人，我很快就把这个地方看作一个富有浪漫主义魅力的地方。这地方我从来没见过，只是听人家说过。麦迪逊不是一个遥远而又大的城市吗？（我现在谈的是草原上的乡下孩子，从来未从他的小城镇冒险走到那非常宽广的世界）它不是坐落在一个有直径绝不少于 3.2 千米的一片汪洋的湖岸上吗？增添这种壮丽风采的另一件听闻，是关于威斯康星大学的。在那个大学的教职员中，有一个人受到我家乡一位年轻律师的赞扬，他亲昵地叫他"老弗雷德·特纳"（old Freddie Turner）……

一

刚到麦迪逊几天，在校园就有人指一个人给我看，那个人肩上背着一个装满书和笔记本的皮公文包，匆匆忙忙向什么地方走去；看样子，时间已经晚了，他是要赶到山上去上课，也许浑身是汗，但腰板却挺得笔直。当然他不算老——那时 33 岁左右。对一个 18 岁青年来说，无论如何 33 岁的教授们

---

① 卡尔·L.贝克尔（Carl L.Becker，1873—1945），美国历史学家，先后在达特默思学院、堪萨斯大学、明尼苏达大学、康奈尔大学等校执任；著有《美国人民的开端》（*Beginnings of the American People*）、《革命前夕》（*Eve of the Revolution*）、《进步与权力》（*Progress and Power*）和《独立宣言》（*The Declaration of Independence*）等书。

总好像是很老的。至少好像流露出这样一种印象：他们解决了所有令人困惑的问题，并且机警地把他们自己裹在一件具有一定自己个性的整齐的盔甲中，以防御弹丸和箭的袭击，而这种弹丸和箭正是在与外界隔绝的校园里，由于人生不幸际遇所造成的危及他们的任何不寻常的经验或冒险活动。上午十点零二分匆匆忙忙走上山的"特纳那个人"，并没有给人家这样的印象……

……这里有一位"教师"，他一面承认没有学问，一面又谦虚地对课本提出疑问。有一天，他请我们考虑一下主权问题，他引用了奥斯汀的定义，但又说他不能理解。他承认他没有逻辑头脑。他在黑板上画了两个（或许是三个？）相交的圆表示"主权分立"的理论。他认为这更适合美国史的事实，但是即使对此他也不肯加以确定。"教师"被认为什么都懂，可是特纳却不能解释主权。"教师"被认为什么都懂，当然那是不超出教科书范围的。另有一天，特纳如往常那样不惹人烦地漫不经心地说："在这一点上，我和思韦茨的意见不同。"怎样理解一个懂得比教科书多，而又有所不懂的教师呢？我记不清多久以后，我以一种解脱的喜悦心情，开始明白特纳不仅仅是一个教师，而且大学教授无需仅仅是一个教师。显然，特纳不是从书本学习历史的。这个急躁地对一切事物持怀疑态度的人，不怕麻烦地到某些别的地方去寻找"事实"，自己对文件进行"调查"（正是这个字眼），根据"资料"作出记录。总之，他凭自己的工作质量，成为一个"权威"；如果愿意，自己还可写出一本美国历史。

自从特纳在我头脑中不再作为一位教师出现的时刻起，我开始从他那儿学到点东西。他不是一位"教师"，而是一位"历史学家"，更正确地说是一位"作家"。他的主要工作不是教我们，而是从事深刻的研究，准备写若干名著。显然这是足够受用的，一旦你洞察这个意思。因为肯定没有一个教授在最后时刻中断备课，心有所思地迈进教室，还能向我们传播这样一种令人愉快的气氛，或者在短短的课时里，为了使我们有所获益，他能以清晨备课劳动，更成功地给我们散布一种愉快讲授的印象。书桌上堆放着一摞摞笔记，就是早晨备课劳动的物证。笔记是写在长六厘米、宽八厘米或差不多大小的纸张上，装在写有标记的马尼拉纸做成的封套里。每天带到课堂上来的装在封套里的笔记本，要比任何机会所能看到的多得多。好像这位专心致志的学者从他的研究室跑出来，急急忙忙把所能接触到的材料都搜集在一起，希望为在讲课时偶然出现的任何一有趣的课题准备可供说明的资料。

讲课（假如这是一个恰当的词）本身好像从来不经"准备"，也好像从来不是勤奋得须点灯"起床"。它倒像是一直继续、永不完结的备课工作所得出的自然结果。讲课是非正式的，是亲密的谈话，有时以这个有趣的事情开始，有时以那个有趣的事情结束。他总是认真的，但从不板着面孔，生动活泼，不时发出幽默的、有益的、富有感染力的笑声，但从不降低水平去开糟糕的教授开的玩笑。他偶尔因某学生向他提出问题，而说一些离题很远的话；但最后又回到主题。他时常停下来去急切地寻找"笔记"，如果不在这一个马尼拉纸制成的封套里，就可能在另一个封套里找到（经常可找到）。这笔记包括从文件里摘录的想要使用的引文，并注有确实的出处，阐明了一个看法，针对一个论点。不，讲课不是合适的字眼。这里没有命令式的东西；房间也没有笼罩着那种学究式的一贯正确的陈腐的气氛。特纳也没有为之规定出任何法则和信条。但提出的询问比回答的多，提出的问题比解决的多，许多问题和新见解都被任意地抛到九霄云外去了。这位教授好像毫不关心给我们一些起码的美国史以适应我们的抱怨。如同一个人对几个人谈话那样，他对我们谈他所感兴趣的问题。显然这些问题是他在早餐后一直在想的问题，察觉到他很可能在午餐后还会想得更多。

……

通过这种令人愉快的方法，对于历史我获得了一个新概念。它毕竟不是什么一致赞同的须要死记硬背的常规，只不过是过去为了平庸或伟大的目的而生活战斗或牺牲的人们的无穷无尽、各种各样的行动和思想。总之，它是生活本身的一个方面，因而是须要加以探索、思考、撰写的。谁不愿意像特纳那样学习历史呢？谁不愿意像特纳那样撰写历史呢？……

二

……我在特纳的研究班里从事研究已经三年了。我们男生有 12 到 15 人，还有一两个坚持下来的女生。我们在法律系大楼听课，更好一点就在州历史学会图书馆。当时该图书馆设于州议会大厦里。我们在一个凹形屋子里工作，一个人用一张桌子，或同别人合用一张桌子。我们在星期一、三、五聚在一起，围拢在一张大桌子周围，特纳坐在我们中间。我们在其间工作就是住在知识宝塔的正中心，因为在这里我们大家（教授和学生）每天都包围在墙一般高的书籍中，这些书正是我们需要的或当时使用的。那些"文献"散发出书蠹的气味，一动也不动地坐在这个福气不浅的座位上，呼吸着研究工作的最浓郁的香味，使人们幻想着成为一个饱学之士。

在一定程度上，这个研究班是不拘泥形式的，甚至比"初级班"还不正式。没有讲课，或者说几乎没有讲课，除非你乐意说总是有课，或差不多都有课。一个具有吸引力的原理是，我们在一起都是学者，在美国史领域里进行广泛地研究，每个人都有自己特定的研究课题——弗吉尼亚的殖民地、国内建设问题或其他——这些大的和没有限制的题目，开辟了通向才能的生活道路。每个人都要对自己的题目尽量做到精通熟练，认真负责，准备答复有关问题，如同内阁大臣被反对派质问一样，更重要的是要不时对自己研究的成熟结果作出报告。用这种方法，我们每个人包括教授在内轮流讲课，所有其他的人包括教授在内都记笔记。从这个角度来说，教授是我们当中的一员，当然是主要的一员。他组织和领导整个工作，但是他并不认为自己是博学的，谦虚地向我们中任何一员转交与之有关的特殊题目。当我们讲课时，他敏捷地以令人信服的受到教育的样子做着笔记，表现出他在老问题上得到了新的考察和解释。我敢保证他的确在做笔记。从那时起，他是以一种严厉认真的态度使我相信，他不是在装模作样，而确实是从我们这里得到后来他常常很好地加以利用的有价值的概念和资料。我相信他，我确实相信他时常从我们这里明白某一个或另外一个奇特的事实。他是这样极其热烈地渴求事实，这就是他的不可思议的本能：在看来毫不相干的地方能找到事实。他是这样擅长从那些不适合的、不相干的、不重要的混杂的事物中，把那些有意义的事物分离出来。

……

随着时间的推移，我确实觉察到特纳不经常回答问题。天知道他提出了的问题是不少。他常常提出一些要解决的谜，总是给我们一些问题去思考，然后慢条斯理地让我们去思索。但是有些问题他漏了没提，或者漏了没回答。……所以至今我不知道他在一些重大的问题上的确实的信念。他是一个保护主义者，还是一个自由贸易主义者？是民主党人，还是共和党人？……特纳从未对这些问题作过答复，他从未告诉我们怎样思考问题。

我希望我没有给人那种印象，那就是特纳在他的学生看来，是一个在昏暗光线下出现的"沉默寡言的人"。用昏暗这个词形容他，实在是勉强，沉默寡言也不是一个合适的词。他谈话十分随便，回答某种问题也是无拘无束的。

我不知道多少月或多少年以后，我才发现他通常略而不作回答的，正是使我能取得他的意见和判断，从而节省我自己思考的那些答案。他愿意做他能帮助我去思考的事情：但是如果他知道哪件事会告诉我去想什么，他就不愿做那件事了。他不轻易下最后的判断。

……

关于特纳的另外一件事，从前我常常觉得有点奇怪。我简直不知道叫它什么。"独立"这个词不太合适。当然他是一个独立学者，但就这个词的普通意义来说，那时大部分教授都是独立学者。当时给我印象最深的是，他的独立是一种特殊的独立；至今我还有这种印象，他的独立好像在教授当中是相当少有的。我可以称之为对教授常规的一种漠视，几乎完全摆脱了学院的偏狭性。……无疑，他在麦迪逊的象牙塔是很舒适的，但是他可能不时向外窥视那东方更加光辉灿烂的塔群，急切地想了解在那里的博学之士在想什么，在做什么。人们推测，学术界有一些特有的体面事，其中次要的一桩是教授们在接受耶鲁大学或哈佛大学的邀请之前，总不能对自己有太大的自信。然而即使他有了一种地位合适的愉快感觉，但由于必须永远放弃跨进牛津、巴黎或柏林神圣学府的门槛，仅仅作为一个美国学者，而感到自卑和抱歉。这种感觉或许从殖民地时期就延续卜来了。……

……我得到的深刻印象是，他并不介意居于威斯康星州。他来自波特奇，好像认为那是一个快活的好地方，好像出生在那里一样。即使这个事实大家知道了，也不严重地损害他的学术质量。如果他知道在历史遗迹和传统方面欧洲比美国丰富得多，我从未听他提到这个事实，至少没有因为失去机会而有相应的懊悔表情。相反他对他已有的机会感到满意，好像他的确欣赏他的机会，如同一个人在他家后院刚发现金矿一样高兴。他好像说过美国史是一个新提要，还没有适当地被发掘出来；对于学者来说，这个丰富、诱人的矿藏可与任何地方发现的相媲美。魏茨或冯·朗克①也从未研究过，这反而更好。某种十足的美国风味、某些森林地带独立的坚强的气质，虽然抵制了学术提炼的每一个过程，但好像使得这个美国公民仍然感到很自豪。他心满意足地居住在麦迪逊，对于享有每天到收藏德雷珀②手稿的州立历史学会图书馆去

---

　　① 乔治·魏茨（Georg Waitz，1813—1886）和利奥波特·冯·朗克（Leopold von Rank，1884—1939）都是德国历史学家。——译者

　　② 莱曼·C.德雷珀（Lyman C.Draper，1813—1891），美国历史学家；1854—1886 年任威斯康星州历史协会通信干事，对于州内史籍和文物的收集多所建树。——译者

的特惠而心满意足。

……

……这我是知道的：这个人思想上的三个特质给我留下深刻的无法磨灭的印象。这些特质是：一个生气勃勃的、抑制不住的求知欲；从个人成见和教训人的动机中解脱出来的一种令人感到耳目一新的自由；具有以人道、友好的方法，以新鲜、严格的独立方法去看待这个广阔世界的非凡能力，深居校园但没有模糊了视野。我想这些特质也使他在美国史研究上作出了"独创的贡献"（并不像我们经常所想象的那样平凡的工作）。那么什么是他的独创的贡献呢？

三

关于特纳我写了 20 页，而未提到"边疆"这个词。我认为这就是一个显著的成就。自然这种事不应当没完没了地这样做下去。谈论特纳的生平而不谈"边疆"，那是不可能的——正如谈论杰克·霍纳①的生平而不谈葡萄干一样。"边疆"确是葡萄干，但还有果馅饼，果馅饼也是很重要的，但是常常被人遗忘。因此首先我愿意谈一谈关于果馅饼的问题，希望它会帮助我们了解葡萄干是怎么被发现和取出的。

这个不恰当比喻中的果馅饼（这确实是一个很不恰当的比喻，如果它使任何人想象特纳坐在一个角落里，对葡萄干大吹大擂）自然是美国史，更确切地说，就是被看作社会进化实例的美国史。

我并不想把特纳说成一个社会学家，但必须说明，叙述事件并不是他的特长，寻找近似的解释倒一直是他的长处。在他第一次出版的著作里，他直截了当地提出一个从此一直占据他思想的问题："印第安人受剥削问题一般地用一句解释性话语'文明的前进'了结了。但是怎样前进呢？"②这正是所有特纳著作中的中心问题：文明是怎样进展的？这并不是说文化是怎样从 1 月到 11 月发展的，而是它过去和现在怎样从简单形式发展到复杂形式的。这无疑是社会学家专有的问题：纯理论的社会学家，假如有这种社会学家的话，

---

① 英国古老童谣中的主人翁。——译者

② 《威斯康星毛皮交易》（"The Fur Trade in Wisconsin"），见《威斯康星州历史学会会议纪要》（*Proceedings of the State Historical Society of Wisconsin*），1889 年，第 53 页。

或许会根据至今为止的整个人类经验，对这个问题试图予以答复。在史册上特纳之所以得以保全（假如他可以保全的话），是由于他对历史不试图作普遍性的回答。他谦虚地说，人们不都习惯于"承担非常艰巨的任务"。他只试图作一个有条件的回答，因为他仅涉及一个有限的经验——美国人民在一定空间和有限时间内的经验，所以如果他关心社会进化，那毕竟是一个特殊社会的进化。他研究美国史，是要提供一个多次重复、范围相对广阔的社会进程的具体例证。

　　如果特纳仍然受到怀疑，有一件事我要坚决为他辩护。对他起激励作用的社会进程并不是"超越宇宙观念"，也不是与这种观念有什么重要关联的任何其他观念。他的社会进程不是在人们头脑中活动的一种虚无缥缈的东西，不是为了它自己的目的而粗暴地作用于头脑。他的社会进程是在人们的思想和行动中形成的，是人们为了自己的目的而进行的活动。它不是那种驱逐印第安人的"文明的进军"，不幸的印第安人也不是由于缺乏"文化才能"而消亡的。不幸的印第安人是死于丹尼尔·布恩①及其同伙所发射的子弹。那些开枪的人不是为了文明或社会进化的进程，而是为了他们自己，因为他们要占有土地，以便打猎或种植，供养他们自己及其家庭，尽量使自己过得舒适。特纳好像想当然地认为，普通人民按一般行动方式，莫名其妙地大半不知不觉地决定社会的进程，塑造历史的进程，因而历史学家首先应当知道的是人们做了什么，为什么他们那么做。

　　人们做了什么这个问题，是历史学家的老问题了。他们为什么那么做，无疑从来没有过分地占据他们的思想。这当然是哲学家们永久争论不休的问题。人们可以很容易把这种行动的解释推到终极的原因——神，或推到迅速围绕核的电子，或者推到"以太的压力"。但是这些极限对历史学家来说是毫无用处的。他们竭力解释一般事物的各个方面，没有剩下任何特殊事物需要解释了。这可能就是为什么特纳对特殊事物感兴趣，愿意让那些极终原因去解答它们唯一能解答的那些用途。这就是说，"最后"是在路的尽头的路标上写的"禁止通行"。他寻找的解释是近似的解释，他所能利用的原因就是作用于自觉意识水平以上和接近以下的原因。

　　譬如，第一批移民在英格兰创建了"区民大会"，毫无疑问这是他们有意

---

　　① 丹尼尔·布恩（Daniel Boone，1733—1820），探险家、殖民者；18世纪70年代由南卡罗来纳殖民地进入肯塔基印第安人居住地。——译者

识要建立的，但是人们仍然有理由询问，什么使得他们有意识地要建立一个"区民大会"呢？可能他们不知道他们所有的这种制度是从英国"带来"的，和英国人与条顿人有着共同之处，是在很早时期从远古日耳曼人或其他地方"继承"下来的。为什么特纳不同意这种解释呢？人们很自然地会问到这个问题。因为当19世纪80年代特纳在约翰·霍布金斯大学学习时，关于原始制度的解释在那里是占上风的。特纳就学的老师赫伯特·B.亚当斯自己曾发表一篇论文，指出新英格兰的"区民大会"是从早年日耳曼风俗遗留下来的。特纳一定被彻底地灌进了"历史延续"和"制度继承"理论。特纳一定被授予一整副成人药剂——叫作"条顿民族的特征"的富有创造力的制度生源说。我敢说，那是一副过量的药剂。特纳是消化不了的。美国的机构已经是"很健全了"这句亚当斯的名言，更不合特纳的口味。对于这个勇敢的美国人来说，这的确是太过分了。他的祖先已经宣扬和开拓了从马萨诸塞到内布拉斯加的每一条边疆，因此他离开约翰·霍布金斯大学时，并不把那个学校视若神明。他回到了威斯康星，并宣称"政治的生源论已经强调得够充分了"①。

　　并不是说特纳要否定继承的影响。第一批移民很明显带来了英国人或荷兰人的思想和行动的习惯。这些在最初就决定了他们在新世界里建立什么制度。毫无疑问在弗吉尼亚"百户地"②或新英格兰"区民大会"里，可能看出与古代日耳曼特征相类似的早期习俗的遗迹（或者19世纪日耳曼历史学家在法国以外某处寻找政治自由时，就把"日耳曼特征"想成这样）。但是特纳坚持认为（我记得非常清楚，有一天他在课堂上谈起这种看法），"制度间的相同并不比制度间的差异重要"。如果差异的地方比相同地方使他更产生兴趣，我敢说，原因就是这个人对美国有一片深厚的忠诚之意。如果说他有任何根本的成见或偏见，那就是这个了。他是一个地地道道的美国人，从来没有向人表示过歉意。他来自中西部，无疑那里的"朴实的爱国主义"是经过多次精炼的。当亚当斯说美国制度是"很健全了"的时候，那种对美国一片赤诚之心使他感到"愤慨"。相反，特纳认为美国制度丝毫没有健全，的确没有。美国的重要，并不是由于它类似欧洲，而正是因为它和欧洲有所不同。他完全赞同哥德的一句名言："美国有最好的东西"。这不仅是因为，也不是

---

① 《边疆的重要性》（"The Significance of the Frontier in American History"），见《美国历史上的边疆》（Frederick Jackson Turner, The Frontier in American History, New York: Holt, 1920），第2页。

② 殖民地初期，移入弗吉尼亚的移民集团，被授予大面积土地，称为"百户地"（Hundreds），形成殖民地内的自治体群。——译者

主要因为它有无可比拟的物质资源，而是因为它给世界带来某些新东西，具有独创性的东西——"在不同于任何其他时代或国家的条件下发展起来的民主的理想"①。这就是美国制度之所以真正有意义和值得研究之处——这个"不同之处"，几乎不可能继承的不同之处。那么这个不同之处是从哪里来的呢？当然不是从日耳曼的"特征"，也不是从黑森林（Black Forest）②，而是从美国的荒野来的。美国的民主"的确不是由'苏珊·康斯坦特'号载到弗吉尼亚的，或由'五月花'号载到普利茅斯的。它是产生于美国森林"③。所以特纳不把遗传理论作为美国制度的适当的解释，而自己决心研究环境的影响。在这里倒可找到美国对人类文明作出特殊贡献的"条件"——地理的、经济的和社会的。

　　从一个有利地点去观察一个新国家环境的影响，波特奇城终归不失为一个好的出生地。少年特纳和他父亲同来自"布尔老祖瀑布"（Grandfather Bull Falls）的做向导的印第安人，乘独木舟顺流经威斯康星州拉第逊④归路，穿过胶冷杉处女林，惊动那些用好奇吃惊的眼光透过茂密树叶窥视他们的鹿，经过印第安人村庄，在那里撑船的人常常停下来和那些站在很高的河堤上的友好的印第安女人谈论买卖。在波特奇，他放学回家的时候，看到一个受私刑处决的人被悬吊在树上；他看到穿着红衬衫的爱尔兰放木筏的人停靠岸边，"占领城镇"；用毯子裹着身子的印第安人骑着小马，列队走过街头，用毛皮换取小玩意儿和油漆。这种城镇本身就是一个简陋的边疆定居地区，是许多民族的人集聚的地方。一些像特纳这样孩子们，尽量做出紧张声势，只在成群结伙时到爱尔兰居住区去进行冒险活动。在波美拉尼亚人居住区，包着头巾的妇女穿着木鞋，赶着社区的牛到公共牧场。在附近村庄，有苏格兰人、威尔斯人和瑞士人的定居地区。特纳的父亲是当地报纸的编辑，他勉强称得上是一个政治人物。无疑他使这些居民的重要作用主动地体现出来。他"带领所有这些新来的人"，报纸上有关农业和政治的社论就是给他们的讲课。他们极大地信任他，都跟着他走。就在这里，在他的眼前，过去和现在奇怪地结合在一起。这里有许多边疆阶段——处女森林、印第安人村庄、无法无天的放木筏的人、毛皮交易、简陋的边疆城市——一个由康涅狄格北方佬的后

---

① Frederick Jackson Turner, *The Frontier in American History* (New York: Holt, 1920), p. 335.

② 德国的山脉，位于莱茵河以东。——译者

③ Frederick Jackson Turner, *The Frontier in American History* (New York: Holt, 1920), p. 293.

④ 皮埃尔·E.拉第逊（Pierre E.Radisson，1636—1710），法国皮革商人和探险家。——译者

代熟练地搅拌着文火上的锅。这些北方佬自 17 世纪以来，每一世代都站在
"失败的一方"。人们就可亲眼观察到形成美国的过程尽管不怎么样，但都和
欧洲截然不同——就这点而论，美国为什么不应与之有所差异呢？

　　当特纳上大学开始研究历史时，并没有把年轻时的经验放在脑后。在他
看来，过去是僵化的，除非他能看到它在现在仍然是有生命力的。对于那些
脱离现实的接近消失的古代遗风，他没有兴趣。因此当他的老师威廉·F.阿伦
建议他考察普雷里迪欣（Prairie du Chien）附近地区公共土地的稀少的遗迹
时，他没有多久就发现对这项研究"不能走得很远"。事实上他并没有取得任
何进展，但是他不久很快地写了一篇题为"威斯康星毛皮交易"①的论文。这
个新鲜题目使人回想起印第安人和香脂树。他把这篇文章带到约翰·霍布金
斯大学，在那里加以修改和增补，作为博士论文提了出来。在适当时候，又
以一个新题目在《约翰·霍布金斯大学学报》上发表了②。这篇论文和那些论
述当地政府和比较制度的较严肃的专题论文奇怪地登在一起。在这一篇论文
里，人们可以找到模模糊糊提出来的思想或者某些思想，后来不久被写入现
已著名的论文《边疆在美国历史上的重要性》一文之中③。

　　边疆在美国历史上的重要意义正是：美国本身就是边疆、西部文明前进
的场合、新与旧相遇的地方。在这个地方，人们还能观察到文明人在原始环
境下使他的习惯适应简陋的生活条件。边疆从文明人的身上"脱去文明的外
衣，穿上打猎衬衫和鹿皮鞋"。边疆把他从四驾马车拉出来，扔进桦树皮的小
舟；夺去他的镶有嵌板的大厅，给他一个圆木小房。文明人发现他的传统习
惯和观念在新世界里使他感到很不适应，对他来说这是一个极大的冲击，所
以个人最初感到环境对他过于严峻时，他就暂时回复到原始状况，即回到某
种半野蛮状况。他逐渐控制了环境，用灵巧的办法去创造简单的舒适，进入
艰苦的日常生活，强施一种未成熟的法律和陈腐的司法。他不失时机地抓住

---

　　① 《威斯康星州历史学会会议记要》，1889 年。

　　② 《威斯康星州印第安人交易的特性和影响》（"The Character and Influence of Indian Trade in
Wisconsin"），见《约翰·霍布金斯大学学报》（*Journal of John Hopkis University*），1891 年。

　　③ 这篇文章的主要观点是在写给学生杂志《盾报》（*The Aegis*）（1892 年 11 月 4 日）的《美国历史
问题》（"The Problems of American History"）一文里第一次提出来的。1893 年 7 月 12 日在芝加哥举行的
美国历史协会的会议上，就以现在的形式宣读过。1893 年 12 月 14 日第一次在《威斯康星州历史学会会
议纪要》上刊载，后又在 1893 年《英国历史协会报告》中重印。在乌德鲁·威尔逊评论葛德文·史密斯
的《美国史》那篇文章（《论坛》，1893 年 12 月）中，也阐述了同一观点。但是在乌德鲁·威尔逊写他的
那篇评论文章以前，特纳在麦迪逊家里就曾把他的文章读给威尔逊听过。

这种娱乐和舒适。总而言之，他辛苦地重新建立起一种"文明"。这种文化是由回忆和经验组成的。回忆是旧的，但经验却是新的。经验可以更改传统，因此最后"结果不是变成旧欧洲，也不单单是日耳曼生源的发展……事实是，这里有了一种新的产物，那是美国的"①。

对历史学家来说，这里是一个新的领域。这不是说美国史比欧洲史更重要，但也不是次要的。问题在于，它有特殊的重要性。这种特殊重要性在于，它为从特殊中学习一般提供一个极好的机会。"意大利经济学家洛里亚极力主张研究殖民地生活，借以有助于了解欧洲发展的各个阶段。……他说：'美国有一把打开欧洲解决不了的历史之谜的钥匙，美国是一块没有历史的国土，它展现了世界历史的进程。'这是很有道理的。看来合众国是社会历史中的长长的一页。当我们一行一行地从西到东读这个大陆的史页，我们就可发现社会进化的记录。"②这种社会进化是很复杂的，因为这个国家有广阔的土地。"各民族都有发展。……然而，对大多数国家来说，发展只是在有限的区域内发生的，……但是美国的情形就不同。由于我们把自己限于大西洋沿岸，我们也有这种习见的现象，即制度的演进也是在一个有限的区域内发生的，如开初是议会政体的产生，接着简单的殖民地政府分化为复杂的机构，最后从没有劳动分工的原始状况进到制造工业的文明社会。但是，除此以外，我们在扩张的进程中所达到的每个西部地区，也复现这种进化的过程。由此可见，美国的发展不仅表现为一个单线的前进运动，而且是一个在不断前进的边疆地带上回复到原始状况，并在那个地区有新发展的运动。美国社会的发展就这样在边疆始终不停、周而复始地进行着。这种不断的再生，这种美国生活的流动性，这种向西扩张带来的新机会以及与简单的原始社会的不断接触，提供了支配美国性格的力量。"③

这一切对那些认为"历史是过去的政治"的人是没有多大意义的。但是对那些想看看制度后面的人却是获益匪浅的。在不同的边疆上的不断再生中，他们可以找到一个极好机会去研究形式从简单到复杂、在一般相同但细节上又不一样的条件下的社会进化问题。他们也可找到极好的机会去发现各种"影响"（如地理的、经济的、社会的和其他可以发现到的）的相互作用可以塑造

① 《边疆的重要性》（"The Significance of the Frontier in American History"），见《美国历史上的边疆》（Frederick Jackson Turner, *The Frontier in American History*, New York: Holt, 1920），第 4 页。

② Frederick Jackson Turner, *The Frontier in American History*, p. 11.

③ Frederick Jackson Turner, *The Frontier in American History*, pp. 2-3.

人们的思想和行动。从这种新方法去观察历史，历史学家就须少关心"什么"，而更多关心"怎么"；少关心结果，而更多关心进程；少关心历史纪事即十年十年地叙述事件，而更多关心各地区和地域社会的描述和比较，更多关心在每一地区中所形成某种经济利益和政治活动的影响的复杂性。因为历史学家将会继续把过去和现在当作经纬线、前后交织成现代文明的纺织物，遭到轻视的年代学就不可避免地失去支配地位和高度声望。……

美国史不应被看作事件的连续，而应被看作社会的进化。到现在为止的美国史可以被看作全世界历史的一个单一的阶段，可以被看作边疆史，而边疆史与其说是一个地区，还不如说是一个进程。"西部归根到底是一个社会状态，而不是一个地区。西部这个词适用于这样一个地区——它的社会环境是由于把较老制度和观念运用于改变自由土地的势力而产生的。"①一直到现在或最近，主要是大量的自由土地——它支撑和平衡着区域地理的各种不同的势力——使美国成为一个边疆社会，使得"不断地再生"成为可能，并使社会永远与原始社会接触。这些条件解释了美国性格的主要特性——"粗暴、强健、加上精明、好奇；头脑既切实际、又能独出心裁，想办法快；掌握物质一类的东西，手脚灵巧，不过艺术性差，但做出来的东西使人产生伟大有力的感觉；精力充沛，生气勃勃；个人主义突出，善事和恶事都做；同时热爱自由，华而不实。"②这些也是解释美国制度、美国"民主"的条件——坚信"自由"和"平等"，坚信人民有权利和能力管理自己。这些理想不能用"光荣的宪法"去解释，只能用我们所处环境的特殊条件——西部边疆文明的状况——去解释。"在美国对人类精神生活史的贡献中，大部分明显的和具有价值的是来自这个国家在扩展它那种边疆到新的地区时所取得的特殊经验，以及在构成美国的接连不断、广大、地理条件悬殊的各个地方，以新理想建立和平社会中所取得的特殊经验。"③

第一阶段即边疆阶段，显然已经过去了。相对地说，四分之一世纪以来，一直没有自由土地。随着向西扩展的停止，"持久不断的再生"和连续回到原始环境的现象也都消失了。国家日益城市化，日益工业化，阶级趋于固定。党派在经济和社会问题上表现出分歧。向全世界寻求投资的集聚起来的资本，证明比参议员演说更有力量。旧时代的孤立变成了帝国的纠纷和冲突。欧洲

---

① Frederick Jackson Turner, *The Frontier in American History*, p. 205.

② Frederick Jackson Turner, *The Frontier in American History*, p. 37.

③ Frederick Jackson Turner, *The Frontier in American History*, preface.

文明中主要的事实是，人口不断地向自由土地的无人占据的地区扩展。而美国不再是欧洲文明边疆上的一个国家了。美国也正在变成"旧的""东部的"地方，定居完毕的社区，成为一种在地理和经济条件上有很大的差别，但在社会进化方面又接近一致的地区联盟了。

第一阶段正在消逝。特纳经常研究的主要是当代，研究过去是为了阐明现在。最近几年特纳把注意力转向作为地区联盟的令人神往的合众国问题。在他的两篇优秀的论文中[①]，他发展了这种思想。他指出各州形式上联合的基础，是大的地理和经济地区的真正联合。在面积和特征上，每个地区都可以和欧洲最重要的国家相比拟，所以美国政治史的问题在一定程度上可以和欧洲历史问题相比较。确实有显著的不同。我们没有欧洲在种族和宗教方面的对立。我们没有经受那样沉重的传统的压力。然而我们国家的大部分地区存在着根深蒂固的利益上的分歧，在气质和理想上也有差异。如果命运把它们分成独立的州，它们间的对立足以使它们像欧洲国家一样，为了力量均衡，投入新的世界性的斗争。所幸我们有一个联邦政府，它使我们在一个地区联盟里团结起来。欧洲国家使用外交谈判、会议和战争来解决它们之间的冲突，而美国地区得以通过全国政党制度和联邦政府进行合法谈判，用和平磋商和妥协的办法和睦相处。

因为第一阶段正在消失，将来又是个什么样子呢？既然美国制度迄今是在特殊条件下发展起来的，而这些条件已不复存在，那么像我们所熟知的美国"民主"和美国"理想"的命运将会是怎样的呢？"这些民主和个人主义的理想能应用于并符合于 20 世纪类型的文明吗？"[②]特纳提出了这个问题。他在提问时，可能有某种程度的担心。在最近的演说里，他不断重复提出这个问题，人们感到他的热情和乐观情绪多少有些减退。回答好像是很明显的。如果我们所理解的美国制度和理想，是原始边疆环境的产物，那么它们好像由于条件的消失，一定会变成不同的东西——或许变成完全不同的东西。……

---

① 《地域和国家》（"Sections and Country", The *Yale Review*, October. 1922）；《地域在美国历史上的意义》，载于《威斯康星历史杂志》（Frederick Jackson Turner, "The Significance of the Section in American History", *Wisconsin Magazine of History*, Vol. 8, No. 3, March 1925）。

② Frederick Jackson Turner, *The Frontier in American History*, p. 203.

四

　　特纳对历史和社会科学的贡献，在专题论著、文章、特邀演讲以及他给
《美国国家丛书》撰写的专著中都阐述清楚了[①]。另外，他向我保证，他正在

　　[①] 下面的书目除了书评和报刊论之外，如果我没有遗漏，就是特纳的全部著作。凡是认为特纳专门
研究"边疆"或"西部"问题的人，也应该注意到他对外交史方面的重要贡献。(1)《威斯康星毛皮商的
特征和影响》，载于《威斯康星州史学会会议纪要》(*Proceedings of the State Historical Society of Wisconsin*)，
1889 年；(2)《美国历史问题》，载于《盾报》(*The Aegis*)，1892 年；(3)《威斯康星印第安人贸易的特征
和影响》，载于《约翰·霍普金斯大学学报》，1891 年 (第 1 期修订本)；(4)《新法兰西的兴衰》，载于《肖
托夸》(*Chautauquan*)，第 24 卷，第 31、295 页；(5)《边疆在美国历史上的重要性》，载于《威斯康星州
史学会会议纪要》(*Proceedings of the State Historical Society of Wisconsin*)，1893 年，第 2 期的增订本；
(6)《革命年代中西部州的形成》，载于《美国历史评论》，1895 年 10 月—1896 年 1 月 (Frederick Jackson
Turner, "Western State-Making in the Revolutionary Era", *The American Historical Review*, Vol. 1, No. 1 October
1895, pp. 70-87.; Frederick Jackson Turner, "Western State-Making in the Revolutionary Era Ⅱ", *The American
Historical Review*, Vol. 1, No. 2, Janary 1896, pp. 251-269.)；(7)《西部问题》，载于《大西洋月刊》，1896
年 ("The Problem of the West," *Atlantic Monthly*, Vol. LXXVVIII, No. CCCCLXVII, September 1896.)；(8)
《作为历史研究领域的西部》，载于《美国历史协会报告》(*Report of American Historical Association*)，
1896 年；(9)《克拉克和热内的通信》，载同上，1896 年；(10)《美国生活中的支配力量》，载于《大西洋
月刊》(*Atlantic Monthly*)，1897 年；(11)《玛古利的通信：关于热内策划的进攻》，载于《美国历史协会
报告》(*Report of American Historical Association*)，1897 年；(12)《关于密西西比流域的外交争执》，载于
《大西洋月刊》(*Atlantic Monthly*)，1898 年；(13)《法国与路易斯安那的关系：文件》，载于《美国历史
评论》，1898 年 4 月；(14)《热内对路易斯安那州和东、西佛罗里达州策划进攻的缘由》("The Origin of
Genet's Projected Attack on Louisiana and the Floridas", *The American Historical Review*, Vol. 3, No. 4, July
1898, pp. 650-671.)；(15)《中西部》，载于《国际月刊》，1901 年 12 月；(16)《英国对美国的政策，1790—
1791 年》，载于《美国历史评论》，1902 年 7—10 月 ("English Policy Toward America in 1790-1791", *The
American Historical Review*, Vol. 8, No. 1, July 1902, pp. 78-86.)；(17)《西部对美国民主的贡献》，载于《大
西洋月刊》，1903 年 ("Contributions of the West to American Democracy", *Atlantic Monthly*, Vol. 92, January
1903)；(18)《路易斯安那州购买的意义》，载于《评论之评论》，1903 年 5 月；(19)《法国公使给美国的
信件，1789—1797 年间》，载于《美国历史协会报告》(*Report of American Historical Association*)，1903
年；(20)《中西部的民主教育》，载于《世界著作》，1903 年 8 月；(21)《美国历史中的问题》，载于《艺
术和科学会议：世界博览会》，圣路易斯第 2 卷，1904 年；(22)《关于布隆特 (Blount) 阴谋的文件，1795—
1797 年》，载于《美国历史评论》，1905 年 4 月 ("Documents on the Blount Conspiracy, 1795-1797", *The
American Historical Review*, Vol. 10, No. 3, April 1905, pp. 574-606.)；(23)《华盛顿和亚当斯执政期间法国
对密西西比流域对政策》，载同上 ("The Policy of France Toward the Mississippi Valley in the Period of
Washington and Adams", *The American Historical Review*, Vol. 6, No. 2, January 1905.)；(24)《大学图书馆》，
约翰·卡特·布朗图书馆，1905 年；(25)《新西部的兴起》(《美国国家丛书》第 14 卷)，1906 年 (*Rise
of the New West, 1819-1829,* New York: Harper and Bros., 1906)；(26)《1820—1830 年的南部》，载于《美
国历史评论》，1906 年 ("The South, 1820-1830", *The American Historical Review*, Vol. 11, No. 3, April 1906,

"完成一本关于 1830—1850 年时期的书"。在这本书里，他力图"概述那 20 年间主要地区的特征和发展，简略指出……政治史上地区间关系这一方面的问题"。即使写完这本书，特纳全集也占不了多大空间，在五英尺长的书架上无疑将会空出很大地方满覆尘土。他的许多忠实的但不经常是有识别力的信徒和出版商，期待着那个"巨著"。但他们的头发渐新斑白了，而书还没有出版。……

我想，这种期望所以不能实现无疑是有许多原因的。但是至少有一个最恰当的原因，那就是：历史如同特纳所设想的那样，是很不适于大量生产的。最容易写的历史是适用于叙述的那种历史，即历史被设想为依时间顺序连续发生的事件。……

历史被设想为依时间顺序连续发生的事件。对这种历史，特纳毫无兴趣。在他所有发表的著作当中，哪怕五页连续的叙述，我不知道在何处可以找到。

---

pp. 559-573.)（基本合并为第 25 注所引书的第 4 章）；（27）《西部的垦殖，1820—1830 年》，载同上，1906 年（基本合并为第 25 注所引书的第 5 章）("The Colonization of the West, 1820-1830", *The American Historical Review*, Vol. 11, No. 2, Janary 1906, pp. 303-327.)；（28）《美国的地域主义在消失吗？》，载于《美国社会杂志》，1908 年（"Is Sectionalism in America Dying Away?", *American Journal of Sociology*, Vol. 13, 1908, pp. 661-675.)；（29）《旧西部》，载于《威斯康星州历史学会会议纪要》(*Proceedings of the State Historical Society of Wisconsin*)，1908 年；（30）《美国史中的俄亥俄流域》，俄亥俄流域历史协会，1909 年；（31）《美国史中的密西西比流域的重要性》，载于《密西西比流域历史协会会议记录》，1909—1910 年；（32）《开拓者的理想和州立大学》(*Pioneer's Ideals and State University*)，印第安纳大学，1910 年；（33）《美国史中的社会力量》("Social Forces in American History", *The American Historical Review*, Vol. 16, No. 3, Janary 1911, pp. 217-233)；（34）《1865—1910 年美国史》(U.S. History 1865-1910)，载于《不列颠百科全书》，1911 年；（35）《美国史研究指南》(*Guide to the Study of American History*)，1912 年（与钱宁和哈特合著，撰写 1865 年以后部分）；（36）《西部历史参考书目》，1912 年；（37）哈特和麦克拉夫林编：《美国政府的百科全书》(*Encyclopedia of American Government.*)，1914 年 [为下列论文的著者：《美国发展中的边疆》("The Frontier in American Development")、《美国的地域主义》和《作为美国政治因素的西部》]；（38）R.G.思韦茨：《一篇悼词》，威斯康星历史协会，1914 年；（39）《马萨诸塞湾的第一个正式边疆》(*The First Official Frontier of the Massachusetts Bay*)，马萨诸塞殖民地学会出版物，1914 年；（40）《西部和美国理想》，华盛顿大学，1914 年（"The West and American Ideals", *The Washington Historical Quarterly*, Vol. 5, No. 4, October 1914, pp. 243-257.)；（41）《中西部拓荒者的民主》，明尼苏达州史学会，1918 年（"Middle Western Pioneer Democracy"）；（42）《大新英格兰》，载于《美国文物学会会议纪要》，1919 年；（43）《美国历史上的边疆》(*The Frontier in American History, New York: Holt*)，1920 年（上述著作的重印，即：注第 5、7、10、15、17、29、30、31、32、33、39、40、41）；（44）《地域和国家》，载于《耶鲁评论》，1922 年 10 月（"Sections and Country", *The Yale Review*, October 1922）；（45）《自建立以来》，载于《历史展望》第 15 卷，第 335 期（克拉克大学演讲）；（46）《地域在美国历史上的意义》，载于《威斯康星历史杂志》，1925 年（"The Significance of Sections in American History", *Wisconsin Magazine of History,* Vol. 8, no. 3, March 1925）；（47）《拓荒者的后裔》("The Descendants Of The Pioneers")，载于《耶鲁评论》，1926 年 7 月。

他的著作主要都是描写、解释和阐述性质的。毫无疑问他不缺少"资料"。他总是在猎取"资料"，他有足够的事实。他的好奇又好追根究底的精神把大量事实和事件从时间和空间的自然组合中肢解开来，为的是重新组织起来，以支持他想到的某种概念或弄明白他所感兴趣的某个问题。这就是他走自己道路的主要原因，他对要求"综合历史"的空喊不予理睬。……

一个论点是：写这一类的历史并不需要把广泛研究和许多见解写为浩页巨帙的。静止的关于环境的描述代替详细的、有次序的叙述。在这类描述中，如果为描写而描写，成百的细节（有关气候、地理、心理、经济技术和社会风俗的细节）就会写满十页，但也可以总括为简短的概述，写上一两段就足以阐述清楚了。问题是：一般的描述由于把大量具体材料加以压缩和象征化，不易写成多卷著作。请考虑一下，在特纳的《新西部的兴起》一书里，那些令人赞叹的开头几章中最谦虚的外表下所隐藏的广泛的研究吧。在这样坚固的基础上要建立美国史彻底完整的结构，确实是一个艰巨的任务。无疑有的人可能已经那样做了——像吉本①、蒙森②、索雷尔③。但是特纳至少没有百科全书式的或者成体系的头脑去做到那点。

"综合历史"对像特纳那种特别对决定政治事件的复杂影响感兴趣的人，提出了另外一个困难。这种困难就是所谓的综合。历史学家即"较新史学家"（Newer Historians）无论如何（谁愿被排除于年高德劭的受人尊敬的同伴之外！）很早就同意历史学家的工作，就是"综合社会的力量"，同时"探索社会的进化"（或者你愿意如何称呼它都可以）。对于综合，如同经常夸大一件事情那样，我们甚至仓促地加以夸大。但是我怀疑迄今我们还未做到的，是想出各种躲避困难的办法。关于躲避困难的方法，《剑桥近代史》就是一个成功的例证。这个困难正是拉维斯④在令人赞叹的《法国史》中要坚决正视，但并没能加以解决的。就我所知道，拉姆普雷赫特⑤可能真正地解决了这个问题。但是如果是那样，对于我来说，他解决这个问题是以使人类经验完全不

---

① 爱德华·吉本（Edward Gibbon, 1737—1794），英国历史学家，《罗马帝国兴亡》（The Decline and Fall of the Roman Empire）一书的作者。——译者

② 西奥多·蒙森（Theodor Mommsen, 1817—1903），德国古典学者及历史学家，《罗马史》（The History of Rome）一书的作者，曾获1902年诺贝尔文学奖。——译者

③ 阿尔贝·索雷尔（Albert Sorel, 1842—1906），法国历史学家，《欧洲与法国革命》（Europe and the French Revolution）一书的作者。——译者

④ 欧内斯特·拉维斯（Ernest Lavissc, 1842—1922），法国历史学家，法兰西学院院士。——译者

⑤ 卡尔·拉姆普雷赫特（Karl Lamprecht, 1856—1915），德国历史学家。——译者

得理解为代价的。这种困难（在特纳的《新西部的兴起》一书里得到足够的证实）是具有根本性的，我认为是不能彻底解决的。问题是：为了"社会力量的综合"，人们必须用概括叙述的方法，而为了"社会的进化"（意思是按照年代顺序），人们又必须叙述事件前进的进程。概括在空间上是扩展的，但是怎样能及时地推进屑小的事件呢！概括因为超时间的，不能向前移进。因此苦恼的史学家被迫去适应情节，就必须以某种方式回到个别人、具体事件以及"英雄人物这条浅红线"。在使用这两种方法时，慈悲的史学家就得尽力阻止它们在他的书内互相厮杀，但这是极为紧张严峻的。任何勇敢的史学家只可忍受一卷甚至两卷，但很少能从十卷中逃生。

　　如果期望本文给特纳加上标签——说他是不是历史学家，或社会学家，或历史社会学家，或社会历史学家——那不可避免地是要令人失望的，标签不能正确说明任何人，确实也不能正确说明特纳。严格地说，他既不是史学家又不是社会学家。无论如何他不是一个按照预定计划系统地准备写出标准著作的学院院士。在他的著作里，如同他在他的教学中一样，他不完全是一个"教授"，也不是你所寻找的那种"历史学家"。他自己只是一个自行其是的有新颖和独创思想的人，不拘泥于礼节，探询每个人的工作。他和制图家、经济学家、社会学家、地理学家、人口编纂家以及《名人录》的编辑者们亲切交谈。在他的著作里如同在他的教学一样，他永远是一个调查者、询问者和探索者。他是一种有才智的"绅士冒险家"[①]人物，被这个叫作美国的新世界所吸引，尤其是被美国人以及美国人的思想和行动的习惯所迷住，渴望得到关于这方面的"资料"，为了心情平静希望理解它们，并了解其"重要含义"……

　　　　……

（焦庞颐译　杨生茂校）

[节译自霍华德·W.奥德姆编:《美国社会科学大师们》（Howard W.Odum, ed., *American Maters of Social Science*），纽约，1927 年，第 273-318 页。]

---

　　① 英国历史小说，原文为 *Gentlemen Adventurer*，1914 年出版，为亨利·克里斯托弗·贝利（Henry Christopher Baileg）所著。——译者

特纳和移动的边疆

哈维·威什[①]

一

威斯康星大学和哈佛大学的弗雷德里克·杰克逊·特纳同亨利·亚当斯[②]一样，都认为运用与自然科学方法相类似的方法，有可能使历史学成为一门科学。他并不是把热力学第二定律，而是想把达尔文的进化论当作他的体系的主要发条。他们两人都同地质学进行对比。至少有两次，特纳赞许地引用亚当斯的意见：历史应力求达到晶体结构研究所具有的那种精确性。生物学上达尔文的假说就是他著名的边疆和地域概念的基础。他们两人远没能把他们的学科变成为一种非人文科学，对历史学来说这是很幸运的。他们两人都曾担任过美国历史协会主席，并且都赢得一种值得称美的专业上的名望。他们每个人在自己的重要著作中，都表明自己不是把历史看作生物学、地质学或者物理学的一种基础形式，而是看成一种完全不同类型的学科——这种学科所关心的是那些简直以意想不到的方式经常打破令人赞美的"法则"和预言的人。这两位历史学家相信，通过研究处在未遭损坏的新世界的环境中的

---

① 哈维·威什（Harvey Wish，1909—1968），美国历史学家，先后在戴保罗大学（De Paul University）、西部预备大学（Western Reserve University）等校任教；著有《现代美国史》（*Contemporary America*）、《美国社会和思想史》（*Social and Thought in America*）等书。——译者、再编者

② 亨利·亚当斯（Henry Adams，1838—1918），美国历史学家；著有《杰弗逊和麦迪逊执政时期的美国史》（*A History of the United States During the Administrations of Jefferson and Madison*）、《历史论文集》（*Historical Essays*）和《亨利·亚当斯的教育》（*The Education of H.Adams*）等。——译者

人民大众（而不是居统治地位的高贵人物），他们能发现类似科学家所发现的必然性。

特纳的影响远远超过了亚当斯。确实，没有人像特纳那样书写 20 世纪的美国历史。甚至当他十分仰仗的社会进化论在社会科学家中间不再受到重视以后，他的声誉还在增长。可是，就大学晋级标准来说，他的著作数量是稍有逊色的。他的著作充满着不必要的重复，似乎很容易受到攻击。1893 年，他在芝加哥的著名的哥伦比亚博览会期间召开的美国历史协会上发表了他简短的、具有发端性质的论文《边疆在美国历史上的重要性》。此文包括了他在整个一生中所要讲述的大部分言论。他后来的著作仅仅是对美国完全是边疆社会力量的产物这一主题的注释。但是，甚至批评家们也觉得不知怎么特纳的伟大胜过他们所胪列的批判。

他早期生活的境遇很能说明他对边疆的兴趣。他于 1861 年出生在威斯康星的波特奇（Portage）——一个位于历史上有名的福克斯和威斯康星河之间的边疆村落。在那里，古老的毛皮贸易商道是众所周知的；在那里，一个年轻人甚至可以遇见一个偶然出现的印第安人。他热爱户外运动，尤其是捕鱼。他向他的作为新闻工作者和共和党政治家的父亲学习了一些新闻写作知识，他甚至在麦迪逊还做过一年记者。他在重视边疆的威斯康星大学里获得头两个学位，后来他讲授的主题是州立大学最有希望去取代日渐消失的边疆影响。

并不出乎意外，他的硕士论文是《毛皮贸易对威斯康星发展的影响》。他的学识不是狭隘的，因为除了其他方面外他还和威廉·F.艾伦教授密切交往。艾伦是一位罗马史专家，是一位曾就学于格廷根大学的黑伦①（班克罗夫特②的老师）的有广泛兴趣的人，当时在讲授新的德国历史编纂学的批判法。艾伦还引导特纳精读西方历史资料。

1888 年，特纳暂时离开他的母校，到最早建立研究机构的约翰·霍普金

---

① 阿诺尔德·H.L.黑伦（Arnold H.L.Heeren，1760—1842），德国历史学家，著有《古代主要民族的政治、交通和贸易思想》（*Ideen über Politik, den Verkehr, und den Handel der vornehmsten Völker der alten Welt*）。——译者

② 乔治·班克罗夫特（George Bancroft，1800—1891），美国早期史学派的著名历史学家；曾在德国留学，深受德国朗克史学的影响，著有十卷本《美洲大陆发现以来的美国史》（*The History of the United States from the Discovery of the American Contenent*）和《美国宪法形成史》（*History of the Formation of the Constitution of the United States of America*）。他以浪漫主义色彩渲染所谓"殖民地的自由精神"，崇拜"清教主义"，把美国早期社会美化为"和谐、平等"的社会。——译者

斯大学去攻读博士学位。在那里，赫伯特·巴克斯特·亚当斯[①]——他的未来的论文指导人，已经成功地引进了朗克式的历史讨论班。亚当斯曾经就学于海得堡和柏林的第一流的历史学家，追随德国和英国的史学趋势，注意社会的、经济的以及更重要的政治制度的演进。因此，他的博士论文论证了新英格兰城镇大会的欧洲与殖民地的起源[②]。

如同许多在德国得到博士学位的初露头角的美国历史学家们一样，赫伯特·巴克斯特·亚当斯在塔西佗关于罗马帝国境内的原始日耳曼部落的有趣的描述中找到一个起点。他力图在所谓古代日耳曼平等主义的习俗中发现西方民主制度的起源。塔西佗对于这些部落成员的力量和勇气惊叹不已。日耳曼人的多数裁决原则给他很深印象。他们挥舞长矛，表示赞同，或公开表示反对。日耳曼民族主义者们如历史学家、"体操之父"雅恩[③]，鼓励从事社会体育运动的"体操联合会"去帮助现代日耳曼人改造成部落人的健壮体魄。国外的学者们也向条顿森林寻找议会制度、陪审制和其他民主习俗的根源。对塔西佗和特纳来说，森林边疆地带的巨大开阔地产生这种独立和民主的种族一事是意义重大的。[④]

当时熟悉凯撒和《高卢战记》的小学生们多少知道一些这些日耳曼边疆部落。为了维护在强大的罗马征服前存在了 210 年的独立，这些部落在持久和毫无希望的斗争中，摧毁了五支执政官的军队和三支凯撒的军团。特纳决定把美国的边疆和森林理想化，但假如认为他放弃了塔西佗和赫伯特·巴克

---

① H.B.亚当斯（H.B.Adams，1850—1901），美国史学家；美国历史协会创始人之一，著有《历史研究方法》（*Methods of Historical Study*）等。——译者

② 富尔默·穆德：《特纳的形成时期》（Fulmer Mood, "Turner's Formative Period"），见 E.爱德华兹编：《弗雷德里克·杰克逊·特纳的早期著作》（E.Edwards, ed., *The Early Writings of Frederick Jackson Turner*, Wisconsin: University of Wisconsin Press, 1938, pp. 3-39.）；卡尔·贝克尔：《弗雷德里克·杰克逊·特纳》，见霍华德·W.奥德姆编《美国的社会科学大师》（Howard W, Odum, ed.,*American Maters of Social Science*, New York: Holt, 1927, pp. 273-318.）；雷·A.比林顿的资料性历史编纂通论，见《美国边疆》（*The American Frontier*），美国历史协会，1958 年；威尔伯·R.雅科布斯（Wilber R.Jacob）：《弗雷德里克·J.特纳——杰出的教师》，见《太平洋历史评论》（Wilber R.Jacob, "Frederick Jackson Turner: Master Teacher", *Pacific Historical Review*, Vol. 23, No. 1 February 1954, pp. 49-58.）。

③ 弗里德里克·路德维希·雅恩（Friedrick Ludwig Jahn，1778—1852），德国体育家，教育家。他首倡国民体育教育，发展体操运动。他的体操训练方法在欧洲各国影响很大。——译者

④ C.塔西佗：《日耳曼及其部落》（Cornelius Tacitus, "Germany and Its Tribes"），见《塔西佗全集》（*Complete Works of Tacitus*, Manhattan: Random Press,1942, pp. 709-732.）；詹姆斯·马林：《特纳-麦金德的历史空间论》（James Malin, "The Turner Mackinder Space Concept of History"），见《历史编纂学论文》（*Essay in Historiography*, Kansas, Lawrence, 1946.）。

斯特·亚当斯有关森林的虚构的说法，那就是严重的错误了。他在 1893 年只是对于当时流行的单独强调条顿渊源表示反对，虽然他对于在历史和国际事务上过分强调沙文主义的盎格鲁-撒克逊的提法没有提异议。这从 1893 年他发表的那篇著名论文中可以看得很清楚[①]：

> 在美国的开拓中我们看到欧洲生活方式如何打进这个大陆，也看到美国如何改变和发展了这种生活方式，反过来又影响欧洲。我国早期的历史是研究欧洲根源在美国环境中得到发展的问题，以前研究美国制度史的学者们过分注意寻找日耳曼根源的问题，对于美国本身的因素却注意得十分不够。边疆是一条极其迅速和非常有效的美国化的界线。移民的人受到原野的完全控制。……渐渐地他改变了原野，但是改变的结果不是变成旧欧洲，也不单单是日耳曼根源的发展，甚至从最初的现象来看，它也不是一种仅仅恢复日耳曼标志的情形。事实是，这里有了一种新的产品，那是美国的产品。

这样，亚当斯谈到或写到新英格兰城镇的日耳曼起源或在美国的撒克逊十户区居民[②]，而特纳对于早期美国制度需要一种日耳曼的基本的起源这一观点，只不过给以口头的赞助而已。他以"论作为一种制度的贸易站"为副题写作他那篇关于威斯康星毛皮贸易的论文时，对亚当斯的"生源说"学派作了某些让步。他甚至把贸易站上溯到腓尼基时代。论文也受惠于弗朗西斯·帕克曼[③]的几乎所有关于西部的著作。除了开头几页论及贸易站在大西洋彼岸的起源外，整个著作全是关于美国的渊源，很少涉及其他因素。

特纳进入约翰·霍普金斯大学时，历史学正成为一种专业学科，而不是仅为文学的附属物。美国历史协会于 1884 年成立，地方性的历史学会不断增加，华盛顿和各州的档案收藏积累起来并进行了分类，国会对过去的文件也显示出较大的关注。实际上，美国历史协会在 1885 年召开的第二次年会上正式要求在研究上给予研究西部的学者以更多的帮助，决议认为，"我们新近建

---

① 特纳：《边疆在美国历史上的重要性》，《美国历史上的边疆》，第 1-38 页。

② 十户区（Tithing）：古代英国的行政区（目前部分地区仍保持这种行政单位），每十户为一个十户区编制，形成"十户联保制"（Frankpledge）。——译者

③ 弗朗西斯·帕克曼（Francis Parkman，1823—1893），美国早期学派史学家，主要研究美国早期历史；著有《法国和英国在北美》（*France and English in North America*）等。——译者

立的准州和各州的历史发轫应当充分而又谨慎地记载下来，这是至为重要的"。特别指出需要成立更多的地方史学会，保管地方报纸和文件，以及鼓励城镇收藏档案和地图的活动。十年以后，在另一次美国历史协会的会议上，特纳嘲笑这一步骤是没有希望能办到的，是一种"单纯的好古癖"。赫伯特·巴克斯特·亚当斯的这个学生说，在制度和社会的调查方面需要更多的训练。

国内外对历史所产生的新的某种热情是从民族主义这一源泉迸发出来的。特纳目睹了诸如"美国革命之子""美国革命之女""美国殖民地时期之妇女"和"邦联之女联合会"之类的爱国团体的兴起。一系列的州渴望把它们的过去记载下来，东部是带头的，1791 年马萨诸塞州历史学会的成立为其开端。团体中大多数人都强调研究文物和续家系的方法，而特纳对这种方法是深感厌恶的。它们通常是由私人支持的，而密西西比河流域各学会一般是在州的资助下兴旺起来的。

特纳和他的朋友——另一位边疆史学家鲁宾·戈尔德·思韦茨[①]于 1887年协助建立起新的威斯康星历史学会，以提倡远比那些通常与家系学和文物学相关联的研究更具有人文主义精神的学术研究。例如，思韦茨翻译或编辑帙卷浩繁的文集，如《耶稣会士记述和有关文件》（1896—1901）；还编了八卷本的《刘易斯和克拉克探险的原始日记》（1904—1905）。所有研究西部的学生都长期受惠于他的 32 卷本丛书《早期西部旅行》（1904—1905）。密西西比河流域其他各州效法这种生气勃勃的领导工作。1907 年这些活动达到顶点，密西西比河流域各历史学会的秘书们在内布拉斯加的林肯聚会，组织起密西西比河流域历史协会。到 1914 年，出版了自己的刊物。该协会最初对地域的强调（开始时就期望加入美国历史协会，所以作出这样的强调）让位于一种综合的全国性规划了。[②]

不经过一场斗争，文学式的历史是不会屈服于受日耳曼人激励的科学史

---

① 鲁宾·戈尔德·思韦茨（Reuben Gold Thwaites，1853—1913），美国著名编辑和档案家，曾任威斯康星州历史学会理事。——译者

② J.L.塞勒斯：《在我们成为其会员之前的密西西比河流域历史协会》（J.L.Sellers, "Before We Were Members—The MVHA"），见《密西西比河流域历史评论》（*Miss. Vall. Hist. Rev.*），第 40 卷，1953—1954年，第 3-24 页。

学家的。在行文优美方面，特纳和他的学派很难同普里斯科特①、莫特利②、班克罗夫特、欧文③和帕克曼以及那一时代的其他人相匹敌。这些大师们的著作的新版通常是可得到的和流行的。读者所期待的西部历史著作必须是具有戏剧性的和激动人心的。这个威斯康星人于1893年抱怨道："边界战争题材的作品不胜枚举，而作为经济学家和历史学家进行严肃认真研究的领域却被忽视了。"多才多艺的西奥多·罗斯福很大程度上就是属于文学历史学家这一类——特纳也是这样想的。

特纳在约翰·霍普金斯大学的亲密同事之一就是另一个后来的总统伍德罗·威尔逊。由于他厌恶在亚特兰大索然无味和无利可图的律师业务，他不干了，转而攻读史学博士学位。威尔逊自己的史学才能和等待着他的评论任务根本不相称，但是他的敏锐足以使他跻身于首先认识到特纳移动边疆理论的重要性的那批人之列。对西部的欣赏丰富了威尔逊的历史著作，如《分与合》（1918年）和五卷本的《美国人民史》——这部著作也受到格林的《英国人民社会政治史》的启发。威尔逊甚至广泛应用特纳理论，但并没有使他的历史著述免于平庸无奇。威尔逊与约翰·斯潘塞·巴西特④、威廉·P.特伦特⑤和沃尔特·海因斯·佩奇⑥这样一些南部自由主义者一起，代表了一个当时为南部大多数院校提供教师的大学。在亚当斯离去之后，南部的学者也都离开了约翰·霍普金斯大学而投向哥伦比亚大学的保守的邓宁⑦研究班。

---

① 威廉·希克林·普里斯科特（William Hickling Prescott，1796—1859），美国早期历史学家；著有《西班牙菲利普二世统治时期的历史》（*The History of the Reign of Philipp Ⅱ of Spain*）、《墨西哥征服史》（*The History of the Conquest of Mexico*）和《秘鲁征服史》（*The History of the Conquest of Peru*）。——译者

② 约翰·洛思罗普·莫特利（John Lothrop Motley，1814—1877），美国早期历史学家；著有《荷兰共和国的兴起》（*The Rise of the Dutch Republic*）和《联合的荷兰史》（*The History of the United Netherland*）。——译者

③ 华盛顿·欧文（Washington Irving，1783—1859），美国浪漫主义文学创始人；著有《哥拉那达征服编年史》（*A Chronicle of the Conquest of Granada*）和《乔治·华盛顿传》（*Life of Gorge Washington*）等。——译者

④ 约翰·斯潘塞·巴西特（John Spencer Bassett，1867—1928），美国历史学家；主要研究美国南部历史。——译者

⑤ 威廉·彼得菲尔得·特伦特（William Peterfield Trent，1862—1939），美国文学家；著有《剑桥美国文学史》（*The Cambridge History of American Literature*）等。——译者

⑥ 沃尔特·海因斯·佩奇（Walter Himes Page，1855—1918），美国出版家和外交家，曾任驻英大使。——译者

⑦ 威廉·阿奇博尔德·邓宁（William Archibald Dunning，1857—1922），美国史学家，主要研究美国重建时期历史，他宣扬种族主义理论。——译者

特纳也带着他新获得的博士学位从约翰·霍普金斯回到威斯康星大学，并在 1910 年去哈佛大学之前一直留在那里。在哈佛大学，他指导大量研究生从事历史研究。在课堂上，他性格温和，没有教条主义，使学生们深为陶醉。而且他在方法上和事实讲授上都能提供一些扎实的东西。他卓有成效地和形象地运用地图和统计图表，以说明边疆地域与国家立法之间的重要关系或人口动向的重要性。他的研究班着重以具有批判精神的朗克方法去检验证据的可靠性。他唤醒人们注意可从地理学、经济学、政治学、宗教学、心理学和其他学科转引而来的方法。他的学生感到他处理问题的方法在广度和启发思考方面都是独一无二的。

二

和亨利·亚当斯一样，在特纳所受的教育中，基本学科是自然科学。19世纪 80 年代及其后的年代里，达尔文主义的声望使许多社会科学家借用原始生源、进化阶段、周期性社会演化进程、自然选择、环境适应和适者生存等概念。康多塞[①]和其他社会进化论者早在达尔文以前就把文化史的进程描述成一系列进化的阶段；孟德斯鸠[②]把民族性格看作自然环境，特别是气候的产物；奥古斯特·孔德[③]的实证主义论及三个（文化）阶段的法则；巴克尔[④]和其他许多人曾试图创造一种地理决定论的科学。

特纳深受弗雷德里克·拉策尔[⑤]（1844—1904）教授学术研究的影响，后者是慕尼黑和莱比锡大学主张进化论的动物学家和地理学家。其"人类地理学"或"人文地理学"得到广泛的承认。但是，他并不认为地理能单独变更

---

① 康多塞（Marquis de Condorcet, 1743—1794），法国启蒙哲学家和数学家；曾参加法国资产阶级革命，被选为吉伦特派议员；雅各宾专政时被捕，死于狱中。——译者

② 孟德斯鸠（Baron de La Brède et de Montesquieu, 1689—1755），法国启蒙思想家、哲学家。他的思想对法国资产阶级革命影响很大；著有《论法的精神》（*De l'esprit des lois*）、《罗马盛衰原因论》（*Considérations sur les causes de la grandeur et de la décadence des Romains*）等。——译者

③ 奥古斯特·孔德（Auguste Comte, 1798—1857），法国哲学家，实证主义的创始人。他的主要著作是《实证哲学教程》（*Cours de Philosophie Positive*）。——译者

④ 亨利·托马斯·巴克尔（Henry Thomas Buckle, 1821—1862），英国史学家。在其所著《英国文明史》（*History of Civilization in England*）一书中，他用地理环境决定论解释历史。——译者

⑤ 弗雷德里克·拉策尔（Friedrich Ratzel, 1844—1904），德国地理学家和人类学家；著有《人类地理学》（Anthropogeographie）和《人类历史》（*Völkerkunde*）等。——译者

社会，他强调文化"传播"概念，解释社会发展是如何通过河流、商路和人口移动而发生。他不仅谈到进化着的社会过程，而且首创了"文化区域"概念。这种概念在所述文化相对应的内在同一性方面，与特纳的地域学相类似。甚至更明确地来说，拉策尔还写到了西部对美国特性和制度的影响①。

特纳 1896 年在美国历史协会宣读的论文《作为历史研究领域的西部》中，对拉策尔的新版美国地理一书（1893 年），特别是对那篇重要的《作为美国一个因素的空间》大加赞扬。通过对空间意识的影响的考察，拉策尔这样谈到西部："土地的广旷为美国精神提供了某种博大开阔感。"接着他强调，正如特纳也将要强调的，西部移殖、土地开展、资源利用等问题以及这些变化过程的政治重要性②。在 1896 年那次年会上，西奥多·罗斯福没能到会，代替他做特纳论文评论人的是安德鲁·麦克劳克林③教授。麦克劳克林与特纳完全相同，对拉策尔怀有热情，并且唤醒人们注意西部在美国人中培育一种天命感以及在涉及政治、国内生活和民族发展方面的影响。

拉策尔在美国的主要信徒是艾伦·丘吉尔·森普尔④，她是一个鼓舞人心的当代人。她对特纳的著作同拉策尔的著作一样熟悉，虽然她强调的是扩散，远不是社会进化。在她有影响的著作《美国历史及其地理条件》一书（1903 年）中，她承认特纳的部分观点："新西部的获得大大延伸了美国的人类——地理条件——自由土地的充分余裕——这一最为独有的特征。"对扩散学说的强调使她有限度地接受特纳的观点："美国土壤和大西洋的屏障，在殖民者及其经营下，多少改变了欧洲的制度和特性；但是他们的目光是投向大海，通往决定他们命运的英国王宫和议会大厅的。"但是她如特纳一样，强调西部水路和阿巴拉契亚山屏障对殖民地历史所产生的作用；对他们来说，美国民族主义观念是从边疆孤立主义中产生的。

特纳独特的从游牧到定居社会的边疆阶段与著名的德国经济学家卡尔·比歇尔⑤的边疆阶段相同，后者认为经济发展普遍有三个阶段，即狩猎阶

① 弗雷德里克·拉策尔：《人类历史》（The History of Mankind），麦克米伦，1896 年，第 3 卷（1885—1888 年印出第 1 版）。

② 见《美国历史协会年报》（Annual Report of the Amer. Hist. Assoc, Vol. 1, 1896, pp. 281-296.）。

③ 安德鲁·坎宁安·麦克劳克林（Andrew Cunningham McLauglin，1861—1947），美国历史学家，《美国历史评论》的总编辑。——译者

④ 艾伦·丘吉尔·森普尔（Ellen Churchill Semple，1863—1932），美国人文地理学家；曾留学德国莱比锡大学，深受拉策尔的影响。——译者

⑤ 卡尔·比歇尔（Karl Bücher，1847—1930），德国经济学家；曾任莱比锡大学经济学教授，以创立

段、畜牧阶段和农业阶段。甚至特纳的"地域"发展论与进化论者的著名的重现观念相类似。这一观念被广泛地引用以证实达尔文主义。该观念认为个体发育（单个有机体的生活史）重现了种系发育（种族史）。就文化方面来说，这意味着每一个边疆地域都再现了从原始到定居社会的社会演化进程。

特纳许多关键性的概括是建立在图表和地图研究的结果之上的。这些图表和地图显示出向前移动着的边疆线、地域对政治的影响、人口的移动以及其他重要问题。他在很大程度上得力于联邦统计学家、经济学家、前印第安人事务专员弗朗西斯·阿马萨·沃克①的技巧和发现。沃克在主管第九和第十届人口普查（1870 年和 1880 年）期间发表了人口调查研究论著。他曾在耶鲁大学任教，后来于 1881 年成为马萨诸塞理工学院的校长。对特纳来说，同样重要的是亨利·甘尼特②的地理图表。1882 年后甘尼特是美国地质勘察局的首席地理学家，被誉为"美国地图绘制的奠基人"。特纳卓越的研究班学生之一 O.G.利比把政治地图绘制技术十分有效地运用到他的经常被引用的关于联邦宪法草案各州投票的地理分布的研究中。利比的论证将是查尔斯·比尔德③《宪法的经济解释》一书中许多论点的基础。他从 1882 年起任美国地质勘察局的首席地理学家，1883 年参加筹建国家地理学会，并从 1910 年起一直担任该会主席。同时，他又是美国地理学会（1888 年）和美国地理家协会（1904 年）的创始人。

就背景来说，最基本的事实显然是他对自殖民时期以来构成西部形象的许多著作和中心思想都很熟悉。他十分练达，不肯接受法国启蒙哲学家所论述的"高贵的原始人"的概念，或清教徒所谓根植于荒野的"上帝选民"的想法，而接受了边疆对东部移民具有一种有益的改造力量这个流行一时的信念。廉价土地就是城市过剩劳力的出路和"安全阀"这个特纳的理论，可以一直上溯到本杰明·富兰克林。亲奴隶制的宣传家乔治·费茨休在《都是食人者》（1857 年）中写道，阶级战争在美国受到"劳工们可以在 48 小时内逃

经济发展阶段说著称。——译者

① 弗朗西斯·阿马萨·沃克（Francis Amasa Walker，1840—1897），美国经济学家；1869—1871 年任美国统计局局长，1870 年和 1880 年曾负责第 9 和第 10 届人口普查工作。——译者

② 亨利·甘尼特（Henry Gannett，1846—1914），美国地理学家。——译者

③ 查尔斯·奥斯汀·比尔德（Charles Austin Beard，1874—1948），美国著名历史学家。他赞成詹姆斯·哈威·鲁滨逊的"新史学"观点，曾与之合编教科书。他用经济观点来分析解释历史。他的著作《宪法的经济解释》（An Economic Interpretation）认为，美国宪法维护的是美国各大经济集团的利益。他后来转向相对主义，认为历史学家对历史运动的信念"是一种主观判断，而非客观发现"。——译者

到西部成为业主"这一事实遏制。西部之友、刘易斯-克拉克探险队发起人杰弗逊经常在推测边疆和廉价土地对一个小农场主的民主和自力更生的国家的重要性；他对边疆向西推进的各个阶段进行了评论。

亨利·纳什·史密斯①教授在《处女地》（1950 年）中描绘了美国西部象征和神话的历史，反映了特纳著作的偌多基本主题：西部英雄、作为世界乐园的西部、自耕农的乌托邦、蒙昧主义，以及其他许多诸如此类的主题。在特纳 1893 年论文发表之时，美国人已经到了怀恋消逝的边疆这样一个阶段，边疆的神话作为一种民族遗产而被珍视。廉价的小说和以西部为主题的闹剧创立了一种有关西部的刺激人心的老套。如果在芝加哥世界博览会上有相当多的特纳的听众不走过去看"野牛比耳"和"荒野西部"②那吸引人的演出，那倒是很令人惊异的。

三

特纳在他关于威斯康星毛皮贸易的博士论文中阐述了边疆论的部分观点。例如文章中论及周期性社会演变进程的社会进化思想："南部荒僻土地的占领提供了一种典型的演变过程。通过这种过程，远西部的平原被开拓了，并且提供了一种当代存在的经济发展的全部阶段的典范。"

令人惊异的是，当特纳于 1891 年在《威斯康星教育杂志》上发表名为"历史的重要性"的文章时，他不仅很少谈到边疆影响，而且他好像是在强调生源说和东部学者如他的恩师赫伯特·巴克斯特·亚当斯的扩散论观点。他赞颂英国经济学家、《历史的经济解释》的作者索罗尔德·罗杰斯③，因为他展示了用经济观点改写历史的可能性。历史学家只能以这种方法论述群众以及国家的兴衰。他们必须放弃对"少数人的辉煌的编年史"、宫廷阴谋和宫廷生活的关切。历史学家们的历史观，不管是道德的、哲理的、宗教的或政治

---

① 亨利·纳什·史密斯（Henry Nash Smith，1906—1986），美国文学家、教育家。——译者、编者

② "野牛比耳"（"Buffalo Bill"）是美国戏剧家威廉·弗雷德里克·科迪（William Frederick Cody，1846—1917）塑造的西部牛仔的艺术形象。科迪以"野牛比耳"为主角组织了名为"荒野西部"（"Wild West"）的大型演出活动，成功地表现了当时西部的风貌；1883 年，又在芝加哥举办的国际博览会上演出，获得很大成功。——译者

③ 詹姆斯·埃德温·索罗尔德·罗杰斯（James Edwin Thorold Rogers，1823—1890）；著有《英国农业和价格史》（*History of Agriculture and Prices in England*）等。——译者

的，都依赖于特定的时代。谢林[①]强调"受来自上天的宇宙力量支配的世界道德秩序"这样一种哲学思想。赫尔德[②]宣讲成长学说以及文明胚芽历史发展说。尼布尔[③]"正如植物学家由花朵推测蓓蕾一样"，以现实熟知的制度重建罗马历史，创立了近现代史学派。今天这个技术时代培育着"一个社会主义的研究时代"，即在对社会的经济基础进行探讨的时代。"每个时代都根据其时最主要的条件重写过去的历史。"赫尔德的社会成长说是正确的，孔德的社会有机体说也是正确的。这意味着历史是一部综合性的"包括社会所有部门的社会传记"。

他不相信"我们时代的真实事件"会变化，可是我们对这些事件的想法却会变化。从他的坚定的有机观点出发，他认为历史是在不断地"形成"，但永远不会完成，历史的目的是了解从过去流传到现在的是什么。这个想法在他的两种历史的原理中重加阐述："客观"方面是事件本身，"主观"方面是我们对这些事件的想法。他那有时被称为"现在主义"的观念被简练地表述为："因为现在只不过是发展中的过去，过去就是尚未发展的现在。……文物收藏家的对象是僵死的过去；历史学家的对象是活生生的现在。"

在选择的原则上特纳尽管强调现在，但是他在当代的争论中站在哪一面是十分不明确的，而且他并不常常是始终一贯的。他还认为（像许多希腊和罗马历史学家所说的那样），历史为培育政治家才能提供场所，这种政治家才能反过来导致社会的改革。后来，他一般赞同西部对民主改革的要求——但是也有例外。

理论上，特纳似乎在每一个基本观点上都信奉詹姆斯·哈维·鲁宾逊后来所谓的"新史学"：历史题材扩展开来，包括社会发展的各个方面；应用从一切有关的社会研究中引出的技术，并相信这种史学将会改善社会秩序。特纳断定："历史研究在最后是使社会在过去的启发下认识自己，并给社会以新的思想和感情，新的启发和活力。思想和感情汇合为行动。"

在他的 1893 年基础论文《边疆在美国历史上的重要性》中，仅仅最简略

---

① 弗雷德里克·威廉·约瑟夫·冯·谢林（Friederich Wilhelm Joseph von Schelling, 1775—1854），德国古典唯心主义哲学家。——译者

② 约翰·戈特弗里德·冯·赫尔德（Johann Gottfried von Herder, 1744—1803），德国文学评论家、历史学家和路德教派神学家；著有《人类历史的智学思想》（*Ideen zur Philosophie der Geschichte der Menschheit*）等。——译者

③ 巴特霍尔德·乔治·尼布尔（Barthold George Niebuhr, 1776—1831），德国历史学家，曾在弗雷德里克·威廉大学讲授罗马史；著有《罗马史》（*Römische Geschichte*）。——译者

地提到当代的抗议运动。他关心的是结束的边疆这一主题。他的出发点是人口普查主管人于 1890 年公布的事实，即每十年测定一次的边疆线在 1880 年已被分散又无联系的孤立的居留地弄得残破不全了，以致它不再在人口普查报告中占有任何地位。他进而指出，到当时为止边疆在民族的形成中居于多么重要的中枢地位。他宣称自己独立于过分强调美国制度的生源说或者一意专注奴隶制度或某些其他特殊主题的东部历史学家之外：

> 直到现在，一部美国史大部分可说是对于大西部的拓殖史。一个自由土地区域的存在，及其不断的退缩，以及美国向西的拓殖，就可说明美国的发展。

我们的历史有一个进化的基础。这个进化基础首先存在于沿着一定地域比如大西洋沿岸的制度之中，其次存在于"每一个西部地域在扩展的过程中所达到"的重现的进程之中——这与他在以后几年发挥的边疆"地域"论是有关联的：

> 这种不断的再生，这种美国生活的流动性，这种向西部扩张带来的新机会以及跟简单的原始社会的不断接触，提供了支配美国性格的力量。

这个如今必须科学地加以研究的边疆，不仅仅是穿过稠密人口所设置的边界线（如在欧洲那样），而且"在自由土地的这一边"经常不断地移动着。

他很快地追溯了连连续续的边疆，开始是潮水地区，后来是"瀑布线"以外的山脚地带，然后是越过阿勒格尼山脉的定居区。和拉策尔一样，他认为地区的隔绝性增强了独特的美国性格。每条边疆通过从先前的边疆所获得的部分经验，去适应自己的问题，从而孕育了连续性和发展性，正如威斯康星、伊利诺伊和艾奥瓦的采矿经验应用于塞拉山区的采矿法。

特纳一直关注地质学家的相关研究，他用分析连续边疆的方法同比较新旧岩石结构的地质技术相对照。他从经济决定论者阿基利·洛里亚[①]的见解中得到"很多真理"。洛里亚认为，设若通过各个必然阶段而移动的各种周期性历史进程得到揭示，则殖民地生活的研究可能阐明欧洲的发展。这种当时流

---

① 阿基利·洛里亚（Achille Loria，1857—1943），意大利经济学家。他认为人与土地的关系是解释历史的关键；著有《土地与社会制度》（*La Terra ed il Sistema Sociale*）等。——译者

行的对"必然"的看法自然是当时社会进化的谬见的组成部分。因此，特纳在谈到各种边疆阶段时就宣称："通向更高阶段的每一阶级的进化会导致政治变革。"也许这篇论文中最常被人引用的句子都是与社会进化思想关联的。

> 你站在昆布兰山峡上面，就看到文明的队伍单行地前进着——先是走在到盐泉去的小路上的水牛，接着是印第安人，接着是毛皮商人和猎人，再接着是养畜人，最后是农民拓荒者——于是边界就走过去了。在一百年以后，你站在落基山脉的南山口，就会看到这种文明的队伍，距离较大地前进着。由于前进的速度不同，我们不得不把边疆分为商人的边疆、牧场主的边疆，或是矿工的边疆，以及农民的边疆等。

这简直是一种机械的程序——读者会这样想。他说："因此，美国文明通过地质学构成的道路干线，像涨潮一样地源源而至，其结果是，原来通行的小路都扩大起来，交织成为非常复杂的现代商业路线。"

他遵循某些地理学家（如拉策尔）的意见，论证印第安人边疆是我们历史中的一个起聚集作用的因素，因为殖民者需要应对那种危险，就得克服狭隘观念，从而培育了国家主义。此外，他还认为，移动的边疆离英国越来越远，这就激发了自力更生和独立精神。他在强调东西部文化交流的同时，还强调边疆对习俗和制度的影响，"卡罗米纳牛栏的经验成为得克萨斯牧场主的借鉴。"在这里，他忽视了西南部西班牙裔美国人势不可挡的影响：Vaquero（牛仔）、rancho（牧场主）、lariat（套马索）、chaparejos（皮护腿套裤）、rodeo（畜栏），甚至 juzgado（法庭）。按照当代地理学家的启发，他再次指出这些在历史上被忽视了的社会因素，比如盐泉在肯塔基殖民地建立过程中的作用以及位于优越地势的土壤和矿藏的影响。

他提出这个主要命题："使联邦政府发挥最大的力量以及在联邦政府活动中起最大作用的立法，都是以边疆为背景的。著作家们已把关税、土地和内陆改进等题目附属于奴隶制问题加以探讨。"但是他在紧接着的一句没有节制的话语中却削弱了这个很动听的评论："但是，如果用正确的眼光来看美国史，就可以看到奴隶制问题不过是一个偶然事件。"在这个问题上他喜好的代罪人是芝加哥大学的赫尔曼·冯·霍尔斯特①教授，他是最近出版的七卷本《美国

---

① 赫尔曼·爱德华·冯·霍尔斯特（Hermann Eduard von Holst，1841—1904），历史学家；生于俄国，

宪法和政治史》（1876—1892）的受人欢迎的作者。这个人逃离了他生为其臣民的可恨的沙皇专制制度，对奴隶制度有如此强烈的仇恨，因此特纳（和其他人）认为他把 1828—1861 年宪法史的著作中的六卷都写为仅仅是奴隶制的历史。冯·霍尔斯特关于战争是奴隶主阴谋的含混不清的理论具有一种道德基础，这是特纳的科学方法所回避的，尽管特纳坚决主张历史应服务于社会改良。

特纳极力主张，美国国家主义是由边疆培育的，这不仅是由于边疆对有关土地、关税和内陆改进的国家立法造成压力，而且由于边疆对来自东部和欧洲的各民族具有同化作用。与此同时，新英格兰所以具有很强的地方性，是因为它代表了一种强烈的英国清教主义的性质；"潮水地带"的英国种植园主同样是从他们的英国遗产中获得他们的地域特性。由于西进运动，这些特性都衰微了，虽然特纳认为一直延伸到大湖区的"大新英格兰"的影响，就像在"西部保留地"①一样，是清教道德心的移植。此外，他坚持下述赞同民族主义的论点："人口的流动就是地方主义的灭亡。"甚至地域间在奴隶制问题上的激烈斗争也没有削弱——例外情况外——国家主义这一事实。

像许多前人一样，特纳认为在这里和国外边疆最重要的作用是促进民主和个人主义。经常表现为无政府主义和反叛的边疆个人主义，通过新的州宪法产生了成年男子选举权和平等主义，并且保障了杰克逊和威廉·亨利·哈里森的胜利。自由土地加强了个人主义，因为"经济力量可以把政治力量弄到手"。从不利的方面来看，边疆同行政经验和教育是格格不入的，因此产生了政党分赃制、"松弛的商业道德、滥发纸币和投机银行业"。在近代，人民党的宣传鼓动复活了这些特性，而特纳把这些特性看成早期野蛮状态的残迹。他说："很难希望一个原始社会对于一个发达社会复杂的商业利益作出明智的理解。"布赖恩②和奥尔特盖尔德③并不同意特纳的看法。

然而，特纳在边疆负债人阶级反对东部债权人的一再发生的斗争中（这个斗争同平民党人和布赖恩所进行的斗争完全一样）似乎是同情边疆负债人

1867 年为逃避政治迫害而流亡美国。——译者

① "西部保留地"（Wester Reserve），指伊利湖附近的一块面积为 350 万英亩的土地。——译者

② 威廉·詹宁斯·布赖恩（William Jennings Bryan，1860—1925），美国总统威尔逊任期内曾为国务卿，主张无限制铸造银币。——译者

③ 约翰·彼得·奥尔特盖尔德（John Peter Altgeld，1847—1902），美国政治家，德裔；支持布赖恩主张自由铸造银币。——译者

的。事实上，他以每个边疆的东部—西部斗争作为他著作常用的主题。除了非法事情外，甚至对边疆的原始主义也以最同情的笔墨加以描写：

> 粗暴、强健，加上精明、好奇这种特性；头脑既切实际又能独出心裁，想办法快这种特性；掌握物质一类的东西，手脚灵巧，不过艺术性差，但做出来的东西使人产生伟大有力的感觉这种特性；精力充沛，生气勃勃这种特性；个人主义突出，为善为恶全力以赴的这种特性；同时随自由而来的，轻快而有生气的这种特性——这一切都是边疆的特性。换句话说，就是因为有了边疆，别的地方才说得出这些特性。

但是他十分认真地提醒他的听众，在发现美洲四个世纪之后，边疆消失了，这就是他在哥伦比亚博览会讲演的结束语。他期望美国的强烈的边疆经验将会遗留下持久的结果，哪怕"不会再有这种自由土地馈赠提供给他们自己了"。边疆不再是"为解除过去的束缚而开方便之门"。因此，美国历史的第一时期业已结束。他让其他人在以后思索他的"空间完结"论的含义。至此他还无意提出社会规划，尽管他有无限的机会去证实他的历史是一种有用的社会活动工具这一理论。

这个 32 岁的历史学家创立的这个内容丰富的假说，足以使许多门徒花费多年时间去进行研究。显然他没有独立地达到这些结论，因为他的经验主义的研究在 1893 年以前是细小的和零碎的——事实上只是为数不多的几篇论文。正如已经指出的那样，他大大受惠于拉策尔和其他地理学家、地质学家、社会学家、哲学家，当然还有历史学家。这些人都充满着社会进化思想。在以后数年中，甚至在达尔文主义被迫退回到生物学的范围内之后，特纳还保持着1893 年的基本论点，令人吃惊地只作了很少几处修改。只可推测为，对他来说，许多这样的假说是信仰的行动，而所信仰的真理一定是假设的。

在 20 世纪之初，特纳的进化主义是建立在文化发展或社会继承与植物遗传之间进行类比的基础之上的。他补充了德国唯心主义哲学家和他们在美国的门徒乔治·班克罗夫特的非达尔文主义的"生源"论。班克罗夫特墨守那个神秘的想法，即条顿制度"展现"为近代盎格鲁-撒克逊的议会制、陪审制和平等选举制度。特纳的移动边疆另创一种"美利坚属"（genus Americanus），以消除古代条顿森林十分淡薄的痕迹。他把这些新产生的边疆特性写得好像如同法国动物学家拉马克的进化物种一样被遗传下来。这些有机体通过对环境刺激的反应而进化着，这些变化并通过后天性的遗传持续下去。这种思想正是达尔文思想的基础，但是他强调了环境在创造新物种中的选择作用。边疆特性不断演进，以拉马克方式对环境刺激作出反应，但是甚至在边疆消失之后，残存的遗迹仍然保留下来。在特纳1896年为《大西洋月刊》写的论文《西部问题》中，这种拉马克观点是明显的：

> 我们的政治制度史即我们的民主史既不是仿效别人的，也不是简单借用的。它是一种在对付变化环境时机构发生演变和适应的历史，即一种新的政治形式的起源史。就这个意义来说，西部在我们生活中一直是最重要的建设性力量。

而且进化思想是他的"地域"理论的核心，这在1904年的一篇讲稿《美国历史的问题》中得到反映：

> 美国的自然地图可以被看作这样一幅地图：它是由潜在的多个国家和帝国所构成，其中每一个都是会被征服和殖民开拓的，每一个都是通过发展的各个阶段而兴起的，每一个都是实现了某种社会的和工业的联合的，每一个都是具有某种基本的自负，即某些心理上的特质的，每一个都是彼此相互影响，并且联合成为合众国的，对这种发展进行解释就是历史学家的任务。

但是，他把新英格兰独立的（美国的）社会进化法则作为一种重要的例外，在那里，他相信文化制度和看法是从国外引入的这样一种扩散主义思想。因此，在《西部生活中的支配力量》一文中，他把人民党的特性一直回溯到新英格兰的谢斯起义，甚至到老英格兰的克伦威尔革命。但是，他在几乎回溯到赫伯特·B.亚当斯的"条顿森林"前就停下来了。

在1895年发表于《美国历史评论》的论文《革命时期的西部各州的形成》中，他试图说明每一个边疆地域都不是独立于其他地域而进化的。"边疆不是在一块'白板'的原则下行进的；它修改了老的形式，将民主精神灌注其中。"他试图防止这种批评意见：边疆实际上并没有孕育新的政治制度（无论如何，在以后的年代里，这种批评来自小本杰明·赖特）。因为他十分清楚地意识到西部各州通常都采取老州的法律和宪法。他承认在边疆地域中存在着债务人和债权人之间、小农场主和种植园主之间的尖锐的阶级对抗，尽管他更乐于强调地理的界线。

在《美国历史的问题》中，特纳提倡一种建立在对社会变化进行比较研究基础上的进化历史科学。因此他极力主张仿效物理学、化学和数学界人士的样子，在所有社会科学家方面实行充分的合作。亨利·亚当斯也预见到一种未来的历史科学，他们两人都倡导对新世界的人民大众的发展进行研究。因此，如果历史学家不再埋头于"进行竞争的欧洲各民族间的复杂故事"中，历史的趋向和规律就能导出。①

当特纳于 1910 年被选为美国历史协会主席时，他进一步发挥在《美国历史中的社会力量》一文中②的历史学说。这篇文章包括他 1891 年写的论文《历史的重要性》中所发表的大量熟悉的资料，但是它继续说明历史中的主观主义原理。每个时代都以写自己的历史为自己服务，他希望"历史能为稳健的改革高举明灯"。他要求在对历史学和地质学之间进行富有成效的类比的基础上，作更科学的假设，并详细讲述了地质学家托马斯·C.张伯伦③和其他人的"多种假说"。"他（地质学家）对一个特定问题创立了一组完整的合理解释，因此，避免了偏爱一个单纯理论的谬误影响。"这种方法就会使兰克的坚持事实和按"事物过去的实际面目"去观察过去的说法被人误解为十分简单。特纳极力主张在历史解释中应有更广泛的相对主义因素：

> 说实在的，那些坚持历史只是努力按照事物过去的实际加以叙述的人们就面临着这样的困难，即他们所描绘的事实不是根植于一成不变的各种条件的坚实基础之上的。它是位于变化着的潮流、复杂和互相作用的各种时代影响之中，它本身也是其中的一部分。作为事实，它是从与时代的各种深刻运动发生联系中取得它的重要性的。这些运动是渐进的，因此常常只有消逝着的岁月才能揭示事实的真相和它在历史学家的史册上占有地位的权利。

对他来说，仅仅在轮廓清晰的关联中，事实才能被理解。

---

① 特纳《美国历史的问题》，载于《盾报》（*The Aegis,* Vol. 7, 1892, p. 72.）。
② Frederick Jackson Turner, *The Frontier in American History* (New York: Holt, 1920), pp. 331-334.
③ 托马斯·克劳德·张伯伦（Thomas Chrowder Chamberlin，1843—1928），美国地质学家，1887 年任威斯康星大学校长，1892—1919 年任芝加哥大学地质系主任。——译者

四

1902 年，特纳在西北大学毕业成绩优秀者联谊会的讲演《西部对美国民主的贡献》[①]中所进行的展望超出消失了的边疆，对于资本主义、经济合作和垄断的新经济阶段作出推测。他声称边疆不仅是个人主义的，也孕育着合作及政府有益的干预，例如赠予公共土地，帮助各州兴办教育，以及联邦对于西部铁路的扶掖。干旱的远西部需要大规模的灌溉系统，因此激励了私人和政府的两种合作。"一句话，地形学本身就注定了边疆的命运将是社会的而不是个人的。"

随着边疆消失而来的是对社会控制的需要。阶级分裂看来因为"移民不同的国籍而加剧了"——与"新移民"有关。社会主义、人民党主义和布赖恩的民主主义扰乱了政治，美国历史的一个新的全球阶段随着美西战争开始了。但是，他不是强烈要求进步的灵丹妙药，而是坚持在个人主义理想的基础上强调边疆。他争辩说，新的工业界巨头如洛克菲勒家族、卡内基家族、马歇尔·菲尔德家族、马克·汉纳家族等是边疆英雄乔治·罗杰斯·克拉克、安德鲁·杰克逊和威廉·亨利·哈利逊的继承人：

> 在美国这一独特地区的边疆时期已经消失很久之后，这种社会观念即它（边疆）所产生的理想和抱负仍在人民头脑中间存留……甚至那些因占取西部资源而得势的工业和资本巨头也是来自这种社会，并且仍然信奉它的原则。

这样，显然他并不担心回答自己的问题：民主能否在这些开明的工业家和商业家之下保存下来。能！

这种推理的方式使他欣然预见到巨大胜利的到来。在这个胜利中，作为民主开拓者的工业天才人物将会取得那种最适宜于民主社会管理的联合：

> 社会主义的作家们长久以来也乐于指出，这些各式各样的集中为社

[①] Frederick Jackson Turner, *The Frontier in American History*, p. 243.

会管理铺平了道路，并且使之得以实现。从这个观点出发，或许可以证明，在把工业世界变为适合于民主管理的系统性联合方面，工业巨头与其说是一种刚刚出现的贵族统治，倒不如说是一些民主开拓者。建立起近代工业集中的伟大天才家们是在民主社会中得到培养的。他们是这些民主条件的产物。发财致富的自由正是他们生存的条件。

他甚至还引用了哈佛大学校长查利斯·埃利奥特[①]保守的权威著作。埃利奥特宣称公司是民主制度的强大支柱（他知道埃利奥特曾经斥责工会为自由之敌吗）。

然而，在别的地方，他对百万富翁或许能控制私立学院这一点表示疑惧，极力主张支持作为民主解毒剂的州立大学。对他来说，州立大学可以制止思想上的差异性，因为它代表了所有的阶级。如果特纳始终如一，并运用他先前的论点，即洛克菲勒、汉纳以及其后来的"民主开拓者们"使垄断体系化，因而保证了民主管理，那么，他就会宣称，因为这些有钱人是从昔日的边疆社会产生的，他们不可能改变私立学院的民主性质。但是，他不信赖这种推理方式，因为他和威斯康星大学中像理查德·西·伊利[②]这样的关心社会的同事们，都关心洛克菲勒的芝加哥大学的命运。那里，哈珀校长解雇了一个名叫 E.W.贝密斯的批评大公用公司的教授。当洛克菲勒的传记作者阿兰·纳文斯否认石油大王干预他捐赠的学院时（这个大学的会议记录好像证实了这种说法），像伊利这样的当代人们都相信贝密斯案证明了私立大学被工业巨头控制。

五

在发表了如此之多激动人心的论文和讲演之后，特纳于 1906 年又发表了第一部著作《新西部的兴起（1819—1829）》。这本书出现在艾伯特·布什

---

① 查利斯·埃利奥特（Charles W.Eliot, 1834—1926），美国化学家、教育家，曾任哈佛大学校长；著有《民主政体中个人主义同集体生义的冲突》（*The Conflict Between Individualism and Collectivism in A Democracy*）。——译者

② 理查德·西奥多·伊利（Richard Theodore Ely, 1854—1943），美国经济学家，美国经济协会筹建人之一，1892—1895 年任威斯康星大学经济系主任，积极参加该州的改革运动。——译者

内尔·哈特①的综合性的 28 卷《美国民族》丛书（1903—1918）里。在这套丛书中与特纳著作有同等创造性的并不多。在 20 世纪 50 年代，这套丛书被哈泼兄弟出版公司用比其更有分析力、更使人爱读、更富于原始资料、题目更完备——按照"新史学"的传统——的丛书代替。对他来说，1819 到 1829 年这一时期意味着美国的经济和政治独立的胜利。这一胜利的标志是：沿墨西哥湾向西扩张、种植园制度的迅速扩展、门罗宣言单方面的公布和运输与工业的革命。有一章的标题是"国家主义和地域主义"，这个似乎相互矛盾的标题反映了他的想法：美国"与其说是一个国家，不如说更像一个帝国"。他详尽地阐述了他著名的"地域"观念——不是州，而是这些地区单位构成了这个国家基本的联邦组成部分。每一个地域有自己的利益、要求和领袖，并且经常在争夺权力的斗争中同其他地域联合。变化的政治原则，如同卡尔霍恩和韦伯斯特所作的那样，只不过反映了变化的地域利益。到 1829 年，卡尔霍恩在《南卡罗来纳州声明》中通过他的取消哲学，以地域主义向国家主义发起攻势。书的大部分是按照各地域所作的一个时期的概述，虽然他承认美国民主的发展（在西部和中部地区最为强大）横贯所有的地域，并且把人民按照"各种社会阶级的界线"分割开来。但是，他简单的阶级分析通常由于带有地理性质的决定论而显得无足轻重。

像在他以前的论文中一样，他把新英格兰描述为独一无二的，因为它那横越大洋而来的非边疆根源，特别是清教主义的社会继承。他描述了工业重心从海港到大瀑布，从商业和船运到制造业的转移。农业衰微了，老移民们抛弃了他们那不能与新西部土地相匹敌的肥力耗尽的土地。在教会行政法方面，浸礼教派和美以美教派的新的农村社区正在向公理会教派和唯一神教派的保守的统治发起进攻，自由主义的社会改革正在高涨。

中部地区（middle region）是东西部之间、南北部之间的"过渡地带"，涉及差别十分明显的地区之间在文化上的互相调节和互相影响。他提到一些大的非英人集团，但是没有企图去解释它们的文化影响。他把诸如公共学校、现代化监狱和增进公民收益之类的民主改革归因于西部的影响。像往常一样，特纳忽视了在英国和西欧其他地方的相类似的发展，留下边疆独特的印象。

---

① 艾伯特·布什内尔·哈特（Albert Bushnell Hart，1854—1943），美国史学家；为《美国历史评论》主编之一，曾任美国历史协会主席（1909 年）；著述达一百种之多，主要有《当代人讲述的美国历史》（*American History Told by Contemporaries*）；编有《美国史学习指南》（*Guide to the Study of American History*）。——译者

关于南部，特纳向他的同事和门徒乌尔里克·B.菲利普斯请教他对熟悉的那个地区的知识，并运用了一种严格的地域观念。这意味着一系列的变化和演进的"南部"。他指出，南部原先在人口和经济方面的差别如何让位于同化的影响以及棉花种植向西南部的扩展。这个转化反映在政治上：查尔斯顿——它是旧种植园地区的中心，现在同西南部展开竞争——领导了这次反抗。

与特纳的习惯不同，关于西部殖民、贸易和政治的几章更为注重事实，但是他仍然重复他那独特的概括。"荒原总是为穷人、不满者和被压迫者打开逃避的大门。"森林神话被赋予一种坚定的民族形式："西部民主不是理论家的梦想。它来自美国森林，既扎实又淳朴，充满了生活气息。"他还描述了殖民路线、旅行方式和南部人对老西北部的入侵。

特纳的科学主义并不完全排除个性，虽然自由意志和自由选择在决定论的环境因素下好像不时会丧失。他试图理解约翰·昆西·亚当斯的观点和怪想，并同意这位老清教徒自我贬抑的评价，"我是一个沉默冷淡、严厉而又举止可畏的人"。他更喜爱西部的代言人克莱和杰克逊的更为"吸引人的品格"。亚当斯并不十分符合标准的新英格兰地区的范例，因为他是一个中央集权政治的热情的支持者。而且，特纳还不能剥夺亚当斯的发表门罗宣言的荣誉，虽然这个政策似乎是属于西部的"把欧洲"从美国边界"推回去"的传统。他为了弥补这一点，详细论述了通过泛美主义成为我们半球政治的真正领袖的肯塔基的亨利·克莱的作用。

《新西部的兴起》受到 1906 年 6 月 28 日《独立》杂志的过高的评价："对美国历史的任何时期还没有写出过更为深刻的论文。"此书出版后数十年，无数历史学家同样作出高度评价。罗斯福和威尔逊，罗兹[①]和麦克拉夫林都是早期的热情赞誉者，虽然他们也指出了文体上的缺点。

在 20 年代，特纳宣讲与写作了关于边疆地域和其他有关概念的文章，对于他的理论增加了重要的修正。这些文章被收集在他去世后出版的集子中。这个集子在 1932 年出版，名为"地域在美国历史上的意义"。此书获得普利泽奖金。这些论文讨论了地域冲突和妥协的经验，指出战后欧洲从边疆地域史中找到一个联盟的式样。在最早发表于 1922 年的《地域和国家》一文中，

---

① 詹姆斯·福特·罗兹（James Ford Rhodes, 1848—1927），美国历史学家；著有《1850 年妥协以来的美国史》（*History of the United States from the Compromise of 1850*）和《内战史，1861—1865》（*History of the Civil War, 1861-1865*）。——译者

他坚决主张自己不是一个极端环境论者，而是考虑到人们动机的差异①：

　　　　决定的因素没有一个。人们不是完全受气候、地理、土壤或经济利
益的支配的。他们出生的血统的影响，遗传下来的理想以及精神因素，
往往胜过物质利益；还有个性的影响。人们确实听从领袖，有时进入与
地域物质利益不协调的道路。但是，从长远观点来看，在利益和理想的
基本原则方面，政治家必须说他的人民的语言。理想往往是从利益中产
生出来的。

　　对于历史上自由意愿这一因素的新强调，在抵消读者们从他先前著作中
得到的异常强烈的科学决定论的印象上，的确是必要的。他现在所关心的是，
对于联盟的欧洲和社会实验所需要的文化的多样性。因此，他认为由边疆滋
生出来的地域具有"遏制死板一致"作用的特性。但是他的早期著作还可使
读者预计到周期发生的革命进程和边疆对优秀艺术的冷漠，只能越来越导致
文化上的雷同。他时常忽视从欧洲汲取的丰富的文化，现在甚至对衰落的欧
洲采取一种恩赐的态度，斥责它沉溺于暴力，试图教它从边疆学习民主课程。
　　在特纳 1932 年去世前的 15 年间，他为一本重要著作《美国，1830—
1850》撰写笔记，但是，他还未来得及完成最后几章或修订他的早期材料就
去世了。幸运的是，他忠实的学生艾弗里·奥·克雷文②于 1935 年在不与原
著有重大更动的情况下编辑并出版了这本书。该书共 591 页，几乎是《新西
部的兴起》的两倍。它提供了比他平时所提供的富于想象的概念更具有描述
性和更注重事实的细节。对于达尔文的"连续阶段"的强调，远不如以前明
显。显然他对于那些怀疑他过于注重典型化历史的批评家们有所考虑。他和
解地说："并不是所有富裕和繁荣的地区都投辉格党的票，也不是所有地势崎
岖的乡间的贫穷地区都是民主党占优势。有许多例外情况妨碍历史学家在物

---

　　① F.J.特纳：《地域在美国历史上的重要性》，（Frederick Jackson Turner, *The Significance of Sections in American History*, New York: Holt, 1932, pp. 315-339.）。关于特纳的著名学生之一对特纳方法的分析，见默尔·柯蒂：《美国历史上的地域和边疆》（Merle Curti,"The Section and the Frontier in American History"），斯图尔特·赖斯编：《社会科学方法》（Stuart Rice, ed., *Methods in Social Science*, University of Chicago, 1931.）。

　　② 艾弗里·奥德尔·克雷文（Avery Odelle Craven，1886—1980），美国历史学家，主要研究南部历史和内战史；著有《内战的到来》（*The Coming of the Civil War*）和《形成中的内战，1815—1860》（*The Civil War in the Making，1815-1860*）。——译者

质或经济基础上把政治分配的规律公式化。"在他的理智发展的这一阶段，他也许能在上句话中添上"或任何其他规律"一语。

然而，就像第一本书那样，他始终如一地运用一种地区（region）和地域（section）的方法。他的 1830—1850 年的各地域是现在新英格兰、中部大西洋各州、南部大西洋各州、中南部各州、中北部各州、得克萨斯和远西部。就如往常一样，他小心翼翼地指出物质环境和社会制度之间的关系："例如，在南部高地拓荒者们定居的崎岖山乡，尤其是在南部俄亥俄和印第安纳的非冲积地区'耶稣信徒'们相应地是最强大的。"他再次运用清教徒新英格兰的道德观念向西传播到大新英格兰这一主题。这次他指出后退的边疆对老地域的影响：

> 埃默森[①]超过任何其他新英格兰人理解新西部的精神、美国的青春活跃、信义、夸耀、普通人可臻完善的信念、雄心勃勃和为一个更新更美好社会提供机会的广阔无垠的空间所引起的幻想。

关于南部大西洋各州，他拒绝"坚实的南部"这种看法。但是在把黑人的存在视为最重要和最有决定性的社会因素方面，他显然同意 U.B.菲利普斯。[②]他认为东部种植园主把奴隶带入中南部各州，因而那个地区在上升的种植园社会和衰落的边疆之间起着调节的作用。至于中北部各州，他提请人们注意牛仔、伐木人的重复出现的边疆类型和远西部的无法无天的特性。

他比从前更注意欧洲的影响。当他讨论到德意志人的到来时，稍稍探讨了关于移民原因和背景的德意志人的原始报道。爱尔兰人也占了较多的篇幅。关于霍勒斯·曼[③]的教育改革，他用两句话写及从普鲁士（略去了瑞士、法国和英国）仿效来的东西，但是他又贬低这一点。他说原来的专制的傲慢被"美

---

① 拉尔夫·沃尔多·埃默森（Ralph Waldo Emerson，1803—1882），美国著名思想家、政论家和诗人。他的思想哲学属于先验论，主张"整个自然界是人脑的隐喻或反映"，崇尚个人天赋；认为人的任务是认识自己。他是实用主义的先驱之一。他的著述很多，主要有《自然论》（*Nature*）和《英国特性》（*English Trait*）。——译者

② 乌尔里克·B.菲利普斯（Ulrich Bonnel Phillips，1877—1934），美国经济史学家，主要研究美国南部奴隶制经济史和内战前南部的种植园制度和政治史；著有《佐治亚和州权》（*Georgia and State Rights*）和《美国黑人奴隶制度史》（*The History of American Negro Slavery*）。——译者

③ 霍勒斯·曼（Horace Mann，1794—1859），美国教育家，1835 年任参院议长，以后投身教育。——译者

国民主和个人主义理想的有特色的标记"挤到一旁了。后来，他从一再声称的本土的边疆民主这一说法后退了，认为"但是，新西部各州对自由、民主和公共学校间的关系常常只作口头上的颂扬"。可能他正想到胡泽教师①和山核桃木教杖。

他的有关政治的最后几章继续通常的边疆地域主题，把地域争端同国家政治和立法结合起来。杰克逊当然是他心目中的英雄，他的胜利是社会民主的关键事实：

> 美国人民在支持他时所表现出来的天性符合这个新世界民主倾向的一般趋势。这种民主赞许的是人而不是财产，是人民积极承担各自的责任，而不是更大的系统和由专家或既得利益的享有特权的人从上面统治人民时所施行的科学管理的效率。

最后提到的，可能是指约翰·昆西·亚当斯关于由经营公共土地和交通事业所体现的科学管理的理想。

六

特纳去世的 1932 年，民主党总统候选人富兰克林·D.罗斯福令人难忘地采用了边疆完结的学说。他在旧金山联邦俱乐部发表的演说，据说是社会规划家阿道夫·伯利②的作品。作者显然读过特纳 1893 年的论文，也许也看过他关于社会规划的呼吁。在这里，这些思想明确无误地以悲观形式表现出来③：

---

① 《胡泽教师》（*Hoosier Schoolmaster*）是美国作家爱德华·埃格尔斯顿（Edward Eggleston，1837—1902）于 1871 年发表的连载小说。书中生动描绘了印第安纳州原始古朴的边疆风貌和生活，描述了公共学校因循守旧的教育制度以及教师和学生间的冲突。"胡泽"是印第安纳州的绰号。——译者

② 小阿道夫·奥古斯塔斯·伯利（Adolf Augustus Berle，Jr.，1895—1971），美国法律学家、经济学家和外交家；1933 年任罗斯福总统的智囊团的经济顾问；1938—1944 年任负责拉美事务的国务卿助理，参与制定"睦邻"政策；战后任驻巴西大使以及肯尼迪总统的拉美事务特别顾问。——译者

③ 柯蒂斯·内特尔斯：《弗雷德里克·杰克逊·特纳和新政》（Curtis Nettels，"Frederick Jackson Turner and the New Deal"，*The Wisconsin Magazine of History*，Vol. 17，No. 3，March 1934，pp. 257-265.）

我们最后的边疆很早以前就已经到达，实际上已经没有更多的自由土地了。半数以上的人民不是生活在农场或土地上，不能通过耕种自己的土地维持生活。那些被东部经济机器从工作中赶出来的人们，为了寻求一个新起点前往的西部大草原的安全阀也不复存在了。

这个论点为全国产业复兴法——它是根据人口的相对减少、工业成长的完结以及不可避免的垄断所作的悲观设想——提供了一个理论的导论。

同时，社会进化论已经放松了对社会研究的严格控制，愤怒的批评家们在攻击这个大师的学说方面得到鼓励。并且，萧条时期产生了一种有利于阶级斗争理论而不利于地理决定论的理性氛围。哥伦比亚大学的路易斯·哈克①指责特纳忽视了垄断资本主义和帝国主义的成长，漠视美国历史中基本的阶级对抗和在美国经验中包含的相当的欧洲经验。哈克认为地域概念是引人步入歧途的。他在《地域还是阶级？》一文中写道："特纳和他的追随者们是一种传统的捏造者，这种传统不但是虚构的，而且在很大程度上是绝对有害的。"如已经指出的那样，特纳正是把阶级斗争思想作为他的地域分析的一个完整部分来运用的，对于大企业的兴起进行了讨论，但是对地区的强调有模糊阶级因素的倾向。

另一个社会规划的赞助者弗雷德·香农②教授按照令人称许的特纳的方式整理人口统计资料，用以破坏剩余劳力的安全阀门理论。他引证下面的事实：美国的经济危机和罢工运动没有因为廉价或自由的土地，甚至没有因为"宅地法"而得以避免。他从人口调查数字中发现了工业劳动者并未成为宅地占有者的证据，移居到农场的人往往缺乏资金而成为佃农或农业工资劳动者。根据 1890 年以前几十年内大量移民流入城市这一事实判断，对破产的农场主来说，城市是更好的安全出路。

哈佛大学的政治学家小本杰明·F.赖特对于特纳的边疆是一种革新的政治力量这一思想——实际上特纳对这种主张已作了大量的限制——毫不让

---

① 路易斯·莫尔顿·哈克（Louis Morton Hacker，1899—1952），美国教育家、历史学家；著有《美利坚传统的形成》（*Shaping of the American Tradition*）和《美国资本主义的胜利》（*Triumph of American Capitalism*）等。——译者

② 弗雷德·阿伯特·香农（Fred Albert Shannon，1893—1963），美国历史学家，著有《联邦军队的组织和管理，1861—1865》（*The Organization and Administration of the Union Army，1861—1865*）（获普利泽奖）、《美国人民经济史》（*Economic History of the People of the United States*）和《农民的最后边疆》（*The Farmer's Last Frontier*）。——译者

步。显然，西部宪法效法东部的式样，遵循单一行政机构、两院制立法机构、牵制和平衡制度、具有解释法律权力的司法等级制以及标准的人权法案。赖特特别反对下面的说法，即：西部在成年男子普选权方面占居首位。但是，他承认尽管西部没有改变民主运动的方向，却加速了民主运动的成长。他认为，边疆居民属于老州的非特权阶级，因此他们愿意仿效那些最宜于增加他们那份政治权利的宪法手段。此外，边疆居民远没有激进观点，因此他们对于契约权利、财产安全、奴隶制度或妇女地位等问题没有进行过修正。但是实际上赖特的主张还包含着许多例外。

耶鲁大学的乔治·威尔逊·皮尔逊对于特纳命题中的自相矛盾之处和脱漏之处进行抨击。他质问道：边疆怎么能同时既是一种地方主义化的力量，又是一种国家主义化的力量呢？难道这不是粗糙的地理决定论使没有生气的无机物把整个社会转变为新的经济形式吗？难道这不是一种忽略或极力贬低传统或习惯力量的十足的唯物主义倾向吗？但是，皮尔逊还是承认他既不会抛弃特纳的全部观点，也不会忽视他的洞察力，保留下来的大都是很合情合理的和符合事实的。[①]

<h1 style="text-align:center">七</h1>

特纳（从洛里亚借来的）关于边疆是创造性的革新力量的思想，由一位"门徒"、得克萨斯大学的沃尔特·普雷斯科特·韦勃[②]加以新的运用。他几乎不知道特纳其人，但分享他的边疆思想的主流。他的著作《大草原》（1931 年）是一部相信边疆理论的作品。他表示要说明"当美国文明在它向西发展过程中，从丛林走出来，试着在大草原上生活时，它发生了什么变化"，并且集中注意力于坦荡的、无树木的、半干旱的广阔区域：牧牛边疆、采矿边疆以及从东方 98 度子午线延伸到落基山脉的宅地占有者土地。他不是运用特纳的地域进程一再重复的思想，而是详细论述另一个基本上是洛里亚的见解——每种物质环境都产生独特的文化结果：

---

① 这里提到的批评性文章均被适时地收入 G.R.泰勒编的《特纳论文集》（G.R.Taylor, ed., *The Turner Theses*, D.C.Heath, 1949.）。

② 沃尔特·普雷斯科特·韦勃（Walter Prescott Webb, 1888—1963），美国作家、教育家；著有《无边疆的民主之危机》（*The Crisis of Frontierless Democracy*）和《伟大边疆》（*The Great Frontier*）。——译者

此外，"大草原"上的边疆经验不是移居者由之迁来的那个地区的边疆经验的重复。一个来自森林地区的边疆居民在"大草原"上发现许多新奇事物和许多新的经验。森林区的技能在这里被草原区的技能代替。

因此，他指出曾经使西班牙人的拓殖努力遭到失败的"大草原"，已经被美国人所发明的诸如六响枪征服了。武装的骑手用六响枪能战胜骑在快马上的印第安人。韦勃承认西班牙人对养牛业的许多贡献，但是他强调了美国人更新的放牧技术。宅地占有者运用新近发明的有刺铁丝网把牛与庄稼隔开，因此能省去价格昂贵得使人不敢使用的木栅栏。他用风车一类的灌溉方法以及用旱地农作技术制服了半干旱的土壤。韦勃简单地描绘了"大草原"故事的文化方面——例如牛仔民歌和探险小说。

芝加哥大学的亚弗里·克雷文是特纳的一个信徒。关于土地耗竭作为历史变化因素的意义，他发展了特纳和地理学家的见解。他首先发表了一篇专题论文，论述弗吉尼亚的土地耗损对于这个州生活的影响。然后他写了弗吉尼亚人埃德蒙·拉芬的传记。此人是一个著名的农业改革家，同时也是声称在萨姆特堡光荣地放第一炮的好斗的政治家。密歇根大学的乌尔里克·B.菲利普斯，正如在另一处谈到的那样，把南部地区视作一种演化着的边疆和种植园地域，从而也把特纳的理论应用到南部。

在远西部，斯坦福大学的赫伯特·博尔顿①根据在巴黎、马德里和墨西哥城的档案和美国国内收藏的图书建立起来的一种盎格鲁-法兰西或盎格鲁-西班牙观点，培养了一批超过特纳的盎格鲁-美利坚综合观点的西部历史学家。作为一个整体的美洲各部分间的相互影响吸引了他的注意，并成为他最受欢迎的学术讲演的中心部分。用这种精神，他根据边疆条件，北美的拓殖以及诸如科罗纳多等西班牙征服者或基诺神父等传教士的探险活动，写了几部论述西班牙边疆重要意义的著作，一再强调地理学、地形学和人类学的作用。

1911 年，博尔顿教授离开斯坦福大学，到了加利福尼亚大学。在那里，他不仅是一位历史教授，还是在 20 世纪 40 年代号称拥有超过 100 万册图书的班克罗夫特图书馆的馆长。这个图书馆藏有大批关于远西部、拉丁美洲（特

---

① 赫伯特·尤金·博尔顿（Herbert Eugene Bolton，1870—1953），美国历史学家，主要研究西班牙殖民时期的西部史；著有《西班牙边疆》（*Spanish Borderlands*）、《南北美洲史》（*History of the Americas*）和《科罗纳多传》（*Coronado*）等。——译者

别是墨西哥）的历史学和人类学资料。这些资料是从有成就的加利福尼亚书商、出版家和历史学家休伯特·H.班克罗夫特（1832—1918）那里得来的。他用了一生的大量时间去收集手稿、珍本、地图、报纸、剪贴簿、小册子和老居民对他及他的助手口授的大量回忆录。班克罗夫特夸称他是至少 60 卷有关加利福尼亚、远西部的其他部分以及拉丁美洲的历史著作和小册子的作者。他毫不遮掩他的历史写作"工厂"。几十名未经培训的助手整理收藏物的总索引或作大量的札记，同时其他人撰写指定的主题。这些成果都交给班克罗夫特，然后他着手编写，或者把这项工作转交给他的工作人员。其他历史学家也利用助手，可没有一个采用这种方法。在 1919 年班克罗夫特去世的那天，美国历史协会太平洋沿岸分会声明："他创造条件，使我们这个二分之一大陆的历史首次得到科学论述成为可能。"加利福尼亚和西部史专家、富有同情心的传记作家约翰·考伊声称，在某些领域，班克罗夫特的许多书仍然是最有参考价值的著作①。

特纳的思想启发有才干的人们去研究新的边疆问题：边疆对外交的影响、土地投机、铁路公司对公共土地的拓殖、资源保护、农民的不满、"草皮茅屋边疆"、毛皮贸易问题、印第安人影响、交通运输的研究和地域主义的冲击等问题。在哈佛大学，特纳过去的助手弗雷德里克·默克培养了许多边疆史学者，并以这种传统写了一些著作。

特纳的同代人之一，伊利诺伊大学（和明尼苏达大学）的克拉伦斯·W.奥尔沃德（1868—1928）加入这位大师（和其他许多人）的行列，论证西部对不列颠帝国外交的影响。奥尔沃德出生在马萨诸塞的古老家族，曾经在柏林学习，也在芝加哥大学勃兴的历史系学习过。他的主要著作是《英国政治中的密西西比河流域：关于直至美国革命的贸易、土地投机和帝国主义经验的研究》（1917 年）。他强调"帝国观点"，即追随伦敦关于 1763 年从法国获得的山那边"西部"的命运所作的决定。最重要的是，他勤奋致力于发现和发表大量的文件，如关于伊利诺伊旧法兰西殖民地的《卡斯卡斯基亚纪录》和伊利诺伊历史协会的 14 卷《汇编》。他不仅是出色的《伊利诺伊百年史》的编辑，而且还亲手撰写了那套丛书的第一卷。最后，他是（原为）地区性杂志《密西西比流域历史评论》的主要创办人之一。奥尔沃德认为，美国在

---

① 约翰·考伊（John Caughey）：《休伯特·豪·班克罗夫特：西部史学家》（*Hubert Howe Bancroft: Historian of the West*, San Francisco: University of California Press, 1946.）；H.H.班克罗夫特：《有关政治和个人的回忆》（H.H.Bancroft, *Retrospection, Political and Personal*, New York: Bancroft Company, 1912.）。

1783 年和平会议上之所以得到旧西北，是由于谢尔本爵士的善意，而不是乔治·罗杰斯·克拉克的征服。特纳的另一个门徒詹姆斯·奥尔顿·詹姆斯对奥尔沃德的这种"帝国观点"发起一场争论。詹姆斯在他自己写的克拉克传记中极力贬低了大西洋彼岸的因素。①

在威斯康星大学，在《最后的边疆》（1910 年）②一书的作者弗雷德里克·L.帕克森③以及约翰·D.希克斯④和默尔·柯蒂⑤领导下，特纳的传统一直支配着研究生的研究工作。希克斯在《人民党的叛乱》（1931 年）一书中采纳了消失边疆的理论。这本书解释了以"农民联盟"和"人民党"为背景的农村叛乱。它宣称"只有当西部衰竭和廉价土地不再充裕时，蓬勃发展的农民运动才开始出现"。第一章《边疆背景》的结论说，横贯大陆铁路的建筑就是边疆条件消失的开始。他详细论述了中部各州的农村区域，在那里，农民们同不好的收成、低廉的价格、债务、赋税进行着斗争。平民党运动留下了一个民主的选举方法、通货改革、农村信贷和国家控制企业这些遗产。《人民党的叛乱》一书在学术上赢得了称赞，但是销路不佳（如同当时的大多数历史书籍）。它通畅易读，内容丰富，是根据大量的信件、政府资料、有代表性的报纸、小册子和专题论文所写成的。

默尔·柯蒂在《美国社会的形成：一个边疆县民主的实例研究》（1959 年）一书中卓有成效地考察了特纳的部分论点。他借助于一批很有能力的研究人员和大量的地方记载、日记、报纸、信札和访问记，完成了任一史学家对一

---

① 索伦·J.巴克（Solon J.Buck）:《历史学家克拉伦斯·W.奥尔沃德》（*Clarence W.Alvord，Historian*），见《密西西比流域历史评论》（"Clarence Walworth Alvord, Historian", *The Mississippi Valley Historical Review*, Vol. 15, No. 3, 1928, pp. 309-320.）；小马里恩·达尔根:《克拉伦斯·沃尔沃思·奥尔沃德》（Marion Dargan, Jr., *Clarence Walworth Alvord*），见《美国历史编纂学论文集：纪念马库斯·威尔逊·杰尼根》（*Essay in Historiography*），第 323-338 页。

② 厄尔·波默罗伊:《弗雷德里克·L.帕克森和他研究历史的方法》（Earl Pomeroy, "Frederich L.Paxson and His Approach to History", *The Mississippi Valley Historical Review*, Vol. 39, No. 4, March 1953, pp. 673-692.）。

③ 弗雷德里克·洛根·帕克森（Frederich Logan Paxson，1877—1948），美国历史学家；著有《最后的美国边疆》（*The Last American Frontier*）和《美国边疆史》（*History of the American Frontier*）（获普利茨奖）。——译者

④ 约翰·唐纳德·希克斯（John Donald Hicks，1890—1972），美国史学家；著有《西北各州的宪法》（*Constitutions of the Northwest States*）和《美国民族》（*The American Nation*）等。——译者、编者

⑤ 默尔·尤金·柯蒂（Merle Eugene Curti，1897—1961），美国历史学家，曾任美国历史协会主席（1953—1954 年）和密西西比历史协会主席（1951—1952 年）；著有《布莱恩和世界和平》（*Bryan and World Peace*）和《美国思想的发展》（*Growth of American Though*）。——译者

个县还未曾做到的最有分析性的研究。威斯康星西南部的特利姆培劳县说明了特纳边疆的早期发展阶段，指出了边疆个人主义和社会规划是同时存在的，并描绘了与"旧移民"和"新移民"的社会流动性。在这里，诸如城镇这样的新英格兰机构被移植过来，使民主政治在基层群众间茁壮地兴旺起来。

　　特纳的门徒们常常谈到在其他国家的森林和平原中可以清楚地看到与边疆进程的惊人相似之处，但是没能使大多数历史学家们信服。19 世纪的俄国西伯利亚因为其廉价土地、最早殖民和巨大的资源，在农民中间表现了某些民主特性，这种特性把他们和沙皇统治下的其他地方的同代人区别开来；但是他们的文化遗产、政府的牢固统治，特殊的环境因素压倒了潜在的民主特性。殖民时期的新法兰西在屈服于教会和国家的保守和集权的性质以前，也一度表现出荒野的独立性。澳大利亚表面上似乎也与边疆环境相似，但它那广阔的干旱地区和国家政策有利于垄断的大牧场主和水利公司，而不是有利于特纳所描绘的小农场主[①]。而且，年轻的历史学家比他们的前辈更加怀疑建立在地理决定论基础上的类比。极少有人愿意承认沃尔特·韦勃的想象的理论：一种围绕世界的边疆从 1500 年就发展起来了，并以特纳提出的式样制约着地球的其他部分。以文化渗透和引入的概念对历史作出文化上的探索，似乎更有说服力。

<h1 style="text-align:center">八</h1>

　　到 20 世纪中叶，西部历史课程不像 20 世纪 30 年代那样流行了，但是仍反映出特纳的影响。他的唯科学主义，特别是他的社会进化论引起了许多批评，但是没有人能够否认有惊人数量的而且仍然有用的思想。用不着再对每个人指出作为美国发展关键的西部的重要性了。如果有什么可虑之处的话，危险仍然是美国史教师们还会忽视欧洲影响，并且孤立地在固有的边疆发展中去寻找历史的解释；很少有什么教科书会不厌其烦地指出：从西部经验中导出的所谓独特的民主运动中，相应地存在着欧洲的因素。事实上，思想史

---

　　① 关于特纳思想在国外的应用，见雷·比林顿《美国边疆》（*The American Frontier*），第 22—29 页。一位英国史学家黑尔·贝洛特（Hale Bellot）对最新的边疆历史编纂作出了一些中肯的评论，见《美国历史和美国历史学家》（*American History and American Historians*, Norman: University of Oklahoma Press, 1952.）。

的进展不可避免地提出了一些与欧洲思想的相近处。

　　特纳促进了美国的经济和技术研究。成百篇的论文和一般性著作探讨了土地政策、交通的影响，以及对州和地方政治施加压力的地域经济基础的影响。债权和负债阶级的斗争远远超出布莱恩时代，可追溯到殖民时期。这种事实如今在美国的各种"地域"还可很容易地识别出来。他的"新史学"理想已由詹姆斯·哈维·罗宾逊及其追随者们加以补充。他把现在历史学家的出发点加以重视，这已成为毫无疑义的事了，尽管他断言历史的完整性已经受到侵犯。地图和图表研究变得如此之多，以致没有人再认为它们是专门属于特纳学派的了。随着大萧条和新政时期的消失，关于"完结的边疆"中止美国积极发展的恐惧也减少了。如后来年代的特纳一样，新一代人相信需要社会规划以适应城市的环境了。

（王玮译　杨生茂校）

　　[译自哈维·威什：《美国史学家：美国历史著作的社会思想史》（The American Historian: A Social-Intellectual History of the Writing of the American Past），纽约，牛津大学出版社，1960 年，第 181-208 页。]

弗雷德里克·杰克逊·特纳的分裂的遗产

约翰·海厄姆[①]

没有任何一个美国历史学家像弗雷德里克·杰克逊·特纳那样被人们大书特书。我的目的只不过是根据新的材料对他的思想进行探讨。此文是我在英国居住的几个月内写成的，我发现了大西洋彼岸关于美国边疆这个吸引人的问题的观点。这篇评论式的论文最初以"论旧边疆"为题，发表在1968年4月25日的《纽约书评》第10—14页上。这次内容上有所增加，并加了注解。

西部运动在美国历史和民族特性的形成中究竟多么重要？从20世纪30年代至50年代整整30年间，美国史学界的专家们一直在激烈地争论这个论题。一般说来，南部和西部的学者们都忠实地遵守大师弗·杰·特纳的学说。令人想到当代的一些绰号，如反对"特纳学派"的"柏油花"（asphalt flowers）[②]：他们拥护世界主义和城市文化，视特纳有关美国历史的观点为明显的农村式的狭隘地方主义。确实，美国民主并不如特纳在某次狂热的时刻所宣称的那样，是什么来自"美国丛林，结实、强壮、充满了生活气息"[③]。它的创造者与其说是拓荒者，倒不如说是预言家；与其说是深居森林的农夫，还不如说是政治家。它首先是一种遗产的展现，而不是外界环境产生的后果。它并不是源于自然，而是来自文明。

这是一场范围广阔，并具有探索性的辩论。特纳有关边疆影响的论点，

---

① 约翰·海厄姆（John Higham），美国历史学家，曾在密歇根大学等校任教，为美国史学史、移民史专家；著有《本国的外来人》（*Strangers in the Land*）、《美国历史的重建》（编著）（*The Recontruction of American History*）和《历史》（编著）（*History*）等书。——译者

② 柏油中长不出花，用以讥讽不同于特纳学派的史学家。——译者

③ Frederick Jackson Turner, *The Frontier in American History*, (New York: Holt, 1920), p. 216.

为整个美国历史提供了唯一的广泛和独特的阐述。因此，对于这个论点的争论触动了每个学者，有关历史研究的各种看法都受到影响。但是，争论总没有越出美国大学之外。但把拓荒者当作典型美国人的看法却深深印入一般人的头脑中。而且，美国以外的世界也保留着非常相似的印象。美国的学者们尽管攻击边疆学说是狭隘的，甚至是孤立主义的，尽管坚称这个学说是延续了一种土生土长的、原始的美国主义，因而忽视了美国和欧洲之间的联系，但是，在大西洋彼岸研究美国制度的学者们却对此毫不注意。他们之中的非马克思主义者都沉着地仍然追随着特纳。[①]如果欧洲中心论的批评者在国内确实赢得了这场争论，那么他们也会设法改变欧洲人的观点。

实际上，关于特纳的学说，一位欧洲出生的、受过欧式教育的记者早就给我们作出过印象最为深刻的提示。在 1865 年发表的一篇论文中，埃·劳·戈德金——《民族》杂志的卓越创办人和主编，就边疆对美国思维习惯的影响首次进行了系统的评价。诚然，戈德金与特纳的观点迥然不同。属于约翰·斯图亚特·穆勒学派的戈德金，作为一个贵族式的自由主义者，竭力使当时粗野、动乱的美国文明化。这就是说，竭力限制它的无政府的个人主义，钻营物质利益的欲望和经常表现出来的粗鲁的反理智主义，以此在民主社会中重新建立起有教养的中坚分子的威信。这个年轻的盎格鲁-爱尔兰移民对于美国民主这些欠佳的特征感到烦恼，但是，他还是确信这种特征是暂时的。他在 1865 年发表的论文《对民主的一种贵族的看法》中企图反驳阿列克西·德·托克维尔的指摘——民主与平庸、唯物主义和轻蔑权威是不可分割的。戈德金断言：绝非如此。他认为，上述特性渊源于边疆的环境。他说：

> 西部已经在一定程度上成功地把它的政治和社会的思想意识和风俗习惯传播到东部……如今，它为我们提供了许多位总统，大批的议员和大量的军队。它给民族意识定下格调，对国家政策给予指导。不出所料，它以粗野的精干和充沛的野兽般的活力，完全压倒了早期各州的思想家，迫使他们的大多数隐退。它在世界面前担当了美国式民主的代表。

---

① H.C.艾伦：《弗·杰·特纳和美国历史上的边疆》，见 H.C.艾伦和 C.P.希尔编《英国人论美国史》（H.C.Allen and C.P.Hill eds., *British Essays in American History*, New York: St Martins, 1957），第 145-166 页；让-路易·吕培路：《远西史》（Jean-Lois Rieupeyrout, *Histoire du Far West*, Paris, 1967.）；也可见克洛德·米歇尔·克鲁尼（Claud Michel Cluny）对让-路易·吕培路的热心的评论，见《文学双周刊》（*La Quinzaine Littéraire*），1967 年 7 月 15—31 日，第 27 页。

就这样，一些肤浅的观察家们认为美国民主要对一些错误负责，而这些错误并不是出自民主本身的天性，而是出自生活在这种民主之下的一些人的外在环境。[①]

既然弊病并不是根植于民主的基本原则之中的，所以美国还是可以补救的。那些弊病倒是属于社会进化的早期和过去阶段遗留下来的。

随后数年，工业化似乎使戈德金藐视的所有那些特性变得更加强烈，最初对民主和边疆开发后的美国所持的乐观就消失了。他对于当代问题的说明变得沉郁了。对边疆的重要性进一步加以赞美，已不是边疆论的反对者们的事，而是留给讲经布道的教士们了。因此，怀着对西部及其人民极深热爱而从事写作的特纳，1893 年在某些方面同戈德金一样，对于边疆对美国所起的作用加以阐述。但是，特纳是把边疆培育出来的特性描绘为称心如意和持久长存的。对于这个年轻的威斯康星历史学家来说，美国的民主潮流归功于边疆，不仅在于它是混浊不清、激烈凶猛的，而且恰恰是在于它的实际存在。

无论是戈德金，还是特纳，他们都不能令人满意地解决这种假设的边疆特征怎么会持续到 19 世纪末期和 20 世纪的新美国。的确，特纳把一种直接的环境背景的作用看得如此富有决定性，因此使边疆遗产在别的背景中保存下来，在逻辑上是难以置信的。他的批评者们提出不少异议，指出他的整个论题是建立在地理决定论上的。就美国民主发源于边疆这一限度来说，民主势必随着边疆的消亡而衰竭。[②]但是，特纳不同于戈德金，对于民主或美国从未失去信念。特纳理论不只是一种科学假说，它同时又是信念的宣言，是对伟大民族经验的浪漫主义的召唤。它那讽喻式的措辞，引起了无穷无尽的解释和争论。此外，它是一种挑战式的邀请——要历史学家们将目光从法律和

---

① 埃·劳·戈德金：《近代民主的问题：政治和经济论文》（Edwin Lawrence Godkin, *Problems of Modem Democracy: Political and Economic Essays*, New York, 1896），第 49-50 页。

② 亨利·纳什·史密斯：《处女地：作为象征和神话的美国西部》（Henty Nash Smith, *Virgin Land: The American West as Symbol and Myth*, New York, 1957），第 291-305 页；又见乔治·威尔逊·皮尔逊（George Wilson Pierson）、小本杰明·F.赖特（Benjamin F.Wright, Jr.）和卡尔顿 J.H.海斯（Carlton J.H.Hayes）的有关评论。这些评论收在乔治·罗杰斯·泰勒《有关边疆在美国历史中的作用的特纳论题》[George Rogers Taylor, ed., *The Turner Thesis Concerning the Role of the Frontier in American History* (revised edition)，Boston, 1956.]。戴维·诺布尔（David Noble）进行了非常彻底的批驳，他指出长期以来传统的思想是把美国同野蛮而不是同文明联系起来，这一思想的核心人物就是特纳，见《反历史的历史，边疆论题和 1830 年以来的美国历史写作中的"国民盟约"》（*History Against History: The Frontier Thesis and the National Covenant in American Historical Writing Since 1830*, Minnesota, 1965.）。

宪法上移开，转向从一般平民的活动中去寻求美国历史的意义。

特纳在他那些受欢迎的演讲中多次述及把欧洲移居者变为美国人的想象，但是，他的研究工作不久就转向更为确实具体的问题。为了取得更大的精确性，他从对边疆本身的强调变为对地域的分析，特别是分析地域之间的相互作用。[①]不幸的是，特纳这一思想——就其含义来说，对美国地域和地方文化进行历史上的比较是富有希望的——却未获结果。特纳在他个人的研究成果中未作定论，这或许是被他的地理推论破坏了。在他的后继者当中，从地域进行的探讨逐渐不再进行多种多样的比较方式。它变为集中考查少数的主要的地域冲突，或者缩小为对个别地域的历史，特别是对西部的发展过程进行专门的研究。

因此，特纳留下了一种分裂的遗产：一方面，关于边疆开拓过程对整个美国生活的影响，他提供了一套人人都感兴趣的一般理论；另一方面，他培养的为数不多的学者专注于牛仔、印第安人、农民骚动和其他被认为是西部历史的特色。遗憾的是，这两种遗产在特纳的头脑中就没有牢靠地联结在一起。它们之间也没有一种真实批评式的相互影响，就被他的后继者们一起继承下来。边疆理论不再启发对各种形式的社会以及这些社会成长的特殊形态进行研究，反而只是给关于冒险西进者开拓和斗争的古典故事以学院式的尊严。到 20 世纪 30 年代，阿巴拉契亚山脉以西几乎所有的大学都开设美国西部历史的高年级课程。这些课程在一致的原理方面，在对历史意义的论述方面，都或多或少地盲目仰仗特纳 1893 年首创的公式。

于是，约在一个世纪之前，这个对美国历史的阐发遭到尖锐抨击，但这种抨击最初并不是因为对西部进行研究而引起的。一般说来，这种抨击表现为对整个边疆学派的极端厌烦的情绪，表现为希望对那些正统西部观点不予公平评价的主题给以优先地位。思想史、国际政治、城市的发展、工业主义的挑战、种族的创伤、幻想破灭的痛苦：这一切构成了现在争取人们注目的重大的主题。

---

① 见特纳：《新西部的兴起，1819—1829》（*Rise of the New West, 1819-1829,* New York: Harper and Bros., 1906.）和《地域在美国历史上的意义》（Frederick Jackson Turner, *The Significance of Sections in American History,* New York: Holt, 1932.）。关于特纳的有特殊价值和趣味的著作是威尔伯·R.雅各布斯编的《弗雷德里克·杰克逊·特纳的历史领域及其信札选录》（Wilbur R.Jacobs,ed.,*The Historical World of Frederick Jackson Turner, with Selection from His Correspondence,* New Haven, 1968.）。这本书包括最有用的书目。又见雅各布斯为一本必读书《弗雷德里克·杰克逊·特纳的遗产：未发表的美国史著作》（*Frederick Jackson Tumer's Legacy: Unpublished Writings in American History,* San Marino, 1965.）所写的极好的序言。

　　对于历史学家们在特纳的迷惑下所忽视的问题的批评，是无可辩驳的。不满情绪正在流露出来。这些攻击虽然来势凶、形式多，但是在确定东西部和新老社会的关系方面，并没有使特纳学说得到什么改进。实际上，对特纳的攻击，确实阻碍了对特纳思想进行系统的再考察，而只是对那些越来越迷惑人的民族特性问题产生影响。学者的兴趣同特纳曾经假定的地域斗争和区域差异问题分道扬镳了。在舆论一致的沉闷时期，美国看来是一个纯一的国家，比特纳曾经想象的更为一致，更加稳定。这无疑是他的影响日趋衰落的一个重要原因。

　　虽然世界的其他地方——正如我曾说过的那样——仍然珍视边疆传奇，但是在 20 世纪 40 年代和 50 年代，批评家们终于迫使美国的职业历史学家们承认特纳在陈述自己的理由时，的确是过分夸大了。只要"自由土地地域的存在"，确实"说明了美国的发展"（如特纳所说的那样），那么由政治和价值制约的土地就必须是自由的——或者必须是充分供应的。与其他国家的边疆作个小小的比较，就会明了文化遗产的重要性。而且，边疆社会证明了它本身的自由比特纳所设想的还要少得多。在许多方面，它是东部文化十足的模仿；而且在各个地方，它都很快地显示出美国生活中普遍存在的社会不平等，诸如农场租佃制、城市名流和企业公司的势力。

　　但是，边疆假说是不会消亡的，因为除此还有什么东西能代替它呢？批评家们虽然在使用否定的方法和在激发其他研究方式方面是卓有成效的，但对于美国历史和美国性格的独特之处所作的其他解释则大为逊色了。对于美国在现代世界中扮演的特殊角色所感到的迷惑，越来越使学者们回到特纳对民族差异性所固有的关注上。或者更确切地说，戈德金的问题现在又重新被提了出来，究竟什么算作美国民主的"特征"——它的个性和共性的特殊的混合，它对暴力的喜好，它对不拘泥形式的互助协作的嗜好，还是它对理论的猜疑？这个问题又导致了日益带有诡辩性的国际的对比。结果美国历史编纂学在 20 世纪 50 年代产生的惊人的倾向之一，就是出现了对边疆假说重新进行一些典雅的、高度近代化的阐述。如今，这个结果一部分可以见之于雷·比林顿的《美国边疆的遗产》（1966 年）以及理查德·霍夫施塔特和西摩·利普塞特二人合编的一本学术论文集。

　　比林顿大概是我们的边疆历史学家中最深受尊敬的一位，因为他大力写作大主题，同时在细节上又力求谨严真实。他在亨廷顿图书馆里占据着特纳从哈佛大学退休后保持着的职位。他在最新的学术成果和他自己极广泛研究的基础上所写的最新著作，对特纳所谓边疆影响重新作了全面评价。比林顿的观点经常是有节制的和深思熟虑的，他的基本策略是承认批评意见的部分事实，但是又认为这些批评都完整地保留下特纳立论的几乎每一观点。比林顿承认特纳把边疆看得太美好了，所以他对这些令人厌恶的"边疆"特性如无法无天、奢侈浪费、反唯理性主义，给予更多的注意（虽然在我看来还不够）。比林顿承认特纳运用了含糊的、隐喻式的术语，但是，又指出他的理论可以如何加以改造，使之在语言上能投合现代社会科学家们的口味。例如，特纳有时好像是赋予自然（物质环境）以一种神秘的权威，但是，边疆可以被确切地理解为一种社会环境，它为首创精神和个人奋斗精神提供了最大的机会。此外，比林顿认为，除边疆外，创造美国文明的还有许多其他因素，因此，他避开了任何排他性的主张。他承认被西进运动培养起来的各种新的倾向，常常是只在程度上，而不是在种类上捉摸不定的东西。因此他坚决主张：美国和欧洲的民主只不过"有一点细微的区别"。

　　同这样一本完善的、严谨的著作展开争辩是不可能的——的确，不可能使人们都感到激动。《美国边疆的遗产》这部书把有关边疆的论述一直延伸到现在，可是它基本上是对一个既定立场的辩护。关于一场许多联系松弛的命题的复杂的争论，比林顿只作了粗略的评论，他自己不肯深入地探索任何一个观点。关于这场争论，我们在霍夫施塔特和利普塞特所写的读物《特纳和边疆社会学》（1968 年）中更直接地看到理智上的魄力和振奋。

　　它本身并不是一本特别值得注意的书。霍夫施塔特写的有关历史编纂学的导言仅仅是一个漫不经心的概述。利普塞特写的简略的有关社会学的评论只是重复了一些资料，而这些资料已经在另一本书中一篇另一个标题的长文里发表了。①那里没有书目，编者也没敢对这个问题的现状作出任何评价。的确，边疆的真实作用，即它在美国经验中的真正重要性，根本不是他们所关心的。他们收集了一些关于边疆的最新解释，以说明历史学和社会学卓有成效的综合（这里所评论的一本是两卷本《美国历史的社会学》一书的第二册；第一册更广泛地论述了方法论）。编者们只是简单地收集了一系列发人深思的文章，这些文章首先发表在从 1941 年到 1961 年的学术刊物上，它们阐发了

---

　　① 《新民族之"新"》（"The 'Newness' of the New Nation"），见 C.范·伍德沃德编：《美国历史的比较研究》（C.Vann Woodward, ed., *The Comparative Approach to American History*, New York, 1968），第 62-74 页。霍夫斯施特已经发表了一篇关于特纳的理解透彻的文章。他的评论文章见《进步学派史学家：特纳、比尔德和帕林顿》（*The Progressive Historians Turner, Beard, and Parrington*, New York, 1968.）。

边疆观念的衰落和复苏。它让我们作出自己的结论。

复苏在很大程度上得力于社会科学家们的贡献。这一点是无疑的。经济学家和社会学家的想象力帮助我们把边疆视为影响着整个社会进程的不断扩展的周界线。例如，乔治·G.S.墨菲和阿诺德·泽尔纳这两个经济学家，就这样把近代的成长理论应用到特纳的一个假设的、不足征信的想法：边疆是工业上不满情绪的一个安全阀门。他们的论文卓越地论证了 19 世纪美国如何通过扩大足以支持工业化的地理面积，在投资和平均个人收入方面达到非常高的水平。

但是，在估量边疆的意义时，这种分析方法却使我们陷入含混不解。一方面，西进运动仿佛被恢复到在美国历史上占据中心的重要地位。这是因为向无人居住的西部进行移殖，突出地成为蔓延扩散的变动性的主要方面——一种投机钻营、醉心于冒险、四处漂泊的生活方式——这种变动性到 19 世纪已经成为美国社会的重要特征。我们好歹看作属于独特的美国的每一事物，由我们特有的变动性形成，因此这些事物在边疆发展进程中显得极其突出。

与此同时，这样一种解说又抹杀了特纳曾赋予西进运动的独立自主的作用。西进运动被所谓"变动性"这个更广博的理论吞没，被压缩为一种更广泛现象的特殊情况；寻求解释的方向变了，以致背离了边疆。当我们站在美国变动性地围拢过来的奇观异景面前呆若木鸡的时候，争论平息了，因为所有这些区别——在遗传和环境之间、东部和西部之间、农村和城市移动之间、特纳派和反特纳派之间——都有烟消云散之势。至少这是现在的情况。这种情况很可能延续下去，只要美国性格和经验的一致性模糊了特纳遗产的另一半，即他在集团间的对比和地域多样化方面的兴趣。[①]历史学家们如果对上述差别不给予更深切的重视，我们就不能在西进运动和动态社会中的其他力量之间作出满意的区分。

的确，期望特纳分裂遗产的随便哪一半在不久的将来能盛行一时，可能是太过分了。无论是边疆论中的民族主义，或是地域论中的地方主义，都极

---

① 说到对特纳学说的全部讨论，很少有学者企图用不同地域和不同社会发展阶段的社区比较法去考察它们。有一个例外，就是默尔·柯蒂（Merle Curti）对两个农村地区的财产结构进行的比较，见《美国社会的形成》（*The Making of An American Commumity*, Stanford: Stanford University Press, 1959），第 77-80 页；另一个是斯坦利·埃尔金斯和埃里克·麦基特里克的大胆的论文《特纳边疆的一种意义》（Stanley Elkins and Eric McKitrick, "A Meaning of Turner's Frontier"），见《政治科学季刊》（*Political Science Quarterly*, Vol. 69, 1954, pp. 321-353, pp. 565-602.）；埃尔金斯-麦基特里克公式的一个方面已经遭到批判，见罗伯特·R. 戴克斯特拉《畜牛城镇》（Robert R.Dykstra, *The Cattle Towns*, New York,1968），第 371-378 页。

其强烈地诉诸 20 世纪 60 年代的美国精神。霍夫施塔特和利普塞特再行刊印的文章中,没有一篇是写于 1960 年以后。大约在社会心理学家和历史学家摆脱对民族特性的研究时,对边疆学说进行社会学的再考察好像已经消失了。历史学家可能对边疆论题产生厌倦,因为我们已经不再为所谓边疆培育出来的民族特性而感到自我庆幸;地域研究方法没有得到恢复,因为如今美国人的社会差异,起初并不发生于他们居住的地区。

观察一下现代文化的发展脉络,也可以帮助我们去解释特纳派的学术研究的沉寂。不但在学者间,而且在美国大众文化中,边疆的神话正失去它的很多旧日的魔力。尽管发行人虚张声势,比林顿的新作几乎没有引起一般评论家的注意。从更广的角度来看,人们在近来很难从廉价的平装书的书架上或新电影中找到一部西部故事。在银幕上,西部电影的名声衰落可以回溯到 50 年代后期。当时西部电影在好莱坞出产的影片总数中所占的比例,由四分之一跌落到不足十分之一。电视通常是落在后面的,但是它的西部风尚在 60 年代后期也迅速消失了。

复苏这种风尚的努力主要是在动摇它的传统道德观上取得了成绩。在典范的西部故事中,人们在无限的空间内排演了一种社会纯化和更生的仪式。米高梅电影公司于 1963 年在一部耗费上百万美元的史诗性影片《西部是如何被征征服的》中,试图做那类事情,以使西部电影复活,因为明显地没能使电影发行人相信他们所说的那一套,影片失败了,它最后以高速公路和压路机这样不调和的镜头而结束。[①]几年以后,在《食客》(1969 年)中,西部神话变成了一种难以忍受的、令人失望的回忆。现在,漂泊不定的冒险者和奉公守法的小镇居民一样,最后都毁灭了。如我在第四章中指出的,特纳宣告边疆意义,是对有青春活力和坦率性的美国经验一次普遍再发现的一部分。有必要问一问今天的美国人是否正在忘却特纳关于开拓者的遗产的根本信念。美国人放弃了他们最珍惜的神话吗?

当然,在严肃认真的学者当中,西部历史的写作仍在继续,虽然逐渐地不再秉承特纳的文章结构了。从阿巴拉契亚山到塞拉山,由于地方自尊心和

---

① 关于电视,见 1969 年 8 月 3 日安·阿伯《新闻报》第 36 页美联社电讯稿;关于西部电影,见小查尔顿·奥格本:《西部是如何以及为何失去的》(Charton Ogburn, Jr., "How the West Was Lost And Why"),载于《新共和》,第 154 期(1966 年 6 月 25 日),第 34-36 页;J.D.韦弗《牛仔狄斯特里接连表演竞技》(J.D.Weaver, Destry Rides Again, and Again, and Again),载于《节日》(Holiday),第 34 期(1963 年 8 月),第 77-80 页。

大量原始资料可以利用，在许多学院和大学里这项工作有了发展。这一流派的学术风格慢慢有了改变。但是，最近几年，这方面的历史学家们已经对于那些在范围上属于全国性的（而不单纯是西部的）西部历史的面貌产生了越来越浓的兴趣。正当一般学者在那里给"边疆"重下定义，说它是美国变动性的一个特殊例子时，研究西部的专门学者们都已经把注意力集中在诸如城市的兴起、外部文化和资本渗入西部舞台之类的题目上了。这类著作中最打动人心的新作品是威廉·H.戈茨曼的《探险与帝国》。这是一本描写 19 世纪密苏里河大河湾以远的土地被开发时所进行的探险和旅行的吸引人的故事。①

采用探险一类主题的文学作品已数不胜数。学者们，还有文物工作者们，孜孜不倦地探索着几百名探险者的踪迹。戈茨曼首次提供了画面广阔、细节详尽的叙述。他的书连同丰富的插画和地图（后者缩小到经常难以辨认的地步），很长时期都将是一部主要的综合性的参考著作。作者企图以不断展现的民族文化的目标和能量的背景去了解探险活动，这就使作品又成为探索这个主题的一个新途径。在这里，探险家不是一个不受约束的、被禁锢在西部习俗中的冒险者，而是先前存在的文明的代理人；这个文明，前有它的知识和好奇作先导，后有它的组织力量的支持。在这些书里，前前后后有一大批为美国帝国主义目的效劳的军官，有本身怀有一片企业野心的捕兽者，有受训于西点军校的军事工程师，有被浪漫的异乡情趣激起灵感的艺术家，还有为获取地理学和人种学上的发现而从事调查工作的科学家。故事开始于 1804 年刘易斯和克拉克的远征，结束于 1894 年美国地质勘察局局长约翰·韦斯利·鲍威尔（John Wesley Powell）的退职。故事通篇都强调了政府倡导的重要性。

很少有人需要这样浩繁的细节。为了不太勤奋的读者，那位同样热心的边疆美国文物史料的发行人阿尔弗雷德·A.诺夫又襄助出版了另一册书。这本书同样是耗费颇多，但销路不广。约翰·A.霍古德所著《美国的西部边疆》一书，内容涉及对密西西比河以远的西部所进行的垦殖和探险。②连同一些较为熟知的探险家和捕兽者，我们还遇见了一大群充斥于那标准的、很受人喜

---

① 《探险和帝国：美国西部征服过程中的探险家和科学家》(*Exploration amd Empire:The Explorer and the Scientist in the Wimning of the Americem Weat*, New York, 1966.)。

② 《美国的西部边疆：密西西比河以西地区的探险和拓殖》(*America's Western Frontiers: The Exploration and Settlement of the Trans-Mississippi West*, New York, 1967.)。

爱的西部故事中的人物，其中有聚集于移居者所走的小道上的马车夫，有受淘金热激励的淘金人，有大铁路建筑者，有大草原上英勇的印第安酋长，有强健的摩门教徒，有牧牛者，最后还有普通的美国自耕农（但稍微受到冷遇）。

　　霍古德并不渴望作出新的说明，他完全从一种保守观点从事写作。但是，他的学问是坚实的，他的故事点缀着饶有风趣的逸事奇闻。读这本书是为了长见闻和消遣取乐。它也可进一步证明美国边疆的史诗尽管全部概念多么难于理解，仍然是大可输出的文化资源。霍古德教授在这一往情深地加以描绘的土地上游历许多年之后，自豪地在蒙大拿州赫勒纳县拉斯特钱斯峡谷的普拉色旅馆写下他的序言；但是，他实际上是一位英国历史学家，受教于伦敦和海德堡，在位于工业化不列颠中心的伯明翰大学任教。在一个各国不断失去独立性的世界上，如果大西洋彼岸的学者们替我们保存最有特色的神话而效力，如果另一个戈德金最终能在特纳的遗产中发现一个新颖的、不容怀疑的联想，那将是一个有益的嘲弄。

（王玮译　杨生茂校）

　　[译自约翰·海厄姆：《美国史的写作》（John Higham, *Writing American History*），印第安纳大学出版社，1970年，第118-129页。]

变化着的西部

厄尔·波摩罗伊[①]

关于西部历史的回答，因人而异：有的认为它在美国史学领域里是举足轻重的，也有的认为无足轻重；有的认为是争议最多的，也有的认为是争议最少的。关于西部所出版的著作卷数超过了大多数其他史学领域。在一些研究院，有关西部史的学位论文比其他史学领域合在一起还要多。在一些学院，除西部历史外其他美国史领域竟没有开设高级课程。然而，西部史学家做了十足的瞻前工作，也做了十足的顾后工作。杂说纷陈，毁誉不一，实为其他史学领域所未见。

有关西部研究的普及和规模，在很大程度上似乎来自一位历史学家弗雷德里克·杰克逊·特纳（1861—1932）的影响。多数依然从政的政界元老都承认是他的门徒，或感到有必要说明为什么不是。虽然特纳退出教学已有两个世代之久，一本新教科书的作者仍然说，该书基本上是根据特纳所准备的教学提纲扩展而成的。在特纳之前，虽然大陆美国十分之九甚至更大的面积曾是或仍然是西部，但各大学课程上竟没有西部历史。事实上特纳把下列内容作为标准课题：18 世纪早期商人和移民越过阿巴拉契亚山进入俄亥俄河流域的迁移过程；领地与新州的建立；公地的处置；跟印第安人和欧洲人发生的冲突；拓荒者越过密西西比流域，进入得克萨斯和密西西比以西西部的进程；西南部和西北部的毛皮贸易；墨西哥战争与国界的确定；远西部的淘金热；运输由船只和公共马车到铁路的发展过程；畜牧业的兴起；西部农民的

---

① 厄尔·波摩罗伊（Earl Pomeroy，1915—2005），美国历史学家，先后在威斯康星大学、俄勒冈大学任教；著有《太平洋前哨》（*Pacific Outpost*）、《美国战略中的关岛与密克罗尼西亚》（*Guam and Micronesia in American Strategy*）和《寻找黄金西部：美国西部旅游者》（*In Search of the Golden West: the Tourist in Westen America*）等书。——译者

不满情绪和平民党运动。自从特纳以来，这些题目在通史中已安排得相当好了。当时人们没有想到，在这些题目上，就像今天在美国革命、内战、进步运动一样，也有不同的学派。然而，就连追随大师的弟子们，在研究范围如何确定、基本理论如何运用以及扩充何等基本理论等问题上，也有很尖锐的意见分歧。

西部历史编纂学所使用的各种不同的表达方式，跟特纳本人工作与思想的不同成分有关，也跟特纳同时代人为特纳所准备的条件的不同有关。特纳历久不衰的成就大概是在方法上。他证明了人类事务错综复杂，非仅仅归纳法所能有效地阐释清楚，从而取代了德国人培养的科学学派。再者，他掌握了技术与详细情节，因而如此卓有成效地显示出为传统派史学家所忽略的把地理与统计运用于资料的可能性。那些传统派史学家向他欢呼，但没有充分意识到他毁灭了他们。虽然没有人比特纳在追求客观历史真实方面下过更严谨的功夫，没有人比特纳给历史科学注入了更多的诗情，但由于他对历史解释的不断改变和对现状与往事之间的互相联系有如此充分的认识，因而 20 世纪的工具主义者、经济决定论者和历史社会学家尽可将他视作先驱。作为一个社会学家，他所指望于西部的不是边疆冒险的故事，而是社会进程的记录。简单的叙述性历史，他向来不大感兴趣。他喜欢把边疆说成"社会实验性"，把历史学家说成是地质学家的搭档。由于要处理如此复杂的资料，他不能不作多种而非单一的假设。

西部不仅为特纳提供了新资料和综合这些资料的新天地，而且提供了关于国家发展的特殊过程的新解释。地方史学家搜集资料而不试图建立模式：撰写全国历史的史学家建立了模式，但所用材料几乎都是欧洲和东部的，因而特纳在宣读的《边疆在美国历史上的重要性》的论文（1893 年）中，提出了"一个纲领，在某种程度上也是一个抗议——抗议东部忽视……对西部作制度上的研究，抗议（西部史学家）对自己历史采取古董商的态度"。特纳力图从"总体上"看待美国发展的过程，超越了"那些从'北部'和'南部'角度思考问题的人，以及那些将西部视作战场或忽视撰写探险历史的场地的人"①。

---

① 《特纳自述信》，特纳 1922 年 3 月 15 日致 G.L.斯金纳（G, L, Skinner），载《威斯康星历史杂志》，第 19 卷（1935 年 9 月），第 96、101 页（Frederick Jackson Turner, "Turner's Autobiographic Letter", *Wisconsin Magazine of History*, Vol. 19, no. 1, September 1935, p. 96, p. 101.）。论文见特纳著：《美国历史上的边疆》（Frederick Jackson Turner, *The Frontier in American History*, New York: Holt, 1920.）。

更特别的是，特纳提出：西部边疆新土地的占领过程，促成较欧洲早已盛行的更为民主的精神与条件，对国家生活产生了极大影响。"一个自由土地区域的存在和不断的退缩，以及美国向西的拓殖，都可说明美国的发展。"这个论点倾向于将西部史的研究重心确定为向西进入自由土地的运动，而不是在任一时间内移民完成拓殖的地区。

特纳受到几乎所有人的赞扬，这在他那高明的分析能力上，甚至在他对朋友和学生所表现的吸引人的品格上，只能得到部分体现。公众和同业如此乐意对他服膺，说明他的胜利不全是智力的和个人的胜利，而他们的诚服也不全是智力的和个人的投降。对 19 世纪末和 20 世纪初的美国人来说，农业的西部有着深刻的情感上的含义。它曾是他们国家的幼年时代。内战后的一个世代中，他们进入另一种生活：前所未有的都市化和工业化的生活。他们终于停下来品味那种怡人的乡愁的痛苦。特纳在 1913 年曾经说过："随着美国年事日长，越来越显出一种返回到那探险家和拓荒者的英雄时代的趋向。"他的读者如此，特纳本人亦如此。他反对浪漫主义的、古董商的方法，并在他的专题著作中树起一种新的分析方法的榜样。与此同时，他以两种方式满足公众的情趣，一是总体上（包括旧的文体，也包括新的文体）在学术界给西部史赢得了新的体面的地位，二是像他在论《边疆的重要性》的论文中那样表现了自己的浪漫主义。这位最善于分析的历史学家的妙语华篇，为公众和许多学术界同人所熟记。他们意识到，他不仅对分析边疆生活对全国性历史的影响这一挑战作出了反应，而且对边疆本身的返本情绪也作出反应。

特纳为赞成边疆影响、反对外来影响，为赞成环境因素、反对遗传因素，为美国民主源于西部土地而进行辩解。恰当此时，民族自豪感、生物学上与社会学上的达尔文主义、对外来思想与种族关系紧张的焦虑，以及农业的西部与南部平民党反抗的壮观场面，使公众也使他本人对他的观点有了思想准备。他的读者乐于引证但并不耐心等待他的研究成果。他们一看报纸就打算接受他的假说。当 1891 年他写"每个时代都参照当时最主要的情况去重写过去的历史"这句话时，可能不仅指对于一些观念的接受，也指一些观念的发生。他的写作非常合乎一般舆论，因而要证明他在史学编纂学范围以外的独特的影响，乃是徒劳之事。

这样，特纳在提高西部历史的地位方面，得到许多盟友，这倒不一定唯特纳马首是瞻。他们包括许多已在阅读历史和撰写历史的人。19 世纪 80 年代，赫伯特·豪·班克罗夫特（1832—1918）[1]售出价值 100 万美元的有关远西部诸州和领地以及有关墨西哥和中美历史的成套书籍。这些书与其说是论著，倒不如说是札记汇编。布赖斯勋爵[2]很想知道这些书之畅销是不是加利福尼亚人对占领墨西哥人和印第安人土地时的所作所为而表示赎愆。西部各州历史协会在这一时期十分兴盛，发行许多文件汇集、回忆录、文献和讣告。而出版商则为像西奥多·罗斯福激动人心的《征服西部》（共四卷，1889—1896 年）和像查斯丁·温泽[3]冗长的制图学与目录学著作这样大不相同的书籍找到销路。[4]特纳和一些非专业的古董商双方都明白，他跟他们不是情投意合的。他在 1913 年赞扬威斯康星州历史协会的卢本·高尔德·恩韦茨[5]时，不得不斟酌词句。他评论说："制度史、工业发展史、法律和各国政治制度史对他的吸引力不如个人发迹史。对于行动的记叙及其所依据的文献，他喜好备至。"但特纳和他的学生是该协会的房客和债务人，协会就设在 1900 年这个州立大学校园边上建立起来的那幢大楼里。而加利福尼亚大学 1905 年在思韦茨推荐下所买的班克罗夫特图书馆，[6]就成为远西部史这派史学家们的主要资料来源。

当 1924 年特纳在哈佛退休时，西部史似乎是欣欣向荣、备受尊敬的。特纳已训练出一批杰出的门生，其中有几位是未来的美国历史协会主席。虽然西部史仍主要是俄亥俄流域史，但他的学生已在加利福尼亚、斯坦福、俄勒冈、华盛顿和俄克拉荷马[7]建立了前哨。在威斯康星，1910 年继承特纳的弗雷德里克·L.帕克森，于 1924 年出版了第一部综合性的西部史《美国边疆史》。帕克森早在四十几岁就已亲眼看到：西部史学家从学术研究的意义讲，

---

① 赫伯特·豪·班克罗夫特对于美国远西部历史的研究和资料积累贡献很大。他收藏图书甚多，内容初以加利福尼亚为限，后扩大范围，北至阿拉斯加，南至巴拿马。书达 6 万册。后雇人缮写编辑成书，出版远西部历史凡 28 卷（其中他本人编写者有 4 卷）。——译者

② L.布赖斯（Lord Bryce, 1838—1922），英国历史学家、政治家、外交家；1907—1913 年任英国驻美大使，有关美国政治的重要著作有《美利坚联邦》（*The American Commonwealth*）。——译者

③ 查斯丁·温泽（Justin Winsor, 1831—1897），美国藏书家、历史学家。——译者

④ 《美国史记述与评论》（*Narrative and Critical History of America*）（共 8 卷，1884—1889 年）和《西进运动》（*The Westward Movement*）（1897 年）。

⑤ R.G.思韦茨（R.G.Thwaites, 1853—1913），美国历史学家，1886 年后任威斯康星州历史学会秘书；编写的著作有《D.布恩传记》（*Daniel Boone*）和《耶稣会会士纪行及有关文献》（共 73 卷，1896—1901年）等。——译者

⑥ 馆址位于加利福尼亚大学（伯克利）图书馆正门入口之右侧。——译者

⑦ 均指大学。——译者

起先在几乎是拓荒者的条件下进行工作，既没有图书资料，又没有专业地位，到后来才创设了研究生课程、学术组织和一种卓越的期刊《密西西比流域历史评论》（1914—）。①

西部学者还出版了有分量的文献汇编。思韦茨从威斯康星《汇编》（1902年）第16卷起，为历史协会确立了新的出版准则，即此后，凡属文献悉数收录，专题或时期一般须是连贯的。他编《早期西部旅行记实》（共32卷，1904—1907年）和其他丛书时，仍服从非专业性的口味：按公众兴趣的标准来选择文献，将文献译出，不加详尽的、学术性的注释。但克拉伦斯·W.奥尔沃德②以他的《卡霍基亚志》（1907年）以及后来有关早期伊利诺伊乡村的著作，将整个水平提高，堪与最优秀的大陆传统并驾齐驱。

20世纪20年代的西部史研究继续着重于早期阶段：探险、外交、新拓居地的建立。尽管国家主义增进了对西部的兴趣，而且记载西部历史的文献汇编就像出自欧洲国家主义的中世纪学术著作中的宏伟规划，但许多主要的专题研究，多与英国和法国的殖民政策和扩张有关，而与美国社会和美国性格的发展关系不大。因而，奥尔沃德的巨著便是《英国政治中的密西西比流域……》（两卷，1917年）；而曾就学于特纳并协助过思韦茨的路易丝·费利普斯·凯洛格，则写了《威斯康星的法国政权与西北部》（1925年）。

在西海岸，赫伯特·E.博尔顿③（1870—1953）在偏重帝国主题上有过之无不及。博尔顿从威斯康星移居得克萨斯，然后又移居加利福尼亚。他继承了在伯克利的班克罗夫特图书馆的资料。但他和他的学生比起赫伯特·豪·班克罗夫特来，对英属美洲关注较少，而对拉丁美洲深为重视。博尔顿把边疆说成是几种文化、几个帝国起交互作用的场所。他们把边疆的研究实质上看成西班牙对那些为美国人很久以后移入地域附近渗透的历史。如果说特纳将重点置于西部以纠正在美国史中过分偏重东部的偏向，那么博尔顿将重点置于拉丁美洲以纠正在西部史中过分侧重美国宅地占有者的偏向。在他看来，边疆不全是作为前哨点和突出部的地区或过程，边疆居民不仅是拓荒者而且是帝国代理人。博尔顿越来越致力于研究西班牙探险家的经历；他的主要著作是那位发现下加利福尼亚并非岛屿的19世纪耶稣会传教士欧塞比奥·基

---

① 1964年改名为《美国历史杂志》。——译者

② 克拉伦斯·W.奥尔沃德（1868—1928），美国历史学家、编辑。——译者

③ 赫伯特·博尔顿（Herbert E.Bolton），1911—1940年任加利福尼亚大学（伯克利）历史系主任，是西班牙殖民时期美国西部史的权威，写有许多论述西班牙对南北美洲历史的影响的著作。——译者

诺的传说。

在东部的大学里，外交史学家更多地从国际结构上论述不断扩展的英属美洲边疆。特纳的学生阿瑟·P.惠特克①在论《西属美洲边疆，1783—1795》（1927 年）和《密西西比问题，1795—1803》（1934 年）两本书中，在卓越地透视美国史上边疆的经济和社会发展方面所取得的成功,恐怕超过了任何人。惠特克和写过《论 1812 年的扩张主义者》（1925 年）一书的朱利叶斯·W.普拉特两人，如同特纳在其论 18 世纪 90 年代的法美关系、西美关系的著作中一样，都对不同地区在国际问题上互相对立的倾向感兴趣。

20 世纪 20 年代对国际边疆如此积极的关注，跟按照特纳兴趣广泛地议论边疆民主、西部特性与社会制度的内容充实、分析透辟的著作极度匮乏这种情况，形成了鲜明对照。西部社会史与经济史中许多领域无人问津，竟达 20 年甚至更久。很少有史学家对特纳的学说有怀疑，正统观念产生一种很单调乏味的历史。比之上个世纪的文物研究，只在技术形式而不是在思想或文风上略胜一筹。特纳概略地叙述的编年史结构自身就是目标：叙述排除分析。特纳的某些听众仿佛没有停下来把话听完，就急促地接受了他的呼吁，带着一种新的理直气壮意念迅速跑开，像学会会员那样去重续"那个高贵的梦想"：接二连三地发表专题论文。

实际上，许多西部史学家的方法既不是 19 世纪科学学派，也不是特纳学派意义上的归纳法，因为他们倾向于将假设变为这一领域的定论。他们背离了特纳关于美国民主在文明不成熟的边缘地带发现新活力的主张，有时将西部生活中所有那些不具有明显的民主与返本性质的因素认为是非西部的，因而专断地忽略过去。专注于拓荒者经历与乡村拓居地早期阶段的研究，尤其使中西部的研究变得毫无价值。由于特纳的主要概念是以早期中西部史为基础的，因而中西部几乎成了他的门生的禁脔。因此 20 年代和 30 年代早期一些最富有生气的西部史著作都是涉及远西部如得克萨斯、怀俄明和蒙大拿的。显然这些州竭力避免落入东部窠臼，因而历史学家较易思考这些州历史的各个侧面，用不着担心他的材料太着重城市、思想、工业或全国的内容，以至不足与西部史相称。特纳的学生约瑟夫·谢弗，1920 年曾在威斯康星历史协会宣布过汇编《威斯康星土地册》这样一项野心勃勃的计划。但谢弗的丛书

---

① 阿瑟·惠特克（Arthur Preston Whitaker，1895—1979），拉美史教授，曾在宾夕法尼亚大学等校任教；著有《西半球概念的兴衰》（*The Western Hemisplore Idea:Its Rise and Declime*）等。——译者

仅出了五小卷，就在 1937 年因经济萧条而中断了资助，并且没有一卷真正遵从特纳的建议，没有试着把下列因素联系起来："按分选区、选区等计算的党派选票，选民所住地方的土质①、国籍、原州籍、财产估价册、教派、文盲等等。"当特纳本人继续努力研究 19 世纪 30 年代和 40 年代地域主义时，由竞争的经济势力引起的地域冲突这个主题，在多数其他西部研究中还不如在查尔斯·A.比尔德及其弟子们侧重东部的著作中所表现得那样明显。

西部在这个时期变得不那么有趣，一方面是由于西部史学家写的或未能写出的内容；另一方面也是由于以下缘故，即作为一个地域来讲，西部对国家的贡献似乎不如以前，它在以前曾是领先之处的如今看来却落后了。中西部的进步主义衰退了，让位给孤立主义和本土主义。像辛克莱·路易斯这样的小说家（《通衢》，1920 年；《巴比特》，1922 年）将中西部表现为小城镇的偏狭习气。在一个城市与工业的时代，作为乡村的西部似乎与国家生活的主流脱离了关系。比尔德问道（1928 年）："农奴、地主、地产保有者、农民和田里劳动者这类人为文学、艺术、科学作出过什么贡献呢？"他进一步指出，许多保守分子总是希望乡村社会可以制止大城市的革命暴乱。"关于 1900 年以前的农民主题，尽管正确有效……但自那年以来，事物的进程却几乎不再有什么问题了。"

西部背景与西部史本身的脱节，在 30 年代的经济萧条中更为显著。历史学家专心致志于地方的、农村的、返祖的、军事的主题，至少对繁荣年代流行的怀旧病有用，但在 30 年代的国内危机中，美国人感到他们承担不起无论是地方主义还是军国主义。20 世纪早期的进步分子回顾边疆，以为那是民族活力的源泉，但是依靠庞大政府的新政人物却本能地不相信边疆个人主义的传说以及（特纳的继承者们精心阐发的）关于边疆起过"安全阀"作用的想法：边疆曾消除东部不满情绪和城市对民主的威胁。一些新政人物机敏地使"安全阀"主张适应新条件，论证说（正如特纳本人曾提出过的）自由土地的竭尽需要政府来代替自然；但许多自由派学者怀疑安全阀是否真起过什么作用。他们就这样直接从现状得到研究过去的暗示，正如特纳当初所作的那样。他们当中有些人简直忽视了农村的西部，因为他们成为城市居民时，美国大部地区早已城市化，忘记了它大部分地区曾经是过农村。

当萧条的低潮和对西部与西部历史（萧条使其成为注意中心）产生的怀

---

① 如黑土地带等。——译者

疑同时发生时，特纳于 1932 年溘然长逝。一些学者对他的边疆学说的赞扬比十年前或更早时间更为热烈。他的信徒对他的赞扬，比通常在这种时刻带有更多的辩护色彩。当他们从赞扬转而回答对他的批评时，他们主要求助于他的总的归纳，而没有进行特纳也曾从事过的那种深入分析和证据梳理。在围绕"特纳论题"接着发生的学术争论中，敌对派别有时似乎真把他们的旗帜搞混了。一些特纳的追随者天真地自以为都是门生而不是对手，却以某种学术上的格雷沙姆法[①]，渐渐将那些具有该领域所必需的分析综合能力的学生从这一领域排挤掉。特纳的失败不仅由于他的批评者们能令人信服地证明民主并非来自森林，也就是说，他最引人注目的假说不为事实所证实，而且也由于许多辩护人不习惯于分析与"特纳论题"或任何论题有关的论据。与此同时，另一些历史学家，他们在方法上提出有助于我们理解西部的新假设上，在精心选择地方证据上，更具有特纳式的特点，但他们却以反对者姿态出现，因为他们否认特纳的某些推测和结论，或者否认它们能适用于整个西部。

30 年代正统西部史学某些最激烈的批评者很少考虑这一领域，而将他们自己局限于几篇简短的论文，这些论文的主要效果就是表明从事研究的更好机会不在此处。然而，另一些批评者文章写得很有分量，尤其是在经济政治结构方面。特纳的学生托马斯·P.艾伯纳西，详细写了 19 世纪和 20 世纪早期旧西南部特权，机会主义和投机对民主的胜利。保罗·W.盖茨对公司和政府档案作了细心的研究，也展现了早期西北部知情人物和垄断者的胜利。除他某些学生的作品外，他的书比这一领域的任何其他作品都更明显地恢复了特纳对制图分析的热情。盖茨和弗雷德·A.香农进一步发现 1862 年的宅地法是个骗局。它给定居者以自由土地的许诺尚未生效就过时了。[②]香农对西密西西比流域（他本人在萧条时期曾在那里任教）麦农们的不幸遭遇的真实有力的暴露，再现了 19 世纪 90 年代堪萨斯平民党人的怨恨。经济学家否认西部安全阀的存在；政治科学家否认美国民主有什么值得注意的西部根源。

30 年代和 40 年代似乎曾有一段时间，修正派学者不仅成功地纠正了西

---

　　① 英人托马斯·格雷沙姆（Thomas Gresham）提出的"劣币驱逐良币"之法则。——译者

　　② 托马斯·P.艾伯纳西：《田纳西：从边疆到种植园》（Thomas P.Abernethy, *From Frontier to Plantatiom in Tennessee*, 1932）；保罗·W.盖茨：《在不相称的土地制度中的宅地法》（Paul W.Gates, "The Homestead Law in an Incongruous Land System", *The American Historical Review*, Vol. 41, No. 4, July 1936, pp. 652-681.）；弗雷德 A.香农《宅地法与劳力过剩》（Fred A.Shannon, "The Homestead Act and the Labor Surplus," *The American Historical Review*, Vol. 41, No. 4, July 1936, pp. 637-651.）；以及《农民的最后边疆：农业，1860—1897》（*The Farmer's Last Frontier: Agriculture 1860-1897*, 1945）。

部学者之偏颇，而且对西部社会的能动因素作最低估计，因而使严肃的学者转移了兴趣。香农只不过证明，除被虚幻的期望引向西部的那些人外，根本不存在什么西进运动。艾伯纳西将安德鲁·杰克逊变成一个保守者，小阿瑟·施莱辛格又把他转变为东部激进分子的发言人，并且主要以无视西部学者的方式去处置那些认为杰克逊代表西部的敌对理论。[①] 尤其在曾经是最引人入胜的旧中西部，西部史比其他史学领域显然是衰落了。特纳的老课程甚至在威斯康星和加利福尼亚[②]也暂时从课表上除掉了。多按阶段、少按主题或地域编写历史的方法越来越流行了，这也许是遵从那个时代的向心的倾向。《密西西比流域历史评论》宣布改称《美国历史杂志》（1938 年），给予西部或密西西比流域主题的注意并不比美国史其他方面更多。与此同时，许多学院有相当数量的学生必须选修州史课，以适应公立中小学校教学的需要，或以西部史为题撰写毕业论文，因为西部史似乎好写。因而一些学院的教学人员仍可专教西部史或州史，这就跟其他史学领域的学术新潮流在精神上出现鸿沟。

与那些从 30 年代起否认西部环境提供经济机会和产生民主制度的历史学家同时，另一些历史学家提出了新的环境解释。沃尔特·P.韦勃深切了解他的故乡得克萨斯与多数西部史学家的密西西比流域背景之间的区别，在他写《大平原》（1931 年）这本研究人如何适应干燥的西南部的书时，甚至没有读过特纳的著作，但他的地理决定论却远远超过特纳。特纳仅仅是倾向于决定论，因为他所承认的历史上的力量不止一种，而且强调环境的刺激作用甚于环境的限制作用。韦勃在后来的论文中发展了他的论点，不仅不接受特纳提出的任何一个取代地理的因素（如政府干预），而且用一个原理去解释整个近代史上的多种主要力量。特纳似乎同意那种说法，即：认为美国人的最宝贵品质乃是本土成长的。这就给美国的本土主义者和孤立主义者以极大的抚慰。而韦勃却进而直截了当地说，以往 400 年欧洲世界的繁荣、活力和自由乃是美国银行存款簿上的支票，而这笔存款到如今已接近枯竭，其内在含义十分凄凉，正如最激烈的非环境论者著作所含有的一样。

物质环境为另一个西南部学者詹姆斯·C.马林提供了截然不同的方法。当韦勃打算不仅在整个西部而且在全世界突出西得克萨斯的经验时，马林坚

---

① 施莱辛格：《杰克逊时代》（1945 年）（Arthur Meier Schlesinger Jr., *The Age of Jackson*, Boston: Little, Brown and Company, 1945）。

② 指两所大学。——译者

持他的堪萨斯州及其全体居民是独特的。就像彼埃特·盖尔[①]坚定不移地论证历史是细节的保护者一样，他强调地方史的长处在于能矫正全国性或地域性（包括特纳的）的过度广泛的解释。[②]自相矛盾的是，韦勃和马林二人都否认自己是社会科学家，尽管一位阐发的法则很少给人留下必要的选择余地，另一位以自然科学的具体发现来阐发历史问题。马林、香农和韦勃三人崭露头角，给历史下了不同的定义，为自由土地的枯竭、旧边疆的结束提出了不同的解决办法：西部各部的出路都彼此不同，有的是引向城市，有的不知去向。

尽管东部和西部历史学家都为西部史学研究发出讣告，但西部史居然活着度过了萧条时期的敌对氛围。及至 50 年代，对于特纳的独特论题的诘问，很少激起强烈的情感。西部史的最佳著作在第二次世界大战后比第一次大战后具有更浓的特纳色彩。这是从下面的意义讲的：这些著作运用最锐利的工具——对新的有启发性的假设有关的资料进行分析所使用的最锐利的工具，以使整个美国历史总括研究达到更高的水平。西部历史有了进展，这部分是由于修正派刺激了特纳的捍卫者们去检验他们的假说，另一部分是由于历史学家将一些技术和假说引入西部研究，这些技术和假说已被证明就像在特纳启发下引入美国史和欧洲史各个领域的技术和假说那样富有成效。特纳在 1946 年的威望仍是如此之高，以致美国历史学术界总的评价是赞扬他"将较近美国史学家进一步发挥的几乎所有的见解"[③]，但是某些更有创见的西部史学家却大量利用其他历史分科和其他学科。

30 年代修正派对经济和社会结构的关心，引申为特纳的辩护者和年轻一代学者的关心。这些学者在工作中没有老一代的那种牵涉个人的感觉。特纳后期的一个学生默里·柯蒂，用打孔卡片建立相互关系的技术，以分析威斯康星州一个县的社会制度。这等于是对迟迟问世的威斯康星土地册丛书增加的新著。他与研究中西部各县土地所有制的阿伦·博格和玛格丽特·博格，都有效地利用了现代社会学研究方法；就他们所研究的地区而言，他们的发现多少更接近于特纳的假说，而不接近特纳的反对者的假说，虽说这些发现

---

① 彼埃特·盖尔（Pieter Geyl, 1887—1966），荷兰历史学家。——译者

② 詹姆斯·C.马林（James C.Malin），《论地方史的性质》（"On the Nature of Local History", *Wisconsin Magazine of History*, Vol. 40, No. 1, Summer 1957, pp. 227-230.）；《堪萨斯黄金带的冬小麦》（*Winter Wheat in the Golden Belt of Kasas*, 1944）；《历史编纂学论文集》（*Essays on Historiography*, 1946）。

③ 小约翰·兰德尔（John H.Randall, Jr.）和乔治·海恩斯第四（Georgs Haines, Ⅳ）：《在美国历史学家的实践中起支配作用的假设》，《历史研究中理论与实践》（*Theory and Practice in Historical Study*），社会科学研究会，第 54 号公报，《历史编纂学委员会报告书》（1946 年），第 50 页。

比两种假说都更复杂。①与此同时，把文学批评方法引入西部史研究的亨利·纳什·史密斯，基本上接受了香农等人的论点，即历史学家和美国人对西部的机会往往估计过高，他还诘问他们如何以及为何估计过高。在《处女地：作为象征和神话的美国西部》（1950 年）里，史密斯对于西部的内容写得不算很多，主要写其他学者如何从时代的角度考虑西部。这样，他就帮助历史学家从普遍认为是特纳创立的僵化公式中脱出身来，重新像特纳那样无拘束地看待西部，而且他对他们的影响特别表现于题目以及对待印第安人、西部建筑、旅行、户外消遣活动、激进主义甚至探险的态度方面的多样化。自他以后，"想象""传奇"和"神话"这些字眼普遍流行。

　　新西部历史的许多新鲜内容，似乎是随着西部主题与全国性主题之间联系的加强而来的。特纳本人主张加强这种联系，他在哈佛任教时就把下列题目纳入他的西部史课程的提纲：如"组合与西部的发展""资源保护与西部""进步党人"和"世界大战与重建中的西部"。虽然大多数教科书编写者仍局限于传统主题，其他历史学家却冲破正统，也关心西部那些最早定居地以外的地区和那些既有乡村又有城市的地区。香农和其他经济学家实际上看不起西部史，因为城市是美国社会最有生气的部分。新的回答是：西部也包括城市。富兰克林·华尔克作为旧金山的文学史学家，在远西部文化史中别开生面；②后来，理查德·韦德描述了俄亥俄流域的《城市边疆》（1959 年）。

　　西部宗教史的发展特别表现出更广阔的天地。在 20 年代很少有人留心这种历史，在最一般的叙述中主要用它来说明关于西部民主和粗鲁的老生常谈。到 30 年代后期，跟宗教史在殖民地结构和全国性结构中的变化相一致，世俗史学家和教士史学家中都有了变化的真正迹象。及至 50 年代，甚至富有边疆狂热的史学家也认真看待宗教史，着重研究其社会的和神学的意义，而不是偶尔偏执的形式。最引人注目的变化是关于犹他州摩门教徒③（现代圣徒）的历史编纂。它到这时似乎分成两类：一是外界人非同情的、有时甚至

---

① 柯蒂等：《一个美国社区的形成：一个边疆县民主的实例研究》（*The Making of an American Community: a Case Study of Democracy in a Frontier Community*, 1959）；阿伦·G.博格《本钱》（*Money at Interest*, 1955）；玛格丽特·B.博格《草地型式：大草原的土地使用和使用权，1850—1900》（*Patterns from the Sod: Land Use and Tenure in the Grand Prairie, 1850-1900*, 1959）。

② 《旧金山的文学边疆》（*San Francisco's Literary Frontier*, 1939）。也可参阅华尔克的《南加利福尼亚文学史》（*Literary History of Southern California*, 1950）。

③ 摩门教是小约瑟夫·史密斯 1830 年创立的一个教派。1852 年中西部一些会众组成现代圣徒再建耶稣教会（Reorganized Church of Jesus Christ of Latter Day Saints），自谓得其真传。——译者

是恶意的报道，一是圣徒们自己索然无味、煞费苦心地进行辩护的记载。新一代摩门教徒史学家把宗教与经济制度、政治和移民联系起来，全都非常客观。[①]

自 30 年代以来，一些最充满生气的著作是关于远西部和现代西部的。虽然一些历史学家仍断言，当特纳指出在 1890 年人口普查中不断前移的定居地的常规界线已到尽头时，西部历史的重大主题已告完结，此后所发生的事情是逐渐收缩的或者说至少是本国史史学家或社会科学家的事了。较新的西部各地之更引人注目，部分原因就在于它们在 1945 年后成长迅速。以加利福尼亚人口为例，1940 年为 6,907,387,1950 年增至 10,586,223,1960 年又增至 15,506,974，在 1970 年以前可望超过纽约人口。在西南部，成长最快各州的地域和部分经济相似早期拓荒的情况，或是其旅游业传播了它们稀奇独特和风光旖旎的传说。新的人口洪流易于助长一种新的好奇心：想了解那种消失在汽车高速公路中的往事。

然而，即使在拓荒者遗风似乎显著的那些州里，西部史也不局限于研究文物和流浪汉冒险事迹的主题。随着成长而来的是信心，西部人关于他们地域的地位和前途不再是那样没有把握，因而他们坚持说，西部是大不相同的。有关往事的矫揉造作、过分渲染的说法，与其说是严肃的学术研究或激情的发泄，倒不如说是一种娱乐消遣；入山旅行与其说是朝拜先辈经验的遗址，倒不如说是为了探索风景、呼吸新鲜空气和运动。供研究使用的图书馆，过去拒绝搜集比淘金热日记更近的和更能揭示边疆社会的任何东西，而今试着做些"亡羊补牢"的工作。

边疆消失之后的西部，不仅不像是"一落千丈"，而且边疆对 20 世纪美国，正如 19 世纪美国之于托克维尔[②]时的欧洲。格特鲁德·斯坦[③]告诉她的法国朋友说，美国是世界上最古老的国家，因为它第一个跨入 20 世纪；在各方面——在城市文化的模式方面，在交通方面，在政治方面，西部均较东部成熟得早。早在 1883 年，当太平洋沿岸地区仍从其他较老地域引进多数革新的事物时，一位年轻史学家、特纳的朋友就写道："我们当前太平洋文明的真

---

① 伦纳德·J.阿林顿：《大盆地王国：摩门教民的经济史》（*The Great Basin Kingdom: An Economic History of the Mormon People*, 1958）；托马斯·奥戴：《摩门教徒》（1957）。

② 托克维尔（Charles Alexis Henri Clerel de Tocqueville，1805—1859），法国历史学家、教授，曾在得克萨斯大学、斯坦福大学和加利福尼亚大学任教。——译者

③ 格特鲁德·斯坦（Gertrude Stein，1874—1946），美国女作家。——译者

正特点是：它大概是世界上纯粹商业文明的最完全的切实的体现。"加利福尼亚"在同一道路上走得这么远，因此纽约在这方面的成就只能算作'趋势'，而这种趋势的全面发展可在这里看到"。在当时来说这也许是过早的说法，但即使在那时西部很大地区早已如此。当时，对西班牙和墨西哥往事缅怀之情开始同西部学习东部模式的一般倾向展开竞争。从那时西部大部分地区所以成为如此，像一位现代西部史学家最近所说的，[①]正是为了成为"通向未来的发射台"，也希望像殖民地时期东部说明美国过去那样，解释美国的现在和将来。根据战后的人口调查，全国其他部分似乎要到西部去住，关于现代西部这个场面也在书写自己的恐惧和愿望。因此，现代的西部史学家从地方主义转移开去，像乔治·摩里的《加利福尼亚进步派》（1951 年）一类书，着重写全国性发展的焦点开始移向西部。

40 年代以来，西部历史的学术成就的范围仍像以往任何时候那样广泛。其中大部分仍是传统内容，仿佛自特纳和班克罗夫特以来这一领域毫无变化。普利泽奖金所奖励的西部史著作在解释方面是一成不变的。一些历史学家仍满足于以新的资料去阐述西进运动的老框架，没有对它的令人注目的可能发生的事作出回答。但公众也欢迎可靠的、写得好的关于发现与探险的历史著作。在这方面，伯纳德·德沃托[②]的著作最佳，读者最多。戴尔·L.摩根[③]的著作可能是学术性最强而艺术性也不差的著作。华莱士·斯特格纳在作品中再现了约翰·韦斯利·鲍威尔[④]在现代筑坝者建议填平的大峡谷中的冒险行动。德沃托和斯特格纳两人都是热烈的自然资源保护论者，作风浪漫一如前特纳派，并且毫无古物癖。对于西部政治党派和制度的新的研究，如罗伯特·W.约翰森和霍华德·R.拉马尔的作品，[⑤]跟论述东部和全国性政界人物

---

① 查尔斯·H.希恩（Charles H.Shinn）发表于《美洲大陆月刊》（*Overlamid Momthly*），第 2 辑，第 2 卷（1883 年 12 月），第 657 页；华莱士·斯特格纳在《西海岸：地区与展望》（Wallace Stegner, *West Coast: Region with a View*），《星期六评论》，第 42 卷（1959 年 5 月 2 日），第 41 页。

② 伯纳德·德沃托（Bernard De Voto，1897—1955），美国作家、编辑。——译者

③ 戴尔·L.摩根（Dale L.Morgan），生卒年月不详。——译者

④ 约翰·韦斯利·鲍威尔（John Wesley Powell，1834—1902），美国地质学家、人类学家。——译者

⑤ 德沃托：《帝国的历程》（*The Course of Empire*），1952 年；《渡过宽广的密苏里河》（*Cross the Wide Missouri*，1947）；以及《作出决定的年代》（*Year of Decision*，1943）；摩根：《杰德迪亚·史密斯与西部的开发》（*Jedediah Smith and the Opening of the West*，1953）；斯特格纳：《第一百度子午线那边》（*Beyond the Hundredth Meridian*，1954）；约翰森：《边疆政治与地区冲突》（*Frontier Politics and the Sectional Conflict*，1955）；拉马尔：《达科他领地，1861—1889》（*Dakota Territory，1861—1889*，1956）。

的地区背景的最佳著作相仿。

在学术界,西部史从最实际和最有限的意义上讲,可能比一两个世代前的情况是相对衰落了。其他领域的学者比西部史学家有时更记得 30 年代的诽谤。差的研究生都在西部史研究班这样一种想法,是不容易很快消失的。但是 60 年代早期的多数迹象表明:这一领域仍然是兴旺的;它在重新进入美国研究主流所获得的远远大于可能失掉的;各种方法——特纳派、前特纳派、后特纳派、新特纳派,把西部历史作为过程,作为拓荒者背景以及作为特殊地区——都有活动的余地。

(李青译　杨生茂校)

[译自约翰·海厄姆编:《美国历史的重建》,伦敦,哈钦森大学图书馆,1962 年, 第 64-81 页。]

美国边疆论题：攻击与辩护

雷·A.比林顿[①]

半个多世纪来，"边疆假说"成为用以解释美国历史最有用的，也是争论不决的概念。[②]它是 1893 年由弗雷德里克·杰克逊·特纳作为一种阐明本国文明特征的方法而提出的。在 20 世纪 30 年代遭到一批较年轻的学者们的猛

---

① 雷·A.比林顿（Ray A.Billington，1903—1981），美国史学家，主要研究美国西部的历史，继承了特纳学说，为战后新特纳学派的代表人物；曾在西北大学、约翰·霍普金斯大学、哈佛大学讲学；晚年长期在亨利·亨廷顿图书馆从事研究工作；著有《向西扩张》（*Western Expansion*，1949）、《远西部边疆，1830—1860》（*The Far Western Frontier*，1956）和《美国的西进运动》（*Westward Movement in the United States*，1959）等书。——译者

② 有些人认为，在特纳晚年，另一个更有影响的概念是用经济解释政治的概念。然而，普及这一学派的最主要人物查尔斯·A.比尔德却不同意这一点。他认为，特纳提出边疆假说的那篇文章"比关于这一题目所写过的任何其他文章或书都有更深远意义的影响"。（见《改变我们思想的书：美国历史上的边疆》，载于《新共和》，1939 年 2 月 1 日，第 362 页）最近几年，学者们建议用其他解释阐明美国性格的独特性。戴维·M.波特 1954 年在芝加哥出版的《富裕的人民》一书中认为，随着技术进程的改进，经过连续的开发，自然资源是丰富的。在纽约 1955 年出版的《美国的自由传统》（*The Liberal Tradition in America*，New York: Harcourt Brace and Co., 1955）一书中，作者刘易斯·哈兹（Louis Hartz）争辩说，缺少中世纪遗产，是一个基本的影响。史学家乔治·W.皮尔逊（George W.Pearson）在他的《急躁的脾气……》一文［见《美国历史评论》（*The American Historical Review*, Vol. 69, 1963-64, pp. 969-989.）］中提出实例，把美国最独特的特点归于这个民族的流动性。这一观点早已由一个社会学家埃弗利特·S.李在他的《特纳论题的重新审查》一文中提出过［见《美国季刊》（Everett S.Lee, "The Turner Thesis Reexamined", *American Quarterly*, Vol. 13, No. 1, Spring 1961, pp. 77-83.）］，但并没有加以发展。托马斯·S.哈特肖恩 1968 年在克利夫兰出版的《被歪曲的概念：特纳以来不断变化的关于美国性格的概念》（Thomas L.Hartshorne, *The Distorted Image: Changing Conceptions of the American Character since Turner*, New York: Press of Case Western Reserve University, 1968）一书中，评价了这些史学家及其他人在叙述和分离出民族性格的因素方面所作的努力。他得出结论说，他们对特纳所作的分析并没有增加什么新的东西。戴维·M.波特在一篇阐述透彻的文章《民族性格的探索》中，研究了形成美国性格的各种力量，认为不能识别出单一的力量和单一的民族性格［约翰·海厄姆编《美国历史的重建》（*The Reconstruction of American History*, New York, 1962, pp. 192-220.）］。

烈批评之前，受到普遍承认和热情运用。最近史学家们重新支持这个现以某种修改的形式加以阐述的论题，且又发现它对于了解过去是一种必要的方法。要正确解释美国历史，就须了解今天史学家们所运用的这一假说。

特纳所陈述的论题是众所周知的，不需要作过多的评论。他认为，欧洲和美洲文明之间的区别，部分是产生于新世界的独特环境。这种环境的最明显的特征"是一个自由土地地域的存在及其不断的退缩，以及美国向西的拓殖"。在每一次前进中，人们不仅抛弃"文化行装"，而且还要使自己适应一种不熟悉的自然地理环境；他们也摆脱了许多文明的复杂事物。他们沿边疆建立的早期定居地，比东部紧密结合的村落需要更少的社会、政治或经济上的管理，因为当人们为征服森林献出精力时，就没有时间去从事文化事务了。当新来者终于移居进来时，这种社会才沿着通向成熟的道路向回奋斗；但是产生的文明却不同于东部的文明。它的制度由于陌生的环境、独自进化中所发生的偶然事件，以及构成社会秩序的各种人群的贡献而发生变动。一种"美国化的"人和他们的社会出现了。

这一大胆的陈述，不管是在 1893 年对听众，还是在以后的六年当中对他的同行都没有多大影响；固执坚持当时流行的"条顿人的"解释的史学家们，如此深信所有美国的制度都是从中世纪的日耳曼和英国移植来的，因而他们对特纳所提出的环境这种异端邪说连看也不看。然而，由于他的门徒们的传播，他的朋友们的鼓吹以及后来他自己出版著作的支撑，他的观点逐渐盛行起来。①边疆论题到 1900 年已为大家所接受，并从那时到 20 世纪 20 年代末，一直是对这个国家的过去所作的居于统治地位的解释。美国的史学家们一致支持这一论题：在那些年代里美国历史协会被说成是一个巨大的"特纳协会"。经济学家、政治学家和文学家都加入这一行列，改写他们的主题，用以说明

---

①　威尔伯·R.雅各布斯（Wilbur R.Jacobs）在《弗雷德里克·杰克逊·特纳——杰出的教师》一文中指出，特纳作为一位教师的能力使他能够推广他的学说［见《太平洋历史评论》，1954 年，第 23 卷，第 49-58 页（Wilber R.Jacob, "Frederick Jackson Turner: Master Teacher," *Pacific Historical Review*, Vol. 23, No.1, February, 1954, pp. 49-58.）］，而厄尔·波默罗伊在《变化着的西部》一文中研究了这一论题对历史著作的影响，并对其在当前的地位进行了评价［见约翰·海厄姆编《美国历史的重建》，第 63-81 页（*The Reconstruction of American History*, New York, 1962, pp. 63-81.）］。奥斯卡·O.温泽的《边疆假说及其史学家》一文，扼要论述了历史教科书接受这一学说的情况（见《社会教育》，1957 年，第 21 卷，第 294-298 页）。对这一题目的更深入的探索，见 1967 年亨利·M.利特菲尔德一篇未发表的哥伦比亚大学博士学位论文《教科书、决定论和特纳：中学历史和地理教科书中的西进运动，1830—1960》。一篇关于特纳论题对著作家和其他知识分子的影响的最好论述，是沃伦·L.苏斯曼（Warren I. Susman）的《无用的过去：美国的知识分子和边疆论题，1910—1930》一文（见《布克纳尔评论》，1963 年，第 11 卷，第 1-20 页）。

向西扩张的重大意义。他们终于走得太远。对于这些过分的热心者们来说，边疆不是影响美国发展的许多力量之一，而是独一无二的力量——对于这种夸张，特纳极不赞同。

一、对于边疆假说的批评

在 1932 年特纳死后不久，这种盲目的接受不可避免地产生一种反作用。进行这种攻击的时机已经成熟了。在大萧条的十年里，美国文明的许多基本价值都重新受到彻底的审查。边疆假说包含的那类概念太多了，以致难以避免指责。有些学者问道，如果看起来美国不是这样的国家，它曾经一度是这样国家吗？在着重研究经济恐慌的知识分子中间，马克思主义学说的盛行也使得对于那种只强调地理而不强调阶级力量的理论产生怀疑。当政府控制似乎是拯救社会的必需手段时，自由主义者同样不喜欢这种强调边疆个人主义的概念。史学思想的趋势也促进了反特纳运动。史学家们突然认识到思想史的重要性，对文明根源只强调西部而不强调东部的理论表示厌恶。同时其他人对于特纳在解释国家发展中单强调一种力量的说法加以反对。当萧条每天都在说明社会秩序的复杂性时，这看来是非常不现实的。

史学家们对这些力量作出反应，并以此对（边疆）假说进行抨击。一些人表示反对特纳不严谨的术语和不精确的定义；另一些人则从他的文章里挑出那些在理论上自相矛盾，在判断上论据不足和在假定上无充分根据的段落加以谴责。[①]更多的人针对一些具体的词句口出不逊，特别是对特纳的边疆对

---

① 乔治·W.皮尔逊：《边疆和特纳文章中的边疆居民》[见《宾夕法尼亚历史和传记杂志》，1940 年，第 64 卷，第 449-478 页（George Wilson Pierson, "The Frontier and Frontiersmen of Turner's Essays: A Scrutiny of the Foundations of the Middle Western Tradition", *The Pennsylvania Magazine of History and Biography*, Vol. 64, No. 4, October 1940, pp. 449-478.）]；乔治·W.皮尔逊：《边疆和美国制度：特纳学说的批判》[见《新英格兰季刊》，1942 年，第 15 卷，第 224-255 页（George Wilson Pierson, "The Frontier and American Institutions a Criticism of the Turner Theory", *The New England Quarterly*, Vol. 15, No. 2, June 1942, pp. 224-255.）]。约翰·C.奥尔麦克对特纳的论题发表了一篇比较早的资料不足的攻击性文章是《边疆的陈词滥调》（见《历史的展望》，1925 年，第 16 卷，第 197-202 页）。在后来的极少数攻击性文章中，理查德·霍夫施塔德特的《特纳和边疆神话》重复了许多更激烈的批评 [见《美国学者》，1949 年，第 18 卷，第 433-443 页（Richard Hofstadter, "Turner and the Frontier Myth", *The American Scholar*, Vol. 18, No. 4, Autumn 1949, pp. 433-443.）]。罗伯特·E.里格尔的两篇文章《关于美国边疆意义的流行概念》（Robert E. Riegel, "Current Ideas of the Significance of the United States Frontier", *Revista de Historia de América*, No. 33, Junn,

东部心怀不满的人起到安全阀的作用①，以及边疆培育出民主②这两种信念争论不休。尤为严重的是针对这一假说的基本假定提出两种指责。一方面，责备特纳不承认现代历史编纂学中基本原则——多因果的原则，而把美国的发展归结于边疆，并忽视像阶级斗争③、工业化、城市化和运输系统的兴起④这样一些极其重要的力量。另一方面，指责他通过不承认东部⑤和欧洲对美国西

1952, pp. 25-43.）和《美国边疆学说》，概述了各种批评，并对一部分作了回答（分别见《美国史评论》，1952 年，第 33 卷，第 25-43 页；《世界史杂志》1956 年，第 3 卷，第 356-380 页）。罗兰·H.贝克 1955 年在苏黎世出版的《弗雷德里克·杰克逊·特纳（1861—1932）的边疆学说》（Roland H.Beck, *Die Frontiertheorie von Frederick Jackson Turner, 1861-1932*, Zürich: Europa Verlag, 1955）也以更少同情的态度进行了概括。关于这一题目的最优秀文献是吉恩·M.格雷斯利的《特纳论题——历史编纂学的一个问题》［见《农业史》，1958 年，第 32 卷，第 227-249 页（Gene M.Gressley, "The Turner Thesis: A Problem in Historiography", *Agricultural History*, Vol. 32, No. 4, October 1958, pp. 227-249.）］；小沃尔特·朗德尔的《"边疆"概念和"西部"》［见《亚利桑那和西部》，1959 年，第 1 卷，第 13-41 页（Walter Rundbell, Jr., "Concepts of the 'Frontier' and the 'West'", *Arizona and the West*, Vol. 1, No. 1, Spring 1959, pp. 13-41.）］。评价不大贴切的是 R.L.洛肯的《特纳论题：批评与辩护》（见《社会研究》，1941 年，第 32 卷，第 356-365 页）；J.A.伯克哈特的《特纳论题：史学家的争论》［见《威斯康星历史杂志》，1947—1948 年，第 31 卷，第 70-83 页（J.A.Burkhart, "The Turner Thesis: A Historian's Controversy", *The Wisconsin Magazine of History*, Vol. 31, No. 1, September 1947, pp. 70-83.）］。此文和在《威斯康星历史杂志》上发表的关于特纳及其论题的其他文章已经由小 O.劳伦斯·伯内特所编的《威斯康星为弗雷德里克·杰克逊·特纳作证》（麦迪逊，1961 年）（O.Lawrence Burnette Jr., *Wisconsin Witness to Frederick Jackson Turner: A Collection of Essays on the Historian and the Thesis*, Madison: State Historical Society of Wisconsin, 1961）一书重印。

① 见前有关攻击和辩护安全阀学说的著作目录。

② 见前有关边疆与美国民主之间关系的著作目录。

③ 刘易斯·M 哈克（Lewis M Hacker）的《地域，或阶级》（见《民族》，1933 年 7 月 26 日，第 108-110 页）；《弗雷德里克·杰克逊·特纳：非经济史学家》［见《新共和》，1935 年 6 月 5 日（"Frederick Jackson Turner: Non-Economic Historian", *New Republic*, June 1935.）］。

④ 查尔斯·A.比尔德的《美国历史上的边疆》（"Frontier in American History"）［见《新共和》（*New Republic*），1921 年 2 月 16 日，第 349-350 页］；查尔斯·A.比尔德的《文化与农业》（"Culture and Agriculture"）（见《星期六文学评论》，1928 年 10 月 20 日，第 272-273 页）。另一方面，比尔德 1939 年为《改变了我们想法的书》撰稿称，他给特纳以最高的称赞，尽管他与特纳的一些过分热心的门徒有争议［见《美国历史上的边疆》（"Frontier in American History"），载于《新共和》（*New Republic*），1939 年 2 月 1 日，第 359-362 页］。

⑤ 现代史学家都认为，特纳对环境强调得过多，而对连续性则强调过少。他只是试图强调一个已被忽视的方面，借以达到适当的平衡。但是他的著作给人造成的印象是，遗传的文化力量在西部社会起的作用很小。对这些力量最好的衡量可阅厄尔·波默罗伊著《重新确定西部历史的方位：连续性和环境》［见《密西西比河流域历史评论》，1954—1955 年，第 41 卷，第 579-600 页（Earl Pomeroy, "Toward a Reorientation of Western History: Continuity and Environment", *The Mississippi Valley Historical Review*, Vol. 41, No. 4, March 1955, pp. 579-600.）］。一本忽视环境而过于强调连续性的著作是刘易斯·B.赖特 1955 年在布罗明顿出版的《移动边疆上的文化》（Louis B.Wright, *Culture on the Moving Frontier*, Bloomington Ind.: Indiana University Press, 1955）。

部持续不断的影响而鼓励了地方主义和孤立主义。批评者们坚决认为，拓荒者非但不肯丢弃他们传统中的"拖得又湿又脏的衣服"，甚至当已经证明那些衣服不适合这种环境时，还是紧紧地抱住不放。他们攻击特纳说，他漠视"旧世界"通过思想和人员的流动，对新世界所产生的持续不断的影响。这不仅曲解了历史，而且使美国人思想产生偏差。美国人对于他们独特的过去印象过深，因而形成一种思想上的孤立主义。这就使他们在世界上承担20世纪责任方面缺乏准备。[①]

　　不容争辩，那些批评中很多是正确的。特纳的确写了一些根据不足的判断；特纳的诗人本能使他好用隐喻的琐细手法，以致模糊而不是确定了他的一些意思。并不像常常所指责的那样，他不是一个地理环境决定论者，但他的确过于强调了地理的力量。他的确根据有限的观察作了太广泛的概括。正像缩小了工业化城市化和移民的影响一样，他的确缩小了欧洲文明对美国文明持续不断的影响。但是依然存在的问题是：这些对特纳边疆假说的叙述所作的攻击，便证明该假说本身是错误的吗？

　　许多最坦率的批评者诚然犯了特纳所犯的同一过失。[②]有些批评是由于对他的著作读得太少；对于他在早期和晚期著作中所阐发的历史哲学，现代史学家们是不会有异议的。其他人则是根据特纳的一些过于热心的信徒们所发表的，而不是特纳本人发表的理论。他曾经懊悔地写道："我认为，我的学生当中有些人只研究了我的著作的某些方面，并且不经常看到它们彼此间的关系。"[③]但是批评他的人的主要错误，在于他们拒绝承认特纳是在提出一个假说，而不是企图去证明一个理论。如果生物学家和社会学家犯了同样的错误，他们就会辩论查尔斯·达尔文在他的《物种起源》一书中所用的词

　　① 卡尔顿·J.H.海斯（Carlton J.H.Hayes）：《美国的边疆——什么的边疆？》[见《美国历史评论》，1945—1946年，第51卷，第199-216页（"The American Frontier-Frontier of What?", *The American Historical Review*, Vol. 51, No. 2, Janary 1946, pp. 199-216.）]；狄克逊·R.福克斯：《运动着的观念》（纽约，1935年，第3-36页）。

　　② 批评者们的夸大使自己又受到另外批评者们的攻击。斯特林·克尔奈克（Sterling Kernek）的《皮尔逊对特纳：关于边疆争论的评论》，研究了20世纪40年代特纳的最坦率的批评者之一乔治·W.皮尔逊的方法论，并发现他犯了他指责特纳所犯的同样的错误：对主要的论题缺乏理解，断章取义，并故意误解词句[见《历史研究》，1969年，第15卷，第3-18页（Sterling Kernek, "Pierson Versus Turner: A Commentary on the Frontier Controversy", *Historical Studies*, Vol. 15, October 1969, pp. 3-18.）]。

　　③ 特纳给卡尔·贝克尔的信，1925年12月1日（见《弗雷德里克·杰克逊·特纳的文件》，藏于亨利·E.亨廷顿图书馆，TU匣第34号）。

句，而不是寻求足以证明他的进化论正确或错误的证据。①

在过去的 12 年里，边疆假说的辩护者们继续不断地进行辩论，但是他们着重强调基本论点，对于微不足道的论点或特纳的措辞较少强调。最近的许多攻击，是史学家对 20 世纪初年支配史学思潮的"进步学派"的学说发起总反抗而引起的。这些批评者指责说，特纳、查尔斯·A.比尔德和弗农·L.帕林顿由于过于强调冲突而曲解了过去；他们把美国历史描绘为一系列的地区冲突或阶级战争，而实际上与其他国家比较起来，美国是和平与安静的。②这些"谐和"史学家接着在 20 世纪 60 年代末和 70 年代初又受到更年轻一代学者们的挑战。这些年轻学者责备他们对真理所作的令人厌恶的歪曲，就像他们归咎"进步派"时所作的曲解一样。这些新近批评者们坚决认为，特纳和比尔德可能太过于强调冲突了，但是冲突是的确存在的并且是不可能掩饰的。当这一论战进行的时候，那些较同情边疆解释的人便对特纳的信条和概念从事详尽的审查，摆脱了 20 世纪 30 年代和 40 年代的批评家们的偏见和"谐和"史学家们的狭隘性。这种再评价，既不是全面的，也不是结论性的，但这表明特纳是一位学者。他的兴趣之广使那些责备他缺乏因果关系的人们显得不切实际，而且也表明边疆的确改变了美国性格的某些方面，尽管不像他所认为的那样激烈，常常也不是按他所述的那种方式。③

---

① 攻击和辩护边疆论题的主要文章已经编成几种文集，其中有：乔治·R.泰勒编《特纳的论题》(*The Turner Thesis*, Boston, 1949；和后来的版本)；雷·A.比林顿编《边疆论题：是美国历史的正确解释吗？》(*The Frontier Thesis: Valid Interpretation of American History?* New York, 1966)和理查德·霍夫施塔德特与西摩·M.利普塞特合编《特纳与边疆社会学》(Richard Hofstadter and Seymour M.Lipset, *Turner and the Sociology of the Frontier*, New York and London: Basic Books, 1968；这本书尽管有这样一个书名，但只是一本关于争论作出简短介绍的论文集)。

② 这种观点反映在查尔斯·克劳(Charles Crowe)的《进步历史的出现》一文中［见《思想史杂志》，1966 年，第 27 卷，第 109-124 页("The Emergence of Progressive History", *Journal of the History of Ideas*, Vol. 27, No. 1, Janary-March, 1966, pp. 109-124.)］，并以更广泛的形式反映在理查德·霍夫施塔德特的《进步史学家：特纳、比尔德和帕林顿》(Richard Hofstadier, *The Progressive Historians: Turner, Beard, Parrington*, New York: Alfred A.Knopf. 1968)，该书对特纳的观点有极好的评价。

③ 伯顿·J.布莱德斯坦（Burton J.Bledstein)的《弗雷德里克·杰克逊·特纳：关于知识分子与专业人员的一个诠释》尽管是一篇评论文章，但它是对特纳在现代历史编纂学中地位的一次彻底审查［见《威斯康星历史杂志》，1970—1971 年，第 54 卷，第 50-55 页("Frederick Jackson Turner: A Note on the Intellectual and the Professional", *The Wisconsin Magazine of History*, Vol. 54, No. 1, Autumn, 1970, pp. 50-55.)］。霍华德·R.拉马尔(Howard R.Lamar)的概述性文章《弗雷德里克·杰克逊·特纳》具有同等价值。这篇文章，除对特纳的论题作了评价外，还把这一论题应用到南、北达科他和新墨西哥，指出注意那些未曾应用这一论题的地区［见马库斯·坎利夫（Marcus Cunliffe)和罗宾·W.温克斯（Robin W.Winks)合编《昔日的大师：关于美国历史学家的论文》，(*Pastmasters: Some Essays on American Historians*, New York: Harper and Row, 1969.)］

二、历史学家特纳

1960 年 1 月，弗雷德里克·杰克逊·特纳的手稿向有一定资格的学者开放，这就使史学家第一次得以真正洞察他有关历史学和方法论的观点。[①] 收集在亨利·E.亨廷顿图书馆的藏书和数以万计的信函、笔记和未发表的讲稿，表明特纳是一位具有献身精神的学者。一种求全的想法妨碍他把自己的思想在他本来希望要写的许多著作中贡献出来。他的观点是如此惊人之新，以致即使他今天在美国历史协会会议上，也会像他在 1910 年当美国历史协会主席时那样感到泰然自若。[②] 尤其是许多批评家指摘他具有地方主义色彩，缺乏

---

① 雷·A.比林顿利用这些书信文件著有《美国的边疆遗产》（*America's Frontier Heritage*, New York:Holt, Rinehart and Winston, 1966）一书，试图借助现代社会科学的研究成果，对整个论题和对这一论题的各种批评进行一次重新审查。雷·A.比林顿在《边疆》一文中对该书作了概括的摘要 [见 C.范·伍德沃德（C.Vann Woodward）编《美国历史研究的比较法》（*The Comparative Approach to American History*, New York: Basic Books, 1968, pp. 75-90.）]。

② 关于特纳的最好的一本传略是默尔·柯蒂的《弗雷德里克·杰克逊·特纳》（Merle Curti, *Frederick Jackson Turner*, Mexico, 1949）。关于特纳早年生涯的著作有：雷·A.比林顿的《青年弗雷德里克·特纳》 [见《威斯康星历史杂志》，1962—1963 年，第 46 卷，第 38-48 页（Ray A.Billington, "Young Fred Turner", *The Wisconsin Magazine of History*, Vol. 46, No. 1, Autumn 1962, pp. 38-52.）]；富尔默·穆德（Fulmer Mood）的《特纳的形成时期》（Fulmer Mood, "Turner's Formative Period"）[见弗雷德里克·J.特纳的《弗雷德里克·杰克逊·特纳的早年著作》（E.Edwards, ed., *The Early Writings of Frederick Jackson Turner*, Wisconsin: University of Wisconsin Press, 1938, pp. 3-39.）]。富尔默·穆德的两篇文章探索了特纳作为新闻记者的大学生生涯：《弗雷德里克·杰克逊·特纳和密尔沃基〈哨兵〉，1884》[见《威斯康星历史杂志》，1950—1951 年，第 34 卷，第 21-28 页（Fulmer Mood, "Frederick Jackson Turner and the Milwaukee Sentinel, 1884", *The Wisconsin Magazine of History*, Vol. 34, No. 1, Autumn 1950, pp. 21-28.）]；《弗雷德里克·杰克逊·特纳和芝加哥〈洋际〉，1885》[见同刊，1951—1952 年，第 35 卷，第 188-194 页，第 210-218 页（Fulmer Mood, "Frederick Jackson Turner and the Chicago Inter-Ocean, 1885", *The Wisconsin Magazine of History*, Vol. 35, No. 3, Spring 1952, pp. 188-194+210-218.）]。下面两篇文章描述了特纳教学生涯中的两次重要事件：威尔伯·R.雅科布斯的《威尔逊在普林斯顿的第一次战役：授给特纳讲座》[见《哈佛图书馆简报》，1954 年，第 8 卷，第 74-87 页（Wilbur Jacobs, "Wilson's First Battle at Princeton: The Chair for Turner", *Harvard Library Bulletin*, Vol. Ⅷ, No. I, Winter 1954, pp. 74-87.）]；雷·A.比林顿的《弗雷德里克·杰克逊·特纳来到哈佛》 [见《马萨诸塞历史学会记录汇编》，1962 年，第 74 卷，第 51-83 页（Ray Allen Billington, "Frederick Jackson Turner Comes to Harvard", *Proceedings of the Massachusetts Historical Society*, Third Series, Vol. 74, 1962, pp. 51-83.）]。马克斯·法兰德（Max Farrand）的《弗雷德里克·杰克逊·特纳在亨廷顿图书馆》一文的主题是描述特纳的晚年 [见《亨廷顿图书馆简报》，1933 年，第 3 卷，第 157-164 页（Max Farrand, "Frederick Jackson Turner at the Huntington Library", *The Huntington Library Bulletin*, No. 3, American Number, February 1933, pp. 156-164.）]。关于他作为一位著作家的不愉快生涯，见雷·A.比林顿的《为什么一些历

多因果关系概念，但他的观点却证明他是无辜的。

特纳 1861 年 11 月生于威斯康星州的波特奇。它宛如一个边疆村庄，照管着一片拓荒者与印第安人群杂居的地区。他后来回忆，在童年时代，他经常乘独木舟沿威斯康星河顺流而下，"穿过原始的胶冷杉森林，看到鹿在河里戏水。装饰着鹿角的美人好奇地望着我们，并走了下来，接着突然奔向高大的树林。听那些高高岸边村里的印第安人妇女们用压低了的声音与我们的低声讲话的印第安船夫交谈。感到我属于这里的一切"。在那里，特纳看到被私刑处决的人吊在树上，还看到穿着红色衬衣在河上撑木筏的运夫们为了纵情狂欢，接管了市镇。在那里，他亲眼看见德国的、苏格兰的和威尔士的移民在边疆美国的廉价土地上发家致富的演变过程。这些情景永远铭刻在特纳的记忆中，使他深信美国不同于欧洲，廉价的土地有助于说明那种不同的原因。[①]

他升入威斯康星大学，1884 年取得学士学位，三年后又取得硕士学位。在威廉·弗朗西斯·阿伦教授的指导下，他学会批判地使用原始资料，尊重多重因果关系的概念，把社会看成一个在各种不同力量的影响下不断成长的进化着的有机体。[②]在约翰·霍普金斯大学，他完成研究，于 1890 年取得博士学位，可是赫伯特·巴克斯特·亚当斯教授却对这些学说提出了异议。他的教导是，所有美国的制度都可以在中世纪日耳曼的森林里找到它们的"根源"。这个不承认欧洲和美国之间存在差异的概念，使特纳非常恼火，并使他下定决心去思考他在童年时代所观察到的那种差异的性质。他后来回忆说，

史家很少写历史：对于弗雷德里克·杰克逊·特纳的实例研究》［见《密西西比河流域历史评论》，1963—1964 年，第 50 卷，第 3-27 页（Ray Allen Billington, "Why Some Historians Rarely Write History: A Case Study of Frederick Jackson Turner", *The Mississippi Valley Historical Review*, Vol. 50, No. 1, June 1963, pp. 3-27.）］。

① 特纳给卡尔·贝克尔的信，1925 年 12 月 16 日（见《特纳文件》，TU 匣第 34 号）；特纳给威廉·胡珀夫人的信，1921 年 2 月 13 日（见《特纳文件》，TU-H 匣第 5 号）。特纳还在 1922 年 3 月 15 日给康斯坦斯·L.斯金纳（Constance L.Skinner）的信中回忆了他童年时代的经历（见《特纳文件》，TU 匣第 31 号）。这封信由康斯坦斯·L.斯金纳以"特纳自传体的书信"为题发表于《威斯康星历史杂志》，1935—1936 年，第 19 卷，第 91-102 页（"Turner's Autobiographic Letter", *Wisconsin Magazine of History*, Vol. 19, No. 1 September 1935, pp. 91-102.）。

② 西奥多·C.布莱根编《弗雷德里克·杰克逊·特纳和肯辛顿石》（Theodore C. Blegen,ed.,*Frederick J.Turner and the Kensington Stone*），举出特纳甚至在不熟悉的情况下批判地分析资料的实例［见《明尼苏达历史》（*Minnesota History*, Vol. 39, 1964, pp. 133-140.）］。

"边疆理论简直就是由于我的愤慨而发出的一种反应"①。

当他回到威斯康星大学担任历史助理教授时，仍然对此耿耿于怀。他在此后三年的备课当中博览群书，他的历史信念在阅读过程中逐渐形成。这些信念在 1891、1892 和 1893 年分别发表的三篇出色的文章里表达出来。他首先论述他把历史作为一种学科的看法，然后论述可能通过研究美国历史而取得的独特贡献，最后论述在他专门研究领域中所选定的题目的一个方面——边疆。

第一篇文章《历史的意义》②，大胆地扬弃了客观的"标准的终极历史"的可能性；特纳宣布"每个时代都要根据当时最主要的条件重新撰写过去的历史"，所以史学家们应当采用一种与现代缩小着的世界的复杂性相称的方法，即比较和综合的方法。狭隘的、民族主义的研究对于部落文明或许是足够了，但是只有包括全球范围的广博见识才能使过去对 20 世纪有用。他写道："我们的历史应该理解为欧洲历史在新世界新的条件下的发展。不了解欧洲历史，我们将如何了解美国历史呢？"他警告说，学者们仅仅研究过去的政治，就不可能有所了解，因为在现代世界里最有激发性的力量是源于机器和工厂。史学家们必须关心财富分配、财产关系、世界范围内各种力量的影响以及"社会的整个经济基础"。这样，在一篇惊人的现代论文里，年轻的特纳提出了在历史写作中的相对主义理论，阐发了全球观点的必要性，提前采用了詹姆斯·哈维·鲁宾逊在下一代所推广的"新史学"。

在第二篇论文《美国历史中的问题》③里，特纳提出一些了解美国历史所必需的前提。第一个要求是要注意到在制度和宪法形式后面的"那些使这些机构具有活力，并使之适应变化着的各种条件的至为重要的各种力量"。在新世界一个基本的力量就是各种制度需要"适应一个非凡发展和扩大着的民族

①　特纳给卡尔·贝克尔的信，1925 年 12 月 16 日（见《特纳文件》，TU 匣第 34 号）。

②　原载于《威斯康星教育杂志》，1891 年，第 21 卷，第 230-234 页，第 253-256 页（*The Wisconsin Magazine of Education*, Vol. 21, 1891, pp. 230-234, pp. 253-256.）；后来又收入特纳的《早年著作》，第 43-68 页（E.Edwards, ed., *The Early Writings of Frederick Jackson Turner*, Wisconsin: University of Wisconsin Press, 1938, pp. 43-68.）。雷·A.比林顿编《边疆和地域：弗雷德里克·杰克逊·特纳文选》（Ray Allen Billington ed., *Frontier and Section: Selected Essays of Frederick Jackson Turner*, Englewood Cliffs: Prentice-Hall, 1961, pp. 11-27.）。

③　原载于《盾报》（1894 年，第 4 卷，第 48-52 页）（*The Aegis,* Vol. 4, 1894, pp. 48-52.），后来又载于特纳的《早年著作》（E.Edwards,ed.,*The Early Writings of Frederick Jackson Turner*, Wisconsin: University of Wisconsin Press, 1938, pp. 71-83.），和比林顿的《边疆和地域》（Ray Allen Billington ed., *Frontier and Section: Selected Essays of Frederick Jackson Turner*, Englewood Cliffs: Prentice-Hall, 1961, pp. 28-36.）。

的各种变化"。对于这种过程，即对于"自由土地的不断退缩的边疆"的研究，将使史学家不得不借用他的职业上不熟悉的工具，如使用地质学的、生物学的和气象学的数据去阐明"我们历史的自然地理的基础"。正当特纳认为这样一种研究将揭示"美国历史在多大程度上决定于自然条件"时，又急忙提出警告说，环境影响只说明问题的一半。欧洲生活在美国经受改变，但是欧洲的传统仍然影响很大。他写道，"在打碎风俗习惯的桎梏，提供新的经验，激发新的制度和活动方面，过去地中海之对于希腊正如不断后退的'大西部'之直接对于东部美国，以及更遥远地对于欧洲国家"。

特纳在 1893 年于芝加哥宣读的著名论文——《边疆在美国历史上的重要性》，只能借助他以前的文章才能理解。在这篇以及在他以后的很少的著作中[①]，

---

① 在特纳文件于 1960 年开放之前，史学家只能在他出版的著作里引证他的观点。他出版了两本文集：《美国历史上的边疆》（Frederick Jackson Turner, *The Frontier in American History*, New York: Holt, 1920.）和《地域在美国历史中的意义》（Frederick Jackson Turner, *The Significance of Sections in American History*, New York: H.Holt and Company, 1932.）。特纳也应用他的边疆和地域概念撰写了下列两书：《新西部的兴起，1819—1829》（*Rise of the New West, 1819-1829*, New York: Harper and Bros., 1906），编入阿尔伯特·B. 哈特编《美国民族：历史》丛书（Albert B.Hart, *The American Nation: A History from Original Sources by Associated Scholars*, New York, 1906；New York, 1962.）和《合众国，1830—1850：国家和它的地域》（*The United States 1830-1850: The Nation and its Sections*, New York, 1935；New York, 1965.）。1960 年以来，他的许多书信文件已在编辑，准备出版。威尔伯·R.雅各布斯（Wilbur R.Jacobs）准备了两巨册：《弗雷德里克·杰克逊·特纳的遗产：未发表的美国史著作》（*Frederick Jackson Turner's Legacy: Unpublished Writings in American History*, San Marino: The Huntingdon Library, 1965.），平装本书名为《美国的伟大边疆和地域》（*America's Great Frontiers and Sections*, Lincoln, 1969），这本书是一部文章、讲话和未完稿的汇集；另一册是《弗雷德里克·杰克逊·特纳的历史世界》（*The Historical World of Frederick Jackson Turner With Selections from his Correspondence*, New Haven: Yale University Press, 1968.），这是一部他的一些最重要的书信集。雅各布斯博士还完成了两个次要项目：一是为特纳 1922 年的讲话作的注释，标题是"农业历史研究：弗雷德里克·杰克逊·特纳在 1922 年的看法"（Wilbur R.Jacobs, "Research in Agricultural History: Frederick Jackson Turner's View in 1922", *Agricultural History*, Vol. 42, No. 1, Janary 1968, pp. 15-22.）；二是 1927 年为帮助亨廷顿图书馆制订购书方针而提出的一份备忘录，题为"弗雷德里克·杰克逊·特纳关于西进运动、加利福尼亚，以及远西部的笔记"（Wilbur R.Jacobs, "Frederick Jackson Turner's Notes on the Westward Movement, California, and the Far West", *Southern California Quarterly*, Vol. 46, No. 2, June 1964, pp. 161-168.）。特纳唯一不间断通信的主要信件已经由雷·A.比林顿（Ray Allen Billington）编辑成集，题为"'亲爱的夫人'：弗雷德里克·杰克逊·特纳与艾丽斯·福布斯·珀金斯·胡波尔的通信，1910—1932"（Frederick Jackson Turner, *"Dear Lady": The Letters of Frederick Jackson Turner and Alice Forbes Perkins Hooper, 1910-1932*, Huntington Library, 1970.）。比林顿还编辑了两本次要的书信集，一本描写他第一次去东部的访问，另一本是描写在西部的愉快的经历：《弗雷德里克·杰克逊·特纳访问新英格兰，1887》（Ray Allen Billington, "Frederick Jackson Turner Visits New England: 1887", *The New England Quarterly*, Vol. 41, No. 3, September 1968, pp. 409-436.）和《弗雷德里克·杰克逊·特纳和洛根"国民暑期学校"》（见《犹他历史季刊》，1969 年，第 37 卷，第 307-336 页）。一个相当完整的特纳著作目录（收至编辑时）是埃弗雷

他并未企图对美国历史提出全面看法①。他知道没有人能够掌握过去的整个真相，因而定下他的专门研究方向，并集中了他的精力。他绝不想单用边疆去解释美国历史。他在一生经历中地位最高时，告诉他的听众说，"事实上根本没有打开美国历史的单一的钥匙。在历史上，像在科学上一样，我们正在懂得，一个复杂的结果就是许多力量相互作用的结局。简单的解释不能符合事实"②。他选择边疆进行专门研究，仅仅是因为他感到这种研究被人忽视了，而不是因为扩张比工业化或城市化更能说明过去。③特纳关于历史的看法不是概括性的，他也不是一个单一因果关系论者。亨利·E.亨廷顿图书馆里的34个卡片匣，装满了关于从克里斯托弗·哥伦布到赫伯特·胡佛过去各个方面的读书札记，证明他的兴趣之广泛不下于他的学生们——他们在他的指导下研究工业革命、资本主义、移民、劳工、阶级冲突、城市化、政治、文化活动以及许多其他包括人类行为的一系列题目④。

特·E.爱德华兹（Everett E.Edwards）的《弗雷德里克·杰克逊·特纳的著作目录》[Frederick Jackson Turner Edwards, Everett E. (comp.) *The Early Writings of Frederick Jackson Turner, with A List of All His Works*, Madison: University of Wisconsin Press, 1938, pp.232-272.]。

①　一个精神病医生艾伦·C.贝克曼（Alan C.Beckman）在他的《边疆论题中的神秘的主题：精神分析学对历史编纂学的应用》一文中，对特纳的假说提出了一个有趣的解释[见《社会和历史的比较研究》，1966 年，第 8 卷，第 361-382 页（"Hidden Themes in the Frontier Thesis: an Application of Psychoanalysis to Historiography", *Comparative Studies in Society and History*, Vol. 8 , No.3, April 1966, pp. 361-382.）]。贝克曼认为这一论题的"神秘主题"是一个家庭三角关系的象征性的重演，西部是丰富慷慨的母亲，边疆居民是在她怀里哺育的幼儿，东部是力图对他的移居的孩子施行权力的父亲。他认为，特纳不遵从他自己的父亲，放弃新闻工作转学历史，以致老是感到内疚时，在他的下意识中便形成这种概念（指"神秘的主题"——译者）。贝克曼说，这说明为什么特纳坚持边疆居民从东部（他们的父亲）没有继承任何东西，而是由西部（他们的母亲）环境所形成的。因为他所怀的内疚过于沉重，无论如何不能感激他的父亲。贝克曼并作出结论说，特纳把东部作为一种权力主义的象征，是由于最直接影响他的人，包括他自己的父亲，都是东部人。

②　弗雷德里克·J.特纳的《美国社会的发展》（见伊利诺伊大学《校友季刊》，1908 年，第 2 卷，第 120-121 页）。

③　特纳对于作为美国社会中一种主要力量的城市化意义并不是无动于衷的，并且他的一生对于城市化意义的认识一直在不断提高。这就是杰克·安德森的《弗雷德里克·杰克逊·特纳与城市化》一文的主题[见《大众文化杂志》，1968 年，第 2 卷，第 292-298 页（Jack Anderson, "Frederick Jackson Turner and Urbanization", *The Journal of Popular Culture*, Vol. II , No. 2, 1968, pp.292-298.）]。

④　边疆论题和特纳的其他历史概念的起源已由一些学者进行了考察。最新近的研究是雷·A.比林顿的《边疆论题的起源：历史的创造性的研究》（Ray Allen Billington, *The Genesis of the Frontier Thesis: A Study in Historical Creativity*, San Marino: Huntington Library, 1971.）。这本书概括了下列大多数文章，并吸收了《特纳文件》中的必要材料。赫尔曼·C.尼克松（Herman Clarence Nixon）在《解释美国边疆方面特纳的前辈》（见《南大西洋季刊》，1929 年，第 28 卷，第 83-89 页）一文中考察了那些承认在形成美国性格中边疆具有重要作用的早期作家。威廉·科尔曼的《科学与特纳边疆假说中的象征》一文，卓越地考察

如果特纳没有把边疆作为一种塑造美国的力量而过高地估计它的影响，

了激励特纳对边疆发生兴趣的智识界气氛，尤其是生物学和地理学的发展（William Coleman, "Science and Symbol in the Turner Frontier Hypothesis", *The American Historical Review*, Vol. 72, No. 1, October 1966, pp. 22-49.），H.罗伊·默伦斯（H.Roy Merrens）的《历史地理与早期美国历史》（H.Roy Merrens, "Historical Geography and Early American History", *The William and Mary Quarterly*, Vol. 22, No. 4, October 1965, pp. 529-548.）一文探索了当时关于地理的想法对他的观念的影响。特纳时代的社会气氛对了解这一假说的起源有同等重要作用。对此，李·本森（Lee Benson）的《特纳边疆论文的历史背景》（Lee Benson, "The Historical Background of Turner's Frontier Essay", *Agricultural History*, Vol. 25, No. 2, April 1951, pp. 59-82.）和小罗伯特·F.伯克霍弗尔（Robert F.Berkhofer, Jr.）的《空间、时间、文化与新边疆》（Robert F.Berkhofer, Jr., "Space, Time, Culture and the New Frontier", *Agricultural History*, Vol. 38, No. 1, Janary, 1964, pp. 21-30.）都作了专门研究。小约翰·H.兰德尔（John H.Randall, Jr.）和乔治·海涅斯第四（George Haines, Ⅳ）的《美国史学家实践中起支配作用的一些设想》叙述当特纳发展他的论题时历史写作的情况［见社会科学研究会主编《历史研究中的理论与实践：历史编纂学委员会报告书》（*Theory and Practice in Historical Study: A Report of the Committee on Historiography*, New York: Social Science Research Council, 1946.）］；这一题目的一些方面也是罗伯特·E.勒纳（Robert E.Lerner）的《特纳及对 E.A.弗里曼的反叛》一文的主题（见《亚利桑那与西部》，1963 年，第 5 卷，第 101-108 页）；吉尔曼·M.奥斯特兰德（Gilman M.Ostrander）的《特纳与生源学说》结论说，特纳运用并反抗生源学说（Gilman M.Ostrander, "Turner and the Germ Theory", *Agricultural History*, Vol. 32, No. 4, October 1958, pp. 258-261.）。鲁道夫·弗罗因德（Rudolph Freund）的《特纳的社会进化论》论述了当特纳从事著作时流行的社会进化思想，并考察了这些思想对他的著作的影响（Rudolf Freund, "Turner's Theory of Social Evolution", *Agricultural History*, Vol. 19, No. 2, April 1945, pp. 78-87.）。富尔默·穆德的《弗雷德里克·杰克逊·特纳作为一位历史思想家的成长》（Fulmer Mood, "The Development of Frederick Jackson Turner as a Historical Thinker"），卓越地分析了制图学研究对他的边疆学说的影响［见马萨诸塞殖民地时期学会《议事录》（*Transactions*），1939 年，第 34 卷，第 283-252 页］；里·本森的《特纳边疆论文的历史编纂学背景》对他的历史背景作了比较不够深刻的分析（Lee Benson, "The Historical Background of Turner's Frontier Essay", *Agricultural History*, Vol. 25, No. 2, April 1951, pp. 59-82.）。同一作者的另一篇文章《阿奇尔·劳里亚对美国经济思想的影响：包括他对边疆假说的贡献》推论说，特纳深受这位意大利政治哲学家的影响（Lee Benson, "Achille Loria's Influence on American Economic Thought: Including His Contributions to the Frontier Hypothesis", *Agricultural History*, Vol. 24, No. 4, October 1950, pp. 182-199.）。本森的上述两篇论文均收入里·本森于 1960 年格伦科出版的《特纳和比尔德》（Lee Benson, *Turner and Beard*, Glencoe: Free Press, 1960）。里·本森后来的另一篇文章《作为虚构故事者的历史家：特纳和关闭的边疆》又重述了他关于劳里亚对特纳影响的想法，甚至提出"劳里亚—特纳论题"，并且还争辩说，是特纳的论文，而不是 1890 年人口普查公告，使全国意识到边疆的结束（see David M.Ellis eds, *The Frontier in American Development: Essays in Honor of Paul Wallace Gates*, Ithaca: Cornell University Press, 1969, pp.3-19.）。温德·H.斯蒂芬森编：《伍德罗·威尔逊对弗雷德里克·杰克逊·特纳的影响》中复制了特纳给威尔逊传记家威廉·E.杜德的一封信，他用这封信推测边疆论题的起源（see Wendell H.Stephenson, "The Influence of Woodrow Wilson on Frederick Jackson Turner", *Agricultural History*, Vol. 19, No. 4, October 1945, pp. 249-253.）。在这封信和许多其他文件中，特纳回忆了他的假说形成的步骤。这些信均收入比林顿的《边疆论题的起源》（Ray Allen Billington, *The Genesis of the Frontier Thesis: A Study in Historical Creativity*, San Marino: Huntington Library, 1971.）。W.L.威廉森的《关于特纳论题的间接说明：一封新的特纳的信》中考虑了 1893 年论文当时所受到的欢迎（见《纽伯利图书馆简报》，1953 年，第 3 卷，第 46-49 页）。

那么对于他在方法论上或见解上表现狭隘的指责也就该免除了。因为他意识到需要了解支撑现代社会的广泛的经济和社会基础，早在 1901 年就公开说过，"得不到迄今美国史学家们很少利用的许多科学和方法的协作，对……民族的演进取得令人满意的了解，是不可能的"。他认为，史学家只有利用经济学家、社会学家、地理学家、人口统计学家和统计学家的工具才能很好地从事他的行业。[①]特纳本人所使用的各种地图把地形和人类行为协调起来，在方法论上提出了一个大胆的手段。他认为，只有那种最能洞察细节的技术才能揭示出左右人们行动的各种推动力量的复杂性。因为他是一个很老练的调查研究者，不应得到"地理环境决定论者"或"经济决定论者"的称号。他在给他的朋友的信中一再气愤地否认他是任何类别的"决定论者"。相反，他把美国历史看成决定"各种不同的移民种族相互作用……以适应新的社会形式"[②]的复杂的平衡。物质环境不是唯一的标准，也不是遗传下来的特性。他有一次写道，"凡是单用物质的、地理的或经济的利益对政治集团所作的强人相信的解释都是错误的。还有理想和心理学的因素，即选举人的种族所产生的传统思想习惯"。特纳是那样坚持一种多因果关系的信念，那样深信多学科训练方法的必要性，因此他不仅应该被称为"边疆理论之父"，而且是当代史学家流行的大多数的研究方法之父[③]。

---

①　特纳 1901 年 10 月 16 日，在威斯康星州麦迪逊的一次演讲中第一次使用这种措辞。一个演讲副本保存在"1901 年，麦迪逊，演讲"文件夹中（见《特纳文件》TU 文件匣，第 14A 号）。后来这篇讲稿稍加修改，并入 1904 年在圣路易发表的《美国历史中的问题》演讲中，并在他的《地域在美国历史中的意义》一书中作为第 20 篇重印。威尔伯·R.雅各布斯的《多面手弗雷德里里克·杰克逊·特纳》（see Wilbur R.Jacobs, "The Many-Sided Frederick Jackson Turner", *The Western Historical Quarterly*, Vol. 1, No. 4, October 1970, pp. 363-372.）和雷·A.比林顿的《弗雷德里克·杰克逊·特纳：非西部史学家》扼要探索了特纳的广泛的历史兴趣《威斯康星科学、艺术和文学研究所学报》1971 年，第 59 卷，第 7-21 页）。在历史研究中运用统计方面，特纳应该取得创始人这个头衔。这一点是理查德·詹森（Richard Jensen）的一篇分析透彻的文章《美国选举分析：一部方法论的革新与传布的实例历史》中的结论（see Seymour M.Lipsett eds, *Politics and the Social Sciences*, New York: Oxford University Press, 1969.）。

②　特纳给默尔·柯蒂的信，1928 年 8 月 8 日（见《特纳文件》，TU 匣第 39 号）。他的看法甚至更强烈地表达在他的文章《地域与民族》中（见《耶鲁评论》，1922—1923 年，第 12 卷，第 1-21 页；后收入他的《地域在美国历史中的意义》一书第 337-338 页）。威尔伯·R.雅各布斯的《特纳的方法论：多作用假说或支配说》（see Wilbur R.Jacobs, "Turner's Methodology: Multiple Working Hypotheses or Ruling Theory?", *The Journal of American History*, Vol. 54, No. 4, March 1968, pp. 853-863.）检查了特纳关于多因果关系的观点，但结论是，他所实行的常常不是他所论说的。

③　特纳于 1924—1925 年冬在威斯康星大学的演讲《地域在美国历史中的意义》（The Significance of the Section in American History）中，对于这些判断作了陈述。这篇演讲先是载于《威斯康星历史杂志》（*Wisconsin Magazine of History*, Vol. 8, No. 3, March 1925, pp. 255-280.），后印于《地域在美国历史中的

意义》一书第 48-49 页（*The Significance of Sections in American History*, New York: Holt, 1932, PP. 48-49.）。对特纳的方法论最卓越的研究论文是：默尔·柯蒂的《美国历史中的地域和边疆：弗雷德里克·杰克逊·特纳的方法论概念》（see Stuart A.Rice eds, *Methods in Social Science*, Chicago: The University of Chicago Press, 1931, pp.353-367.）；诺曼·D.哈珀（Norman D.Harper）的《历史学家特纳：“假说还是进程”?》（见《堪萨斯所城大学评论》，1951 年，第 18 卷，第 76-86 页）；诺曼·D.哈珀：《边疆和地域：是特纳的“虚构故事”吗？》（见《历史研究：澳大利亚和新西兰》，1952 年，第 18 卷，第 1-19 页）。根据亨利·E.亨廷顿图书馆所藏《特纳文件》，对边疆论题所作的两篇简短的考察文章是雷·A.比林顿：《美国边疆论题》[见《亨廷顿图书馆季刊》，1960 年，第 23 卷，第 201-216 页（Ray Allen Billington, "The American Frontier Thesis", *Huntington Library Quarterly*, Vol. 23, No. 3, May 1960, pp. 201-216.）] 和威尔伯·R.雅各布：《弗雷德里克·杰克逊·特纳》（"Frederick Jackson Turner"）（见《美国西部》，1964 年，第 1 卷，第 32-35 页，第 78-79 页）。后一篇文章经过某些修改，已收入威尔伯·R.雅各布斯、约翰·W.考伊（John W.Caughey）和乔·B.弗朗茨（Joe B.Frantz）三人合写的《特纳、博尔顿和韦伯：三位美国边疆史学家》（Wilbur R.Jacobs, John W.Caughey, Joe B.Frantz eds, *Turner, Bolton, and Webb: Three Historians of the American Frontier*, Seattle: The University of Washington Press, 1965.）。非美国人对这一假说所持的看法，可阅珀·斯维亚斯·安德森（Per Sveaas Anderson）的《帝国进程中的西进：关于美国一种观念形成的研究：弗雷德里克·杰克逊·特纳的边疆》（Per Sveaas Anderson, *Westward is the Course of Empires*, Oslo: University of Oslo Press, 1956.），是一本对特纳发表的著作所作的具有分析性总述；哈利·C.艾伦的《弗·杰·特纳和美国历史上的边疆》，是一本以同情眼光对特纳观点的概述 [见哈利·C.艾伦与 C.P.希尔合编《英国人论美国史文集》（Harry Cranbrook Allen ed., *British Essays in American History*, New York: St Martin's Press, 1957.）]；帕特里克·伦肖（Patrick Renshaw）的《边疆与自由》，对此学说作了通俗的介绍（见《季度评论》，伦敦，1963 年，第 301 卷，第 123-131 页）；吉姆·波特的《英国人对特纳和边疆的一些考察》，是一篇对特纳的多学科和经济观点倍加颂扬的论文，并使特纳在英国和欧洲享有很大的声望（见《威斯康星历史杂志》，1969—1970 年，第 53 卷，第 98-107 页）；N.N.鲍尔霍维提诺夫（N.N.Bolkhovitinov）：《"边疆"在美国历史上的作用：对弗·杰·特纳观点的批判分析》[见《苏维坎评论：译文杂志》；1964 年，第 5 卷，第 22-38 页（"The Role of the 'Frontier' in the History of the USA: A Critical Analysis of the Views of F.J.Turner", *Soviet Studies in History*, Vol. 2, No. 2, 1963, pp. 50 - 66.）]。后一篇文章同意边疆在美国历史上起了较重要的作用，但认为，环境力量的意义不大，而边疆的真正作用在于形成奴隶制度问题和扩大资本主义。对这一论题及其作者的总评价另有：卡尔·贝克尔的《弗雷德里克·杰克逊·特纳》，这是一篇热情洋溢的评论 [见霍华德·W.奥德姆（Howard W.Odum）编《美国社会科学大师们》（*Pioneers and Masters of Social Science*, New York, 1927.）] 和艾弗里·克雷文（Avery Craven）下列五篇文章：《弗雷德里克·杰克逊·特纳》（"Frederick Jackson Turner"）（see William W.Hutchinson, ed., *The Marcus W.Jernegan Essays in American Historiography*, Chicago: University of Chicago Press, 1937, pp.252-270.）；《历史学家弗雷德里克·杰克逊·特纳》（Avery Craven, "Frederick Jackson Turner, Historian", *The Wisconsin Magazine of History*, Vol. 25, No. 4, Juny 1942, pp. 408-424.）；《弗雷德里克·杰克逊·特纳与边疆研究法》（见《堪萨斯城大学评论》，1951 年，第 18 卷，第 3-17 页）；《特纳学说与南部》（Avery Craven, "The 'Turner Theories' and the South", *The Journal of Southern History*, Vol. 5, No. 3, August 1939, pp. 291-314.）；《我所认识的几个史学家》（见《马里兰历史学家》，1970 年，第 1 卷，第 1-11 页）。在后一篇文章里，克拉文高兴地回忆他在哈佛当研究生时的特纳及其同事。还有一篇用途比较小的文章，是威廉·M.布鲁尔（William M.Brewer）的《弗雷德里克·杰克逊·特纳的历史编纂学》（William M.Brewer, "The Historiography of Frederick Jackson Turner", *The Journal of Negro History*, Vol. 44, No. 3, July 1959, pp. 240-259.），重述这一有名的故事。下文对特纳与两位同时代的杰出人物的思想联系进行了考察：乔治·D.布莱克伍德的《弗雷德里克·杰克逊·特纳与约翰·罗杰斯·康门斯——互为补充的思想家》（George D.Blackwood, "Frederick Juckson Turner and John Rogers Commons-

三、边疆假说的再审查

　　特纳把自己的治学精力献给了边疆史，他是作为一个边疆史学家而出名的。因此应该问一下：对于他在 1893 年所发表的和后来的著作中部分发展了的假说，今天史学家们究竟认为有多大正确性？在这个命题中有哪些部分被他的批评者们推翻了，当前还有哪些部分是可以利用的？最重要的是，可以把这个假说重新说明一下，作为当代解释美国历史的理论吗？

　　进行这样一种探讨研究的开始步骤是对"边疆"这一专门术语下一个令人满意的定义。[①]这一点，特纳本人从未企图做过。使他的批评者们感到烦恼的是，他在自己的著作中，把"西部"和"边疆"反复交替使用；令他们失望的是，他根据一时兴之所至，为这两个术语下定义。对特纳来说，有时边疆是"野蛮与文明的会合场地"；另一时，它可能成为"在实际上是自由的土地的边沿上，一个扩张着的社会的临时界线"或"一个移民正在定居的地区"，一种"社会形式"，一种"精神状态"，一个"社会阶段而不是地方"，一个"过程"，"自由土地的这一边"，一条"最快和最有效的美国化的界线"，一个"地区——它的社会环境是把早先的制度和思想运用到自由土地的改造力量中而形成的"，或"一条记录来自人民的扩张力量的示图线"；在另外一些场合，

Complementary Thinkers", *The Mississippi Valley Historical Review*, Vol. 41, No. 1, June 1954, pp.471-488.）；乔治·C.奥斯本（George C.Osburn）的《伍德罗·威尔逊与弗雷德里克·杰克逊·特纳》（" Woodrow Wilson and Frederick Jackson Turner"）一文概述了《威尔逊文件》里的特纳—威尔逊通信（见《新泽西历史学会记录汇编》，1956 年，第 74 卷，第 208-229 页）。哈罗德·P.西蒙森（Harold P.Simonson）的《弗雷德里克·杰克逊·特纳：作为艺术的边疆史》（Harold P.Simonson, "Frederick Jackson Turner: Frontier History as Art", *The Antioch Review*, Vol. 24, No. 2, Summer 1964, pp. 201-211.），是关于特纳的文学比喻；古德温·F.伯奎斯特（Goodwin F.Berquist）的《弗雷德里克·杰克逊·特纳的修辞学遗产》分析了特纳早年作为演说家和语法教师的经验对于他的文体和想法的影响（见《威斯康星科学、艺术和文学研究所学报》，1971 年，第 59 卷，第 23-32 页）。在威廉·H.菜昂的《第三代和边疆假说》（William H.Lyon, "The Third Generation and the Frontier Hypothesis", *Arizona and the West*, Vol. 4, No. 1, Spring 1962, pp. 45-50.）一文中，号召现代学者对这一论题重新检验。

　　① 在约翰·T.朱力塞克（John T.Juricek）的《从殖民地时期到弗雷德里克·杰克逊·特纳时美国对"边疆"这一词的用法》（John T.Juricek, "American Usage of the Word 'Frontier' from Colonial Times to Frederick Jackson Turner", *Proceedings of the American Philosophical Society*, Vol. 110, No. 1, February 18, 1966, pp. 10-34.）一文中，对边疆一词在美国词汇里各种变化的含义进行了卓越的讨论，并评价了这些定义对特纳的影响。

他又接受了人口普查局的定义，认为边疆是每平方英里人口为二到六人的前沿地区①。特纳在 1926 年承认，"关于'边疆'这方面的问题，我从未发表过充分的论述"②。

这种不同的用法表明需要有两种定义：一个是把边疆作为一个地理地域，另一个是作为一个过程。作为一个地方，边疆可被视作与大陆未垦殖的那部分相毗邻的一个地理地域。在那里土地与人口的比例低，自然资源非常丰富，为拥有小额财产的个人在经济和社会上上升提供一种特殊的机会。作为一个过程，边疆可陈述为，在这个过程中，所有个人和他们的制度，通过与一种社会环境——它为他们自己通过利用相对未开发的自然资源取得进展，提供了独特的机会——发生接触而引起变化。第一个定义表明，边疆不是一条线，而是一个宽度变化不定的移民区，居住着把荒野改变成文明所需要的不同类型的人。第二个定义所包含的意思是：在这个地区里随着时间和地方的不同所呈现的社会退化和进化，既取决于进入这个地区的所有个人的性质，也取决于在那里他们所遇到的环境的性质。③

最近关于特定地区内边疆所发生的影响的实况研究很好地说明，在估计

---

① 富尔默·穆德的《边疆的概念，1871—1898：关于一份原始资料选目的评论》，主要从地理含义上叙述了特纳大概使用的出版物中关于边疆这一词的用法（Fulmer Mood, "The Concept of the Frontier, 1871-1898: Comments on a Select List of Source Documents", *Agricultural History*, Vol. 19, No. 1, Janary 1945, pp. 24-30.）。该作者又在《论边疆一词的历史》中研究了这一名词的各种不同的定义（Fulmer Mood, "Notes on the History of the Word 'Frontier'", *Agricultural History*, Vol. 22, No. 2, April 1948, pp. 78-83.）；并在《美国定居地区和边疆地带历史的研究：定居地区和边疆地带，1625—1790》中，试图给殖民地时期的边疆概念重新下定义（Fulmer Mood, "Studies in the History of American Settled Areas and Frontier Lines: Settled Areas and Frontier Lines, 1625-1790", *Agricultural History*, Vol. 26, No. 1, Janary 1952, pp. 16-34.）。一些现代学者认为，整个边疆概念的错误在于没有认识印第安边疆、西班牙-美国边疆与英国-美国边疆的关系。关于这两种看法可见杰克·D.福布斯（Jack D.Forbes）的《美国历史上的边疆》（Jack D.Forbes, "Frontiers in American History and the Role of the Frontier Historian", *Ethnohistory*, Vol. 15, No. 2, Spring 1968, pp. 203-235.）和 T.M.皮尔斯（T.M.Pearce）的《美国西部的"其他"边疆》（T.M.Pearce, "The 'Other' Frontiers of the American West", *Arizona and the West*, Vol. 4, No. 2, Summer 1962, pp. 105-112.）。边疆假说也受到抨击，说它的定义过于狭隘，以致不能适用于美国各个地区。有关例证参见芮克斯·W.斯特里克兰德（Rex W.Strickland）的《特纳论题与干旱世界》（*The Turner Thesis and the Dry World*, El Paso: Texas Western Press, 1960, pp.1-16.）。

② 特纳给约翰·C.帕里什（John C.Parish）的信，1926 年 4 月 14 日（见《特纳文件》，TU 匣第 35 号）。

③ 关于这一问题的进一步的讨论，尤其是关于人之因素的重要性的讨论见雷·A.比林顿的《美国思想和性格中的边疆》，收入阿奇博尔德·R.刘易斯（Archibald R.Lewis）与托马斯·F.麦克干（Thomes F.Mcgann）合编的《新世界考察它的历史》（*The New World Looks at Its History*, Austin: University of Texas Press, 1963, pp.77-94.）。

边疆假说的正确性时，有一个精确定义是很重要的。只要史学家们对边疆的看法雷同特纳——即边疆是大陆被垦殖部分的边缘这边的广阔的地理区域，在那里各种拓荒者依照阶段顺序，朝着一种成熟的经济和社会秩序前进——他们就几乎普遍地发现这个论题对研究的地区的发展是一个恰当的解释。与此同时，假如作者们把边疆视为紧沿进步文明的最远边缘的一条线或狭窄地带，在那里只住着被社会排斥的人，那么他们总会认为特纳是错误的，他的论题是不正确的。如果都同意一个定义，就可避免关于他的著作在长期争论中所引起的许多混乱①。

然而，不管这个词（指边疆——译者）的含义为何，大家都一致同意美国人向西迁移已有三个世纪了。他们为什么迁移？现代学者们一致认为，强制的力量和诱惑的力量都起了作用；也都认为这些力量不是以特纳所提出的方式发生作用。这一点并不玷污他的名誉，因为在他的时代他的错误观念普遍存在。正像本杰明·富兰克林和托马斯·杰斐逊时代以来的许多最有文化的美国人一样，特纳认为边疆起着安全阀的作用，它排出了萧条时期被夺去产业的东部工人，因而提高了东部的工资标准，并防止了如同其他工业化国家里都有的那些激进哲学的出现。他在一本书中写道，"荒原为那些逃避穷困的人、不满意的人和受压迫的人总是敞着大门。如果说在东部社会条件趋

① 两篇根据相同资料写成的关于摩门教起源的文章，说明不准确的定义可造成混乱。亚力山大·伊凡诺夫的《特纳论题与摩门教徒在纽约和犹他的起源》（Alexander Ivanoff, "The Turner's Thesis and the Mormon Beginnings in New York and Utah", *Utah Historical Quarterly*, Vol. 33, No. 2, Spring 1965, pp. 157-173.）运用一种合适的"边疆"定义，并推断说纽约州北部地区和犹他州的拓荒气氛对摩门教徒的起源有着显著的影响（见《犹他历史季刊》，1965 年，第 33 卷，第 157-173 页）。戴维斯·比顿的《"特纳论题"的重新评价与摩门教徒的起源》给这一词所下的定义过于狭隘，以致边疆的影响似乎是微不足道的，因而推断说，是传统而不是环境形成了摩门教徒的起源（见同刊，1966 年，第 34 卷，第 326-333 页）。其他的论文表明了同样的混乱。雷·A.比林顿的《弗雷德里克·杰克逊·特纳的西部》使用了广义的定义，并发现特纳论题适用于内布拉斯加的历史（见《内布拉斯加历史》，1960 年，第 41 卷，第 261-279 页）；安德鲁·H.克拉克 1968 年在麦迪逊出版的《阿卡迪亚：至 1760 年的早期新斯科舍地理》（Andrew Hill Clark, *Acadia:The Geography of Early Nava Scotia to 1760*, Madison: University of Wisconsin Press, 1968.），对一个迥然不同的地区也得出这样的结论。相反地，肯尼斯·V.洛蒂克（Kenneth V.Lottick）给"边疆"下了一个狭隘的定义，在他的两篇文章［《西部保留地与边疆论题》（Kenneth V.Lottick, "The Western Reserve and the Frontier Thesis", *Ohio History Journal*, Vol. 70, pp.45-57.）；《康涅狄格保留地的文化移植》，见《俄亥俄历史与哲学学会简报》，1959 年，第 17 卷，第 154-166 页］中争辩说，特纳论题不适用于俄亥俄北部。伯顿·J.威廉斯的《普拉特河、平原与高峰：完美无疵的学说与地方志》认为，整个边疆假说是错误的，因为早期的旅行家在大平原最早居民当中并未发现完整的民主（见《大平原杂志》，1968 年，第 8 卷，第 1-15 页）。

于定形，那么越过阿勒格尼山脉就是自由"①。在特纳的边疆命题中的观点很少是如此受到他的批评者们猛烈攻击，或如此为他的拥护者们所坚决辩护的。

要充分了解安全阀的论战，我们必须承认，接受这一学说的 19 世纪理论家和他们的 20 世纪的批评者们所谈论的安全阀，至少有不同的四种：第一种是直接活阀，在萧条时期不能返回工作岗位的东部工人，通过阀门可以逃到西部廉价的土地上去；第二种是间接活阀，在与西部农业竞争中倾家荡产的东部农民，他们宁愿往西去，而不愿争夺工厂工作；第三种是资源安全阀，即通过连续开发自然资源以保持高工资收入，并延缓激进派骚动的增长；第四种是社会心理学的安全阀，之所以如此表述的依据是，可望逃到西部去的工人总比在没有边疆的国家里无法怀有这种希望的工人较少愤懑。

特纳的 20 世纪 30 年代和 40 年代的批评者们，攻击在他著作中所发现的直接和间接安全阀的概念。他们指出，东部的工人永远不能成为西部的农民，部分是因为他们不懂拓荒技术，但是更重要的是因为他们缺乏迁移的资金。最便宜的土地是每英亩 1.25 美元；在 19 世纪中叶迁往边疆的路费每人一直不少于 30 美元；备置农具，建筑篱笆和住房等总共至少还要 500 美元。学者们估计，要开辟一个农场最少需要 1500 美元。这个数目远远超过一个工人的负担能力，因为一个工人的每天工资很少超过一美元。②这些批评者们用

---

① Frederick Jackson Turner, *Rise of the New West, 1819-1829*, New York: Harper and Bros., 1906, p.68. 不像他的一些门徒，特纳十分明智，在晚年修改了他的想法。在他的最后一本书《合众国，1830—1850》（*The United States, 1830-1850*）（1935 年）中他写道，"大西洋沿岸，由于向内地移民的距离和费用，以及居民对工业优先选择，能够吸住工人阶级"（第 278 页）。在 19 世纪，不仅美国人而且所有见闻广博的人都把边疆看成是安全阀，这已经有充分证实了。W.斯图尔·霍尔特（W.Stull Holt）的《黑格尔 特纳假说和安全阀学说》（W.Stull Holt, "Hegel, the Turner Hypothesis, and the Safety-Valve Theory", *Agricultural History*, Vol. 22, No. 3, July 1948, pp. 175-176.）说明，它在德国同样受到承认；而小威廉·M.塔特的《弗雷德里克·杰克逊·特纳的先驱者：19 世纪英国保守党人和边疆论题》（William M.Tuttle, Jr., "Forerunners of Frederick Jackson Turner: Nineteenth-Century British Conservatives and the Frontier Thesis", *Agricultural History*, Vol. 41, No. 3, July 1967, pp. 219-227.）说明，反对 1832 年和 1867 年改革法案的保守党人曾争辩说，民主在英国将是危险的，因为没有吸收不满意者的自由土地。罗伊·M.罗宾斯在《霍勒斯·格里利：土地改革与失业，1837—1862》（Roy Marvin Robbins, "Horace Greeley: Land Reform and Unemployment, 1837-1862", *Agricultural History*, Vol. 7, No. 1, Janary 1933, pp. 18-41.）一文中证明，内战前这一学说在美国为大家普遍承认。

② 克拉伦斯·H.丹霍夫（Clarence H.Danhof）：《创办农场的费用与"安全阀"：1850—1860》（Clarence H.Danhof, "Farm-Making Costs and the 'Safety Valve': 1850-1860", *Journal of Political Economy*, Vol. 49, No.3, June, 1941, pp. 317-359.）；克拉伦斯·H.丹霍夫：《安全阀学说的经济效力》（Clarence H.Danhof, "Economic Validity of the Safety-Valve Doctrine", *The Journal of Economic History*, Vol. 1, Supplement: The Tasks of Economic History December 1941, pp. 96-106.）。为了公正对待特纳，就必须提到在他的书信文件中有一个

统计数字证明，内战前最大的移民运动发生于繁荣时期而不是萧条时期。他们的结论主要是根据对 1837 年恐慌前后几年的研究。他们坚持说，即使工人们被排到西部，他们的位置都要被进来的移民填充，因而产生像欧洲所经受的那样严重的劳工过剩。①

如果反特纳派的争辩可能有人相信，这种情况也不因 1862 年宅地法的通过而有所变化。尽管自由土地具有诱惑力，在 1860 年到 1900 年之间美国农业人口只从 1900 万增加到 2800 万，而非农业居民却从 1200 万猛增到 4800 万。如果任其发展，农业人口按自然进程，在那些年里即可增长到 4800 万。所以一个批评者争辩说，从城市向农村每迁出一人，则有 20 个人从农场迁到城市。这个批评者的结论是，如果说存在一种安全阀的话，那是一个农村安全阀，把农场的剩余劳动力排到城市去，并减轻 19 世纪末燃起的农民的不满。②

最近的学术成就，不仅对特纳的批评者们的研究结果提出疑问，而且指出他们的方法论把他们引入狭途僻径，与评价边疆作为安全阀所起的实际作用毫无相干。他们同意直接安全阀在萧条时期从未起过向西排出劳工的作用，但是他们坚持，内战前间接安全阀却通过吸引东部农民移往西部以及工人到西部城市就业，减轻了东部劳动市场的压力。他们还指出，1860 年到 1900 年间，2000 万人离开农场到城市时，全国农村人口从 2500 万增加到 4500 万。这意味着增加了 4000 万人。这个数目足以影响东部的劳动市场，形成安全阀

文件夹装满关于创办农场费用的资料，甚至比丹霍夫所使用的还要广泛。特纳亲手所作的札记表明，关于在边疆创办农场的费用他曾得出一个几乎相同的结论，并意识到这项费用阻碍直接安全阀发挥作用（见《创办农场的费用》，收于《特纳文件》，TU 第 14 号匣内文件夹）。

　　① 默里·凯恩：《关于安全阀学说的一些思考》（Murray Kane, "Some Considerations on the Frontier Concept of Frederick Jackson Turner", *The Mississippi Valley Historical Review*, Vol. 27, No. 3, December 1940, pp. 379-400.）；卡特·古德里奇和索尔·戴维森合写《西进运动中的雇佣工》（Carter Goodrich, Sol Davison, "The Wage-Earner in the Westward Movement Ⅰ", *Political Science Quarterly*, Vol. 50, No. 2, June 1935, pp. 161-185; Carter Goodrich, Sol Davison, "The Wage-Earner in the Westward Movement Ⅱ," *Political Science Quarterly*, Vol. 51, No. 1, March 1936, pp. 61-116.）；卡特·古德里奇和索尔·戴维森合写《作为安全阀的边疆：一个反驳》（Carter Goodrich, Sol Davison, "The Frontier as Safety Valve: A Rejoinder", *Political Science Quarterly*, Vol. 53, No. 2, June 1938, pp. 268-271.）；鲁弗斯·S.塔克（Rufus S. Tucker）：《作为剩余劳动力出路的边疆》（见《南经济杂志》，1940 年，第 7 卷，第 158-186 页）；卡尔·N.戴格勒：《作为城市失业解决办法的西部》（Carl N.Degler, "The West as A Solution to Urban Unemployment", *New York History*, Vol. 36, No. 1, January 1955, pp. 63-84.）。后一篇文章说明，私人慈善家运送失业者去边疆的努力大部分都失败了。

　　② 弗雷德·A.香农（Fred A.Shannon）：《为劳工——安全阀学说验尸》（Fred A.Shannon, "A Post Mortem on the Labor-Safety-Valve Theory", *Agricultural History*, Vol. 19, No. 1, Janary 1945, pp. 31-37.）。

于其中发挥作用的状况。这是事实，因为只有人们从一个相对无伸缩性的劳动市场迁走——不管是东部的农民，东部的工人，还是本来可能留在东部但受到边疆吸引的移民——都要对工资产生一点影响。边疆使东部的农民成为西部的农民，使东部的工匠成为西部的工匠，使作为潜在东部人的移民成为西部人。蒸汽是从锅炉的四面八方溢出，而不只是从顶上冒出。[①]

现代学者们认为，边疆通过把一批批的资源连续投入国家的生产设备，就可减轻东部劳动市场的压力。这种连续增长的过程，增加了就业数量和每人收入，因为在任何经济条件下，在开发资源中增加新的资源，必然提高资本和劳动的边际生产。在像美国这样一个近于完全就业的经济中，结果是工资出价高，消费品价格出价低，这在任何国家里都会产生最高的生活水平。正像特纳所假设的那样，这种相当富裕减轻了不满，阻止了激进哲学的产生。[②]

最后，最近的学术成就都同意这一事实，即社会心理学的安全阀在整个19世纪里都起作用，这是由于劳工们怀有能移逃到边疆去的信念，即使他们不能这样做。他们有这种错误观念是合乎道理的。这些较新的西部地区对于向上晋升是能够提供特殊机会的。在那里，随着国家的发展，他们逐渐兴盛，人们每天都证实从贫困到发家致富的神话。由于听到这些故事，东部人就自我安慰地想很快就会轮到他们乘经济上升机，并会有朝一日拥有土地——这象征着财富增加和地位上升的第一步。在一个比世界上其他任何地方都能更自由地分配私有财产的国家里，这是可能的。对于怀有这种信念的人来说，这个社会制度看来值得维持下去。[③]

而且经济学家们一致认为，虽然边疆从来不是像 19 世纪普遍理解的那

---

① 诺尔曼·J.斯姆勒（Norman J.Simler）:《重新评价安全阀学说》（Norman J.Simler, "The Safety-Valve Doctrine Re-Evaluated", *Agricultural History*, Vol. 32, No. 4, Octrber 1958, pp. 250-257.）。

② 乔治·G.S.莫菲与阿诺德·译尔纳合写的《连续成长、劳工——安全阀学说与美国工联主义的发展》（George G.S.Murphy, Arnold Zellner, "Sequential Growth, the Labor-Safety-Valve Doctrine and the Development of American Unionism", *The Journal of Economic History*, Vol. 19, No. 3, September 1959, pp. 402-421.）；艾伦·冯·纳德洛夫:《作为安全阀的美国边疆：一个学说的生存、死亡、复生和公断》（Ellen von Nardroff, "The American Frontier as a Safety Valve: The Life, Death, Reincarnation, and Justification of a Theory", Agricultural History, Vol. 36, No. 3, July 1962, pp. 123-142.）。亨利·里特菲尔德的《安全阀复活了吗？》是主要根据语义不同对后一篇文章所作的简短的反驳（Henry M. Littlefield, "Has the Safety Valve Come Back to Life?", *Agricultural History*, Vol. 38, No. 1, Janary 1964, pp. 47-49.）。

③ Ellen von Nardroff, "The American Frontier as a Safety Valve: The Life, Death, Reincarnation, and Justification of a Theory", Agricultural History, Vol. 36, No. 3, July 1962, pp.137-138.

种直接安全阀，它却是一个减轻东部劳动市场压力的间接出路，是一个能减轻劳工不满的相对繁荣的源泉，是一个能阻止对社会制度进行激烈攻击的缥缈的希望。比较研究倾向于支持这些结论。例如，在澳大利亚，由于内地干旱和政治上有势力的牧羊场主霸占可耕土地，移民只能定居于狭窄的沿海平原地带，城市文明和工业化经济比在美国发展早。它也孕育了工会、劳工管理机构以及普遍接受的一种在 19 世纪甚至在 20 世纪美国仍被视为极端的政治哲学。①如果没有西部安全阀，这也许已成为美国所追随的道路。②

最近的研究不仅对边疆安全阀的性质重新下了定义，而且揭示了移民过程远远比特纳所描绘的要复杂得多。他的向西"依次前进的、井然有序的文明行列"——捕捉毛皮野兽的人、猎人、牧牛人、拓荒农民——漏掉了拓荒所必需的无数种类型的人物：矿工、士兵、探险家、传教士、伐木者、土地投机者、道路和铁路建设者、商人、面粉磨坊主、制酒者、铁匠、印刷者、律师，等等。这些边疆居民也不服从特纳所赞同的那种社会进化的法则。征服荒野时他们不是有秩序地列队前进，而是在慌慌张张的情况下移动的。那种情况，不是合理适度的，而是混乱无章的。③

---

① A.L.伯特（A.L.Burt）：《广阔的地平线》（"Broad Horizon"）（see *Report of Canadian Historical Association*,1950, pp.1-10.）；赫伯特·希顿：《我们西部以外的其他西部》（Herbert Heaton, "Other Wests Than Ours", *The Journal of Economic History*, Vol. 6, Supplement: The Tasks of Economic History, May 1946, pp. 50-62.）。在支持安全阀学说中一些说服力比较弱的论据是由特纳的一个最热心的门徒约瑟夫·沙弗尔（Joseph Schafer）的下述三篇文章提出来的：《有关安全阀学说的一些事实》（Joseph Schafer, "Some Facts Bearing on the Safety-Valve Theory", *The Wisconsin Magazine of History,* Vol. 20, No. 2, December 1936, pp. 216-232.）；《关于作为安全阀的边疆》（Joseph Schafer, "Concerning the Frontier as Safety Valve", *Political Science Quarterly*, Vol. 52, No. 3, September 1937, pp. 407-420.）；《西部对于劳动力是一个安全阀吗？》（Joseph Schafer, "Was the West A Safety Valve for Labor?", *The Mississippi Valley Historical Review*, Vol. 24, No. 3, December 1937, pp. 299-314.）。比较有说服力的是杜安·A.史密斯（Duane A Smith）的《科罗拉多的城市——矿业安全阀》（Duane A Smith, "Colorado City - Mining Safety Valve",*The Journalof Colorado*, Vol. 48, 1971, pp. 299-318.）。这篇文章用统计的和当时的证据说明，在科罗拉多发生的采矿潮起了安全阀的作用。

② 威廉·马里纳（William Marina）的《特纳、安全阀与社会革命》提出这样的论点，及安全阀在美国起作用是由于那些本来可能引起革命爆发的劳工领袖们到西部去了，即使广大工人群众都没有去。可惜，他对他的学说并未提出证明［见杜安·凯尼格编《历史学家与历史：纪念查尔顿·W.特布文集》（Duane Koenig ed., *Historians and History: Essays in Honor of Charlton W.Tebeau*, Coral Gables: University of Miami Press, 1966, pp. 23-31.）］。

③ 多萝西·O.约翰森（Dorothy O.Johannsen）的《移民研究中运用的一个假说》（Dorothy O.Johansen, "A Working Hypothesis for the Study of Migrations", *Pacific Historical Review*, Vol. 36, No. 1, February 1967, pp. 1-12.）一文提出，在移民中"推的因素"没有"拉的因素"重要；在边疆社会里不同类型的移居者都是吸引他们的同种人，这些人在那里都会感到舒适。她争辩说，俄勒冈的最早移居者是保守的、守秩序的人。他们不去加利福尼亚，因为在那里要冒更大的危险。俄勒冈从来就比加利福尼亚能够吸引性格更稳定的人。

今天的史学家们不是把边疆向前推进描绘为在文明发生过程各前进阶段中所表现的各种类型的有秩序的连续演变，而是对于除了下述两大类别外的任何划分都感到丧失信心。一类是专想利用自然的拓荒者：捕捉皮毛野兽的人、传教士、士兵、探矿者、牧人以及其他靠不加破坏地保持荒地以维持生计的人。在这出扩张剧中，他们扮演了他们的角色，因为他们通过探查乡村、发现运输路线、用广告宣传他们看中的地方和削弱印第安人居民的自给自足状况等，无意中就为后来者准备了条件。在他们之后，但有时是在他们之旁，来的第二类人是专想征服自然的人：农民、土地投机者、建立城市的人、商人、磨坊主、商店主、工匠以及其他十多种人。他们都为在荒野废墟上建设文明而献身。他们也拒绝遵循任何均衡的格局。有时最先来到一条新边疆的人可能是偏僻莽林地区的农民或土地投机者；另些时候是建立城市的人或磨坊主。他们希望围绕他们选中的地点发展起一个村庄来。边疆实际上是一个广阔的向西移动着的地区。在这个地区里，各种各样的个人使用各种技能去征服自然，并不注意后来理论家们期望在社会进化中找出任何有秩序的格局。[①]

最近的学术成就，已经对特纳所忽视的两种边疆类型作了特别的研究。一种类型包括那些城市创建者或首倡者。他们深入荒野的腹地去建立梦想的村庄。他们建立的城市在经济效用上和政治哲学上都显示出显然不同于东部城市的特点。每个边疆村庄的经济不仅适于供应周围乡村地区的需要，而且每个村庄都通过严格控制像磨坊或零售业这样一些公共营业，以保护社区的福利。这些社区政府，比沿海地区的那些政府更加民主，降为挂名首脑的市长和操有实权的民选市议会都受公众每年举行的选举支配。[②]

---

① 特纳的第一个批评者是他从前的学生和忠诚的钦佩者埃德蒙•S.米尼（Edmund S.Meany）。他对他的老师的贸易站发展为城市的说法质疑，指出这种情况并未在太平洋岸西北部发生；撰有《太平洋岸西北部的城市不是在毛皮贸易上建立起来的》（see *Annual Report of the American Historical Association for the Year 1911*, Washington, 第 1909 卷, pp. 165-172.）。杰拉尔德•G.斯特克勒（Gerald G.Steckler, S.J.）的《北达科他对弗雷德里克•杰克逊•特纳》也认为，在北达科他的移民过程比特纳了解的更复杂（见《北达科他历史》，1961 年，第 28 卷，第 33-43 页）。

② 贝尔德•斯蒂尔：《中西部在 19 世纪中叶城市化的格局》（Bayrd Still, "Patterns of Mid-Nineteenth Century Urbanization in the Middle West", *The Mississippi Valley Historical Review*, Vol. 28, No. 2, September 1941, pp. 187-206.）；诺曼•D.哈珀：《乡村和城市边疆》（见《澳大利亚科学杂志》，1963 年，第 25 卷，第 321-334 页）。把俄亥俄流域的城市作为拓荒制度进行研究的一篇最卓越的文章是理查德•C.韦德（Richard C.Wade）的《城市边疆：西部城市的兴起，1790—1830》（*The Urban Frontier: The Rise of Western Cities, 1790-1830*, Cambridge: Harvard University Press, 1959.）。

在边疆居民的生活中，土地投机者甚至比城市创建者起着更大的作用。他们无所不在，像东部、南部或欧洲资本家那样独占巨大的地产，阻止将来出售，或者披着拓荒农民的外衣，竭力获得超乎他耕种能力的土地，以待卖给后来者，牟取利润。在 1785 年和 1841 年间，投机者充当政府土地局官员与农民之间的中介人，把大块土地分成可供使用的单位面积并以赊销办法出售。1841 年优先购买权法案使擅自占地行动合法化后（这样就允许拓荒者通过耕种土地以偿付欠金），那些投机者们便集中力量去获得建城的地方和其他看中的地点，强迫农民要么付给他们所要的售价，要么接受较差的地点。[①]1862 年宅地法也没有减少他们的活动。投机者利用慷慨的政府对铁路和州教育机关拨给的财物，或从士兵那里购买退役金凭证，或占用印第安人保留地，或利用国会法案关于处理沼泽和林区的规定中的漏洞，在大西部想方设法地独占大量的可供农民耕种的土地。拓荒者要么必须照付他们售价，要么在离运输线很远的地方或是贫瘠的土地上取得宅地。结果是相当一个人从政府获得的一份免费授予的土地，须有六个或七个新来者才能从那些假公济私的人手中买到。[②]

根据上述这一记载，特纳一再强调的"自由土地"作为移民主要动机这一说法，显然需要修改。研究这一结论的人作出结论说，土地形式的诱惑力

---

① 关于内战前时代土地投机者所扮演的角色，见雷·A.比林顿的《边疆类型的土地投机者的起源》（Ray Allen Billington, "The Origin of the Land Speculator as a Frontier Type", *Agricultural History*, Vol. 19, No. 4, October 1945, pp. 204-212.）；保罗·W.盖茨的《土地投机者在西部发展中的作用》（Paul Wallace Gates, "The Role of the Land Speculator in Western Development", *The Pennsylvania Magazine of History and Biography*, Vol. 66, No. 3, July 1942, pp. 314-333.）。研究投机者赚取利润的一篇最好的文章是艾伦·G.博格和玛格里特·B.博格两人合写的《"利润"与边疆土地投机者》（Allan G.Bogue, Margaret Beattie Bogue, " 'Profits' and the Frontier Land Speculator", *The Journal of Economic History*, Vol. 17, No. 1, March 1957, pp. 1-24.）；而威廉·L.莫顿的《地点在美国和加拿大西部的重要性》说明投机者占取优等地点的方式（William.L.Morton, "The Significance of Site in the Settlement of the American and Canadian Wests", *Agricultural History*, Vol. 25, No. 3, July 1951, pp. 97-104.）。

② 保罗·W.盖茨：《不协调的土地制度中的宅地法》（Paul Wallace Gates, "The Homestead Law in an Incongruous Land System," *The American Historical Review*, Vol. 41, No. 4, July 1936, pp. 652-681.）；弗雷德·A.香农：《宅地法案与劳工过剩》（Fred A.Shannon, "The Homestead Act and the Labor Surplus", *The American Historical Review*, Vol. 41, No. 4, July 1936, pp. 637-651.）；托马斯·列·杜克：《密西西比平原以西公有土地的处理：可供调查的一些机会》（Thomas Le Duc, "Opportunities for Investigation", *Agricultural History*, Vol. 24, No. 4, October 1950, pp. 199-204.）。保罗·W.盖茨的《宅地法案：实施中的自由土地政策，1862—1935》（Paul W.Gates, "The Homestead Act: Free Land Policy in Operation, 1862-1935"）对于他的早期文章中的一些结论质疑［见霍华德·W.奥特森（Howard W.Ottoson）编：《美国土地使用政策和问题》，（Howard W.Ottoson ed., *Land Use Policy in the United States*, Lincoln: University of Nebraska Press, 1963.）］。

太小，不足以影响向西扩张，反而争辩说，移民的速度是由东部的繁荣时期上升、萧条时期下降的物价周期支配的。他们把内战后几年巨大的人口急剧流动归因于从商业资本主义向工业资本主义的过渡。[①]虽然这种论辩非无一定道理，但事实上西部的土地尽管从来不是免费的，仍然相对地比欧洲或东部的土地便宜。在解释移民的进程时，这种差异是永远不能忽视的。

四、边疆和美国的特点

现代的学术成就，修改了边疆假说中关于扩张性质的一些方面，同时也批判地审查了特纳关于边疆对制度和美国人性格特点的影响所作的结论。结果是更改了特纳和他的信徒们所提出的较过分的主张，但是承认他们的基本论点仍然是正确的。拓荒经验对于形成独特的美国型的民主、民族主义和个人主义起了一定作用，但不是确切地按照特纳所设想的方式。它也强调边疆居民及其后代的社会流动性的速度、游牧的本能、实利主义的看法和创造发明的强烈愿望。

特纳的著作中引起激烈争论——或完全被误解——的论述莫过于他的这一声明："美国民主绝非源于理论家的理想；它不是由'萨拉·康斯坦特'号（原文如此）[②]带到弗吉尼亚的，也不是由'五月花'号带到普利茅斯的；它产生于美国的森林，并且每当它接触到一个新的边疆，就获得一份新的力量。"如他的 20 世纪 30 年代批评者们所指责的所谓特纳认为民主源于边疆的说法，显然是不真实的。早在 1896 年他就写道，"我们制度的历史，即我们民主的历史，不是一部模仿的历史，或简单借用的历史；它是组织机构在对变化的环境作出反应中进化和适应的历史，新的政治的物种起源的历史"。他只

---

① 默里·凯恩：《对弗雷德里克·杰克逊·特纳边疆概念的一些思考》（Murray Kane, "Some Considerations on the Frontier Concept of Frederick Jackson Turner", *The Mississippi Valley Historical Review*, Vol. 27, No. 3, December 1940, pp. 379-400.）；约翰·C.帕思什：《西进运动的持久性》（John C.Parish, "The Persistence of the Westward Movement", *Yale Review*, Vol.15, 1925, pp. 461-477.）；道格拉斯·诺斯（Douglass North）：《国际资本的供应与美国西部的发展》（Douglass C. North, "International Capital Flows and the Development of the American West", *The Journal of Economic History*, Vol. 16, No. 4, December 1956, pp. 493-505.）。

② 本文作者比林顿在此处加"原文如此"字样，因特纳在行文中将苏珊·康斯坦特（Susan Constant）误为萨拉·康斯坦特（Sarah Constnnt）。——译者

是坚持说，美国的民主来自从欧洲输入的民主，而对欧洲民主偏离的程度大
到足以构成一种新的物种。此外，特纳还根据完全不同于美国国父们或阿列
克赛斯·德·托克维尔所设想的民主这一词的定义，而建立了自己关于民主
的整个理论。他把美国民主看成是杰克逊——平等主义者——人民党对普通
人具有实行统治权力的信念，而没有看成是由托马斯·杰弗逊所代表的那种
对群众的冷漠的恩赐态度。只要同意这种定义，对特纳的论点便清楚了。[①]

因为不承认这一区别，他的批评者们便发动了双管齐下的抨击。首先，
他们说，西部人在受到美国森林的影响之前，已经朝着使一个切实可行的民
主理论趋于完善的道路前进了。取代农奴制度的不限制继承人身份的土地所
有制逐渐扩大，宗教改革和英国中等阶级兴起并取得经济权力，都是这一进
步的里程碑。民主确实是由"苏珊·康斯坦特"号和"五月花"号带到新世
界的。如果它源于美洲森林，正如在英国殖民地一样，它在新法兰西和新西
班牙就已发生。其次，特纳的批评者们争辩说，诸如成年男子选举权、平等
的立法代表制、权力集中于立法机关而不是集中于行政部门等民主实施源于
东部，在西部的宪法中予以模仿。他们还指出，使社会制度民主化的人道主
义改革运动——争取妇女权利、废奴运动和监狱改革等是在东部盛行，而不
是在西部盛行，且在民主领袖如安德鲁·杰克逊和阿伯拉罕·林肯的选举中，
东部的选票与西部的选票起了同样大的作用。[②]批评者们得出结论说，民主理
论是从欧洲输入的，民主的实践则在美国得到增进，一个直言不讳的下层阶
级发展起来，但不是通过任何神秘的森林的影响。

---

① 欧文·克里斯托尔（Irving Kristol）的《美国史学家与民主思想》（"American Historians and the
Democratic Idea", The American Scholar, Vol. 39, No. 1, Winter 1969-1970, pp. 89-104.）一文辩解说，特纳
以这种方式给"民主"下定义，并且一旦接受了这种定义，便感到他的逻辑是合理的。在这一段里引用的
特纳的第一段话是引自他的文章《西部和美国的理想》，最初刊于《华盛顿历史季刊》，1914 年，第 5 卷，
第 243-257 页（Frederick Jackson Turner, "The West and American Ideals", The Washington Historical Quarterly,
Vol. 5, No. 4, October 1914, pp. 243-257.）；重印于他的《美国历史上的边疆》，第 293 页。他的第 2 段话引
自他的《西部问题》，最初刊于《大西洋月刊》，1896 年，第 78 卷，第 289-297 页；重印于他的《美国历
史上的边疆》，第 205-206 页。

② 对特纳边疆论题中有关民主的陈述最有力的抨击是小本杰明· F.赖特的两篇文章：《美国民主与
边疆》（Benjamin F.Wright, Jr., "American Democracy and the Frontier", Yale Review, Vol.20, December 1930,
pp. 349-365.）和《政治机构与边疆》（收于狄克逊·R.福克斯编《中西部文化的根源》，纽约，1934 年，
第 15-38 页）。一篇比较温和的批判是弗雷德里克·L.帕克森的《边疆假说的一个世代，1893—1932》
（Frederic L.Paxson, "A Generation of the Frontier Hypothesis: 1893-1932", Pacific Historical Review, Vol. 2,
No. 1, March 1933, pp. 34-51.）。

最近对美国民主的调查表明，特纳是向着正确的方向摸索的，三个世纪的开拓边疆的活动把外来的理论和实践改变到可以接受的程度。学者们指出，边疆为民主政府的成长提供了一个理想的滋生场所。发生这种情况有两个原因。一方面，人口和土地的比例低，这就使得财产权的分配比早先的社区更为广泛。与此相应的是，那些在社会上有利害关系的人们自然要坚持分享参政权。另一方面，当由于没有国家或外部的控制，自治成为"严峻的必要"时，经济和社会地位的相对一致的水平便促进了平等主义的信念。在这种情况下政府机构还必须成立，而这之前又没有领导结构存在，所以每个人只要证明他的能力能够称职，就有机会得到职位。此外，共同的社会活动的需要——如建筑小屋，互相帮助滚木头，兴建公路和学校，推行法律，等等——产生了一种地方自治的责任感。这很容易转化为政治活动，确保对于每个职位的候选人，有广泛的选择。对于三个边疆——17世纪的新英格兰和内战前的旧西北地区与旧西南地区——的仔细研究便说明民主制度在所有社区里都以惊人速度发展，但是在那些先前存在着领导结构的地方成长最慢，在种植园南部就是如此。[①]

在这些边疆前沿居住点发展起来的民主精神，以更加永久的形式体现出来。这是因为美国人民的向西扩张持续不断地为政治实验创造了机会。边疆每次前进都须成立新的准州——一共为31个，并且每一准州都需要一套政府机构。这些准州最后依次成为州，再次为制定宪法提供一次机会。这些宪法的制定者，多数是刚来到的相对贫困的人，他们的民主思想是不容置疑的。少数是上层领导人，他们有能力领导，并公开承认民主，因为他们认识到任何贵族统治的污迹都会使人民对他们不信任。结果出现了一种经久不变的民主倾向，因为宪法的制定者们采纳了当时政府结构的最自由的特色。一个对这个问题进行研究的人写道，"美国民主的力量源于这一事实，即它是人民在创立自己政权的技巧方面反复实践的产物"[②]。

---

① 斯坦利·埃尔金斯与埃里克·麦基特里克两人合写《特纳边疆的含义》（Stanley Elkins, Eric McKitrick, "A Meaning for Turner's Frontier: Part I: Democracy in the Old Northwest", *Political Science Quarterly*, Vol. 69, No. 3, September 1954, pp. 321-353; "A Meaning for Turner's Frontier: Part Ⅱ: The Southwest Frontier and New England", *Political Science Quarterly*, Vol. 69, No. 4, December 1954, pp. 565-602.）。默尔·柯蒂（Merle Curti）在《美国社区的形成：一个边疆县民主的实例研究》（*The Making of an American Community*: A Case Study in a Frontier County, Stanford: Stanford University Press, 1959.）一书里，用威斯康星州特利姆培劳（Trempeleau）县在拓荒时期的社会与政治行为的统计分析，证实这些理论。

② 罗伊·F.尼科尔斯（Roy F.Nichols）：《准州：民主的温床》（见《内布拉斯加历史杂志》，1954年，

　　继续不断的实验并不意味着边疆民主在民主实践方面有什么创新；像东部同胞一样，他们是在模仿而不是在创新，然而他们的趋向是模仿所知道的政府结构中最自由的特色，并沿着更自由的路线改变现有的制度。舆论的压力迫使那些在早期特拉华和哈德逊河流域瑞典和荷兰殖民地上建立的专权的贸易公司在作决定时，让那些"最好的人"就某些争端与总督协商。[①]在人民的坚决要求下，17世纪的弗吉尼亚和马萨诸塞，改变了领导机构，允许人民有较大的管理权限[②]；革命前夕，本地绅士已经取代了外来的绅士，实际上控制了所有殖民地；土地所有权的分散使得百分之五十到百分之七十五的成年男人具备参加选举的财产条件。[③]当新州进入联邦时，这种趋向仍继续下来。它们的宪法制定者很少表现出独创性；1802年俄亥俄州宪法106条中只有11条、1816年印第安纳州宪法129条中只有21条、1818年伊利诺伊州宪法98

第35卷，第159-172页）；托马斯·P.艾伯纳西（Thomas P.Abernethy）：《民主与南部边疆》（Thomas Perkins Abernethy, "Democracy and the Southern Frontier", *The Journal of Southern History*, Vol. 4, No. 1, February 1938, pp. 3-13.）。

①　艾夫林·佩奇：《第一个边疆——瑞典人与荷兰人》（Evelyn Page, "The First Frontier—The Swedes and the Dutch", *Pennsylvania History: A Journal of Mid-Atlantic Studies*, Vol. 15, No. 4, October, 1948, pp. 276-304.）。

②　托马斯·P.艾伯纳西，《三个弗吉尼亚的边疆》（Thomas Perkins Abernethy, *Three Virginia Frontiers*, Baton Rouge, 1940, pp. 20-27.）；罗伯特·E.布朗：《中产阶级民主与马萨诸塞革命，1691—1780》（Robert E.Brown, *Middle Class Democracy and the Revolution in Massachusetts, 1691-1780*, Ithaca: Cornell University Press, 1955.）；伯纳德·贝林（Bernad Bailyn）的《弗吉尼亚的政治与社会结构》，收于詹姆斯·M.史密斯（James M.Smith）编《17世纪的美洲：殖民地历史文集》（*Seventeenth-Century America: Essays in Colonial History*, Chappell Hill: University of North Carolina Press, 1959, pp. 90-115.）。

③　罗伯特·E.布朗的《殖民地马萨诸塞的民主》（Robert E.Brown, "Democracy in Colonial Massachusetts", *The New England Quarterly*, Vol. 25, No. 3, September 1952, pp. 291-313.）。最近对新英格兰城市的研究一般证实了这些发现，尽管不是普遍的。对马萨诸塞的两个城市，德达姆（Dedham）和沃特城（Watertown），已经进行了非常仔细的调查，主要因为这两个城市资料丰富。调查结果都写在下述几篇文章和书里：肯尼思·A.洛克里奇与艾伦·克列德尔两人合写的《马萨诸塞城市政府的演进，1640—1740》（Kenneth A.Lockridge, Alan Kreider, "The Evolution of Massachusetts Town Government, 1640 to 1740", *The William and Mary Quarterly*, Vol. 23, No. 4, October 1966, pp. 549-574.）；凯瑟林·E.布朗，《马萨诸塞州德达姆清教徒的民主：另一个实例研究》（Katherine E.Brown, "Democracy of the Daddam Puritans in Massachusetts: Another Example Study", *The William and Mary Quarterly*, Vol. 24, No. 3, October 1967, pp. 378-396.）；肯尼思·A.洛克里奇的《一个新英格兰市马萨诸塞州德达姆最初一百年，1636—1736》（Kenneth A.Lockridge, *A New England Town The First Hundred Years: Dedham, Massachusetts, 1636 - 1736*, New York: W.W.Norton, 1970.）；迈克尔·朱克曼的《马萨诸塞民主的社会渊源》，是对有关殖民地马萨诸塞民主的许多书和文章所作的一篇卓越的评论和估价，认为对民主的要求并没有事实的证明（Micheal Zucker-man, "The Social Roots of Massachusetts Democracy", *The William and Mary Quarterly*, Vol. 25, No. 3, October 1968, pp. 534-544）。

条中只有 15 条是由起草人写的。其余各州的宪法都是从东部或毗邻州宪法中照抄的。然而一种倾向是所选择的段落反映了制定人的哲学，并且只有当不能找到满意的样板时，才写新的段落。他们选择那些较老政权中的最民主的特点，并把它们结合成为一部更开明的文献。[①]以这种方式，边疆的确加速了显然是美国形式的民主的产生。[②]

但是，如果民主实践即使不是源于边疆，而是沿着边疆加强的，那么，为什么别的边疆国家不能够设计出同美国相媲美的政治制度来呢？最近的研究表明，在所有的边疆上，外来的做法都是沿着承认更大的平等和允许更广泛地参加政事这一方面加以修改的。结果是民主化了继承下来的制度，虽然所产生的民主程度要根据它所依据的基础而有所不同。俄国和新法兰西的边疆经验尤其能很好地说明这点。

俄国向东到西伯利亚边疆的移民，在 19 世纪和 20 世纪初吸收了约 700 万人，大多数是寻找廉价土地的农民。他们所建立的社会显然没有俄国本身通常流行的那种贵族制度；也没有行会、国教会和村社，甚至连省和区的贵族议会都没有发挥作用。1910 年当俄国首相斯托雷平视察边疆时，他表示担忧，怕通过作为典型生活单位的小块宅地的影响而形成"庞大的不完备的民主的村庄"，不久会"扼杀欧洲俄国，除非对它加以控制"。他认为，如果听

---

① 约翰·D.巴恩哈特著《民主的流域：边疆与俄亥俄流域的移民地，1775—1818》（John D.Barnhart, *Valley of Democracy: The Frontier versus the Plantation in the Ohio Valley, 1775 - 1818*, Bloomington: Indiana University Press, 1953.）。这本书极力支持特纳，包含关于边疆对民主影响的极为重要的证明。小埃德温·米姆斯著《美国历史与移民》（Edwin Mims, Jr., *American History and Immigration*, Bronxville: Sarah Lawrence College, 1950.），也是一本重要的概括性著作。尽管书名是这样，实际上它是对特纳移民观点的发展的研究，因为特纳民主信念在他一生中不断加深。一篇关于边疆的民主影响的全面文章是理查德·A.巴特莱特（Richard A.Bartlett）的《自由与边疆：一个得当的再审查》（见《中美洲》，1958 年，第 40 卷，第 131-138 页）。

② 边疆在法律实践方面所发生的变革性的影响，只是最近才引起学者们认真的注意。因为所根据的证据公认尚不充足，他们的研究结果就因所分析的地区、调查者的偏见和所采用边疆定义的不同而变更。W.B.汉密尔顿的《英国法律向美国边疆的传播》是一篇论述旧西北和西南的法律的学术论文，发现在诉讼手续和判例方面都是原封不动地从东部和英国引入的，结论认为西部的环境并未发生影响（见《南大西洋季刊》，1968 年，第 67 卷，第 243-264 页）。相反地，戈登·M.巴肯（Gordon M.Bakken）的《落基山西部的英国习惯法》和吉米·希克斯（Jimmie Hicks）的《边疆与美国法律》两篇文章都说明，在得克萨斯和科罗拉多法律的变革和修改是常见的，因为法律要适应矿业和牧畜边疆的条件（Gordon M.Bakken, "The English Common Law in the Rocky Mountain West", *Arizona and the West*, Vol. 11, No. 2, Summer, 1969, pp. 109-128；《大平原杂志》，1967 年，第 6 卷，第 53-67 页）。所有的作者都承认所提供的实例并不充足，主张对这一题目作进一步的考察。

任在那里发生着的平等主义力量扩展开来，沙皇制度就要被毁灭。①

　　早在 1763 年法国统治结束之前，新法兰西曾经历过同样变化。在那里，封建领主制度以及傲慢的领主、农奴一样的农民（habitants）、绝对的皇家控制和权力至上的教会在名义上都还存在，但实际上由于廉价土地的存在，为个人创造的机会已经激发一种社会和政治的革命。农民不仅衣着完好，装得很有礼貌，而且摆出一副高傲的样子，以显示他们的独立地位；反之，那些领主们倒是在田里劳动并且往往只是根据他们的寒酸样子才能与他们的农民区别开来。普通人拒绝向教会缴什一税和向皇室纳税，以表示他们热爱自由，即使这种做法意味着抗拒两个受尊敬的权威。当法国君主于 1704 年提出一种财产税即直接税时，官吏们竟然不理睬这一命令，因为知道这样做一定会引起叛乱或是使人们都散失到森林里去。在新法兰西，政治权力不是掌握在君主手中，而是掌握在教区的一个当地的民兵队长手中。理论上这个军官代表贵族统治，是由领主指定的；实际上他是由人民选举的，他的任命只是由领主和总督批准而已。然而人民授予的权力是上级不能置疑的，因为他在每礼拜日弥撒后都要向人们公布议事日程，并要求遵守。新法兰西的边疆环境引入了民主实践，虽然不同于英国殖民地的那些民主实践，但完全说明了廉价土地的自由化作用。②

　　尽管有这种给人印象深刻的证据，今天大多数史学家还是一致认为，边疆进程对政治制度有所改动，但不是完全转变。俄国和新法兰西后来的历史都很好地说明了这点。在上述每一事例中，人民在通向完全民主的道路上，都没有显出像讲英语的人们走得那么远的倾向；新法兰西的农民在 19 世纪接受一个谕令重申的教会权威，正如俄国东部的农民在 20 世纪那样顺从共产党领导人的新的中央集权下的经济制度。在这两个事例中，人民的确能享有像在不列颠国旗下殖民者所分享的那种争取自由的理论基础。③俄国和新法兰西的边疆历史说明，要使民主实践持久，环境力量和传统力量都是需要

　　① 见唐纳德·W.特烈得高尔德：《西伯利亚殖民与亚洲俄罗斯的未来》（Donald W.Treadgold, "Siberian Colonization and the Future of Asiatic Russia", Pacific Historical Review, Vol. 25, No. 1, February 1956, pp. 47-54.）；雷蒙德·比兹利（Raymond Beazley）：《俄国历史上的民主因素》（见《现代评论》，1942 年，第 161 卷，第 139-143 页）。

　　② A.L.伯特（A.L.Burt）：《新法兰西历史上的边疆》（see Report of the Annual Meeting, Rapports annuels de la Société historique du Canada, 1940, pp.93-99.）。

　　③ A.R.M.洛厄（A.R.M.Lower）：《加拿大民主的起源》（see Report of the Annual Meeting, Rapports annuels de la Société historique du Canada, 1940, pp.65-70.）

的。正如历史证明的那样，平等主义的土地所有制格局在一切边疆上都可使外来的制度放宽。

正如特纳建立的理论所揭示的，民族主义的精神并不亚于通向更大民主的趋势，是由开拓边疆的经验加强的。关于这一点大多数学者是表示赞同的，尽管他们不同意特纳把民族化力量视作边疆的性质。他推论说，印第安人和北部邻人（居）对边境持续不断的压力激发了西部的爱国主义；边疆居民间共同遇到的问题创造了一种作为民族团结力量的黏合剂；西部不同民族的混合削弱了对地区的忠诚；拓荒者对公路、军事保护、廉价土地以及其他只有联邦政府才能提供的必需品的要求，导致联邦权力的继续不断扩大。他写道，当这个国家西进时，"松散的结构增强了"。最重要的是，特纳把一个接一个的西部都看成迅速美国化的地区，即把具有不同背景的各个民族合成一个民族的熔炉。

最近的调查对于这些解释的某些方面已经提出了质疑，可是也证实了其他一些方面。边疆一直是一个迅速美国化的地区这一点是令人怀疑的；成群的外国人聚居于孤立的小块的少数民族地区，而不与先前到来的种族混合，对于变革表现出一种惊人的抗拒，因为他们依旧留恋着他们昔日风俗习惯和价值体系。美国化的确发生了，但是比特纳所想的要缓慢得多。[1]与此同时，学者们今天把公有土地看成头等重要的民族化的力量。在革命（指独立战争——译者）时代，公有土地起了联合的黏合剂作用，差不多确实挽救了这个新国家的解体。在独立后的困难时期里，为了密西西比河流域与西班牙、法国和英国的外交斗争所激发的爱国主义思想感情，足以使美国度过 1815 年以前的危急年代。[2]革命时期以后，公有土地的国家所有制，迫使州和联邦政府"伙同"管理内部土地的使用，并培植一种内部开发制度。结果是在损害州权

---

① 理查德•H.施赖奥克的《英国人与殖民地农业中的德国传统》和约翰•G.盖格里亚多的《德国人与殖民地宾夕法尼亚的农业》两篇文章说明，对宾夕法尼亚德国人的同化均告失败（Richard H.Shryock, "British Versus German Traditions in Colonial Agriculture", *The Mississippi Valley Historical Review*, Vol. 26, No. 1, June 1939, pp. 39-54; John G.Gagliardo, "Germans and Agriculture in Colonial Pennsylvania", *The Pennsylvania Magazine of History and Biography*, Vol. 83, No. 2, April 1959, pp. 192-218.）。约瑟夫•沙弗尔的《在威斯康星的美国人与条顿人》在研究威斯康星中得到同样结果（Joseph Schafer, "The Yankee and the Teuton in Wisconsin", *The Wisconsin Magazine of History*, Vol. 6, No. 2, December 1922, pp. 125-145; *The Wisconsin Magazine of History*, Vol. 7, No. 2, December 1923, pp. 148-171.）。

② 威廉•T.赫金森：《联合至分裂；分裂至联合；美国联邦主义的形成》（William T.Hutchinson, "Unite to Divide; Divide to Unite: The Shaping of American Federalism", *The Mississippi Valley Historical Review*, Vol. 46, No. 1, June 1959, pp. 3-18.）。

的情况下，联邦的权力得到加强，这一过程经历了整个 19 世纪。因此边疆的存在注定了地方主义的消失，并对中央政府的发展起了重要的作用，使其权力足以控制人民的忠顺。①

个人主义是特纳所谓边疆的另一个产物，并为现代学术界公认为美国人的一种明显气质，但也与原来所设想的形式略有不同。②在 20 世纪 30 年代，集体主义精神盛极一时，这个概念是批评者们中意的靶子。他们坚决认为，西部是比东部更需要合作的地区；拓荒者们要靠邻居的帮助盖起住房、滚动木头、防御印第安人、执行法律以及其他十多种必要的活动。边疆居民也比那些更早社区的居民需要政府更多的帮助，如建筑道路、建立城堡、资助学校等等。③反对特纳学派的人问，这样一种气氛怎能激发个人主义呢？

实际上，今天的史学家们都清楚，边疆合作与个人主义是完全不矛盾的。拓荒者是依靠社会团结的，并且在涉及改善自己境况时毫不犹豫地请求政府帮助。在社会上他比东部人有一笔较大的财产赌注，并且他可利用扩大的经济所提供的不寻常的机会去获取甚至更大财产的希望，因而他愿意采纳任何改进一生命运的权宜之计。所以对他有利时，他便欢迎政府的帮助；当他认为对他不利时，便抗议政府的管理。在美国仍然流行的个人主义标记是：美国人毫不犹豫地追随风尚式样设计家的准则和社会领袖的榜样，但是在反对威胁他的经济自由的政府措施方面，其强烈程度却超过了欧洲人。他的一举

---

① 丹尼尔·J.埃拉萨 1962 年在芝加哥出版的《美国的合作关系：19 世纪联邦政府间的合作》（Daniel J.Elazar, *The American Partnership: Intergovernmental Cooperation in the United States*, Chicago: University of Chicago Press, 1962.）是对边疆促进民族主义的方式所作的最好的一篇论证。汉斯·科恩 1957 年在纽约出版的《美国民族主义》（Hans Kohn, *American Nationalism*, New York: MacMillan, 1957.）对这一论点也提出争辩。

② 沃尔特·艾伦（Walter Allen）1969 年在纽约出版的《急需的西部：美国的梦想与人》（*The Urgent West:The American Dream and Man*, New York: Dutton, 1969.）把维护个人自由、反对社会约束的愿望视作美国坚持不渝的希望。他争辩说，人们认为在边疆可以最大地实现他的雄心，因而尽管条件发生剧烈的变化，边疆理想仍然是国民思想的基础。托马斯·E.博伊尔（Thomas E.Boyle）在《弗雷德里克·杰克逊·特纳与托马斯·沃尔夫：作为历史和文学的边疆》（"Frederick Jackson Turner and Thomas Wolfe: 'The Frontier as History and as Literature'"）一文中，描述了这种梦想对于南部的小说家托马斯·沃尔夫的诱导作用［见《西部的美国文学》（*Western American Literature*,Vol. 4, No. 4, Winter 1970, pp. 273-285.）］。作者指出，沃尔夫认为应把特纳所强调的民主、民族主义、个人主义和其他特点归因于边疆。

③ 对把边疆作为个人主义的源泉最有力的反驳是莫迪·C.鲍特赖特（Mody C.Boatright）的《边疆个人主义的神话》（Mody C.Boatright , "The Myth of Frontier Individualism", *The Southwestern Social Science Quarterly*, Vol. 22, No. 1, June 1941, pp. 14-32.）。

一动非常像他的边疆祖先，很少考虑言行一致。[①]

拓荒经验对一种显然为美国标记的民主、民族主义和个人主义的出现起作用的同时，正如特纳和他的信徒们所教导的，也有助于改变人民所表现出来的某些气质。由于美国人的边疆遗产是具有发明创造才能的，在地理和社会观念方面是无比灵活的，是彻底实用主义的；对于创造艺术和抽象思维是不屑一顾的，因而他们的文化落后于欧洲。所有这些概念经过后来几代的严格验证和修正。然而学者们倾向认为，边疆在赋予美国人民这些明显的性格特征方面基本上起过作用，但常常是次要的作用。

发明创造精神在边疆的确是可以预料到的，因为一些独特的问题需要解决；人力缺乏，鼓励使用节省劳力的机器；不要求使用经过时间考验的实践传统——这一切都有利于创造革新。然而特纳的批评者们都指出，拓荒者对于实验表现出一种令人吃惊的犹豫不决；在发明创造力方面也落后于东部居民。东部制图员和东部工程师们所生产的工具征服西部，如肯塔基的来福枪、农业机械、钻井设备、围墙、风车、改进了的农业技术以及其他十多种发明。当发明者不能应付这种挑战，如在 19 世纪 40 年代需要新的工具去征服大平原上的熟悉的草原时，拓荒者们宁愿忍受长途跋涉之苦，到俄勒冈和加利福尼亚比较熟悉的环境，而不试图由他们自己去应付那种境况。直至 19 世纪 70 年代和 80 年代，当东部和密西西比河流域的发明家们创造了征服大平原所需要的机器和技术时，那个地区才被占据。[②]

今天的一些史学家认为，这些批评者们没有理解问题之所在。他们指出，实际的边疆并不是预期能产生发明的地区；在处于原始状况的地方，发明者就很难感到安适自在。在那里居民都忙于目前的事务，文化遗产也不足以产生创造力所需要的训练和合作。然而，边疆的存在激励着创造革新，这部分是由于产生了一种对新产品的要求，部分是由于培植了一种肯于接受改革的

---

① 约翰·W.沃德《今天的个人主义》(见《耶鲁评论》，1960 年，第 49 卷，第 38-92 页)(John W.Ward, "Individualism Today", *Yale Review*, Vol. 49, 1960, pp. 38-92.)。探索这一题目的另一些方法在阿伦·G.博格的《社会学说与拓荒者》一文中进行了讨论(见《农业史》，1960 年，第 34 卷，第 21-34 页)(Allan G.Bogue, "Social Theory and the Pioneer", *Agricultural History*, Vol. 34, No. 1, Jananry 1960, pp. 21-34.)。

② 沃尔特·P.韦勃 1931 年于波士顿出版的《大平原》(Walter P.Webb, *The Great Plains*, Boston: University of Nebraska Press, 1931.) 一书认为，边疆力量对发明要求起着刺激作用；弗雷德·A.香农 1940 年在纽约出版的沃尔特·普列斯科特·韦勃著《〈大平原〉一书评价：制度和环境的研究》(Fred Albert Shannon, *An Appraisal of Walter Prescott Webb's The Great Plains: A Study in Institutions and Environment*, New York: Praeger, 1940.) 一书则争辩说，东部提供了西部的需求。

态度。当移民向西迁徙，经历不同的环境时，肯定总是需要新的产品；本来对一个地区适用的工具，到下一个地区就废弃了。再加上人力相对缺乏，对于东部发明者供给的各种机器便产生了要求。同时，人口的增加有助于创造一种肯于接受创造革新的社会气氛。这些拓荒者社会对于任何新生事物，证明都是理想的试验场地。这是由于它们有可塑性的社会秩序，没有旧的传统，没有因恐怕他们的产品受到威胁而抵制变革的老从业生产者，不受由既得利益产生的政治压力，且需要节省劳力的设计以抵消人力的不足。[①]今天的美国比古老的欧洲国家相对地不是那么墨守成规，而是较倾向于实验。这部分地似可追溯到过去拓殖边疆时所产生的社会气氛。

在拓荒者社会里没有因循守旧的习尚，这也有助于说明社会和物质流动性在那里为什么存在，并成为边疆遗产的一部分。在这种社区里，人口与土地的比例低，未开发的自然资源丰富，经济猛涨和社会秩序的状况相对流动。这就使每个有本事的人，不管其门第和教养，都可以提高自己的地位。阶级界限是存在的，因为几乎从第一批移民起社会便开始划分阶层，但是不像在比较古老的社会里那样严格，并且较容易打破。在边疆上垂直流动是一种固有的生活特征。今天西欧国家里垂直流动率大致与美国相同，因为充分就业和经济增长所创造的工作机会，类似边疆美国。[②]然而还有一个极其重要的区

---

① 阿伦·G.博格的《拓荒农民与创新》一文娴熟地发挥了这一见解（见《衣阿华历史杂志》，1958 年，第 36 卷，第 1-36 页）。H.J.哈巴卡克 1962 年在坎布里奇出版的《19 世纪美国和英国的技术：对节省劳动力的发明的探索》（H.J.Habakkuk, *American and British Technology in the Nineteenth Century: The Search for Labour Saving Inventions*, Cambridge: Cambridge University Press, 1962.）一书也对边疆作为一种创新力量进行了评价。古尔德·P.科尔曼在他的《农业中的发明及其传播》一文中在连续地理区域内测定所采用和传播的改进农业技术的速度方面提出一种方法论（Gould P.Colmam, "Innovation and Diffusion in Agriculture", *Agricultural History*, Vol. 42, No. 3, July 1968, pp. 173-188.）。T.斯科特·米亚加瓦于 1964 年在芝加哥出版的《新教徒与拓荒者》（T.Scott Myakawa, *Protestants and Pioneers*, Chicago: University of Chicago Press, 1964.）一书中争辩说，教会在边疆的创新中起了妨碍作用。本·M.沃尔派尔的《长老会教义与边疆假说："美国乐园的传统与改变"》一文中也说明这一点。此文说明甚至在宗教领域内，教会如何对创新起着制动器的作用[Ben Merchant Vorpahl, "Presbyterianism and the Frontier Hypothesis: Tradition and Modification in the American Garden", *Journal of Presbyterian History*, (1962-1985), Vol. 45, No. 3, September 1967, pp. 180-192.]。

② 西摩·M.李普塞特和莱因哈德·本迪克斯两人合著《工业社会里的社会流动性》（Seymour Lipset, Reinhard Bendix, *Social Mobility in Industrial Society*, Berkeley: University of California Press, 1959.）。对于边疆鼓励社会流动性的途径的实例研究是威廉·A.雷维斯的《马里兰的绅士与社会流动性，1637—1676》（William A.Reavis, "The Maryland Gentry and Social Mobility, 1637-1676", *The William and Mary Quarterly*, Vol. 14, No. 3, July 1957, pp. 418-428.）和南希·C.罗宾逊的《南北战争前亚拉巴马的社会流动性》（见《亚拉巴马评论》，1960 年，第 13 卷，第 135-148 页）。

别：在美国，多数人认为垂直流动是必然的。发生于边疆机会的从赤贫到富有的英雄传奇起先是可望而不可即的，以后竟成为激发大部居民的伟大理想和动力。一定要进步这一信念，为美国人树立了目标，而对欧洲人却不如此。

毋庸置疑这是真实的，但是根本的问题仍然是：边疆像特纳所假定的那样，为迅速向上流动提供了机会吗？电子计算机技术的发展，已经使历史学家可以在保存充分资料、得以进行适当分析的社区里检验这种假设的正确性。到目前为止，调查做得太少，不足以证实这些一般的判断。但是这些调查表明，社会升级的程度并不是如学者们以前所想象的那样大。调查表明，边疆社区居民的平均年龄比以前所想的要高，结婚通常是在二十几岁或更晚些，而不是十几岁；财产所有者的适中年龄是三十多岁。调查也表明财富集中在一批社会上层人物手中：在一个拓荒者社区里十分之一的人口控制了百分之三十八的财富，并且在所有分析过的社区里，比例是相似的。一般来说，取样调查的结果表明：虽然经济机会以及因之而来的垂直流动，在边疆是比在定居地区大，但经济等级上升最快的都是已经拥有一些资产的成年男人。在那里，像在别的地方一样，富人越来越富，而贫者只是在贫穷程度上稍微轻些。然而在一个显著方面，西部和东部存在着差别：在西部那些不太走运的人形成了一个巨大的流动集团，当在一个社区不能弄到财富时，便漂流到另一个社区去。[①]

物质的流动性与社会的流动性是有关的：在一个地区不能获得经济发迹

①　柯蒂的《一个美国社区的形成》（*The Making of an American Community; a Case Study of Democracy in a Frontier Coumty*）（1959 年）使用计量方法说明，在威斯康星州利姆培劳县，边疆气氛加剧了竖式社会流动性，正像加剧了民主的倾向一样。比较小些的同样实例研究有小谢尔曼·L.理卡德斯（Sherman L.Ricards, Jr.）的《西部人口统计历史：加利福尼亚州比尤特县，1850》，这是一篇对一个矿业社区的研究论文（见《密歇根科学、艺术和文学学院论文》，1961 年，第 46 卷，第 468-475 页）；乔治·布莱克伯恩和小谢尔曼·L.理卡德斯合写的《西部人口统计历史：密歇根州马尼斯蒂县，1860》（George Blackburn, Sherman L.Ricards, Jr., "A Demographic History of the West: Manistee County, Michigan, 1860", *The Journal of American History*, Vol. 57, No. 3, December 1970, pp. 600-618.）一文分析了一个伐木区；威廉·G.罗宾斯：《太平洋岸西北部的机会与持续性：对早期俄勒冈州罗斯堡的计量研究》（William G.Robbins, "Opportunity and Persistence in the Pacific Northwest: A Quantitative Study of Early Roseburg, Oregon", *Pacific Historical Review*, Vol. 39, No. 3, August 1970, pp. 279-296.）；小菲利普·J.格雷文（Philip J. Greven, Jr.）：《四代：殖民地时期马萨诸塞州安多弗的人口、土地与家庭》（*Four Generations: Population, Land, and Family in Colonial Andover, Massachusetts*, Ithaca: Cornell University Press, 1970.）；布莱恩·T.威廉斯（Blaine T.Williams）的《边疆家庭：人口统计事实与历史神话》，是一篇关于得克萨斯州彼得斯-康朗尼的统计分析，收于哈罗德·M.霍林斯沃思（Harold M.Hollings-Worth）编《美国西部论文集》（*Essays on the American West*, Austin: University of Texas Press, 1969, pp. 40-65.）。

的人，为了寻找机会，迅速地迁往另一个地区。如果美国在 18 世纪和 19 世纪有一个严格划分阶级界限的和个人没有机会改善自己社会地位的稳定的社会秩序，便不会激发人们到处迁移了。个人上升却随处可能。因此人们为了寻找更好的工作而迁徙：从东部到西部，从西部到更新的西部；从城市到农场，从农场到城市；从农场到农场，从城市到城市。对于许多人来说，迁居成了习惯，任兴之所至，所以对一个地方的感情淡薄了，迁移更加容易了。边疆培植了关于机会的观念，松弛了社会的约束，有助于把美国人变成一个永恒的流动的民族。这种流浪倾向，反过来又使得某些植根于边疆经验的其他特点更加突出了：人们都打算不久迁徙到别处去，所以不愿意保护资源，不愿美化环境，因而扩大了浪费，正像迁徙的倾向削弱了地方联系而加强了国家观念一样。①

另一个由特纳作为过去拓荒产物而单独提出的特点是，在损害智力或审美价值的情况下强调实利主义的倾向。学者们今天都认为，拓荒者并不愿意放弃他的文化遗产；他的目的不是逃避文明，而是在西部成立一个他在东部所见到的专利局型的社会。为此目的，他携带去学制、文学、辩论俱乐部、图书馆、博物馆、戏剧协会，以及其他在老家作为文化象征而保持下来的一切。②然而条件使他的努力注定归于失败。仅仅迁移这一事实便妨碍了文化的成长，因为向西的冒险活动不能吸引沉思的人、有教养的人或智力敏捷的人。在拓荒者居住的地方，人口分散稀疏，必须致力于实际工作，在一块有非常机会的土地上必然产生为改善自己地位而努力的雄心。这意味着当物质事务

---

① 除所引乔治·W.皮尔逊与韦弗利特·S.李两人的文章外，乔治·W.皮尔逊还在他的下述另外四篇文章中对美国的流动性进行了令人满意的考察：《移动的美国人》（George W.Pierson, "The Moving American", *Yale Review*, Vol. 44, 1954, pp. 99-112.）；《美国历史上的移动因素》（George W.Pierson, "The M-Factor in American History", *American Quarterly*, Vol. 14, No. 2, Part 2: Supplement, Summer 1962, pp. 275-289.）；《到处为家》（George W.Pierson, "Under A Wandering Star", *The Virginia Quarterly Review*, Vol. 39, No. 4, Autumn 1963, pp. 621-638.）；《行动起来》，（见《南大西洋季刊》，1964 年，第 63 卷，第 564-575 页）。在后两篇文章中皮尔逊分析那些通俗的口号和俚语说法，说明在民间的语言中对移民者歌颂的方式。在斯坦利·埃尔金斯和埃里克·麦基特里克合写的《动的制度》一文中描述了流动性对制度的作用（Eric L.McKitrick, Stanley Elkins, "Institutions in Motion", *American Quarterly*, Vol. 12, No. 2, Part 1, Summer 1960, pp. 188-197.）。

② 刘易斯·B.赖特的《动的边疆上的文艺》是一篇最好的关于文明传入边疆的叙述。阿瑟·K.穆尔（Arthur K.Moore）在《边疆精神：肯塔基边疆居民的文化分析》（*The Frontier Mind: A Cultural Analysis of the Kentucky*, Lexington: The University Press of Kentucky, 1957）一书中研究了边疆环境对外来文化的腐蚀作用。

吸引了人们的全部精力时，文化事务只有被搁置起来。在边疆，脑力和膂力都是必要的资产，可是必须把它们应用到极需注意的无穷无尽的实际工作中去。书本知识和抽象思维对社会的价值不大，在人们的估价中也是等而下之。如今美国人仍然反映那种背景，即在他们的民间英雄等级里把"知识分子"放在"讲求实际的商人"之下很多[1]。他们对于消闲和从容仍然心怀猜疑，仍然被艰苦工作能医百病这一信念所束缚。这些都是边疆态度，并且作为边疆遗产的一部分继续保存下来。

特纳是敏感的，他能发现拓荒者是一个理想主义者，并不亚于一个实利主义者。这一联系激起了他的许多批评者的批评。然而事实就是如此。现代学者们认为，边疆居民追求财富，不仅仅是为了财富，而是作为更高地位的象征。他致力于尽可能多地聚积"万能的美元"，只是因为这些美元将为他买到通往社会阶梯更高一级的途径。换句话说，他的雄心是垂直式流动，而不是财富。所以他愿意把挣得的钱花在文化活动上，慷慨地支援图书馆、学校、表演艺术，正像他今天作为商人的后代，过度操劳，积攒巨资，用以捐助一个交响乐团、一个歌剧团或一个画廊。两者确实都是为了达到一个更美好的世界而作出贡献，不只是对财富的实利主义的追求。[2]

大多数现代学者们将会同意特纳的观点：边疆居民发展了某些独特的特点。这些特点被延续下来，并形成了今天美国人民主要的突出的性格。美国人表现了一种永不休止的精力、多才多艺、富于实践的创造力、朴实的实践性。这些特点所达到的程度在英国人和其他欧洲人间都是闻所未闻的。他们浪费他们的自然资源，其恣意浪费的程度在别的地方是从未听说的。他们发展起来的流动性，在社会和物质方面都标志为一个独特的民族。在其他国家，民主都不会被如此强烈地崇拜，民主主义也不会被推衍到孤立主义，甚至在

---

① 默尔·柯蒂的《知识分子与其他人》一文把边疆列为促使美国反唯理论的主要力量（Merle Curti, "Intellectuals and Other People", *The American Historical Review*, Vol. 60, No. 2, Janary 1955, pp. 259-282.）。

② 阿瑟·A.埃克尔希（Arthur A.Ekirch）：《美国的进步思想，1815—1860》（*The Idea of Progress in America, 1815-1860*, New York: Columbia University Press, 1944.）。隆诺德·L.戴维斯（Ronald L.Davis）的《边疆上的文化》一文认为，每个边疆都要经过三个文化阶段：第一是削弱与过去的文化关系的原始阶段；第二是一个长期患有自卑感而照搬照抄东部和欧洲规范的阶段；第三个阶段是后边疆时期，这时形成了自己的文化表现形式——往往是一种对所继承的文化加以修改的形式。（Ronald L.Davis, "Culture on the Frontier", *Southwest Review*, Vol. 53, No. 4, Autumn 1968, pp. 383-403.）说服力较差的一篇文章是玛丽·杨的《西部与美国文化的本体：老的主题和新的变更》。这只是一篇对一些有关西部文化的文章的概述，并未有所增加（Mary Young, "The West and American Cultural Identity: Old Themes and New Variations", *The Western Historical Quarterly*, Vol. 1, No. 2, April 1970, pp. 137-160.）。

国际关系上走到妄自尊大的极端。其他民族的确很少对智力活动和审美价值表现得如此不予重视；在一些文化相类似的地区，其他民族也很少顽固地死抱住粗犷的个人主义这个陈词滥调不放。无边疆国家的居民，关于轻率的乐观主义、对未来的盲目信赖和对进步必然性的相信——这些都是美国信念的组成部分——的体会都达不到相同的程度。这都是拓荒者的特性，并且已经成了民族遗产的一部分。

五、边疆假说的扩大

在一些学者们对边疆假说提出异议或进行辩护的同时，其他学者已经把这一论题应用到特纳从未认知的领域去。他们调查的结果导致进一步的修改，但总的趋向是证实这些基本理论。在这批历史学家中，有的人说明了在整个19世纪里虚构的边疆与实际的边疆同时并存，有的人把假说的应用扩大到原来的文章从未描写过的其他地区和时代。

现代的学术成就确实已经证明，这两种边疆的传统说法影响了美国人的思想，而这两种边疆彼此没有丝毫关系。一种是实际的边疆，在那里勤劳的拓荒农民不畏他们同胞的贪婪和自然的残酷，力争生存。另一种只是存在于美国人和一些欧洲人心目中的虚构的边疆。从18世纪起，西部的形象影响了政治家，激发了作家的想象力，并有助于这个民族形成对自己国家及世界上其他国家的态度。

在阿巴拉契亚山之西的想象的边疆上安全阀无拘无束地起着向西排出不满分子的作用。本杰明·富兰克林曾写道："新定居地……继续不断地从旧定居地抽走多余的人手。"而托马斯·杰弗逊又说，"每当上层阶级企图把他们的生活降低到最低限度时，他们就放弃所从事的行业而去从事农业劳动"①。在西部，按照边疆的虚构故事，一个真正的"世界乐园"在等待着把新来的人变成优秀的人。在那里，大自然的充沛富裕抑制了竞争本能，人们和平而满意地生活在一起，没有在拥挤的东部那种无法避开的嫉妒和吝啬。在那里，

---

① 富兰克林于 1751 年撰写的《关于人类增殖的意见》，收于阿伯特·H.史密斯编《本杰明·富兰克林著作》(*The Writings of Benjamin Franklin*, New York: Ardent Media, 1905-1907, Vol. 3, p. 65.)；《杰弗逊给利逊先生的信》，1805 年 1 月 4 日，收于 A.A.利斯康姆（A.A.Liscom）与 A.L.伯格（A.L.Bergh）两人合编的《托马斯·杰弗逊著作》(*The Writings of Thomas Jefferson*, Washington, 1903-1904, Vol. 11, p. 55.)。

快活的自耕农在安静的露天下一边高兴地唱歌，一边堆垛发出香味的干草或挤着驯顺的奶牛的奶；蓝色衬衣底下露出他们那发达的肌肉。在那里，清洁的圆木小屋成为只有伊甸园才能与之媲美的乐土。所有人无忧无虑都像国王一样地生活和思考，因为在一个财富如此充裕的国家里，完美的平等是必然的。圣约翰·德·克雷夫科尔写道："我们没有我们得为之劳动、受饿和流血的公侯，我们的社会是现在世界上最完美的社会。"[①]十足的民主、十足的安全、十足的舒适——这些便是为所有来西部这个"世界乐园"的人所准备的报酬。[②]

虚构的边疆一直存在于美国人的想象中，这已经是充分证实了的；同样已经证明，这是在整个 19 世纪里西部这个假象一直由小说家、诗人和政府政客喋喋不休地谈论着。同样毫无疑问的是，特纳是受了他那个时代许多错误观念的影响；他的文章中迸发的许多比较浪漫的感情，是由他所熟悉的被歪曲了的西部情景所激发的。然而这种歪曲并不能削弱实际边疆的重要意义，如果它没有创造那些充斥 19 世纪小说那样的自耕农，至少在一定程度上改变了拓荒者的性格和习惯。

最近为回答特纳的批评者所作的大量有关边疆的比较研究，证实了这点。这些批评者质疑说，如果民主、民族主义和个人主义是由拓荒经验形成的，为什么新法兰西、俄国、澳大利亚和加拿大没有出现同样的性格呢？它们对上述更广泛民主所作的微不足道的表示，就是它们反应的特点吗？一些现代学者回答说，归因于边疆压力的特点本身，只有存在合乎特纳所用的术语含义的那种边疆的国家才有。因为对特纳来说，边疆不只是在非定居与定居土地之间的边疆，它也是一个易进入的地区。在那里，单位面积人口少，自然资源丰富，这就为个人改善自己的处境提供了稀有的机会。在那些控制人们

---

① 圣约翰·德·克雷夫科尔（St.John de Crèvecoeur）的《一个美国农民的来信》（*Letters From an American Farmer*, London, 1782, p. 48.）。

② 亨利·纳什·史密斯（Henry Nash Smith）：《处女地：作为象征和神话的美国西部》（*Virgin Land: The American West as Symbol and Myth*, Cambridge: Harvard University Press, 1950.）；亨利·纳什·史密斯：《作为美国过去形象的西部》（见《堪萨斯城大学评论》，1951 年，第 18 卷，第 29-39 页）。在拉什·韦尔特的下面两篇文章里则对史密斯的一些结论提出异议，认为在东部的思想里关于西部的形象已经改变，它更符合特纳所通俗化的形象：《作为美国社会形象的西部边疆：内战前的保守态度》（Rush Welter, "The Frontier West as Image of American Society: Conservative Attitudes before the Civil War", *The Mississippi Valley Historical Review*, Vol. 46, No. 4, March 1960, pp. 593-614.）；《作为美国社会形象的西部边疆，1776-1860》（Rush Welter, "The Frontier West as Image of American Society 1776-1860", *The Pacific Northwest Quarterly*, Vol. 52, No. 1, Janary 1961, pp. 1-6.）。

自由移动的国家，或者不是缺乏资源、便是需要大量开采费用的国家，这样的边疆是不存在的。[1]

如果应用这一定义，世界上可提供类似边疆机会的地区是极其有限的。中世纪日耳曼的森林为一小部分人口提供了出路，在其影响下的人们都发生过明显的变化，但是封建控制过于严格，不允许有使用土地的完全自由。[2]在非洲，欧洲人极少，被本地居民的人数大大压倒，以致对安全的需求超过了任何向往民主或个人主义的激动。[3]在拉丁美洲，适于单独拓荒者使用的地区，令人吃惊地少；在那一片大地上，到处是崎岖的山路和弥漫水汽的丛林，只有阿根廷大草原和巴西平原提供了合适的气候、良好的土地、可航行的河流以及其他拓荒农业需要的各种因素。这些地区吸引了一些边疆居民。尽管在阿根廷最好的土地已经由政府支持的畜牧主先占有，在铁路未进入这个地区之前小农便不能进去。到这时，政府的控制已稳固确立，因而不能改变了。[4]

---

[1] 迪特里希·格哈特（Dietrich Gerhard）的《比较观点中的边疆》和马文·W.米克塞尔的《边疆历史的比较研究》两篇文章对有关比较边疆的广泛文献作了概括（Dietrich Gerhard, "The Frontier in Comparative View", *Comparative Studies in Society and History*, Vol. 1, No. 3, March 1959, pp. 205-229；Marvin W.Mikesell, "Comparative Studies in Frontier History", *Annals of the Association of American Geographers*, Vol. 50, No. 1, March 1960, pp. 62-74.）。一篇有启发性和开拓性的研究是保罗·F.夏普的《三个边疆：对加拿大、美国和澳大利亚定居地的比较研究》（Paul F.Sharp, "Three Frontiers: Some Comparative Studies of Canadian, American, and Australian Settlement", *Pacific Historical Review*, Vol. 24, No. 4, November 1955, pp. 369-377.）。

[2] 詹姆斯·W.汤普森（James W.Thompson）的《中世纪史中可资考察的领域》（见《美国历史评论》，1912—1913 年，第 18 卷，第 490-504 页）汤普森教授 1928 年在纽约出版的《中世纪经济社会历史，300—1300》（James Westfall Thompson, *Economic and social history of the Middle Ages, 300-1300*, New York: Ungar, 1928.）一书中用一章的篇幅专门把中世纪德国和美国的扩张过程作了比较。

[3] S.丹尼尔·纽马克（S.Daniel Newmark）：《经济对南非边疆的影响，1652—1836》（*Economic influences on the South African Frontier 1652-1836*, Salford: Salford University Press, 1957.）对于几种边疆进行比较研究的文章收于沃克·D.怀曼（Walker D.Wyman）与克里夫顿·B.克罗伯（Clifton B.Kroeber）合编的《展望中的边疆》（*The Frontier in Perspective*, Madison: University of Wisconsin Press, 1957.）。

[4] 维克托·A.贝劳恩德（Victor A.Belaunde）：《拉丁美洲的边疆》（见《赖斯研究所专刊》，1923 年，第 10 卷，第 202-213 页）；阿瑟·S.艾顿（Arthur S.Aiton）：《拉丁美洲边疆》（"Latin-American Frontiers"）（see *Report of the Annual Meeting, Rapports annuels de la Société historique du Canada*, 1940, pp.100-104.）。关于一些拉丁美洲国家和西班牙的边疆的文章收在刘易斯和麦克干合写的《新世界考察它的历史》（*The New World Looks at Its History*, Austin: University of Texas Press, 1963.）一书中。维安纳·穆格（Vianna Moog）在 1964 年于纽约出版的《探险者与拓荒者》（*Bandeirantes and Pioneers*, New York: George Braziller, 1964.）一书则争辩说，美国与拉丁美洲文化的不同可溯源于原始定居者之间的不同，而不能追溯于不同的环境。阿根廷史学家里加多·罗哈斯（Ricardo Rojas）对这一看法提出异议。他的许多著作争辩说，如同在美国一样，边疆是阿根廷历史的一种基本力量。对于他的观点的评价，见厄尔·T.格劳尔特的《里卡多·罗哈斯与阿根廷文化民族主义的出现》（Earl T.Glauert, "Ricardo Rojas and the Emergence of Argentine

澳大利亚同样为单独拓荒者提供的机会很少。当 1815 年淘金热之后、大陆殖民开始时，通过沿海大山峡谷向前推进的边疆居民，发现他们自己为在政府支持下控制了全部可耕土地的大牧羊场主所阻；越过这些大畜牧场，便是连羊都不能生存的干旱沙漠。一个澳大利亚作家以联想特纳的语言，形象地描述了这种结果。

　　25 年来，岩石嶙峋、灌木丛生的蓝山山脉一直把新南威尔士殖民地包围在沿海平原上。蓝山有一个著名的隘口。站在这个隘口上望到一片接一片的向西移动的边疆；使羊群遍布西部平原并奠定澳大利亚经济基础的占地者边疆；给澳大利亚带来人口并为它创造一种激进民主的矿工边疆；逐渐地痛苦地经过考验和证明对澳大利亚土壤和气候能加以支配的农民边疆。站在再往西几百英里的达林河畔，便可看到这种支配对边疆所产生的影响。农民遭到了干旱的打击，从西进的队伍里掉了队。只有放牧者和探矿者从身旁走过。在大陆的西部中心地带，干旱甚至把那些放牧者都击败了。在这个有生气的社会的边缘上，仅仅还剩下一些掉队的探矿者和好奇的人类学家以及罕见的掠取土生动植物资源的人。①

因为拓荒农民被干旱驱赶回来，澳大利亚内地便成了一块"大人物的边疆"，只由大牧羊场主和富有的灌溉者所占有。小人物只限于沿海平原。在那里，对日益减少的数量不多的资源的竞争，加快了工业化社会的成长。②

加拿大也提供了一种截然不同于美国的环境。在圣劳伦斯河流域和南安

Cultural Nationalism", *The Hispanic American Historical Review*, Vol. 43, No. 1, February 1963, pp. 1-13.）。

　　① W.K.汉考克（W.K.Hancock）：《英联邦事务一览》（*Survey of Britaih Common Wealth Affairs*），牛津，1940 年，第 2 卷，第 1 册，第 4-5 页。

　　② 弗雷德·亚力山大（Fred Alexander）：《移动的边疆：一个美国的主题和它对澳大利亚历史的应用》（*Moving Frontiers An American Theme And its Application to Australian History*, Melbourne: Melbourne University Press, 1947.）；沃德·罗素（Ward Russel）：《澳大利亚传奇》（*The Australian Legend*, London, Cambridge University Press, 1958.）；布里恩·费茨帕特里克：《大人物边疆与澳大利亚的畜牧》（Brian Fitzpatrick, "The Big Man's Frontier and Australian Farming", *Agricultural History*, Vol. 21, No. 1, Janary 1947, pp. 8-12.）；小弗雷德里克·D.克什纳：《乔治·查费与灌溉边疆》（Frederick D.Kershner, Jr., "George Chaffey and the Irrigation Frontier", *Agricultural History*, Vol. 27, No. 4, October 1953, pp. 115-122.）；哈利·C.艾伦：《灌木丛与边远森林地区：澳大利亚和美国的边疆的比较》（东兰辛，1959 年）。对新西兰边疆的比较看法见彼得·J.科尔曼：《新西兰边疆与特纳论题》（Peter J.Coleman, "The New Zealand Frontier and the Turner Thesis", *Pacific Historical Review*, Vol. 27, No. 3, August 1958, pp. 221-237.）。

大略，肥沃的土地和良好的气候鼓舞了拓荒农业，其效果可与边界以南的地方相比，但是在这个地点以远，向西和向北的扩展都被"劳伦蒂安屏障"（Laurentian Shield）封锁了。这块丘陵杂错、灌木丛生的不毛之地占去这个国家北部和东北部的三分之二，使居民转向南方，到美国去寻找农场。到 19 世纪晚期，当铁路最终穿过这块地盾区时，才开始大规模地占领加拿大西部繁茂的大草原。那时拓荒者直接从东部乘火车到达。他们带来未经历边疆经验改变过的态度和技术。其结果是那些草原省份传承的是东部的传统观念，而不是经开拓西部而形成的经验和观念：对印第安人的人道主义政策，由中央政府推行的有秩序地实施法律的方法，以及未遭受由非法占地或要求土地协会所损害的一种有效的土地制度。一些用以维持生活的技术被环境改变了，但是政府、宗教和社会的机构并未作调整。[①]

　　世界上的边疆国家中，只有俄国提供了一种类似于美国的自然环境，而那里的拓荒者对于严厉的君主政体和封建的统治是太习惯了，以致不能像美国人那样正确地反映边疆力量。他们在 17 世纪开始向东迁移，来到西伯利亚相对未开发的荒地，但只是到了 1861 年农奴制废除时，这种流动才达到了高潮。从那时到 1914 年，约 500 万新移民涌入西伯利亚，他们大多数定居在平行于西伯利亚铁路的一条 400 英里宽的地带。在那里他们获得了在欧洲俄罗斯梦想不到的大量土地；七年之后平均每人持有土地 11 俄亩（dessiatine，每俄亩合 2.7 英亩），而不是原籍的 2.1 俄亩。耕种那么多的土地，需要像在美国那样易于掌握的新工具和技术。更重要的是一种新唤起的对政府的态度：西伯利亚的农民表现出与构成美国边疆居民性格一样的一些个人主义和自力更生的特性。一个观察家在 1914 年写道："……在更大坚定性、更大的流动性和乐于接受各种创新方面，那些俄国的拓荒者确实不同于仍然留在原地的

---

① 莫里斯·扎斯洛的《最近历史编纂学的边疆假说》一文概括地评述了有关这一题目的文献（Mooris Zaslow, "The Frontier Hypothesis in Recent Historiography", *Canadian Historical Review*, Vol. 29, No. 2, June 1948, pp. 153-167.）。比较重要的论文有：约翰·L.麦克杜格尔（John L.McDougall）：《边疆学派与加拿大历史》（"The Frontier School and Canadian History"）（see *Report of the Annual Meeting, Rapports annuels de la Société historique du Canada*, 1929, pp.121-125.）；G.F.G.斯坦利（G.F.G.Stantey）：《西部加拿大与边疆论题》（"Western Canada and the Frontier Thesis"）（see *Report of the Annual Meeting, Rapports annuels de la Société historique du Canada*,1940,pp.105-117.）；弗雷德·兰登：《西部安大略与美国边疆》（多伦多，1941年）；华莱士·N.塞奇：《加拿大历史上边疆的一些方面》（see *Report of the Annual Meeting, Rapports annuels de la Société historique du Canada*, 1928, pp.62-72.）；J.M.S.卡尔莱斯（J.M.S.Careless）的《边疆学说、宗主国制度与加拿大历史》（见《加拿大历史评论》，1954 年，第 35 卷，第 1-21 页）。

俄国广大农民。"[①]他们像美国的边疆居民一样，按照自己的方式对边疆环境作出反应。

边疆假说的辩护者们很容易夸大美国与其他国家之间的经验的相似之处。俄国、澳大利亚、加拿大和拉丁美洲的拓荒者与美国的边疆居民之间的差别，肯定是不同大于相同。然而比较研究证明这种概括是有道理的，外来的制度和特性到处可由环境改变，而且经常是沿着平行路线进行的。例如在所有的边疆，定居者的压力迫使土地法自由化，正如他们浪费自然资源终于引起要求采取保护措施一样。在所有的边疆都有一种利用节省劳力的器械和鼓励制造器械的发明的倾向，都赋予它们的拓荒者以一种新的精力和进步信念；几乎都沿着民主路线修改了政治制度。在大多数国家里，拓荒经验都助长了种族优越感，这表现于征服或消灭土著人口，以及终于达到某种意义上所谓"天定命运"的贪婪的民族主义。

著名历史家沃尔特·普雷斯科特·韦勃的研究结果甚至更加证实了这些结论。他的一本重要著作《伟大的边疆》[②]，试图为边疆假说增加一个新的方面。韦勃教授争辩说，不仅美国历史，而且世界近代史都可以运用这一假说得到最好的解释。他写道，直到 1492 年，欧洲的社会格局已有好几个世纪保持不变：固定的人口，对人的世俗和精神生活的专制主义的控制，以及一个阻碍进步行为和进步思想的严格划分阶层的社会。接着到来的是哥伦布的航海和"地理大发现时代"的曙光。突然间，人类到达了一个"伟大的边疆"，它把人口与土地的比例从每平方英里 26.7 人降到 4.8 人。当这一意外收获的

---

① 这句话见政府人口统计学者 N.V.图尔恰尼诺夫（N.V.Turchaninov）的题为"亚洲俄罗斯的居民"（"Nase lenie Aziats Koi Rossii"）的报告（见《亚洲俄罗斯》，1914 年，第 1 卷，第 74-75 页）。部分译文载于唐纳德·W.特里得高尔德的《从特纳对美国边疆的研究看俄国的扩张》（Donald W.Treadgold, "Russian Expansion in the Light of Turner's Study of the American Frontier", *Agricultural History*, Vol. 26, No. 4, October 1952, pp. 147-152.）。特里得高尔德的《西伯利亚大移民》（*The Great Siberian Migration: Government and Peasant in Resettlement from Emancipation to the First World War*, Princeton: Princeton University Press, 1957.）和威廉·H.麦克尼尔（William H.McNeill）的《欧洲大平原边疆，1500—1800》（*Europe's Steppe Frontier: 1500-1800*, Chicago: University of Chicago Press.）也对这个题目进行了探索。

② 沃尔特·普雷斯科特·韦勃：《伟大的边疆》（Walter Prescott Webb, *The Great Frontier*, Boston: Houghton Mit-flin Company, 1952.）。小沃尔特·朗德尔：《沃尔特·普雷斯科特·韦勃：环境的产物》一文对韦勃的观点进行了评价（Walter Rundell, Jr., "Walter Prescott Webb: Product of Environment," *Arizona and the West*, Vol. 5, No. 1, Spring 1963, pp. 4-28.）。雷·A.比林顿的《弗雷德里克·杰克逊·特纳与沃尔特·普雷斯科特·韦勃：边疆历史家》（"Frederick Jackson Turner and Walter Prescott Webb: Frontier Historians"）一文，把韦勃和特纳两个人作为史学家进行了比较，收入霍林斯沃思编《美国西部论文集》，第 89-114 页（*Essays on the American West*, Austin: University of Texas Press, 1969, pp. 89-114.）。

资源注入欧洲或韦勃所称的宗主国时，人口便增加了百分之六百五十二，贵重金属供应增加百分之一万八千三百零八。货物甚至增加更多。在这种资源充裕的气氛中，人们使自己和他们的制度适应一种机会不断增加的环境；资本主义的自由企业代替了农奴制，民主政府向专制统治者提出了挑战，宗教自由取代了宗教专权主义，并且调整了法律的实施以保证对个人的公正。尤其是进步思想的传播赋予人类以新的希望，并使他们献身于一个真理，即工作会使更好的景况加速到来。

当开发"伟大的边疆"的资源继续进行着的时候，新世界的拓居地对个人慢慢地关闭了机会之门。1930 年人口与土地面积之比，自 1500 年以来第一次达到每平方英里 29.5 人。当人们处于廉价土地时代的末期，密集的社会单位所需要的控制，又开始出现了。巨大的公司以及势力、愈来愈大的机构逐渐地侵犯了个人自由；极权主义政府的出现和福利国家原则的扩大，使自由企业受到威胁。连韦勃教授也没有预见到这种倾向在未来会发生逆转；技术提高使人类得以维系生存，甚而繁庶起来。但是在他看来，边疆民主和个人主义在一个个人的机会不断缩小的世界中是注定要毁灭的。

由韦勃教授提出的这一大胆的假说尚有待史学家们的检验。一些史学家对他的数据已经质疑，要求注意这一事实：他把俄国排除于"宗主国"之外，会使一部分用来证明他的论点的统计资料显得无力。[1]然而他的一些挑战性的概括，证明边疆概念仍然促使争论纷陈，并且影响着一直在扩大的史学思想这一领域。

六、边疆与现代社会

边疆假说继续起着重要作用的进一步证明，可以在 20 世纪美国所面临的问题里找到。在过去的半个世纪里，美国人已经在调整他们的生活和制度，以便在一个没有边疆的国土上生存下去，因为当 1890 年人口普查局局长宣布"边疆消失了"。这个国家的大陆再没有一片地方可以作为边疆来开拓时，

---

[1] 乔弗利·巴拉克劳（Geoffrey Barraclough）的《宗主国和宏观世界》（见《过去与现在》，1954 年，第 3 卷，第 77-93 页）。由四位著名史学家对这一论点的正确性所进行的另一次扩大讨论见刘易斯与麦克干合写的《新世界考察它的历史》（*The New World Looks at Its History*, Austin: University of Texas Press, 1963, pp.135-169）。

廉价土地的时代便接近结束。①政治家们在试图调整社会，使其适应新的、没有扩张的生活方式时，经常引用边疆假说去为从粗犷个人主义到福利国家的一切事情进行辩护，正像外交家们从这一论点为美国最近许多对外政策进行辩护一样。

特纳自己在担心边疆消失时，就预期到这些发展。因为他担心他所赞赏的民主和个人主义将不会再为重复发生的拓荒经验所加强。他承认，如果边疆要在一个工业化、城市化的文明中存有价值的话，边疆理想就必须改变。在特纳看来，这完全是不现实的：美国人继续盲目地忠于粗犷的个人主义的学说，或是满不在乎地浪费他们的资源，或是在一个缩小着的世界上坚持地方主义的信念。所以在他的晚年，他迫切地要求他的同胞们放弃过去的那种生活。这一点便意味着，在思想里他放弃了传统中的两个基本理论之一，即"擅自占地的理想"，它的含意是"无限制地竞争大陆资源的个人自由"。在一个受机器支配的世界上，时间已经暴露这一理想与另一理想即"民主的理想"，是彼此水火不相容的。为了保存后者，美国人必须"愈来愈求助于政府"去施行迄今由边疆所提供的功能。像特纳所指出的，他必须"为了维护民主的理想，牺牲个人主义和自由竞争的理想"②。

这样一些看法便把边疆假说抬上了政治舞台，唆使批评者们走上一条发动新攻击的途径，并为政治家们施行他们一些最进步的政治改革提供一个合理的基础。前者显然是受政治偏见的驱使，提出批评，反对特纳的"历史的空间概念"，即廉价土地时代的结束意味着在美国个人机会的结束。相反地，他们坚持说，现代科学技术已经创造了许许多多的新"边疆"——"精耕细作、自然保护与开垦、银行业、制造业、学校与发明；政治和权势的边疆、传统的社会制度的边疆；便利、舒适和保守的边疆，或艺术、音乐和文学欣

---

① 切斯特·W.赖特（Chester W.Wright）：《我们经济发展中自由土地消失的意义》（"The Significance of the Disappearance of Free Land in Our Economic Dovolopment", *The Journal of Economic History*, Vol. 16. 1926, pp. 265-271.）；弗雷德里克·L.帕克森的《西部消失的时候》（Frederic L.Paxson, *When the West is Gone*, New York: Henry Holt and Company, 1930.）；A.L.伯特：《我们的有生气的社会》（A.L.Burt, "Our Dynamic Society", *Minnesota History*, Vol. 13, No. 1, March 1932, pp. 3-23.）；沃尔特·P.韦勃的《我们立场的分歧：一个没有边疆的民主的危机》（Walter Prescott Webb, *Divided We Stand: The Crisis of a Prontierless Democracy*, New York: Farrar & Rinehart, 1937.）。

② 弗雷德里克·J.特纳的《美国历史中的社会力量》（Frederick J.Turner, "Social Forces in American History", *The American Historical Review*, Vol. 16, No. 2, Janary 1911, pp. 217-233.）。雷·A.比林顿在《弗雷德里克·杰克逊·特纳与边疆的结束》一文中，较详细地讨论了特纳对边疆结束的反应（见罗杰·丹尼尔斯编：《西部历史文集，纪念 T.A.拉逊》，怀俄明州拉腊米，1971 年，第 45-56 页）。

赏与创作的边疆"——所有这一切为个人的才能提供了各种各样的出路，所以政府对国家经济活动的干预是不合理的。①然而大多数史学家持这样一种见解，即那些更新的"边疆"很少为个人——不同于公司或资本家——提供机会，所以不能重复廉价土地的边疆的功能。

他们的这种观点已经反复地为政治家所附和。这些政治家断言有必要提供以前由廉价土地所提供的安全与机会，借以证明扩大政府对经济的控制是正确的。根据这些原因，政府内外的作者接二连三地在通俗杂志上发表文章，支持新政②，同时富兰克林·D.罗斯福总统也在一次重要讲话中声明：

> 很久以前已经到达了我们最后的边疆。……我们所熟习的机会均等已不复存在。……我们现在的任务，不是发现和开发自然资源或必须生产更多的货物，而是有节制地少惹人注目地管理现已掌握的资源和工厂，试图为我们的剩余产品重新开辟国外市场，解决消费不足问题，调整生产以适应消费，更平等地分配财富和产品，使现有经济体制适于为人民服务。开明政府时代已经到来了。③

这些议论尽管具有预示性质，但并不能证实这一主张，即特纳是新政之

---

① 诺尔曼·D.哈波的《边疆和地域：是特纳的"虚构故事"吗？》一书第16页引证的一个未记名作者的话。对于这一看法，史学家中主要发言人是詹姆斯·C.马林（James C.Malin），有如下数文：《空间与历史：对特纳和麦金德的封闭空间理论的思考和航空对这种想法的挑战》（"Space and History: Reflections on the Closed-Space Doctrines of Turner and Mackinder and the Challenge of Those Ideas by the Air Age", *Agricultural History,* Vol. 18, No. 2, April 1944, pp. 65-74, pp. 107-126.）；《流动性与历史》（"Mobility and History: Reflections on the Agricultural Policies of the United States in Relation to a Mechanized World", *Agricultural History*, Vol. 17, No. 4, October 1943, pp. 177-191.）；《特纳-麦金德历史空间概念》，收入詹姆斯·C.马林的《历史编纂学文集》（James C.Malin, *Essays on Historiography*, Lawrence: James C.Malin, 1946, pp. 1-44.）。

② 史蒂文·克塞尔曼的《边疆论题与大萧条》（Steven Kesselman, "The Frontier Thesis and the Great Depression", *Journal of the History of Ideas*, Vol. 29, No. 2, April-June 1968, pp. 253-268.），是一篇叙述激进派、保守派和自由派在20世纪30年代运用边疆论题的方式的好文章，说明新政运用这种论点抛弃过去，并开辟一种使国家适应一个没有扩张的世界的途径。柯蒂斯·内泰尔斯的《弗雷德里克·杰克逊·特纳与新政》（Curtis Nettels, "Frederick Jackson Turner and the New Deal", *The Wisconsin Magazine of History*, Vol. 17, No. 3, March 1934, pp. 257-265.）是一篇比较早但不够透彻的对于富兰克林·D.罗斯福和其他新政人员运用这一假说的方式的概述。

③ 罗斯福于1932年9月23日在旧金山共和俱乐部所作题为"进步政府"的讲话中曾说这番话（见1932年9月24日《纽约时报》）。

父；赫伯特·克罗利①的《美国生活的前途》(*Promise of American Life*)（1910）和在进步时期出版的同类书籍都以更加明确的形式概述了这一时代的蓝图。然而克罗利和富兰克林·罗斯福两人都清楚，边疆的消失在历史上开辟了一个新时代，因而需要一种新的政治哲学。

正像政治家们用边疆假说去证明他们行动的正确性一样，外交家们则利用那些使人联想起特纳学派的术语，合理地说明美国开展的对外政策。扩张主义者回到特纳的原题，即为了保持民主精神富有生气，就需要社会持续不断地更新。他们在整个 20 世纪为美国势力和领土的扩张进行争辩。在美西战争时，帝国主义分子就鼓吹这种学说，并坚持说，如再不能为逃往自己边疆的人提供垦殖出路，那就需要西班牙的土地。像伍德罗·威尔逊这样的理想主义者们都会同意像 J.P.摩根这样的实利主义者们的看法，即美国在海外扩展权力，不管是通过领土占取还是通过经济帝国主义，对商业和民主都是有好处的。在后一代，富兰克林·D.罗斯福赞同美国民主理想类似的扩张，作为通往他希望从第二次世界大战中出现的更美好世界的必要的序幕，他的继承者哈利·杜鲁门，则把他的杜鲁门主义视为全球扩大和防御民主边疆的一种手段②。约翰·F.肯尼迪总统的新边疆是按照美国解释的民主理想，为了对国内提供安全、对国外提供自由而设计的一种大胆进取的方案。关于美国制度具有优越性的流行的看法，虽然早在特纳以前就存在了，但这一信念是部分地基于开拓边疆的经验的。

边疆假说的实际应用和在史学上学术成就的深远影响表明，弗雷德里

---

① 赫伯特·克罗利（Herbert Croly，1869—1930），1914—1930 年任《新共和》杂志编辑。——译者

② 威廉·A.威廉斯（William A.Williams）的《边疆论题与美国外交政策》（"The Frontier Thesis and American Foreign Policy"，*Pacific Historical Review*，Vol. 24, No. 4, November 1955, pp. 379-395.），是关于边疆及其完结如何影响外交政策的一篇很好的概述。同一作者于 1970 年在纽约出版的《现代美利坚帝国的根源》（William A.Williams, *The Roots of the Modern American Empire: A Study of the Growth and Shaping of Social Consciousness in a Market Place Society*, New York: Random House, 1969.）一书便是以这篇文章提出的学说为基础而写的；他说明 20 世纪的外交政策是如何适应全球的扩张，而不是在一个大陆上的扩张。比这稍早一点，沃尔特·拉菲勃于 1963 年在伊萨卡出版的《新帝国：美国扩张的一种解释，1860—1898》（Walter LaFeber, *The New Empire: An Interpretation of American Expansion, 1860-1898*, Ithaca: Cornell University Press, 1963.）一书，说明边疆的完结如何改变了美西战争前外交家们的看法，特别强调了特纳著作的作用。不大炫耀的文章是 L.S.卡普兰（L.S.Kaplan）的《弗雷德里克·杰克逊·特纳与帝国主义》（"Frederick Jackson Turner and Imperialism", *Social Science,* Vol. 27, No. 1, January 1952, pp. 12-16.）。戴维·H.伯顿在《美国西部对西奥多·罗斯福的帝国主义哲学的影响》（David H.Burton, "The Influence of the American West on the Imperialist Philosophy of Theodore Roosevelt", *Arizona and the West*, Vol. 4, No. 1, Spring, 1962, pp. 5-26.）一文中，讨论了边疆学说对一个帝国主义者的影响。

克·杰克逊·特纳所发表的这一论题仍然值得现代学者和教师们尊重①。如果美国要在这个缩小着的 20 世纪世界中继续存在下去，就必须承认：它的制度是通过一种独特的经历形成的，并且它的理想是由那些新成立的国家的人民根本不知道的传统形成的。只有承认美国与其邻国的不同之处和它的民主制度的长处，这个国家才能扩大一百多年前安德鲁·杰克逊富有感情地谈到过的"自由的范围"。在 20 世纪 50 年代和 60 年代里，学者们愈来愈注意对边疆假说进行检验而不是对其谴责。这表明他们正在认识现实；教师在遵循他们的榜样中可以得到益处，并在课程中给予美国扩张史的地位，高于它在 20 世纪 30 年代和 40 年代反特纳那一段时间所得的。②

　　然而在这样做的过程中，如果他们像 20 世纪前十年和 20 年代的前辈那样，过于强调边疆的作用，他们对学术和真理都会造成损害。拓荒经验是美国文明的独特特征的唯一原因这种说法是完全不真实的。正如一个史学家指出的，"美国文明是旧世界遗产和新世界条件之间相互作用的产物"。新世界的条件是很多的：欧洲文化的不断的影响，奠立美国文明的英国基础的明显特色，由迁徙而产生的民族的融合，工业化——城市化进程的性质，等等。然而，就像 20 世纪城市化和工业化提供了变革的原动力一样，在 18 世纪和 19 世纪里，在塑造国家的力量当中没有任何力量产生的影响超过扩张的作

---

　　① 斯陶顿·林德的《论特纳、比尔德和奴隶制度》（Staughton Lynd, "On Turner, Beard and Slavery", *The Journal of African American History*, Vol. 48, No. 4, October 1963, pp. 235-250.）一文攻击特纳缩小奴隶制度的重要性，以边疆代之为美国历史上的一种主要因果力量。1967 年，他在印第安纳波利斯出版的《阶级冲突、奴隶制度与合众国宪法》（Staughton Lynd, *Class Conflict, Slavery, and the United States Constitution*, Indianapolis: The Bobbs-Merrill Company, Inc., 1967.）一书中争辩说，特纳的边疆居民的发展趋向是奴隶，并且 19 世纪社会革命主要力量不是边疆，而是导致推翻南部土地贵族的内战。

　　② 边疆史学家们今天正在为西部历史寻求一种新的方向，设法使它比边疆论题更切合现代世界。他们的处理方法的一个典型例子是金尼·M.格列斯利编的《美国西部：重定方向》（Gene M Gressley, *The American West: A reorientation*, Wyoming: University of Wyoming Press, 1966.）。这是一部主要关于经济问题的文集。在导言中，格列斯利极力主张史学家们采取"一种多学科方法，并对新的假设进行富有想象力的组织"（第 XIV 页），使西部历史在今天具有意义。哈利·N.希伯（Harry N.Schieber）在对这本书所作书评《特纳的遗产和为西部历史寻求方向：一篇评论》（Harry N.Scheiber, "Turner's Legacy and the Sear s Legacy and the Search for a Reorientation of W ch for a Reorientation of Western History: A Review Essay", *New Mexico Historical Review*, Vol. 44, No. 3, 1969, pp. 231-248.）中，巧妙地概括了这个问题，并极力主张用一种新的综合代替特纳的综合。霍华德·R.拉马尔的《历史的关联与美国西部》（H.R.Lamar, "Historical Relevance and the American West", Ventures, Vol. 8, 1968, pp. 62-70.）富有创见地叙述了一些可能的研究方法。威利斯·F.邓巴（Willis F.Dunbar）的《密歇根的边疆居民状况》同样是根据一个地方的标准，建议史学家们集中研究各个边疆地区的各种不同的经济活动，以说明它们对国民经济的重要性（见《密歇根历史》，1966 年，第 50 卷，第 97-110 页）。

用。各有各的作用，凡是试图"把边疆时代工业化或把工业时代边疆化"①的史学家都不理解美国历史的真正的性质。

（阎广耀译　杨生茂校）

　　[译自雷·A.比林顿著《美国边疆论题：攻击与辩护》(*American Frontier Thesis： Attack and Defense*)，1971年，华盛顿：美国历史协会第101号专刊。]

---

　　① 这一段引文是引自约翰·D.希克斯的《中西部史学家的"生态学"》(John D.Hicks, "The 'Ecology' of Middle-Western Historians", The Wisconsin Magazine of History, Vol. 24, No. 4, June 1941, pp. 377-384.)。

弗雷德里克·杰克逊·特纳
和美国历史上的边疆

哈里·克兰布鲁克·艾伦[①]

美国最初三个世纪历史中最重要的同时也是最突出的主题，看来是不可阻挡的美国人民的西进运动：

> 现在洪流奔涌向西，汹涌澎湃的潮水，
> 汹涌澎湃的人流……

从 1607 年詹姆斯敦建立，到 1890 年人口调查局长正式宣布"拓殖边疆"不再存在为止，边疆一直是美国生活中一个占统治地位的事实。

在这样被征服的广大土地上（人们通常用圣经上的字眼"荒野"来形容它），过去只稀疏地居住着勇猛的、半游牧的印第安部落。他们对欧洲人推进所实行的抵抗，既不像在人口稠密的欧洲大陆上所见到的战争那样难以对付，也不像如在澳大利亚土著人对殖民者所进行的袭击那样无关紧要。虽然印第安战争对实际住在边疆的人们来说，往往是一种可怕的现实，但是总的说来，到 1783 年，已不再是美国扩张的一个麻烦的障碍了……

---

① 哈里·克兰布鲁克·艾伦（Harry Cranbrook Allen，1917—1998），英国史学家。第二次世界大战后曾在伦教大学等校讲授近代史和美国史。1953 年去美国，先后在加利福尼亚大学（伯克利）、约翰·霍普金斯大学、普林斯顿大学等校讲学；著有《大不列颠和美国》(*Great Britain and the United States*, New York: St. Martin's Press, 1955.) 和《美利坚合众国》(*The United States of America*, New York: E.Benn, 1964.) 等。战后美国史学界对特纳学说继续发动一场批评和指摘，而在大西洋彼岸却发表了这篇赞扬和为之申辩的论文。——译者

美国人以一种完全不同于英国人的方式使用"边疆"这个术语。这个事实说明了边疆在美国历史中的重要性。对欧洲人来说，边疆是一条边界，它在地面上就如同在地图上一样（通常是用有铁蒺藜的铁丝网，外加武装哨兵）被清楚地标画出来。但是对美国人来说，它毗邻荒野，并且一般处于向荒野运动的进程中，是一条极不明确的"拓殖地的边缘"。对前者来说，它是一条精确的界线，正式固定在那里；对后者来说，它是一条移动不定的地带，一般处于横越大陆的运动中。因此，这个美国术语的陪音最初并没有被英国人的耳朵轻易地辨别出来，但是他一旦领会到这个术语的意义，这个开放的、移动的边疆就对他的历史想象产生一种直接的和强烈的感染力。

第一个清楚而全面系统地阐述边疆在美国历史中的重要性这一概念的历史学家就是弗雷德里克·杰克逊·特纳。他大概是美国历史编纂学中最有影响的人物。由于他实际上写的历史著作是这样的少，这种影响就更为突出了。他是那些尽管史学著作不多但是深受尊敬的历史学家之一：与其说他是一个吉本①，不如说他是一个阿克顿②。或者用美国话来说，与其说他是一个卡尔·贝克尔，不如说他是一个弗朗西斯·帕克曼。他的见解富于创造性，这种见解本身在大多数论文中得到阐述。这些论文中最早发表的并且远远胜过其他论文的一篇，是他于 1893 年在芝加哥召开的美国历史协会的会议上宣读的《边疆在美国历史中的重要性》。这篇论文对他全部边疆理论的重点作了特别完整的阐述。

在这篇论文中，他主张："一个自由土地区域的存在，及其不断的退缩，以及美国向西的拓殖，就可以说明美国的发展。"这种"边疆不断地向西部推进就意味着逐渐离开欧洲的影响，逐渐增长美国独有的特点"；"边疆是一条极其迅速和非常有效的美国化的界线"。每个新世代倾向于重演边疆的进程。这种重演是随着不同地理环境所需要的变动，以一种文明生长中类似发生学方式反复重现而进行的。活动边疆所产生的西部支配着美国的生活方式；它促进了民族意识、发迹自由、个人主义和民主主义；它培育了强壮体力和粗

---

① 爱德华·吉本（Edward Gibbon，1737—1794），英国历史学家，早年游历国外，后专攻历史，曾任英国议会议员。他的《罗马帝国衰亡史》（六卷）（*The History of the Decline and Fall of the Roman Empire*, Vol. 6, London: Strahan & Cadell, 1776-1789.）在史学中有一定地位。——译者

② 约翰·阿克顿（John Acton，1834—1902），英国历史学家，自由党人，1859—1866 年任议会议员，1895 年起在剑桥大学任教，曾参加创办《英国历史评论》（*British History Review*）（1886 年）。他一生著述不多，主要主编了 12 卷《剑桥近代史》（*The Cambridge Modern History*）。——译者

犷性格，实践上的独出心裁和头脑敏捷，不知疲倦和精力充沛。传统社会使这些发展成为可能，而从传统社会外衣的拖累下取得的解放之所以能够存在，是由于有广阔的容易加以利用的土地。边疆在它顽强地向西移动时，是以这种土地维持生存的。

边疆在美国历史中的全部重要性直到它结束时才真正被人们理解。当然，一个思想通常总是有它的先驱的。举一个例子来说，特纳在一定程度上抢在前头，因为正是西奥多·罗斯福及其《赢得西部》一书引起了他对边疆的兴趣。但是，特纳时代的历史学家们对东部沿海地带和美国历史上的殖民时期的重要性迷信到惊人的程度。这并不是不正常的，因为几乎所有活跃的大学历史系仍在东部，几乎所有的历史学家（虽然他们中间有许多根本不是大学专业教师）都是东部人，而且美国历史上最长阶段仍是独立战争以前的年代。何况在美国文化生活中不但居首要地位，而且几乎居独占地位的新英格兰的优势仍然是强有力的。它的欧洲中心论和亲英思想倾向，仍然保持着那时热衷于中世纪研究的英国历史学家的影响。并且整个盎格鲁-撒克逊世界特别受日耳曼宪法理论以及关于"马克"在西方民主发展中的重要性的思想的魅惑。盎格鲁-撒克逊世界的历史学家中有许多美国人，都被它的政治制度——大都存在于英国阳光下，发生于条顿种子或幼芽——漫长而缓慢的发展弄得神魂颠倒。美国的历史研究的重要中心，特纳就学的巴尔的摩的约翰·霍普金斯大学，在学术方法和历史观方面也是德国的。

因此，美国大学大多数历史学家一心一意地专注于美国发展的遗传要素。这种关注几乎等于把美国制度钉在辽远的欧洲宪法根源上。这就是引起特纳极度不满的一个原因。其他人对这种不把西部考虑在内的关于美利坚合众国成长的片面观点也表示不满，但是他们没有一个人像特纳那样清楚地看到症结的确实所在。例如，C.H.希恩在 1885 年发表的《采矿营地：美国边疆政府研究》中写道："如果我们对制度的研究仅仅止步于阿勒格尼山巅，我们学到的只不过是美国必须教导我们的课程的一部分。"在接下来的行文中清楚地表明他受当时的"生源理论"的束缚是何等之深（他也是约翰·霍普金斯大学的学生）："在内布拉斯加岩石嶙峋的边境和密苏里河遥远的源头之外的新西部，美国拓荒者们在异常艰难的条件下显示了他们对自治政府的遗传的适应性。他们按照自己最高的观念创造出……本地的制度……'采矿时代'应被称作我们所从属的日耳曼种族的政治史诗中的一个章节。"他头脑中就这样充满着 19 世纪中世纪史学家的成见。因此他写到"民间土地""公共用地""承嗣土地"和"按文书契约持有的土地"的概念在加利福尼亚土地制度中的运用，甚至在一处提到"塞拉山区的自由民集会"。他不能从他那个时代的偏见中解放自己的思想：这可以用来衡量特纳自己所能达到的伟大程度。他清楚地看到，美国历史更需要强调的是环境，而不是遗传。这样，该轮到他紧紧地按照欧洲（实际上是西方）历史编纂学的最新动向给自己定调子。在那里，环境的影响在未来将逐渐以牺牲本来的特性为代价而得到强调。

作为个人，特纳是在自己所处环境的激励下去系统地阐述边疆概念，因为他是在中西部出生和成长的。看来他个人的兴趣也许还由于他对一种怀疑的反感而进一步得到提高和加强。在约翰·霍普金斯大学他的前辈们最初倾向于以这种怀疑态度欢迎他的博士论文的题目——"威斯康星州印第安人贸易的性质和影响"，它的副标题"作为一种制度的贸易站的研究"确实暗含着对占统治地位的制度史学派的一个让步。作如下设想不是没有道理的：一个有这样性格和能力的青年历史学家，要使学术上占统治地位的正统观念能提高自己对西部的兴趣，就得给研究题目披上一点制度史学的伪装，因为这个正统观念不会把西部看成一个令人尊敬的、值得花费时间研究的题目。但是在特纳身上起作用的，还有更为广泛的影响。他的思想显然是一种美国民族主义的表现。这种民族主义在他最有影响的论文发表的那十年中，由于美国第一次获得大陆以外的帝国属地而突然盛行起来。他的著作卓越而强有力地说明美国历史中崭新和土生因素的重要性。在史学思想更为精确的技术领域内，特纳深受高涨的经济史潮流的影响；也站在20世纪用经济解释历史资料的运动的最前列。就像他在1891年所写的："今天，最主要的和日益重要的问题，与其说是政治的，不如说是经济的问题。"特纳的全部理论在某种意义上就是反对他的前辈们所主张的政治和宪法的设想，赞成更为广泛的社会和经济原则。

但是，特纳不仅受到当时一般史学思想的影响，还对史学思想作出了很多的贡献。对环境因素的关心导致他特别注重自然地理学的影响。对地理的造化作用的强调，成为史学思想上美国的独特贡献。只有在一个辽阔得能够包括如南端、大草原和落基山区等大地域之间那样巨大地理差异的国家，历史学家才能容易地看出地理环境在人类历史中的全部重要性。甚至不列颠帝国历史也不像美国历史那样使学者强烈地感受到这种重要性。之所以这样，在很大程度上归功于特纳的成就。因为他做了大量工作，不仅开创了边疆理论，而且广泛地理解广大的地理区域在美国发展中持续和巨大的重要性。地域主义——活动边疆只是它的一个独特的表现形式——在美国历史中确实是甚为重要的。它至今仍是我们理解美国政治生活中的许多进程的钥匙。

特纳实际上是一个头脑十分深邃的历史学家。最近几年在许多地方产生了一种看法：认为特纳的思想是幼稚的，再没有什么比这种看法不符合真理的了，因为他的历史观在理智方面是极其深奥细致的。这一点可以由他那篇很少为人所知的题为"历史的重要性"的论文得到说明。这篇论文很不错，早在 1891 年就能提出："每一时代都根据它所属时期的最主要条件重新撰写过去的历史。"但是，这种深奥细致是与同等的常识结合起来的，因为他关于历史目的的想法是非常注重实际和功利主义的："因此，历史的目的是通过理解从过去进入现在的东西，以认识现在的因素"……

……特纳像许多伟大人物一样，在前辈眼中算不上什么英雄。下面的事实不是没有代表性的，这些前辈之一在拿到特纳 1893 年写的著名论文的单行本后评论说，特纳肯定是一个"十足的外乡人"。但是实际上，他将要在今后 40 年间支配美国历史研究的发展，因为他所提倡的中西部在这一时期除历史之外还在国民生活的许多其他方面兴旺起来，例如，中西部是大学发展最大的地区。他的影响远远波及学术界之外，因为他直接影响了威尔逊，可能还有西奥多·罗斯福，并且还间接影响了他的整整一代同胞。特纳用他作为教师的才干，使自己那种不明确的、无人承认的、然而是实际的对美国历史的支配地位得到加强，因为随着时间的流逝，受其神奇的魔杖指点的史学家们已经遍布美国了。确实他的想法成为多少有点过火的吹捧对象，这种吹捧由于引起了反对而未达到目的。特纳自己有时也过分强调他的理论——没有什么历史学家为此采取首先起而攻之的立场——但是对这个理论进行最糟糕的夸张的还是他的追随者们。例如把边疆视为消除东部城市不满情绪的社会安全阀这样一种理论，特纳从来就没有充分提出来过。实际上这部分是因为他写的东西太少，这就使他的观点特别容易被人，甚至是被仰慕他的人放大、修改和曲解；但是他自己经常是十分虚心的（这在一定意义上说，他著述不多这个缺点倒成了一个优点）。正如他的一个学生艾弗里·克雷文所写的那样："有一次我问他为什么不回敬一位为了达到批评的目的而歪曲他的观点的批评家。他只笑了笑，回答说：'我常感到吃惊的是：批评太少了。'他是太渴求真理，以致不计较什么赞扬或谴责。"

但是，毫无疑问，他的影响必然会引起反响，而这种反响当然是很强烈的。在过去 25 年内，他受到了由一支越来越大的批评家大军从各方面发动的抨击，其中较为激烈的有两人（路易斯·M.哈克和詹姆撕·C.马林）。他们没有半点犹豫，一个把特纳的传统描写为"不但是虚构的，而且在很大程度上是绝对有害的"，另一个则描写为"荒谬的、错误百出的方法论和哲学体系"。这不只是一代人对前辈人的通常的反抗，而且也是日益专门化的历史研究发展的结果。特纳是杰出的历史概括家之一，他们没有一个人能完全逃脱专门家们的攻击。例如曾受人尊崇的辉格派对英国历史所作的解释同样变得声誉扫地了。这种当代纠正历史谬误的持续不断的过程是完全正当的，但是这个过程的进行不应是狂暴地或带有恶意，否则正确的结论会同错误的结论一起消失，将来的历史学家们也会不敢尝试用好的概括来代替坏的概括了。有确实根据可以认为，反对特纳的反应是走得太远了，该轮到他那些批评者们自己受批评了。实际上已经有反击的信号了，如罗伯特·E.赖吉尔指出的："这种时候好像已经来到，有关特纳的争吵……应该在以往半个世纪研究的基础上代之以系统阐述的一套新的概括。"

　　这个过程已经开始。一方面应是恢复特纳本人的名誉。对特纳和他的批评者们有关某一种特殊争论所持的观点，进行全面的重新考察时，就会发现在许多情况下，特纳的论题中很大一部分继续有效，其有效数量有时确实远远超过了批评者们的论题。用赖吉尔的话来说："加在特纳头上的最简单的罪状是，他对自己的术语的使用是这样的含混不清，并且用以表达许多不同的意思，因此精确是不可能的。"在这一点上，特纳的批评者中最明确的一人是乔治·威尔逊·皮尔逊。他抱怨说："边疆不只是地方和人口，也就是说，不只是一个莽莽荒野和捕兽者、牧人与拓荒者的贫瘠的社会。它还是一种过程，或者更明确地说，是征服大陆的过程，西进的过程，由欧洲人变为美国人的过程。这种定义上的变化无常是否还能再容忍下去。这个问题需要十分认真地加以考虑的。"但是这种批评真的削弱了特纳的论题吗？使用一个单一术语来表达多种意思，不一定是用词不严密。如果它与现实相符，那么意思越扼要，用词越简练越好。把地方、人口和过程用一个单独的名词"边疆"联系起来，并不意味着一切都错了或是真的发生了混乱；实际上，情况恰恰相反，使这个单词成为了解美国历史中如此众多意思的线索，这正是特纳的真正成就。有一个被中世纪史学家常运用的相似的术语好像与之极其相同，也很令人满意——这就是"边境"（marches）。它毫不困难地并且很有启发作用地令人想象出一种概念——它不仅指一种地方，而且指那个地方上的一种至关重要的人，甚至指他们用以发展一个新的和独特的社会结构的进程。事实上，英国学生使用中世纪的"边境"这个词比使用任何更为现代化的类似的词，有时更能容易地理解美国边疆这个概念。然而对特纳的这种词义学的批评，实际上被广泛地认为是对他整个论题的暗中破坏。这种概括的说法好像并没有完全被重新审查过的证据证实。出乎意料的是，特纳对这个词的最初运用好像并没有受到损伤。

特纳的想法在某些方面似乎最为引人注目的是：这种想法在最初提出60年后和他去世30年后，在其主要的争论点上是如何惊人地正确。当然，并不是所有的批评都是十分严厉的，其许多也不能全被忽视：特纳的多数观点需要补充，有许多还需要修正。说到底，只有很少部分是糟粕。甚至他从中看到美国边疆重要性的整个脉络这样一个很一般的问题也是这样。特纳的追随者们对特纳造成的最大损害也许是通过对美国边疆经验进行几乎完全是孤立的研究，夸大了他对美国边疆经验的独特性质的强调（特纳的追随者这一代人，在政治和历史事务方面，都是比特纳更甚的孤立主义者，这不是巧合）。这种对特纳见到的边疆背景所做的微妙曲解的特点，同样是由别人把话塞入特纳口中的做法。毫无疑问，在他看来，美国边疆的发展仍然是欧洲和西方历史的一个组成部分，虽然他所认识到的并没有直接表现在他的著作中。

上面所述是确实的，虽然他主要关心的是要证明过去过分强调了美国社会的欧洲根源的重要性。这可以从他的教学中清楚地看出来。这种教学最大效果是他使学生着迷似的认为（正如克雷文所写的）"地方历史就是人类历史"。关于古代和近代世界发展的广博知识激发并武装了特纳的思想。他在早期甚至教过欧洲古代史和欧洲通史课程，还教过19世纪欧洲史。他在1891年所写的不无特点："即使在年轻的美国，古罗马仍然存在。……这都是真实的：如果不考虑全部历史，就没有一个国家能被了解，而且我们不能选择一块土地，并断言我们将把自己的研究局限在这块土地上；因为只能用世界历史的眼光，才能理解地区历史。"广阔的透视感消失于一些人——他们是由特纳开始的反对政治史"生源学说"的代理人——的地方观念和沙文主义之中。

我们现在能够恢复透视感，并把美国经验视为人类经验的一部分了。美国边疆是许多种边疆中的一种；如W.P.韦勃指出的，它只是西方文明的"伟大边疆"的一部分。美国扩张只不过是发生在15世纪和20世纪之间欧洲人向地球上人口稀少地区大扩张的一个方面。美国牛肉、南部棉花和北部小麦相当于澳大利亚羊毛和新西兰羊肉。但是，美国边疆在许多方面是许多边疆中最令人注目的一条。对美国人来说，幸运的是：他们的土地具有富饶的潜力，实际人口又很稀少，他们与西欧的交通路线相对来说又短又直接。发生政治分离之后，大西洋的大航道在经济方面一直哺育着美国的成长。输入美国的英国资本和工业品与美国人的西进运动间联系之紧密与持久，有时远远超过美国历史学家们所愿承认的。如果没有源于英国并且长期以英国为中心的工业革命，美国边疆的扩张就永远不能以实际达到的速度进行。虽然美国边疆具有独特的重要性，但它仍是大西洋历史的一个组成部分。到它完结之时，很快变成了西方历史仅有的十分重要的形式（虽然这个事实直到现在还没有为许多历史学家所认识）。这种发展与特纳的思想并不像与他的某些追随者的思想那样相抵触。

……虽然趋势的主流是清楚的，显然是不可逆转的，而当我们更仔细观察时，甚至连向西部推进最迅速的时期，也可以看出其中掺和着边疆和边疆活动的许多不同形式：每一个冲击岸边的波浪初看在外形上与它后面冲来的波浪相似，可是在详细结构上却大不相同。在这许多不同形式的边疆中，有些是趋于不断重复出现，有时这种重现是按相同的顺序进行的，虽然这种反复的形式就如人类历史发展的方式一样，永远不是一律的或精确的。

……

首先是狩猎者、捕兽人和毛皮商的边疆，这些人通常是最先到来的。其中如丹尼尔·布恩①、戴维·克罗克特②，甚至布法罗·比尔③这类的人物，都是美国边疆产生的浪漫传奇中最强有力的成分。这样说是恰当的，因为探查和开辟那些大多位于美国以外的印第安狩猎区的重担多半都落在他们身上。例如，纽约就是以这种方式成为最大的毛皮贸易基地，因为穿过阿巴拉契亚山的哈德逊-莫霍克河谷提供了通往西部的方便之途。猎人和商人的工作经常是不顺利的，因为拓荒者紧紧地跟随着他，而拓荒者对土地贪得无厌的欲望是同印第安人关系不好的基本原因。并不是说商人自己没有可指摘的。毛皮贸易确实对两方都是有利的，但是印第安人常常受骗，他几乎经常受到廉价酒的引诱而堕落。定居者有充分理由抱怨商人们把武器交给部落。

---

① 丹尼尔·布恩（Daniel Boone，1734—1820），美国边疆开拓者，一生致力于开发肯塔基地区，成为西部故事中的传奇人物。——译者

② 戴维·克罗克特（David Crockett，1786—1836），美国边疆开拓者，曾在杰克逊军队中服役，参加了1813年克里克战争（Creek War）；1827—1831年以民主党身份被选入国会，1833—1835年又以辉格党身份进入国会；介入德克萨斯脱离墨西哥的运动；1836年战死。——译者

③ 本名威廉·科迪（William Cody，1846—1917），美国远西部开拓者。——译者

　　但是，只要能猎到野兽，毛皮或皮革在东部各州和欧洲能卖大价钱，毛皮贸易就生意兴隆。虽然东部和后来的远西部林区狩猎大致类似，虽然大平原上野牛的追捕引起新问题，所能找到的猎物俱因边疆的物质背景而异。但是，当连野牛皮也因 19 世纪城市化美国的发展和铁路的修建而成为一种价值不大的经济商品时，从毛皮中得到的利润仍然是很高的，因为这些毛皮就它所值的价钱来说，体积相对很小，在那些缺少各种交通工具的地方容易运输。

　　毛皮确实很好地满足了边疆的传统需要，它是一种所谓"易于销出的作物"（cash crop）。西部世界的边疆地带长期以来是债务人区域；开垦新土地需要花费大量的钱和人力。为弥补这种花费，拓荒者就背上了对住在他背后定居区域的居民的债务，这些居民拥有资金可供投资。这是一个具有深远结果和重要的社会与政治含义的巨大经济问题。整个来说，十三个殖民地，欠下了母国的债务，贸易逆差造成美国硬币严重不足，这是引起美国革命的重要因素。同样的道理，在美国内部，在整个美国历史中，通常位于西部的边疆地区趋向于向位于极东部的地区举债，并拥护能减轻其债务负担的通货膨胀的金融政策。最初，他们根据独立战争期间可资借鉴的通货膨胀的实例，倾向于支持要求大量发行如内战时期绿背钞票那样的纸币的运动。但是到 19 世纪末，他们又热衷于要求复本位制通货——要求自由铸造银币，反对在东部势力最为强大的金融业所拥护的紧缩通货的保守金本位政策。可是，通过通货控制只能使边疆地区债务人的基本状况有所缓和，而唯一的治疗方法在于生产过剩产品以供出售。这种"易于销出的作物"发展得越快，这个地区的经济成熟得也就越迅速；就边疆来说，毛皮贸易持久不变的好处，有关赚钱的速度和数量。

　　但是，理想的边疆"易于销出的作物"，并以最惊人和最辉煌的方式增加美国财富的那种东西，是由贵金属组成的。采矿者边疆比狩猎者边疆更令人目眩，更为浮华。它更能直接投合人们的经济欲望特别是钱财的欲望。次贵重金属譬如铜，甚至矿石，比如盐和煤，对开发西部可能是重要的，但是美国采矿者边疆却是以寻求金银为中心的。

　　自西班牙在拉丁美洲首次发现黄金以来，埃尔多拉多的诱惑仍然是美国幻梦的强有力的特征。但实际上，直到 1848 年美国从墨西哥夺得加利福尼亚，并在那里有大量发现之前，在美国发现的金银还是相当少的。此后的 20 年中，采矿者在开发远西土地方面比其他任何人做得都多。世界各国几乎普遍接受金本位制，因而对黄金的需要得以维持。这对黄金生产一直是个刺激。但是，在同一时期美国也是世界上占首位的白银生产国。随着 60 年代和 70 年代西部大银矿如科姆斯托克（comstock）矿脉的开采，白银对黄金的比价持续下降。当美国于 1873 年停止铸造银币时，通货的复本位问题在以后四分之一世纪里成为越来越重要的政治争论的焦点。银矿在西部的自然位置（那里也是农民中间存在不满情绪的最大的地区，他们很愿意支持扩大通货），加上美国政治制度易受常以地理和地域为基础的"压力集团"影响的倾向，有助于强大的人民党——美国历史上最后一个真正激进的边疆运动——有可能兴起，并且有可能在威廉·詹宁斯·布莱恩的领导下于 1896 年夺取民主党政治组织。

　　因此，采矿者边疆很大程度上被局限在西部和 19 世纪后半期；这在较小程度上也适用于所谓的畜牧边疆（pastoral frontier）——虽然美国历史学家们不经常在这种意义上使用这个术语。因为从内战结束到边疆完结这一时期内，畜牧边疆随着"牛的王国"的建立而达到顶峰。此时，从拉丁美洲的习惯用法中派生出来的术语"大牧场主边疆"（rancher's frontier）能充分地说明这种边疆，但是养牛作为一种特殊的经济活动，却是完全不同的地区（如阿巴拉契亚山脉的丘陵地带）和完全不同时期（如殖民地时期）的边疆生活的特色。羊群放牧很难像在澳大利亚那样，成为一种适合于美国的边疆活动。牧羊在国民生活中无论如何也不能像牧牛那样重要。只有在西部半干旱的植物稀少的广阔原野上，牧牛饲养才真正盛行起来。"大草原"——它一直被人们当作"美国大沙漠"而远远躲开——被开发为有人居住地区，就像 20 年前采矿业开发远西部山区那样重要。人们急急忙忙地穿过平原，或以绕过合恩角的漫长的海上航行，或从水路和陆路越过中美洲，到达加利福尼亚，完全躲开了平原。最初在加利福尼亚定居的主要是从西部而不是从东部来的移民。大多数采矿者从这个基地向东推进，进一步开采落基山区的矿藏，因此这就成为美国人持续西进运动中仅有的主要例外。

　　西经 100°和塞拉山之间的地区仍然是美国经济上牧牛业按比例占最重要地位的一个地区，但是牛的王国在其黄金时代的那些开阔的牧场早已不复存在了。19 世纪最后的十年里，铁路的延伸结束了牛群从得克萨斯到铁路所到达的最远点以北 1500 英里之处的"长途赶运"。向前推进的牧羊人同农民之间以及牧羊人中间发生的越来越激烈的土地争夺，使得牧场圈围合乎需要，带铁蒺藜的铁丝网的发明及其大规模的生产，把牧场圈围起来在经济上可能合算。在美国边疆发展过程中，牛仔时代必然是一个过渡阶段。但是比起这种边疆的其他方面来，它不只在美国人而且在许多其他国家人民的想象中留下了更深的烙印；头戴熊皮帽的狩猎人和侦察员成为 19 世纪一些小说的主角，在最近又被好莱坞重新发现。半个世纪以来，牛仔的传奇吸引了千百万人。它投合了人们的心意并且一直是这样，可能是因为它恰好在群众开始有了阅读和书写的能力以及大众传播工具也开始大量使用而流行起来。由于它有像戏剧和小说那样的固有的价值，有使人产生共鸣的那种野外风味和对老老少少都有的吸引力，它具有一种永恒的时代性。与牛仔传奇同时产生的犯罪小说，由于工业社会现实的激烈紧张而产生影响。"西部小说"却不仅对城市居民寻求刺激的愿望，而且对他们逃避现实的愿望，有着更大的吸引力。无论牧牛王国在历史现实中的生命是多么短暂，它都不会轻而易举地丧失其在人民大众心目中最为熟知的美国边疆的地位。

其余两种需要讨论的边疆主要都是农业式的，它们必然都没有什么浪漫色彩；但是南部种植园主确有某些魅力：粗看一下，北部的拓荒农民就很少具备这种魅力。奴隶制南部的异国风物，对并不是生来就厌恶寡头社会的英国人，可能产生对比北部美国人还大的感染力。但即使是对后者来说，它也是具有某些浪漫色彩的。虽然一调查，便可知道战前南部的魅力往往变为"虚假爱情的凋萎的木兰花"，但是历史学家对这种魅力的同情心和情感却很难消失，甚至比作为南部社会结构部分基础的种植园制度还难消失。

用奴隶劳动在种植园栽种大宗农作物的制度，是南部边疆发展极其重要的特征。这些立即可换取现款的作物——主要是在欧洲有一个现成市场的烟草。烟草的种植使早期弗吉尼亚定居地在经济上站稳了脚跟，并且使上南部在殖民地向西扩张过程中，能保持领先地位直到 18 世纪末期。19 世纪初期，由于植棉业在佐治亚、亚拉巴马、密西西比、阿肯色和得克萨斯广袤的"黑人地带"土地上得到发展，下南部边疆开始以更快的速度向西运动。在欧洲特别是在工业革命蓬勃发展的英国，存在着一个皮棉市场。这个市场要比前此所存在的任何其他大宗作物的市场都更重要、更广阔。事实上，棉花对土壤的消耗比烟草还要快，加上市场的空前扩展，结果南部边疆扩张比较迅速，以致到 1860 年已经到达"大平原"的边缘，看来好像还要扩展到一切适于棉花生产的土地的尽头。

虽然南部向西扩展边疆一开始就比北部快，但是它并不是永无匹敌的。到内战时，显然它已经被超过了，并且还要被超过。这是北部拓荒小农的劳动成果，南部不是没有拓荒小农，甚至大种植园也并不是南部耕作的最独特的形式；但是在北部边疆，小农是无法匹敌的。原是一个维持最低生活的小农，终必生产剩余产品以供销售（如果他是随着边疆向前移动营生的许多人中的一个，那他就在土地涨价后向后来人出卖他的土地），但到这时，这一地区又差不多常常不再是位于边疆之上了。边疆已经迅速向西推进。这种速度使内战后胜利的北部社会在美国生活中取得迅速增长的优势。但是，拓荒农民在边疆经过的领土上留下了他的痕迹。

他耕种的土地面积多半比标准的南部种植园主要少得多，但是比一般欧洲农民或自耕农要多得多。他是在美国边疆的发展中居支配地位的人物。他第一次使荒野的地壳真正得到开垦，狩猎人曾经轻轻地从上面走过，采矿者曾偶然在下面挖掘过。他把西方文明真正栽培在西部土壤中。文明就在那里扎下深根，结出繁盛的果实。他不仅在象征意义上占统治地位；可以毫不过分地说，他就是美国边疆发展的标准。最富有特征的美国边疆是大陆美国北部和西部的开阔地带，南面大致以北纬 38°为界。这个地区长期以来并且现在仍然拥有美国人口的绝大多数。从历史上看，其边疆形式是极为重要的。特纳就出生于这个地区的中心——威斯康星。很可能就是这个实情，使他本能地把这一地区的这一类型的边疆人描述为美国的典型。这种本能是有道理的。就他而论，是有充分的和可靠的历史上的理由的，因为当批评家们的喧哗和吵嚷平息之时，特纳心目中的边疆形象确实仍然比其他形象更接近于美国边疆的标准。

他还正确地指出"自由土地"在美国发展中的重要性。特纳可能很少注意到土地投机者。他有时好像在暗示：来自东部的人口洪流对西部的未被占领土地进行的开发，有时比实际上更为直接，但是在与西欧那些比较古老、定居比较稠密的国家所表现的情况相对照时，边疆上存在足资利用的广阔的并且实际上未被占领的土地，显然确是美国成长中一个最重要的条件因素。特纳很了解美国独立后的一个世纪中廉价土地这个争议问题的经济和政治意义。后来的研究事实上已清楚地证明，1800—1862 年间，在美国土地法令中可以看出一系列的成效日益显著的努力，以杰弗逊关于廉价土地是信仰民主的人民的天赋权利这一信念去代替汉密尔顿关于土地是联邦岁收源泉的思想。天赋权利是用立法形式体现在以越来越低的价格、按越来越小的地块获得土地的进步条文之中。南部大种植园主和东部劳工大雇主都倾向于反对这个运动。1862 年的宅地法实际上允许任何成年人只需交纳十美元行政续费，就可以申请获得四分之一地段即 160 英亩的公共土地。这种倾向和立法都表明：这个运动在本质上符合拓荒小农的利益。虽然当边疆进入干旱的西部时，条件发生了根本的变化，因而宅地法本身变得远不如曾被希望的或者迄今有时被猜想的那么重要了，可是特纳心目中的这类边疆人是能够在国家发展的最关键时期支配国家的土地立法的。拓荒小农这个历史形象，即使不完全像特纳的追随者们所想象的那样具有不容置疑的重要性，比起他的批评者们所认为的，还是更为真实，是概括美国边疆的更为确实的基础。

这些概括是很多的。它们之所以这样重要，是因为边疆深深影响着居住在那里的人们的生活习惯及个性，并通过他们影响其子孙后代。如特纳所指出的，这是因为边疆的影响不知不觉地由父亲传给子女以及子女们的子女，最后成为美国的一份遗产。美国在最近的 350 年中没有一个角落在某一时期不曾是位于边疆。在最近一个世纪可能开发了一半国土。虽然在任何一特定的时刻，只是美国的相对说来小的部分是边疆（如 G.W.皮尔逊所指出的，实际上居住在边疆的美国人的比例在整个美国历史中的确在不断地下降），可是直到 1890 年左右，甚至连远离边疆、居住在大城市里的那些美国人的生活方式都被边疆传统大大地改变了。从那时以来，其他因素，诸如美国的工业力量和外交事务不断增长的压力，已经使美国生活的传统方式发生了变化。但是，甚至对所有国家来说，无论用什么速度都很难改变它们在早年获得的特性和思想。因此如今所估计的边疆在美国历史上的意义必然仍同特纳所想的几乎一样重要。

我们无需像他的批评者们要我们如同他们那样绝对否定他对于边疆影响美国的方式的看法。对他的命题进行修正，当然是需要的，但是他的命题仍然包含着一些确实的真理。例如，他的主要论点之一是：边疆是一条最迅速最有效的美国化的界线。在殖民地时期，这个论点好像很可能是真实的，因为事实上没有一个殖民地远离边疆及其影响，如华盛顿这样一个受潮水影响的地区的弗吉尼亚人的西部经验即可说明。独立后，边疆开始更快地运动，并开始在身后留下更为广袤的定居区域，它在美国性格上打下了一个不可磨灭的印记。19 世纪前半期，占优势的北欧移民大批地来到发展着的中西部农业区。甚至连密西西比河下游流域的边疆在安德鲁·杰克逊时代也无疑是一条有效的美国化的界线，但由于黑人奴隶制的存在，南部吸收新来的移民相对来说并不多。可是，除去常常倾向于聚居在城市地区的爱尔兰人之外，典型的美国新移民甚至晚至 1860 年还可能居住在拓荒农民或他的直接继承人占优势的区域，如特纳青年时代的威斯康星。内战后，"新移民"的巨浪势不可挡地涌向大城市。在这里，同化进程日益加强，但是这种同化过程比先前的速度慢得多，效果也小得多。直到人民党时代，甚至到威尔逊时代，在杰弗逊影响下的农业的美国仍然是美国社会的格局。一直到"新政"时期，杰弗逊的观念才有效地被更适应大工业社会生活现实的观念所代替。因此可以认为：边疆在其整个存在过程中是一条迅速的、有效的美国化的界线，同时在美国历史的形成年代里它是条特定的最迅速、最有效的美国化的界线。

根据同样的道理，特纳认为边疆有一种国家主义化的趋势。它加强了联邦对付各州政府的力量，因为除最初十三州以外，几乎所有各州都是在合众国的庇护下成长起来的，因而它们的公民对整个国家所怀有的情感超过他们各自的州。这种见解一直很少受到批评，看来仍然是有效的。他还有一个观点同样是没有争议的，即边疆使得美国人大手大脚地，的确是挥霍奢靡地消耗国家的看似好像不会枯竭的自然资源。尽管他极力称赞的发生在他那个时代的资源保护运动正在兴起，打在美国城乡生活上的印记还是显而易见的：可能从没有一个全体社会在开发自然环境给予它慷慨馈赠时，是如此无所忌惮和毫不留情。特纳还有一个观点没有得到很认真的争论，即边疆生活中粗野和紧迫的现实令人无暇在文明方面精炼提高，因此在美国生活方式中有某些粗野的成分。一种与之相反的情况，即对于文明修养——由于经济繁荣，成为可能——表示赞许的情况开始出现。这是自然的，且无损于上述的主要论点——这种论点不但从19世纪许多英国游历者对西部的攻击性评论中，而且从东部长期的文化优势中得到充分的证明。

特纳认为边疆最重要的作用是促进美国和欧洲的民主。这一观点引起了更多的争议。批评者们指出，创立于边疆地区的民主进程不是很多，而起源于东部的改革却很多。这是事实，他并不像批评者们所认为的那样有损于特纳的论点。欧洲古老社会的历史清楚地证明，采用民主思想并不比创立民主思想更容易：新思想的种子大多长期存在于这种或那种形式中，它们所需要的往往是处于其中能发展的肥沃的土壤和适宜的气候。这正是边疆所具有的。英国在17世纪有某些民主思想，到19世纪早期，有的更多，但是经过了许多年后这种思想才得到普遍承认或在实际上加以运用。其根本原因是存在着既得利益集团的力量，更有甚者，是存在着固定不变的习惯和偏见的力量。特纳正确地断言，边疆的作用是大量地摧毁了上述力量，并把人作为一个经济和政治动物降低到最简单的基本限度。结果是形成一种民族环境。在这环境中，一个人愈来愈会把自己看成与任何别的人一样，民主思想自然而然地盛行起来。还需说明的是：任何狭隘的寡头政治的宪法都可在中西部存在（甚至存在于南部，在那里民主仅对白人是一种起强大支配作用的现实）。但是还可清楚地看出，那个地区许多新的州从首次进入联邦时起，就存在着民主管理的程序。更为引人注目的事实是：许多西部州在被接纳入联邦的 20 年内，都召开了第二次立宪会议，其所制定的新宪法比原先的宪法更加民主。这部分地是因为它们体现了开拓者的西部经验。民主思想在西部很快地得到采用，巨大的人民运动在边疆条件新近已占优势的地区找到了更多的支持。对这一点确实很难看出有什么可争议的。例如，参观过重建的新塞勒姆村——林肯于 1832 年从这里被选为桑加门县代表进入伊利诺伊州议会——的欧洲人当中，很少有人对边疆民主的现实及其影响的深度抱有任何重大的怀疑。林肯就从这里得到了一种深刻的信念，认为世界上民治的政府的未来特别寄托在美国身上。在这个意义上，仍然可以坚信，边疆最重要的作用之一就是促进民主。

特纳的一句最有影响的名言，宣称边疆促进了自力更生和个人主义。对于作为内战前在边疆居支配地位的拓荒农民来说，这是极其真实的；这种独立的、注重实际的土地所有者是典型杰弗逊和杰克逊派的民主主义者。特纳及其追随者们或许过分强调了这种特性。例如，一些批评者曾指出，在许多方面边疆生活基本是依赖互相援助的，但是特纳的观点从来没有被真正否定掉。很难说许多男人（不用说妇女了）积极地去经受艰苦的边疆生活并以此为乐，但是事实上他们还是忍受住了这些困苦。如果他们幸存下来，无疑会以他们能耐苦而感到极大的自豪。在边疆个人之间有一种偶然的、虽然是必要的合作，例如滚圆木和其他协作。没有这种合作，就不能建筑起圆木屋。但是把这种合作同个人对社会日常的不知不觉的依赖（这是比较完成拓殖的地区的特征）作对比，那就没有道理了。这样做意味着缺乏某种比例观念，因为强调边疆人的自力更生并不等于说他们是自给自足的。不足称道的是关于边疆个人主义现实的这种批评，即每个人实际上是非常相像的，在整个边疆上个人主义者都以确切相同的方式彼此间坚持各自的独立。个人主义不一定是性情乖张。如果个人，甚至是处于孤立状态的个人不以同样的方式对同样的种种刺激有所反应，那么任何社会形式，特别是任何政府的民主体系就会完全行不通。深浅不同的各种红色之间的细微区别决不应扰乱历史学家们的眼光。他们所要分辨的更重要的区别是红与蓝的差别。如果我们暂时把欧洲许多国家那样的定型的社会拿来作比较，我们仍可一致同意：至少到内战为止，美国边疆是自力更生和个人主义的培养基地。

在这个时期之后，有了变化。尽管还保持着拓荒者的坚忍不拔，以及采取直接甚至是狂暴的手段以实现政治和经济目的时的灵活敏捷这些美国的——的确在某种程度上也是别处的——全部边疆生活的特征；但是自然决定了个人与社会作用的比例必须发生根本的变化，因此每个人发现自己所能取得的成就远不如以前无需社会帮助而取得的成就了。如韦勃曾指出的，当人们在大草原上开始行动起来时，他们不得不改变在森林地区养成的习惯，以适应无树木的草原。当进入大约西经96°与100°之间的地带时，他们开始深深感到一种更艰难的变化：这一地区更加干旱了。在一个时期内，这种变化被持续几年的超过平均降雨量的周期以及降雨量的高度不稳定性质掩盖。但是，人们在堪萨斯这样的州里吃尽了艰难困顿的大苦头之后，在一定时候才接受一个教训：拓荒小农再也不能发挥像他在远东部地区所能发挥的作用了；更有甚者，农民越深入到西部干旱区以及后来深入到西部山区，他就越来越多地需要社会的帮助。人们只能通过扩大其土地产业，日益仰仗畜牧业，或以改进农业技术或水利灌溉的形式取得社会帮助，才能在土地上兴旺起来。在边疆以前所经过的沃土上，一个人有160英亩甚至80英亩土地就可以过得很好；而在西部，就是有320英亩——不用说160英亩了——想维持生活也几乎是不可能的。除非他的土地可以浇灌。大草原上的一个农民需要360英亩到640英亩土地；这里的或更西的一个牧场主则需2000到5万英亩。这个无情的事实在内战后土地立法的一般趋势中得到反映，因此长期以来杰弗逊的小土地倾向确实无疑地——即使是隐蔽地——被颠倒过来了。1873年到1889年之间，国会通过许多措施，使农民拥有更大量土地、但价格增加幅度不大这一情况成为可能。同时，农民彼此间所依赖的如合作社那样的合作日益发展，对于由整个社会技术人员所创造的如旱地耕种法那样新科学方法的依赖也日益增加。

虽然灌溉事业大规模的发展在边疆正式结束之后才刚刚开始，但是这种灌溉的历史最清楚地说明个体拓荒者一旦进入干旱地带，他对社会的依赖就日益增长，因为这种灌溉只有在统一控制许多个人行动的地方才有可能。按常规，这种控制权只能由一个权力，即国家来行使。但是19世纪中期的美国对国家干涉经济事务抱有十分普遍的反感，甚至比19世纪中期的英国还厉害。因此最有趣的是，大的灌溉工程的开创者都是摩门教徒。这不仅因为他们比任何别的居民都更早更远地深入半沙漠地区，还因为他们的"摩门教徒耶稣基督教会"对整个社会生活实行了一种十分严格的管理。因此布里格姆·杨①能明智地把从瓦萨切山脉流下来的生活必需的矿泉水的所有权和分配权交给教会。这就在环境压力迫使美国人接受国家为减轻诸如西部干旱引起的困难而采取的大规模行动之前若干年，产生了一种独一无二的成功的灌溉系统。国家之所以承担了人民生活中的积极的经济任务，很大程度上是由于干旱边疆地区的艰难条件。这也得力于工业社会制度的发展以及起源于欧洲的社会主义和工联主义的兴起。它也拥有基层群众，因为促进农民的利益正是人民党主义的根本基础。农民协进会运动一开始是农民为实现经济目的而组成的非政治性联合，不只是在其成员心中激起为实现这些目的而维护自己政治权力的决心。愤怒的农民夺取一些州的政权，得以对某些他们所不喜欢的经济的习惯做法，推行政府的管理，如通过规章控制由于大铁路垄断公司存在而产生的弊端。19 世纪最后 25 年西部边疆的困难条件迫使人们不能只依赖自己，而须更多地互相依赖和更多地依赖政府。

特纳的批评者们极力反对他把边疆这个术语灵活运用于西部定居地区，如 1890 年的堪萨斯。他们认为，把边疆同西部等同起来，是没有道理的。但是，这种反对不仅缩短了历史的视野，而且忽视了特纳的观点：美国像羊皮纸一样，每层都有边疆的影响。例如，内布拉斯加在 1806 年只有两万人口，到 1896 年就超过了 100 万。许多昔日的年轻人仍然是 1896 年竞选政治活动中的精英。把边疆社会的特性归因于这类区域，看来远不是没有道理的。甚至归因于人民党运动中曾起过作用的南部某些地区，也不是大的荒谬。

特纳清楚地意识到，在边疆才能产生的自力更生和个人主义的程度在逐渐减少。他看出拓荒小农再不能孤立无援地在干旱的西部取得成功。他还看出，由于边疆精力纳入政治运动，政府就不得不在国家的经济发展中发挥更大的作用。他距离事件太近，因而意识不到——如今就可意识到——西部干旱区的特殊条件如何以鼓励在经济上对政府依赖的方式，为政府在 20 世纪美国工业社会中的新地位广开道路。从压倒一切的杰克逊的农村民主，如占优势的布赖恩的农村民主，顺利地转变为大体上是伍德罗·威尔逊的和富兰

---

① 布里格姆·杨（Brigham Young，1801—1877），美国摩门教派领袖；早年在东部各州传教，1839—1841 年去英国宣讲摩门教义；1846 年，为逃避宗教迫害，他率领教徒向犹他州迁移，并在那里建立了移民区。他鼓励农业和地方工业，建立了合作灌溉制和合作贸易，健全和巩固了政治和教务组织，并赞助建立了犹他大学。到他死时，摩门移民区已达 14 万人。——译者

克林·D.罗斯福的城市民主。这在很大程度上归因于历史时机，因为虽然有可能夸大了独立后一百年里州甚至联邦政权在发挥积极的经济作用中所表现的犹豫不定（如要求内政改革的全部历史所表现的）。可是，如果不是这种人民党主义做了特别的准备工作，那么随着政府控制因素的日益增长，使一个放任主义的农业国过渡到一个工业社会，就会是非常困难的。

特纳十分担心地指出，边疆的结束预计会对——正如它现在已经对美国生活的发展发生深刻的影响。这是根据受到最强烈攻击的他的安全阀理论这一思想产生出来的见解。但是应当记住：他从未充分或明确地系统阐述过这个思想。这一思想是由他的学生们大大地——有时是草率地——发挥的，并且在他以前就作为雏形而存在了。现在已很清楚：1860年以后，相对来说，只有微不足道的一些移民以农民的身份从工业区直接到了边疆。虽然这个年代以前的情况并不十分清楚，并且当农业的基本发展有可能使经济成长更为复杂化时，非农业人口能够在多大程度上向西移动（实际上作为一种经济增殖者），还需要仔细地加以研究。但是，一个人不管持什么保留意见，美国边疆还是比世界其他任何地方都可能更好地为成千上万的家庭在自己土地上维持丰裕和不断提高的生活。这个事实深深地铸入美国的意识，甚至到1860年以后，特纳的大多数同胞还相信他的自由土地意味着自由机会的论断。这种神话——如果它确是如此——加上"小伙子们，到西部去吧！"这样的号召，差不多成功地、又好像真的一样减轻了不满情绪，因为人们所相信的通常就是他们行动的决定因素。许多美国人无疑更耐心地忍受他们所受的痛苦，因为他们相信自己总会有逃避这些痛苦的方法，虽然他们实际上从来没得到这个方法。总之，正如里格尔所写的："虽然边疆确确实实并没有真正对东部人口的集中产生影响，而这个结论好像是和常识产生冲突……占据和开发整个大陆而不对人口集中产生影响，这看来是难以置信的。"

特纳也同样遭到某些历史学家，特别是受马克思主义思想影响的历史学家的抨击，因为他的论题大大地忽视了阶级在美国社会发展中的重要性。这类批评大都流行于30年代，当时"大萧条"损坏了对传统"美国"优点的信念。这是十分不符合历史事实的，因为当特纳于1893年发表其最有影响的论文时，尽管新的工业社会制度引起了日益扩大的财产不平等，但这仍然是绝对真实的：美国的突出特点直到最近还是政治和社会的民主，而这种民主主要是由于土地的充裕才成为可能。甚至到现在，在早年养成的思想习惯还大大地防止国家的社会和经济各种关节的僵化，而这种僵化往往能置古老社会于死地。在近代美国，社会平等是一个强有力的理想，而阶级差别不如在多数民族的生活中那么重要。这个事实一部分是归功于边疆的。如果特纳在这点上受到责难，那是因为在他晚年环境发生变化时，没有充分地修正自己的观点。但是，除了最近几年以外，无论如何不能要求他这样做，因为在那时以前，他的根据是确实可靠的。

对整个社会进行广泛的概括往往是困难的，并且很难绝对准确。的确不可能怀疑边疆对美国历史的深刻而持久的影响，也不可能怀疑它在美国人的大部最显著特征形成中的直接作用。另举别例，也不能怀疑特纳所主张的边疆激励美国人的乐观主义和理想主义这一想法。尽管这种乐观主义通常证明是有道理的，并不意味着在美国性格中始终不存在比较悲观的特性。它仅仅意味着在一般状况下愉快的情绪总是占上风的，只因悲观的和懦弱的人经常被排挤到一边。即使如批评家们所指出的，美国人的主要目的大都是经济上的，但理想主义也是他们生活中的一个重要力量。很少有人不深受（往往是根本上）物质需要驱使，而对美国人来说，重要的是他们还被一种高等的政治和社会理想推动。尽管像马丁·丘兹卢伊特①这样的观察家和"大草原"的"现实主义"小说家具有悲观主义、理想主义和乐观主义终究都是受到边疆的激励。的确如《人间巨人》中珀·汉萨的事迹所清楚显示的那样，乐观主义和理想主义以希望的形式结合起来（这种希望从未有太大的必要永远在人类胸膛中跳动），成为那些成功地同边疆艰苦环境勇敢搏斗的人们所具有的一种资质。

> 西风吹拂着迪肯的儿子们的面庞，
> 他们凝望西部，眼睛探寻着，
> 那里有无边的森林和明亮的星辰。

但是，他们更需要的是征服和攫取一个拥有 300 万平方英里的大陆领土。他们需要足智多谋和巨大的精力，特纳正确地令人们注意边疆居民中存在着这两种特质。特纳声称，边疆居民在使自己适应文明边疆的变化的生活条件时表现出机灵善虑。关于这一点批评家们断言，边疆居民事实上只是使自己

---

① 马丁·丘兹卢伊特（Martin Chuzzlewit）是英国作家查理·狄更斯发表于 1843 年的小说《马丁·丘兹卢伊特的生平和历险》（*The Life amd Adventures of Martin Chuzzlewit*）中的主人公。——译者

慢慢地适应自然环境的变化，并且引证他们在离开森林去对付"大草原"时所表现的适延迟缓一事作为例子。可是整个过程——不仅仅是适应而且是完全占领的整个过程，几乎没有用了半个世纪。才半个世纪！让这些批评家们瞧瞧，法国人还在用他的牛耕地！除去美国人外，没有想起这样一种评论，这个事实本身就是对边疆影响深度的一个称赞。如果批评家意见走得更远些，如果有人认为边疆实际上没有过什么创造发明，那就想一想，在经济事务中就如同在政治事务中一样，成为巨大和迅速发展的基本条件的并不是新技术的发明，而是采用新技术的速度——不管新技术来自何处。边疆促成了美国人现有的独出心裁和随机应变的长处。

边疆尤其培育了干劲十足而又强烈的精力——这可能是美国生活所有特征中最显著和最独特的。它不仅渗透到美国边疆历史的每个阶段，而且遍及整个国土上的城市和农村；甚至南部也用它那"懒洋洋的，低声吟哦的，使人心情安适的舌头"在 50 年多一点的时间内吞下了广阔的黑人地带棉田。"探索者的不可抗拒的滚滚洪流"，奔涌"向西，向西，势不可挡"。这正是美国经验的本质所在。美国人跨越大陆领土的不屈不挠的扩张不但激发了美国人的想象，而且也激发了许多外国评论家和历史学家的想象。这种无与伦比的成就对美国，并且通过她对全人类，都有深刻的持久的重要意义。不像特纳那样相信这个论断，是不可能的。

（王玮译　杨生茂校）

［节译自 H.C.艾伦和 C.H.希尔（H.C.Allen and C.H.Hill）编：《英国人论美国史：文集》，伦敦，1957 年，第 145-166 页。］

作品简介

这本《美国史学史论译》主要选辑杨生茂（1917—2010）先生美国史学史的研究成果，由他的论文和他在 20 世纪 80 年代初组织翻译的一组关于美国"边疆学派"的代表人物弗雷德里克·杰克逊·特纳的部分论著的译文组成。

杨生茂先生以几位在美国史学史上具有重要学术地位的史学家为引线，将美国史学史的发展轨迹清晰地勾勒出来。同时，他对中国的美国史研究也进行了总结，并提出中国学者研究世界史特别是美国史时的基本规范与方法。关于特纳的译作不仅当初，即便现在，仍具有很高的学术参考价值。

作者简介

杨生茂，1938 年考入北平燕京大学，1941 年秋赴美入加利福尼亚大学（伯克利）历史系读书，1944 年获本科学士学位后，旋入斯坦福大学研究院，主修美国外交史，获历史学硕士学位，1946 年底回国，1947 年 9 月任教于南开大学历史系，1995 年退休。杨生茂先生精于世界近代史教学，主要研究方向为美国外交史和美国史学史，为中国世界史学科的建立作出了重要贡献。

杨生茂先生历任南开大学历史系代主任（1949 年）和副主任（1962—1964 年）、世界近代史教研室主任（1957—1966 年）、美国史研究室主任（1964—1984 年）、校学位委员会委员（1985—1988 年），以及天津市哲学社会科学规划领导小组成员（1983 年）、中国社会科学院美国研究所兼职研究员（1983 年）、中国美国史研究会副理事长（1979—1986 年）、中华美国学会常务理事（1988 年）、国务院学位委员会第二届学科评议组成员（1985—1991 年）、全国哲学社会科学"七五"规划会世界史组成员（1986—1990 年）、美国《美国历史杂志》国际特约编辑（1992—2008 年）及《历史教学》编委（1951—2010 年）等。

朱佳寅，1984 年生人，南开大学文学院硕士学位，现任南开大学图书馆读者服务部主任，开设学校通识课"专利基础与情报分析"并任授课教师，兼职南开大学生化医学部学科馆员。研究方向为信息检索与文献利用，主要代表作有《关于杨生茂美国史学史研究思想的探讨》，合撰《杨生茂关于美国外交史的实践与思想》和《开创新中国的世界近代史的教学与研究——记杨生茂先生前期的学术活动》等文，曾获南开大学人文社会科学基本科研业务费专项资金项目，在 2022 年中国图书馆学会学术和业务案例征集活动中入选交流名单。

　　杨令侠，1955 年生于北京，本科、硕士和博士毕业于南开大学，现任南开大学历史学院美国历史与文化研究中心、教育部人文社科重点研究基地南开大学世界近现代史研究中心教授、博士生导师，曾兼任中国加拿大研究会会长和南开大学加拿大研究中心主任。研究方向为加拿大史和北美史，主要代表作为《战后加拿大与美国关系研究》和《加拿大魁北克省分离运动的历史渊源》，开设课程为"加拿大通史"（本科生）、"加拿大史专题"（硕士生）和"北美史"（博士生），曾获 2004 年天津市第九届社会科学优秀成果三等奖，是在中国高校博士生招收目录中第一个设立"加拿大史"研究方向的博士生导师，2013 年获由加拿大总督亲自颁发的"加拿大总督奖章"。